珠海经济社会发展研究报告

研究报告

(2014)

ANNUAL REPORT ON DEVELOPMENT
OF ECONOMY AND SOCIETY OF ZHUHAI (2014)

珠海市社会科学界联合会/编

社会科学文献出版社
SOCIAL SCIENCES ACADEMIC PRESS (CHINA)

目 录

综 述 篇

社会管理篇

产业发展篇

区域合作篇

人才培养篇

人文历史篇

综 述 篇

2013 年珠海经济运行态势
分析及 2014 年展望

珠海市统计局课题组 *

2013 年，面对世界经济低速增长的态势，珠海市始终坚持实施"蓝色珠海，科学崛起"的发展战略，坚持以"稳中求进，改革创新"为核心，全市经济发展呈现稳中有进、稳中提质的良好态势，全年完成地区生产总值 1662.38 亿元，同比增长 10.5%，各季增速呈逐季回升的良好态势，有效化解了经济下行压力，经济结构进一步优化，经济增长质量和效益均有所提升，圆满实现年初确定的主要经济目标。

一 主要经济指标完成情况

从主要指标完成情况看，2013 年珠海市主要经济指标增势良好，增速均

* 课题组组长：吕红珍，珠海市统计局党组书记，局长。成员：王秀英，珠海市统计局副局长；穆艳霞，珠海市统计局主任科员。

达两位数。与上年同期相比，除固定资产投资、城镇居民人均可支配收入增速略有放缓外，其余指标增速均明显加快。其中，外贸出口由2012年的负增长9.8%转为正增长23.0%，增幅同比提高了32.8个百分点。

实际增速与年初预期目标对比，各主要经济指标增幅均超预期完成目标任务，地区生产总值、外贸出口、实际吸收外商直接投资、固定资产投资、公共财政预算收入分别超预期增速1.5、12.0、10.6、8.0、7.4个百分点（见表1）。

表1 2013年主要经济指标预期目标完成情况表

指标	年初预期增速(%)	实际完成		实际增速与年初预期相比增减（百分点）	比上年同期增减（百分点）
		总量	增速(%)		
地区生产总值(亿元)	9	1662.38	10.5	1.5	3.5
规模以上工业增加值(亿元)	10	744.99	11.2	1.2	4.9
固定资产投资额(亿元)	15	960.89	23.0	8.0	-0.6
社会消费品零售总额(亿元)	13	720.52	13.5	0.5	0.8
外贸出口额(亿美元)	11	266.06	23.0	12.0	32.8
实际吸收外商直接投资额(亿美元)	6	16.87	16.6	10.6	8.4
公共财政预算收入(亿元)	12	194.18	19.4	7.4	6.0
城镇居民人均可支配收入(元/人)	10	36375	10.3	0.3	-4.5

注：预期目标数据来自珠海市人大通过的2013年计划草案报告。

与广东省及珠三角各市的增速相比，珠海市固定资产投资和外贸进出口的增速居珠三角首位，公共财政预算收入和外贸出口的增速居第2位，社会消费品零售总额增速居第3位，主要经济指标均明显高于广东省平均水平；从主要经济指标增速的位次变动情况看，除固定资产投资增速连续三年居珠三角首位外，其他指标的位次均有所提升，外贸出口提升了7个位次，外贸进出口提升了8个位次，地区生产总值提升了4个位次，规模以上工业增加值、社会消费品零售总额均提升了2个位次（见表2）。

表2 2013 年珠海主要经济指标增速对比及在珠三角的位次变化

指标	增速(%)		珠海比广东省增减(百分点)	珠海增速在珠三角位次		提升(+)或后退(-)位次
	广东省	珠海		2012 年	2013 年	
地区生产总值	8.5	10.5	2.0	8	4	+4
规模以上工业增加值	8.7	11.2	2.5	8	6	+2
固定资产投资	18.3	23.0	4.7	1	1	0
社会消费品零售总额	12.2	13.5	1.3	5	3	+2
公共财政预算收入	13.6	19.4	5.8	3	2	+1
外贸进出口	10.9	18.6	7.7	9	1	+8
外贸出口	10.9	23.0	12.1	9	2	+7

二　经济运行的主要特点

(一)经济发展稳中有升,稳中提质

2013 年,珠海市实现地区生产总值 1662.38 亿元,同比增长 10.5%,高出全国 2.8 个百分点,高出广东省 2.0 个百分点。从各项关联指标来看,全社会用电量、税收收入、货物周转量以及金融机构贷款增长速度与全市 GDP 增速匹配性较强,GDP 的增速稳定合理。从全年走势看,增速逐季提升,经济发展呈现稳步上升的良好态势。产业结构继续调整优化,第一、二、三产业分别实现增加值 43.11 亿元、849.05 亿元、770.22 亿元,同比增长 5.4%、11.8% 和 9.2%,分别拉动 GDP 增长 0.1、6.3 和 4.1 个百分点。三次产业的比重由上年的 2.6∶51.6∶45.8 调整为 2.6∶51.1∶46.3,第三产业比重提升了 0.5 个百分点。

(二)"三大引擎"对全市经济贡献稳步提升

作为珠海经济发展的"三大引擎",横琴新区、高新区和高栏港区对全市经济的贡献呈稳步提升态势。2011～2013 年,"三大引擎"GDP 合计占珠海市

的比重分别从 19.2%、19.3% 提升至 20.1%。其中，横琴新区 GDP 增速连续三年居珠海市各区首位；高栏港区在"三大引擎"中经济总量占比最大，居全市八区中的第 3 位；高新区则在高新技术企业的带动下工业表现突出，其规模以上工业增加值增速连续三年居珠海市各区首位，分别达 16.3%、13.5% 和 22.2%。

（三）第三产业保持较快增长势头，推动经济稳定健康发展

2013 年，第三产业在金融、房地产、交通运输业的带动下继续保持较快增长，其增加值占服务业比重提升至 33.5%，拉动全市 GDP 增长 2.1 个百分点，对 GDP 增长的贡献率达 20.2%，成为推动全市经济发展的重要力量。

（四）工业生产总体平稳，增速逐季回暖

2013 年，珠海市工业生产在外部需求疲软态势未能改观、全球贸易增长动力仍然不足的双重压力下，工业经济持续稳步增长。全市完成规模以上工业增加值 744.99 亿元，累计增速比上年提升 4.9 个百分点。从企业效益看，工业效益有所提升，2013 年全市规模以上工业企业实现利润总额 245.5 亿元，同比增长 35.4%，增速与上年同期相比提高 40.9 个百分点。从企业规模看，大中型企业仍是实现全市工业增长的绝对骨干力量，2013 年累计完成工业增加值 603.55 亿元，占全市规模以上工业企业增加值总量的 81.0%，同比增长 11.8%，高出全市平均水平 0.6 个百分点，拉动全市规模以上工业增长 9.4 个百分点。从企业类型看，三资企业一扫去年的疲软态势，累计增速由"负"转正，走势稳健；股份制企业发展势头强劲，增速在各大工业经济类型中遥遥领先；民营企业生产充满活力，同比增长 21.2%，高于全市平均水平 8.4 个百分点。

（五）固定资产投资快速增长，商品房销售持续向好

2013 年，珠海市继续推动重大项目建设，各项重点工程进展顺利，投资持续较快增长。全市完成固定资产投资 960.89 亿元，同比增长 23.0%，增速连续三年居珠三角首位。从结构上看，工业投资 254.26 亿元，同比增长 36.2%，比广东省平均增幅高出 23.1 个百分点。投资主要分布在高栏港区，投资额为

127.61 亿元，同比增幅高达 77.3%，占全市总量的 50.2%。第三产业投资在基础设施投资增势良好的带动下，完成投资额 706.14 亿元，同比增长 17.8%，其中，交通运输、仓储和邮政业完成投资 104.4 亿元，同比增长 47.7%。

2013 年全年房地产没有新政策出台，十八届三中全会后全国楼市在行政调控上也未有更大改变，楼市处于平稳状态。2013 年，珠海市房地产市场一直延续 2012 年年底的回暖态势，实现商品房销售面积 342.25 万平方米，同比增长 36.2%，超越了 2007 年 321.97 万平方米的历史最高纪录，创下珠海有史以来成交新高。这主要由于珠海西区楼市的持续旺销，斗门区、金湾区、高栏港区销售面积共占全市的 44.8%，占比与去年相比提升 9.3 个百分点。东部主城区销售面积则为 165.37 万平方米，同比增长 14.3%，增幅低于全市 21.9 个百分点，房地产市场由东部地区明显向西区转移。

（六）消费市场缓中有升，物价温和上涨

2013 年，珠海市继续贯彻落实中央和广东省委省政府的一系列决策部署，努力培育消费市场新增长点，优化消费环境，力促消费升级，在全社会大力倡导勤俭节约理性消费等大背景下，消费品市场运行保持平稳，缓中有升。从占比较大的分类商品看，2012 年年底逐渐企稳回升，2013 年继续延续这种良好势头，全年累计实现汽车类零售额 75.88 亿元，同比增长 23.7%，增速比上年提高 11.1 个百分点。汽车类零售额占全部限额以上批发和零售企业零售额的 31.5%，对全市社会消费品零售总额增长的贡献率达到 17.0%，拉动全市社会消费品零售总额增长 2.3 个百分点；成品油价格多次涨跌，石油及制品类商品价格增幅平缓，从而影响了整个消费品市场的回升速度，全市石油及制品类商品实现消费品零售额 61.97 亿元，同比增长 20.0%，增幅比上年回落 2.2 个百分点。

2013 年，珠海市加大了对经济运行调节的力度，把稳增长、调结构、惠民生有机结合起来，有效控制物价平稳增长，居民消费价格指数呈现温和上涨态势，全年累计上涨 2.3%，涨幅比去年回落 0.5 个百分点，低于全国（2.6%）及广东省（2.5%）。居民消费价格中，构成居民消费的八大类商品呈"七升一降"格局。从涨跌贡献率看，食品类和居住类是拉动价格总水平

上涨的两大主要因素。其中，食品类价格上涨 2.9%，拉动总指数上涨 0.96 个百分点，贡献率为 41.9%；居住类价格上涨 4.7%，拉动总指数上涨 0.94 个百分点，贡献率为 41.1%。

（七）外贸进出口快速回升，吸收外资渐趋好转

2013 年，珠海市外贸进出口呈现"先抑后扬"的走势，对外贸易形势明显回稳。全市完成进出口总额 541.69 亿美元，同比增长 18.6%，增幅比前三季度提升 12.4 个百分点，比上年提升 30.2 个百分点，扭转了上年持续负增长的局面，在珠三角九市中位居榜首，珠海市外贸进出口规模创历史新高，增速超预期。其中，出口 266.06 亿美元、进口 275.63 亿美元，同比分别增长 23.0% 和 14.6%。按经济类型看，民营企业在全年外贸进出口业绩中表现突出，进出口总额 120.6 亿美元，增长 93.3%，占比 22.3%。

2013 年珠海市实际吸收外商直接投资 16.87 亿美元，同比增长 16.6%，增幅比前三季度提升 6.1 个百分点，形势渐趋好转。合同外资 23.71 亿美元，同比增长 8.3%，增幅同比回落 15 个百分点。

（八）财政收入增速加快，增长结构趋优

2013 年，全市实现公共财政预算收入 194.18 亿元，同比增长 19.4%，增速比前三季度提高 4.3 个百分点。其中，税收收入占全市公共财政预算收入的 75%，其增收额对公共财政预算收入的增长贡献率为 71%，明显高于上年同期 55.3%，贡献率提升 15.7 个百分点，非税收入同比增长 22.9%，对全市财政收入增长的贡献率为 29.0%。财政用于民生的投入继续加大，全年九项民生支出累计 153.1 亿元，同比增支 24.1 亿元，增长 18.7%，民生支出占公共财政预算支出比重为 61.7%，同比提升 2.2 个百分点。

三 当前经济运行中存在的主要问题

综上所述，全市经济运行虽然总体上平稳健康，但也存在不少困难，面临国际国内诸多不确定性因素，上行压力仍然较大。

（一）外需仍较疲弱

由于近年来国际市场需求疲软，竞争不断加剧，尽管欧美和日本经济形势有所改善，但改善程度较小，外需未见明显好转，国际金融危机和欧债危机所带来的负面影响远未消除，国际市场需求整体仍然疲弱。而珠海市对外依存度较高，保持对外贸易快速增长难度较大，2013 年，珠海市规模以上工业出口交货值增长 9.1%，比前三季度提升 2.3 个百分点，比上年同期提升 11.6 个百分点。这主要是由于龙头企业的进出口增长较快，带动了全市进出口市场呈现出快速回升的趋势，但外贸进出口持续增长的后劲不足，受劳动力、资金、原材料、土地使用、环保等成本持续上升以及人民币汇率持续升值等因素的影响，企业出口成本上升，产品的国际竞争力下降，外贸出口的不确定因素增加。

（二）消费市场亮点乏陈

2013 年，珠海市社会消费品零售总额增速呈企稳回升走势，全年增速为13.5%，与上年同期增幅相比提升了 0.8 个百分点，但消费增长仍存在较大压力，主要原因包括以下几个方面：一是珠海市的住宿、餐饮消费持续回落。尽管不少住宿、餐饮企业顺应市场环境变化，进一步明确市场定位，主动采取调整经营策略，压缩经营成本，改善服务质量等应对措施，但目前住宿业仍未出现止跌回暖迹象，餐饮业则低速增长。二是消费增长主要还是依靠汽车、建筑及装潢材料类、家电类等商品销售回升，但增长的动力并不稳固。三是实体零售业面临较大的挑战。珠海市的经济规模不大，人口总量较小，从根本上制约了消费市场规模扩大。多数实体零售企业不断受到网购、团购的冲击，市场份额减少，利润空间进一步压缩，多数零售行业经营压力较大，在产品结构、经营成本、经营模式上面临挑战。四是居民消费预期并不乐观。从全国来看，部分经济指标增速放缓，股市持续低迷，未来经济发展存在着较多的不确定性，与居民日常生活息息相关的刚性消费品价格居高不下，居民的消费预期并不乐观。

（三）企业盈利状况有所好转，生产经营压力依然较大

目前，珠海市工业增长主要依赖格力、伟创力等少数大型企业，大型企业仍是珠海市工业经济的支柱，特别是格力电器和伟创力集团，其产值占全市规

模以上工业产值的 30% 左右，但部分重点企业在 2012 年也陆续出现"用工难"的问题；高新技术企业增速较快但规模较小，对全市经济增长拉动作用有限；部分企业受价格下调和成本提升的挤压，经营困难，处于增产不增收、增收不增利的困境；一些新的经济增长点也未形成实质性投产，经济增长持续提升的后劲不足，制约经济增长的结构性硬伤仍然存在。

四　2014 年经济形势展望及对策建议

从国际上来看，2013 年全球经济形势基本稳定，总体好于上年，尽管美国、欧元区、日本等发达经济体总体经济增速仍然偏低，但基本走上了持续增长的轨道。12 月全球制造业 PMI 指数升至 53.3%，创 32 个月以来的新高，年底全球需求和生产加速增长，复苏趋势稳健。从国内来看，国内经济形势也有明显向好的迹象，主要宏观经济运行指标呈现积极变化，12 月全国制造业 PMI 为 51.0%，连续第 15 个月位于临界点以上，显示我国制造业继续保持增长态势。党的十八大和十八届三中全会所确立的全面深化改革方针也将进一步激发各领域的改革热潮，优化各种资源的市场有效配置，引导市场需求的有效释放，给经济发展带来重要机遇。从广东省来看，国内外经济形势向好，为广货扩销带来机遇，转型升级步伐加快，经济结构继续优化，发展后劲进一步增强。而另一方面，广东省经济运行面临内外需特别是外需的减弱，以及转型升级带来的阵痛，部分产能被淘汰、被转移导致生产放缓，未来经济快速增长困难较大，广东省经济面临着机遇和挑战并存局面。从珠海市来看，投资、消费和出口的协调拉动能力持续增强；产业整体素质和综合效益持续提升，特别是高端产业为经济增长注入新动力；经济"稳中有进、稳中提质"的趋势得以巩固。综合各种因素初步判断，2014 年珠海市经济将继续保持平稳较快的发展态势，预计全年增长 10% 左右。结合珠海实际，有以下几点建议。

（一）继续推进经济发展方式转变

在保持经济发展稳定性的同时，切实推进经济发展方式转变，优化经济结构，提升经济增长质量和效益。2013 年，珠海市大力实施 6 项"三高一特"

产业发展规划，强化产业转型升级的战略重心地位，金融、旅游、物流等现代服务业快速发展，其增加值占服务业的比重提高至 57.3%，比上年提高 0.5 个百分点。因此，要继续加大转型升级力度，增强珠海市发展的内生动力和发展后劲，进一步提升在国内和国际的综合竞争力；要以横琴、高栏、高新"三大引擎"为载体，以重大建设项目和重点培育企业为抓手，加快推进战略性新兴产业、高技术产业和现代服务业发展；要加快对工业生产结构中的支柱产业投资项目的引进速度，加大政策上的倾斜力度，为珠海市工业的可持续发展提供后劲。

（二）多管齐下培育消费热点，改善消费预期

面对消费市场缺乏亮点、增长压力大的难题，必须多管齐下促成新热点形成，保持消费市场对 GDP 的强势拉动效应。一是研究完善消费政策，进一步扩大信息消费、养老消费、健康消费，促进新型电子产品、智能家电、节能汽车等热点商品消费，鼓励新的消费方式发展。二是加快电子商务建设，鼓励零售企业转型升级。要重点扶持一些传统百货、连锁超市企业依托原有实体网点、货源、配送等商业资源开展网络零售业务。支持小商品市场经营户开展网上销售，推进传统零售业与网络零售有机接轨。三是扩大生活服务消费，探索在社区建设生活综合服务中心的路子，加快发展大众化餐饮，完善家政服务体系建设；四是通过航展的平台，提高会展服务、基础配套、对外传播等方面对接国际市场的能力，提升珠海城市品牌的国际影响力。五是利用横琴与澳门距离上的地理优势，全力打造珠澳国际旅游黄金区域，同时吸引更多的海外游客来横琴长隆度假区休闲、度假，并通过他们在国际旅游市场上宣传珠海旅游形象。

（三）稳定出口，提升贸易质量

珠海市外贸依存度较高，出口直接、间接影响全市经济增长。一是要加大对新进口企业、进口企业总部或区域总部的招商力度，支持外贸进出口企业在珠海设立基地等；二是继续加强和完善加工贸易转型升级公共服务平台建设，引导和帮扶企业强化研发设计、创立品牌、拓展营销渠道，向产业链高端转型；三是帮扶企业拓展海外市场，精心组织企业参加高交会等国内大型展销会及境外展销活动，助推企业抢抓订单，开拓国内外市场。

正视差距所在　探索追赶之路

——关于珠海与广州、深圳经济发展对比分析研究

李　伟*

20世纪70年代后期，党的十一届三中全会胜利召开，当深圳蛇口建筑工地上耸立起一块巨大的"时间就是金钱，效率就是生命"标语牌时，中国拉开了一个伟大时代的序幕。1980年，中共中央、国务院决定在深圳、珠海、汕头、厦门试办"经济特区"。由此，南粤大地迎来了在经济特区率先引领探索的改革春潮。1992年小平同志南方讲话，及时拨正船头，指明方向，再次将改革开放推向高潮。

如今，珠江三角洲的三个支点都发生了翻天覆地的变化。改革开放之初，深圳、珠海两市同在边陲小渔村基础上创业，以几乎相近的经济规模与速度并驾齐驱，而当时的华南历史重镇——广州的经济规模却遥遥领先，当时三城市的经济总量呈现一个典型的"三角形"。进入20世纪90年代，珠海多次错失战略发展机遇，定位摇摆不定，经济发展步履蹒跚，与广州及深圳的差距逐渐拉大；30年以后，广州、深圳实现历史性飞跃，双双跨过万亿元门槛，而珠海却相差甚远，三市经济总量演变成一个"倒三角形"。历史是无情的，现实是严峻的。近日，以"科学发展走新路，'十二五'崛起看珠海"为主题的市委理论学习务虚会提出了"蓝色珠海，科学崛起"的重大发展战略，为珠海的未来发展指明了方向。本报告在大量调研的基础上，力争以客观、真实和全面为宗旨，来科学判研珠海与广州及深圳的差距及各自优势，找准自己目前所处的位置。

---

* 李伟，珠海市统计局社情民意调查中心主任。

一　历史进程

（一）经济发展

1980 年，广州、深圳和珠海三市地区生产总值（GDP）分别为 57.55 亿元、2.70 亿元和 3.75 亿元（均为当年价，以下同），广州占三市总量的 89.9%，深圳、珠海分别占 4.2%、5.9%，广州占据 90%。在特区成立之年，珠海的 GDP 相当于深圳的 1.4 倍。而今三市的地位却发生了奇迹般的变化，广州和深圳 2011 年 GDP 分别达到了 12423 亿元和 11506 亿元，双双跨过万亿元门槛，而珠海仅为 1405 亿元，广州和深圳分别占三市总量的 49.0% 和 45.4%，珠海仅占 5.5%，广州和深圳的 GDP 分别是珠海的 8.8 倍和 8.2 倍。从"六五"至"十一五"各时期的 GDP 年均增长速度来看，珠海与深圳的差距主要出现在"六五"时期：深圳 50.3%，珠海 32.0%；"七五"至"八五"时期基本上并驾齐驱；"九五"至"十一五"时期连续 15 年再次落后。从三次产业的比例来看，2011 年广州第三产业增加值占比已经超过 60%，遥遥领先于珠江三角洲其他城市，第二产业占 36.8%，均低于深圳和珠海。深圳第三产业占 53.5%，高于第二产业比重 7.1 个百分点。而珠海近 10 多年来一直在 43.0% ~ 54.4% 徘徊，在产业结构上呈现为"二三一"的产业发展格局（见表 1、表 2 和图 1）。

表 1　广州、深圳、珠海三市 1980 ~ 2011 年 GDP 统计

单位：亿元

城　市	地区生产总值（GDP）	
	1980 年	2011 年
广　州	57.55	12423
深　圳	2.70	11506
珠　海	3.75	1405

资料来源：2012 年广州、深圳、珠海三市《国民经济与社会发展统计公报》。

表2　广州、深圳、珠海三市1980～2011年GDP构成统计

单位：%

产业	广州		深圳		珠海	
	1980年	2011年	1980年	2011年	1980年	2011年
第一产业	10.9	1.7	28.9	0.1	36.4	2.6
第二产业	54.5	36.8	26.0	46.4	31.8	54.4
第三产业	34.5	61.5	45.1	53.5	31.8	43.0

资料来源：2012年广州、深圳、珠海三市统计公报。

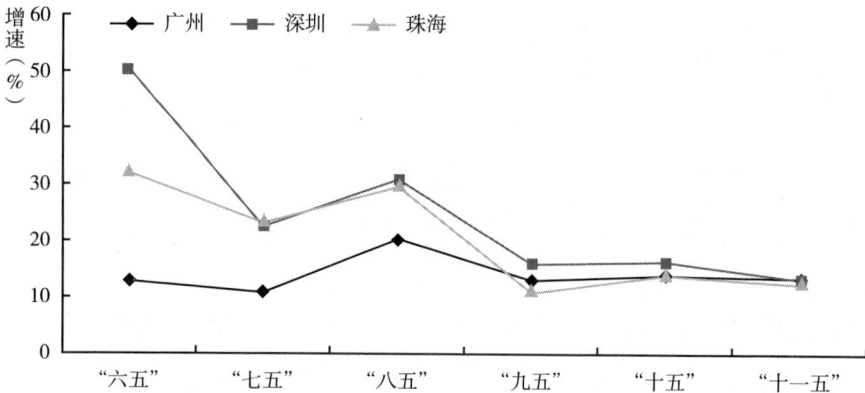

图1　广州、深圳、珠海三市"六五"至"十一五"时期GDP平均增速统计

（二）尴尬处境

1. 与深圳相比总体落后在10年以上

从经济规模来看，珠海与广州、深圳差距过大，不具可比性，该数据分析主要是为了学习两市先进理念及发展思路。考虑珠海与深圳同时建立经济特区，与广州更不具可比性，以下分析主要与深圳对比。

与深圳相比，珠海经济总量落后12年，地方财政收入落后14年。

珠海2011年实现GDP 1405亿元，相当于深圳1999年1436亿元的水平，落后12年。目前深圳经济总量全国第五，位居前列。珠海2011年实现地方财政预算收入143.41亿元，相当于深圳1997年142.06亿元的水平，落后14年，人均可支配收入水平相差三年左右，从经济总量及财政指标综合来看，珠海与深圳的差距保守估计在10年以上（见表3）。

表 3　深圳、珠海两市 2011 年主要经济指标统计

单位：平方千米，亿元，元

城市	土地面积	GDP	地方财政收入	税收收入	人均可支配收入
深圳	1992	11506	1339.59	3406.91	36505
珠海	1711	1405	143.41	402.11	28731

注：经济总量均按当年价计算，因计算较为复杂，未考虑价格因素影响和单位土地面积产出，落后时间差距仅适用于经济总量及财政收入，税收收入历史数据不全，以上判断仅供参考。

资料来源：2012 年广州、深圳、珠海三市统计公报。

2. 城市规模

广州和深圳经过 31 年的发展，城市规模均已达到常住人口过千万，两市 2011 年年末常住人口分别达到 1275 万人和 1047 万人。广州、深圳海陆空轨等最具现代化的立体交通网络已经形成，两市机场客运量已分别跃居全国第四和第五位。以广州为中心的"广佛肇"经济圈在基础设施、产业体系、生态环境、生活居住、协调发展、和谐社会构建、打造岭南文化和开放合作八大方面取得显著成效。以深圳为中心的"深莞惠"经济圈遵循政府推动、市场主导、资源共享、协调发展、互利共赢的原则，不断创新合作机制，优化资源配置，合作成效有目共睹。两大经济圈在同城化方面都取得了实质性进展。而"珠中江"经济圈 2011 年三市 GDP 总和不及深圳一半，甚至比不上佛山，况且珠海在三市中经济总量最小，作为"珠中江"龙头的珠海着实尴尬：一是所处经济圈与另两个经济圈相比实力差距过于悬殊；二是担当核心城市的实力、凝聚力和辐射力"肌肉"明显欠缺。

3. 产业发展

从表 4 中不难看出，广州的批发与零售业位居行业老大，印证了其中国南大门商业零售与批发中心的龙头地位；广州号称的"汽车城"，但其交通运输设备制造业如今在经济结构中的比重也只能"靠边站"，屈居第二；租赁和商务服务业位居老三，前五大行业中制造业仅分得一杯羹，其他皆为服务业。广州目前与西方发达国家服务业 70% 的水平已经相差不远。深圳更具特色，以华为、中兴及富士康为代表的通信设备、计算机及其他电子设备制造业明显占据龙头地位，约占其 GDP 的四分之一，由于深圳证券交易所的缘故，其金融业占据第二，批发与零售业和房地产业分别位居第三和第四。深圳前五大行业中，制造业分得两席，其他均为服务业。珠海最大的行业就是以格力电器为代表的电器机械及器材制造业，增加值为 180 亿元；批发与零售业，通信设备、计算机及其他电子设备制造业都在 120 亿元左右。珠海前五大行业中，工业分得三席，其他两席为服务业。透过数据进一步分析，广州、深圳两市的服务业发展均呈现梯次发展特征，即重点优先发展生产性服务业，再次发展生活性服务业，最终实现互动发展（见表4）。

表4　广州、深圳、珠海三市 2010 年前五大行业增加值统计

单位：亿元，%

城市	行业	2010 年行业增加值	占 GDP 比重
广州	批发与零售业	1354	12.60
	交通运输设备制造业	975	9.07
	租赁和商务服务业	860	8.00
	房地产业	776	7.22
	交通运输、仓储和邮政业	747	6.95
深圳	通信设备、计算机及其他电子设备制造业	2451	25.60
	金融业	1301	13.60
	批发与零售业	1033	10.78
	房地产业	628	6.55
	电器机械及器材制造业	425	4.44
珠海	电器机械及器材制造业	180	14.90
	批发与零售业	126	10.42
	通信设备、计算机及其他电子设备制造业	119	9.84
	房地产业	77	6.37
	电力热力生产和供应业	62	5.13

资料来源：2010 年广州、深圳、珠海三市统计年鉴。

二　发展优势

（一）广州

1. 建市历史悠久，具有超强人气

广州有着 2226 年的建市历史，在中国城市史上久负盛名，一直以来都被

称为中国的"南大门"，商业氛围及购物环境名闻天下，是非洲人在亚洲居住最集中的城市，城市包容性强，经济充满生机和活力。西方经济学原理告诉我们，有人气的地方就会产生经济活力，就会不断延伸消费需求。人具有较强的流动性，永远是涌向具有活力和最具赚钱效应的城市，在挫折中寻找自己的位置，然后适者生存。同时，广州有史以来一直扮演着我国重要的商品批发与零售集散地的角色，内地零售业中"广货"始终占据着主导地位。

2. 独有的广交会经济

广州交易会（中国进出口商品交易会，简称广交会）创办于1957年春季，一年两季，在广州举办，迄今已有50余年历史，是中国目前历史最长、层次最高、规模最大、商品种类最全、参会客商最多、成交效果最好的综合性国际贸易盛会，号称中国"第一展"。2012年春季广交会有来自213个国家的21万名采购商，2011年春、秋两季交易额748亿美元，直接和间接带动地方零售、酒店、餐饮、交通、货运和广告等行业产生经济效益约330亿元，约占广州经济总量的4%。

3. 举办亚运会助推城市形象和完善基础设施

举办亚运会不仅标志着强大的经济实力和发展能力，而且还会为举办城市带来巨大的经济利益，对提升城市形象和城市核心竞争力等软实力具有深远的影响。城市基础设施建设、体育场馆建设和环境建设是提升城市形象的"三驾马车"，广州在获得亚运会举办权之后，全面实施了《面向2010年亚运会的广州城市发展》计划，共投入2200多亿元资金用于基础设施建设和改造，其中仅用于轨道建设的投入便超过1000亿元，最直接的受益对象包括建筑、建材、信息产业、现代制造和服务业等，它们成为第一批受益者后，将对经济产生第一轮拉动作用；与此同时，基于现代经济体系中产业链的拉长和"咬合"，这些行业的发展又会带动房地产、旅游、广告等一系列关联行业的发展，从而对经济产生新一轮拉动作用，为整体经济注入活力。亚运会既为广州早日从金融危机的阴霾中突围而出增添了底气，同时也为广州稳坐中国GDP"老三"和中国副省级城市GDP总量"一哥"的位置打下了坚实的基础。

4. 加快产业转型升级的步伐

制造业中三大支柱产业合计的利税总额和税金总额均占广州市的60%以

上，2011年生产汽车150万辆，汽车制造业和石油化工制造业是广州的纳税大户，2010年分别上缴税收293亿元和204亿元（见表5）。汽车制造业的工业增加值率更是高达33.6%，而且汽车制造和石油化工是产业链条极长的产业，将形成强大的产业集群。在服务业方面，批发零售业、交通运输仓储和邮政业、住宿和餐饮业、金融业、租赁和商务服务业、科学研究技术服务及水利等将继续保持强有力的竞争优势，以提升服务业的发展水平及促进产业的转型升级。

表5　广州2010年制造业中三大支柱产业主要经济指标

单位：亿元，%

支柱产业	主营业务收入	利润总额	税金总额
汽车制造业	2913	408	293
其中:汽车零部件制造业	754	83	31
电子产品制造业	1701	78	15
石油化工制造业	1918	177	204
合　　计	6532	663	512
合计占全市比重	47.94	64.29	63.04

资料来源:《广州统计年鉴》（2011），中国统计出版社，2011，第298页。

5. 众多高校将为广州未来发展提供智力支撑

2010年广州拥有高等教育学校77所，在校学生84.39万人。高等教育是社会发展的强劲助推器。源源不断的高素质人才为广州的经济社会发展注入了强大的推动力，尤其是中山大学、华南理工大学这些名校的毕业生已经成为广州社会经济各条战线上的主力军，体现在：一是在广州改革开放30多年的进程中，广州高校贡献非常突出，具有服务地方比例大，厂长、技术骨干多和上市公司总裁多等特色；二是科技与产业结合紧密，在产学研合作、省部联合办学等方面走在了全国高校前列；三是专业设置与学科发展战略始终紧扣广东发展节奏。

（二）深圳

1. 前海:潜力不可小视

前海，是一块靠填海形成的15平方千米的土地，未来这里极有可能成为深圳高端服务业的发展引擎，以发挥其"双跳板"的作用：一是高端服务业可以走向国际；二是协助香港服务业走向内地市场。从地理位置上看，前海位于"香港—深圳—广州"的中心，无疑是连接深圳、香港、广州乃至内地的重要桥梁。最近召开的广东省金融改革会议中，深圳前海再度被突出强调。国务院对广东金融改革的批复中明确指出，将把其打造成现代服务业体系机制创新区、现代服务业发展集聚区、香港与内地紧密合作的先导区和珠江三角洲地区产业升级的引领区。2012年6月，国务院正式批准支持前海的多项先行先试政策，包括金融创新、财税优惠、法制建设、人才特区以及教育、医疗、电信等领域。前海将重点打造金融、现代物流、信息服务和科技服务四大产业基地，其中金融业是重中之重，此举被外界喻为构建中国的"曼哈顿"。7月，广东省正式公布《关于全面推进金融强省建设若干问题的决定》，深圳前海和珠海横琴可以发展人民币离岸结算业务。横琴作为人民币离岸结算区域性中心，前海则作为国际性中心，两者将实行错位发展。广州南沙则作为金融创新平台，被打造成为引领金融改革创新的重要引擎。

2. 自主创新是支撑深圳超常规发展的动力源

建立经济特区30多年来，深圳不断通过机制、体制改革为创新创造宽松的环境，成立了深圳科技创新委员会，结合实际出台了许多促进创新的政策措施，调动了各方面的积极性、创造性，形成全社会共同推进创新的氛围。深圳在知识产权领域取得了令人瞩目的成就，2010年专利申请量4.9万项，发明专利、使用新型专利、外观设计专利等申请量连续多年蝉联全国第一，2010年深圳R&D经费支出301.49亿元，占GDP比重达3.15%，远远超出了全国1.62%的平均水平。深圳的创投、私募股权均创全国第一，中国的现金流一半经过深圳流通，已经形成了以市场为导向、以企业为主体、以产业化为目的、以大学和科研院所为依托的自主创新"深圳现象"，充分发育的市场经济催生了以企业为主体的自主创新模式。如今，越来越多的企业已跨越了"模仿创新"的创新初级阶段，进入自主创新阶段。一方面，深圳企业面向国际市场，往往具备较为国际化的视野，能够敏锐把握世界产业和科技发展的最新趋势，瞄准国际市场前沿，根据市场需求和技术走向推动创新发展；另一方面，深圳企业在竞争激烈的国际市场中经受洗礼，更加善于在技术和市场的缝隙中寻获机遇，通过参与国际产业分工与竞争，通过引进、消化、吸收国际先进技术，形成具有自主知识产权的新技术、新工艺和新产品，紧跟国际技术发展潮流。

3. 产业转型升级步伐明显加快

深圳"十二五"规划明确提出要加快发展生物、互联网、新能源、新材料、文化创意和新一代信息技术产业。深圳要发挥互联网产业对信息化建设的强大助推作用，促进商业模式创新、新业态发展和特色应用服务。深圳要抢先布局移动互联网，建设蛇口"网谷"互联网产业基地；巩固核能开发、太阳能电池、风电设备、储能电站等领域技术优势，推进智能电网、生物质能等领域技术突破；着力建设全球电子信息产业基地，瞄准新一代信息技术发展新趋势，着力打造通信、集成电路、新型平板显示、计算机、半导体照明、软件六大产业链；并为此谋划布局 12 个产业基地和 11 个产业聚集区来吸引高端产业集群"落地生根"，形成"榕树效应"。在服务业领域，发展目标是建设全国金融中心、全球性物流枢纽城市和国家服务外包示范城市，同时大力支持发展商贸会展业和专业服务业。

4. 深港同城化：深圳发展的未来

深圳与香港相邻造就了深圳的崛起，但同时也注定了深圳很难单独成为一个国际化的中心城市。现实已经证明，深港已经是唇齿相依并开始抱团取暖了。一是香港的地位正受到新加坡、中国台湾等国家和地区的挑战，香港的产业空洞化、金融和房地产呈现泡沫化、服务业成本提高等问题正阻碍着香港的前进步伐，深圳同样面临着来自上海和广州的竞争，面临着制造业成本提高、环境污染等诸多问题。二是深港在城市定位和产业发展方向上有着很多同质化趋势，两者都想成为国际化的城市，都主张大力发展金融、物流、高科技等产业，而更为现实的是在深港 3020 平方千米的土地上要建立两个国际化的中心城市似乎不太可能，而深港的发展又有着深厚的渊源，香港的发展离不开内地，以前是紧密，现在是难以割舍。深圳发展本身就是基于香港的存在，双方在各方面携手紧密合作是双方最为明智的选择，这关系到深圳发展的未来。

（三）珠海

1. 未来的横琴将活力四射

2009 年横琴被国务院批准为国家级开发新区，并且这一决策连续三年被写入政府工作报告。近日，横琴、前海和南沙三地成为媒体炒作最为热门的话题。从国家层面来看，横琴无疑是这个金三角中的"明星"。根据国务院的批复，横琴新区全岛将进一步扩大开放，大力推进通关制度创新、发展模式创新。在产业发展方面，重点发展旅游休闲、商务服务、金融服务、文化创意、中医保健、科教研发和高新技术等产业。横琴新区成为"特区中的特区"、全国唯一一个"一岛两制"国家级新区和全国首个粤港澳紧密合作示范区。近期，6 家银行大手笔支持横琴十字门商务区建设，BT 项目获 42 亿元银团贷款，主要项目包括国际会议中心、展览中心、国际甲级写字楼、白金五星级瑞吉酒店、五星级喜来登酒店及相关配套设施，这将极大提升珠海会展、高端商务服务水平。在经济如此低迷的市场环境下，众多银行目光焦点齐聚横琴，横琴必将散发出无穷的魅力，成为未来珠海经济的第一引擎。

2. 高栏港：海洋经济的重要引擎

构建海洋经济体，珠海必将依托天然良港——高栏港，抓住国家大力发展海洋和南海开发的机遇，发挥自身海洋资源极为丰富的优势，依托高栏港载体，发展海洋船舶和工程装备制造、海油工程、海洋油气精细炼化、海洋生物制药、海洋航运和滨海旅游等海洋产业。目前，高栏港经济区已经晋升为国家级经济技术开发区，将对实施"以港强市"和"以海兴造（制造业）"战略带来积极深远的影响。

3. 以港珠澳大桥为龙头的大型交通基础设施将极大提升珠海城市竞争力水平

随着珠港澳大桥珠海连接线项目的动工，广珠铁路、广珠城际快速轨道、珠海机场高速、高栏港高速、京珠高速、粤西沿海高速、江珠高速及太澳高速等一系列大型跨境重大交通基础设施的兴建，珠海的粤港澳交通枢纽地位凸显，珠江西岸交通中心必将得到西岸城市的广泛认同，必将快速优化珠海的投资环境，提升珠海城市竞争力。

4. 旅游业即将焕发新的生机和活力

珠海有史以来投资规模最大的旅游项目——横琴长隆国际海洋度假区年内的开门营业，必将吸引大批国内游客的眼球。该度假区占地面积5平方千米，总投资超过100亿元，计划建成亚洲最大的集会展、游乐、酒店度假于一体的综合性海洋乐园，拥有1888间客房，是目前国内最大的"巨无霸"超五星级大酒店，并引进大批全球罕见的珍稀观赏海洋生物，包括体验南极区、野生北极区及海洋动物展览基地等项目。此外，海岛旅游开发投资力度的加大以及海岛旅游资源的发掘，都为珠海旅游业注入新的生机和活力。

5. 珠海服务业发展水平在经济圈中具有集聚和引领的绝对优势

统计资料显示（见表6），珠海第三产业增加值占GDP的比重近五年来一直在"珠中江"经济圈中占有绝对优势，五年平均占比为42.82%，高于中山3.54个百分点、江门7.2个百分点。随着以港珠澳大桥为龙头项目的一批重点交通项目的竣工、交通枢纽地位的形成，珠海与港澳及粤西将实现无缝对接。届时，珠海在"珠中江"经济圈必将成为服务业发展的集聚地和引领地。目前，服务行业中金融、房地产、交通运输、旅游业及住宿餐饮业优势已初步显现，其中金融业及房地产业最为明显。目前，珠海在服务业发展方面同广州、深圳相比，既没有资源也没有优势可言，但在"珠中江"经济圈中具有比较优势。

表6 "珠中江"经济圈三城市第三产业占GDP比重统计

单位：%

城市	2007年	2008年	2009年	2010年	2011年	五年平均
中山	37.6	38.6	39.4	39.2	41.6	39.28
江门	35.4	33.5	34.2	37.0	38.0	35.62
珠海	41.8	42.5	44.8	42.5	42.5	42.82

6. 发展模式得到高度认同，历史发展机遇来临

中共中央政治局委员、时任广东省委书记汪洋2012年4月视察珠海时提出"科学发展走新路，'十二五'崛起看珠海"，这既是广东省委对珠海的新期待、新要求，又包含着广东发展的战略意图。珠海的发展模式展现出了巨大的潜力，是未来广东的标杆城市。对广东未来样板城市的期许，也将使珠海具有更高的知名度和关注度，利于汇集世界高端资源，同时也为珠海未来的发展出了题目。为从全球高度破解题目，珠海市委召开了理论学习务虚会，举办了七场专家论证会，市领导牵头做课题，请专家做课题研究，党政代表团到广州、深圳学习考察。一系列的大动作，都是在寻找珠海全新的、面向世界的新坐标，这将是珠海在新起点难得的一次发展机遇。

三　经验教训

（一）人才是第一生产力，人力资源是第一资源

市场经济的基本特征就是竞争，一切竞争归根到底是人才的竞争。人才的引进与使用是企业生存与发展的永恒命题。1992 年，珠海率先在全国首创科技重奖，1994 年春季在国贸中心举行的人才交流洽谈会吸引了来自全国各地的求职者 5.6 万人次。1993～1998 年短短六年间，由于全国各地人才的大量涌进，珠海户籍人口增加了 14.5 万人，一时间珠海成为各类人才心中向往的乐土。然而，由于受珠海经济发展环境的限制，这些人才在 2000 年以后逐渐流向上海、深圳和广州等地，2002～2004 年达到高峰，三年时间流失近 7000 人，令人触目惊心。这表明如果没有适合凤凰生存的环境，凤凰迟早也会离开梧桐树飞走的。现在深圳的华为、中兴等大公司中有很多技术骨干均是那一时期从珠海过去的。2003 年同样在珠海大会堂举办的科技重奖颁奖活动获奖者和台下的观众已经缺少了昔日的激情，首次的科技重奖者绝大部分都已经离开了珠海。人才外流、人才吸引力减弱主要有以下几方面原因：一是经济环境堪忧，核心竞争力趋弱，吸引人才、留住人才的最基本"硬件"优势严重弱化，经济发展水平无法完成对人才的循环消化，人才无生存与可供发展的有效载体；二是人才成长环境和创业环境堪忧，人才的引进、选拔、使用、考核、奖励机制严重脱节；三是人才交流环境欠佳，人力资源管理中心的人才招聘港、人才储备港、人才配置港和人才开发港的职能作用发挥得并不理想；四是人才"重引进、轻使用"现象突出，人才资源配置不合理。

（二）特区精神逐渐淡化

如果说10多年前的珠海处于迷惘、茫然之中，那么现在的珠海也许可以用焦灼来形容。多项调查结果显示，政府部门在办事效率、运作效率、市场配置资源效率、创新服务、突破能力和责任意识等方面差距较大，服务理念、服务手段、服务效率和服务环境还有待进一步改善。政府机关中"庸官""太平官"大有人在，不敢承担责任的风气还较为普遍，改革动力在逐渐弱化，改革精神在淡化，改革阻力也在明显加大。

（三）交通瓶颈成为制约经济发展的主要障碍

（1）机场：交通问题使其陷入恶性循环怪圈。机场运力严重闲置，广州、深圳机场近年来不断大规模扩建，航班及客流量大幅增加，并且在珠海多处设立候机楼，机场快线发车时间密度小，加之珠海机场航班少、起飞时间选择少等原因，分流了大量珠海航空客流量。多年所形成的客流、航线之间的矛盾难以得到有效解决。

（2）高速公路：建设明显滞后。沿海高速长期亏损，市区至高栏港和机场高速始终未通车。

（3）铁路：自建立经济特区以来始终没有通车，货运成本居高不下。

（4）港口：有吞吐能力却无法形成具有现实吞吐量的深水良港。高栏港与腹地之间没有便捷的货物集散网络，缺乏铁路、高速公路的有效支撑，使其已经形成的吞吐能力无法转化成现实的吞吐量。

（四）产业发展基础薄弱

长期以来，珠海工业增长一直过度依赖格力和伟创力两家企业，其中一家企业"感冒"，就会导致全市工业"吃药"；中型企业偏少，企业间关联度不高，上下游产业配套不成体系，外源经济比重高，民营经济偏少。传统六大支柱产业基本上进入生产稳定期和饱和期，工业经济长期陷入存量减少、增量不足、出口下降、投资乏力的尴尬局面。为尽快壮大经济总量，珠海曾采取多项措施"突围"，但终因产业基础薄弱而徒劳无功。

（五）西部地区城市化进程缓慢制约产业集聚发展

西部地区交通、教育、医疗、文化、就业和社会保障等基本公共服务发展极为缓慢，无法为产业园区工作人员提供满意的物资及精神文化生活需求服务，社会资源的缺乏及服务水平的未能快速有效跟进，势必削弱对人才的吸引力，使西部地区陷入产业发展恶性循环怪圈。

四　对策与建议

（一）产业调整重在体现差异化、高端化和特色化

（1）工业经济继续发挥六大支柱产业的支撑力作用，整合现有中小型企业，实行专业化分工，发挥产业集聚效应，进一步优化其产业发展的外部环境。这在目前珠海"存量增势趋缓，潜在增量未果"的经济背景下显得尤为重要。在调整产业结构的同时，必须要重视传统产业对产业升级的稳定器作用。在六大支柱行业中，应从企业规模、研发力量、产品品牌、产业前景、市场潜力及科技含量等方面，对家电电器、生物医药及石油化工等行业给予重点扶持。同时，注重改变传统的招商模式，实施专业、网络化招商，既重视龙头项目招商，也不放过产业链条的中小项目，力争营造万马腾飞聚珠海的产业集聚效应。

（2）优先发展生产性服务业。生产性服务业是指为保持工业生产过程的连续性、促进工业技术进步、产业升级和提高生产效率提供保障服务的服务行业，主要包括交通运输仓储和邮政业、信息传输计算机服务和软件业、租赁和商务服务业、科学研究技术服务业和金融业五大门类。它具有高科技含量、高渗透性、高附加值、高产业带动力、高开放度、低资源消耗和低环境污染的"五高两低"特征。发展生产性服务业是转变经济增长方式的重要途径，是推动产业结构优化升级的必然选择，生产性服务业的发达程度已逐步成为衡量一个地区综合竞争力和现代化水平的重要标志之一。制造业的崛起很大程度上取决于生产性服务业发展的规模和速度，而生产性服务业升级将会直接受制造业产业升级的影响。为此，应该把制造业高级化作为新一轮承接国际产业转移的

重中之重，拉动生产性服务业发展。因此，必须对生产性服务业发展做出科学的规划和给予强有力的推进。

（二）营造良好的营商环境

良好的营商环境，是生产要素聚集的洼地、各类人才向往的高地、商务成本较低的盆地。软环境建设直接关系到经济活力和发展后劲。

（1）务实高效的政务环境。珠海应继续深化行政审批制度改革，建设规范有序的行政管理体制；深化政务公开工作，建立公开透明的政务服务制度；深化政务服务体系，建立为民高效的行政服务网络平台。

（2）制度创新环境。珠海应协调好制度的协调性和适用性，避免出现"硬的过硬、软的过软"的情况，着重在制度创新、社会管理、行政服务、产业政策等方面加快建立综合管理和协调发展的能力，保持在高竞争格局下的主动性。产业升级需要强有力的产业政策体系做支撑，制定以产业结构政策为核心的产业政策体系，并保持产业政策的体系性、国际性和协调性。

（3）产业政策环境。珠海应牢牢把握好产业升级方向的坚定性，不断提高产业升级决策的科学性，注重保持产业升级的持续稳定性，不断增强创新改革举措的协调性。珠海应努力建立并完善一个国际化、体系化、协调化的产业政策体系，加快培育一个要素供给有力、文化高度认同、支持鼓励创新、宽容创新失败的宽松环境，在制定和实施产业政策时，要充分考虑全市一盘棋，保持产业政策、科技政策、经济政策和人才政策等各个关联领域的高度协调一致。第一，保持市、区两级产业政策协调一致；第二，保持产业结构调整与招商引资协调一致，加快由项目招商向产业招商转变；第三，保持科技研发与技术创新协调一致，把关键适用技术推广应用、传统产业技术改造及创新与重大前沿科技研究放在同等重要位置；第四，保持产业升级与人才引进协调一致，把引进人才、引进项目和引进技术放在同等重要的位置。

（4）公平公正的法治环境。珠海应加强地方立法，公正文明地执法司法，保持社会平安稳定；要着力打造宽松有序的市场环境，健全完善现代市场体系，加强资源交易管理，完善市场治理机制，提升市场环境质量。

（5）诚信文明的人文环境。珠海应进一步提高诚信水平，切实提高政府的公信度和企业、个人的信誉度，进一步提高公共服务均等化水平，进一步提高城市文化内涵。

（三）精心打造城市鲜明主题，集聚人气

"人旺商兴"是自古以来的生意经，有了人流，就会带来物流、资金流、技术流和信息流，"五流交汇"经济必然焕发出生机和活力。鲜明的城市主题就是城市财富，主题可以整合资源，形成集聚效应。一是大力发展制造业，集聚人气，同时也为服务业发展提供重要支撑。二是精心打造城市发展主题，吸引过境游客留下过夜。张家界为什么会成为韩国人孝敬父母的全球旅游首选地？被誉为"江南第一镇""东方好莱坞"的横店为什么发展如此之快？最重要的就是要有鲜明的主题，要学会先期的"炒作预热"和"讲故事"，要先有主题，再在主流媒体做略带悬念的广告，通过电影、电视剧外景地进行辅助宣传。三是围绕主题多开展一些大型活动，使宁静的珠海"动"起来。

（四）加快三大链条建设

一是产业链条建设。产业链条是产业做大做强的基础，产业链延伸，可以最大化降低企业运行成本，抗御经济危机。因此，要围绕产业发展需求，科学做好产业配套服务。高新技术产业可重点向产业化、集群化延伸；传统服务业向以物流、金融为重点的现代服务业延伸；特色产业向规模化、效益化延伸。二是服务链条建设。政府要转变职能，强化服务意识，在体制机制上大胆创新，建设公平、有序、宽松、公开的竞争环境。三是生活链条建设。生活链条配套主要包括教育、医疗、文化体育设施、商业服务、金融邮电、社区服务、行政管理、市政公用等。

珠海市城乡公共服务均等化研究

黄　锐等*

一　珠海市城乡公共服务供给分析

（一）研究背景

改革开放 30 多年以来，珠海市的发展是以效率为导向的。在这一思想指导下，珠海的经济社会发展迅猛，珠海市的 GDP 每年均以 10% 以上的速度增长。然而较高的经济增长率并没能相应带来珠海城乡居民福利的普遍提高，珠海市下辖的三个行政区居民依然存在收入分配不均等、福利水平差距大、农村经济社会发展落后等问题。这些问题的产生是由特区设立之初的二元化政策造成的。

为加快"幸福珠海"建设，珠海市委市政府高度重视公共服务均等化建设问题，已经争取到国家同意珠海经济特区范围扩大到全市，从根本上奠定了均等化的基础。同时，珠海市政府开始推进以财政转移支付为主导的均等化进程，包括提供大致均等的公共服务、扶持弱势群体、投资优先考虑西部欠发达镇村等措施实现全市公共服务的均等化建设。

（二）建设公共服务均等化的意义

（1）加快公共服务均等化建设是促进科学发展的现实要求。公共服务需求增长是经济社会发展进入新阶段的重要标志。人类社会发展是一个需求不断

＊　项目主持人：黄锐，珠海市发展和改革局局长。项目组成员：梁培忠，珠海市发展和改革局副局长；王子程，珠海市发展和改革局副科长；綦佳，珠海市发展和改革局主任科员。

拓展和逐步得到满足的过程。伴随着技术进步和物质产品供给能力的提升，公共服务需求不断增长、服务业快速发展成为当今经济社会发展的重要特征。改革开放以来，我国公共服务需求增长呈现逐步加速的趋势，标志着我国经济社会发展进入一个新阶段。如何使公共服务供给与需求相适应，将是我们在较长时期面临的重要任务。党的十七大提出的改善民生、加快社会建设的任务，如教育、医疗、社会保障、就业和收入分配等，都离不开完善公共服务均等化。加快公共服务均等化建设是经济社会发展到一定阶段的必然要求，是促进科学发展、社会和谐的重要内容。

（2）加快公共服务均等化建设是促进社会公平正义的重要举措。加快公共服务均等化建设，可以在一定程度上校正社会财富初次分配的不平衡，并对初次分配产生积极影响，有利于缓解和抑制利益分化进程及其引发的社会矛盾。完善公共服务均等化的一个重要方面是使公共服务逐步扩展到整个社会，实现基本公共服务均等化，消除公共服务领域存在的不公平现象。同时，完善的公共服务均等化为促进社会公平和权利平等提供了强大的基础平台，有利于振奋社会成员的精神，提高社会总体效率。

（3）加快公共服务均等化建设是建设服务型政府的重要内容。提供公共服务是政府的重要职责。发挥政府在公共服务均等化中的主体作用，加快公共财政建设步伐，加大财政支出中用于社会公共服务项目的比重，是建设服务型政府的首要之举。在我国，公共服务领域中存在的主要问题是公共服务发展滞后、总量供应不足、公共投入短缺、分配不平衡。解决这些问题的关键在于转变政府职能，解决政府在社会公共领域的缺位问题，将原来由政府承担的一些公共服务职能转移给非政府组织和私人部门甚至社区，改变完全由政府提供公共服务的局面，实现公共服务提供主体的多中心。市场化的核心是引入竞争机制，打破国家对公共服务领域的垄断，在多元化的公共服务主体间，形成有效竞争机制，从而提高公共服务供给的效率，实现资源的有效配置。

（三）珠海市公共服务供给制度

要研究珠海市公共服务供给制度，必须结合珠海市的实际情况，利用多种具有关联性的规则组成一个制度集合来研究珠海市的公共服务供给制度，具体包括珠海公共服务供给的决策机制、公共服务供给的资金筹集或成本分摊制度以及公共服务的资金使用与管理制度等基本要素。

1. 城乡公共服务供给失衡的具体表现

城乡公共服务供给的失衡，使农村居民尤其是农村贫困群体难以获得基本的公共服务，并由此导致他们最基本的生存权和发展权得不到保障，直接限制了农村人口素质的全面提高。

珠海市的城乡公共服务供给失衡表现在以下三个方面。一是财政收入有限导致公共服务供给不足。农村生产性公共服务供给不足不仅表现为新的生产性公共服务供给不足，而且原有的基础设施老化及自然损坏，导致农业生产能力降低，影响了农业的持续、稳定发展。二是城乡公共服务支出存在明显差异。同全国各地一样，建立特区以来，珠海市在公共服务投入方面重特区、轻农村，把大部分资源投放在特区内，形成了香洲区公共服务迅猛发展而珠海西区农村公共服务多年停滞不前的局面，导致城乡公共资源分布不均衡。近年来，珠海市政府加大对西区的投入力度，财政杠杆向西倾斜，但是短期内难以实现均等化。三是涉及农村可持续发展的公共服务供给短缺。这些公共服务包括农村基础教育、农村环境保护以及农村基本生活设施等。

2. 珠海市公共服务非均等供给的制度因素

1980 年成立珠海特区后，珠海市整体经济社会发展的一个重要特点就是地域差异、城乡分治，呈现出典型的二元发展格局。因此从根本上讲，当前城乡公共服务供给不均等的主要因素是特区成立之初的内外政策不同，即长期实行特区分割的二元政策必然结果。特区内外公共服务非均等供给具体又是由三方面的制度因素造成的：财富由特区外流向特区内的转移机制，特区导向性的公共服务供给制度，特区内外不同的户籍政策。

特区成立初期，政府主要是通过税负转嫁的形式将大量的特区外财富转移到特区内，用于支持工业资本积累和特区内的经济建设，这是由政策原因导致的珠海特区外农村地区公共服务供给不足。税负转移是农村财富流向城市的一个重要渠道，由于税负转嫁以及增值税制度缺陷等因素，特区外的农民作为消费者、投资者、生产商都需要负担部分增值税。通过数据分析，农民负担的增值税中有一部分成为城市的财政收入，从而造成财富由特区外农村向特区内流动的集聚效应。

珠海市的户籍管理制度是特区成立以后，为保证特区能够快速发展而逐步建立起来的，其核心内容是把全市人口人为地划分为特区户口和特区外户口两大主要类型，并实行有差别的社会福利待遇政策。这在客观上把全市人口分成两个经济利益上完全不平等的社会阶层，形成了事实上的人身等级制度，强化了人口对所在地区的人身依附关系。这种以特区内外差异为特点的户籍制度，不仅在身份上强化了城乡的先天差别，对于珠海市特区内外公共服务的不均等供给不可避免地起到了固化和加剧作用。

近年来，珠海市政府开始采取各种措施促进珠海市公共服务城乡供给均衡。一是积极向国务院申请，将特区范围扩大到全市。国务院 2010 年 10 月批准，珠海市全部纳入特区范围。这项政策改变了特区内外政策差异，奠定了全市城乡公共服务均等化的政策基础。二是加大市财政向珠海农村倾斜力度。每年政府投资加大向珠海西部农村倾斜，全力保障西部农村地区公共基础设施建设。三是改善西部农村地区生活条件。近年来，珠海将市区东部的工业向西部农村地区转移，引进的工业项目也多落户珠海西部农村，有效改善了西部农村地区的财政状况，为缩小珠海城乡差距奠定了基础。

二　广东其他城市公共服务均等化建设经验借鉴

没有任何一个城市天然就是发展良好的，大多数城市的发展都经历了由贫穷到富裕、由落后到发达、由不均衡发展到均衡发展、由不和谐到和谐的曲折过程。珠海市成立特区以来，经历了经济高速增长的阶段后，也出现了贫富分化以及城乡之间、各行政区之间发展不均衡等问题，为了能更好地探索到一条符合珠海市实际的均等化途径，有必要深入研究、分析其他城市在实现均等化建设方面的成功经验，并加以借鉴和利用。

（一）清远市佛冈县科学规划公共基础设施经验借鉴

1. 基本情况

佛冈县位于广东省中部，全县有 78 个村（居）委会，总人口 31 万人，其中农村人口近 26 万人。截至 2004 年年底，全县农村人口中存在饮水不安全问题的人数为 88459 人，占全县农村人口的 34%，涉及全县 6 个镇、50 个行政村。其中，饮水水质不达标人口 67638 人，包括氟超标受影响人口 2658 人，铁、锰超标受影响人口 16809 人，饮用严重污染地下水 48171 人；用水方便程度不达标人口 1992 人；水源保证率不达标人口 18829 人。

佛冈县委、县政府把解决农村饮水困难问题作为关系群众生活、促进农村经济发展的一件大事来抓，到 2007 年年底，全县有 18 个村安装了简易自来水，农村群众用上自来水的有 32827 人，农村人口自来水普及率达 13%。佛冈县建成供水工程 28 宗，设计日供水规模 68201 吨，日用水量 40741 吨，受益人口 89025 人。现正建设的止贝岙水库供水工程总投资 971 万元，工程建成后可解决 19467 人的饮水不安全问题，总受益人口达 27391 人。2007 年，佛冈县被列为全国农村饮水安全工程建设示范县。

2. 经验借鉴

清远市佛冈县从抓农村饮水安全工程这一全县人民群众最关心、最迫切需要解决的难题入手，加强农村公共基础设施建设。其成功经验和做法，值得珠海学习和借鉴：其一，科学制定规划、增强执行刚性是加强农村基础设施建设的前提和基础；其二，运用社会力量、拓展筹资渠道是加强农村公共基础设施建设的关键所在；其三，尊重农民意愿、发挥主体作用是加强农村公共基础设施建设的重要保障。

（二）惠州、广州提高农村教育整体水平经验借鉴

1. 惠州经验

2006 年 4 月，惠州市启动了"城乡教育联动发展计划"，通过开展城市学校向农村学校支援先进的办学理念、支援优质的师资队伍、支援实用的教研成果、支援农村学校驶上信息化快车道、支援必要的教学设备和支援农村初中开展劳动技能培训"六支援"活动和实施城乡学校联动管理、联动教研、联动考核"三联动"措施，将全市近一半的城乡学校和师生纳入结对发展活动，让城乡结对学校共同制订联动计划和确保计划顺利实施，切实带动农村教育水平得到整体提升。经过两年多的实践，初步形成了以城带乡的城乡教育均衡发

展模式。一是推行城市优秀教师下乡巡教制度，与农村教师结为师徒；二是以"两持平一鼓励"的实施为契机，全面加强农村教师队伍建设；三是实施激励机制，树立教师队伍标杆；四是设立"惠州教师医疗救助金"，为教师提供保障；五是积极推进教育改革，完善教育考核与督导制度。

2. 广州经验

广州市越秀区是广东省教育厅确定的五个县域义务教育均衡发展试点单位之一。试行学区管理模式是越秀区推进义务教育均衡发展的一项重要措施。越秀区将辖区内初中分为四个学区，每个学区均由不同层次的学校组成。小学分为八个学区，学区由地理位置相对集中的若干所学校组合而成，发挥优质学校的辐射功能，实行学区内教育教学共同规划管理、教育资源共享，试行"中层干部交流，骨干教师支教，教师联合培养，课题共同开发"多种形式的交流与合作。在学区内多次举办校长管理和学区教育教学交流活动，如学区内学校对口进行集体备课和教研活动、学区内就教学专题互相观摩教学、组织学区内教师学习研讨教学理论、学区学校联合举办大型学生教育活动等。

3. 启示与政策借鉴

实现义务教育均衡发展是《中华人民共和国义务教育法》的规定，也是当前实现教育公平亟待解决的热点、重点和难点问题。因此，应将义务教育均衡发展作为一项系统工程，解放思想，深化改革，全方位大力推进。一是完善义务教育以政府投入为主机制，建立与公共财政体制相适应的教育财政制度。二是兼顾公平与效益，积极推进规范化学校建设。三是教师队伍实行待遇均等化基础上的合理配置与流动。四是改革小学升初中、初中升高中的招生制度，促进生源的均衡配置。五是积极开展城乡之间、学校之间捆绑办学。六是以教育信息化促进城乡教育的均衡发展。七是构建促进城乡教育均衡发展的督导评估体系，以法律保障义务教育均衡发展。

（三）云浮市新兴县建立普惠制的新型农村合作医疗

1. 基本情况

新兴县是广东省 50 个山区县之一，辖 12 个镇、195 个村（居）民委员会，面积 1523 平方千米，人口 45 万人，其中农业人口 33.5 万人，农民人均纯收入 4529 元。新兴县从 2003 年开始推行新型农村合作医疗制度，近年来，把建立和完善新型农村合作医疗制度作为构建和谐社会、建设社会主义新农村的民心工程来抓，实现了新型农村合作医疗工作的可持续发展。

2. 启示与政策借鉴

一是农村卫生服务体系建设必须坚持政府主导。二是人才队伍建设是农村卫生服务体系建设的重中之重。三是让农民受益是保证新型农村合作医疗可持续发展的原动力。四是加强农村卫生体制改革和管理。

（四）肇庆市德庆县统筹城乡综合配套体制改革

1. 基本情况

德庆县地处粤中西北部、西江中游北岸，是广东"八山一水一分田"的典型山区县，土地面积 2258 平方千米，人口 36 万人，农业人口占八成，约 28 万人。德庆县委、县政府根据山区县农村人口占总人口 80% 的实际情况，着力解决"三农"问题，积极推进社会主义新农村建设，让大多数人直接受惠。德庆县以发展现代高效农业为关键，全力破解农民增收难、农产品销售难、农业科技入户难、农资质量保障难、农民贷款难、农村环境整治难、农村事业建设难、农村矛盾调处难、农村财务村务监管难、干群关系融洽难十大难题。

2. 经验借鉴

一是以企业模式经营县域农业，破解农民增收难。德庆县把大幅增加农民收入作为新农村建设的首要任务，把县域农业作为一个整体企业模式进行经营，将单家独户分散生产的农户作为企业的生产车间或工作岗位，选准优势特色和具备发展潜力的贡柑砂糖橘作为主导产业。二是大力创建生态文明村，破解农村环境整治难。为了改变农村"脏乱差"环境，德庆县以"五改八有"（即改饮清洁自来水、改厕入户、改建硬底化水泥路、改人畜分居、改建封闭排污渠，有规划、有宣传栏、有垃圾屋、有篮球场、有文化广场、有小公园、有生态沟、有绿化树）为载体，大力创建生态文明村。三是"六进村"构建公共文化服务体系，破解农村事业建设难。德庆县整合资源，加大投入，大力推进广播电视、数字电影、文艺演出、流动图书、文化信息和文体设施"六进村"，成效显著。

三 实现珠海城乡均等化建设的制度安排

公共服务具有特殊的属性，这决定了无法仅仅通过市场机制进行有效的供给，市场机制的调节结果很可能加大城乡差距。因此，必须由政府介入，并由政府通过公共财政进行生产与提供。为保障珠海全市均衡发展，必须首先从制度方面加以安排，以促进城乡公共服务的均等化建设。

（一）构建农村公共服务决策结构

公共服务的性质、市场失灵以及政府存在的逻辑起点和依据，决定了政府必然是公共服务的决策主体。作为公共服务决策的主体，政府在任何时候、任何环境都要坚定不移地为农民提供优廉、高效、便利的公共服务。为更好发挥政府作为决策主体的重要作用，为保证决策的科学性和民主性，保证决策、执行、监督相分离，提高政府公共服务提供的效率和质量，各级政府应成立由政府、专家、农民代表共同组成的公共服务决策委员会。

农村公共服务的决策内容主要是确定三个问题，即提供什么、提供多少和如何提供。"提供什么"的问题涉及农村公共服务的含义和界定，还要界定政府所承担的责任。现阶段农村公共服务的决策目标是满足农民的基本公共需求，因此要为农民提供基本的公共服务。基本公共服务的基本性要与满足基本公共需要的普遍性程度密切相连，与惠及农民的数量和范围高度相关，范围越广、数量越多、普遍性越高，则基本性越强。对于政府来说，基本公共服务的提供有一个责任边界，这个边界就是在完全没有其他市场主体和社会组织进行提供的情况下，政府有责任通过公共财政或其他公共资源保障每一个农民平等享有。"提供多少"的问题，涉及如何达到公共服务的供求平衡，从而实现帕累托最优。要实现公共服务的供求平衡，需要采集农民的需求偏好，为此要建立农民公共需求表达机制，能够使农民显示其真实偏好，并根据公共服务的供给理论，尽量为农民提供最优的供给数量，实现供求平衡。"如何提供"涉及公共服务多中心治理问题。政府是公共服务的决策主体，并不代表全部的公共服务由政府来提供。公共服务的多中心治理问题，可以有效解决政府提供公共服务的效率问题、质量问题以及政府失灵问题。为此，如何提供农村公共服务，要依据治理理论，实现供给主体、供给方式、供给渠道的多样化。

（二）统筹设计珠海市公共服务供给制度

缩小珠海市特区内外公共服务供给差异，实现全市城乡公共服务均等化建设目标是统筹全市经济社会协调发展的一个重要内容。要实现经济增长方式的转变，消除全市社会不和谐的因素，最根本的途径是政府必须转变特区导向的发展战略，摒弃旧的特区导向型公共服务供给制度，在城乡统筹发展的战略框架内，努力构建全市公共服务均等化的供给制度，让全市居民都享有大致均衡的公共服务，具体做法就是通过实行城乡统筹的公共服务供给制度，以调整城乡的资源配置格局，加强农村公共服务供给水平，最终实现城乡公共服务均等化的目标。

城乡公共服务供给的增加是受经济发展水平制约的，在珠海市农村现有经济发展水平下，公共服务过度供给不仅会增加农村居民的税费负担，而且还会损害对其私人产品消费的福利水平。如果不想使农村居民的福利受损而增加公共服务供给，则只有通过促进农村经济发展的途径来实现。当然，在农村公共服务供给数量没有达到最优数量的情况下，还是可以通过资源配置的调整来促进公共服务数量达到最优配置。

（1）珠海市城乡公共服务非均等供给分析。根据城乡公共服务供给的一般情况分析，城乡公共服务供给水平存在差异，这是由城市经济发展水平一般高于农村经济发展水平的假设所决定的，但这并不等于城乡公共服务就一定存在供给不均等问题。公共服务均等化只是一个相对的概念，只有城乡公共服务供给差距扩大到一定限度，才认为城乡公共服务供给出现非均等化情况，才会出现城乡均等化建设问题。

（2）存量调整下的城乡公共服务统筹供给。存量调整下的城乡公共服务统筹供给，是指在不考虑城乡经济发展状况的前提下进行的城乡公共服务统筹供给。在不考虑城乡经济发展水平的情况下实行全市公共服务统筹供给，首先应改变市区导向型政策，停止将农村资源向市区内转移用于公共服务供给的做法，具体的政策措施包括：一是逐步废除不合理的城乡二元税费政策，合理调整工农业产品价格，减轻农村居民的各类税费负担，让农村居民的效用线逐步回归到与其社会生产可能性线相切的位置；二是加强对市区居民尤其是高收入者的税收征管，增加财政收入；三是取消市区居民部分带有公共消费性质的产品的消费，同时相应减少市区内的一些公共服务供给，尤其是严格控制市区内部分公共服务的过度供给，并将这部分公共资源用于农村公共服务的供给。

（3）增量调整下的珠海市公共服务统筹供给。增量调整下的公共服务城乡统筹供给是城乡公共服务统筹供给的第二层次，所谓增量调整下的公共服务城乡统筹供给，是指在考虑经济发展水平的前提下，将市区内部分经济新发展后的增量的一部分转移给农村，用于农村公共服务供给。实行增量调整下的公共服务统筹供给制度，就是要在遵循"帕累托改进原则"与适当促动城市居民既得利益的前提下，将城市创造的一部分财富用于提供农村公共服务，从总体上提高农村公共服务的供给水平。

（三）健全均等化转移支付制度

政府在各行政区间进行财政支出的转移支付是为了各区间各项公共事业均衡发展而采取的一种财政支出政策，它是实现公共支出均等化的主要手段。城乡间、行政区间公共服务水平的差异主要是源于长期的二元经济社会结构，同时也与城乡居民不同的公共服务需求偏好、分税制财政体制下政府的财力水平以及私人供给公共服务的能力不同相关。公共服务均等化建设目标不可能通过市场来实现，因此，为了保障公民的基本权利和促进地区均衡发展，需要政府通过转移支付的方式来实现城乡间、各区间公共服务的城乡均等化建设。

为了均衡各行政区间财力差距，促进公共服务均等化，珠海市财政着重建立和完善财力性转移支付制度，主要包括弥补财力薄弱农村地区的财力缺口、均衡各行政区间财力差距的一般性转移支付。财力性转移支付资金按照客观、公正的原则，根据客观因素，设计统一公式进行分配，因此具有一定的均等化效果。

（四）完善珠海市公共服务城乡均等化建设运行机制

在珠海市城乡均等化建设战略的指导下，通过构建城乡统筹的公共服务供给制度、公共服务供给成本分摊制度以及完善的均等化建设转移支付制度，从制度上保证全市的公共服务的均衡供给，这是促进全市城乡公共服务均等化、最终实现全市经济社会协调发展的关键。然而，好的制度安排并不一定就能取得良好的政策效果，还必须通过健全和完善公共服务均等化建设的运行机制来提高均等化的效率。公共服务均等化的运行机制主要包括公共服务需求表达机制、供给决策机制、公共服务供给均等化的衡量指标体系及激励与约束机制等。

1. 完善公共服务需求表达机制

当前农村公共服务供给制度面临的主要问题是农民需求得不到表达。农民的需求表达机制建设包括两个层面：一是关于公共服务、公共资源以及特定公共服务供给需要的条件等相关信息可以被农民了解，形成选择需求表达的有效性基础；二是建立公共服务供给主体对农民需求敏感反应机制，使农民需求表达成为公共服务供给中的关键环节。

2. 完善公共服务的供给机制

农民对自己的利益诉求是十分清楚的，参与决策的农民会在与不同层级的政府组织、社会组织以及农民合作组织的协商妥协中将自身的利益要求更加现实化。因此，农村公共服务制度建设应该和农村基层民主制度建设统一起来，以民主制度的发展推进农民参与的深化和制度化。在"多予、少取"的分配格局建立之后，乡村民主制度建设的主要内容就在于围绕农村公共服务的提供形成不同范围和层级的农民参与制度和机制，充分发挥村民大会和村民代表大会的作用，实现农村公共服务供给与管理决策程序由"自上而下"向"自下而上"的转变。

3. 公共服务供给的激励机制

所谓的激励机制，是指在公共服务均等化实践中采取一些政策措施激励地方政府或其他公共服务供给主体为居民提供急需的公共服务，以提高广大农村地区的公共服务供给水平，缩小城乡公共服务供给差距。政府对公共服务供给的激励作用十分重要。随着公共财政框架的基本确立，政府应从公共服务制度外供给的主导位置上退下来，转向为公共服务制度内供给的承担者，大力鼓励其他组织和个人，尤其是珠海的外资机构参与公共服务供给，同时对公共服务制度外供给给予一定的激励、引导和监督，从传统行政向现代行政转变，充分发挥政府的激励、引导作用。

此外，还应积极探索公共服务供给的新模式，以增加公共服务供给的内容与数量。虽然在保证提供基础公共服务（如教育、医疗卫生等）和基础设施方面，政府仍发挥着中心作用，但这并不表明政府是唯一的公共服务供给者。摆脱公共服务供给困境的一个出路就是在公共事务供给方面引入内部市场机制，建立公司机构之间的竞争。为此，可以探索公共服务私营，以及发展自主性事业组织和多元组织。

社会管理篇

幸福之城的社会治理转型路径分析
——以珠海为例

李　英*

一　关于幸福城市的评判标准和市民的
幸福指数的调查与分析

近年来，各类机构举办的幸福城市评比活动层出不穷，结果也各不相同。珠海曾是首届（2007 年）"中国十大最具幸福感城市"之一。幸福城市的评判标准涉及自然环境、交通状况、发展速度、文明程度、赚钱机会、医疗卫生水平、教育水平、房价、人情味、治安状况、就业环境、生活便利共 12 个方面。

为了充分及时了解人们对幸福及如何建设幸福之城的看法，我们特别设计了问卷调查表，通过对幸福感受的调查和访谈，取得第一手资料。市民个人幸福指数的设置分别依据环境保护、健康、教育、文化、生活水平、时间

＊　李英，珠海市委党校政治与法律教研室主任。

分配、社区活力、良好治理以及心灵快乐九项指标，根据调查对象的实际情况做了微调，针对幸福感受设计了 12 个选项。课题组以公务员和国有事业单位员工为主要调查对象，面向香洲区、斗门区和金湾区共发放了 1000 份问卷，收回有效问卷 880 份。通过 SPSS 处理，得出数据分析结果，如表 1 和图 1 所示。

表 1　对幸福及如何建设幸福之城的看法的问卷调查

单位：%，次

Q1 假如幸福感最高分值为 100 分，您认为您现在的幸福感可以打多少分？

分数	频数	比重	分数	频数	比重
91~100 分	147	16.7	61~70 分	93	10.6
81~90 分	325	36.9	60 分以下	43	4.9
71~80 分	272	30.9	总　计	880	100.0

Q2 您认为最影响您幸福感的因素是

因素	比重	因素	比重
(1)收入	53.4	(10)和谐社会	20.3
(2)婚姻	27.4	(11)治安	15.9
(3)家庭	44.3	(12)人际交往	8.3
(4)子女	25.9	(13)居住	15.2
(5)事业	28.0	(14)教育	9.8
(6)朋友	9.6	(15)就业	8.3
(7)生活	16.1	(16)医疗	16.2
(8)健康	42.4	(17)闲暇时间	5.6
(9)环境	19.4	(18)其他	2.2

Q3 您认为幸福与否的决定因素是

因素	频数	比重
物质因素	602	68.4
非物质因素	278	31.6
总　计	880	100.0

Q4 您认为"他人幸福"与"自己幸福"的关系是怎样的？

关系	频数	比重	关系	频数	比重
相互冲突	103	11.7	各不相关	151	17.2
相互统一	626	71.1	总　计	880	100.0

续表

Q5 您认为幸福的时候是否需要感恩（感恩之心、感恩之行）？

观点	频数	比重	观点	频数	比重
需要	729	82.8	无所谓	77	8.8
不需要	74	8.4	总计	880	100.0

Q6 请问您对以下各方面持什么观点：

比重\观点\方面	非常满意	满意	一般	不满意	无所谓	满意率	满意度
个人收入	6.4	35.0	44.8	13.6	0.2	86.33	0.61
居住现状	10.0	37.7	43.2	9.0	0.1	91.01	0.66
交通状况	8.0	28.9	45.8	17.1	0.2	82.80	0.59
公共服务	5.5	35.5	49.2	9.8	0	90.23	0.63
社会保障	6.1	39.5	45.9	8.5	0	91.59	0.65
社会治安	6.5	41.5	42.3	9.7	0	90.34	0.65
家庭生活	11.9	50.3	34.0	3.8	0	96.25	0.73
婚姻关系	13.8	52.8	30.0	3.2	0.2	96.81	0.74
人际关系	8.5	53.8	33.7	4.0	0	96.02	0.72
城市环境	9.3	42.8	42.2	5.6	0.1	94.32	0.69
文化氛围	6.4	34.1	52.1	7.4	0	92.61	0.65
职业成就	6.4	34.1	52.1	7.4	0	90.67	0.63
社会道德	9.8	33.4	47.3	9.5	0	90.45	0.65

Q7 您对珠海是否有归属感？

观点	频数	比重	观点	频数	比重
有	490	55.6	不清楚	12	1.4
一般	286	32.5	总计	880	100.0
没有	92	10.5			

Q8 您认为建设幸福珠海第一重要是靠什么？

比重\观点\方面	第一重要	第二重要	第三重要	第四重要	第五重要
社会建设	28.4	38.2	12.7	12.3	9.0
经济发展	42.3	28.3	13.0	9.8	6.8
文化进步	9.3	14.7	42.2	15.2	19.0
民主建设	8.3	8.8	17.6	46.3	18.3
法治保障	11.7	10.1	14.5	16.5	46.9
总计	100.0	100.0	100.0	100.0	100.0

Q9 您对目前的社会政治生活是否满意?

方 面 观 点 比 重	满意	一般	不满意
行使民主权利	28.0	62.8	9.2
履行政治义务	26.3	66.3	7.5
享有人格独立与人格尊严	31.8	62.4	5.8

Q10 您认为政府在建设幸福城市的过程中最需要做什么?

方面	频率	比重	方面	频率	比重
更加廉洁高效	333	37.8	建设法治社会	116	13.2
提供更多公共服务	382	43.4	其他	14	1.6
放权市场化改革	35	4.0	合 计	880	100.0

1. 您的性别

性别	频率	比重		频率	比重
男	514	58.4	合 计	880	100.0
女	366	41.6			

2. 您的年龄

年龄	频率	比重	年龄	频率	比重
18~25 岁	16	1.8	60 岁以上	171	19.4
26~45 岁	181	20.6	合 计	880	100.0
46~60 岁	512	58.2			

3. 受教育程度

受教育程度	频率	比重	受教育程度	频率	比重
高中及以下	307	34.9	硕士及以上	38	4.3
大专	280	31.8	合 计	880	100.0
大学本科	255	29.0			

4. 您的单位/职业是

单位/职业	频率	比重	单位/职业	频率	比重
党政部门或事业单位	465	52.8	自有公司	44	5.0
国有企业	90	10.2	失业或无业	74	8.4
外资企业	88	10.0	合 计	880	100.0
民营企业	119	13.6			

续表

5. 您每月的全部收入大约是

收入（元）	频率	比重	收入（元）	频率	比重
11500	116	13.2	2000	252	28.6
8500	167	19.0	0	49	5.6
6000	125	14.2	合　计	880	100.0
4000	171	19.4			

6. 您的工作所在区域

工作区域	频率	比重	工作区域	频率	比重
香洲区	523	59.4	横琴新区	11	1.3
金湾区	137	15.6	其他经济功能区	21	2.3
斗门区	188	21.4	合　计	880	100.0

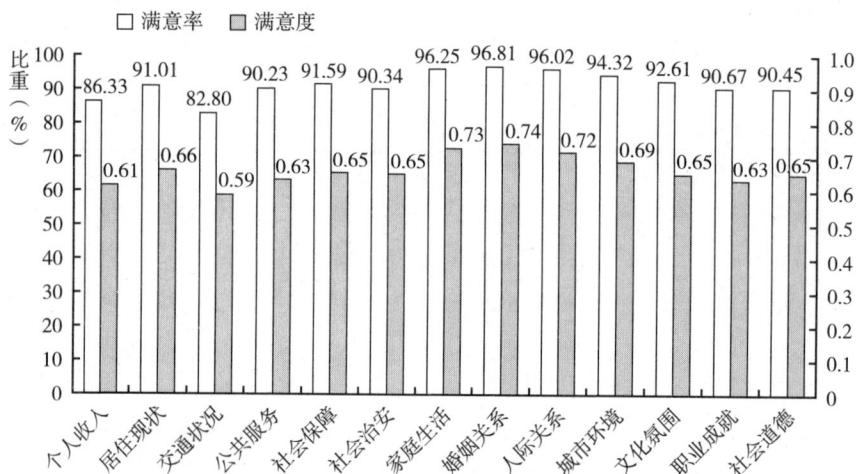

图 1　对各方面的满意度

幸福的层次性决定了不同的人对幸福的理解不同、感受不同。从问卷调查的数据结论和实地走访情况汇总分析，我们可以得出的具普遍性认识有如下几点：珠海公务员群体和国有企事业单位个人幸福感普遍还是比较高的。在影响幸福感调查选取的 18 个主观指标中，"收入"是影响珠海居民幸福感的最重要因素，其次为"家庭"和"健康"。珠海市民普遍认为收入、家庭、健康对幸福感的影响非常重要，说明更看重物质因素对个人幸福感的影响作用。除了对交通状况和个人收入满意率低于 90% 外，对其他影响幸福感的因素则有较强的满意度。对民主权利的行使等社会政治生活满意度一般。在建设幸福珠海靠什么的选项中，"经济发展"放在首位，其次是"社会建设"，把经济发展作为建设幸福珠海最重要的抓手，也比较关注社会建设。对社会政治生活的满意度持一般态度，期望政府能提供更多的公共服务、更廉洁高效。从调查结果来看，中等收入以上的群体，对"社会管理参与""政府行政"等方面均较为重视。同时，对这些因素，被调查者学历越高重视程度越高，赋予的分值越高。学历低、收入低人群，在就业以及保障和提高生活水平上有更明显的要求。绝大多数的珠海市民认为个人幸福和他人幸福是相互统一的，幸福的时候需要感恩。这说明人们意识到一个人幸福是由他生存的社会环境决定的，在一个物欲横流、人伦颠倒、道德败坏的环境里，不可能有个人幸福的土壤。

城市社会治理的目标就是让生活在这个城市的人有幸福感。2011 年珠海市委提出珠海发展的大方向——"率先转型升级，建设幸福珠海"。珠海城市的幸福特质是珠海提出幸福之城发展愿景的依据。珠海市委六届九次全会阐述了幸福珠海的内涵，提出要增加珠海人民的"五感"，即物质富足感、人身安全感、利益公平感、心灵归属感和主人翁自豪感。一是富足感，是指人的衣食住行等物质需求得到满足，是一种基本的生理需求；二是安全感，不仅仅局限于社会治安的好坏，还包括安全生产、食品药品安全监管、公共安全预警、应急体系和社会保障建设等内容，是一种人身安全需求；三是公平感，就是要统筹协调好各方利益关系，切实维护人民群众的合法权益，是一种社会需求；四是归属感，是指个人对城市的认同、人与人之间的互相认同，以及这个城市对个人的容纳和认同，这种心灵上的归属感体现了对尊重的需求；五是自豪感，是综合的高峰体验和幸福的升华，是自我完善的结果，体现了自我实现需求得到了满足。事实上，不同的人有各自的需求和幸福的标准，是由个人自己的价值观和世界观所决定的，每个人的自我实现需求并不遵循统一的、普遍的社会价值标准。例如，对于低收入困难弱势群体，解决温饱和未来生活出路问题是他们最需要也是最幸福的事情；对于高收入群体或成功人士，更多的财富并不能明显增加他们的幸福感，而创造一种良好的社会环境，通过各种激励措施让富人更好地回馈社会，可以最大限度地实现他们的社会价值，得到更多幸福。对于广大普通老百姓来说，第一辆车带来的幸福感也许是不可替代的，能买到一套房也是一辈子的愿望，是最幸福的事情；对于有车一族，"不堵车"也许是相当幸福的事情。对于刚走进社会的大学生、年轻人，得到一个良好的发展平台是最幸福的事情。选择哪些需求来满足幸福感，这是幸福观的问题，珠海提出幸福感的五大指标，我们认为是比较全面、客观地反映了那些最基本体现生活意义的、被广大民众发自内心认同的价值。从社会建设的层面，社会要满足不同人群不同层次的需求。政府要制定务实可行的幸福指数指标体系，要通过一系列的制度安排将这些价值落到实处，通过实践这些价值观找到真正的幸福感。我们需要的是把这些基本的价值观转化成"社会发展指数"，落实到社团、媒体、教育、就业、迁徙等方面，改进公共治理环境，加强城市管理力度，保障公民的基本权利，提供公平竞争的环境，激发社会向上流动的活力，在民主法治方面率先突破，给人民群众真正的安全感和公平感，我们的幸福城市建设才不会流于形式，才真正有助于提升民众的幸福感。

在走向现代化的进程中，珠海市民比较关注物质的富足感，对收入、家庭、健康等因素的关注度高是符合大多数国家和区域的现实情况的。中国也曾有过很多关于幸福指数的相关报道和评论，很是羡慕不丹创下的幸福奇迹。人们想当然地把不丹社会的幸福归结于它的宗教信仰，认为它平衡了人的内心，解决了现代社会非常困难的"幸福问题"。不丹公布的2011年最新民意调查显示，其幸福指数急速缩水，从原先大家知道的97%缩至不足一半，2011年只有41%的不丹人还感到快乐。这种改变不是来自经济崩溃，相反，不丹在经济开放后进入了全球化序列。不丹政府强调认同乡村生活，重建昔日净土，却挡不住农民进城的滚滚洪流。最近不丹总理承认：不丹国民"逐渐背离幸福指数的价值观，像多数国家一样，走向物质挂帅"。有学者认为一些在现代化包围中长期坚持简朴，或者经历现代化的过程，又能够反思、有能力自制和返璞归真的文化，可能才是真正值得研究的对象。

科学发展观下的社会发展不再仅仅关注经济的增长，而是切实回归以人为本的层面，关注民生问题，关注人民的感受。幸福珠海建设需要平衡好物质生活与精神生活、经济增长与幸福提升、个人幸福与社会幸福、客观衡量和主观评价的关系。当前创造幸福比创造物质财富更难，因为现在人们追求的幸福生活不只是物质享受，还包括环境享受、精神享受，以及社会、文化、民主权利的充分保障，乃至自我价值的实现。现代人要重新思考生活是为了什么的问题，生活是为了追求幸福、发现意义。在越来越多污染的基础上，物质财富带来的幸福是不可持续的，追求可持续的幸福就需要选择一种可持续的发展模式。珠海不能成为口号城市，珠海要真正成为人们向往的充满乐趣自由的人生境界、使人能够诗意栖居的乐土。民生问题与居民的幸福感之间存在着密切的关系。幸福、尊严这样的心理感受成为社会发展的重要衡量指标。社会提供给人们良好的发展空间，是个人幸福的重要保证。社会公平感是关键，没有公平客观的评价机制和利益生成机制，人心难免会失衡。利益机制失衡，会导致心理失衡、行为扭曲。高风险社会中谁还能安享个人的幸福？所以，对于幸福感的提升来说，社会建设非常重要。珠海应该通过与其他地区对比各项社会发展指标体系和生态城市、幸福、宜居等指标体系来客观评价珠海在自然进化系统和人文发展系统保持平衡方面的成效。珠海不仅要做到人与自然和谐发展，同时还要做到经济与社会协调发展。应该说综合了经济、社会、生态环境各方面的发展，珠海的发展才比较全面协调。正因为珠海具备建设生态文明好的条件和基础，广东省委要求珠海"率先探索建设生态文明的发展道路，争当我省科学发展的示范市"。

在建设幸福城市方面，珠海的基础条件是比较优越的，但与建设幸福珠海的目标还有很大差距。如何继续保持这种优势和全面提高人们的幸福感，关键是要清醒认识自身的劣势、存在的问题和困难，全面补足幸福的"短板"。对珠海来说，在富足感方面，"短板"在西部地区，斗门和金湾的产业发展、人民生活仍处于较低水平。20世纪90年代，珠海就提出了"工业西进，城市西拓"战略，但相比工业西进，城市西拓进展缓慢，西部有业无城，城市配套跟不上，导致在西区工作的产业人才生活的舒适性和便利性大打折扣，幸福感下降，同时给城市交通带来较大压力。珠海西部地区配套不足已严重影响产业人才的安居乐业，导致城市美誉度下降，成为阻碍人才进入的障碍。在安全感方面，珠海是珠江三角洲地区最安全的城市之一，社会治安不是"短板"，食品药品安全问题才是当前老百姓最不放心和关注的焦点，还有安全生产问题，特别是石化产业聚集的临港高危地区需要提高安全监管和应急保障能力。在公平感方面，经过改革开放30余年的建设，国民经济实现了快速发展，相比之下，社会管理明显落后于经济发展的步伐，"短板"体现在社会管理方面。在归属感方面，关键是让老百姓安居乐业，要创造一个宜居宜业的良好环境，对珠海来说，"宜居"一直是我们的品牌，创业环境相比之下则是"短板"。在自豪感方面，珠海人有自信也有自卑，"短板"就体现在珠海的珠江出海口西岸核心城市定位和现实经济实力方面的差距。

二　当前影响珠海市民幸福感的社会治理因素分析

今天珠海跟国内许多城市一样面临发展的困境。珠海的珠江出海口西岸核心城市定位和现实经济实力方面的差距，特别是近年来珠海经济总量面临被周边地区进一步拉开距离的严峻形势，使珠海一方面要进一步拓展城市功能，增强自身经济实力，另一方面又要保持生态文明新特区的环境品牌优势。随着珠海"工业西进，城市西拓"战略的实施，珠海市经济增长很大程度上还依赖于高能耗产业，工业重型化带来的结构性污染问题突出。珠海市能源消耗、土地资源消耗、水资源消耗逐年增长，人口持续增长，对资源环境的需求日益增加，快速的经济发展带来环境的压力增大。随着城市机动车数量逐年快速增长，再加上大量的过境车辆，机动车尾气排放和噪声污染对珠海的城市交通和自然环境提出了极大的挑战。健康是个人幸福最重要的保障，城市环境污染、有毒的食品药品等对市民健康的损害不可忽视。部分市民的文明意识淡薄，影响了珠海市进行生态文明建设。目前珠海生态城市建设难度增大、节能减排的压力增大，如何将制造业发展和环境建设协调好是珠海面临的难题，最具珠海特色的生态环境优势正受到前所未有的挑战。如何摆脱当前现实发展的困境？只有立足于对现实的社会治理现状和问题的分析，才能找到实现理想模型的现实路径。

当前我们没有厘清政府、社会和市场的权力边界，出现公共决策的排序困境。例如，如何解决经济发展和环境保护之间的冲突；如何解决区域不平衡，不同群体之间的收入差距问题；在制定社会政策时既要照顾到弱势群体和特殊群体，又要考虑到夹心层的问题，同时还要吸引高端人才的进入。目前一些社会政策的实施不但没有减少反而增加了社会的不公平。寻找具有普遍性的社会政策优惠面临相当的财政压力，但针对特定人群的优惠政策又面临在公共资源的分配上公平和正义的考验。例如，住房、养老等如何推进市场化改革，既保障基本需求，又通过市场化运作解决资金瓶颈和赢利能力问题，保证可持续发展。医疗卫生是市场严重失灵的领域，如何切实解决老百姓看病难、看病贵以及日益突出的医患矛盾问题？如何保证公共开支的可持续投入和增长？财政收入有多少用于民生建设，用于医疗、教育、住房、交通等方面的改善？现有的官僚体制难以应对复杂的民众需求，解决尖锐的复杂问题需要政府提升处理社会矛盾和解决问题的能力。如何建立社会安全保障体系和民生公共服务体系，提高民众在社会经济生活中的安全感？如何保障公民的基本权利，解决政策限制导致的公平正义问题，给个人和不同经济主体提供平等机会？这些直接影响社会幸福感的问题都亟须破解，要解决这些难题，不是靠所谓权宜之计"头痛医头，脚痛医脚"的局部调整改革就能解决的，必须从社会治理的层面找到系统性解决问题的方案。例如，今天食品药品安全问题才是老百姓最不放心和关注的焦点。欺行霸市对市场的垄断以及商业贿赂盛行严重败坏社会风气，人们普遍缺乏安全感，导致幸福感受到损伤。

今天人们诚信缺失、守法意识不强，主要还是因为违法成本低、行政处罚执行难、严格公平执法受到挑战，所以才有了这些市场乱象。契约是一种诚信，背后需要法律支撑。只有通过法律明确规范，法律得到遵守和执行，才能建立有序的市场体系。完善和创新市场监管体系，着力从法治上建立打击欺行霸市、打击制假售假、打击商业贿赂，建设社会信用体系、建设市场监管体系的"三打两建"长效机制，通过立法，完善和创新市场监管体系，优化市场环境，维护市场秩序。现代法治的真谛在于"良法"和"善治"的结合。现实生活中，我们过去习惯靠行政控制的方法解决问题，不善于通过依法行政、公正的司法等法律途径来解决矛盾问题。随着社会由传统计划经济向现代市场经济转型，我国的社会治理模式由传统的社会政治导向性控制模式向现代的公共导向性法律模式转变。要形成有针对性的、切合珠海实际的、有建设性的系统解决方案必须通过社会治理的转型。

随着珠海社会经济发展，产业转型升级和结构调整、环境治理升级、城市管理水平提升、城市文明升级等面临一系列问题，探索适应社会主义市场经济的珠海治理模式是建设幸福珠海的必然要求。珠海要通过"一体两翼"的体制改革，推动幸福珠海建设。创新社会治理模式，要因地制宜，处理好城镇和乡村的关系，要打造"宜居城乡"，加强城乡规划建设管理，建设优美城乡环境，营造优质洁净的人居环境，改善居民的生活环境，推进基本公共服务均等化。只有政府服务高效、生态环境优美，才是一个让广大市民充满"幸福感"的城市。就实际内涵而言，宜居和幸福城市离不开环境卫生、人际和谐、民主法治与社会进步，所以认真实践科学发展观，建设真正的资源节约型、环境友好型社会主义和谐社会，努力完善民主和法治建设，才是构建宜居和幸福城市的正确途径。

2008年，珠海启动社会管理体制改革先行先试，着力建设"党委政府主导、社会组织主体、人民群众主人"的社会治理新机制。2011年，珠海市委市政府对社会管理综合改革创新进行了全面总结，出台了《中共珠海市委珠海市人民政府关于创新社会管理加强社会建设的意见》，明确以保障和改善民生为重点，以完善社会服务为基础，以促进公平正义为导向，以体制机制创新为动力，提出了未来十年社会建设的奋斗目标，对建设"小政府、大社会、强政府、好社会"做了初步规划和设计。构建适应社会主义市场经济有珠海特色的社会治理模式是当务之急，市场化、民主化、法治化作为基本路径，具体实现途径包括社会治理理念、方式方法的转型。特定社会的社会建构过程，总是受到各自特定历史背景和政治环境的制约和影响。目前珠海存在的社会治理问题产生的根源主要可以归结为经济可持续发展的法制保障缺乏、政治体制和政治文化缺陷、政府管理体制机制不顺、部分官员和公务员素质和能力还难以适应社会治理模式的转变。现有体制与现代社会治理模式的内在冲突主要源于不同的治理理念。传统的工业革命时代的社会管理模式是强势政府主导，而信息革命的全球化时代则要求建立公民社会新的社会管理机制。政府的转型只有从政府治理的理念到政府运转的机制以及政府行为模式都发生根本的改变，才能真正解决目前面临的公共治理问题。社会治理模式改革创新路径选择必须在继承和发展现行管理体制的基础上，通过在立法、行政、财政、司法等领域的制度创新和结构重塑来促进城市发展，推动幸福珠海建设。

三　幸福珠海的社会治理转型路径选择

改革社会管理体制弊端的实质就是在法治轨道内实现政府转型。在社会治理理念上强调扁平化高效负责任的服务型政府建设。探索适应社会主义市场经济珠海治理模式的有效路径包括以下几方面。

（一）以民生建设为重点，推进生态宜居城市建设，实现城市美丽富足目标

幸福珠海的社会治理目标是以建设生态宜居城市为目标，满足人民群众对幸福的期望。珠海的生态文明城市、幸福城市品牌有一定的知名度，健康向上的城市灵魂能够使市民充满自信心和幸福感。珠海具有宜居城市的特质，让"蜗居"的人都能有一个比较舒适的家，都能实现幸福的最大化，这体现了现代人对高品质生活的追求。珠海就是要变为人们最想定居的城市、让居民觉得有幸福感的城市。但幸福城市不是口号也不是政绩工程，必须有实在的内涵。开放宜居的城市，不在于规模，而在于城市环境优美，有尽可能少的"城市病"，政治开明、经济发达，能提供多层次的公共服务满足居住人口的生活舒适度和便利性需求。生态城市不是城市要素和环境要素的相加，而是融合。生态城市要做到五宜，即宜居、宜业、宜行、宜民、宜久。生态城市必须以最小的物能投入实现需求满足的最大化。生态城市不应该存在少数家庭囤积住宅而大多数家庭望房兴叹；不允许家庭私人汽车挤占公共交通和自行车的道路资源。生活在城市中的人与自然、社会是一个共生的网络系统。做生态城市工程不是做政绩工程。珠海作为生态城市、宜居城市，要提升自己的城市品牌价值和竞争力。珠海将实施四大工程：实施"蓝天工程"，让空气更清新；实施

"碧水工程"，让水源更洁净；实施"绿色工程"，让家园更美丽；实施"福祉工程"，让人民更幸福。珠海要完善生态安全、生态经济、生态环境、生态文化、生态人居"五大体系"，构建科学发展的生态格局。紧凑型城市强调混合使用和密集开发的策略，使人们居住在更靠近工作地点和日常生活所必需的服务设施周围。它不仅包含地理概念，更重要的是强调城市内在的紧密关系以及时间、空间概念。紧凑型城市的思想主要包括高密度居住、对汽车的低依赖、城乡边界和景观明显、混合土地利用、生活多样化、身份明晰、社会公正、日常生活的自我丰富八个方面。土地的集约化利用不仅减少了资源的占用与浪费，还使土地功能的混合使用、城市活力的恢复以及公共交通政策的推行与社区中一些生态化措施的尝试得以实现。可以说，紧凑型城市开发模式的目标是实现城市的可持续发展。珠海要倡导公交出行，采取有效措施控制机动车排气污染，打造绿色交通，遵循以公共交通为导向的开发（transit-oriented development，TOD）理念优化交通。"以公共交通为导向的发展模式"是规划一个居民区或者商业区时，使公共交通的使用最大化的一种非汽车化的规划设计方式。珠海要优化城市建设框架，树立发展紧凑型城市理念，提高土地利用效率，完善城市功能布局，提高城市功能强度。西部中心城区的建设一定要使其成为集工作、生活、休闲娱乐为一体的地方，增强人的幸福感。珠海要加大对西部地区的民生投入，用于改善医疗、教育、住房、交通等方面的条件。珠海要实行各有侧重的城市空间发展管制，利用旧城改造机遇，创新用地计划，保障幸福导向型产业用地需求，加快完善交通体系，提高市民出行和产业发展的便利性。珠海要打造游购娱一体、高品质、交通便捷的游憩商业空间。

为了幸福而工作，从中感受幸福，这就是城市发展的最终目的。珠海市民对经济发展和公共服务的提供关注度很高。除了把城市建设好之外，还要着力提高市民最关心的收入增长问题，必须依靠产业发展提供有竞争力的工资水平。发展幸福导向型产业以满足人的多元幸福诉求为导向，幸福导向型产业要依靠本地内需拉动，带动当地老百姓就业和促进收入增长。发展幸福导向型产业符合珠海的城市定位和产业转型升级的方向。珠海可以通过直接切入幸福导向型产业经济模式，在产业发展中重视并利用产业的外部效应，进而与城市品牌相协同。珠海可以通过产业特色发展来促进城市的和谐发展，真正提高人民的幸福生活指数。为了解决区域发展不平衡和城乡收入差距显著问题，解决幸福珠海建设的"短板"，珠海启动幸福村居建设。幸福村居建设提出因地制宜，特色发展。例如，斗门作为主战场，把农业产业发展作为创建幸福村居的重头戏。斗门区在发布的《创建幸福村居实施意见》中提出将大力发展乡村旅游产业，将定期举办有地方特色的文化节庆活动，促进品牌农产品的销售和旅游产品的推介。例如，位于斗门莲洲镇的"十里莲江"旅游项目提倡"5 + 2"生活方式，即以"农耕度假、养生生活"为核心，打造集生态农业观光、农耕体验、休闲度假、科普教育和养生居住为一体的大型综合性旅游项目。珠海通过走发展大农业与第二产业、第三产业相结合的现代新型农业发展模式，形成经济、生态、社会效益的统一。

民生建设是社会管理创新的出发点和落脚点。加大财政投入很重要，但更重要的是要加大制度性投入。一个城市要赢得竞争力，最重要的资源就是人才，因此人才对城市的认同感非常重要。目前房价高昂和社会福利制度固化等因素使迁徙成本高、人才的流动性较差，因此，如何吸引人才和留住人才并发挥人才最大的效用是城市管理者必须思考的头等大事。珠海政府要认真研究产业聚集和产业人才聚集的条件，以市场为基础，以消费者为导向，提高政府服务社会的效率，营造适合高科技产业、创意产业发展和人才聚集的氛围，使产业发展和城市建设带来的高素质人口形成互动，形成产业和人口不断升级的良性循环，使珠海最终成为高科技创意活动的聚集地。珠海要努力使产业发展和城市发展保持均衡，使经济繁荣，能提供有竞争力的工资水平和足够多的就业机会，同时提供多层次的公共服务需求，以满足居住人口对生活舒适度和便利性的需求。

珠海必须营造宜居宜业的人才发展环境和产业发展环境，推进幸福珠海建设。首先，要营造产业发展的良好环境，推动产业转型升级；其次，要认真研究产业聚集和产业人才聚集的条件，形成适宜人才创新创业的文化氛围和国际化、法治化的环境。横琴全面开展商事登记制度改革试点，实行符合国际惯例的企业工商登记制度。为了创造良好的政务环境和国际化的营商环境，珠海目前已启动第五轮行政审批制度改革。横琴新区在借鉴港澳经验的基础上，通过优化、再造，形成了"告知承诺，立即许可，后续监管"审批新机制，大大提高了审批效能，优化了投资环境。这些经验都值得借鉴推广。参与全球经济中高端竞争关键要促进产学研结合，一定要通过园区建设公共技术平台、公共市场体系，打造产业链，推广新业态。经济增长和创新的主体是企业，只有通过改善政府治理和公共服务，才能为中小企业成长创造充分的空间，使创业者有意愿有条件将企业家才能发挥到生产性领域，并由此带动技术创新，才能实现发展方式的根本转变。硅谷之所以成为"创新和创业精神的栖息地"，最主要的不是政府的规划扶持和优惠，而是具备一整套的有利于创新的制度安排。

优雅的人文环境是聚集人才的必要条件。文化主管部门要协同规划建设部门根据珠海人才聚集特点，规划建设不同内涵的主题街或文化聚会场所，使具有不同文化背景、不同宗教信仰、不同习俗、不同国籍的人才找到归属感，彰显珠海的文化多元性和移民城市的博大包容性，推动珠海成为中国文化和国际文化的重要交融中心之一。同时加快高水准的音乐厅、剧院、电影院及各种展览馆、博物馆等文化设施建设，定期举办群众性的文体活动，定期邀请国际高水平的文体团队来珠海演出，为各类人才提供高水平的文化盛宴。市妇联、工会等应经常举办青年人才交友联谊活动，以人留人，创造条件让青年人才在珠海恋爱、成家。根据人才各聚集区的不同特征，从街景规划建设、城市优质公共服务配套建设以及人才安居房（或人才公寓等）建设等入手，在各行政区、功能区规划建设适度规模，符合国际标准，拥有优质教育、医疗、文化、市场、银行、交通等公共管理和公共服务体系，低碳环保的人才社区、人才公寓，并在遵循市场规律的前提下，设定合理入住门槛，低价租售给各类人才居住，从规划和建设层面引导各类人才实现"人以类聚，物以群分"。教育主管部门要根据人才分布和聚集情况，加快优质教育资源均等化进程，在各工业园区周边规划建立高质量的幼儿园和中小学，以满足企业人才子女的入学入托需求。对户籍不在珠海的优秀人才子女入读初高中时，要给予市民待遇。卫生主管部门要探索创新医疗资源共享机制，不仅要推动珠海市范围内优质医疗资源共享，还要为广大市民开辟共享广州、深圳、香港等地优质医疗资源的渠道，弥补珠海本地优质医疗资源的不足。

（二）以法治建设为重点，推进社会管理创新，实现社会公平目标

加强和创新社会管理，其基本任务就是协调社会利益关系、化解社会矛盾、促进社会公正、保持社会稳定。当前，社会利益关系和矛盾比较集中地反映在两个方面：一是容易激起群众不满情绪的民生难题，如就业、医疗、教育、住房、交通、拆迁等；二是涉及一些特殊群体的权益保障问题，如流动人口、低收入人群、旧村改造村民、失地农民、农民工等。对这些利益关系和矛盾，如果处理得不好，非但谈不上社会管理的创新，而且会对社会建设和社会稳定产生负面作用。我们要通过制度建设健全人民群众的利益表达机制、权益保障机制，创建公共决策机制、群众工作机制。当前我们要深入分析社会管理领域面临的形势和问题，有针对性地提出解决问题的可行方案。目前珠海市还处于社会转型和利益格局调整时期，各种社会矛盾错综复杂，社会稳定形势较严峻。在珠海现代化的进程中亟须建立起一种新型的现代城市基层管理体制和城市社会政治稳定机制。珠海市要针对当前社会中存在的突出矛盾，如食品安全问题、征地拆迁问题、劳资纠纷问题等，建立社会矛盾调处机制。现阶段基层党组织在群众中威信不高的主要原因就是不能取信于民，朝令夕改，政策出台没有尊重民意，解决矛盾不善于用官民协商、平等沟通等民主政治手段来吸纳群众诉求、化解社会矛盾，不善于通过依法行政、公正司法等法律途径来解决矛盾纠纷。我们在化解矛盾、推进社会民主建设的过程中要树立依法行政观念，维护党和政府依法管理社会的权威。

国家的法治保障是最关键的公共产品，因此要加强社会管理领域的立法。当前珠海要充分发挥作为经济特区的立法权优势，积极推动公共服务领域急需的立法活动，研究制定具有可操作性的法律政策，为公共服务提供制度和法律保障，建立现代社会规范化的社会组织与社会运行的制度体系。珠海要结合自身实际，加强地方生态立法，为珠海市工业生态转型提供法律依据和政策保障。对食品药品的监管要从主要依靠行政监管转变到主要依靠法律监管，要加强私法领域的立法。珠海要理顺城市管理体制，通过社会领域的立法和各项制度建设，按照责权利相对等的原则规范各级社会管理机构和组织的责、权、利，理顺各层级之间的各项权利义务关系，使之法定化。政府要通过建章立

制，促进社会自治体制的发育、成熟，深入研究关于政府向社会组织转移和购买服务的政策体系，推动和落实社会组织尤其是公益慈善类组织的税收优惠政策，积极寻求地方立法，实现优惠政策的法律化。

当前珠海立法创新是法治创新的突破口之一，要充分运用较大市立法权和经济特区立法权，立足全市大局、服务中心工作，紧贴发展实际，响应群众诉求，突出横琴开发、社会建设和管理创新、改善民生等重点，加强创新性、先行性、自主性立法，汇集民意、关注民生、体现民利，把地方立法同解决人民群众最关心的现实利益问题紧密结合起来，着力推进以改善民生为重点的社会领域立法，从立法层面保障人民群众的根本利益，及时回应人民群众对立法需求的新变化、新要求。珠海要改进立法方式，建立法规规章多元起草机制，完善立法协商、公众参与机制，促进立法科学化、民主化。珠海要大力加强立法队伍建设，增加专职、兼职立法专业人员及经费投入，组建立法研究机构，开展立法项目储备研究，以立法科学化引领法治城市发展。

行政程序不规范、决策机制不健全、执行系统不顺畅、监督乏力，这是目前许多问题的根源。好的法律法规要落实，关键在执行。当前职能部门和基层管理部门条块分割，相关管理部门协调不力，管理水平不到位，没有形成合力，执法力度不到位、效率差，执法监督乏力，责任落实不到位，政策缺乏有效执行，所以要高度关注社会管理领域的行政执法。珠海可以率先建立法治政府评价体系，规范行政行为，抑制行政违法行为发生，将行政活动置于法律调控之下，加强约束行政机关的行政程序建设，完善对公民合法权益的保障程序；充分利用听取和审议政府专项工作报告、开展执法检查等形式，重点监督在社会管理领域中行政权力依法授予和充分行使问题以及行政权力越位、缺位、错位和行政乱作为现象，并加强对行政权力运行过程的监督，监督政府在法治框架内的创新社会管理行为，既不能违反宪法、法律的规定，也不能突破法规规章和政策的界限。法律有规定，必须严格执行，依法行政；法律法规没有相关规定的，应当本着对人民负责的精神，按照兼顾公平和效率的原则，探索新的管理方式和管理模式，经过实践检验后，上升为法规或规章，进而确保创新举措的合法性。监督政府实行政务公开，增加行政工作的透明度，把公共财政支出、教育、医疗、城建、环保等与群众利益密切相关的领域和部门，作为政府信息公开的重点，依法进行监督；进一步加强对政府规范性文件的备案审查，一经发现有侵犯人民群众、法人和其他组织合法权益的内容，要坚决予以撤销。

珠海要加强司法的独立性，形成崇尚法治、摒弃特权的法治环境，切实以依法行政和司法公正来改善珠海的法治环境；要加大对司法机关的监督力度，积极做好同一类型案件的监督；要探索新的司法监督方式，通过对人民群众反应强烈、影响司法公正的同一类型案件的监督，了解该类型案件存在的法律问题和反映出的社会问题，以此督促解决司法领域中普遍性的问题和社会领域中的突出问题，加强司法监督，维护社会公平正义。珠海要积极探索人大监督与检察机关法律监督及司法机关内部监督相衔接的机制；要加强司法机关监督机制建设，充分发挥检察机关法律监督作用和司法机关内部监督机制作用，通过有效的监督和制约，进一步提高司法公正水平和公信力，推动社会管理的法治化建设。珠海市人大及其常委会要发挥在法治建设工作中的主导作用，认真履行职责，采取有效措施，加强对本市法律实施情况的监督，充分发挥法律、法规在社会管理中的规范、引导、保障和促进作用，为加强和创新社会管理创造良好的法治环境。珠海要通过监督"一府两院"依法行政和公正司法，把珠海的经济建设、政治建设、文化建设、社会建设以及生态文明建设等各项工作纳入法制化、规范化轨道，着力构建充满活力、富有效率、更加开放、有利于科学发展的社会管理体制。

（三）以政府管理体制改革为重点，推进公共服务市场化改革，实现社会和谐目标

公共服务市场化取向改革的目标是通过市场化缩小政府规模，而不是减少或淡化政府的作用。正确的选择应该是政府职能市场化，建立"小政府""大社会"的模式，充分运用市场机制来解决政府在公共服务领域的不足。目前要结合政府机构改革和事业单位改革，通过专业机构的设置解决公共服务提供渠道的多元化、专业化问题。珠海应设置法定机构，进行公共服务市场化改革，把与政府性质和职能不相符的事务全部交给企事业单位和市场中介组织，通过合同外判等市场化的改革方式，运用市场竞争机制将大量的社会公共服务交给私营机构、社会组织去运作。政府可以购买服务，但政府的责任绝不能随

之外包，要严格遵守政府购买服务的基本程序，确保政府购买服务行为的规范性与科学性。例如，可以通过立法完善政府购买社会服务的相关法律和政策措施，明确政府购买服务的原则、基本要求和基本程序。政府要对提供公共服务的组织进行监督管理。政府要建立相应的评价和监督机制，加强对公共服务行为的监管，以保障公共服务的质量。珠海应学习香港社会福利津助制度和服务表现监察制度，完善公共服务机构内部治理机制和社会问责制度。珠海应通过全面推行公共管理部门的绩效管理制度和措施，有效监督服务机构的工作，提高服务机构的服务质量和效益。例如，探索社区服务发展服务产业的潜力，作为解决中小企业发展和人员就业的一条有效途径。

珠海要进一步消除政府部门存在的体制机制性障碍，提高行政效率，在绩效考核中注重公众参与和外部评价。提高政府公共服务的效率，要建立以公共服务为主要内容的政府职能体系，建立"精简高效"扁平化的有限政府。珠海应推动政府在管理和提供公共服务方面锐意革新，务求提供最高效率和成效的公共服务，满足市民的需求。切实转变政府职能就是要强调政府职能的公共性，推进政府公共事务的社会化和市场化。珠海要推动政府职能转变，合理界定社会、市场、政府三者的职能边界，建立合理分工基础上的有效合作，积极发挥政府的主导作用，重新确立政府与市场、社会组织三者之间平等的契约关系。

政府保障公共服务得以提供，但并一定直接提供公共服务，供给方式可以采用政府购买的方式。珠海要大力推行政府购买公共服务，凡实施公共服务项目，首先考虑市场能否提供，市场能提供的最好通过市场购买，同时通过合同形式确保服务质量。珠海要建立适应公共服务型政府的财政体系，通过透明的公共财政体系加强对公共服务经费的运用和监管。政府首先干预与民生密切相关的公共房屋、医疗、教育，加大投入，整合资源，并且将物质保障与服务保障相结合，编织可靠的社会安全网，给有困难的弱势群体提供基本生活保障。医疗卫生保障是社会和谐的保障。目前社会稳定很重要，尤其是基本的生存权的保障，要尽快放宽对社会服务领域的市场准入和投资限制，形成提供主体多元化、提供方式多样化的社会服务业发展新格局，满足人民群众多层次需求。珠海应全力推进社区政务服务中心和公共服务站建设。政府要大力推进公共服务平台核心的体系化与制度化建设，在公共服务平台的建设过程中，要高度重视和利用电子政务的发展成果，推进信息网络平台的建设，促进信息资源的共享，提供更为便捷的公共服务。珠海要形成以政府为主导，提供基本公共服务和针对特殊群体的服务，与社区、市场化一起形成三位一体的社区服务体系，提升人民幸福感。珠海要高度重视基层社会管理和服务体系的建设，以居民需求为导向提供社区服务，寓管理于服务中。例如，珠海康宁社区借鉴香港社工发展模式和服务模式，利用北京师范大学香港浸会大学联合国际学院学生社工和香港社会组织的优势资源开展合作，发起成立的"邻里互助社"开展居家养老日托、卫生、康复等贴心服务，成为社区居民温暖的家。珠海要学习港澳经验，高度重视基层社会管理和服务体系的建设，港澳的社区建设经验包括建设均衡、有活力及自给自足的社区，提供多样化文娱康乐设施、不同层次商品和不同类型的就业机会，便利的社区交通，以及专职的社工服务队伍，这些现成的成功经验可以直接为珠海社区建设提供参照。目前珠海社区服务方面与无缝隙零距离全方位服务百姓尚有差距，可以学习青岛全面推行为民服务代理制，可以借鉴厦门设立"968180社区服务网络中心"，在医疗、卫生、电子政务、社区文化、劳动就业、办事指南及家政服务等方面为百姓提供全方位服务。

加强党对社会事务管理的领导核心地位，发挥党组织的政治优势，推动社会管理模式的转型。珠海在基层社区推行党代表工作室制度取得了一定的成效。发挥党组织的政治优势要通过社会主义核心价值体系的建设，引领社会文明进步的方向和公民社会的培育形成。

（四）以价值重塑为重点创建文明城市，以社会参与为重点培育公民社会，实现城市文明提升目标

如何继续保持珠海优势和全面提高人们的幸福感，一方面要完善城市公共服务设施，让公众感受到自己生活在幸福的社会生活之中，另一方面要积极营造培育文明和谐的社会氛围。要建立稳定和谐的社会，不仅有赖于政府提供福利服务，还需要社会各界发挥互助互惠的精神，共同分担责任，提供社区支持，把有限的资源投放到确有需要的人身上，并确保福利服务的可持续性。配

套的民主参与和监督机制很重要。现在很多社会矛盾激化的背后实际上是我们的民意诉求渠道不畅通所致，因此要学习香港特别行政区行政法治经验和港澳的社会参与经验。港澳政府在各项政策制定过程中，重要的一环就是充分听取民众的意见，充分尊重民意。而公众的参与需要政府信息的公开，因此政策的出台，都应事先公布方案，让大家充分了解，并通过座谈会、论证会等形式广泛听取各界民众的意见，也可以参照《中华人民共和国立法法》和《规章制定程序条例》的规定采取听证会的形式听取意见。我们可以学习港澳社会治理经验，培育城市多元治理主体，并营造其参与机制，完善信息公开和公众参与机制。例如，率先在国内提出"建立健全政府行政决策咨询机制和广泛的社会参与机制"，完善政府部门间的联席会议制度。珠海要健全和完善党代会、人代会、政协会以及信访、传媒这些基本的利益协调机制和表达机制，要通过公共决策机制的建立实现公共决策的科学化、民主化和专业化。例如，要不要建污水处理厂，一些对环境有潜在影响的重大项目要不要引进的问题其实都是需要公共决策的问题，对于直接涉及群众切身利益的环境与发展决策或重大项目要广泛听取意见，建立公众听证制度和新闻舆论监督等机制。在涉及社区的公共事务中，如学校、市场、医院等服务设施规划建设方面，要体现社区居民的话语权。珠海要建立健全尊重居民意愿的政府决策机制，将决策权延伸到市民服务、具体社会事务的最前线。珠海要完善公众对政府管理机构的评价监督机制，增加新闻舆论对公共政策讨论报道的透明度。珠海要加强网络舆情的监控，通过立法途径探索保障司法、媒体、市民监督政府的制度性安排。责任追究是有效监督的法宝，建立公共决策的责任追究制度，必须将责任落实到决策者个人身上，以免以"集体决策"的名义使一切责任落空。珠海要完善政务公开制度，保障公众的知情权、参与权、监督权，指引珠海市的企业进行自我约束，并使公众通过政府搭建的信息平台等多种措施依法监督政府和企业的生态行为。珠海要完善环境经济政策，构建高效完善的公众参与机制。环境教育的目标在于培养有责任心的公民。珠海应立足于生产方式和消费模式的改变，向公众倡导低碳生活、绿色消费、共建生态文明等意识，培育市民的生态文明观念，自觉保护风景资源，实行绿色消费、绿色出行。生态文化是一个关键因素，要形成自发的市民体系。生态城市的成功最终是要依靠社区居民来实现的，引入与公众参与密切相关，强化公众作为城市的生产者、建设者、消费者、保护者的重要作用的社区驱动开发模式。通过人民群众认可并积极参与的实践来提升珠海城市品牌价值和竞争力。

总之，要以"发挥环境优势、促进生态建设、增强市民幸福感"为抓手，顺应人民群众对美好生活的新期待，提升城市功能品质，全面增进民生福祉，着力改善人居环境，把珠海打造成为经济持续发展、环境优美怡人、生活舒适便捷、服务优良健全、文化繁荣昌盛、社会和谐稳定的理想之城、幸福之城。

创新财税体制和推进基本公共服务均等化研究

珠海市地税局课题组 *

改革开放 30 多年来，我国取得了举世瞩目的巨大成就，经济社会快速发展，综合国力不断增强，人民生活日益富足。与此同时，地区差距、城乡差距、贫富差距以及公平缺失等问题日益凸显，引发了全社会的共同关注。广东作为人口大省、经济大省和改革开放的先行先试地区，在各方面建设都取得长足进步的同时，也存在着诸多矛盾和问题，如产业转型升级与人口素质不高的矛盾，共享式发展与利益协调机制不完善的矛盾，内源型经济发展与内需不足的矛盾，等等。破解这些矛盾和问题，需要进一步解放思想，改革创新，以人为本，全面落实科学发展观，而推进基本公共服务均等化则成为一个重要的突破口和路径选择。

珠海经济特区成立 30 多年以来，经济社会实现了跨越式发展，发展方式也逐步从追求效率优先、大力发展生产力和物质财富的尽快增长，进入到以人为本、发展成果由全体人民共享和大力提升人民生活质量、实现人的全面发展的社会发展转型阶段。当前，珠海正处于"率先转型升级、建设幸福珠海"的关键时期，加快推进并率先实现基本公共服务均等化，不仅是珠海广大群众的迫切愿望，也是加快珠海社会经济转型、再创特区体制机制新优势、实现珠海科学发展的必然要求。珠海要做新时期改革开放的排头兵，建设珠江出海口西岸核心城市，有条件、有责任在率先实现基本公共服务均等化方面做出大胆探索和尝试，为其他城市和地区积累经验，提供借鉴。

---

* 课题组组长：赵平；副组长：文英；成员：刘晓军、唐海燕、赖小莹、陈东翔、李耿东、吴性坚。

一　推进基本公共服务均等化的必要性与可行性

基本公共服务是根据经济社会发展阶段和总体水平，为维持本国和地区经济社会稳定和基本的社会正义，保护个人最基本的生存权和发展权所必须提供的公共服务，是一定阶段公共服务应该覆盖的最小范围和边界。基本公共服务均等化是指在基本公共服务领域尽可能使居民享有同样的权利，享受水平大致相当的基本公共服务。均等化并不是强调所有居民都享有完全一致的基本公共服务，而是在承认地区、城乡、人群间存在差别的前提下，保障居民都享有一定标准之上的基本公共服务，其实质是"底线均等"。20世纪20年代，英国经济学家霍布斯和庇古就提出了"经济福利"的概念，主张国民收入均等化，且建立了效用基数论。以美国经济学家、诺贝尔经济学奖获得者萨谬尔森为代表的新福利经济学派，则以经济效率为核心，提出社会福利的核心是经济效率而不是公平，并研究如何达到社会的最优状态，即"帕累托最优状态"。

（一）推进基本公共服务均等化的重要意义

在国外，公民享受基本均等的公共服务被认为是天经地义的、公民与生俱来的权利，因此公共服务均等化成为发达国家基本的施政纲领。在长期的实践中，很多国家都建立起了现代财政均衡制度，其目标是保证各级政府在全国范围内提供较为均等的基本公共服务。按照国际经验，年人均GDP超过1000美元时，经济和社会发展将进入一个关键阶段，产业结构和消费结构升级速度加快，同时，如果社会管理相对落后，基本公共服务不能普遍惠及广大群众，社会矛盾有可能加剧，西方国家在实现工业化和人均GDP达到3000美元之后开始逐步提高均等化水平。

在我国，随着人们生活水平的提高，基本公共服务均等化成了促进科学发展、构建和谐社会的一项重要内容。建立健全基本公共服务体系，逐步实现基本公共服务均等化，是新时期党和国家的一项重大战略决策和重要发展目标。

2006 年 10 月党的十六届六中全会通过的《关于构建社会主义和谐社会若干重大问题的决定》指出：“完善公共财政制度，逐步实现基本公共服务均等化。”2010 年 10 月，《中共中央关于制定国民经济和社会发展第十二个五年规划的建议》再次明确了完善基本公共服务体系、推进基本公共服务均等化的要求。2009 年年底公布的《广东省基本公共服务均等化规划纲要》指出：“推动全省逐步建立和完善覆盖城乡、功能完善、分布合理、管理有效、水平适度的基本公共服务体系，增强公共产品和公共服务供给能力，使基本公共服务更加全面平等地惠及全省人民，使广大人民群众更好地共享改革开放的成果。”《珠江三角洲地区改革发展规划纲要（2008~2020）》明确提出，“统筹教育、卫生、文化、社会保障等公共资源在城乡之间的均衡配置，把社会事业建设的重点放在农村。全面提高财政保障农村公共事业水平，加快建立城乡统一的公共服务制度，健全以常住人口为目标人群的公共服务体系，率先实现基本公共服务均等化”。由此可见，推进基本公共服务均等化是经济社会又好又快发展的必然要求，是加快城乡统筹步伐和缩小区域发展差距的直接动力，是实现人的全面发展和构建和谐社会的重要支撑，因而具有重大而深远的政治、经济和社会意义。

（1）基本公共服务均等化是政府职责的重要内容。现阶段通过建设公共服务型政府，投资基础教育、基本医疗、社会保障等民生项目，才能确保共享市场导向型经济增长和经济发展的收益；由于经济增长收益存在地域差异，不可避免地导致不同群体、不同社会阶层分享不一的结果，基本公共服务均等化目标就是消除在分享收益过程中的差异，因此可以说，基本公共服务均等化是政府职责的重要内容。

（2）基本公共服务均等化是解决民生的必然选择。我国的古圣先贤孔子在 2000 多年前就提到“养民也惠，使民也义”。由于发展经济的要义是惠及百姓、改善民生，因此从我国现阶段的现实需求出发，加快建立公共服务体制，推进公共服务，是保障和改善民生的重要制度安排，是全体社会成员共享改革开放成果的重要途径，是经济增长成果服务于公民的切实反映。

（3）基本公共服务均等化是社会和谐的稳定装置。许多国家都把基本公共服务的供给作为维护社会稳定的举措，这是因为基本公共服务均等化的政策实质是在经济增长和社会公平之间寻找平衡点，这一政策具有体现公平和协调发展的双重作用；我国正处在经济社会转型、利益主体和社会结构发生重大变化的特殊时期，推进基本公共服务均等化是对社会公平的尊重和保障，也是化解社会矛盾的迫切要求。

（二）珠海加快推进基本公共服务均等化的有利条件

（1）经济实力不断增强，财政能力快速增长。建市和成立经济特区以来，珠海经济社会实现了跨越式发展，地区生产总值从 1979 年的 2.09 亿元增加到 2011 年的 1403.24 亿元，年均增长 21%，人均 GDP 居广东省第四位，城镇居民人均可支配收入从 1986 年的 1484 元增加到 2011 年的 28731 元，城镇居民家庭恩格尔系数从 1994 年的 46% 降至 2011 年的 36.7%，已经步入富裕小康社会。从财政能力看，2009 年珠海市财政一般预算收入首次突破百亿元，2011 年达 143.43 亿元，"十一五"期间珠海市地方财政一般预算收入是"十五"期间的 2.5 倍，年均增长 20.5%。随着珠海发展逐步进入快车道，可用财力还有很大增长空间，在珠江三角洲地区和广东省率先实现基本公共服务均等化是完全有可能的。

（2）城镇化水平较高。珠海市是广东省人口最少的市，且主要集中在主城区，农村人口比重不高，建立城乡统一的公共服务体制的条件已经成熟。

（3）基本公共服务体系建设有坚实基础。近年来，珠海市高度重视发展基本公共服务事业，突出民生重点，以民心工程为载体，大力调整支出结构，大幅增加对基础教育、基本医疗、公共卫生、基本社会保障、公共就业服务和基本住房保障等方面的投入，形成了比较规范的运作模式，为推进基本公共服务均等化提供了重要的财力保障。

（4）在公共财政制度建设方面进行了重要探索。珠海市在不断增加基本公共服务财政投入的同时，在公共财政制度建设上也进行了深入探索，取得了重要进展，为推进基本公共服务均等化创造了制度条件。

二　珠海基本公共服务均等化的现状与评估

根据经济社会发展水平和社会对公共服务的需求，广东省将基本公共服务的范围确定为两大类八项内容，即基础服务类 4 项（包括公共教育、公共卫生、公共文化体育、公共交通）、基本保障类 4 项（包括生活保障、住房保障、就业保障、医疗保障），并在确定 2020 年最终目标的基础上，分四个阶段逐步推进。下面以第一阶段（2009～2011 年）珠海市的相关数据为基础，重点围绕"推进基本公共服务覆盖工作"这一阶段目标进行分析。

（一）珠海市基本公共服务均等化的投入情况

（1）基本公共服务支出占一般预算支出的比重情况。2009～2011 年，珠海市财政在基本公共服务领域的支出逐年增加，分别是 28.38 亿元、34.04 亿元、47.59 亿元，分别占当年度一般预算支出的 23.39%、20.46%、25.00%，三年累计支出达 110.01 亿元，占同期一般预算支出总额的 23.01%。从增幅来看，以 2009 年为基数，2010 年和 2011 年基本公共服务支出分别比上年增长 19.94% 和 39.80%，而一般预算支出分别比上年增长 37.18% 和 14.40%，基本公共服务支出增幅明显（见图 1 和图 2）。与此同时，珠海市人均基本公

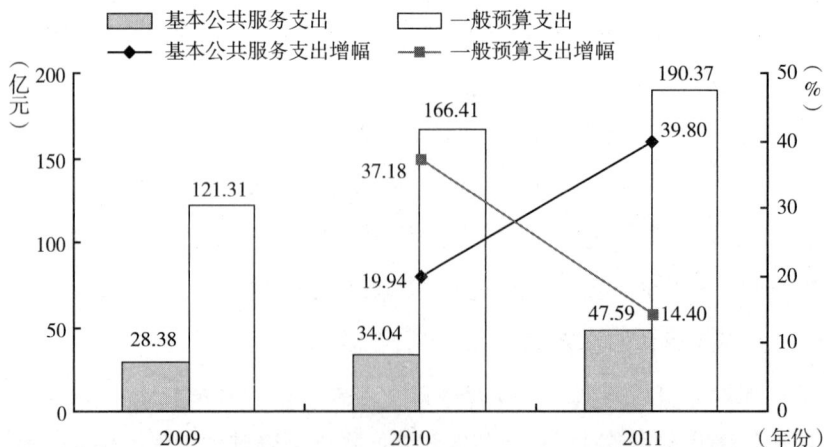

图 1　2009～2011 年珠海市基本公共服务支出和一般预算支出情况

共服务支出增长率也大幅提升，2011 年达 38.65%，比 2010 年提高了 20 个百分点，反映出在珠海市的公共财政预算中，对公共服务的投入力度不断加大，确保满足市民不断增长的基本公共服务需求。

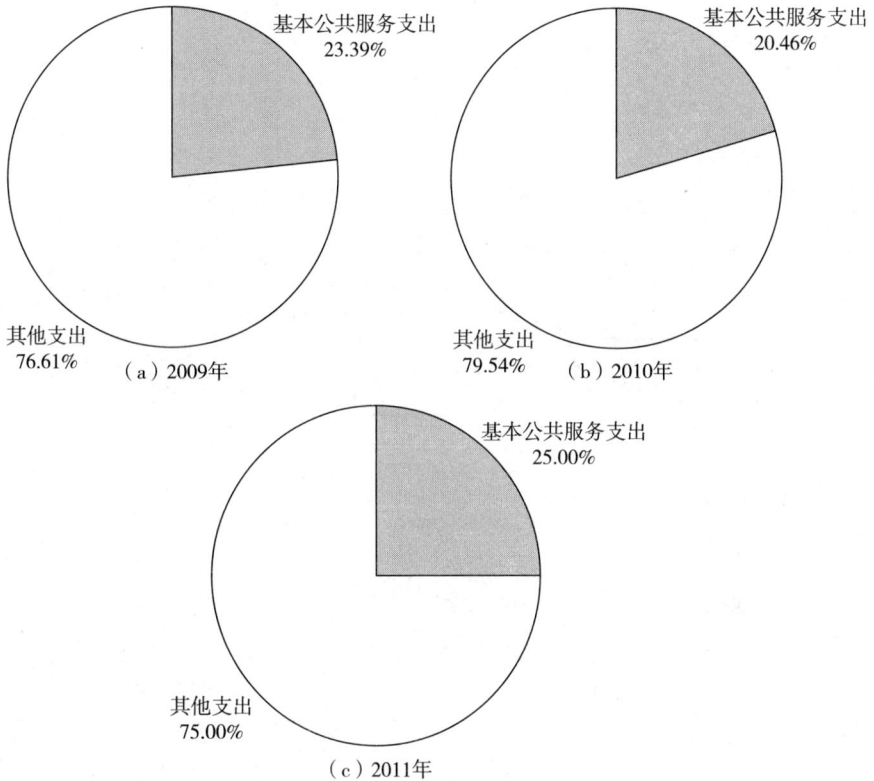

图 2　2009～2011 年珠海市基本公共服务支出占一般预算支出比重

（2）基本公共服务各领域的投入情况。从 2009～2011 年三年的投入情况看，在各基本公共服务领域中均实现了稳步增长，其中公共交通大幅增长。具体而言，珠海市对公共教育的投入力度最大，各年投入额都占全部基本公共服务支出的 50% 以上，公共教育支出达到法定要求；生活、就业、医疗保障，公共卫生，公共交通的投入占比在 5%～15%，而公共文化、住房保障方面相对投入较少，占比较低，一般在 1%～3%（见表 1 和图 3）。

表1　2009～2011年基本公共服务各领域投入情况

单位：亿元，%

项　　目		2009 年	占比	2010 年	占比	2011 年	占比
基本公共服务支出合计		28.38	100	34.04	100	47.58	100
其中	公共教育投入	19.19	67.6	22.07	64.8	26.15	55.0
	公共文化投入	0.62	2.2	0.81	2.4	1.29	2.7
	生活、就业、医疗保障投入	3.53	12.4	4.64	13.6	6.63	13.9
	公共卫生投入	2.83	10.0	3.63	10.7	5.25	11.0
	住房保障投入	0.34	1.2	0.92	2.7	0.84	1.8
	公共交通投入	1.87	6.6	1.97	5.8	7.42	15.6

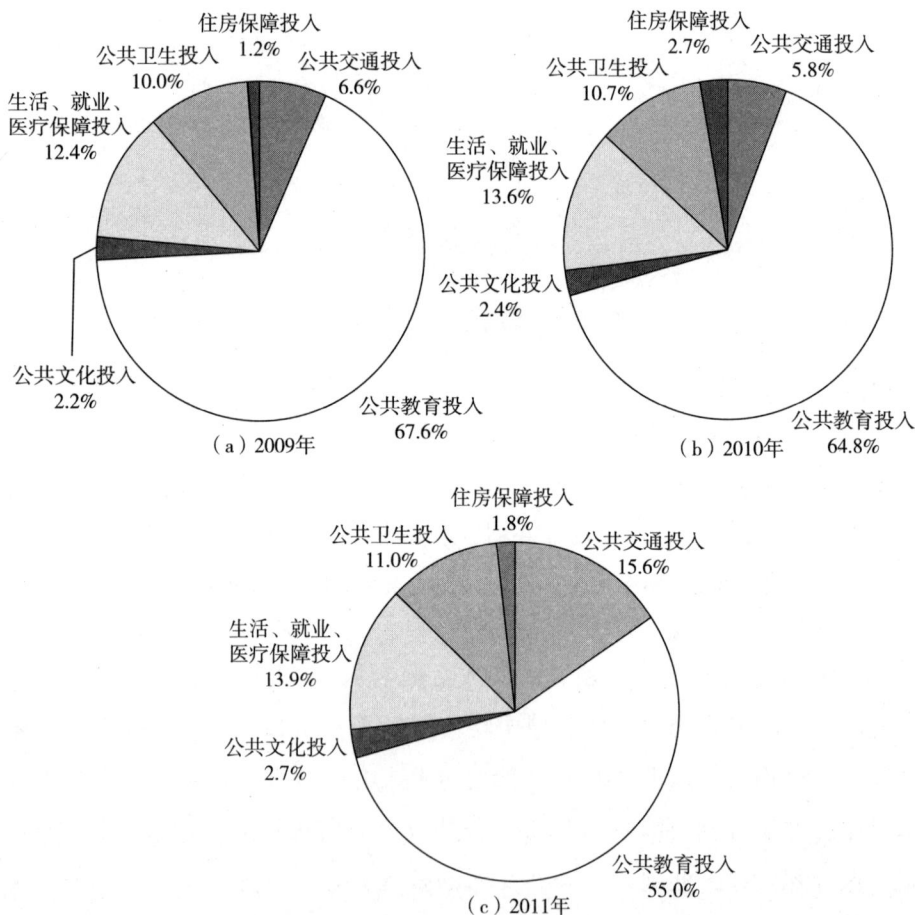

（a）2009年

（b）2010年

（c）2011年

图3　2009～2011年基本公共服务各领域投入比重

（二）基本公共服务均等化的主要做法和成效

珠海市不断完善均等化的体制机制，均等化工作进展顺利，取得了显著成效。各项指标完成情况良好，城乡义务教育经费保障机制、城乡公共卫生和医疗保障体系不断完善，基本社会保障体系逐步健全，基本住房保障投入持续增加，公共文化、公共交通和公共就业服务体系建设取得重大进展。

1. 公共教育方面

截至 2011 年年底，珠海市共有各级各类普通学校（包括幼儿园、所）410 所，在校生 41.45 万人；小学、初中、普通高中的专任教师学历达标率为99.8%、99.4%、99.0%，均比上年有所提升。新改扩建各类学校 83 所，加固中小学校舍 97 栋。各级财政安排 12 年免费义务教育补贴资金 1.58 亿元，惠及全市 143 所学校的 28 万名学生。

（1）实行积分入学制度。全年共有 3353 名外来务工人员随迁子女凭积分入读公办学校，并享受本市户籍学生同等待遇，免收书杂费。

（2）加强规范化学校建设和薄弱学校改造，均衡合理地配置教育资源，缩小不同地区学校在校舍、设备等硬件上的差距，为学生提供公平的受教育条件。

（3）坚持免试就近入学和阳光分班原则，深化高中阶段招生考试和评价制度改革，建立常规检查和专项督查制度，4 所国家级示范性普通高中指标生比例从 2009 年的 50% 扩大到 2011 年的 60%。

（4）加强农村教师队伍建设。组织骨干教师送教下乡，开展城乡互动、手拉手教学研讨活动，建立城区学校与农村学校教师的对口交流机制。

2. 公共卫生方面

珠海市共有卫生机构 637 家，其中医院 33 家、乡镇卫生院 17 家，社区卫生服务中心（站）112 个，妇幼保健机构 2 家，专科疾病防治机构 3 家，疾病预防控制中心 2 个，卫生监督所 3 所。珠海市实有床位 6736 张，增长 2.5%。各类卫生技术人员 12192 人，增长 1.6%。其中执业医师和执业助理医师共4661 人，注册护士 4826 人，疾病预防控制中心卫生技术人员 163 人，卫生监督员 58 名。2011 年孕产妇死亡率为 8.85/10 万人，婴儿死亡率为千分之四点五一，健康指标达到中等发达国家水平。

（1）提高公共卫生应急应对能力。建立健全卫生应急管理队伍、专家队伍、专业队伍和通讯员队伍，珠海市增设 2 个国家级监测哨点医院，设立 28 个市级监测点，新启动 16 个学校症状监测点。

（2）进一步规范职业卫生监督工作。珠海市共有 7 家职业健康检查机构，2 家职业病危害因素监测与评价资质单位，1 家职业病诊断资质机构，形成布点合理、辐射全市的职业卫生技术服务网络。

（3）建立基本医疗异地就医平台，启动珠海区域医疗一卡通项目建设，努力实现在珠海市医疗机构使用广东省统一规格、格式的普通门（诊）病历和辅助检查报告互认。

（4）缩小基本公共卫生服务水平差距，推行"小病在社区、大病去医院"的服务模式，已建成 131 个集"卫生、计生、残疾人康复、药品协管"的"四位一体"农村卫生服务中心，并实行镇村一体化、财政全额保障和收支两条线管理。

（5）继续缩小医疗卫生保障水平差距。2007 年率先在全国建立"大病统筹救助、中病进入保险、小病治病免费"的全民医保制度，2009 年实行门诊统筹，"小病治疗免费"与门诊统筹顺利并轨。

（6）不断优化健康环境。全面开展以除害灭病为主的爱国卫生运动，开展全国文明城市创建和环保模范城复查工作，重点针对农贸市场、城中村等难点进行宣教和督察，在全市成功创建 42 个省级卫生村。

3. 公共文化方面

珠海市共有各类公共图书馆 4 个，文化馆 4 个，博物馆、纪念馆 7 个，美术馆 6 个，电影院 7 家，文化站 23 个。广播电视台 2 座，广播电视中心 1 个，广播综合人口覆盖率和电视综合人口覆盖率均达 100%。珠海市共有各类专业艺术表演团体 7 个，近年来文艺作品创作获国家级奖项 70 多个、省级奖项 100 多个。

（1）高标准建设重大文化设施。基层公共文化设施进一步完善，在 23 个镇街综合文化站中，5 个被评为省二级文化站，1 个被评为省三级文化站。

（2）创建特色文化品牌。"珠海文化大讲堂""元宵节民间艺术大巡游""沙滩音乐节"等一批特色鲜明、参与性强的群众文化品牌已经形成，成为珠海市公共文化服务的新亮点。

（3）加大对文化基础设施的投入。从 2011 年起，珠海市财政每年安排 525 万元公共文化产品专项采购资金，用于购买重要公共文化产品、重大公共服务项目；珠海市图书馆专项采购经费由每年 300 万元增加到 500 万元。

4. 公共交通方面

从 2001 年开始珠海市实现了城乡公交客运一体化，截至 2011 年年底，除未通桥梁的海岛 7 个行政村外，珠海市主要乡镇均有直达市区的公交线路，有通客运班车条件的行政村客运通达率达 100%；有通客运班车条件的乡镇客运站（公交首末站）覆盖率达 100%；有通客运班车条件的行政村候车亭达 100%；行政村水泥路通达率达 100%；每万人拥有公交车辆 12.9 标台。珠海市 121 个行政村共建成候车亭 199 座，全市共有客运站 20 个，现有公共汽车首末站 105 个，公交站点近 2300 个。

（1）促进东西部公交事业协调发展，从 2011 年 6 月起实行公交同城同价，让利于民。

（2）优先发展公共交通，保障路权优先。在市区主干道上相继设立公交专用道，总长 18 千米。

（3）加大西部地区公交车辆投放力度，改善西部地区乘车环境，有效缓解西部地区居民出行难问题。

（4）落实广东省公交一卡通工作方案，有两条线路已正式开通运营。

5. 生活保障方面

2011 年珠海市在册低保对象 6628 户，全年按时足额发放低保金 3667 万元，巩固了应保尽保、分类施保。全市五保对象 950 户，年供养标准分别为 8569 元和 9311 元。至 2011 年年底，享受低保救济的困难群众达 12734 人。年末领取失业保险金人数为 2180 人，同比增长 8.6%。

各类收养性社会福利单位床位达 2274 张，收养人员 1304 人。各种社区服务设施 2480 个，综合性社区服务中心（站）276 个。

（1）2010 年珠海市出台了《珠海市最低生活保障实施办法》，促进了珠海市社会救助工作城乡一体化的发展。2011 年出台了《珠海市困难群众医疗救助实施办法》，对户籍城乡居民统筹开展医疗救助，并将参加珠海市社会基本医疗保险的非本市户籍人员全部纳入医疗救助范畴。

（2）公平、公正地提供社会救助。对于家庭人均收入低于当地低保标准的珠海市户籍居民，不分城乡、地区，均可得到低保救助，并享有同等医疗、教育、住房、司法等专项救助，以及物价补贴和其他优惠扶助待遇。

（3）规范救助标准。珠海市低保标准每两年调整一次，至 2012 年 4 月，已完成第六次低保标准调整。目前，除斗门区城乡低保标准还存在一定差距外，其他各区都实现了区域内城乡低保标准一体化。

（4）建立物价补贴机制。在居民消费物价指数和食品价格指数达到物价补贴发放条件时，及时启动物价补贴机制，为所有低保对象发放临时物价补贴，保障低保对象不受物价高企的影响。2011 年珠海市为低保、五保、三无对象、麻风病人和重点优抚对象发放物价补贴共计 908 万元。

6. 住房保障方面

通过住房均等化的组织和实施，逐步解决中低收入困难家庭、新就业人员、引进人才及外来务工人员的住房困难。由于政府对保障性住房投入的逐年增加和保障房准入门槛的逐年降低，更多的中低收入住房困难家庭进入住房保障系统，享受到了经济社会发展的丰硕成果和政府福利，促进了社会和谐与稳定。政府主导住房保障这种规模性的方式解决了城市中低收入者家庭住房困难问题，产生了良好的经济效益和政治效益，通过民意调查，珠海市中低收入住房困难家庭对住房保障工作满意度正逐年提高。

（1）建立住房分类保障体系。对城镇低收入的困难家庭以提供廉租房为主，对西部农场纳入危房改造范围的农场职工以提供经济适用房为主，对城镇中等偏低收入住房困难家庭及符合条件的新就业无房职工、引进人才等以提供公租房为主，对外来务工人员以提供员工宿舍为主，中等收入以上家庭主要通过购买商品住房解决住房问题。

（2）落实住房保障目标责任制。大力推进保障性住房建设，2011 年珠海市确定的 15 个保障性住房项目按照要求已全面动工，保障性安居工程任务已超额完成120%，走在广东省前列。

（3）建立统一的住房保障工作机制。统一保障对象的准入标准和保障标准，逐步将非户籍常住人口纳入住房保障范围，为进一步解决珠海市中低收入家庭、新就业人员、引进人才及外来务工人员的住房困难提供了法律保障。

2010年城镇户籍低收入家庭人均住房建筑面积为13.68平方米，广东省要求目标值为10平方米，超出省目标值36.8%。

7. 就业保障方面

2011年城镇新增就业人数44928人，22621名城镇失业人员实现再就业。2011年年末城镇实有登记失业人员1.1万人，城镇登记失业率2.35%，比上年年末下降0.3个百分点。珠海市现有街道（镇）人力资源和社会保障服务所23个，社区（村）人力资源和社会保障服务站320个，均配备了专（兼）职劳动保障协理员；市、区级公共就业服务机构8个。

（1）加强乡镇街道人力资源和社会保障公共服务平台场所的标准化建设。

（2）实现市、区、街道（镇）、社区（村）四级联网，统一业务软件，完善就业、社会保险、职业培训、退休人员管理、劳动关系协调、劳动监察等各项业务管理信息系统。

（3）制定公共就业服务标准，提高就业服务水平。

8. 医疗保险方面

珠海市参加城镇职工基本医疗保险的有101.6万人，增长6.3%；其中参加城镇职工基本医疗保险的农民工50.6万人，增长7.2%。参加城乡（镇）居民基本医疗保险的42.4万人，增长2.6%。2011年年末珠海市参加城镇职工基本养老保险（含离退休）的101.5万人，比上年年末增长7.6%。参加工伤保险的84.2万人，增长7.0%。参加生育保险的47.8万人，增长13.8%。参加失业保险的82.3万人，增长7.3%。

（1）制定医疗保险定点机构、定点零售药店管理办法，对医疗保险、生育保险政策进行梳理。

（2）认真贯彻执行2010年版本的基本医疗保险、工伤保险和生育保险药品目录，对基本医疗保险门诊中额费用病种药品目录进行修订，参保人门诊中额病种用药更广泛、更合理。

（3）择优增补门诊统筹定点服务机构。珠海市共有门诊统筹定点医疗服务机构 46 家、服务网点 120 多个。

（三）评估分析

2011 年下半年，广东省基本公共服务均等化规划纲要实施工作领导小组对全省 21 个地级以上市 2010 年的均等化工作进行了绩效综合考评。从总体上看，2010 年全省均等化系数平均值为 0.9624，珠海市为 0.9613，考评得分 84.5 分，在广东省排名第 13 位，等级为良。其中量化指标分项考评为第 13 位，工作测评指标考评第 19 位，公众满意度考评第 18 位，反映出珠海市的均等化工作离群众和上级的要求还存在一定的差距，政府的公共服务供给还需要改进，尤其是在公共卫生、公共体育等方面还需要提升。

针对 2010 年的绩效考评结果，珠海市经过认真改进、弥补短板，在 2011 年有了较大改观，共性指标和个性指标的目标值与实际值都有了大幅提升。从共性指标看，人均财政支出增长率目标值为 9.5%，实际完成 13.46%，人均基本公共服务增长率目标值为 10.5%，实际完成 38.65%，基本公共服务支出占比目标值 21.92%，实际完成 25%，均达到广东省考核目标要求。从个性指标来看，也全部达到 2011 年目标值，其中教育、卫生、医疗指标完成情况较好（见表 2）。珠海市第一阶段的均等化目标任务基本完成。

表 2　珠海市基本公共服务个性指标完成情况

指标名称	细化指标	2010 年		2011 年		系数
		目标值	实际值	目标值	实际值	
公共教育	小学适龄儿童入学率	100	100	100	107.13	1
	初中教育毛入学率	100	100	100	127.87	1
	高中阶段教育毛入学率	100	99.4	100	100.35	1
	义务教育规范化学校覆盖率	85	90.23	90	97.9	1
公共卫生	每千人口医生数	3.11	3.03	5.1	5.1	1
	每千人口病床数	4.32	4.32	3.1	4.32	1
	国家免疫规划疫苗接种率	85	99.15	95	98.84	1
	婴儿死亡率	8.2	4.09	5	4.51	1
	孕产妇死亡率	15	7.57	17	8.85	1
	无害化厕所普及率	80	88.71	81	92.32	1

续表

指标名称	细化指标	2010 年		2011 年		系数
		目标值	实际值	目标值	实际值	
公共文体	文化信息资源共享工程覆盖率	100	100	100	100	1
	广播电视村村通覆盖率	99.5	100	100	100	1
	行政村定期电影放映实现率	80	100	100	100	1
	农家书屋覆盖率	98.4	112	100	100	1
	每万人拥有社会体育指导员数	8	23	10	14	1
	乡镇农民体育健身工程覆盖率	10	—	30	33	1
公共交通	行政村客运通达率	95	100	100	100	1
	乡镇客运站覆盖率	60	100	100	100	1
	行政村候车亭覆盖率	80	100	100	100	1
	行政村水泥路通达率	100	100	100	100	1
	每万人拥有公交车辆标台数	12	14.7	10	12.9	1
住房保障	城镇户籍低收入家庭人均住房建筑面积	10	13.68	10	13.68	1
	城镇廉租住房保障率	70	100	100	100	1
	政策性农房保障覆盖率	75	79	90	95	1
就业保障	城镇登记失业率	3.5	2.65	3.3	2.35	1
	公共就业服务信息网络建设覆盖率	100	100	100	100	1
	公共就业服务体系建设	100	100	100	100	1
医疗保险	城镇职工基本医疗保险参保率	84.6	92	90.5	96.5	1
	城镇居民基本医疗保险参保率	84.6	98	90.5	98	1
	新型农村合作医疗保险参保率	98	—	98	98	1

三　推进基本公共服务均等化过程中存在的主要问题

由于受到经济发展水平、收入分配状况、公共服务管理体制的影响，珠海基本公共服务发展还存在着区域间、城乡间及群体间不平衡的矛盾，制约着"率先转型升级、建设幸福珠海"目标的实现。

（一）区域间基本公共服务发展不平衡

受区域间经济发展不平衡和财政体制因素的影响，珠海东部地区（香洲、高新）和西部地区（斗门、金湾）的公共服务供给水平存在明显差异。如公共医疗卫生服务方面，2009 年珠海市 57% 的医疗机构、76.5% 的住院床位数、100% 的三甲医院、77% 的社区卫生服务机构集中在香洲区；斗门区每千常住人口拥有卫生机构、床位数和职业医生数分别为 0.52 个、2.37 张、1.56 人，不及香洲区的一半。在公共教育方面，2010 年斗门区和金湾区共有 65 家幼儿园，占珠海市的 28.6%，但常住人口占全市的 42.8%，可见西部地区的"入园难"问题更加突出，这也是公共教育存在的薄弱环节。

（二）城乡间基本公共服务发展不平衡

由于城乡"二元"经济结构的存在，珠海在水、电、路、通信、学校、医院、图书馆等公共基础设施建设配套方面主要向城市倾斜，城乡投入差距巨大。如在基础教育方面，2009 年珠海市 50 所市一级等级学校中，市直属学校和香洲区属学校占 66%，优质教育资源多集中于城区学校，部分农村学校基础设施薄弱，办学条件简陋，师资队伍较弱，教育信息程度低。城乡教育资源配置的差异性，直接导致了区域间居民人力资本积累的差异性。再如，交通基础设施城乡差距较大，东西部交通联系仅仅靠珠海大道，港口、机场、口岸三大节点高速公路仍未贯通，对外运输通道能力不足的状况没有本质改变；农村公路仍存在较多的危桥，特别是西部地区的镇村道的桥梁，安全隐患突出；通往自然村和大的农业生产养殖基地的农村公路仍较多没有实现硬底化，甚至没有公路通达；干线公路和乡村道之间衔接的地方公路技术等级偏低、路面损坏严重，已不能满足社会主义新农村建设的需要。

（三）群体间基本公共服务发展不平衡

一是收入差距直接影响不同居民享受基本公共服务的水平。一般来说，高收入人群占用更多的公共资源，如道路、医疗、文化设施等，低收入人群公共消费受到的限制较多。二是身份差异导致公共消费的差异性。由于历史和现实原因，珠海户籍居民能享受全部基本公共服务，外来务工人员在小孩入学、看病就医、住房保障方面还受到诸多限制，社会群体之间享受的基本公共服务水平差异较大。公共服务虽然是相对于全部市民而言的，但在目前所处的生存型公共服务阶段，必然会存在受益群体不均等的现象。

基本公共服务水平不均等、发展不平衡是存在于一定历史时期的一种社会现象，应该说不均等是常态的，均等是理想社会的目标，绝对的均等是不存在的。随着社会经济的不断发展、财力水平的不断提高、财政支出结构的不断改善，不均等的程度会逐步降低，不均等的表现会从显性过渡到隐性，我们也会无限接近均等化，这是一个长期的发展过程。就珠海而言，经济发展水平还不高，财力还不够强大，完善的基本公共服务供给机制和财税体制尚待确立。

四　推进基本公共服务均等化的总体目标与财税政策选择

为贯彻落实科学发展观，切实推进《广东省基本公共服务均等化规划纲要（2009—2020）》的实施，珠海市推进基本公共服务均等化的总体目标是：坚持"公平优先、兼顾效率，统筹兼顾、重点突破，政府主导、多方参与，先行先试、完善制度"的原则，以公共教育、公共卫生、公共文化、公共交通、生活保障、住房保障、就业保障、医疗保障为重点，强化政府公共服务职能，加大公共服务投入，优化公共服务结构，探索建立与基本公共服务均等化要求相适应的财税体制和供给机制，着力构建覆盖城乡、功能完善、分布合理、管理有效、水平适度的基本公共服务体系，在广东省率先实现基本公共服务均等化。

（一）实施"三步走"战略

（1）2011~2015年：本阶段要大力推进基本公共服务广覆盖工作。优化财政支出结构，坚持投入向农村倾斜，向次城区、困难群体、外来务工人员倾斜，建立健全城乡、不同地区和社会群体间多层次、差别化的基本公共服务体系，使基本公共服务加速覆盖广大居民。

（2）2016~2018年：重点推动城乡基本公共服务均等普遍覆盖。将农村居民纳入基本公共服务体系，实现城乡基本公共服务的制度衔接和统一，完善市区政府间财政体制，以各区户籍人口人均财力均等化为标准，完善市对区转移支付，使城乡基本公共服务普遍覆盖广大居民。

（3）2019~2020年：在区域和城乡差别基本消除的基础上，以珠海市常住人口为对象，基本消除不同人群享受基本公共服务水平的差异，在全市范围内总体实现基本公共服务均等化，基本公共服务提供能力和水平位于珠江三角洲各市前列。

（二）加大基本公共服务财政投入力度

推进基本服务均等化，必须有稳定可靠的财力来源作保障，并与珠海市的财力状况相适应。按年均增长 17.4%（广东省规划年均增长 15.4%）推算，到"十二五"末（2015 年）和"十三五"末（2020 年），珠海市同期的基本公共服务支出累计将分别达 90.40 亿元和 201.61 亿元（见图 4），分别占同期一般预算支出（按年均增长 13% 计算）的 29.12% 和 35.25%，2009~2020 年累计均等化支出将达到 1149.22 亿元，从而为珠海市实现地区性基本公共服务均等化提供充足的财力支持。

图 4　2012~2020 年珠海市基本公共服务财政投入预测

（三）调整和优化财政支出结构，建立科学公共财政支出体制

以推进基本公共服务均等化为突破口，调整财政支出结构，优化市级财政支出结构，把稀缺的公共资源用于基本公共服务领域。一方面，要加大投入，向社会各阶层提供均等的教育、医疗卫生、社会保障等服务，提供均等的就业机会，改变处于社会最底层人们的现状，政府最好从一般性竞争领域退出，财

政资金应更多地投向基本公共服务领域，加强对社会薄弱环节的支持，并形成长效机制；另一方面，对不同地区要统筹发展，要充分考虑各地实情，严格按标准提供，保证低收入群体能够享受到基本公共服务，而对城乡中等收入以上人群，可更多以缴费型的公共服务项目为主。这也是缩小区域差异、达到均等化目标的内在要求。

（四）创新财政管理方式，增强基层政府提供公共服务能力

基层财政是国家财政的重要组成部分，是加强基层政权建设、维护社会稳定、提高基层政府基本公共服务能力的物质基础。

一是完善激励约束机制，强化省级政府调节省以下财力分配的责任意识，增强省级财政对市、县级财政的指导和协调功能，加大省对市、区一般性转移支付力度，逐步形成合理的纵向与横向财力分布格局，增强基层政府行使职能的财力保障能力，支持社会主义新农村建设和农村综合改革。

二是积极推进省级直接对县的财政管理体制。省级财政在体制补助、一般性转移支付、专项转移支付、财政结算、资金调度等方面尽可能直接核算到县，减少财政管理层次，提高行政效率和资金使用效益。

三是完善市对区的财政管理体制。从珠海市实际情况来看，目前珠海市的市一级与区一级财政预算收入差距越来越大，市一级收入增速缓慢，增长空间逐渐缩小，区一级收入快速增长，且两头分化的趋势越来越明显。因此，必须完善市对区的财政管理体制，促进市级财政与区级财政共同增长、协调发展。

四是建立公共服务供给多元化机制。由政府负责提供基本公共服务不等于要政府大包大揽，传统的依靠政府"唱独角戏"的管理格局、由政府包揽的资源配置方式和偏重硬件建设的服务供给模式已越来越不适应新形势的要求。因此，必须实现制度创新，扩大公众参与，特别是增强财政决策的民主性和透明性，让公众和社会成为基本公共服务提供的主要决策力量，最大限度地调动社会资源和各方的积极性，促进共建共享，注重内涵发展。同时，应当大力推行政府购买、管理合同外包、特许经营、优惠政策等方式，逐步建立政府主导、市场引导、社会参与的基本公共服务供给机制。

（五）完善现行税收制度，提高地方政府组织收入能力

政府收入制度改革的方向是逐步减少非税收入、不断扩大税收收入，这对于非税收入占相当比重的地方财政来说是十分不利的。此外，由于当前地方政府的一般预算收入中营业税、增值税又占有相当大的比重，而增值税扩围改革又使地方政府的营业税收入有逐渐并入增值税的趋势，从而进一步削减了地方财政的收入组织能力。在此背景下，迫切需要加快完善地方税收体系，努力增强地方政府收入的组织能力，保障财政的可持续性。

（1）推进资源环境税费综合改革，加快经济发展方式转变。以改革资源税征税方式、征收排污费税为重点，提高现行资源税征税品目的税率，合理扩大资源税征收范围，整合矿产资源补偿费、矿区使用费、特别收益金等各种资源收费项目，加快推进排污费向环境税改革，提高资源使用价格，推进污染治理成本的内在化，积极引导资源有效流动，努力规范企业生产行为，积极推进经济结构调整和发展方式转变。

（2）加快推进个人所得税，健全完善所得税制。要全面推行收入申报制度，健全个人收入信息监控系统，强化现金管理，促进税、库、银联网，积极为全面实施个人所得税综合改革创造条件。要加快推进综合申报与分类扣除相结合的个人所得税改革，逐步废除工资、薪金所得综合扣除费用标准定额扣除法，依据家庭人口、赡养、抚养、就业、教育等基本情况加快建立并实施项目扣除，要扩大累进税率范围，将劳务报酬所得、特许权使用费所得、利息、股息、红利所得、财产租赁所得、财产转让所得以及其他所得等全部实行综合累进税率，努力增强收入分配调节功能。

（3）完善房地产税收制度，培育地方政府主体税种。顺应地方税收体系发展大趋势，努力完善房地产税收制度，逐步摆脱地方财政对土地的过度依赖，增强地方财政自有收入组织能力。要统一房产税计税依据，将现行按账面价值或市场租金的选择性计税依据改为统一按房产评估价值计征，并实行严格、统一的房产税减免制度；逐步将城镇土地使用税、耕地占用税并入房产税，进一步完善房产税制度，突出房产税对社会财富的调节功能，积极培育地方政府主体税种。

（4）研究开征社会保障税。完善社会保障筹资形式与提高统筹级次相配合，积极运用税收手段，努力缩小收入分配差距。强化税收促进资源节约、节能减排和环境保护的作用，推动经济发展方式转变。

（六）促进区域经济协调发展

近年来，珠海市大力发展西部经济、推进高新技术发展，各区经济发展迅猛。市区工业企业大部分向西部迁移，市区经济发展速度相对减缓，相应地市区财力增速减缓。因此，必须推进市区与各区之间、区与区之间经济的协调发展，通过增强区域间经济共同发展，均衡提高财政预算收入，以更有利于基本公共服务的均等化水平。

（七）强化政府的基本公共服务职责，加快建立绩效管理评价体系

（1）科学界定地方政府的基本公共服务职责。依法规范中央和地方的职能和权限，科学界定各级政府的基本公共服务支出责任。一要按照公共性、市场化和引导性原则，进一步明确政府支出范围。二要根据支出受益范围等原则，依法规范中央和地方政府的支出责任。关键是要有效地发挥政府在基本公共服务中的主体地位和主导作用，提高政府在基本公共服务供给方面的效率，避免政府大包大揽，使有限的公共资源得到合理使用。应尽快着手在全国范围内制定基本公共服务均等化的战略规划；整合、优化公共行政资源，提高政府的公共服务能力；加快政务信息化建设，改善基本公共服务供给的技术手段。

（2）加快完善政府绩效管理制度和评价体系。在确定公共服务均等化标准的基础上，应以公共服务的投入产出效率、公共服务的覆盖范围、地区居民对公共服务的满意度等作为指标，探索科学的考评方式，逐步建立政府、中介机构、公众、媒体等多元协调互补的绩效目标管理制度，科学规范实施项目绩效评价，积极探索单位整体支出绩效评价，不断完善第三方参与绩效管理工作机制，逐步建立事前明确目标、事中绩效跟踪、事后实施评价的全过程绩效管理体系。将绩效管理与部门预算有机结合，加强绩效评价结果应用，绩效评价结果应作为预算项目立项和财政资金分配的重要依据。同时，建立健全绩效评

价结果反馈整改机制和评价信息报告制度。强化部门单位支出绩效主体责任，将绩效管理工作纳入当地政府对部门的年度目标责任制考核。

（3）健全公共财政资金运行全过程的监督机制。强化事前和事中监督，积极推进监督关口前移，开展部门预算编制抽查、重大专项支出的过程监控。发挥中介机构独立审计监督作用。健全监督通报制度和整改落实情况反馈制度。严格执行《财政违法行为处罚处分条例》，建立健全行政问责制、责任追究机制和信息披露制度。

（4）加快建立基本公共服务的法律法规体系。增强基本公共服务供给的规范性和约束性，逐步建立起具有权威性、规范性的基本公共服务法规体系。以《宪法》对公民基本权利的规定为依据，围绕义务教育、公共卫生与基本医疗、基本社会保障、公共就业服务等领域，形成比较完善的基本公共服务法规体系。整合现有法律法规体系，提升基本公共服务的法律层次，加快基本公共服务重大项目立法进程，使中央与地方政府在基本公共服务中的职责法定化，按照基本公共服务均等化的原则，将公共财政纳入法制化轨道。

关于充分发挥司法建议独特作用，推进珠海社会管理创新的研究

珠海市中级人民法院课题组*

一 引言

"任何国家的司法都必须分担一定的治理国家和社会的政治责任，这是无法逃避和放弃的"①。作为构建和谐社会的一部分，中国的司法机关被要求为实现这一目标而做出应有贡献。在这样的背景下，司法建议作为审判职能的延伸在司法工作中得到了大力提倡，在人民法院通过审判执行解决争议的同时，主动向有关单位发出司法建议，有效促进社会管理制度完善和机制创新，成为和谐社会语境下充分发挥司法能动性、积极参与社会管理创新的具体要求。当前，珠海市迎来了科学发展的春天，人民法院应当立足审判职能，充分发挥司法能动性，服务珠海发展大局，为"蓝色珠海，科学崛起"战略的实施提供司法保障。正是基于这样的认识，本文将在对司法建议及其功能解析的基础上，结合实践中司法建议的发展状况，就司法建议所涉及的问题进行探讨，以期对进一步加强和完善珠海法院司法建议工作、推进珠海社会管理创新有所裨益。

二 探究：司法建议的界定与特质

司法建议与人民法院的审判职权密切相关，在我国有其特定的内涵，虽然

---

* 课题组组长：万国营；课题组成员：谢挺、涂远国、谭炜杰。

① 苏力：《关于能动司法与大调解》，《中国法学》2010 年第 1 期。

可以从文义上对司法建议进行解读，但是在立法上并没有做出明确的界定。随着司法政策的变化和司法实践的发展，司法建议发挥作用的领域逐步扩展，在能动司法的语境下具有了时代赋予的特质。

（一）司法建议的界定

1. 一个纯语义的文本解读

从语义上来看，司法建议应是司法机关做出的建议。在中国，司法建议被称为一项具有中国特色的人民司法制度，为此，司法建议有其特定的内涵，这种特定的内涵，可从《中华法学大辞典》对"司法建议"的界定中窥视一斑："司法机关在办理案件过程中，发现损害国家、社会和其他公民合法权益的情形，但又不属于自己的权限范围时，在处理案件的过程中，向有关单位或个人提出的应当采取某种措施的具体建议。"在这个语义下，司法建议是指司法机关在处理案件的过程中，因发现了不属于自己权限范围内的损害国家、社会和其他公民合法权益的问题，而向有关单位或个人提出的应当采取某种措施的意见和建议。

2. 一个立法上的溯源

在立法上，司法建议并无一个明晰的界定。仅在一些法律规定中提及"司法建议"一语。例如，《中华人民共和国民事诉讼法》第 103 条规定："有义务协助调查、执行的单位有下列行为之一的，人民法院除责令其履行协助义务外，并可以予以罚款……人民法院对有前款规定的行为之一的单位，可以对其主要负责人或者直接责任人员予以罚款；对仍不履行协助义务的，可以予以拘留；并可以向监察机关或者有关机关提出予以纪律处分的司法建议。"《中华人民共和国行政诉讼法》第 65 条规定："行政机关拒绝履行判决、裁定的，第一审人民法院可以采取以下措施：……（三）向该行政机关的上一级行政机关或者监察、人事机关提出司法建议。接受司法建议的机关，根据有关规定进行处理，并将处理情况告知人民法院。"《中华人民共和国法官法》第 30 条规定："法官有下列表现之一的，应当给予奖励：……（六）提出司法建议被采纳或者开展法制宣传、指导人民调解委员会工作，效果显著的。"从上述条款的规定来看，立法上的"司法建议"适用范围非常小，仅限于民事诉讼程序及行政诉讼程序中；适用对象仅针对负有不履行协助义务的单位或拒绝履行判决、裁定的行政机关；受建议主体仅是前述单位或行政机关的上一级行政机关或者监察、人事机关，不是针对原单位或其他单位、个人提出；适用的目的偏重于有关机关对原单位的处分，目的是促使原单位或行政机关履行法院生效判决或裁定所确定的义务。为此，可以这样说，立法上是将司法建议作为民事诉讼及行政诉讼执行保障措施的补充措施来对待的。

3. 一个司法实践的角度

司法实践中的司法建议一直随着司法政策的变化而不断发展。新中国成立初期，出于打击犯罪分子的需要，我国法院就开展了司法建议活动。早在1956 年司法部就提出："人民法院在审理案件中如发现有关的机关、团体在工作中存在缺点，给予犯罪分子以可乘之隙时，可以而且应该作出建议书，促其加以改进；必要时还应建议其上级机关帮助纠正；如果这个缺点带有一般性，也可向党政领导报告，指示纠正。"可见，新中国成立初期司法建议制度主要以刑事审判为重点，主要功能是预防和减少犯罪。"文化大革命"结束后至20世纪90 年代，伴随着国家工作重心向经济建设的转移，司法建议以参与社会综合治理、打击经济犯罪为重心，同时逐步向民事审判领域和行政审判领域拓展。近 10 年来，基于能动司法的需要，司法建议已渗透到各个领域。2007 年3 月，最高人民法院下发《关于进一步加强司法建议工作为构建社会主义和谐社会提供司法服务的通知》，从司法建议的程序、内容、格式、督促落实四个方面强调规范，旨在实现司法建议工作的制度化、长效化。随后，各地法院围绕这一主题展开了积极的探索①。为总结司法建议工作的经验，进一步完善司法建议工作机制，2012 年 3 月 15 日，最高人民法院发布了《关于加强司法建议工作的意见》，将司法建议工作作为当前法院的重点工作之一，司法建议自

---

① 顾永忠：《能动司法理念让司法建议焕发新生机》，《人民法院报》2010 年 2 月 4 日，第 5 版。该文介绍了北京三级法院在刑事司法建议工作机制上的创新之举及相应的经验和做法。许多高级法院制定了相应的规范，如山东省高级人民法院于 2008 年 1 月制定了《关于进一步加强司法建议工作的意见》、上海市高级人民法院于 2009 年 6 月制定了《上海市高级人民法院关于加强和规范司法建议工作的若干规定（试行）》、广东省高级人民法院于 2011 年 9 月 29 日做出了《关于加强和规范全省法院司法建议工作的若干意见》。另外，通过中国知网的相关搜索，载于《人民法院报》关于司法建议的报道就多达 1500 多篇。

此被推向新的高度。对比我国司法建议制度之立法规定与司法建议制度之实施现实状况不难发现，实践中司法建议的适用范围已经冲破了相关诉讼法律的局限而大大扩展了①。

（二）能动司法语境下司法建议的特质

由上可知，随着司法实践的发展，司法建议的内涵也随之不断丰富。当前的司法建议与法院的能动司法息息相关，司法建议也因法院的能动司法而有了新的特质。笔者认为，当前的司法建议具有如下特质：

一是司法建议权行使主体的特定性。只有从事审判的司法机关，即人民法院才能做出司法建议，其他机关无权做出司法建议，即使做出建议也不能称之为司法建议②。

二是司法建议效力的非强制性。人民法院做出的司法建议仅是意见或建议，其主文内容没有法律上的强制力。此特质明显区别于人民法院行使审判权处理案件纠纷后做出的裁判文书，裁判文书的主文内容有强制执行力。有学者对司法建议与软法规则作比较，认为司法建议的主文的执行、落实虽同软法规则一样，缺乏国家强制力的保障，但两者在制作主体、制作形式、责任承担方式等方面存在差异，司法建议的法律效力要强于软法规则③。

三是提出司法建议缘由的特定性。司法建议是人民法院在审理案件的过程中发现问题而积极能动地向有关单位提出的合理化建议或意见，其目的在于使有关单位堵塞漏洞、改进工作、完善制度、消除不利因素。可见，司法建议来源于法院的审判实践，是法院积极追求案件更大社会效果的能动司法行为，这与法院行使的审判权的消极性、被动性有明显区别。

四是司法建议涉及问题的非法院主管性。司法建议所涉及的内容不属于人民法院职责范围内应该解决的问题，只是和人民法院正在审理的案件有关联，

---

① 许宏波：《对我国司法建议制度的反思与重构——以构建和谐社会为视角》，《法律适用》2008年第1、2期。

② 有学者认为，公、检、法三机关都应有权提出司法建议，但笔者认为公、检、法三机关包括行政机关均可以做出相应的建议，但在当今的能动司法的大环境下应赋予司法建议特定的内涵，即仅由人民法院做出的建议才称为司法建议。

③ 马荣、韩俊：《论司法建议的法律效力》，《人民司法》（应用版）2011年第21期。

如不及时解决，以后还可能出现类似的纠纷。从这一特质来说，司法建议是法院能动司法的体现，是法院司法审判权的延伸。

三 思辨：司法建议与社会管理创新的关系

随着司法建议的内涵日益丰富，司法建议在司法实践中的功能也得到了肯定。最高人民法院发布的《关于加强司法建议工作的意见》中明确指出，司法建议是法律赋予人民法院的重要职责，是人民法院工作的重要组成部分，是充分发挥审判职能作用的重要方式；司法建议是人民法院坚持能动司法、依法延伸审判职能的重要途径；司法建议是人民法院深入推进三项重点工作、提升司法能力和司法公信力的重要手段。这些均是我国开展司法建议工作的经验总结，可以说，司法建议在人民法院推进社会管理创新中发挥着越来越独特的作用。

（一）和谐理念下的司法角色

在现代司法发展进程中，一直存在着司法克制主义与司法能动主义两种大相径庭的司法哲学观。司法克制主义要求，司法权必须以绝对被动的、中立的、严守规则的、终局性的面目出现在社会生活之中；而司法能动主义则认为，司法权应当相对主动和适度超前地介入社会生活，为各种社会不公平现象提供司法救济。事实上，司法的另外一个重要功能，即司法的社会功能往往容易被人忽视。司法的社会功能，要结合特定的社会环境和社会效益来考虑，需要法院在现实和法律之间寻找一个切入点，找到合法、合情、合理、公平的解决方案，以达到司法的法律效果和社会效果的统一。为此，在和谐司法的语境下，司法的角色日益重要，司法既是构建和谐社会的推进器，又是维护和谐社会的防火墙。当前错综复杂的社会矛盾，需要事前预防与综合治理；通过个案而凸显出的在社会制度上、单位工作方法上的不足以及行政权的失位、行政管理的不到位等问题，需要法院主动去面对；对于人民群众反映的有关法律意识、法律制度层面上的缺失，同样需要法院主动去回应。

（二）司法建议功能的实证分析

从根本上说，司法建议的功能是由司法建议的特质决定的，而随着司法实践的发展和司法政策的变化，司法建议的功能在能动司法的语境下也有了新的定位。

案例1 在李刚起诉乐天（中国）食品有限公司、北京家和物美商业有限公司和中华人民共和国卫生部的"全国牙防组"事件中，北京市朝阳区人民法院在审理该案件之后发出的司法建议指出："全国牙防组"所开展的口腔保健品认证活动是有关部门依据行政职责推动的认证活动，所暴露的问题是《中华人民共和国认证认可条例》实施前由于认证工作多头管理、政出多门所造成的。认监委与卫生部采纳了该司法建议并共同做出要求"全国牙防组"停止开展口腔保健品认证活动的处理决定。随后，国家认监委与国家质检总局联合布置在全国范围内深入开展清理整顿非法认证活动的专项治理工作，加强了对认证活动和认证市场的监督管理。

案例2 2010年年底，珠海市金湾区连续有三家公司被500多名工人聚集追讨欠薪，引发围堵工厂、到区政府上访的群体性事件。金湾区委、区政法委高度重视，启动诉前联调机制，以金湾区法院为主，联合区有关部门全力以赴讨回欠薪，保护了劳动者的合法权益。珠海市金湾区法院针对在案件调解过程中发现的相关部门在管理上存在的"管理不到位""劳动关系混乱""工人法律意识淡薄"等问题，向区政法委提出了《关于预防建设领域农民工工资拖欠问题的司法建议》，建议"加强对建筑行业的监管""清欠"和加强普法宣传等。区政法委将司法建议转发相关部门，并下发了《关于加强企业欠薪维稳工作的通知》，区相关部门还据此组织制定了《金湾区企业欠薪应急保障金制度实施办法》，促进了社会的和谐稳定。

案例3 汶川大地震后，四川省成都市中级人民法院副院长谢商华表示，地震灾害带来了许多常态下的法律难以解决的问题，如灾后房屋重建、物资征用等，但由于成都中院一直非常重视司法建议工作，所以面对突发的地震灾害引发的群众纠纷，该院在很短时间内，就案件背后涉及的灾后重建问题撰写了8份分析报告和法律建议，都被成都市委市政府采纳①。

上述三个案例体现了法院司法建议涉及内容的广泛性，既有制度上静态的问题，又有群体性事件及突发的自然灾害等动态问题。在案例1中，法院的司法建议明确指出我国认证制度存在多头管理、政出多门的问题及由此产生的消极后果。法院在处理因个案而引起的纠纷时注意到认证制度的缺陷，法院的司法建议推动了相关部门采取措施，消除了因制度缺陷而引起的社会管理混乱及由此产生的纠纷。在案例2中，针对建设领域企业倒闭等问题，法院通过司法建议的形式主动回应社会问题，促进了相关领域管理机制的完善。在案例3中，法院针对汶川大地震等自然灾害所带来的突发和后继问题，及时回应人民群众的需求，取得了较好的效果，为政府部门建立有效的自然灾害应对机制当好了参谋。由此可见，法院的能动司法对这些问题的最终解决所起的作用非同小可，收到了良好的社会效果，法院的司法建议充分发挥了推进社会管理创新的功能。

（三）司法建议推进社会管理创新的独特作用

新时期和谐社会对司法的要求，不再是仅仅单一地最大限度实现个案的公平与正义，同时也需要就审判工作中发现有关单位在工作方法、管理体制、规章制度等方面存在的重大问题及时提出意见建议，从而有利于促进机关单位加强管理、堵塞漏洞、防止再犯、改进工作，从而延伸司法审判职能，实现审判的法律效果与社会效果的统一，从而有利于维护社会稳定，促进和谐发展②。司法建议正好承载了此项功能，它可以在法院不越位、不干涉行政权或其他单位自治权的基础上实现堵塞漏洞、改进工作、完善制度及消除不利因素的社会效果。为此，人民法院提出的司法建议被媒体冠以"堪称人类理性应对制度困境的典范"，可以说，司法建议已经在解决社会冲突、

---

① 成金生：《司法建议发力在"界"外》，《人民法院报》2009年3月13日，第5版。
② 彭新建：《现象与制度之间——司法建议的发生、价值及制度化》，《法治研究》2011年第7期。

构建和谐社会中发挥了巨大的作用，并得到了社会的普遍认可，日益为人们所关注和重视①。

司法建议所针对的问题来源于法院在审判执行中发现的问题，囿于司法权在个案中的中立性及被动性以及一些不可控制的原因，即使法院做出了公正的判决，也无法将这些问题根本解决，并且有可能因同一原因出现连续不断的同类诉讼。也就是说，由于司法建议的非强制性，司法建议所针对的内容是法院无权处理的问题，司法建议的实效，即司法建议所针对的问题的真正解决，还需要被建议部门或单位的配合，必须依赖被建议部门或单位的相关职能的行使，才能使司法建议所针对的社会问题得以彻底解决。但是，法院处于纠纷解决的前沿，"近水楼台"的优势使法院更利于发现问题的症结所在，从而发挥纠纷解决的"前哨"和"预警"作用。因此，司法建议发挥促进社会管理创新的独特作用就表现在通过向相关部门发出"信号"来寻找外界合力，使相关部门意识到问题所在并采取相应措施，从而实现审判职能延伸，使社会问题从源头上得到彻底解决②。可以说，在当前能动司法的语境下，通过司法建议推进社会管理创新已经成为司法审判工作的一项重要内容和司法机关承担的一项重要社会责任③。

四　调查：珠海法院司法建议现状与分析

（一）司法建议工作基本情况

2011年以来，珠海市两级法院按照上级法院的部署，充分发挥司法职能作用，加大了司法建议工作的力度，积极服务本市经济社会发展。全市两级法院确定由研究室作为司法建议工作的日常管理机构，负责本单位发出司法建议

①　许宏波：《对我国司法建议制度的反思与重构——以构建和谐社会为视角》，《法律适用》2008年第1、2期。
②　李东民、殷华：《基层法院司法建议工作实务问题——以北京市海淀区人民法院为实证研究样本》，《人民司法》2011年第21期。
③　江必新：《拓宽行政审判职能推进社会管理创新——行政审判在社会管理创新中的角色思考》，《法律适用》2011年第3期。

的审核、编号和备案工作，两级法院也分别指定专人负责对司法建议工作的统筹协调，加强了对司法建议工作的管理力度。在广东省高级人民法院组织的2011 年度全省法院司法建议评选活动中，珠海市法院有 1 件司法建议入选全省"十佳"司法建议，两件司法建议被评为全省法院优秀司法建议。2012 年5 月，珠海市两级法院按照广东省高级人民法院的要求正式启用广东法院司法建议系统①，及时将两级法院发出的司法建议信息录入该系统，提高了司法建议工作的管理水平。2010 ~ 2012 年，珠海市法院司法建议数量逐年增长（见图 1），截至 2012 年 9 月，全市两级法院共发出司法建议 116 份，得到了有关部门的重视和回应②，有效延伸了审判职能，促进了社会管理创新。

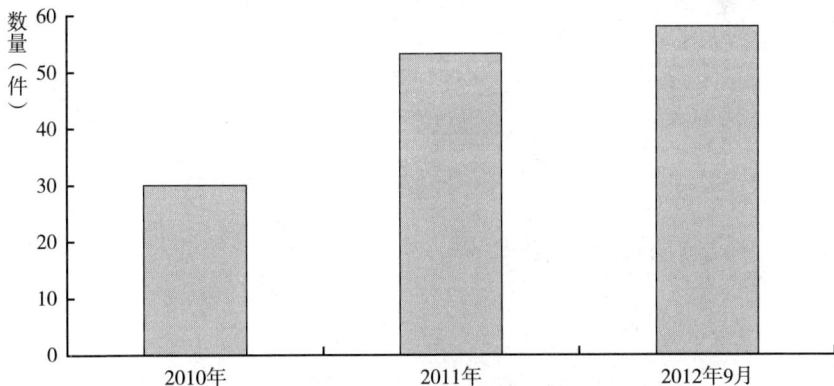

图 1　2010 ~ 2012 年珠海市两级法院司法建议数量

（二）存在的问题分析

从总体上来讲，珠海市法院的司法建议工作取得了一定的成效，但也存在一些问题和不足，需要有针对性地进一步规范和加强。

---

① 该系统包括司法建议录入、数据汇总、数据统计等功能，在浏览权限方面，省高院查看全省数据、中院查看辖区数据、基层院查看本院数据，方便了对司法建议的统筹管理。

② 相关报道参见《珠海中院向市工商局发出司法建议》，http://www.zhsw. gov. cn/sww_ zfw/zfgz/zfdt/_ 201201/t20120119272669. html，最后访问日期：2012 年 9 月 15 日；《珠海金湾区法院司法建议解决拖欠工资问题》，http://www. gdzf. org. cn/gdsgzdt/zh/201201/t20120118_ 229242. htm，最后访问日期：2012 年 9 月 15 日；《珠海中院民三庭司法建议获积极复函和采纳》，http://www. zhcourt. gov. cn/default/article_ view. asp? artid＝3245，最后访问日期：2012 年 9 月 15 日。

1. 司法建议的类型比较单一

如图2所示，珠海市两级法院发出的司法建议中，针对个案提出的司法建议较多，占到了2010年以来已发出司法建议的64%，而针对类型案件的司法建议较少，针对社会经济发展中的综合性问题提出的司法建议不足全部司法建议的10%。究其原因，个案司法建议针对的是个案中发现的问题，这些问题更易让法官们捕捉，而类案司法建议和综合司法建议是针对普遍性问题做出的，因而不能仅仅从个案的审判结果中直接产生。因此，类案司法建议及综合司法建议在做出前期需要投入更多的精力及人力，而在办案压力较大的法院，尤其是基层法院，更多的法官会倾向于选择从简，即针对个案中出现的问题直接做出个案司法建议。

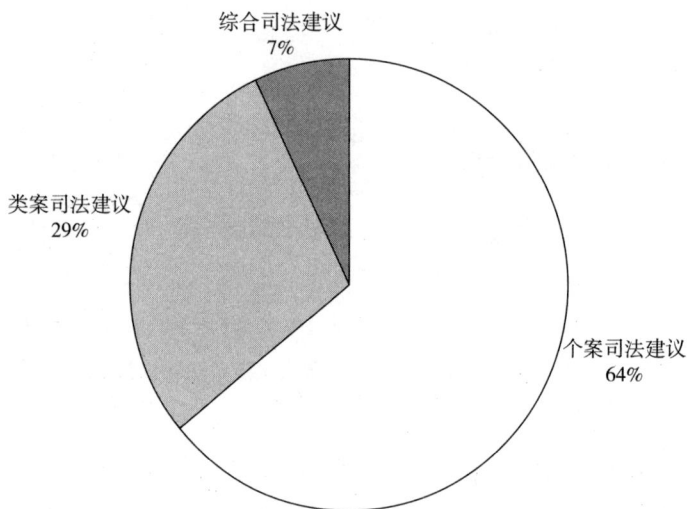

图2　各类司法建议比重

2. 司法建议整体质量不高

通过对近年来发出的司法建议进行研究发现，虽然有若干高质量的司法建议受到了上级法院的表彰，但是司法建议整体质量仍不高，主要表现在：有的司法建议没有紧紧围绕社会管理创新等司法建议的重点，选题无价值，为建议而建议；有的缺乏分析研究，针对性不强，内容较为空泛，建议没有说服力；有的个案司法建议没有代表性、普遍性，得出的结论不全面、不客观，难以让人认同和接受；有的建议缺乏可操作性，内容空洞抽象，受建议单位无所适从；有的司法建议用语含糊不清、意思不明，没有做到语言得体。司法建议质量不高的原因也是多方面的，既有法院办案压力大，法官对司法建议仓促应付的情况，也有在发出司法建议前未进行调研，导致司法建议针对性不强的因素。此外，有的法官对社会热点敏感性不强，不能准确把握社会管理中的热点问题也是重要的原因。

3. 司法建议反馈率较低

根据统计（见图3），珠海市法院2011年度司法建议反馈率整体不高，虽然金湾区法院司法建议反馈率达到了58%，但是从全市的整体情况来看，司法建议的反馈率只有17%，略低于全省法院平均水平。也就是说，绝大部分的司法建议在发出之后"石沉大海"，这也是各地法院普遍反映存在的问题①。反馈率低的原因有多方面，除了被建议单位对司法建议不够了解之外，还在于法院缺少与被建议单位及其主管部门等单位的沟通，导致被建议单位对司法建议未予以足够的重视；部分行政机关错误地认为司法建议是干预行政，对司法建议存在偏见；司法建议的质量不高、缺乏针对性，有的司法建议没有确定反馈期限也是反馈率低的原因。

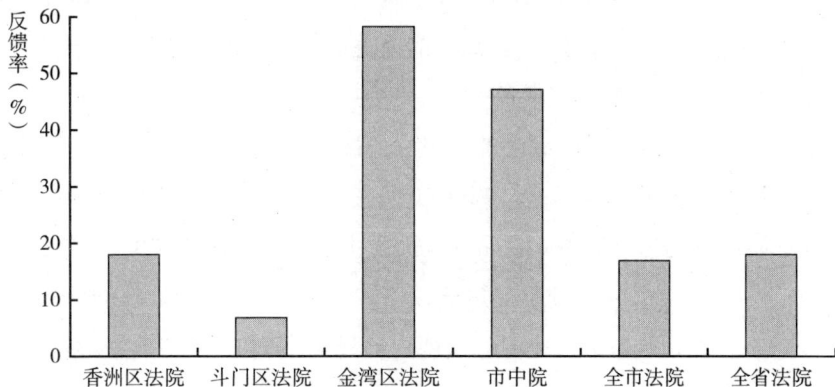

图3　2011年度司法建议反馈率比较图

资料来源：广东省高级人民法院内部网。

---

① 刘晓鹏：《司法建议：为啥没人接茬》，《人民日报》2007年3月20日；侯毅君：《六成司法建议函石沉大海》，《中国青年报》2010年2月23日。

4. 司法建议书样式不统一

司法建议书样式不统一主要表现在如下几方面：有的司法建议书标题使用的是"司法建议函"，有的使用的是"司法建议书"，还有的直接标明"关于×××的建议"；有的编号采用的写法是"〔20××〕××法建字第×号"，有的是"××法建（20××）×号"，还有的把编号放在"司法建议书"这一标题的上方；有的司法建议书将联系人、联系方式放在正文的左下角，有的则放在正文中，还有的没有写明联系人、联系方式。司法建议书样式不统一，影响了司法建议的严肃性，上级法院缺乏相关的指导是出现该问题的主要原因。

5. 司法建议的流程管理不够精细

通过电话访谈两级法院研究室负责司法建议日常管理工作的人员和审判执行业务部门的部分法官，发现对于司法建议的流程管理存在如下问题：司法建议向被建议单位发送主要有两种方式，一是通过邮寄，二是直接派工作人员送至被建议单位，这两种发送方式均未附送达回证；司法建议在发出后，通常会送研究室登记备案，但除了斗门区法院之外，两级法院研究室没有再将司法建议送档案室归档，而针对个案发出的司法建议及其反馈意见，审判业务部门也没有归入该案件的档案中；虽然全省法院司法建议系统已经于 2012 年 5 月上线运行，但是有的基层法院至今仍未启用，已经启用的法院录入司法建议的效率也不高。

6. 司法建议的宣传报道不多

近年来，虽然珠海市两级法院的司法建议工作有了较大进展，但是关于司法建议工作的宣传报道并不多。2011 年以来，关于司法建议工作的情况基本上是在法院内部的信息简报上发布的，而在主流媒体上发布的关于司法建议工作的报道不足 10 条。可以说，司法建议工作仍局限在法院系统内部"自弹自唱"的状态，不利于增进人民群众及社会各界对司法建议工作的理解和支持，不利于扩大司法建议的社会效果。

五　策略：突破司法建议"瓶颈"的原则与措施

当前珠海市发展迎来了难得的历史机遇，市委提出了"蓝色珠海，科学崛起"战略，推动珠海科学发展走新路。全市两级法院应当充分发挥司法能动性，积极延伸审判职能，以高度的历史使命感和社会责任感做好司法建议工作，充分发挥司法建议在推进社会管理创新方面的独特作用，积极负责地为服务珠海市改革发展稳定大局建言献策，努力为加快珠江出海口西岸核心城市建设提供强有力的司法保障。针对当前珠海市司法建议工作发展的现状，我们不得不思考如何破解当前司法建议工作中的"瓶颈"问题，以便进一步规范和加强司法建议工作，而突破"瓶颈"的策略可以从原则与具体措施两个层面展开。

（一）司法建议工作应遵循的原则

1. 司法建议的"度"：必要性原则

作为法院能动司法重要途径的司法建议在实际运行中必须注意"度"，这个"度"体现为司法建议的必要性原则。从司法建议的司法实践经验来看，司法建议的必要性应包括以下内容：一是司法建议作为一项制度本身存在的必要性。当前的司法建议较好地承载了参与社会管理的职能，好的司法建议促进了有关单位科学决策、完善管理、消除隐患、改进工作、规范行为，不断提高科学管理水平，从而有效预防和减少了社会矛盾纠纷。因此，在和谐司法的语境下，作为一项司法制度的司法建议有其存在的必要性。二是司法建议内容的必要性。在司法实践中，司法建议的内容涉及各个领域，大到制度缺陷，小至工作纰漏，但司法建议并非无所不及。这在最高人民法院《关于加强司法建议工作的意见》的相关规定中已有充分体现，该意见第 7 条明确规定了在审判执行工作中发现的有必要提出司法建议的情形[①]。可见，只有在有必要提出

[①] 最高人民法院《关于加强司法建议工作的意见》中明确规定，对审判执行工作中发现的下列问题，人民法院可以向相关党政机关、企事业单位、社会团体及其他社会组织提出司法建议，必要时可以抄送该单位的上级机关或者主管部门：①涉及经济社会发展重大问题需要相关方面积极加以应对的；②相关行业或者部门工作中存在的普遍性问题，需要有关单位采取措施的；③相关单位的规章制度、工作管理中存在严重漏洞或者重大风险的；④国家利益、社会公共利益受到损害或者威胁，需要有关单位采取措施的；⑤涉及劳动者权益、消费者权益保护等民生问题，需要有关单位采取措施的；⑥法律规定的有义务协助调查、执行的单位拒绝或者妨碍人民法院调查、执行，需要有关单位对其依法进行处理的；⑦拒不履行人民法院生效的判决、裁定，需要有关单位对其依法进行处理的；⑧发现违法犯罪行为，需要有关单位对其依法进行处理的；⑨诉讼程序结束后，当事人之间的纠纷尚未彻底解决，或者有其他问题需要有关部门继续关注的；⑩其他确有必要提出司法建议的情形。司法建议的特质之一就是人民法院享有司法建议权，人民法院是司法建议权的权利主体。

司法建议的情形出现时，人民法院才启动司法建议程序，法院不能只讲数量，刻意为提出司法建议而做出司法建议。就珠海法院的情况来看，存在司法建议类型单一和整体质量不高的问题，这决定了强调司法建议存在的必要性，从而提高珠海市两级法院对司法建议工作重要性的认识。

2. 司法建议的"的"：针对性原则

司法建议为"问题"而生，司法建议所提出的问题必须要有针对性，否则司法建议将成为无源之水、无本之木。司法建议的针对性原则是指司法建议的内容应直接指向在个案或类案中反映的具体问题或普遍性问题，应直接指向经济发展中存在的普遍性或系统性问题。没有问题就没有司法建议存在的价值。在司法实践中，司法建议要有的放矢，不能含糊其辞，不能泛泛而谈。司法建议针对的问题虽然出自个案，但是发出司法建议不仅要指出问题的表象，而且要分析指出问题背后潜在的、深层次、普遍性的原因和规律，司法建议应当跳出就事论事的范畴，具有内行的眼力、专业的视野，这样才能使司法建议找准并紧扣当前社会管理中的热点、难点问题，使被建议的机关或单位有所适从，并能从司法建议中认识到问题的严重性，认识到解决问题的必要性。

3. 司法建议的"范"：规范性原则

司法建议书与司法裁判文书一样均是司法产品，只不过是它们承载的功效不同而已。为此，作为司法产品的司法建议必须具有规范性。规范性是司法建议的质量保障，司法建议的规范性的缺失不但影响其正常效能的发挥，而且将影响司法的权威或公信力。尤其在最高人民法院将司法建议作为提升司法能力及司法公信力的措施的大环境下，注重司法建议的规范性尤为重要。在最高人民法院《关于加强司法建议工作的意见》中，法院已充分认识到司法建议的规范性原则①。

---

① 最高人民法院《关于加强司法建议工作的意见》明确规定：司法建议书应当按照统一的格式制作，一般包括首部、主文和尾部三部分。首部包括：法院名称、司法建议书、司法建议书编号、主送单位（被建议单位）名称。主文包括：在审理和执行案件中或者相关调研中发现的需要重视和解决的问题，对问题产生原因的分析，依据法律法规及政策提出的具体建议，以及其他需要说明的事项。尾部包括：院印和日期。如需抄送被建议单位的上级机关、主管部门或其他有关部门的，应当列明抄送单位全称。个案、类案司法建议书由所涉案件审判业务部门负责起草，综合司法建议书可以由有关综合性部门或者审判业务部门负责起草。司法建议书起草完成后，交司法建议工作日常管理机构审核，报分管领导签发。向党政机关发送的重要司法建议或者审判委员会决定发送的司法建议书，由院长签发。

为此，应对司法建议形式、格式和主文要素作统一规范要求，制作相应的规范；加强对司法建议制作、发出程序的规范，强化司法建议的日常管理，增强司法建议的严肃性。

4. 司法建议的"果"：实效性原则

法院因存在非审判执行工作所能解决的普遍性问题而提出司法建议，目的是寻找合力，促使有关部门完善相关制度、填补管理漏洞，从而解决社会问题。因此，司法建议应注重实效，坚持实效性原则，只有司法建议所涉及的问题得到被建议方的重视并采取实际行动予以解决，才能实现法院做出司法建议的终极目标。没有司法建议的实效，司法建议的价值将会大打折扣。然而司法建议效力的非强制性及司法建议所涉及问题的非法院主管性，决定了司法建议真正发挥作用或真正解决问题，仅有"内力"不行，还需要"外力"。为此，采取相应的措施提高司法建议的质量、努力提升司法建议的落实和反馈率，从而增强司法建议工作的社会效果应当成为努力的方向。

（二）加强和完善司法建议工作的措施

1. 围绕珠海市委中心工作发出司法建议

这是司法建议工作的必要性原则和针对性原则的要求。2012 年以来，珠海市按照广东省委部署，全力开展"三打两建"工作，将"三打两建"工作与贯彻落实时任省委书记汪洋同志提出的"科学发展走新路，'十二五'崛起看珠海"总要求紧密结合起来，努力打造更符合国际规范的社会主义市场经济体制机制，营造法治化、国际化营商环境。"三打两建"工作与社会管理创新密切相关，珠海市两级法院在有效打击欺行霸市、制假售假、商业贿赂等违法犯罪行为的同时，应当充分发挥司法建议的独特作用，针对办理案件过程中发现的社会管理体制、机制方面存在的问题发出司法建议，促进有关部门完善制度、堵塞管理漏洞。同时，充分利用审判资源优势，加强"两建"案件的分析研究，主动提出相关司法建议，积极服务"两建"工作深入开展，促进珠海市社会信用体系建设和市场监管体系建设，努力为珠海市"蓝色珠海，科学崛起"战略实施营造和谐稳定的社会环境。

2. 着重提升司法建议的整体质量

从内容上看，司法建议应当关注社会热点、焦点问题，关注人民群众的切身利益，紧扣社会管理创新。从珠海市法院司法建议工作的实际出发，在针对个案和某一类型案件中的具体性、普遍性问题发出司法建议的同时，应当结合审判执行工作实际，认真研究一定时期经济社会发展中存在的普遍性、系统性、全局性问题，并有针对性地提出司法建议，提升综合类司法建议在司法建议中的比重。具体来看，在审判工作中发现以下情形的，适合提出综合类司法建议：

（1）存在影响社会稳定隐患，可能引发群体性事件，需要做好处置预案的。例如，2008年3月，因受金融危机影响，江苏省张家港市一些以外贸为主的中小企业面临生存危机，出现业务萎缩、资金链断裂等问题，一些企业倒闭，企业主出逃。为了防止群体性讨薪纠纷集中爆发，张家港市法院于7月下旬向市委市政府提出了建立联动预警机制、建立应急处置机制、建立联合维权机制、建立欠薪保障基金四项防范性司法建议。张家港市委市政府全部采纳相关建议，大大增强了全市应对群体性事件的主动性[①]。

（2）与当前开展"三打两建"工作、服务人民群众密切相关，需要建立完善相关机制的。例如，针对"执行难"问题，广东省高级人民法院向省政府和有关部门先后两次提出完善社会信用体系建设的司法建议，从促进新闻宣传部门与法院共同建立不履行执行义务的被执行人公示制度、促进金融部门将不履行执行义务的被执行人信息纳入征信系统、促进相关部门建立限制不履行执行义务的被执行人投资经营工作机制三个方面提出了相关建议。

（3）发现有关法规、规章制度、内部管理规定等违反法律规定或存在漏洞的。例如，为有效保护生态环境，解决公共水域污染民事诉讼原告资格问题，广东省高级人民法院在会商省政府法制办后，提出了修改《广东省环境保护条例》，参照国家和广东省的有关规定，授权环境行政保护主管部门代表国家对污染水资源的责任人提起损害赔偿诉讼的建议，促使公共利益得到有效维护。

此外，在做出司法建议前，可以进行充分调研，邀请被建议单位参与，听

---

① 成金生：《司法建议发力在"界"外》，《人民法院报》2009年3月13日，第5版。

取有关单位的意见，以增强司法建议的实效性。从形式上来看，司法建议文书的格式应当统一和规范，针对珠海市法院司法建议格式不统一的情况，今后的司法建议应当比照广东省高级人民法院《关于加强和规范全省法院司法建议工作的若干意见》中的格式范本制作。为了进一步提升珠海市两级法院法官制作司法建议书的质量，还应当组织开展司法建议工作专项培训，加强司法建议工作经验交流，开设司法建议写作培训课程，规范司法建议文书的写作内容，提高法官的写作水平。

3. 进一步加强司法建议的日常管理

按照上级法院的要求，珠海市两级法院将研究室作为司法建议工作的日常管理部门，负责司法建议的审查编号、登记备案、情况通报、日常督促等工作，明确要求司法建议要以法院名义发送，统一编写文号，司法建议应当由院长或主管副院长签发，有效规范了司法建议的日常管理，保障了司法建议的权威性和严肃性，促进了司法建议质量的提高。针对珠海市法院司法建议日常管理中存在的问题，应当重点做好以下几方面工作：向被建议单位送达司法建议书应当参照送达法院诉讼文书的方式，并记录送达情况；司法建议书及反馈意见应当及时移交司法建议日常管理部门备案、集中归档，针对个案制作的司法建议书及其相关材料还应当归入该案卷宗的副卷；珠海市法院发出的司法建议均应录入广东省法院司法建议系统，各区法院、中院各部门录入员应及时做好司法建议及其反馈情况、领导批示等信息录入工作。

4. 健全司法建议工作的激励考核机制

从珠海市两级法院司法建议工作的现状来看，不论是在质量上还是数量上都还有很大的潜力可挖。为了鼓励法官积极提出更多高质量的司法建议，珠海市必须完善激励考核机制。目前，珠海市两级法院的司法建议工作考核、评价机制还不够健全，在一定程度上影响了两级法院开展司法建议工作的积极性。为此，应当将司法建议的工作情况纳入年度考核中，同时完善相应的考核标准。司法建议被有关单位采纳并收到反馈意见或得到上级领导批示的，应作为考核的加分项目及评先评优的参考依据。按照广东省法院的有关要求，珠海市中院每年提出的司法建议数量应不少于 50 件，各区法院应不少于 30 件，如果各区法院、中院各审判执行业务部门未完成全年司法建议任务数量，应在年度考核中扣分。此外，还应当组织开展全市法院优秀司法建议评选活动，对优秀司法建议的承办人给予表彰和物质奖励。

5. 努力扩大司法建议工作的社会效果

人民法院发出司法建议最终要落实到社会管理机制的创新上来，而这需要有关单位的理解、支持与配合才能实现司法建议转化为制度和机制。为此，要充分依靠党委的力量，建立与党委、人大、政府法制部门、行业协会的司法建议工作沟通交流平台，促进司法建议的落实。在发出司法建议后，为了防止司法建议"石沉大海"，法院应当主动加强与被建议单位的沟通。司法建议书可以确定一至三个月的反馈期限，写明联系人和联系方式，发出司法建议三个月后未收到反馈的，司法建议承办人可以通过提醒、询问、回访等形式进行督促，也可以向被建议的有关单位的上级机关或主管部门提出意见。如果认为确有必要，可以将发出的司法建议同时抄送被建议单位的上级机关或主管部门，确保司法建议得到落实。珠海市应加强司法建议的宣传，通过信息简报、专题报道等形式加强对重大、典型司法建议的宣传，发挥优秀司法建议的示范效应，为司法建议工作营造良好的舆论氛围。

六　结语

积极推进社会管理创新，事关珠海市委"蓝色珠海，科学崛起"战略的顺利实施，事关珠海经济发展大局，事关社会的和谐稳定。珠海市经济社会的高速发展，不可避免地带来各类社会矛盾的凸显，人民法院身处纠纷解决前沿的有利位置，使其能够在第一时间发现案件背后的社会管理问题。虽然司法具有中立性的特征，但这并不代表人民法院在面对社会问题时可以置身事外，逃避作为国家机关应当承担的社会责任。实践证明，司法建议有效发挥了社会管理"预警机"和"前哨站"的作用，促使人民法院的"内力"与有关部门的"外力"有机结合，实现了人民法院延伸审判职能，推进社会管理创新的职能。从珠海市法院司法建议的工作实际出发，有针对性地进一步加强和规范司法建议工作相关机制，既是压力又是动力，从长远看，必将使人民法院在推进社会管理创新中发挥更加积极的作用。

珠海微博舆情的传播与管理

李传忠　赵华安　许育秀*

我们所说的微博舆情是网络舆情的一种。所谓的网络舆情，是指在网络空间内，围绕公共事件的发生、发展和变化，作为主体的网民对作为客体的执政者及其所持有的政治取向所产生和持有的社会态度、信念和价值观。它是较多民众关于社会中各种现象、问题所表达的信念、态度、意见和情绪等表现的总和①。按照这样的定义，微博舆情实质上就是发生在微博这一网络平台上的网络群体性事件，它起源于某一公共事件，作用于微博平台，参与主体是微博用户，针对的是政府及相关公共权力部门。微博舆情之所以具有巨大的社会影响，其原因在于：一是微博用户数量庞大且仍在不断增长；二是针对公共权力部门，广泛影响着人们对政府的态度和看法；三是微博舆情在一定条件下可以转化为现实中的群体性事件。

在这个微博迅猛发展的年代，如何面对微博这一新事物并进行有效的管理，是摆在各级政府面前的一个重要课题。据中国互联网络信息中心（CNNIC）发布的第 29 次中国互联网络报告显示，截至 2011 年 12 月底，中国网民人数达 5.13 亿人，其中微博用户数达到 2.5 亿人，较上一年度增长了 296%，网民使用率为 48.7%。正如美国互联网趋势研究者谢尔·以色列所言："我们正处在一个转换的年代——一个全新的交流年代正在替代老朽的、运转不灵的传播时代。在这个微博推动的、正在到来的交流时代，如果我们还没能跟上它的脚步，那么就可能会被这个时代所抛弃。"②

---

　* 李传忠，任职于《珠江晚报》政经部；赵华安，任职于北京师范大学珠海分校政治理论教研部；许育秀，任职于《珠江晚报》政经部。

① 刘毅：《网络舆情与政府治理范式的转变》，《前沿》2006 年第 10 期。
② 〔美〕谢尔·以色列：《微博力：140 字推爆全世界》，任文科译，中国人民大学出版社，2010。

一 珠海微博应用的基本特征

珠海并非一个微博舆情多发的地方。人民网舆情监测室是目前国内研究网络舆情的权威机构，在其主办的"舆情频道"网站上，根据网络舆情状况，分别列出每一季度的国内十大网络舆情事件，并就网友的关注和地方政府的应对做出分析和评价。考察 2011 年四个季度及 2012 年第一季度总共 50 例上榜的舆情事件，涉及广东省的有增城"新塘事件"、陆丰"乌坎事件"、深圳清除"高危人群事件" 3 例，其中并不涉及珠海。再作进一步考察，在人民网舆情监测室所提供的"各地热点舆情——广东"一栏中，根据其列出的资料，从 2012 年 4 月 9 日至 7 月 27 日，总共 100 起广东热点舆情事件，涉及珠海的仅 1 例。总的来说，珠海微博舆情数量少、焦点散、强度低。造成这种现象的原因，除了发生在珠海且足以吸引全国眼球的公共事件并不多见、珠海地方政府对舆情的重视及积极应对以外，还应该从本地微博应用的基本特点上寻找。

（一）在校大学生、中产白领和专业人士为主的微博用户群体

微博被喻为草根聚集地，但是虚拟世界的"草根们"并不等同于现实生活中的草根。虽然微博以其低门槛、便捷化的特点吸引了大量人群的使用，但同时也将某些群体拒斥于微博网络平台之外，这是由微博的核心功能所决定的。微博的核心功能是即时信息的发布和获取。微博用户可以不受时间和地点的限制，将自己的所思所想、所见所闻上传至微博，正如中国人民大学舆论研究所所长喻国明教授所言："这种率性而为的信息呈现形式非常适应现代都市人群碎片化的情感表达方式和奔波忙碌的生活状态。"[1] 然而那些终日为生计而奔波劳作、那些尚且徘徊在温饱线上的人们，还有那些受教育程度较低，又或者精力不济的人们，何来的时间与精力，何来的金钱与设备，何来的闲情逸致在微博上"晒生活"、关注小资们的无病呻吟。概而言之，微博是年轻人的

---

[1] 喻国明、欧亚、张佰明：《微博：一种新传播形态的考察——影响力模型和社会性应用》，人民日报出版社，2011。

聚集地,是有钱、有闲的精英阶层的玩意。国内外的相关实证研究也印证了这一点,喻国明教授指出,国外最大的微博平台 Twitter 的用户主要分布地区是一、二线城市,年龄主要集中在 20~50 岁的上班族;在国内的最大微博平台新浪微博中,用户也主要集中在发达城市,以名人、草根(年轻)及公司机构为主①。

珠海市的人口构成则可能进一步强化了微博用户向年轻人、精英阶层集中的趋向。据珠海统计局公布的 2010 年全国人口普查关于珠海的统计数据显示,全市常住人口为 156 万多人,人口年龄结构呈现"两头低、中间高"的特点,即少年和老年的人口比重较低,劳动力年龄人口比重较高,15~64 岁劳动力人口的比重超过 80%,达 127 万多人。另一组数据则显示珠海常住人口普遍受教育程度较高,大学(指大专以上)程度人口逾 28 万人,高中(含中专)程度的人口逾 38 万人,两者相加约合 66 万人,占全市常住人口总数的一半左右;与 2000 年的数据相比,每 10 万人中具有大学程度的从 7503 人上升到 8389 人,均高于全省和全国的平均水平②。这样的一种人口构成,一方面源于珠海近些年大力推进产业升级转型,着力发展高端服务业、高新技术产业和高端制造业等"三高"产业,吸引了大量高学历人才;另一方面则是由于教育事业,尤其是高等教育事业的发展,使在校大学生人数迅速增长,珠海现在已经成为继广州市之后,广东省内在校大学生人数排名第二的城市。当然,这样的一种人口构成也使微博用户进一步向在校大学生、中产白领和专业人士集中。

在校大学生、中产白领和专业人士在微博的使用上会显示出与一般用户不同的一些特性:一方面,由于在校大学生、中产白领和专业人士受教育程度较高,因此相对理性,不易为偏激言论所左右,从而降低了谣言传播的可能和空间;另一方面,出于自身的经济社会地位的考虑,中产白领和专业人士的言辞和行为不至于十分激烈,而在校大学生主要关注宏观(国家民族)和微观(自身利益)的问题,缺乏对中观(地方事务)问题的兴趣,多方面的原因共同导致了珠海本地微博主要应用群体在舆情的发生方面扮演着并非积极的角色。

---

① 喻国明、欧亚、张佰明:《微博:一种新传播形态的考察——影响力模型和社会性应用》,人民日报出版社,2011,第 97~98 页。

② 张文单:《珠海公布人口"家底"珠海常住人口逾 156 万》,《珠江晚报》2011 年 5 月 19 日。

（二）强连带为主的微博传播模式

所谓的强连带，即双方相互间交流互动频繁，形成紧密的关系，与强连带相对应的是弱连带，就是相互间的联系较少，有特殊需要时才会发生联系。强、弱连带被广泛应用于分析不同微博群体中的信息传播方式。

微博上海量且多元的信息，加之用户间的互动交流，为网络群体的形成提供了可能。用户出于不同的需要或兴趣，以"关注"功能为手段，与其他一些用户结成或紧密或松散的联系。用户间的这种自我偏好和相互聚合，形成了一个又一个的微博群体，我们称之为微群。

国外的相关研究表明，不同的微群具有不同的信息传播特点。Ingrid Erickson 的研究发现，美国的微博 Twitter 和 Jaiku 在功能设计上的差异，使用户的聚集和信息的传播也产生了不同。Twitter 只有转发回复而没有评论功能，人们在使用 Twitter 时主要是广播个人见闻，而带有评论功能的 Jaiku 则可以让用户进行充分的交流，增进彼此的认知和互信，进而结成紧密的联系。因此 Twitter 更似一个广播平台，而 Jaiku 则是一个人际交往平台[1]。国内的微博，如新浪，兼备转发和评论的功能，因而不存在如 Twitter 和 Jaiku 在应用上的差别。但是也有学者指出，微博用户粉丝量影响着微群的聚集方式和信息传播。那些拥有大量粉丝的用户更倾向于将微博作为一个广播平台；而那些粉丝量较少的用户则更倾向于将微博当做一个人际沟通和自我呈现的舞台[2]。在大量粉丝聚集的微群中，更利于信息的广泛传播，却不利于用户之间的充分交流，用户之间呈现弱连带关系；而粉丝量少的微群中，用户之间能更好地交流互动，形成强连带关系。

珠海本地微群的信息传播，呈现较为明显的强连带方式。以"海滨泳场改名"一事为例，2012 年 5 月下旬传出海滨泳场将更名为情侣滩的消息后，引起了本地网友在微博和网络论坛的热议。其中网名为"珠海小黎"的网友

---

① Ingrid Erickson, "Geography and Community: New Forms of Interaction Among People and Places," *America Behavioral Scientist*, No. 53, 2010, p. 1194.

② 赵高辉、王梅芳：《人际扩散："织里抗税"事件的微博传播模式分析——基于新浪微博的考察》，《新闻记者》2012 年第 3 期。

在本地微博和"百岛论坛"的发言，引起了网友们的围观和媒体的广泛报道。最早在 5 月 7 日，"珠海小黎"已经在自己的新浪微博发布信息，抗议将海滨泳场改名为情侣滩，但这条信息是 0 条转发、5 条评论，其中 2 条评论还是"珠海小黎"回复粉丝的。5 月 18 日本地媒体披露改名消息后，"珠海小黎"同时在本地微博和论坛上发帖抗议，其中于 18 日上午更是两次在个人微博发布相关信息，第一条微博发布于 9 点 46 分，20 人转发，27 条评论，其中 4 条评论是"珠海小黎"的回应；第二条微博发布于 10 点 07 分，58 人转发，40 条评论，其中 11 条评论是"珠海小黎"的回应。"珠海小黎"的粉丝数不算多，只有 2308 人（数据截至 2012 年 7 月 31 日。以下没有特别说明，数据均来源于对新浪微博的考察，且截至 2012 年 7 月 31 日）。比起那些粉丝数动辄过十万上百万的名人微博，显然"珠海小黎"有更多的精力与时间和粉丝进行互动交流。在"海滨泳场改名"一事中，"珠海小黎"微博的转发量不高，但评论数相对较多，且有多条是博主自己与粉丝的互动，由此，博主与粉丝之间形成了紧密的强连带关系，信息首先在圈子内充分流动，之后再往外扩散。

但是强连带总体上并不利于信息在微博上广泛传播，正如社会学家格兰诺维特指出："强连带需要较多的时间加以维系（强连带之所以强，就是因为互动较多），对社交时间产生排挤效果，使一个人的关系网较少，从而产生信息通路上的重叠浪费。"[①] 相反，弱连带却有利于信息传播，"若一个人拥有很多弱连带，……那么他在信息获取上会有极大的优势，在信息传递上也常常居于关键地位"。因此，格兰诺维特认为"强连带往往形成小圈圈，弱连带却会形成一张大网络"。

那么珠海本地的微博用户和群体为何易于结成强连带关系呢？原因可能有二：一是取决于用户数量的多少，庞大的用户数量更易于形成一张大的社会网络，构建起用户间的弱连带关系，而少量的用户更喜欢"抱团"，显然总人口数和网民数量的狭小，使珠海本地的用户规模不可能与深圳、广州等大城市相比；二是取决于话题是否有足够的广泛性，当话题不足以撩起大多数用户的兴趣时，大家宁愿自行其是，讨论圈子内部的事情。

---

① 〔美〕格兰诺维特：《镶嵌：社会网与经济行动》，罗家德译，社会科学文献出版社，2007。

（三）意见领袖影响力的弱化

意见领袖（opinion leader）又称舆论领袖，是美国社会学家保罗·拉扎斯菲尔德在 20 世纪 40 年代研究美国选民的投票行为时提出的一个概念，他分析指出，"观念常常是从广播和报刊流向舆论领袖，然后由舆论领袖流向人口中的不太活跃的部分"[1]。因此，所谓的意见领袖是指在群众中具有一定权威性与代表性的人物，他们首先接触大众传播媒介，再将从媒介上获得的信息加上自己的见解，传播给他们周围的人，从而对周围的人施加影响。信息的传播是沿着大众传播媒介—意见领袖—一般受众的"二级传播"过程而完成的[2]。

随着微博等自媒体的迅猛发展，意见领袖在信息传播中的重要地位进一步强化。在这个"人人可以发声"的微博平台上，一些人凭借着对新闻事件的第一时间披露而成为众人关注的对象，一些人凭借着对事件深入细致的分析而受到众人的追捧，微博为意见领袖突破传统媒体的信息垄断和话语霸权提供了一个重要的工具。当前国内发生的众多网络公共事件中，我们常常可以看到意见领袖活跃的身影。但是在珠海本地微博平台上，意见领袖的形象反而还相当"模糊"。

要想成为微博世界里的意见领袖，必须具备一定的外在条件，我们可以从粉丝数、微博的转载量和评论数量进行衡量。正如上海交通大学新媒体与社会研究中心主任谢耘耕教授所言："微博用户的粉丝数能够代表其网络影响力，而被转载与评论的次数则在一定程度上代表了微博意见领袖所发信息在事件中的扩散度和影响力。"[3] 以此为标准，我们来考量一下珠海微博意见领袖的影响力。在 2012 年 5 至 6 月间，珠海市政府推行的"禁电"（禁止电动车上路行驶）引起了网友们在微博上的热议。为此，市政府于 2012 年 6 月 7 日邀请了 12 名珠海网民代表进行座谈，征集网络民意。这 12 名网民都是珠海本地知名网友，常在本地微博和论坛上就各类公共事件发声。在当天座谈会上，共有

---

① 〔美〕麦奎尔、〔瑞典〕温德尔：《大众传播模式论》，祝建华译，上海译文出版社，1987。

② 周庆山：《传播学概论》，北京大学出版社，2004。

③ 王平、谢耘耕：《突发公共事件中微博意见领袖的实证研究——以"温州动车事故"为例》，《现代传播》2012 年第 3 期。

10 人就"禁电"问题发言,媒体摘录报道了其中 9 人的言论。考察这 9 人的微博,粉丝数量最多的是政协委员陈利浩,超过 15 万人①;其次是名为"珠海上空的鹰"的网友,粉丝数约 1.5 万人;其余 7 人中,粉丝数在 1 万人左右的有 1 位,2300~3300 人的有 3 位,730~930 人的有 3 位。这样的数字与某些微博名人动辄数十万甚至数百万的粉丝量相比,确实相形见绌。粉丝量的严重不足确实制约了这些意见领袖言论传播的广度和深度。再就他们的言论影响力来看,关于"禁电"一事的评议中,转发数量最多的是陈利浩的一条微博,有 229 次转发,其次是网友"珠海老周"的一条微博,有 58 次转发,其余众人关于"禁电"一事的微博转发量都在 50 次以下;而评论数最多的一条也是来自陈利浩,有 145 条评论,其次是"珠海小黎"的,有 39 条评论,其余的评论数量均不超过 20 条。最多几百次(条)甚至只有几十次(条)的转发和评论,确实不足以在微博掀起多大的舆情波澜,相比起一般微博舆情发生时的疯狂转发和评论,珠海本地微博意见领袖的言论扩散度和影响力确实有限。或许我们无法将他们称之为意见领袖,至多也只是微博活跃分子而已。

二　珠海微博舆情传播的基本态势

(一)微博舆情的地方化趋势

微博舆情就其影响范围而言,可以分为全国性和地方性两种类型。全国性的微博舆情影响范围广、参与人数众,对政府应对和解决的能力要求高;地方性的微博舆情影响较小,政府的应对和解决也相对容易。但是两者并非是截然区分的,正如学者所指出的,每一起舆情热点事件的产生背后都隐藏着一种普遍的社会情绪、态度或价值观。在微博平台上,比较容易形成舆情热点事件的

---

① 需要指出的是陈利浩这 15 万微博粉丝应该有很大一部分是来自珠海以外的用户。在 2011 年的温州动车事故中,陈利浩在微博上发起倡议,为获救女童小伊伊捐款,该微博转发量达 950 多万次,超过 20 万条评论,为陈利浩赢得了全国知名度和广泛的人气。但是庞大的微博粉丝量却并未能够转化为对本地事务关注的影响力。在本地"禁电"一事的评议中,陈利浩的微博转发及评论数量最多的不超过 300 次。粉丝量与言论影响力的巨大落差,表明粉丝中有相当一部分是不关注珠海事务的外地网友。

类型包括：①灾害事故类；②公共卫生类；③"三公"部门的舆情①。不同的热点事件对于不同的人群而言，其重要性是不同的，要在短时间内吸引全国不同地域众多微博用户的关注，该事件必然具备足够的震撼性，但是这么一些重大事件的发生往往是偶然的。因而，全国性的微博舆情并非常有，对于地方政府而言，更需要关注的是常态化的地方微博舆情，而且往往因为地方政府的应对不当而导致舆情向全国的扩展。对于珠海而言，受制于地方微博应用的一些基本特征，微博舆情的发生更具地方色彩。

1. 强连带的信息传播方式使微博话题更显小众化

强连带的信息传播易于形成小圈子，这样的小圈子群聚着彼此相互熟悉的微博用户，他们共同分享着身边的事情，讨论着感兴趣的话题，而这些事件与话题对于圈子以外的用户来说，因为缺乏共同的生活背景，要么是全然陌生，要么是了无趣味。话题的小众化不但是对珠海以外的微博用户，甚至是对珠海市内不同地域的不同人群。例如，"海滨泳场改名"一事对于很多老香洲而言是事关文化记忆的重大事情，但是对于其他地方的居民来说，改名与否仍旧只是个地名的符号。又如，北师大珠海分校的学生们强烈反对的高架桥贯穿校园的方案是因为事关他们的切身利益，但是对于其他人甚至是珠海市民而言，高架桥的建与不建，他们压根就不会有切身的体会。

2. 意见领袖的弱化妨碍了微博舆情的扩散

热点事件必然是具体的，但具体的热点事件背后往往潜藏着一种普遍性的社会情绪，正是这种情绪感染着众人而使微博舆情得以扩散。而从具体事件中抽象出普遍性情绪往往需要意见领袖的提炼，意见领袖对于微博舆情扩散的重要作用也正是体现在这里。只是珠海本地微博意见领袖影响力的弱化，妨碍了微博舆情的扩散。在"海滨泳场改名"一事中，我们见到的是"珠海小黎"的就事论事，对"抹杀珠海地名"的质疑，在"金琴高速以高架桥贯穿北师大珠海分校"一事中，我们甚至见不到一名有影响力的意见领袖参与。在这些本地微博舆情事件中，往往见到的是意见领袖对事件本身的吐槽，而缺乏对事件背后抽象意义的讨论。在充满口水及意见领袖缺席的微博世界里，舆情永远都只会局限在一定的范围内。

---

① 谢耘耕、荣婷：《微博舆论生成演变机制和舆论引导策略》，《现代传播》2011 年第 5 期。

（二）群组之间的对立进一步激化微博舆情

人们使用微博易于结成群组，群组之间或沟通交流或对立激辩，两者都可以强化微博舆情。群组间的交流从广度上扩展舆情的范围，而群组间的激辩则在程度上激化了舆情。对于珠海而言，受制于微博用户总体数量少且同质化程度较高的现实情况，微博舆情一旦发生，在广度上的扩展将十分有限，我们尤其要注意的是，群组间的激辩可能对微博舆情的发展起到推波助澜的作用。例如，在"禁电"一事中，本地微博呈现一片反对的声音，网友"珠海老周"在市政府座谈会及自己的微博上透露了另一种声音，在一些"妈妈群组"中，"90%以上的妈妈都赞成'禁电'"，原因包括超速、对孩子造成惊吓以及各种马路乱象等。而在"金琴高速以高架桥贯穿北师大珠海分校"一事中，这种群组之间的对立更是掀起本地微博长达一周的舆情风暴。2011年11月12日，正当北师大珠海分校的学生们为高架桥贯穿校园一事而热议的时候，本地媒体一名记者在其加V认证的微博中将150万名珠海市民和3万名学生对立起来，称金琴高速是一项关系全市居民出行的工程，没有理由只倾听北师大珠海分校学生的意见，而应由全体市民投票表决。此言论一出，立马掀起了本地微博的滔天巨浪，引来了数以千计的转发、数以百计的评论。学生们铺天盖地的指责让这位记者无法忍受而关闭了微博评论，更将学生们称为杰"粗"学生。随后，学生们的抗议和谩骂转向对本地媒体的质疑，并由此引起了部分媒体记者的反击。该事件也吸引了不少珠海本地加V认证的微博用户参与讨论，论战双方均有知名记者和律师的参与。回顾整个事件，围攻、辩解、爆粗、揭老底、晒简历——上演，有人落井下石，也有人仗义执言，有人"@"他的单位，也有人呼吁理性维权，总之，中国典型的微博舆情中所有的元素在这场风暴中均已齐备。

为何群组之间的对立会激化微博舆情呢？其原因在于背后的群体极化。所谓的群体极化，是美国学者凯斯·桑斯坦提出的概念，指的是"团体成员一开始即有某些偏向，在商议后，人们朝偏向的方向继续移动，最后形成极端的观点"① 作为自媒体新形式的微博，实质上大大强化了群体极化效应。一方

---

① 〔美〕凯斯·桑斯坦：《网络共和国》，黄维明译，上海人民出版社，2003。

面，微博用户通过关注与被关注的功能，与志同道合者结成群组，凡一致者关注，不一致者拉黑，将自我与歧见隔离，人为地屏蔽了与差异性观点接触的机会；另一方面，群组内部的交流实际上并非是思想的碰撞，反而是强化了既有的观点，因为异见者难以在群组内立足。这种群体的协同过滤使用户所接触到的信息越来越狭窄，偏激的观点和极端的言论更容易形成，最终导致了整个群体的极端化。群体极端化的形成会反过来给予每个成员以自我催化的责任感和自豪感，让发帖者感到自己的信息发布具有崇高的道德意义，给自身的发帖行为赋予了一种自我实现的价值。这种"担当"意识的驱使，激发了信息发布的狂欢，加剧了整个微博舆情。在"金琴高速以高架桥贯穿北师大珠海分校"一事中，我们看到的是学生们为捍卫校园和高等教育的价值而行动的使命感，而反对者则是扛起了公共利益、言论自由的旗帜进行反击，在彼此双方都认为己方必然正义的感召驱使下，整个本地微博世界也被搅动得翻江倒海。

（三）传统媒体在微博舆情传播中扮演重要的角色

在传统媒介时代的"二级传播"中，信息传播沿着"大众传媒—意见领袖—普通受众"的路径进行。在这一传播链条中，大众传媒作为"信息源"，是信息的提供者，意见领袖作为评论者，从大众传媒那里接收信息并提取重点，加入自己的价值评论后，再传递给受众，影响受众的观念和行为。在整个传播过程中，大众传媒和意见领袖的角色分工是明显的。但是在微博时代，有学者认为，二级传播模式将被打破，一级传播将得以实现。因为微博以其低门槛的进入要求，使"人人可以发声、人人都能做记者"。微博用户可以通过手机、个人电脑等设备，将身边的公共事件以信息、图片、音频、视频等方式上传至微博，成为新闻事件的第一报道者和社会公共事件的评论者，而为其他用户所关注和追随，成为微博意见领袖。在这一传播模式下，意见领袖取代了大众传媒集信息的发布与评论于一身，实现了由传统媒介时代的"二级传播"到"一级传播"，即"意见领袖—普通受众"的过程，大大地强化了信息传播的速度和舆论影响的效果。

但是正如前文所分析的，本地微博意见领袖影响力的弱化，使其在信息传播中的作用和角色降低。相反，传统媒体，如报纸、广播、电视以及它们在微博平台的延伸，即官方认证微博，除继续扮演着信源角色以外，在一定程度上兼具意见领袖的作用，从而强化了对微博舆情传播的影响。

1. 传统媒体拥有巨大的舆论影响力

相较于本地微博意见领袖仅数百数千的粉丝量，本地传统媒体的官方微博所拥有的粉丝量则甚为庞大。《珠海特区报》的微博粉丝数有 11 万多人，《珠江晚报》的微博粉丝超过 10 万人，珠海电视新闻的微博粉丝是 7.6 万多人，南都珠海的微博粉丝也超过 4 万人。在这个粉丝量决定能量的微博世界里，基于微博信息裂变式传播的特点，粉丝数量越多，微博的舆论影响力就越大。无疑，巨大的粉丝数量是本地传统媒体微博舆论影响力的优势所在。

仔细分析珠海传统媒体的官方微博粉丝数量，我们会发现存在着较大的差异，《珠海特区报》和《珠江晚报》的微博粉丝数量相差不大，珠海电视新闻居其次，而南都珠海则与《珠海特区报》和《珠江晚报》的微博粉丝数量拉开了 2.5 倍以上的差距。这些数字背后的差距反映的是传统媒体在"信息源"角色扮演中重要性的差别。人们关注传统媒体，主要是为了获取信息，南都珠海作为市场化媒体，以省内大报《南方都市报》为依托，在信息获取的便捷方面显然比不上专注本地事务的《珠海特区报》和《珠江晚报》。而珠海电视新闻与《珠海特区报》、《珠江晚报》微博粉丝数量的差距，则体现了平面媒体和立体媒体在信息传播的速度与便利上的差异。

2. 传统媒体能够有效地影响微博的议程设置

以"金琴高速以高架桥贯穿北师大珠海分校"一事为例，早在 2011 年 10 月底 11 月初，《珠江晚报》和南都珠海已经相继披露消息：市交通局认为"高架桥方案"最优，引起了学生们在微博上的热议。至 11 月 10 日，媒体采访市交通局有关负责人，确认已经将"高架桥方案"上报，消息一经透露，立马引起了学生的强烈不满，导致了 11 月 11 日学生们的签名抗议活动。随后，市交通局于 12 日召集本地媒体发布消息，宣称路线方案尚未最终确定，试图平息舆情，此间，《珠江晚报》一名记者利用新闻采访的便利，现场微博直播交通局的新闻通气会，引来了大量的围观和评论。媒体报道了市交通局新闻通气会的相关内容后，在一定程度上缓和了学生们对交通局的责难，但是本地媒体一名记者随后在自己微博上的一番"公投"言论，又立刻将整个舆情再度升温。而正当各方吵得不可开交之际，南都珠海于 11 月 17 日连发两篇评论——《金琴高速论战正酣，"有关部门"诸公何在》《别只是承诺，是骡子是马遛遛看》，试图将微博上的口水仗和人身攻击重新转回至事件本质的讨论，其用意和矛头所指是十分明显的。在这次舆情一波三折的发展过程中，媒体的导向作用十分抢眼，政府该如何应对和利用本地媒体的这一强大议程设置功能，确实是一个值得深思的问题。

三　珠海微博舆情的应对

面对微博这个新兴的舆论场，地方政府能否有效应对突发舆情，不仅是对政府执政理念的检验，更是对政府舆论引导能力的考量。针对珠海微博应用及舆情传播的基本特点，本文提出以下建议和对策。

（一）不断提高政府应对微博舆情的博弈能力

1. 第一时间占领信息发布的高地是应对微博舆情的首要准则

每当微博舆情爆发时，由于信息渠道的不畅顺，各种谣言满天飞，如果此时政府不能迅速发出最强音，那么舆情的发展将一发不可收拾。美国社会心理学家奥尔波特曾经提出过一个著名的谣言强度公式：$R = ixa$，R 表示的是谣言传播的广度，i 表示的是事件对相关人员的重要性，a 指的是涉及该事件主题证据的模糊性[①]。微博的出现极大地便利了谣言的传播，人们使用微博只需轻按一下转发键就可以轻松地将信息传播开来，加之微博的裂变式信息传播特点，谣言瞬间就可以广为人知。这种低成本的传播方式助长了微博谣言的扩展，也增加了管理部门防控的难度。因此有学者指出，根据奥尔波特的谣言公式，信息匮乏是导致谣言产生的根源，所以要应对微博谣言、提高博弈能力，首先就是要第一时间详细地公开信息，消除事件的模糊性。政府必须严格遵守消息发布的 3T 原则，即快速（Tell it fast）、全面（Tell it all）、以我为中心

---

① 〔美〕奥尔波特：《谣言心理学》，刘水平等译，辽宁教育出版社，2003。

(Tell you own tale)，对虚假信息要及时证伪，对令人误解的信息要及时澄清，对公众存在疑惑的地方要及时解释，以预防谣言的滋生。

2. 要有效应对微博舆情，政府还应该具有合理的博弈策略

网民和政府无疑是微博舆情中博弈的双方。政府要成为一个理性的博弈者，应该是能够从微博舆情中寻找有用的信息，并据此制定实现利益最大化的博弈策略。互联网时代的网民并非是以往信息闭塞时代的顺民，伴随着信息爆炸带来的眼界日益开阔，以及从不断增多的舆情事件中的学习，网民也开始熟悉政府的行事方式，如不闹大不处理、闹大后就息事宁人等。对于身处改革开放前沿的珠海而言，政府应对微博舆情的博弈策略也应该与时俱进。首先要客观分析舆情的性质和内容，在切实保障群众利益的前提下，适当考虑舆情群体的诉求；其次是要合理地分析舆情群体的声音，他们怨恨的根源是什么，他们要表达的是利益的要求还是价值的呼喊，以此有针对性地提出解决措施；最后还要科学地分析舆情群体的动员框架，用事实和行动来解构网络的群体动员，最终平息舆情。

（二）建设民意微博平台

要有效应对微博舆情，大体可以从两个方面着手：一是从原因角度出发，侧重于从源头消除产生舆情的根源；二是从结果的角度出发，注重提高应对危机的能力。这两种不同的思路就其功效而言，前者耗时长、成本高，却能够从根本上减少微博舆情的发生；后者见效快、效果彰，但是显得被动。对于珠海而言，要有效地应对本地微博舆情，应该将这两种思路有效地结合起来，既注重平时的预防，也着意于提升舆情应对能力。如果说及时发布信息，提高政府的博弈策略是从结果上解决微博舆情的举措，那么努力将微博建设成一个把握民意的新平台，则是从原因的角度出发预防微博舆情的措施。微博为民意的汇聚提供了一个广阔的平台，其即时互动交流的形式相当于开通了一个面对面的民意窗口，政府能够通过微博及时地了解民情、汇聚民智、把握民心。这方面也得到了珠海市地方领导人的支持，市委书记李嘉在2012年5月25日与市主要网站负责人的座谈交流中指出：全市各级部门要善待媒体，关注舆情，主动"触网"，充分发挥网络媒介作用，为"科学发展走新路、'十二五'崛起看珠海"" 拍砖、灌水、盖高楼"，汇聚民智民力，给力幸福珠海①。

要将微博建设成一个把握民意的新平台，制度建设是关键。一是要着力建设一个民意表达的微博载体。为此，可以从横向和纵向两个方面入手。在横向上，将政府有关职能部门集成在微博平台的一个页面中，方便全市网民的查看；在纵向上，以政府某一职能部门为线，实现市、区、镇三级同一职能部门的微博集成，方便市内不同区域网民的查看。构建横向和纵向的民意微博平台，有利于实现群众问需于政府和政府问计于群众的有机统一。二是要保证对表达民意的处理。建设民意微博平台的根本目的在于切实保障群众利益，解决群众的困难问题。如果民意微博平台只是一个摆设，群众的声音得不到重视，那么将会严重挫伤老百姓对政府的信任，甚至可能引发新的舆情危机。因此，必须认真对待微博平台上的民声民意，要保证群众反映的问题能够及时地传达到所属的职能部门，而且政府系统内部应该有制度规范限时限质地处理群众意见，以防推诿拖沓。

（三）完善政务微博建设

2011 年 11 月底，应市长何宁卡的要求，珠海召开全市官方微博工作交流座谈会，以此为契机，各部门各单位纷纷开通官方微博，一时间珠海政务微博颇为火热。但是大半年过去了，有的政务微博是越办越出色，粉丝量过百万人，日日发新帖，累计已超过 3800 条微博；但是有的微博却很少有人问津，半年下来也仅是 3 条微博。据不完全统计，截至 2012 年 4 月 23 日，全市 29 个市职能部门仍有 15 个没有开通官方微博②。其实，很多政府职能部门对政务微博的心态是复杂的，有心存疑虑不想开通的，有信心不足不敢开通的，有赶时髦而开通的，也有做样子而开通的。殊不知在这个新媒体时代，与其被动消极不如积极进驻。搞好政务微博，不仅是与民沟通、提高部门效能的举措，更能够在舆情发生时发挥有效应对的积极作用。

---

① 付洪军：《李嘉"触网"与市主要网站负责人面对面交流座谈》，《珠海特区报》2012 年 5 月 25 日。

② 过国亮：《珠海政务微博全扫描》，《南方都市报》（珠海读本）2012 年 4 月 23 日。

1. 完善本地政务微博建设，首先要完善组织机制

相较于"广州发布""微成都"，珠海至今尚未在微博平台上有一个市级层面的统一出口，造成了各职能部门政务微博的自行其是。为此，建议成立政务微博管理部门，统一管理各单位的政务微博，该部门作为明确责任、协调分工的机构有利于改变目前珠海市政务微博多头管理、部门之间缺乏协调、易于推诿的状况。

2. 完善本地政务微博建设，还要加强人员培训

首先要设立专职管理人员，加强对管理人员的政策法规、网络传播规律以及语言交流、文字写作能力的培训；其次要明确工作绩效奖惩，按照信息公开、互动交流、突发事件处理、网民评价等指标设计考核体系，对工作成绩突出或出现重大失误的部门及责任人给予相应的奖惩。

3. 完善本地政务微博建设，关键在于做好信息发布

第一是要规范发布的内容，要多从老百姓的角度出发，主要发布与民众生活息息相关的政务信息以及公众所关注的热点信息，并确保信息的真实性、准确性和可靠性。第二要与民众进行有效的互动交流，提高沟通技巧，以诚待人，用心与网民沟通，尽量使用网民愿意听、乐于听的语言，少讲官话、大话和空话。

（四）充分发挥传统媒体的作用

即便是在网络新闻日益发达的今天，传统媒体由于其严格的新闻把关制度保证了信息的真实准确而仍旧为公众所认可。这种权威性是任何新媒体（包括微博）所不可替代的，而且对于珠海而言，本地媒体所具有的强大舆论影响力，尤其是在突发微博舆情发生时，政府部门更应该充分发挥媒体在缓和及平息舆情中的重要作用。

1. 让传统媒体全面参与突发事件的报道

在突发公共事件面前，政府应该主动向媒体发布消息，提供条件协助媒体核实信息的真伪，这是减少谣言传播的有效手段。政府既要利用平面媒体及时迅速的报道优势，第一时间发布信息；又要借助广播、电视等立体媒介的报道效果，全方位地展示事件的真相，提高对突发公共事件信息的披露，正确地引导微博舆论。

2. 合理地引导传统媒体的报道

在一些地方官员的思维定势中，总是认为本地媒体听招呼，在舆情发生时易于掌控；而外地媒体总是添乱，不断地质疑事件、拷问政府，所以他们常常是厚此薄彼，照顾"自己人"，歧视外地媒体。这样一种思维定势的错误在于：一是试图控制媒体，让某些媒体成为自己的传声筒；二是区别对待，反而会将外地媒体推向地方政府的对立面。对珠海来说，《珠海特区报》《珠江晚报》、珠海电视台、珠海广播电台等本地媒体在信息发布上具有权威性；《南方都市报》《广州日报》、广东电视台等省内外媒体在舆论引导上占优势。因此在舆情发生时，政府一是要加强与各媒体的沟通，一视同仁，发布信息；二是要借助不同媒体的传播优势，或发放消息，或设置议程，以有效地疏导舆情。

（五）团结和培养意见领袖

虽然目前珠海本地微博意见领袖的影响力弱小，但是众人拾柴火焰高，每个意见领袖影响的那一批网民累加起来也将是一股不可轻视的网络力量，而且随着本地微博的进一步发展，意见领袖也将不断成长。所以当下正是政府进驻微博、团结和培养意见领袖的有利时机。

1. 积极主动与各类微博意见领袖沟通

政府首先要转变观念，从轻视、拒斥意见领袖转变为重视、接纳意见领袖。只要相关部门能够真正做到坦诚相待，给予名义、给予支持，不怕人家说话，意见领袖也是能够配合舆论宣传的。其次，政府要搭建沟通平台，在突发公共事件的应急处理中应该吸纳意见领袖的加入，主动提供信息，尤其是借助他们"第三方信源"的正面作用，在公众质疑政府的时候，让意见领袖站出来说话，以化解舆情危机。

2. 培养政府自己的微博意见领袖

一是要鼓励政府官员开通微博。政府要为官员开通微博创造条件，加强对官员相关知识和技能的培训，而且还要鼓励官员积极在微博上发声，多听民意，多与公众交流，积极引导微博舆论，争取成为微博意见领袖。二是要重视传统媒体从业者的微博。媒体从业人员由于自身的职业要求，大多开设了微博，加之他们在接触信息上的便利以及专业的媒介素养，使他们往往成为微博上最活跃、最易受到网民关注的一群。政府应该高度重视媒体出身的微博意见领袖。就珠海而言，本地媒体记者大多开通了微博，但是同样呈现出强连带的信息传播特征，记者之间的微博往往结成私密性强的小圈子，信息仅在圈子内部流动，难以影响和引导舆情。因此，政府应该鼓励本地媒体从业者更多地参与公共事务的讨论，争取成为微博意见领袖。

产业发展篇

构建现代产业体系

——珠海市重大项目产业配套建设研究

刘 学*

一 引言

（一）研究背景

纵观近些年来的发展，珠海紧紧围绕率先转型升级的要求，从高端制造业、高端服务业、高新技术产业和特色海洋经济"三高一特"维度出发，提出"蓝色珠海，科学崛起"发展战略，产业规模和结构实现了质的飞跃，一大批重大项目、战略性新兴产业项目落户珠海：中航通飞、中海油深水海洋工程装备、瓦锡兰中速柴油机、路博润、三一重工、宝塔石化、番禺钢管、银通新能源、北车有轨电动车等项目，使珠海市的高端制造业在六大基础产业传统优势的基础上，实现了从"上天入海"战略向"海陆空"战略全方位提升；

---

* 刘学，任职于珠海市投资促进局。

此外，联想纳思达打印机、佳能新工厂等一批高新技术产业项目和美国沃尔玛、横琴总部大厦、珠海影视文化产业基地等一批现代服务业项目取得了长足的发展。全市上下各级部门更是形成了"抓项目就是抓发展，抓大项目就是抓大发展，抓好项目就是抓科学发展"的项目观，为珠海经济社会的发展注入了巨大的活力，这些都是值得充分肯定的。

但是从长远来看，单纯抓这些大项目是远远不够的。众所周知，任何一个产业、行业或企业都是处于庞大产业链中的一环，都有自己的上下游产业，都需要配套。一方面，大项目落户不仅需要土地支持、基建支持、政策支持，更离不开相关的配套支持。试想，一个大型的汽车项目落户，如果其汽车电器、钢材、橡胶、座椅、零配件等上下游企业都有相应的布局，则会对该企业的落户选址产生决定性的影响。另一方面，已经落户的大项目对配套需求更是如鱼盼水，做好项目服务，使其企业踏踏实实搞好生产，我们的经济才能持续增长，才能获得长远发展，这也是解决重大项目落户后面临的现实问题。所以项目不单要"抓大""抓好"，更要"抓配套"。诚然，不同的产业、项目对自身的配套需求不尽相同，如何发挥自身优势形成良好的配套服务体系，本文试图寻找出一条解决此类问题的有效路径。修好"梧桐树"，自然引得"金凤凰"。

目前，在各地城市同质化激烈竞争的大环境下，此类问题在全国属前沿性课题，具有很强的前瞻性，在市内相关成形研究也属空白。

（二）研究方法

本文采取需求分析和比较分析的方法，是理论与实践结合非常好的范例，理论上必将丰富产业发展理论，实践中必将为珠海下一步持久的高速发展提供有益的探索，为珠海建设珠江出海口西岸核心城市、当好先行先试的排头兵做出贡献。

1. 需求分析

本文从珠海主导的"高端制造业、高端服务业、高新技术产业"，即"三高"维度出发，对产业进行特征化的投资环境评估，对各产业需要的资源禀赋、经济环境、基础设施、政府支持、经营要素、生活环境、成本水平七大配套元素进行调研、评价与分析。

2. 比较分析

采取问卷调查、数据比较分析等方法，选取珠海、深圳、广州、惠州、东莞、佛山、中山、江门、肇庆、大连、苏州、厦门、天津、青岛、秦皇岛、唐山、武汉、成都共18个城市作为比较样本，基于统计口径的64项指标数据建立模型进行系统的量化评分，将珠海放在全国的视野中与代表城市进行比较，有利于珠海接下来找准定位，实施赶超战略。

二 "三高"产业配套分析

（一）珠海市制造业产业配套分析

针对制造业产业配套需求特点进行分析，根据珠海市产业定位将电子信息制造、家用电器、生物制药、医疗器械、印刷及办公自动化耗材、装备制造、游艇制造、石化、电力等细分行业划分为制造业产业配套分析范围。

1. 指标分析

针对制造业对产业配套的需求特点，在指标评价模型中对准则层和指标层的权重赋予相应的比例，从而得出针对珠海市制造业产业配套的指标评分（见图1）。

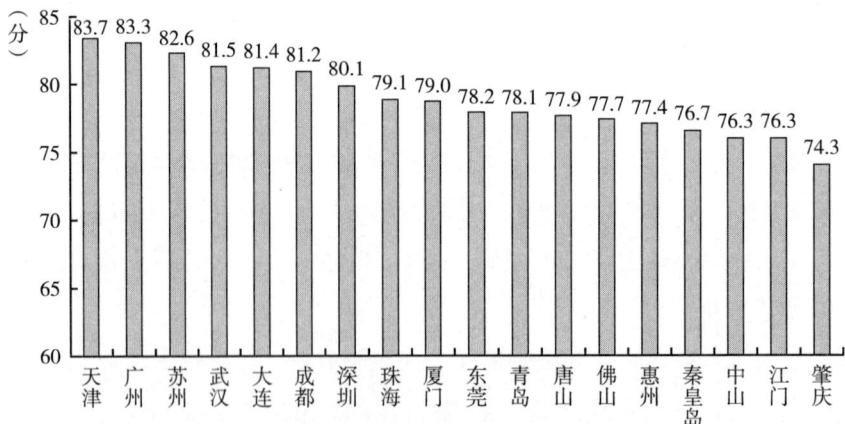

图1　2011年珠海市制造业产业配套指标分析结果

从图 1 中看出，在制造业产业配套整体评价中，珠海市的总得分为 79.1 分，在入选的 18 个对标城市中位列第八，处于中游水平。针对制造业产业配套，天津、广州和苏州是表现最为抢眼的三个城市，分别为 83.7 分、83.3 分和 82.6 分，珠海与这三者的差距很明显。处于第二梯队的城市差距较小，最高的深圳为 80.1 分，而最低的唐山也有 77.9 分，说明对于制造业来说，这些城市具有一定的竞争力。在珠江三角洲九个城市之中，珠海位列第三，仅低于广州和深圳，而领先于其他六个城市，尤其是位于最末的肇庆。

从表 1 中可看出，珠海在成本水平和生活条件上的得分非常高，分别为 89.3 分和 87.8 分，在 18 个对标城市中分别排在第七位和第一位，反映出珠海在这两项指标上的优势；珠海在资源禀赋、经济环境及基础设施上的得分分别是 77.6 分、77.6 分和 75.1 分，在 18 个对标城市中资源禀赋排在第九位、经济环境和基础设施分别排在第七位和第八位，整体上处于中游水平，说明珠海在这三项指标上表现一般；珠海在经营要素和政府支持上的得分分别是 73.8 分和 67.0 分，说明珠海在这两项指标上表现欠佳。

表 1　2011 年城市制造业产业配套指标分析评分

单位：分

城　市	基础设施	成本水平	政府支持	生活条件	经济环境	经营要素	资源禀赋
珠　海	75.1	89.3	67.0	87.8	77.6	73.8	77.6
深　圳	78.3	63.6	93.3	73.3	88.9	95.4	84.1
广　州	80.2	81.1	89.0	75.3	78.8	87.6	88.5
惠　州	67.6	94.6	66.3	84.8	71.9	66.1	75.6
东　莞	76.8	87.2	73.2	79.3	75.5	72.5	71.6
佛　山	72.9	88.7	72.2	78.9	73.7	71.7	72.9
中　山	70.6	88.8	68.0	76.9	74.0	70.0	71.2
江　门	65.3	94.6	68.9	79.4	67.1	63.9	74.7
肇　庆	61.9	94.8	60.7	77.4	70.8	60.1	74.8
大　连	75.1	88.2	80.5	76.1	83.4	75.3	82.1
苏　州	83.2	85.2	83.9	72.6	77.8	81.6	83.5
厦　门	76.0	85.3	71.5	78.1	80.1	77.1	77.4
天　津	78.4	79.9	92.5	73.8	92.2	82.7	87.6
青　岛	72.5	85.0	73.6	76.1	74.3	74.4	82.2
秦皇岛	71.5	94.2	65.9	79.1	68.7	64.4	73.2
唐　山	71.2	93.2	70.4	76.0	76.1	66.3	74.0
武　汉	76.1	89.3	72.5	78.1	80.0	83.0	80.7
成　都	74.1	90.4	78.5	76.2	74.4	80.5	78.2

2. 调查反馈

在调研过程中发现，珠海市制造业企业中的 71% 对产业配套表示满意，24% 的企业感觉一般，4% 的企业表示不满意，制造业企业对珠海市产业配套的满意度较高（见图 2）。

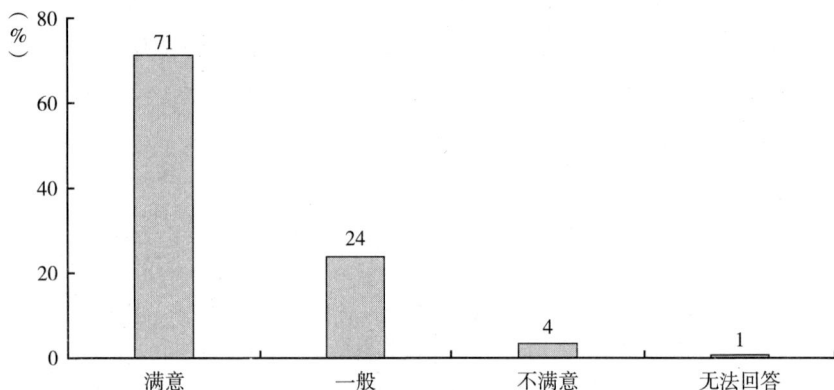

图 2　珠海市制造业产业配套满意度调查结果

针对产业配套各个分项，参与调研的制造业企业亦分别进行反馈。其中，制造业企业对珠海市经济环境的满意度为 62%；基础设施满意度为 54%；政务服务满意度为 78%；政策扶持满意度为 64%；人力资源满意度为 40%；科技创新环境满意度为 60%；融资环境满意度为 56%；企业运营环境满意度为 66%；生活条件满意度为 82%；人文环境满意度为 71%；成本水平满意度为 46%（见图 3）。

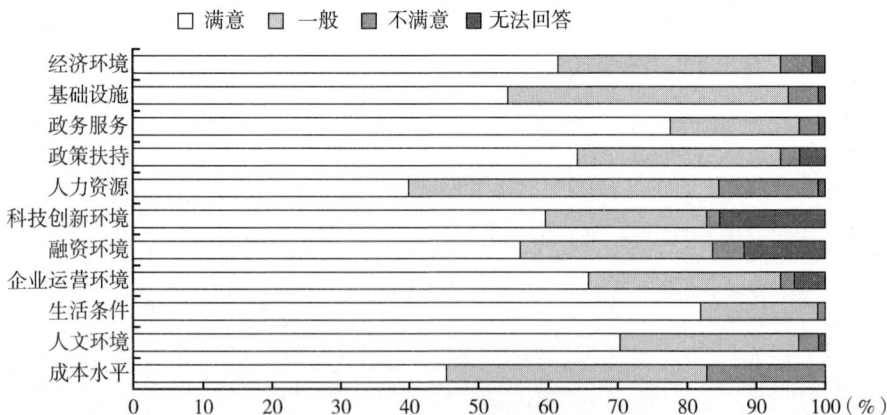

图 3　珠海市制造业产业配套满意度调查分项结果

在以上产业配套分项中，制造业企业满意度超过70%的分项为生活条件（82%）、政务服务（78%）和人文环境（71%）；满意度在60%以下的分项为人力资源（40%）、成本水平（46%）、融资环境（56%）和基础设施（54%）。

对比总体满意度和制造业满意度结果，可以发现珠海市制造业企业对产业配套的评价与总体评价基本保持一致，但其中值得注意的是制造业企业对基础设施的满意度仅为54%，相比全行业对基础设施的60%的满意度低6个百分点（见图4），说明针对发展制造业，珠海市当前的基础设施水平存在较大的提升空间。

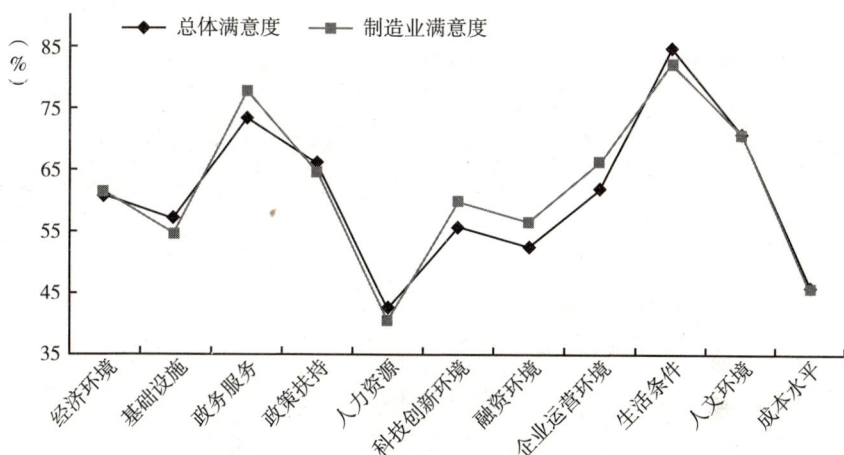

图4　珠海市制造业产业配套满意度调查分项结果与总体结果对比

（二）珠海市高新技术产业配套分析

本节针对高新技术产业配套需求特点进行产业配套评价，根据珠海市产业定位将信息技术、生物产业、新能源及新能源汽车、新材料和节能环保等细分行业划分为高新技术产业配套评价范围。

1. 指标分析

针对高新技术产业对产业配套的需求特点，在指标评价模型中对准则层和指标层的权重赋予相应的比例，从而得出针对珠海市高新技术产业配套的指标评分（见图5）。

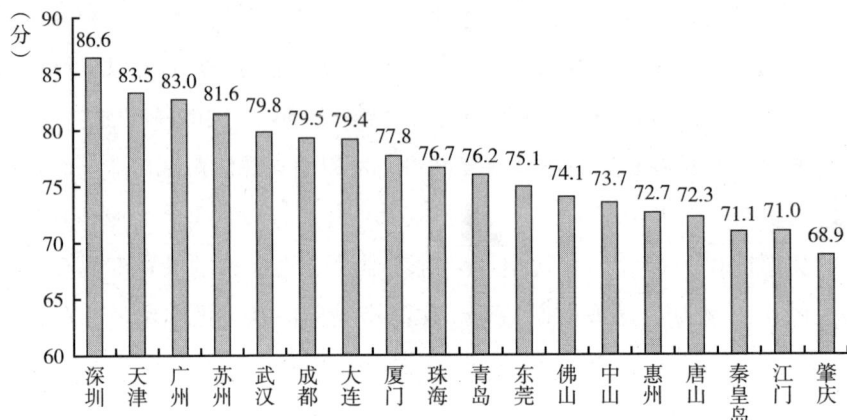

图5　2011年珠海市高新技术产业配套指标分析结果

从图5中看出，在高新技术产业配套指标评价中，珠海市总得分为76.7分，在入选的18个对标城市中位列第九，处于中游水平。针对高新技术产业配套，深圳位列榜首，且优势明显，得分为86.6分，天津和广州排在第二位和第三位。珠海与这三者的差距很大，说明目前珠海在高新技术产业环境方面尚明显落后于先进城市，有很大的提升空间。在珠江三角洲的九个城市之中，珠海位列第三，仅低于深圳和广州，而领先其他六个城市。

从表2中可看出，珠海在成本水平和生活条件上的得分非常高，分别为87.8分和87.0分，在18个对标城市中分别排在第七位和第一位，反映出珠海在这两项指标上的优势；珠海在资源禀赋、经济环境及基础设施上的得分分别是77.1分、75.8分和78.4分，在18个对标城市中分别排在第九位、第九位和第七位，整体上处于中游水平，说明珠海在这三项指标上表现一般；珠海在经营要素和政府支持上的得分分别是74.9分和67.0分，说明珠海在这两项指标上表现欠佳。

表2　2011年城市高新技术产业配套指标分析评分

单位：分

城　市	基础设施	成本水平	政府支持	生活条件	经济环境	经营要素	资源禀赋
珠　海	78.4	87.8	67.0	87.0	75.8	74.9	77.1
深　圳	85.6	63.5	93.3	76.9	88.7	94.4	88.0
广　州	86.8	72.9	89.0	75.5	80.9	84.0	89.7

城 市	基础设施	成本水平	政府支持	生活条件	经济环境	经营要素	资源禀赋
惠 州	71.0	95.0	66.3	84.3	72.7	64.7	69.0
东 莞	79.8	83.4	73.2	79.0	74.9	71.4	68.3
佛 山	76.3	87.2	72.2	77.9	73.4	69.5	67.8
中 山	75.3	86.8	68.0	78.8	73.1	71.7	66.7
江 门	66.2	96.2	68.9	79.8	66.2	64.2	68.5
肇 庆	62.0	95.8	60.7	81.6	69.6	60.3	68.5
大 连	79.0	83.3	80.5	77.5	82.3	75.2	79.0
苏 州	84.6	81.0	83.9	72.7	80.8	83.6	78.4
厦 门	80.9	83.5	71.5	80.0	78.6	77.3	76.8
天 津	77.3	75.3	92.5	70.5	89.9	80.5	90.1
青 岛	76.8	84.2	73.6	74.8	74.9	74.5	79.3
秦皇岛	70.9	93.2	65.9	77.3	68.6	65.5	66.7
唐 山	68.3	91.0	70.4	75.3	74.2	65.3	67.6
武 汉	77.5	87.8	72.5	74.4	80.3	83.2	80.5
成 都	77.2	90.9	78.5	73.4	76.7	80.3	78.4

2. 调查反馈

在参与调研的珠海市高新技术企业中，64%的企业对产业配套表示满意，28%的企业感觉一般，5%的企业表示不满意（见图6）。相比于珠海市总体产业配套71%的满意度水平，珠海市高新技术产业配套的满意度水平低7个百分点。

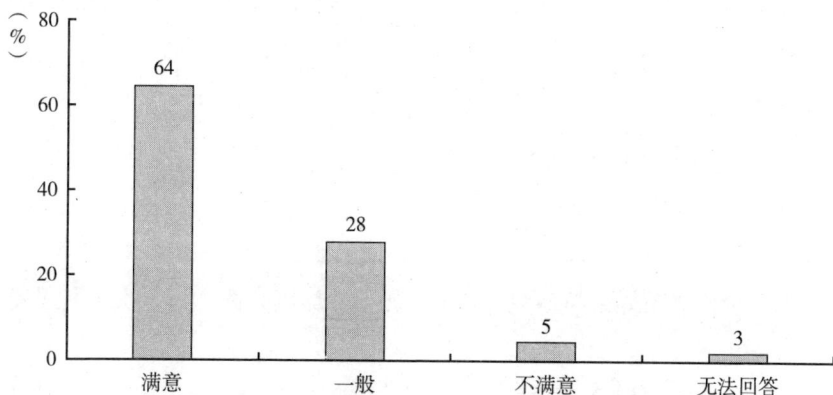

图6　珠海市高新技术产业配套满意度调查结果

针对产业配套各个分项，参与调研的高新技术企业亦分别进行了反馈。其中，高新技术企业对珠海市经济环境的满意度为62%；基础设施满意度为62%；政务服务满意度为62%；政策扶持满意度为67%；人力资源满意度为36%；科技创新环境满意度为51%；融资环境满意度为41%；企业运营环境满意度为49%；生活条件满意度为92%；人文环境满意度为74%；成本水平满意度为46%（见图7）。

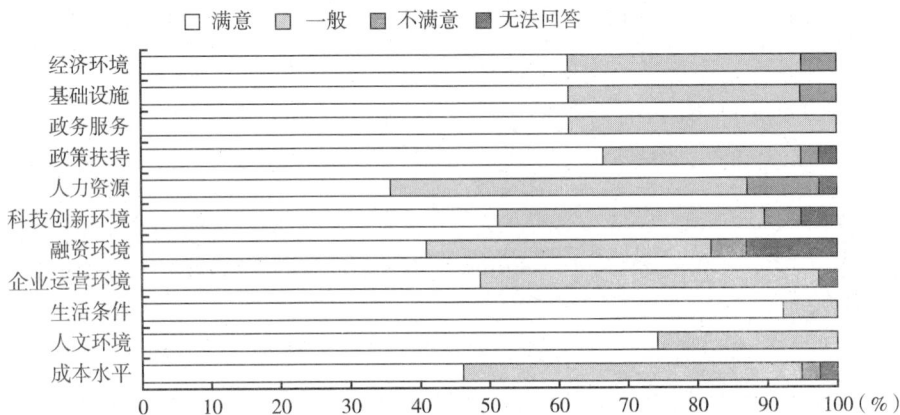

图7　珠海市高新技术产业配套满意度调查分项结果

在以上产业配套分项中，高新技术企业满意度超过70%的分项为生活条件（92%）、人文环境（74%）；满意度在60%以下的分项为人力资源（36%）、融资环境（41%）、企业运营环境（49%）、成本水平（46%）、科技创新环境（51%）。

与总体产业配套满意度水平相比，高新技术产业配套满意度水平呈现出较多的不同点。高新技术企业对政务服务的满意度为62%，相比全行业低9个百分点；对人力资源的满意度仅为36%，相比全行业低6个百分点；对融资环境的满意度为41%，相比全行业低11个百分点；对企业运营环境的满意度为49%，相比全行业低13个百分点。而高新技术企业对生活条件的满意度是92%，相比全行业高7个百分点（见图8）。总体来看，高新技术企业对珠海产业配套的评价相对较低，问题主要集中在能力型环境方面，有较大的提升空间。

指标结果和调研反馈显示，珠海市高新技术产业配套水平相对较低，在一定程度上制约了高新技术企业在珠海的发展以及珠海对高新技术企业的吸引力。珠海市高新技术产业虽然形成了一定的基础，但却面临着发展后劲不足的问题，

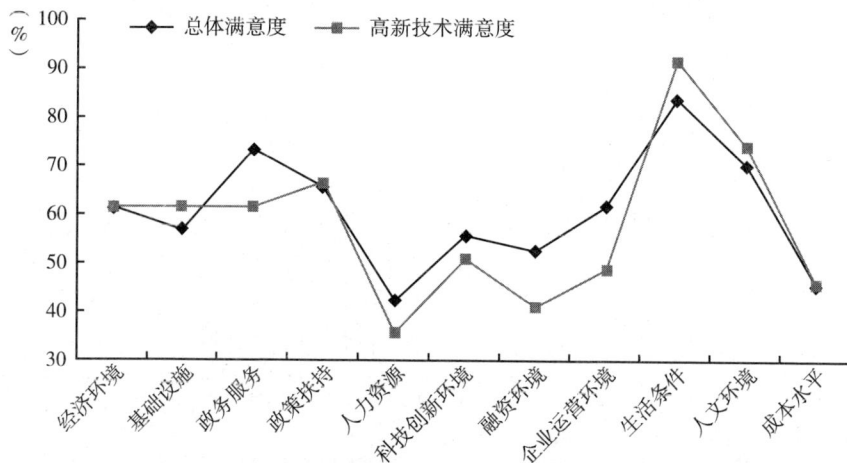

图8 珠海市高新技术产业配套满意度调查分项结果与总体结果对比

这与珠海市高新技术产业配套和高新技术企业需求不匹配是相关联的。相对于传统制造业，高新技术企业对人力资源、科技创新环境、融资环境等经营要素的需求更为旺盛。然而，无论是指标评价还是调研反馈都显示珠海市产业配套恰好在经营要素环境上相对薄弱，这在一定程度上导致了珠海市高新技术产业发展后劲不足、发展前景不明朗，与珠海市"三高"的产业发展目标并不相符合。

（三）珠海市现代服务业产业配套分析

本节针对现代服务业产业配套需求特点进行产业配套评价，根据珠海市产业定位，将物流、商务会展、服务外包、文化创意、休闲旅游、商务商贸和金融服务信息等细分行业划分为现代服务业的产业配套评价范围。

1. 指标分析

针对现代服务业对产业配套的需求特点，在指标评价模型中对准则层和指标层的权重赋予相应的比例，从而得出针对珠海市现代服务业产业配套的指标评分（见图9）。

在图9中，珠海市的现代服务业产业配套整体总得分为77.1分，在入选的18个对标城市中位列第九，处于中游水平。针对现代服务业产业配套，深圳和广州表现最为抢眼，分别为85.8分和85.5分，遥遥领先于其他的城市。

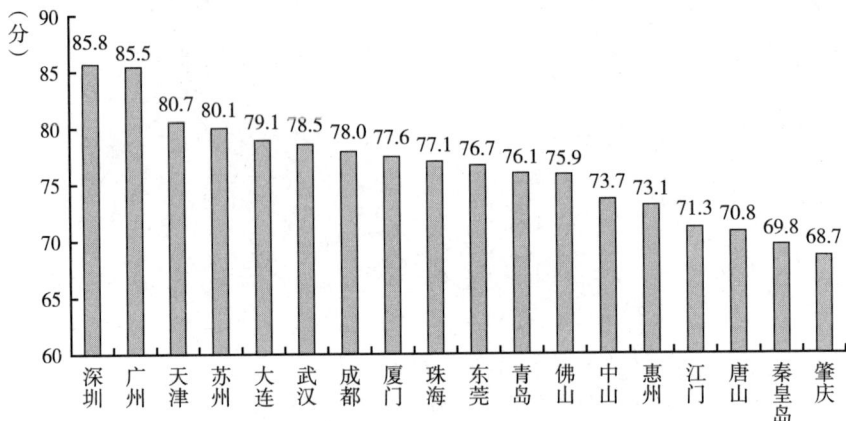

图9　2011年珠海市现代服务业产业配套指标评价结果

　　珠海与这两者的差距非常明显，但是与位于第三的天津直到位于第八的厦门相比，珠海与之差距并不明显。然而，与排在珠海之后的青岛、东莞等城市相比，珠海的优势也并不显著，说明对于大部分城市来说，现代服务业还处于起步阶段，彼此的起点都差不多。在珠江三角洲的九个城市之中，珠海位列第三，仅低于深圳和广州，而领先于其他六个城市。

　　从表3中可看出，珠海在成本水平和生活条件上的得分非常高，分别为86.3分和88.1分，在18个对标城市中分别排在第八位和第一位，反映出珠海在这两项指标上的优势；珠海在资源禀赋、经营要素及基础设施上的得分分别是75.0分、74.2分和75.6分，在18个对标城市中分别排在第九位、第十位和第十一位，整体上处于中游水平，说明珠海在这三项指标上表现一般；珠海在经济环境和政府支持上的得分分别是74.1分和71.4分，说明珠海在这两项指标尤其是政府支持上表现欠佳。

表3　2011年城市现代服务业产业配套指标分析评分

单位：分

城　市	基础设施	成本水平	政府支持	生活条件	经济环境	经营要素	资源禀赋
珠　海	75.6	86.3	71.4	88.1	74.1	74.2	75.0
深　圳	83.7	63.5	87.3	81.5	88.5	94.5	89.1
广　州	86.8	69.0	88.6	76.9	90.7	86.1	89.5
惠　州	69.6	95.2	69.4	82.3	72.3	64.3	67.9

续表

城　　市	基础设施	成本水平	政府支持	生活条件	经济环境	经营要素	资源禀赋
东　莞	77.4	85.1	78.4	80.1	77.6	69.6	68.9
佛　山	74.4	86.2	75.5	78.4	78.6	69.6	67.2
中　山	72.6	86.5	73.8	80.1	72.7	68.7	65.6
江　门	65.4	97.6	74.7	79.9	67.7	63.3	67.3
肇　庆	62.3	97.0	61.1	80.4	66.7	60.2	67.4
大　连	78.4	80.0	84.6	78.1	80.2	76.2	76.8
苏　州	83.0	78.2	76.6	73.6	83.4	81.8	77.9
厦　门	80.5	82.4	73.7	82.1	75.2	76.5	74.7
天　津	78.0	72.3	87.8	67.7	85.7	81.6	88.0
青　岛	76.1	82.4	73.6	73.8	77.0	74.5	77.6
秦皇岛	70.1	93.6	72.0	73.2	64.3	65.5	65.7
唐　山	67.0	89.7	73.9	71.3	70.6	65.8	67.0
武　汉	78.7	87.4	73.3	72.7	78.1	84.0	79.3
成　都	79.6	85.9	79.2	71.8	77.5	80.2	76.5

2. 调查反馈

在调研中了解到，80%的现代服务业企业对产业配套表示满意，20%的企业感觉一般，没有企业表示不满意。相比于珠海市总体产业配套71%的满意度水平，珠海市现代服务业产业配套的满意度水平高9个百分点（见图10）。

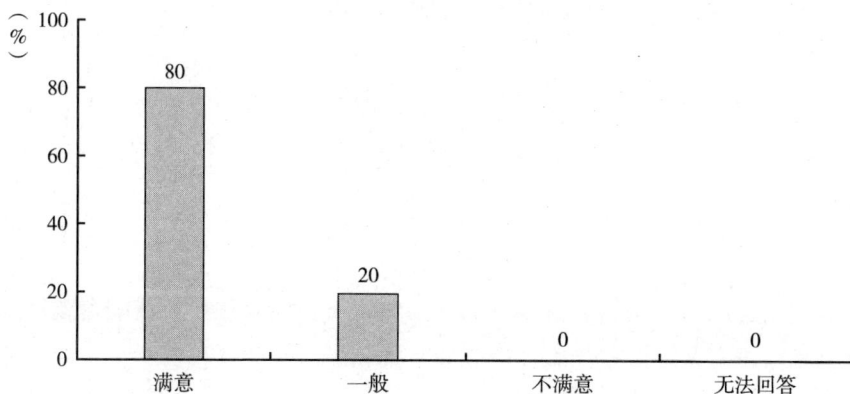

图10　珠海市现代服务业产业配套满意度调查结果

针对产业配套各个分项，参与调研的现代服务业企业亦分别进行了反馈。其中，现代服务业企业对珠海市经济环境的满意度为60%；基础设施满意度为60%；政府效率满意度为73%；政策扶持满意度为70%；人力资源满意度为57%；科技创新环境满意度为47%；融资环境满意度为53%；企业运营环境满意度为63%；生活条件满意度为83%；人文环境满意度为67%；成本水平满意度为47%（见图11）。

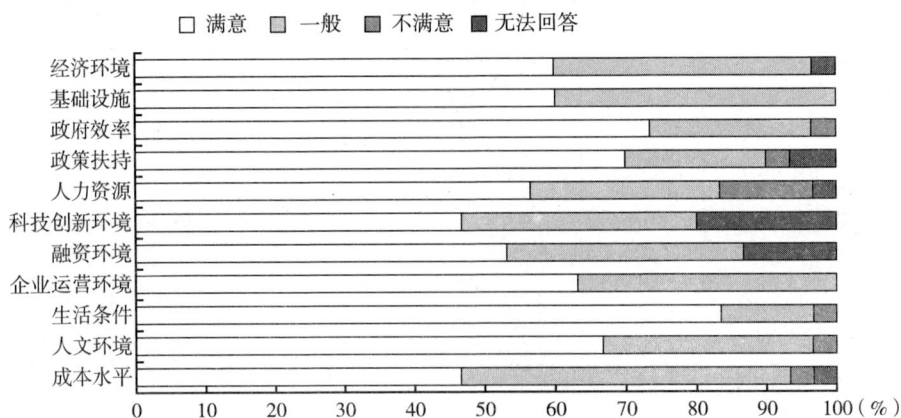

图11　珠海市现代服务业产业配套满意度调查分项结果

在以上产业配套分项中，现代服务业企业满意度水平超过70%的分项为生活条件（83%）、政府效率（73%）；满意度在60%以下的分项为科技创新环境（47%）、成本水平（47%）、融资环境（53%）、人力资源（57%）。

与总体产业配套满意度水平相比，现代服务业产业配套满意度水平呈现出一些不同点。现代服务业企业对人力资源的满意度为57%，相比全行业高15个百分点；对科技创新环境的满意度为47%，相比全行业低9个百分点（见图12）。

综合指标结果和调研反馈，可以认为珠海市现代服务业产业配套整体水平较好，珠海市具备发展现代服务产业的基础和潜力，但从长远分析，服务业是明显的市场导向性行业。珠海市受城市规模和产业基础所限，市场需求并不旺盛，在一定程度上会对服务业发展造成制约。

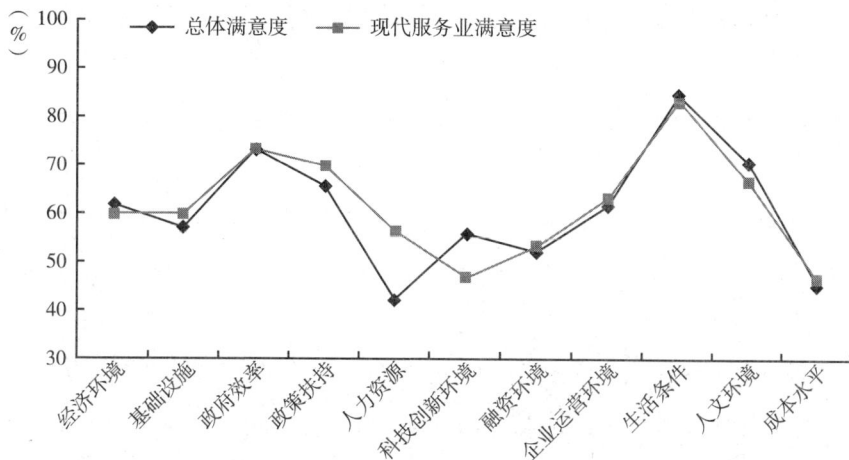

图12　珠海市现代服务业产业配套满意度调查分项结果与总体结果对比

三　对策建议

（一）产业建议：进一步找准方向

在产业定位方面，珠海市虽然已经定下了"以发展战略性新兴产业和'三高一特'产业为主体，构建生态型现代产业体系"的产业布局，并针对高端产业提出了"海陆空"的产业目标，但对于高新技术产业、高端服务业以及战略性新兴产业的定位针对性仍显不足，产业覆盖范围过广，同质化严重，尤其是对于战略性新兴产业，并未找准明确的切入点、着力点和抓手，因而也就难以形成对产业配套建设和招商引资方方面面工作的导向性指引。

因此，建议珠海市进一步把产业定位的工作作为改善产业配套的头一步，邀请专家学者、第三方研究机构等参与珠海市产业定位的制定工作，更多地融入外部专业视角，系统、全面地梳理珠海市产业现状和资源条件，选择出真正适合珠海长期发展且能够构建出相对竞争力的产业领域，再进行下一步的资源投放和深耕细作。找准产业定位是有效进行产业配套建设的第一步，只有在明确的产业方向指导下，才能有的放矢，如指导政府扶持政策的推出、产业资金的投放、产业人才的引进和培育、社会融资渠道的疏导等。尤其是对于珠海市这样规模和资源相对有限的城市，要支持城市产业竞争力的形成，必须通过精准的战略层面的方向性指导，方能实现产业配套提升策略层行动的有效执行。

1. 明确重点

珠海市在已确定的"高端服务业、高端制造业和高新技术产业'三高'和战略性新兴产业的现代化产业体系"基础上，进一步明确产业方向，带动具体的产业品牌，对内对外明确传达产业突破的方向，如制造业中的哪个行业、高新技术产业中的具体方向，以及新兴产业中的哪个细分产业，使之成为产业抓手。珠海要进一步挖掘差异化、特色化产业领域，该领域既要符合珠海市产业整体发展方向，具有一定的产业基础，又要具有较好的发展前景，能够体现产业发展的导向性，将其作为珠海市产业发展的抓手，引领产业加以重点打造。同时也要求各区、各园区重新梳理发展战略，明确产业定位和重点发展方向，在确定的产业方向上提出清晰的发展路径和可考核的产业发展目标。

2. 阶段扶持

珠海应对重点产业领域实施分阶段的集中扶持，通过集中扶持，提高政策资金作用的单位强度。建议每五年在产业体系中选择两个领域作为阶段性产业专项资金的投放重点，该产业领域的选择应结合珠海市城市定位和产业发展方向，经专家和各相关部门论证后确定，以保证产业选择的合理性。在阶段性重点产业领域中，进一步选定发展潜力最佳的重点企业，实行高强度的支持和培育。对于重点企业的扶持，建议参考风险投资模式进行管理，对政策资金投放效果采取绩效考核，并根据考核结果对下一年的政策投放方向进行调整。阶段性的产业专项基金集中投放，一方面可以提高对于单个企业的资金扶持力度，加强培育的成功率；另一方面有利于实现对扶持资金投放效果的追踪和管理。

（二）招商建议：进行"产业链招商"

在招商对象上，产业链之间的带动效应不容忽视。之前，珠海市缺乏完整的产业链发展模式，没有形成由龙头企业和中小配套企业共同组成的优势与特色产业簇群。而近年来，珠海市的招商重点大多为产业的大型龙头企业，并取得了令人瞩目的成绩，这些企业往往在产业链中处于绝对优势地位，对整个产业链的带动效应非常明显，为珠海市开展产业链招商打下了基础。

产业链招商是指围绕一个产业的主导产品及与之配套的原材料、辅料、零部件和包装件等产品来吸引投资，谋求共同发展，形成倍增效应，以增强产品、企业、产业乃至整个地区综合竞争力的一种招商方式，并建立起同一产业间各种投入品及产出品的技术经济联系。其实，产业链招商并不是新概念，如今面对经济形势复杂、优惠政策同质化等现实压力，各地区纷纷将产业链招商作为下一轮招商引资的重要思路，从关注单一的产业项目转变为关注整个相关的产业集群。江苏、重庆等多个地方政府已经明确将产业链招商作为当前最关键的招商方式，深度挖掘产业潜力。例如，重庆在引进惠普笔记本电脑生产线时就专门设计了一套围绕惠普生产线进行深入拓展的产业链招商方案；江苏昆山市在开展电子制造业招商时，充分将产业链思路纳入工作措施之中，获得了理想的效果。

1. 为新引进大项目做好配套

针对新近引进的工业大项目，珠海市应围绕该项目所涉及的产业链开展深入、细致的研究，把握其产业链结构特征，并以此为依据加快针对大项目产业链上、下游环节企业的引进。大型企业的落户和稳定运营，会对该企业产业链上、下游的业务关联企业的选址和布局产生重要的影响。区域招商机构可以通过发挥龙头企业的带动作用，并针对产业链上的关联企业设计相关政策和服务支持，吸引相关企业选址入驻，打造完善的产业链和产业生态环境。同时，对于带动产业链相关企业入驻的龙头企业给予招商奖励，鼓励龙头企业围绕自身项目建立子产业园，吸引自己的上、下游企业入驻。

2. 挖掘既有大项目配套潜力

针对原有的优势产业，珠海市应充分发挥已落户企业的产业链资源，加速现有产业的链化延伸、补缺，做大规模，做优配套，集中投入，逐步提升生产能力和产业集聚度。借助已投资珠海的企业在产业链中的影响力和关系网络，通过奖励资金等各种方式，吸引产业链上的更多优秀企业入驻。在健全珠海产业链环境的同时，还可以进一步提升珠海市在产业中的地位和口碑。

（三）园区建议：加强生活配套

近年来，珠海市产业已形成了"4＋4＋1"的工业发展格局，工业化进程发展到了新的阶段，然而与园区相配套的生活设施建设普遍不理想，尤其是珠海市西部园区的生活设施配置严重不足，已经成为限制园区发展的障碍。与此同时，珠海的城乡格局快速拓展，珠海市规划未来形成"三区一城"的城市发展新格局，西部中心城区将作为两大板块之一的中心地段重点开发，然而虽然西部中心城区概念规划和起步区控规已经完成编制，但当前珠海市西部地区的生活设施水平与新城的标准相距甚远，西部城市化升级还有很多建设工作要做。

建议珠海市进一步加快各产业功能区的城市化速度，重视园区的生活配套设施建设。根据不同产业的人员需求特征，科学、合理地规划配套设施的层级和类型，以实现产业人员融入当地生活，使工业化和城市化相互促进、协调发展。

1. 因地制宜建设

分层级、有区分地推动各产业功能区生活配套设施的建设，使园区的工业化和新城区的城市化同步推进。珠海政府应统筹规划，根据各产业功能区的定位，因地制宜地进行设计和开发。根据各功能区承载的不同产业方向和目标人群需求，有针对性、分层次地开发相应的住宅和生活配套设施，使本地产业人员用得上、用得起，真正起到促进产业人员居住在工作地的目标。例如，高新区以发展高新技术产业为主，园区中聚集的多为具有一定学历的技术人员和管理人员，这类人群对于生活品质的要求相对较高，因此应更加关注白领公寓等中高级住宅的建设，并引入文化、健身、娱乐等配套设施；而在产业工人相对居多的西部地区，应大力推动以满足日益壮大的产业工人群体和当地转型农民居住需求为主要目标的城镇房地产业发展，通过政策调控使西部商品房价位与东部城区形成相对竞争优势，通过"洼地效应"引导城市新增就业人口紧随"工业西进、城市西拓"而有序流向西部，同时提供与产业工人生活需求相适应的基础生活、消费配套设施。

2. 加强交通联系

加强产业功能区与市区间的交通联系，加大道路交通建设和公交设施配置，尤其要加强连接香洲和西部中心城区的公共交通建设，打通连接珠海东西部的交通大动脉，使两个区域的人员流动更加方便、快捷，既便于当前产业园区工作人员对珠海市现有城市化生活设施的应用,又可加大西部地区城市化的覆盖半径,促进西部城区的建设。

四 结语

"人无远虑,必有近忧",城市的发展尤为如此。

改革开放30余年,珠海建设虽取得了一些成绩,但与其他取得举世瞩目成就的城市相比,珠海着实应该暂忘成绩,认清形势,戒骄戒躁。在习总书记重走改革开放路线之际,"进一步深化改革、扩大开放"成为珠海今后发展不可错失的第二次发展机会。珠海要发挥资源、环境、人口优势,踏实肯干,苦练内功,瞄准国内外发展趋势的最前沿,挖掘后发优势,实施赶超战略,奋勇向前!

珠海城市品牌形象与产业互动发展战略

中共珠海市委党校课题组 *

城市品牌是品牌概念的泛化，是城市的性质、名称、历史、声誉以及承诺的无形综合。城市品牌是城市重要的无形资产，也是城市竞争力的重要组成部分。一个城市的品牌形象是生活在其中或身居其外的人心目中的形象地位。产业定位由于有丰富的内涵，因而是提升城市品牌形象的有效手段。全球化的力量正使得城市比国家更重要，城市认同强化，基于城市形象的城市发展战略是发达国家在全球化背景下实施的一项新型城市发展战略。当前珠海发展面临新一轮的战略机遇期，要进一步增强城市吸引力和竞争力，必须重视城市品牌形象与产业互动发展战略研究。

一 基于城市品牌形象的珠海发展战略分析

（一）珠海城市核心品牌价值确立

在千城一面的今天，城市个性和特色尤其是文化的独特性显得至关重要。文化是一个地方吸引力的最终来源，是一个城市品牌形象的灵魂。珠海要善于通过对城市特质的分析，找出能凸显城市特质的核心价值来塑造城市核心品牌，并通过构建城市主题文化来确定城市发展战略。

城市发展战略最核心的原则就是选择差异，要通过挖掘城市的特质资源禀赋来打造城市核心品牌。珠海经济特区建立 30 多年来，尽管城市定位表述不

---

* 课题组负责人：李英，珠海市委党校政治与法律教研室主任。课题组成员：蔡新华，珠海市委党校常务副校长；陆小惠，珠海市委党校副调研员；王锦，珠海市委党校综合管理部主任；赖向斌，珠海市委党校教务部副主任。

一，但共同之处是始终强调珠海的经济特区性质、区位优势和生态环境特色，并把这些特征不断确认为珠海的核心价值。珠海过去坚持的特色发展道路体现出生态文明的发展理念，珠海在城市规划和建设中不仅关注环境质量，而且关注生活意义和价值。珠海建市之初在生态城市建设方面就体现出了具有前瞻性的战略思维，注重打造生态宜居城市品牌，从关注生活品质、关注人的生存质量着眼，符合现代人对城市理想生活的追求，体现了人类文明的发展趋势。珠海突破传统的以城市经济增长和物质形态扩张为主导的发展模式，转向以生活质量和城市和谐为目标的城市发展模式，是一次向更高文明形态的跃进。

珠海具有山海相间、陆岛相望的独特自然景观特色，通过组团式的城市空间布局，形成了浪漫散淡、慢节奏的城市文化气质特色。珠海重视规划先行，以中低建筑为主，从人与自然和谐相处出发，注重营造宜人尺度的城市空间环境，利用宝贵的稀缺资源，比如山体、岸线资源，营造了具有代表性和影响力的城市景观地带，比如闻名遐迩的情侣路。珠海在城市绿地规划建设方面也有可圈可点之处，着力打造的公共绿地空间，让市民可以享受舒畅行走、健身游憩等服务功能，提升了市民的幸福感。通过与其他地区对比，各项社会发展指标体系和生态城市、幸福、宜居等指标体系都表明珠海在自然进化系统和人文发展系统保持平衡方面有一定成效。应该说，综合经济、社会、生态环境各方面的发展，珠海的发展是较为全面协调的。珠海具有幸福城市的特质，因而提出幸福之城的发展愿景。珠海的城市发展理念和城市形态很好地体现了生态文明这一核心品牌的特点。广东省委要求珠海"率先探索建设生态文明的发展道路，争当我省科学发展的示范市"，珠海关键是要坚持自己的核心品牌价值，并进一步将"生态文明新特区，科学发展示范市"确定为珠海的核心品牌。珠海被人诟病最多之处就是短视的城市定位导致产业选择摇摆不定，珠海产业集聚度不够导致城市美誉度下降，降低了对人才和资本的吸引力，从而影响了城市的综合竞争力。城市定位要具有长期性，要用发展的眼光来看待城市未来可能达到的高度和所处的位置。

珠海拥有美丽的海岸线、海岛、蓝天盛会（航展）、游艇、船舶等海洋资源和涉蓝产业，无论是城市自然景观还是产业版图都突出海天一色的形象标志。2012年提出的"蓝色珠海，科学崛起"的战略目标，是珠海围绕特色打造城市品牌的新举措。"蓝色珠海，科学崛起"是对"生态文明新特区，科学发展示范市"内涵的形象化诠释和进一步深化丰富。

（二）城市品牌形象与产业互动发展的国内外经验借鉴

珠海城市品牌定位过去有多种提法，如"浪漫之城""生态城市""幸福之城""魅力城市""宜居城市"。珠海通过多样化的手段进行品牌营销，擦亮了珠海在全国叫得响的几个城市品牌亮点，比如通过拍摄城市形象宣传片和打造主题歌，以航展、赛事等活动打造"浪漫之城"，取得了一定的城市美誉度。由于缺少与之相应的产业链和商业氛围，珠海"浪漫之城"的城市品牌缺少文化内涵和经济价值。珠海城市定位往往都根植于珠海天然的自然环境资源条件和城市文化价值的挖掘，但都因缺少产业内涵的支撑而显得单薄，而这些缺少物质基础的精神特质也显得有些苍白。因此，除了进一步强调区域营销和对外宣传外，珠海要想提高城市品牌的认同度必须加强对市场因素的考量，城市品牌必须根植于产业优势，否则就将成为"空中楼阁"。当今世界是一个推崇品牌的时代，一个城市只有成为特色城市才能有其地位，品牌竞争力很重要。所以不仅要知道自己的比较优势，还要分析是否有竞争优势。要处理好客观衡量和主观评价之间的关系，不能关起门来而自我感觉良好。珠海必须学习借鉴国内外在城市品牌形象塑造和产业互动发展做得好的其他城市的先进经验。

国内外有一些城市在不断完善产业与城市发展联动机制，并通过文化精神内涵的提升、品牌的传播与管理，在塑造体现城市功能特色的产业品牌方面做得非常成功。例如，美国的西雅图通过著名的微软和波音飞机等走的是高科技带动特色产业发展道路；成都通过发展休闲产业打造休闲之都；琼海通过"博鳌论坛"重塑和创新了城市价值。

位于美国西海岸的西雅图的崛起对珠海的城市发展具有借鉴价值。西雅图和波特兰这两座城市同时兴起于 19 世纪中叶。随着太平洋地区重要性的上升，美国的巨额国防开支推动了西海岸经济向高科技发展，西雅图成功利用波音飞机制造业等高科技产业发展带动当地旅游业、科技和外贸各方面的发展。西雅图通过举办"21 世纪世界博览会"，以"科学立市"为宗旨，吸引了大量国内一流专家而声名鹊起。位于博览会中心的借喻向空间未知领域冲刺的"太空针"，已成为西雅图的象征。西雅图力图把地区性院校华盛顿大学转变为全国一流的研究性大学。西雅图企业界也设法从全国各地招募人才。1955～1970年，西雅图的新移民相当于波特兰的两倍，在城市声望和地位上把与其同时兴起的波特兰等城市远远甩在后面。

当前南海局势紧张，我国对该区域的重视程度提高，一些战略性新兴产业布局对珠海非常有利，比如航空制造业、海洋工程装备制造业、港口储运业等。珠海要实现"蓝色珠海，科学崛起"的战略目标，就必须要发挥好在城市群中区域链条的作用，借鉴西雅图的经验，利用天时地利和高科技人才集聚优势，走高科技带动特色产业的发展道路。

品牌营销经历了"酒香不怕巷子深""酒香也怕巷子深""不怕巷子深就怕酒不香"三个阶段。品牌不是虚的，香必须源于酒，今天品牌营销已进入第三层境界，那就是回归本原，以优质重建企业诚信。珠海企业品牌需要更多像格力空调那样的"核心科技"。同样珠海在城市品牌营销方面也必须进入第三层境界，以城市真实丰富的内涵来赢得口碑。城市产业和企业构成城市品牌的经济支撑，是城市品牌活力的重要来源。用产业特点承载一个城市的品牌形象，是珠海下一步发展亟须突破的方向。珠海与国内具有可比性的其他城市，如大连、青岛，在用产业集聚的方式打造城市品牌形象、提升城市竞争力方面没有形成差异化的竞争优势。比如大连旅顺南路形成软件产业集聚，建设中国"绿色硅谷"，大东沟产业带以服务外包为主，将成为"世界级的服务外包承接基地"。青岛更是在城市品牌营销方面有独到之处，名牌成为青岛的名片。青岛成为名牌城市不是偶然，走的是名牌企业集聚战略，其通过 20 多年名牌战略的实施，在推动品牌建设和发展品牌经济方面取得了显著成效，一批名牌产品脱颖而出，一批名牌企业强势崛起，城市在国内外的知名度和影响力大大提升。青岛除了在企业品牌和产业品牌打造方面独具特色外，在社会服务和行政管理方面也大力推进品牌建设，开创了精神文明建设品牌在全国注册的多项先例，仅党政机关服务品牌就达 64 个。其品牌扩展的路线走的是从工业品牌到服务品牌，再到政务品牌，最后再到城市文化发展这样一条路径。

珠三角规划纲要提出要把横琴打造成国际商务休闲旅游度假区。珠海要认真分析休闲旅游行业的本质和自身资源，进行准确的定位和长期的培植。需要从产业规划、产业政策、人才培养、招商引资等多方面进行系统谋划，形成产业演进路线图、产业理论体系，要做许多细致和专业化的工作，要培育具有相当能力的本土化的第三方机构（非政府组织）。目前，珠海要着力培植形成旅游休闲产业链和产业集群，要围绕"吃、住、行、游、购、娱"六要素形成完善的休闲旅游产业链体系。此外，珠海还要在休闲旅游设施、线路、市场开发上加大力度，大力建设文化体育和休闲娱乐设施，完善旅游休闲产品体系，打造购物街区，完善旅游产品链条。

宜居休闲城市、国际商务休闲旅游度假城市，这些城市形象的背后必须要有足够的内涵作支撑。要想成为一座休闲城市，不仅要具备优良的风光条件、适宜的休闲环境、浓郁的地方风情、舒适的生活氛围、完善的服务体系、高素质的休闲人才，而且还要善于创新，不断提供全方位、个性化的产业项目和休闲服务。被誉为"东方休闲之都，品质休闲之城"的杭州，致力于打造世界级的休闲之都，不仅有四季不同景、美轮美奂的西湖，历史上才子佳人云集，享有"人间天堂"的美誉，同时还有全国最发达的私营企业和中小企业，曾多次被《商务周刊》评为中国最佳商务城市。

成都被认为是一座骨子里都透着休闲的城市，是最吸引人、最消磨人意志的城市。成都通过发展休闲产业打造休闲之都，拥有美女、美食、火锅、茶馆文化，休闲就是成都人的一种生活方式。

因此，构建城市主题文化，无疑是城市发展最好的选择。城市个性，文化是魂，城市区域的性格特征和个性对城市品牌定位非常关键。用城市主题文化塑造城市鲜明的个性是城市营销最基本的使命。

（三）珠海城市品牌形象的重新定位和构建

珠海在全国首先注册了"幸福之城"的商标，但在最近评选的十大幸福城市中珠海没有入围。珠海在失落之余，要好好反思其在城市品牌打造方面的误区。过去珠海城市营销的误区就是卖抽象的概念，而没有形成相应的产业卖点。比如浪漫是一个抽象的概念，但浪漫文化可以通过多种载体来表现。珠海的浪漫元素其实不少，如海岛、游艇、温泉、高尔夫球场、疗心香熏等，如何把这些散落的珍珠串起来形成垄断性优势，张扬个性，构筑城市主题文化品牌，这是值得深思的问题。

城市主题文化是城市有形特质及无形特质的总和，它浓缩了城市精神属性、文化属性、商品属性的全部。如何用城市主题文化发展理念来规划建设、管理营销城市，已成为当今特色城市建设中最重要的思想和内容。城市主题文化发展战略规划的"顶层设计"，是系统工程规划的一种哲学思想，它是用系统工程论的方法对城市经济、文化、建筑、景观等各个方面、各个层次、各种要素进行统筹考虑的一种规划模式。挖掘城市的特质资源是城市特色文化建设和发展的基础，一个城市要形成具有核心价值和灵魂价值的城市主题文化发展战略，需通过城市主题文化把城市的主题理念贯穿到城市的经济、文化、建筑、管理、活动中去。

珠海作为"生态文明新特区，科学发展示范市"，其面临新一轮的战略发展机遇期，珠海科学发展的春天已经来临。时任广东省委书记汪洋同志提出珠海要建设与欧美国家相媲美的宜居环境，产业要参与全球中高端竞争，要营造国际化的营商环境等。珠海近期举办了一系列高端专家论证会，聘请国内外权威专家为顾问，与实力科研机构结成合作伙伴，旨在汇聚全球顶尖智慧，为"破解五道题"、为寻求科学崛起"把脉支招"。珠海要充分挖掘城市特色，认真分析优势和劣势，找出城市经济增长的最可靠途径，提出科学合理的发展方案。这同时也是一次面向世界的城市营销。

目前珠海已进入由工业化社会向后工业化社会转变的关键时期。今天城市发展战略的制定要从资源主导型向市场主导型转变，珠海许多所谓优势资源不具备稀缺性，应在更大的范围和空间谋划城市特质资源的开发和整合。珠海要在更广阔的时空域中为城市重新定位。世界眼光、战略思维、全球视野是珠海市委书记李嘉特别强调的关键词，也是珠海城市品牌定位必须考虑的关键因素。珠海必须认真分析自身的综合优势，找到城市在区域发展中的竞争位势，准确进行城市品牌形象定位。

珠海过去的城市品牌定位由于没有强调区域功能，因此品牌竞争力不强。珠海要根据城市发展的自然景观特质、人文景观特质、区域经济环境的特质，通过城市与产业发展要素的重新梳理，进行优势资源的合理配置，形成独有的竞争优势。比如珠海可以不计较被有"浪漫之都"之称的大连抢先注册了商标，珠海可以把自己定位为珠江三角洲最浪漫的城市，在这个细分市场中培育自己的优势。珠海可以在珠澳同城化、珠中江一体化进程中突出珠海环澳国际化和区域性中心城市的城市职能，重视城市的跨区域功能，即对外服务功能，立足于开拓国际市场。珠海的区域品牌形象定位要根据城市竞争的状态，充分考虑城市特质资源禀赋和优势以及特质资源分布和辐射力来进行定位，形成具有核心价值和灵魂价值的城市主题文化发展战略。

城市文化的独特性具有哲学价值的引领性，珠海的文化特质主要表现在两方面：作为移民城市形成的和合文化具有包容特征；作为特区城市形成的海洋文化具有创新开放的特征。珠海具有浪漫诗意、悠闲散淡的气质，形成了兼容平衡、多元一体、对立统一的精神品格。珠海的城市特质中应该包含生态、浪漫、幸福、休闲、创新、包容等内涵。

珠海这座城市从历史上就有着浓厚的理想主义情结。这片土地在近现代史上孕育了许多杰出人物，不仅是引领中国人走向世界的窗口，同时也是改革开放的先行区，那些心怀理想的伟人就是从这里启程踏上了征途。目前珠海大学园区大学生人数已达 12.5 万人，这对于一个人口只有一百万的城市而言是不可忽视的数量。这些人群的生活方式会对一个城市的文化气质和产业特征产生不可忽视的影响。年轻一代将肩负文化传承和创新的使命，要让大学园区的学生了解他们所在区域的本土文化。文化传承和文化创新同样重要。珠海的自然禀赋和人口结构特别适宜发展面向未来的一些产业，比如文化创意产业、休闲旅游产业等。目前珠海有些小规模的景观资源，成本小，效果也不大，主要是没有创意，没有形成品牌效应。做文化创意、休闲旅游产业必须得有足够的吸引力，要避免低层次的雷同，要有独特性，珠海要想提升目前旅游景点的文化品位，需要的是创新能力和深厚的文化积淀。

作为一座年轻的特区城市，珠海的城市品格必须要有创新特质：要朝着可持续和谐的方向发展，营造"高科技创意活动聚集地"这样的城市品牌效应；在创新商业模式、推广新业态方面走在全国前列，形成城市产业创新体系。霍金斯表示："创意经济的基础是那些使用自己的想象力、梦想和幻想的人。"从这个意义上来讲，珠海更是一座"未来之城"。

珠海在 2005 年所制定的面向未来 25 年的城市远景规划《珠海 2030》中提出未来珠海的发展定位是：和谐发展的最适宜居住、最适宜创业、最具魅力的高品质城市。提出珠海未来城市空间发展主导战略为：东延、西拓、强海、优山、美江、活岛。珠海可以利用山水相间、陆岛相望的自然条件，通过精细的设计，通过对城市空间的合理布局、对细节的重点研究，形成珠海特有的城市气质和魅力。一座有魅力的城市在于它的个性有生命的质感，人对它产生了强烈的感情，因而难以忘怀。但近些年来，珠海人很失望地发现城市规划建设出现了很多败笔，尤其是局部细节问题层出不穷。珠海历来重视规划，但规划的连续性和有效性屡屡受到执行力不足的挑战。在战略确定之后，执行力很重要，这时候往往是细节决定成败。对珠海而言，有时实现战略的能力比战略本身更重要。

围绕"生态文明新特区，科学发展示范市"的发展定位，2011年珠海市委提出珠海发展的大方向为"率先转型升级，建设幸福珠海"，2012年提出了"蓝色珠海，科学崛起"的战略目标，当前最关键的是要寻找实现战略的策略和举措。要实现基于城市品牌的珠海城市发展战略，需要战术策略和实践监督，而珠海缺乏有力的引导城市与产业转型升级模式的设计，需要策略、运营层面的设计。

随着社会经济发展和市民对民生需求的多样化，比如产业转型升级和结构调整、环境治理升级、城市管理水平提升、城市文明升级等，珠海经济社会发展中将面临一系列转型升级问题。针对当前珠海城市发展和产业发展都需要转型升级的现实，当务之急是要寻求城市品牌与产业良性互动的发展之道。

二　珠海城市品牌形象与产业互动发展的策略分析

事实证明产业的升级可以带动城市空间价值的升值，产业的竞争力提升有利于城市品牌的塑造；同时城市品牌又可以提高产业集群的整体竞争力。城市品牌与产业发展是相互联动的关系。实施珠海主题文化发展战略要进一步加大城市品牌与城市产业的关联度。

（一）着力培养产业优势，打造城市特色品牌

1. 优势名牌产业的选择和培育

世界上任何名牌城市都有名牌优势产业，打造城市产业特色是提升城市竞

争力的有效手段。珠海的产业优化之道就是要着力发展具有珠海特色的战略性新兴产业，并通过对现代产业要素的经营来提升传统产业，实现产业结构的转型升级。首先，要利用现有的产业条件，准确定位城市的主导产业，重点选择符合城市品牌定位的特色产业进行布局和发展。把那些与周边城市产业相比具有独特差异化特点，可以成为外界认知的焦点，并能可持续发展、产生集群效应的产业选择为特色主导产业。珠海以大项目为龙头，高端起步，以"三高一特"产业为着力点，"上天入海"，形成了具有特色的产业路线图。珠海提出要构建参与国际中高端竞争的产业体系，就要以全球趋势、市场导向为基准来进行产业选择。一定要了解新的产业经济发展的趋势，了解珠海发展某一产业的核心竞争力在哪里。比如珠海目前重点发展和投资额较大的产业在世界上的竞争力如何？比如航空产业、海洋装备产业在全球的发展情况，竞争对手的情况，这些产业在建项目的投资规模以及当前和建成后的市场需求情况等都需要弄清楚。明确哪些可以作为珠海的枢纽产业（对整体产业发展带动性强的产业）？哪些会成为支柱产业（目前产值最大）？哪些会成为主导产业（代表未来方向）？比如今天发达国家和地区休闲业态已成为城市功能性产业，对一个城市的拉动效应将无法估量，发展休闲旅游业将来会有很大的市场空间。与旅游休闲产业密切相关的有批发零售业、会议展览业、文化创意产业。

珠海要充分考虑某一产业在区域布局中的地位，牢牢把握横琴、高栏港开发建设等历史性机遇和全球产业发展新趋势，大力构建具备参与全球中高端竞争实力的现代产业体系，把珠海打造成区域性产业服务中心、世界级海洋装备制造基地、国际一流通用航空制造基地、全球领先家用电器基地和国际商务休闲旅游度假区，推动"蓝色珠海，科学崛起"。

目前，国际产业主要是按产业经营水平的高低进行纵向分工，经营品牌、标准、知识产权、技术创新以及资本运营的虚拟经济形态被称为高端产业。要深化对现代生产要素的认识，理解全面标准化对品牌的巨大包装价值。要把品牌、标准、知识产权、技术创新以及资本运营这五大现代生产要素的经验模式研究透，捆绑经营，实现利润最大化。对于大量的传统消费产品，实施品牌经营是行业发展最好的选择。目前，珠海传统产业领域具有国际品牌影响力的产品只有格力空调、炬力芯片、塞纳打印机等少数产品。我们要学习发达国家，把产业链的低端环节转移出去，专注于品牌经营等高端环节，实现产业结构的转型升级。

2. 优化产业空间布局，打造产业集群效应

合理的产业布局有助于提升城市的产业竞争力，珠海城市的组团式发展为珠海产业布局提供了有利的地理条件，产业分区域布局是一大特色。

珠海发挥规划先行作用，制定《珠海城市空间发展战略（2005~2030）》，根据全市各区不同的自然资源禀赋，协调布局城市产业。珠海从 2008 年起大力推进"东部大转型，西部大开发"战略，形成"东部服务，西部制造"双轮驱动的产业版图。

目前珠海各区域和功能区已形成各具特色的产业布局。珠海在已经形成了"4 + 4 + 1"（四大重点园区、四个特色产业园区和一个特色功能区）的园区发展格局基础上，根据"重点布局，创新支撑"的产业布局原则，增加横琴新区和万山海洋开发区两个经济功能区，形成"1 + 5 + 6 + 1"的产业园区新布局，即一个"国际化新城"（横琴新区）、五大重点园区（高栏、高新、航空、香洲高端服务业集聚区、富山）、六个特色园区（南屏、三灶、新青工业园、平沙游艇和休闲旅游区、万山海洋开发区、斗门农业特色园区）和一个特殊功能区（保税和跨境工业区）。其中横琴新区和重点园区将综合部署高端产业，形成相互关联的多产业并行发展格局，特殊功能区和特色园区则重点部署单一产业，培育扶持产业集群的发展。目前横琴新区由于土地发展空间有限，通过政策叠加效应吸引了多家大型企业建立地区总部，把制造业放在有较多土地资源的西部区域，这种做法优化了产业空间布局。

珠海将生态农业和海洋产业作为珠海的两大特色产业，《珠海生态文明城市规划》中提出根据自然地理条件，优化具有区域特色的生态农业产业布局，规划建设生态农业发展先行先试区。比如建设以"台湾农民创业园"为代表的高新技术示范园区和农业休闲观光园区。珠海要从特色、品牌和质量等方面发展高端化的农业产业集聚，形成生态农业 + 生态旅游 + 生态养生的高端生态景观集群。《珠海生态文明城市规划》中提出加强海岛旅游开发，充分发掘珠海海岛旅游潜力，使其逐渐发展成为珠海经济支柱产业。规划将珠海旅游的空间结构确定为"一核（横琴岛）两翼（西翼的温泉高尔夫休闲度假，东翼的历史文化与都市旅游）一扇面（东南部的海洋海岛）一条旅游轴带"，把横琴打造为珠海未来旅游发展的增长核。

由于各地区要素禀赋存在差异，因此适应特定经济活动特点、选择适当的区位对企业发展具有重要意义。目前投资区位选择最主要的驱动力是什么？是集聚经济，特别是产业关联度高、需求—成本联系强的产业集聚。分工有序、相互配套、互为依托的产业链可以降低生产经营贸易成本。比如高栏港经济区目前重点发展的五大产业包括船舶和海洋工程装备制造产业、清洁能源产业、石油化工产业、港口物流产业、休闲旅游产业。其产业链条较长，有的产业已形成相邻企业能相互提供中间产品，产生了所谓的"隔墙效益"，降低了企业成本，提高了企业综合竞争力。

珠海目前提出打造十二大集群，即电子信息制造、家用电器、高端装备制造业、生物医药和医疗器械、印刷和办公自动化耗材、软件产业、通用航空装备制造、游艇制造、物流产业园区、智能电网装备、文化创意产业、生态农业产业集群。我们不难发现，虽然这些产业已具集群雏形，但产业集聚程度不够、产业规模不大，而且内部关联不强，品牌企业聚集度不高，且多集中在传统产业领域，各区域之间如果不能在产业政策上突破行政区域的利益格局，还可能形成内部竞争。珠海高新区瞄准战略性新兴产业发展方向，重点发展软件与集成电路设计、互联网、智能电网等信息产业以及高新技术、高端制造等特色产业，虽然细分市场有差异，但总体上和横琴新区产业定位有较多交叉。当前要根据珠海的产业基础和自身能力，利用珠海的资源特色，把握消费升级市场需求方向，要通过合理的产业布局，形成空间优化的产业集聚区，以高科技带动特色产业发展，培育形成珠海的特色产业体系。

3. 通过生态化产业集聚，形成特色经济区域

生态文明建设要处理好环境保护与经济发展的关系。忽视经济发展所谓深绿的"生态主义"和忽视环境保护的"唯增长主义"倾向都不足取。必须在追求富裕和保护环境之间找到平衡点，要提倡绿色经济发展以解决经济发展和环境保护之间的冲突。"产业集聚生态化，是依据生态学、环境科学、系统科学等学科的基本原理和集聚经济的经济学理念并将它们有机结合，在自然系统承载能力以内，对特定空间上的集聚产业系统、自然系统和社会系统之间进行耦合优化，以实现特定区位上经济、社会、生态环境三者之间的整体协调和和谐发展。正是由于生态化的产业集聚过程，从而使生态化的产业集聚成为产业集聚可持续发展的必然趋势和新型模式"①。

生态化产业集聚是解决当前环境保护和财富追求冲突问题的根本出路。可持续发展产业集聚是生态城市建设的产业选择。要借鉴先进经验，建设生态工业文明体系，进行工业园区生态化改造、新型工业园区设计建设，大力发展低碳经济与循环经济，积极筹集资金，扶持清洁生产技术开发，开展循环经济试点示范工作。

当前产业融合的趋势明显，文化创意产业需要文化与金融的结合、文化和科技的结合、科技与金融的结合，要加大本地区的开放力度和强化产业关联效应。珠海的政府服务要更精细化，要善于进行资源整合，要善于从市场细分中寻找机会。比如发展海洋生物医药业，需要各大板块之间协调合作并进行市场细分。珠海要使海洋、港口、科教、旅游多方面的优势充分发挥出来并组合成新的产业优势，进行各项资源的整合，互相支持、互相促进，形成独具特色的产业体系。珠海要重视第一、第二、第三产业生态链的打造，形成可持续发展的产业集聚，建立生态型现代产业体系。打造纵向、横向、配套产业链，进行生态化的产业集聚，形成区域特色品牌。

珠海因其特殊的资源禀赋在产业生态链的形成中有非常优越的条件。珠海可以通过打造第一、第二、第三产业的生态链条构筑新的产业门类，形成区域特色品牌，变成一个较有竞争力的特色经济区域。珠海可以选择旅游休闲产业为主导，推动主导产业的垂直多元化，加大与其他产业的融合力度。比如，珠海可以发展把农业和旅游业结合起来的都市观光农业。位于斗门莲洲镇的"十里莲江"旅游项目就是提倡"5＋2"生活方式，以"农耕度假、养生生活"为核心，打造生态农业观光、农耕体验、休闲度假、科普教育和养生居住等为一体的大型综合性旅游项目，通过走发展大农业与第二、第三产业相结合的现代新型农业发展模式，形成经济、生态、社会效益的综合统一。又比如，珠海可以把历史文化和旅游结合起来，结合特色村庄建设及休闲旅游开

---

① 王崇锋：《生态城市产业集聚问题研究》，人民出版社，2009，第253页。

发，打造一批集历史传承、文化交流、休闲教育于一体的文化旅游项目。在唐家湾策划"民国一条街"的政协委员提案就很有创意，可以利用唐家湾丰富的文史资源和民俗艺术以及历史名人的品牌资源，引进战略投资者，打造有地方特色的好去处，提升珠海的城市品牌形象。

珠海具有一定优势的第二产业航空产业和游艇产业与体验经济、活动经济关系密切，通过资源整合形成的细分市场空间很大，比如婚庆产业、海岸海岛旅游业等类似产业与珠海城市的资源条件非常匹配。珠海海洋海岛资源优势得天独厚，要充分发挥海泉湾和平沙游艇产业园的龙头带动作用，大力推动国际休闲旅游度假区建设；积极引进生态农业、城市观光、历史文化、休闲垂钓等特色旅游项目，培育游艇展示及消费中心。要在比较知名的景区、景点建设集休闲度假、商务、文化娱乐、体验消费运动、康体等为一体的核心集聚区，形成持久的人气，构建品牌型的旅游服务基地；加大集聚型的"生态旅游核心增长区"的建设规划，形成珠海休闲旅游业的区域品牌。目前，珠海已经形成一些"生态旅游核心增长区"（ETCGD）雏形，比如珠海金湾区的台湾农民创业园、游艇产业、海泉湾在城市空间上由于地域相连已形成一个集都市观光旅游休闲于一体的产业链，这第一、第二、第三产业的生态链为城市区域形象的塑造带来持久而深刻的影响，城市区域品牌形象也必然对产业发展产生强有力的推动作用。作为国际商务休闲旅游度假区和国家级海洋生态文明示范区，未来的横琴新区将成为"生态旅游核心增长区"，对珠海的相关产业产生极大的拉动作用。

（二）推动城市品牌形象和产业互动升级

众所周知，珠海通过航展打造城市形象为航空产业的发展赢得了发展机遇，珠海的城市形象也必然为发展其他相应产业赢得机遇。珠海要通过城市品牌塑造推动城市整体升级，增加城市的附加值，进而带动产业升级，要依托相应的城市品牌价值明确产业升级的方向。

1. 珠海要依托生态城市的品牌价值，在全球价值链的高端寻求突破，实现制造业服务业化

当前要重点关注全球价值链下的区域产业升级，珠海要以全球趋势、市场导向为基准来进行产业选择，以前瞻的目光看准新经济模式，立足国内外市场，突破核心技术，完成产业的转型升级。要寻找市场机会和自身能力的平衡，把具有长期竞争优势和独特能力优势的产业作为产业升级的方向。当前珠海和国内许多城市面临同样的发展困境，需要协调好经济增长和环境保护之间的冲突。珠海市的经济增长在很大程度上依赖于高能耗产业，工业重型化带来的结构性污染问题突出，快速的经济发展带来环境压力的增大，最具珠海特色的生态环境优势正受到前所未有的挑战。珠海要依托生态城市的品牌价值，在制造业发展的基础上重点研究供应链管理，在价值链的高端，如品牌营销、研发等环节寻求突破，实现制造业服务业化。

对于一个城市而言，要建立与其人群结构相适宜的产业结构。珠海大学园区在校大学生有 12.5 万人，因此珠海在发展知识产业和服务业方面就有了一定的产业人才基础。珠海城市优化之道就是要从制造型城市向服务型城市迈进。但珠海服务业发展不起来是个不争的事实，如何破解服务业的发展困境呢？改革现行的管理体制障碍、城市功能拓展、人口优化、市场需求扩大等，要通过城市营销、吸引人才、招商引资、产业规划和政策调整等有效措施来实现，但绝不是单打独斗，必须进行配伍才能从根本上解决问题。今天产业升级和城市升级已经是互为条件的，要用系统学的思维方法来思考，从而形成一个综合的解决方案。

2. 作为"幸福之城"的珠海要大力发展幸福导向型产业，促进城市品牌形象和产业互动升级

发展幸福导向型产业以满足人的多元幸福诉求为导向，广东省党代会提出，发展幸福导向型产业是珠海的一个重要机遇。珠海幸福城市品牌有一定的知名度，同时在发展幸福导向型产业方面有一定的产业基础。发展幸福导向型产业符合珠海的城市定位和产业转型升级的方向。珠海可以通过直接切入幸福导向型产业经济模式，在产业发展中重视并利用产业的外部效应进而与城市品牌相协同。将知识系统化的过程就是创新，受创新驱动的后现代生活方式对产业形态的影响力量不可低估。体验经济、活动经济带来新业态变化，将来的优势产业注定是与民生相关、与生活方式关联度高的产业。比如因特网与手机内容产业等给人们的生活方式带来了很大变化，具有很大的市场空间。作为"幸福之城"的珠海要重点发展幸福导向型产业，大力发展知识产业和现代服务业。

珠海西部地区配套不足已严重影响产业人才的安居乐业，导致城市美誉度下降，成为阻碍人才进入的硬伤。在西区工作的产业人才生活的舒适性和便利性大打折扣，幸福感下降，同时给城市交通带来较大压力。珠海必须反思园区开发模式的失误（生产在园区、生活在城镇的"两在"战略）解决东西部发展不平衡带来的摆渡生活，解决"城"和"业"矛盾突出问题。西部中心城区的建设一定要使其成为工作、生活、休闲娱乐为一体的地方，增强人的幸福感。要加大对西部地区的民生投入，用于改善医疗、教育、住房、交通等方面的条件。除了物质性投入，还需要体制性投入。

珠海可以通过新型城镇化来促进城乡的和谐发展，以幸福村居建设为抓手，兴村先兴业，推动幸福导向型产业发展，因地制宜地谋划好珠海各区域的产城互动发展。香洲区要通过城市综合体的建设，大力发展生活性服务业，消除过去城中村留下的发展"硬伤疤"，带动城市的美化升级，进一步提升城市的舒适性和便利性。斗门区作为创建幸福村居的主战场，把农业产业发展作为重头戏，提出将大力发展乡村旅游产业，将定期举办有地方特色的文化节庆活动，以促进农产品品牌产品的销售和旅游产品的推介。要依靠本地内需拉动，带动当地老百姓就业和促进收入增长，提高人民的幸福生活指数。

3. 反思珠海园区开发模式误区，依托产业新城建设，推动城市品牌形象与产业互动升级

以业带城是以产业发展带动城市建设的区域开发模式，其形成路径是通过产业园区化—园区城市化—城市现代化—产城一体化，实现产业与城市的匹配和融合发展。以产带城产业选择与地域选择，一般都聚焦城市周边地带、快速轨道线的衔接地带、城乡落差较大的"洼地"。自上而下与自下而上相结合，可使政府的力量与企业的力量、市场的力量形成合力，将市场的各要素进行有效整合，产生产业链式的长效发展效果。珠海在20世纪90年代就提出"工业西进，城市西拓"，但并没有达到"以业带城"的良好效果。珠海由于产业集聚程度不足，没有形成相应的规模，使得城市拓展空间受到一定的限制，西部有业无城，城市配套跟不上，影响了城市的美誉度，因此珠海西部城市需要开发建设；而东部主城区由于土地发展空间有限，服务业产业发展受到一定限制，因此东部城市需要升级，需要丰富内涵，增强城市魅力。珠海如何通过产业力量推动城市空间重组需要进行系统谋划。

珠海面临推动经济发展从"单一的生产型园区经济"向多功能的"生产、服务、消费"等"多点支撑"城市型经济转型。总结过去的经验教训、面向未来进行新城开发是决策层需要思考的问题。珠海在过去的园区开发上没有做到规划先行、建设跟上、招商为王。由于缺乏有效的城市规划，规划管理失效，出现了大量的违法建筑，治污能力有限导致生态环境受到了一定程度的破坏，区域形象受到极大损伤。今后在投资强度、税收贡献、产值能耗比等指标方面应给予明确的规定，科学制定园区项目的准入门槛，要把审核环保达标情况和单位土地面积投资强度要求放在十分突出的位置。要适度提高开发强度，促进土地节约集约利用。政府在土地经营上要避免与民争利，要放开产权，管住规划；同时要防止没有实质产业进入、没有相应的市场容量和消费水平而导致的招商失败，防止规划失误、政府盲目投资而造成的新城"空壳化"。

目前珠海的"造城运动"方兴未艾，随着一些重大项目和新的城市区域的开发，珠海有条件基于产业特点打造具有鲜明城市个性的新产业集聚地。要积极探索园区开发和新城建设模式，通过完善的新城规划，以政府为主导，积极尝试"投资主体多元化、融资方式多样化、运作方式市场化"的新机制，加快推进新城开发平台。可以把西部中心城区斗门起步区打造成西部沿海产业带的专业化产业服务中心；把金湾打造成航空新城；把珠海高新区打造成像美国加利福尼亚州的科技海岸尔湾市那样闻名遐迩的科技新城。作为珠江三角洲产业转型升级的重要节点，横琴新区可以把握产业发展战略资源金融化的国际新趋势，利用金融政策优势，积极培育面向全国的第三方市场集群，发展总部经济和现代服务业，推动产城融合，逐步打造粤港澳优质生活圈。

珠海应适应国际大都市服务业集聚的新特点，即分散化、多中心、组团式的功能集聚模式，拉开城市建设框架，形成"多中心、开敞式"组团布局。珠海还要树立发展紧凑型城市理念，进行有效的要素集聚和整合，使产业空间、居住空间、商业空间以及公共空间得到更科学的布局，通过合理规划增加城市功能，从而提升城市品质以及城市的整体空间价值，造就出持续的产业竞争优势和城市竞争优势。紧凑型城市的思想主要包括高密度居住、对汽车的低依赖、城乡边界和景观明显、混合土地利用、生活多样化、身份明晰、社会公正、日常生活的自我丰富八个方面。

珠海要立足于改善居住人群的生活质量，通过合理规划增加城市功能，确保居住人群的高品质生活。打造游购娱一体、高品质、交通便捷的游憩商业空间。增强城市空间的拓展弹性，比如力争达到100%的居民在300米步行范围内到达一片公共绿化空间。要实行各有侧重的城市空间发展管制，优化城市产业结构。利用中心城区"寸土寸金"的空间优势，大力发展第三产业和高新技术产业，提高区位空间收益，实现城市经济效益的最大化。发挥规划先行作用，助力幸福导向型产业发展。利用旧城改造机遇，"退二进三"，创新用地计划，保障幸福导向型产业用地需求。绿色交通是宜居建设先导，要加快完善交通体系。采取以绿色交通为导向的城市土地利用布局模式，建立步行可达的邻里社区。遵循"以公共交通为导向的发展模式"理念优化交通。采取有效措施切实提高使用公共交通出行的舒适性和便利性，控制机动车排气污染。注重自行车和步行系统的慢行交通系统规划和建设，增加人行天桥以确保行人安全。

三　实现珠海城市品牌形象与产业良性互动的环境制度保障

落实珠海城市主题文化发展战略，实现城与业的良性互动，需要一系列的环境和制度保障。珠海要朝着可持续和谐的方向发展，离不开城市创新。珠海要实施创新驱动战略，要建立有利于发挥创新精神的经济社会基础，优化区域发展环境，激发创新动力和活力。政府要在提供公共产品、城市营销和社会管理等方面为城市品牌与产业良性互动提供环境制度保障。

（一）营造创新型城市产业人才发展环境

一个城市要赢得竞争力最重要的资源就是人才，因此人才对城市的认同感非常重要。由于目前房价高昂和社会福利制度固化等因素使得迁徙成本高、人才的流动性较差，因此，如何吸引人才和留住人才并发挥人才最大的效用是城市管理者必须思考的头等大事。

要为城市和产业发展营造良好的人才创新创业环境。在创意经济时代，有创造力的人吸引企业和资本，企业和资本更倾向于朝有创造力的人才乐意居住的地方流动和集聚。产业集聚和人才集聚非常关键。珠海政府要认真研究产业集聚和产业人才集聚的条件，以市场为基础、以消费者为导向提高政府服务社会的效率，营造适合高科技产业和创意产业发展和人才集聚的氛围，使珠海最终成为高科技创意活动的聚集地。创业环境包括投资环境和生活居住环境。必须加快完善城市综合服务功能，营造良好的城市硬件、体制机制、政策政务、人文人居环境，使珠海真正成为人才、技术、管理、资本等要素集聚的"高地"，成为投资创业的天堂。

1. 要形成适宜人才创新创业的文化制度环境

考虑技术创新的关联性，涉及研发设计、生产、营销各环节，因此创意不是一个人的胡思乱想，而是一个团队的创新。"只有找到跟自己需求和气质相符的城市，我们才可能幸福"。聚集地就是工作持续聚集的地域，通常高科技人才和创意人才愿意选择工作聚集地，在一起追逐灵感，互相借鉴，分享共同的价值观和品位，培养交往方式。

一个城市的精神环境、创意环境是"创意产业"发展的基本条件，我们的公共政策和文化价值观至关重要。美国西雅图走高科技带动特色产业发展的道路，这个城市的知识产权保护就做得特别好，因此保护创新、激励创新的制度环境非常重要。要努力营造风清气正、干事创业的人才创新环境，鼓励企业家将才能发挥在生产性领域，切断权力与经济的脐带，激励自主创业，建立按能分配和公平分配的制度，解决社会管理中高耗低效的问题。立足于开拓国际市场的城市，尤其要高度重视海归创意人才，要想办法吸引相关海归人才到位，要形成适宜人才创新创业的文化氛围和国际化、法治化的环境。

2. 要为人才和产业发展营造良好的投资创业环境

横琴在借鉴港澳经验的基础上，全面开展商事登记制度改革试点，实行符合国际惯例的企业工商登记制度；通过优化再造审批流程，形成了"告知承诺，立即许可，后续监管"的审批新机制，大大提高了审批效能，优化了投资环境。目前横琴新区在积极探索规划管理、政务服务、开发模式、项目建设等十项体制机制创新工程，初步建立了与香港、澳门相对接的政策框架体系。横琴新区的成功经验值得珠海全域范围借鉴推广。为了创造良好的政务环境和国际化的营商环境，珠海目前已启动第五轮行政审批制度的改革。珠海要构建完善的营商法规和制度体系，推动服务性政府建设，形成人才和产业发展的高效低耗的政务环境。

政府的管理要遵循产业发展的规律，目前特别要加强产业链招商政府行为研究。通过对各项资源的整合提供好的创新平台，避免以政策部门选择代替市场机制，保障产业政策的连续性和配套性。通过产业发展的引导政策促进传统产业的转型升级。珠海要高度重视产业融合的趋势，建立有利于发展相关产业的投融资机制，高度重视公共服务平台建设，大力发展创业投资。

参与全球经济中高端竞争关键是要促进产学研结合。大专院校、科技部门与各大公司及生产厂家的紧密结合是高科技产业发展的突出特征，最典型的就是美国硅谷，它就是以半导体和微电子公司云集的斯坦福校园为基地发展而成的。一定要通过园区建设公共技术平台、公共市场体系，打造产业链，推广新业态。

美国硅谷的创新模式值得借鉴，其整个社会结构就是为创新而生。硅谷之所以成为"创新和创业精神的栖息地"，最主要的不是政府规划扶持和优惠政策，而是它具备一整套的有利于创新的制度安排。有人说，"没有从车库起步的创业，就不可能诞生硅谷"。针对珠海有十多万大学生的情况，要大力倡导创业型就业。城市规划部门要适应这种情况提供相应的公共政策。比如有必要降低创业成本，推行"灵活创业场所计划"（没有污染、噪声排放和邻居投诉就允许改变房屋使用功能）；通过旧城改造，顺应产业集群发展趋势进行科技园区选址，建设创业大楼和孵化创新中心为创业者和创意人员提供工作聚集的场所。

3. 要为人才和产业发展营造良好的居住生活环境

美国科技新城尔湾之所以吸引众多高科技企业，就是因为它拥有"安全的生活环境、艺术级的运输系统、良性竞争的商业氛围、正规完善的教育机构与和睦相处的生活方式"。优雅的人文环境是聚集人才的必要条件，满足创意活动的设施也成为必要。比如目前唐家湾镇和大学园区附近缺少有风格的咖啡馆、酒吧和社交场所，其原因可能是大学内部垄断经营和拥有产权的村民文化素质低，无法为高素质创意人才提供所需的文化场所。唐家湾镇要利用好建设"历史文化名镇"的契机，形成鲜明的"人文荟萃，创意唐家"的城区形象，形成独具特色、有吸引力、充满活力的人文科技社区。文化主管部门要协同规划建设部门，根据珠海人才集聚特点规划建设不同内涵的主题街或文化聚会场所，同时加快高水准的音乐厅、剧院、电影院及各种展览馆、博物馆等文化设施建设，定期举办群众性的文体活动，定期邀请国际高水平的文体团队来珠海演出，为各类人才提供高水平的文化盛宴。根据人才各聚集区的不同特征，人力资源部门和规划建设部门要充分协调，针对不同人才群体的聚集程度和个性化需求，有序合理地部署城市发展，充分融入自然因素，从街景规划建设、城市优质公共服务配套建设以及人才安居房（或人才公寓等）建设等入手，在各行政区、功能区规划建设适度规模、符合国际标准、拥有优质教育、医疗、文化、市场、银行、交通等公共管理和公共服务体系。加快优质教育资源均等化进程，在各工业园区周边，规划建立高质量的幼儿园和中小学，满足企业人才子女的入学入托需求。对户籍不在珠海的优秀人才，其子女入读初高中时要给予市民待遇。卫生主管部门要探索创新医疗资源共享机制，不仅要推动本市范围优质医疗资源共享，还要为广大市民开辟共享广州、深圳、香港等优质医疗资源的渠道，弥补珠海本地优质医疗资源的不足。

（二）以城市管理创新提升珠海生态城市品牌价值

《珠海生态文明城市规划》中提出将实施四大工程：实施"蓝天工程"，让空气更清新；实施"碧水工程"，让水源更洁净；实施"绿色工程"，让家园更美丽；实施"福祉工程"，让人民更幸福。完善生态安全、生态经济、生态环境、生态文化、生态人居"五大体系"，构建科学发展的生态格局。生活在城市中的人与自然、社会是一个共生的网络系统。珠海要在区域生态体系框架下，综合叠加分析山体、水系、农田、绿道、风道五大生态要素，形成科学稳定的生态网络；倡导可再生的绿色能源、生态化的建造技术在城市建设中的运用，改善城市生态系统状况。

做生态城市工程不是做政绩工程。珠海一定要坚持自己的核心价值，即

"生态文明"理念，使各级领导和全体市民心中产生强烈的生态情感。生态文化是一个关键因素，要形成自发的市民体系，要以创建全国文明城市为契机，立足于生产方式和消费模式的改变，向公众倡导低碳生活、绿色消费、共建生态文明等意识，培育市民的生态文明观念，自觉保护风景资源，实行绿色消费、绿色出行。通过具体细致的、人民群众认可并积极参与的实践，提升珠海"生态文明新特区，科学发展示范市"的城市品牌价值。

城市空间规划必须体现城市主题文化战略定位，政府要以规划的刚性来保证城市的有序发展，保证城市发展战略得以深入贯彻并取得实在的成效。不仅要有好的规划，还要有很强的执行能力。珠海要提高规划管理的效能，保障规划的实施。而规划和实施中存在的问题致使目前城市建设乱象丛生、违法建筑问题突出，导致规划管理失效，这既反映了城乡规划管理的内在机制问题，同时更折射出整个行政体系的众多难以解决的实质性问题，需要对城乡规划的决策、执行、监督各环节进行根本的改革和完善。珠海要发挥特区品牌优势，大胆地进行一些重要的制度创新和建设，只有这样，才能真正提升生态城市品牌价值。

珠海要加强地方立法，加大环境执法力度，完善法律保障体系，要用法律来保证制度的长期性，建立有利于科学发展观的制度约束。比如珠海将来要为排污立法，限制排污行为；将来要以立法的形式明确主体功能区禁止开发的区域等。珠海要争取成为环境税的改革试点，通过税收优惠鼓励发展新型的循环产业，发展循环经济。珠海要从严执法，严格执行以环境保护为目标的产业准入制度，严格落实生态文明建设责任追究制度，尤其是刑事责任的追究制度；尽快建立环境公益诉讼制度，让公民、社会团体、国家机关等都可以为了社会公共利益而以自己的名义向国家司法机关提起诉讼，从而制止和处罚环境破坏行为。

珠海要创新有效的生态环境建设机制。形成产业集聚必须克服基层管理部门的利益均衡，改变现有的利益分配格局和考核体系。要进一步完善干部政绩考核机制，应对党政干部进行生态环保的责任审计，把生态绿化、生态环保、生态修复等绿色GDP指标纳入干部政绩考核体系，建立生态文明建设目标责任制。建立体现不同生态责任的生态补偿机制和投入机制。要建立区域协调机制，按照区域公共管理的要求，建立健全跨地区、跨流域的联防联治机制和生态补偿等机制，加强对饮用水源、生态敏感区域的保护，实现流域、水务统一管理。

珠海要建立公众参与和监督机制，对于直接涉及群众切身利益的环境与发展决策或重大项目要广泛听取意见，建立公众听证制度和新闻舆论监督等机制；完善政务公开制度，保障公众知情权、参与权、监督权；指引珠海市的企业进行自我约束，并使公众通过政府搭建的信息平台等多种手段依法监督政府和企业的生态行为；完善环境经济政策，构建高效完善的公众参与机制。

（三）通过社会治理模式创新提升幸福之城品牌价值

在越来越多的污染基础上，物质财富带来的幸福是不可持续的，追求可持续的幸福就需要选择一种可持续的发展模式。当前创造幸福比创造物质财富更难，因为现在人们追求的幸福生活不只是物质享受，还包括环境享受、精神享受，以及社会、文化、民主权利的充分保障，乃至自我价值的实现。珠海是一个让广大市民充满"幸福感"的城市，这里政府服务高效、生态环境优美，将成为人们向往的诗意栖居的乐土。

围绕珠海提出的幸福感五大指标，政府要制定务实可行的幸福指数指标体系，要通过一系列的制度安排将这些价值落到实处，通过实践这些价值观找到真正的幸福感。在安全感方面，珠海是珠江三角洲地区最安全的城市之一，社会治安不是"短板"。而食品药品安全问题才是当前老百姓最不放心和最关注的焦点，现今由于食品药品安全问题堪忧，欺行霸市对市场的垄断以及商业贿赂盛行，严重败坏了社会风气，珠海通过"三打两建"行动的有效实施，积极建设社会信用体系和市场监管体系，创造了良好的市场经济环境。在建设幸福城市方面，珠海的基础和条件是比较优越的，但与幸福珠海目标建设还有很大差距。如何建立社会安全保障体系和民生公共服务体系，提高民众在社会经济生活中的安全感；如何保障公民的基本权利，解决政策限制导致的公平正义问题，给个人和不同经济主体提供平等机会，这些直接影响社会幸福感的问题都亟须破解，要解决这些难题不是靠所谓权宜之计——"头痛医头，脚痛医脚"的局部调整改革就能实现的，必须从社会治理的层面找到系统性解决问题的方案，提高社会治理能力。传统的工业革命时代的社会管理模式是强势政府主导，而信息革命的全球化时代则要求建立公民社会的新的社会管理机制。要形成有针对性的、切合珠海实际的、有建设性的系统解决方案，必须通过社会治理的转型。

创新社会治理模式，要因地制宜处理好城镇和乡村的关系，要打造"宜居城乡"，加强城乡规划建设管理，建设优美城乡环境，营造优质洁净的人居环境，改善居民的生活环境，推进基本公共服务均等化。2012年年初，珠海市委党校课题组的一项对市民幸福感的调查结论显示，珠海市民更多地在收入、家庭、健康等方面体现了对个人幸福感的影响，对经济发展和公共服务的提供关注度很高。珠海要通过城市可持续再生，为城市提供更多便捷的工作就业机会，形成社会各方面力量共同参与的格局，缩小贫富差距，构建有利于市民交流与融合的社区。珠海要努力使产业发展和城市发展保持均衡，使得经济繁荣能提供有竞争力的工资水平和足够多的就业机会，同时要提供多层次的公共服务需求，以满足居住人口的生活舒适度和便利性。

珠海要通过社会治理机制的改革，培育城市多元治理主体，并营造其参与机制。珠海要学习香港特别行政区行政法治经验和香港、澳门的社会参与经验。香港、澳门政府在制定各项政策过程中的重要一环就是充分听取民众的意见，充分尊重民意。珠海要高度重视基层社会管理和服务体系的建设，可以借鉴香港、澳门的社区建设经验，包括建设均衡、有活力及自给自足的社区，提供多样化的文娱康乐设施、不同层次的商品、不同类型的就业机会和便利的社区交通，以及成立专职的社工服务队伍等。要力争无缝隙零距离全方位在医疗、卫生、电子政务、社区文化、劳动就业、办事指南及家政服务等方面为百姓提供全方位服务。要引入与公众参与密切相关，强化公众作为城市的生产者、建设者、消费者、保护者的重要作用的社区驱动开发模式。社会各界应发扬互助互惠的精神，共同分担责任和提供社区支持，通过完善社会自组织体系建设，增强公民的自我管理能力，增强对社区的归属感。

珠海市海岛经济再度开发战略构想

孙 炜*

一 珠海市海岛经济发展现状分析及评价

（一）珠海市海岛经济发展现状

珠海市位于珠江三角洲南部，东与香港、深圳隔海相望，南与澳门陆地相连，西邻江门，北与中山接壤。珠海市陆海总面积 7653 平方千米，其中海域面积 5965 平方千米，海岸线曲折蜿蜒 690 千米，是珠江三角洲沿海城市中海洋面积最大的城市，海洋资源丰富，岛屿众多，被誉为"百岛之市"。海岛呈岛群和列岛状分布，拥有众多近海及远洋的深水航道、深水锚泊区，是珠江三角洲和香港、澳门以至南中国海上交通出入的必经海域。这一区域是全国社会经济发展最为迅速和对外贸易物流集散的主要区域。

珠江出海口西岸近几年通过"岛连陆""岛连岛"等方式使珠海的海岛数量有所变化。根据《珠海市海洋功能区划》统计，海岛连陆 17 个，岛连岛 11 个，故海岛剩 190 个，其中绝大部分岛屿分布在珠海东部的万山区海域。1988 年，珠海市委市政府为实施"东西两翼发展战略"设立了万山管理区。1998 年，广东省政府为实施全省"海洋综合开发战略"，在万山管理区的基础上批准设立了珠海万山海洋开发试验区，试验区是广东省第一个地方性海洋综合开发试验区。

表 1 为万山区 1999～2009 年 11 年来区内生产总值、各产业增加值及产业

---

* 孙炜，任职于北京师范大学珠海分校。

结构变化情况。从表1中可以看出该区大致的产业结构变迁，基本上是从三二一的产业结构变化为三一二的产业结构，是较为生态型的发展演变。第三产业一直是该区产业结构的主导力量，产值一直占据该区收入的主要份额，在第三产业中，旅游业产值占第三产业产值的90%以上，自2005年以来呈逐年递增趋势，图1为万山区2003～2009年的旅游综合收入，自2005年以来，旅游综合收入以年均4%的速度增长。而第二产业产值所占比重则逐渐让位于第一产业，渔民人均纯收入逐年递增，表明以渔业为主导的第一产业发展势头较快（见图2）。第二产业以开采石料的采掘业为主。除采掘业外，还有水泥预制件、修造船、电子零配件、水产品加工等，均是以技术含量较低的小型企业为主。

表1　万山区1999～2009年GDP及产业结构*

单位：万元

指标	2009年	2008年	2007年	2006年	2005年	2004年	2003年	2002年	2001年	2000年	1999年
GDP	15698	14636	11705	11029	10342	12369	39604	32672	30085	37144	32589
第一产业	4145	3185	2688	2605	2786	5067	4084	2555	2894	2620	2781
第二产业	550	521	902	980	1744	3175	2705	13945	12653	15592	14747
第三产业	11003	10930	8115	7444	5812	4127	32815	16172	14538	18932	15061
产业结构	三一二	三一二	三一二	三一二	三一二	一三二	三一二	三二一	三二一	三二一	三二一
产业比例	26.4:3.5:70.1	21.9:3.6:74.5	23.0:7.7:69.3	23.6:8.9:67.5	26.9:16.7:56.4	40.9:25.7:33.4	10.3:6.8:82.9	7.8:42.7:49.5	9.65:42.05:48.3	7.05:41.98:50.97	8.5:45.3:46.2

*为强调海岛经济近几年来的发展状况以及由于过往数据统计口径不一样而导致前后数据无法对比的事实，出于不影响产业结构变化轨迹的考虑，表格采用了年代从左到右依次递减的排列方式。

资料来源：万山区统计资料。

对比海岛经济与同时期珠海市的GDP及产业结构变化情况（见表2），可以看出，海岛经济占珠海市经济总量的比重维持在14%左右，变化率较小。海岛第二产业发展严重滞后，海岛财富主要依靠旅游业和渔业收入增长，第二

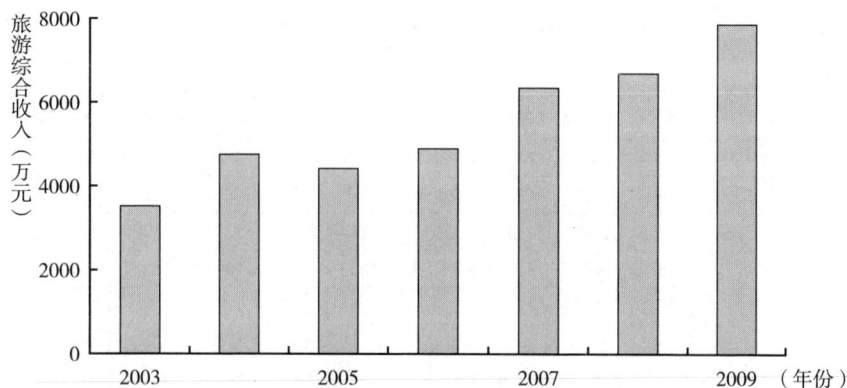

图1 万山 2003～2009 年区旅游综合收入

资料来源：万山区统计资料。

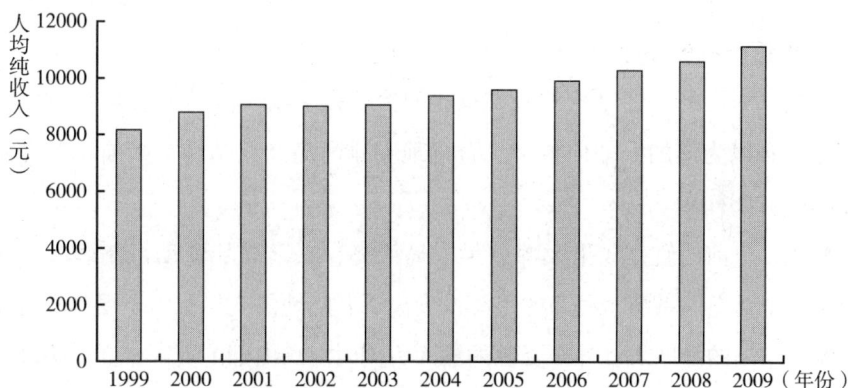

图2 万山区渔民人均纯收入

资料来源：万山区统计资料。

产业贡献率远远低于珠海市水平。这一方面表明，海岛经济在珠海市经济增长中的贡献率远没有上升到重要的地位，海岛经济发展受资源、土地等条件的限制，难以像陆地一样开展规模工业活动，已开展的工业经济活动也处于比较落后的状态；另一方面也表明，海岛经济发展还有很大的空间，可以寻找新的经济增长点，突出其优势特色。

表2　珠海市 1999～2009 年 GDP 及产业结构

单位：万元

指标	2009 年	2008 年	2007 年	2006 年	2005 年	2004 年	2003 年	2002 年	2001 年	2000 年	1999 年
GDP	103769	99206	88684	74960	63458	54627	47673	41064	36953	33235	28661
第一产业	2940	2908	2267	2043	2035	1863	1730	1618	1686	1527	1305
第二产业	53666	54249	50140	41544	32943	31144	27290	22526	18980	17282	15365
第三产业	47163	42049	36277	31373	28480	21620	18653	16920	16287	14426	11991
产业结构	二三一	二三一	二三一	二三一	二三一	二三一	二三一	二三一	二三一	二三一	二三一
产业比例	2.8: 51.7: 45.5	2.9: 54.7: 42.4	2.6: 56.5: 40.9	2.7: 55.4: 41.9	3.2: 51.9: 44.9	3.4: 57.0: 39.6	3.6: 57.2: 39.2	3.9: 54.9: 41.2	4.6: 51.3: 44.1	4.6: 51.9: 43.5	4.6: 53.6: 41.8

资料来源：《珠海统计年鉴（2000～2010）》。

（二）珠海市海岛经济开发存在的问题

1. 理论研究的不足

首先，对海岛产业结构的基础理论研究不足。海岛经济发展依靠单一的传统渔业是难以为继的。如何科学、合理地安排海岛产业结构是当前海岛经济发展面临的首要问题。

其次，目前的研究成果大部分是以岛论岛，缺乏岛陆联动机制研究。海岛并不是一个孤立的系统，海岛的经济发展离不开陆地的支撑，由于受到资源条件的限制，海岛的发展需要外部资源的输入，同时海岛内部的资源也需要不断地输出，只有在资源不断交换的前提下才能实现经济的增长。而目前的研究主要在海岛系统内部，研究的重点在资源的可持续利用方面，而不是经济的可持续发展。

最后，缺乏岛岛联动机制研究。从海岛的分布情况来看，在空间上岛与岛之间是彼此分开的，但在经济发展方面，它们之间是彼此相连的。现有的研究成果缺少对海岛整体的把握，具体来说，对如何在各个海岛之间合理配置资源、发挥海岛特色优势等方面的研究还很不够。

2. 实践中存在的问题

（1）成效不佳。珠海市在海岛的开发建设方面经过了多次调研，制定了比较详细完备的规划，但主要都是静态和平面规划，缺乏紧密衔接的连续性、立体性的系列规划或计划，动态性不强。对规划的制定缺乏严格的论证和实施过程中的严格管控。一直以来，珠海比较重视对渔业、旅游和海洋运输—港口—码头的分部门建设，对全面综合发展规划得不够；重视硬件和基础设施的建设，对繁荣经济和人文社会综合发展重视得不够；对主观愿望做了大量设计，但对外来投资者的可能性和现实性研究得不多。因此，愿景很美，但成效不佳。

（2）海岛经济总量小，产业发展水平不高。作为著名的"百岛之市"，海岛经济多年来占珠海市经济总量的比重仅在14%左右，比重及变化率都较小。海岛第二产业的发展严重滞后，海岛财富主要依靠旅游业和渔业收入增长，第二产业贡献率远远低于珠海市水平。海岛科技水平低下，市场化运作效率低，文化和对外交流落后，与其海洋大市的地位很不相称。

（3）基础设施差。珠海大部分海岛离大陆较远和分散，海岛交通仍不甚方便，岛际的交通更是严重缺乏。目前海岛航班只能满足海岛居民的日常生活，与海岛旅游业发展的要求差距较大。海岛电力仍未和大陆联网，靠小柴油机自行发电，电力难以为扩大生产和提高人民生活水平提供保证。海岛面积小，常年淡水少，蓄水能力低，生产和生活用水要依靠大陆船运解决。

（4）缺乏特色挖掘和统筹协作。珠海市的海岛旅游开发定位单一雷同，大多数仅停留在观光游和农家游阶段，海岛旅游的开发显得无力和苍白。此外，近距离景区重复建设的现象也比较严重，无法使游客得到更多的体验，海岛、海洋文化的开发更是严重缺乏。海岛旅游缺乏有个性的包装和品牌策划，各岛屿缺少自己的特色项目。岛屿间也缺少相互协作，只顾独自的开发和彼此间的竞争，重复建设现象严重，没能统筹规划，从整体上推进海岛旅游业的发展。

（5）市场意识不强。作为广东省六大海洋渔场之一，万山区还没有建立大型的渔产品市场，发展旅游业的市场定位也还不明确，从资源、技术的入口，资金的配置，生产的过程和产品的出路等诸多方面都还没有建立起强大的市场架构，技术和市场相结合的潜力没有得到发挥。试验区也没有重视区域营销和区域形象建设。

（6）海岛海洋执法问题。珠江口海域存在着海事、渔政、渔监、航道、边防、公安、边检、海关等部门多头管理和交叉执法现象，因为海洋、海岛生态环境面临的压力越来越大，所以海岛管理和环境保护问题日益突出，亟待建立健全法律、规章制度，建立统一有效的综合管理和执法体制。

二 国际海岛开发及经验总结

（一）国际海岛开发实例

1. 美国的海岛开发

美国很注重海岛的开发与管理，1999 年建立了海岛事务跨部门管理机构（Interagency Group on Insular Ageas，IGIA），提出了海岛对外开放的政策。美国的海岛开发大部分用来发展海岛旅游业，根据海岛所处的地理位置和岛屿的特色，地方政府推出了一系列有利于海岛和群岛开发利用的政策，如夏威夷群岛的投资宣传政策、关岛的吸引外资政策、美属维尔京群岛的旅游推进政策、塞班的减免税政策、军事用岛开发政策等。

2. 日本的海岛开发

日本是个岛国，由北海道、本州、四国、九州 4 个大岛和 6800 多个小岛组成，这决定了日本的岛屿在其经济发展中极为重要的地位和作用。日本注重偏远落后海岛的开发利用与维护，曾先后颁布了《日本孤岛振兴法》和《日本孤岛振兴法实施令》。日本针对远离本土而与世隔绝的孤岛，为消除其落后状态，采取加强对岛屿的基础设施建设及海岛开发政策方面的扶持，如小笠原诸岛的支持开发政策、冲绳岛的经济振兴政策、冲之岛礁的救护和利用措施等。

3. 马尔代夫的海岛开发

马尔代夫的海岛开发均向国际招标，一般由一个经济主体（投资公司）向政府租赁一个海岛及周边海域，以一座海岛建设一个酒店，建成一个完整、独立、封闭式度假村的模式经营发展。这种一岛一店的"小、清、静"的开发模式使马尔代夫海岛开发取得了极大的成功。旅游部门的主要职责是代表国家对外出租海岛、组织审查海岛开发规划和各开发海岛的建设布局、制定滨海旅游法规规范以及对旅游业进行日常监督管理，为此马尔代夫成立了由旅游、渔业、交通等部门组成的国家旅游委员会。其开发政策如岛屿租赁政策、海岛旅游开发政策等值得借鉴。

（二）国际海岛开发经验

1. 合理的规划

从各国海岛开发成功的经验来看，岛屿的开发最初基本都是由政府主导的，在开发之前都有一个周密详尽且科学合理的规划，并且由政府提供大量资金，率先搞好如交通、港口等基础设施的建设。而投资者在开发时则必须按照政府的规划来进行。例如，印度洋上的马尔代夫之所以能得到成功的开发，主要也是因为其完善的规划，而且该规划是由欧美国家的建筑规划设计师完成的，并经国家各相关部门严格论证后报国家审批。此外，马尔代夫十分重视海岛开发的计划性，强调循序渐进，切实加强海岛开发的规划管理。

2. 优惠的政策

成功开发海岛离不开优惠的政策支持。例如，韩国政府为济州岛开发提供了1000多项优惠政策，并且国内外企业实行不同的税收政策，对国内企业三年内免征法人税和企业所得税，以后两年则只交50%的税；对于外资企业，实行5年内免征法人税和企业所得税，以后两年免征50%，15年全免地方税，减免进口资本关税，减免50%的开发负担金、农地转用负担金、林地转用负担金、农地补偿费等租税。

3. 良好的生态

从诸多开发成功的海岛来看，各国基本都比较关注生态环境的保护，制定了一系列严格的生态环境保护条例。例如，马尔代夫为了保持海岛原来的自然生态，不但对岛上的建筑提出了"三低一高"（即低层建筑、低密度开发、低容量利用、高绿化率）的开发原则，而且对海鸟、鱼类等生物物种资源丰富的海域的开发更是非常谨慎。而泰国的普吉岛则比较注重建筑风格与原生态的自然环境的和谐统一，在海岛建设方面要求尽量避免对岛上原有生态的破坏，岛上交通除了有轨缆车，严禁其他车辆上山送客。

4. 差异化策略

各国在开发其海岛旅游资源的同时，都很善于结合自身的条件，因地制宜，形成自己独特的风格。除了大力开发本身独特的自然景观资源外，各国的海岛还特别注重开发历史文化资源。例如，西班牙开发了一系列的包括塞法尔之旅（犹太文化）、美食之旅等在内的文化旅游路线；夏威夷则着重开发南美七大岛国的波利尼西亚文化，最具代表性的当数热烈奔放的草裙舞，此外还专门打造蜜月度假游等特色产品；马尔代夫则以椰林树影、水清沙幼、蓝天白云而声名远播。此外，各国的海岛还专门开发了功能型旅游，如希腊桑托林岛童话梦幻景观游、法国尼斯历史文化休闲游和东南亚各国海岛的健康休闲游等。

三　珠海市海岛经济再度开发战略构想

（一）总体思路

目前珠海市海岛经济发展水平仍然比较落后，与其海洋大市的地位很不相称，因此大力发展海岛经济十分必要。但要突破就海岛论海岛的局限，需从全局高度和更广阔、更长远的角度认识海岛，在陆海联动、城乡统筹、跨越合作中争取海岛经济的新突破和新发展。

珠海市海岛经济再度开发的基本思路是：利用海岛得天独厚的优势和良好的外部机遇，做大成长性产业、做强传统性产业、做优高新技术产业，集中力量发展海岛特色产业；从与现有产业的接口起步，优化海岛产业布局，延长产业链条，大力发展总部经济；积极实施连接战略，岛陆联动开发，跨区域合作，岛岛连带，据点式精品开发，打造特色海岛经济区，实现规模开发；分类开发，综合利用，突出重点产业和重点项目。开发应具有"人无我有，人有我优，人优我特"的思想。

（二）战略目标

围绕把珠海市建设成为海洋经济强市的目标，以生态为本（生态立岛）、科技为宗（科技兴岛）、文化为源（文化强岛）、交通为纽（交通活岛），跨越式发展，突出抓好生态、产业、文化三大建设，实现岛内—市内—珠三角—（9＋2）大区域和国际化的联动开发，海岛经济总量能每五年翻一番，力争用

3 年左右的时间，实现海岛基础设施建设的根本性转变；用 5 年左右的时间，使海洋产业经济初具规模；用 10 年左右的时间，基本打造海岛型生态城市的框架；用 30 年左右的时间，力争建设成国家优质海产品生产基地、现代海洋科技示范区、海洋生态文明和清洁能源示范区、国家级海洋综合开发实验区、国际海运物流中心、国际旅游休闲度假胜地，使海岛经济总量占珠海市经济总量的五成左右。

四 珠海市海岛经济再度开发战略重点

（一）优化海岛经济发展布局

坚持海陆联动、协调发展，注重发挥不同区域的比较优势，优化形成重要海域基本功能区，推进构建"一核两翼三圈"的海岛经济空间发展格局。

1. 加快以万山岛群为核心区的建设

万山区海域面积 3200 平方千米，岛屿 106 个，分别占珠海海域总面积 53% 和海岛总数的 55%。因此，重视万山区海洋资源的开发利用，加快万山区经济发展步伐，是进一步拓宽珠海发展空间的必然选择。

桂山港区是核心区建设的重中之重，目前珠江三角洲沿岸虽然港口众多，但其水深条件、吨位和规模越来越难以适应对外贸易和港口货运量迅速增长的需要。同时，随着世界船舶大型化的发展趋势，一些大型船舶进入内港必须减载，或需要货物转驳，或加油添水，或补充生活物资。桂山港区海阔水深，地处珠江出海口，毗邻港澳，附近有几条国际水道通过，其海上中转功能是高栏港和九洲港所不可比拟的。从长远来讲，万山区中转仓储和海上补给业将会是珠海经济发展最具潜力的增长点，是必须予以高度关注的重点产业。建议加大桂山港区的规划建设，在桂山连岛建立保税港口，兴办出口加工区，设对外或对台贸易区，并给予相应的政策扶持；重点引进几个有较大影响的仓储拳头项目，把桂山列岛建设成海上货物中转、仓储和集散基地。

建议在珠海陆域划出土地，作为万山区发展海岛经济的大陆用地，尤其是作为总部经济的建设用地，并给予优惠政策。建议把万山区的旅游服务业嵌入珠海的旅游装备制造业链条中，在东澳岛、外伶仃岛这些旅游开发比较成熟的海岛上修建游艇码头和私人飞机 FBO 的设施，主要为香港、澳门、珠江三角洲等地私人游艇、飞机客户提供海上维修、停放、培训、私人技术服务，以及游艇、私人飞机驾驶体验等。建议国家将海岛的淡水、电、路、港口等建设列入国家基础设施建设总体规划；把万山区环境规划纳入珠海市城市总体规划，在污染控制和环境保护方面给予资金支持。建议省、市政府有计划组织科技人员下岛挂职或短期服务，鼓励大专院校和科研单位进岛进行技术开发或联合开发高新技术项目，或制定有利于吸收先进技术设备开发海岛的政策，发展海洋食品、海洋药物、保健食品及加工业，建立海岛科技园，促进海洋产业更快发展。

2. 进一步提升两翼发展水平

以磨刀门出海口为界把珠海分成东部和西部。东部海岛离大陆近便，主要有横琴岛、淇澳岛、内伶仃岛、九洲岛等。开发的重点是横琴岛。横琴岛是珠海最大的一个海岛，毗邻港澳，与澳门一桥相连、一河两岸，处于"一国两制"的交汇点和"内外辐射"的结合部，地理位置独特。政府已经把横琴岛的功能定位为科技研发、高新产业、会议会展和旅游休闲四大主导功能，以及物流贸易、培训交流、文化创意、商业服务、生态居住五大辅助功能。其发展目标将是珠海跨越发展的新城区，形成服务港澳，辐射"泛珠"，区域共享，示范全国，与国际接轨的复合型、生态化的创新之岛。淇澳岛以生态观光、科普教育和影视文化休闲为主，内伶仃岛、九洲岛等海岛开发以旅游业为主，九洲岛（港）以陆岛交通运输、海岛补给和海岛旅游运输服务为主，重点建设快速客运和水上旅游中心。

珠海西部海岛主要有三灶岛、南水岛、高栏诸岛、荷包岛、大芒洲、横沥岛、三角山岛等。主要的三灶岛、南水岛、高栏诸岛已经通过"桥连陆""堤连岛连陆"方式与大陆实现了一体化，海岛功能逐渐淡化，现在已经向港口运输业、物流业、临港工业等方向发展。以高栏港为核心的珠海港将建设成为珠江出海口西岸主枢纽港，逐渐成为一个以集装箱、原材料运输为主，支撑临海工业发展的区域性物流中心；要加快发展依托港口条件的临港工业，逐渐形成集群效应强、生产规模大、产业链条长的重化工业基地。其他海岛可以建成西部滨海旅游带，充分利用温泉、湿地、山脉、田园等自然生态资源，打造海洋温泉旅游度假胜地"品牌"。

在推进东西两翼发展的过程中，应根据各海域的自然条件和经济发展需要，合理确定区内各重要海域的基本功能。

3. 做强三大海岛经济圈（区）

目前，珠海的海岛开发还处在单打独斗的低层次阶段，缺乏规模思维，海岛经济不能发挥规模效益。因此，开发的重点是打造一批海岛群。近期应在现有开发基础较好的外伶仃岛、东澳岛和桂山岛的基础上进一步挖掘，加强开发深度、广度和力度，夯实开发定位，强化精品意识及辐射带动，逐步构建岛岛网状相连的以旅游为核心的海岛经济圈。中长期要做强外伶仃岛经济圈、东澳岛经济圈、桂山岛经济圈这三大经济圈，深入打造海岛经济增长极。

以外伶仃岛为中心，根据就近原则，向周边岛屿扩散，逐步将外伶仃岛群打造成以旅游度假、会议、海陆运动为主，增养殖及科普观光、休闲渔业为辅的旅游群岛经济区（见表3）。不必每个岛屿都要进行面面俱到、小而全式样的开发，关键的是根据各海岛的特点建立主岛和卫星岛职能互补、各有分工的协调开发格局，突出海岛功能差异，这应是岛屿经济圈建设的核心思想。例如，隘洲岛、黑洲岛、头鲈洲岛建设了人工鱼礁，可利用这些基础工程，开展以垂钓为主题的旅游，把这些海岛建设成以垂钓为主的主题式休闲度假村。

表3　外伶仃岛经济圈

单位：千米

序号	海岛名称	与香洲区的距离	序号	海岛名称	与香洲区的距离
1	外伶仃岛	51	6	竹湾头岛	53
2	隘洲岛	44	7	头鲈洲岛	45
3	三门岛	50	8	圆岗岛	48
4	横岗岛	53	9	马岗岛	48
5	黑洲岛	48			

资料来源：根据万山区海岛成果合成文件整理。

以东澳岛为中心，向周边岛屿扩散，逐步将万山列岛群打造成一个集温馨浪漫、爱国主义教育、奇特海景与功能式度假于一身的旅游经济区和渔港经济区（见表4）。

表4 东澳岛经济圈

单位：千米

序号	海岛名称	与香洲区的距离	序号	海岛名称	与香洲区的距离
1	大万山岛	39	7	大烈岛	28
2	白沥岛	36	8	横洲岛	38
3	小万山岛	37	9	贵洲岛	39
4	东澳岛	30	10	小蒲台岛	25
5	竹洲岛	40	11	竹洲仔岛	42
6	黄茅岛	26			

资料来源：根据万山区海岛成果合成文件整理。

以桂山岛为中心，将桂山岛打造成先进的港口物流岛，并向周边岛屿扩散，将桂山岛群建造成一个集港口－中转－仓储－航道－锚地－渔业多种特色游于一身的综合功能经济区（见表5）。

表5 桂山岛经济圈

单位：千米

序号	海岛名称	与香洲区的距离	序号	海岛名称	与香洲区的距离
1	桂山岛	36	5	赤滩岛	26
2	大蜘洲岛	37	6	三角岛	16
3	小蜘洲岛	36	7	大头洲	22
4	牛头岛	（已同桂山岛连为一体）	8	青洲	20

资料来源：根据万山区海岛成果合成文件整理。

（二）产业再开发重点

根据珠海市海岛的区位条件、资源优势及现有的产业基础、海岛及相邻海域开发利用所形成的产业，目前主要是海洋旅游业、海洋渔业、港口仓储业及港口加工业四个产业。在规模期内，应优先考虑投资较少、见效较快、市场需求较大的海岛旅游业和海岛渔业的发展，以快速积累资金、夯实发展基础，长期要着眼于海洋高新技术产业的发展。

1. 做强海岛旅游业

海岛旅游业的开发是繁荣经济的先行产业和主要产业。欧洲 70% 的岛屿以旅游业为主要经济产业。著名的马尔代夫、夏威夷岛等都为珠海的海岛发展模式提供了范例。

（1）珠海市海洋与渔业行政主管部门应配合旅游部门制定全市滨海旅游发展规划。旅游布局必须按照各个海岛、海域的不同特点和旅游资源优势，建设功能各异而又相互配套的旅游功能区及旅游专线，以深度挖掘海洋海岛特色为重点，积极开展海滨度假游、海岛观光游和各种涉海专项游活动，大力发展渔业观光旅游、休闲渔业和游钓业等滨海旅游项目。海岛旅游除了借助海岛本身独特的自然景观资源外，在开发时还应特别注重挖掘历史文化资源。

（2）整合滨海旅游资源，大力推行功能型旅游度假项目（如科普教育、医疗旅游等），营造一批风格独特的海岛旅游精品项目。珠海市要重点打造海岛旅游资源及情侣路沿线地段的岸线景区，将桂山岛、东澳岛、外伶仃岛及九洲岛、野狸岛建设成为风格独特的功能型旅游度假区；推进大型主题公园建设，把横琴岛建成具有独特优势的旅游度假协作区；结合红树林的生态保护，把淇澳岛建设成生态教育旅游区；抓住毗邻港澳的地缘优势，以实施 CEPA、港澳"自由行"及兴建的港珠澳大桥为契机，加强与港澳旅游合作，拓展滨海旅游空间。

（3）树立大旅游的意识，遵循旅游开发的差异性、关联性和网络性原则，加强与周边旅游区域的合作，即与广州、深圳等珠江三角洲地区的合作，如开通这些地区到万山群岛的旅游专线，或把万山群岛列入珠江三角洲旅游网线之中等，与珠江三角洲一起形成旅游大市场的格局，从海面、海岛、海底、天空等多个方面全力构建旅游景观，强化精品包装，打造宣传品牌，使海岛旅游产品形象深入人心。

（4）以旅游业开发为契机，发展与之配套的工艺制品等工业，形成第二、第三产业的良性循环。

2. 做活海洋渔业

海洋渔业是海岛传统优势产业，海洋渔业再开发的目标是提高渔业产业素质，加快渔业结构良性化调整，促进传统渔业向现代渔业转变，形成"精干的捕捞业、高效的养殖业、先进的水产加工业、活跃的流通业、兴旺的休闲渔业"的新格局。

（1）渔业发展战略。海岛渔业发展应以生态学理论为基础，走开放型和立体型渔业发展战略。

所谓开放型渔业，一是注重外向开拓，即以国内外市场需求为导向，充分利用国际、国内两种资源，通过引进现代化设施装备渔业，加快外向型渔业发展，以更多的名、优、特水产品打入国际市场，扩大出口创汇能力；二是以市场为取向，通过国家、地区、生产者之间的交换与贸易，使渔业资源达到最优配置，使渔业生产力得到迅速发展，大幅度提高渔业资源的利用效率；三是水产品高度商品化，即大力推进渔业商品化和专业化进程，培育有比较优势的主导产业和拳头产品，加速渔业内部结构的调整和升级，创造渔业经济的高效益。

所谓立体型渔业，即在海水养殖结构调整上，按照多品种、多形式、多元化和可持续发展的原则，养殖重点品种，形成规模优势；捕捞业要在现有规模的基础上，加快渔船的更新改造步伐；水产品加工业要按照高起点、高科技含量、高附加值、高出口创汇的原则进行工业产品结构调整，使海洋养殖业和捕捞业直接或间接地为社会提供大量的、丰富的、健康的食品。在具体制定规划时，应以"高价值含量、高环境效益、高技术含量"为发展目标，依靠现代科学技术，加快渔业现代化的进程。

（2）渔业发展模式。除了目前采用的"公司＋基地＋渔户"的产业模式外，还可选择不同的发展模式——通过大力发展经纪人队伍，创办"市场＋经纪人＋渔户"的模式，即利用经纪人驾驭市场能力强的优势，大力发展经纪人队伍，引导经纪人有步骤地开发国内外市场，通过他们联结渔户，建立市场，活跃市场，提供准确通畅的信息服务，形成较健全的营销网络体系，逐步形成风险共担、利益共享的经济利益共同体。在开放型渔业的发展战略下，"市场＋经纪人＋渔户"的产业发展模式应该是未来的发展方向，应重点培育。

3. 做大港口仓储物流业

港口中转仓储业开发的目标是发挥珠江三角洲海洋大通道的优势，把海岛发展成海上港口中转仓储业中心。

珠江三角洲地区是全国经济最发达的地区之一，亦是全国率先实现现代化的先行区域,其进出口的物资流量巨大,充分利用万山海岛的深水岸线发展港口中转仓储业,既可以带动万山区海岛经济发展,也是周边地区的迫切需要,是具有广阔前景的产业。珠海市海岛应充分利用港珠澳大桥通车后集聚的大量物流、人流和信息流,开展货物堆场业务,把香港的大小物流公司吸引上岛,利用桂山口岸与香港机场接近的特点,大力发展机场配套物料供给的仓储中转业,并致力建设成面向华南、大西南地区的物流中转仓储中心。港口仓储包括原油、天然气、石油产品、化工产品等,其基地布局最适宜的海岛为桂山连岛,随着连岛及填海、平山工程的结束,大大增加了平地面积,其中可用于建设、仓储的土地约3平方千米,而海岛东西两侧岸线水深20米左右,最深达30米,可建大型的深水泊位;三角山岛紧靠青洲水道,又无人定居,通过采石料基本夷平,适合建设化工危险品仓储基地;三门岛通过采石,已全部开发成平地,南侧的三门湾至北部紧靠30米水深,宜建重油中转仓储;小万山岛亦是无人定居海岛,靠外海,水深条件好,可建设成为石油液化气或液化天然气的仓储基地。

4. 做实海岛工业

海岛有它特殊的条件,不需要也不应该勉强照搬内陆发展工业的道路,可以以渔业为基础,发展以它为主链的与之有上、下"接口"关系的船舶修造、网具、机械、水产品深度加工和商业、科技、服务等。根据当地优势,增加出口换汇乡镇企业的比重。万山区海岛工业的发展必须考虑自身的优势和不足。其优势是区位优越和有一定的海洋水产、旅游、港湾等资源,其劣势或限制因素是可用的土地资源、淡水资源及能源不足,因此海岛工业应合理利用优势条件,坚持以高科技为导向,发展高新海洋技术工业、海洋食品工业、海洋生物医药工业、渔用饲料工业,以及海洋新能源利用、化学工业等科技含量高、具有高附加值的工业产品。海岛工业布局,应根据各海岛特点和其开发利用主导方向紧密配合,集中镇(区)所在岛进行布局,不宜分散。桂山连岛的港口条件和在建的保税仓、海关等是各岛发展工业条件最具备的海岛,加上现有"三资"企业投资总额达1.5亿美元,基础较好,可创办桂山出口加工区,生产产品全部或大部分供出口;大万山岛可依托万山渔港,发展水产品精深加工工业和与水产品有关的海洋药物、海洋食品、保健品工业,以及为海洋渔业服务的配套工业;外伶仃岛及东澳岛可发展服务于旅游业的工艺品和海洋食品工业；担杆岛为万山区最大的海岛，淡水条件相对较好，是海胆、鲍的主产区，可建设以海胆为原料的海洋药物、食品工业，但其海岛工业区以布局在石涌湾淡水条件较好的岸段为宜。

5. 做优海洋高科技新兴产业

海洋高技术包括海洋观测、海洋生物资源开发、海洋能源利用、海洋交通与运载、海水利用、海洋空间利用和深港技术等，海洋高技术是世界新科技革命的主要领域之一。海洋高技术对资源和能源需求小的特点很适合海岛状况，其产业发展对容量有限的海岛环境不会造成重大破坏。就区位和环境而言，海岛是海洋高技术产业布局的理想选择，特别是海洋医药制造技术、海洋活性物质分离技术、海水养殖多倍体育苗技术对发展多种海岛经济和增强海水养殖后劲将发挥重要作用。在淡水较缺乏的海岛引入海水淡化技术可以解决岛民生产、生活用水困难。另外，海洋高技术要根据各岛的自然资源情况进行合理的产业布局，适度向边远海岛倾斜，产品销售可直接面向内陆和海外市场，这样可以缓解海岛的区域不平衡发展问题。但目前珠海海岛面临着资金短缺和技术人员严重不足的困难，海洋高技术研发的前期准备工作难以单独开展，因此争取国家财政投资和民间资本风险投入是实施海洋高技术产业化的必由之路。

6. 完善综合交通网

目前，海岛航班只能满足海岛居民的日常生活，与海岛旅游业发展的要求差距较大。因此，要大力推进岛内公路、岛际航船、岛陆码头航运建设，增加航班密度。万山区要加强三大海岛经济圈的交通网络建设，首先保证各海岛经济区内有便捷的船运；其次增强以外伶仃岛、东澳岛、桂山岛为核心的三大主要海岛间的快捷交通和航运密度；最后完善珠海市陆域（尤指香洲区）与各岛屿间的运输网络，构建四通八达、便捷、高效的岛内、岛岛、陆岛交通网。除传统的航运方式外，条件成熟时还可考虑增加航空、海底隧道、游艇自驾游等交通方式。

（三）大力建设海岛特色文化和生态文明

珠海市的历史文化资源比较丰富，但从全社会来看，整个珠海市缺乏对文化建设重要性的认识，必须让大众知晓文化是决定"珠海质量"的重要因素。

海岛文化建设是珠海市文化建设的重要组成部分，也必须与珠海市城市文化建设互为依托、良性互动。

珠海要坚持以人为本、生态为重、统筹规划、突出特色、协调发展的原则，以建设幸福珠海为核心，加强中心镇和渔（农）村生态建设，加大海岛特色文化挖掘、历史遗存保护、生态景观修复力度，建设一批地标性海岛文化设施；推进城乡基础设施一体化和基本公共服务均等化，提升海岛居民生活质量；注重海域、海岛功能分工与差异化导向，优化产业布局，突出不同海岛城镇的特色个性，建成风光秀美、生态和谐的群岛型花园城市。

珠海要加强海洋文化建设，创办中国珠海海洋国际论坛、珠海海洋文化节和珠海国际海钓节等富有号召力的文化项目，筹办海洋科技成果应用交流会和海洋生态文明论坛；加强海洋文化研究，推动海洋科技馆和海洋主题博物馆的建设，保护涉海文化古迹，传承海洋文化艺术，扶持发展海洋文化产业，积极促进文化创意产业与旅游、会展、体育休闲等相关产业融合发展，丰富文化创意产业发展内涵，实施重大产业项目带动工程，打造一批特色街区和经典文化旅游项目；大力推动文化产品制造块状经济向现代产业集群转型，推动工艺美术品、设备等领域的高端化发展，培育若干区域品牌，提高产业技术含量和附加值，增强市场竞争力；广泛普及海洋知识，开展海洋文化交流，形成全社会共同关注海岛、科学开发海岛、有效保护海岛的良好氛围。

五　珠海市海岛经济再度开发战略措施

（一）建立健全行政管理及执法系统

根据国际海岛开发的成功经验，首要的是对海岛开发进行周密而科学的规划，因此珠海要制定海岛开发利用的整体规划，并和珠海市城市规划纳入一体化规划及管理。珠海以绿色开发为主纲，统筹兼顾海岛开发与环境保护的要求来制定海岛发展规划，并经过科学论证，明确开发时序；对时机尚不成熟、一时难以开发的海岛，要合理加以保护，不降低开发门槛。在规划管理方面需要注意以下几点：

（1）海岛及其相邻海域开发、保护规划是珠海市社会经济发展总体规划的重要组成部分，经批准后实施，具有法律效力，任何单位、个人使用海岛、海域必须符合规划的要求。

（2）做好规划的宣传工作，将规划印发至各海岛镇（区）、村及开发利用海岛、海域的有关单位，广泛宣传、解释海岛开发、保护的意义，提高海洋意识和执行规划的自觉性。

（3）加强海岛和海域开发保护的监督、管理，建立专门的海岛经济开发管理机构，健全管理执法队伍，协调和理顺涉海管理执法关系，做到专业管理和综合管理相结合。对违法用海、开发海岛的单位和个人按有关法律、条例给予惩罚，直至追究法律责任。加强对海岛开发的分类管理，制定海岛开发管理的配套政策。

（二）建立健全人才支持系统

1. 制定吸引人才的优惠政策和进行人才规划

受海岛小而分散的影响，海岛地区教育基础薄弱，人才缺乏是制约海岛经济发展的重要因素，特别是要实现海岛经济跨越式发展，实施科技兴海，发展高科技海洋产业，就必须制定优惠政策吸引人才，制定中长期涉海人才发展规划，建设一批创业创新平台，完善涉海人才交流服务平台，引导人才资源向涉海企业流动，形成海洋人才高效汇聚、快速成长、人尽其才的良好环境。

2. 高等院校和海洋类专业设置规划

珠海是海洋海岛大市，但涉海专业人才培养几乎是一片空白，与科技兴海、打造海洋经济强市的发展战略极不相称，因此必须制定实施海洋院校与学科建设规划，推进省部合作，优化整合资源，创办学科优势鲜明、科研实力较强的综合性海洋院校。近期可集中力量做大做强涉海专业，提高办学质量，增强院校实力。未来可建设高质量涉海类职业院校，培养海洋应用型人才。强化与国内外优秀高校、科研机构的学科建设合作，扩大研究生联合培养规模，增强研究生教育实力，形成海洋学科发展制高点。此外，要特别重视科技成果转化和机制建设，加强重点科研创新服务平台建设，并扶持一批海洋战略规划、勘测设计、海域评估等中介机构。

3. 加强现有人才的培训

采取委托高等院校或科研单位代培、进修培训等方式，促进技术人员的技能提高和知识更新，提高现有人才的科技素质，以适应海岛高新技术项目的发展需求。另外，批准有关院校对海岛子弟适当照顾录取分数线，尽量吸收海岛子弟上大学。

（三）建立健全政策支持系统

1. 制定多渠道筹集海岛开发和保护资金的政策

海岛开发是一项高技术、高投入、高风险的事业，而海岛保护则属于公益性事业，必须得到上级政府及有关主管部门的大力支持和引导。由政府投入的资金，必须列入各级政府或主管部门的预算计划，实行有计划的投入。更重要的是在政府主导下，建立一套面向社会的、公开化的、市场化的融资体制，通过多种渠道，包括企业介入、风险投资、群众自筹、吸引外资等多途径筹集资金，进一步拓宽海岛开发建设的资金渠道。万山区通过加快国有企业的改革重组，已成立了集中海岛优势资源、优质资产，旨在吸引各方资金的投融资公司，以增强社会各界对海岛投资的信心，加快海岛开发建设的步伐。

2. 制定引进外资开发海岛的优惠政策

海岛开发不同于陆域开发，其风险大、投资成本大、投资回收期多数较长，因此为了更好地发挥海岛的区位优势和港湾、水产、旅游等资源优势，使其转化为经济优势，必须根据不同产业制定相应的引资优惠政策，包括海洋渔业、海岛旅游、港口中转、仓储、港口工业等相关产业的土地利用、海域使用等优惠政策，形成较宽松的投资环境。在政策的时间分配上，要确定重点、优先扶持的区域和项目。

3. 加大财税扶持力度，调整财税政策，加快海岛建设

积极争取中央、广东省和珠海市财政支持，支持海岛市县基础设施建设、生态环境保护和社会事业发展，增加安排专项补助，适当降低地方配套资金比例，按国家统一规定享受相关税收优惠政策。珠海市建立海岛经济专项资金，加大对海洋产业、海岛基础设施、海洋生态和资源保护等项目的支持。海岛自

收的各种税费全部留岛使用，实行"以岛养岛，自收自支"，增强海岛财政活力和发展后劲。

4. 加强金融服务创新，增强金融服务扶持

珠海要引导国内外金融机构在珠海设分支机构，积极发展船舶融资、航运融资、物流金融、航运保险与再保险等金融服务；研究培育港口产业投资基金等商业化投融资渠道，支持当地区域性银行开发航运金融产品；支持符合条件的金融机构、船舶制造企业设立金融租赁公司，从事船舶租赁融资业务；积极开展国际航运保险业务；条件成熟时可考虑根据需要对现有金融机构进行改造，加大对海洋海岛经济发展的支持力度；允许保税监管区域企业经外汇管理部门批准，在依法取得相应业务经营资格的境内，中资银行开立离岸外汇账户，为其境外业务提供资金结算便利。

（四）建立多元化市场支撑系统

在世界经济全球化和区域经济一体化的大趋势中，要积极通过扩大对外开放赢得发展的机遇，学会利用国际、国内两种资源、两个市场。只有海岛产业和产品具有广阔的市场空间和发展前景，才能真正吸引投资，从而形成良性循环，这是海岛经济实现新突破的必由之路。第一，大力培育一批海洋龙头骨干企业，尤其是跨产业综合发展的海洋龙头企业，使其成为海洋投资、研发、市场开拓的中坚力量。第二，重点抓好海洋产品尤其是水产品市场体系的建设，加快渔港水产品批发市场的建设，推进水产品统一进场交易和公开拍卖制度，提高市场组织化、制度化和规范化建设；加强市场信息体系建设，建立起与国际接轨的水产品质量标准体系，建立健全出口质量保证体系，积极推行 HACCP 和 FDA 制度，大力提升产品质量和档次；强化质量监控和管理，并逐步纳入法制化管理的轨道，企业要努力创造名优品牌，增强产品竞争力。第三，政府要积极扶持、培育和发挥行业中介组织、经纪机构的力量。法国企业国际发展署积极帮助本国企业开拓国内国际市场，建立了超过 3 万个国外公司的联系网络，为法国产品打入国际市场做出了很大贡献，值得珠海市学习。第四，要大力提升珠海城市、海岛、企业的营销水平，建设专业营销网络，重视市场研究、宣传、策划，在塑造形象、创立品牌、赢得收益上下大功夫。第五，要走多元化市场战略，避免出口渠道单一，风险集中。

（五）建立健全海洋环境保护系统

1. 制定珠海市海洋资源环境保护规划

珠海要建立海洋环境质量公报、滨海旅游海域环境质量信息公告制度，加强与港、澳地区海洋资源和环境保护的协调与合作，加强海岸线资源管理；实施重点港湾综合整治，在重要海洋生态区域建设海洋生态监控区，强化海洋生态功能区的监测、保护和监管，促进海洋资源科学有序利用。

2. 加强资源利用监管

珠海要加强涉海项目的区域规划论证和环境影响评价工作，规范海洋产业、海域围填、海洋工程的规划审批、建设监管和监测评估；加强无居民海岛管理，严格控制无居民海岛开发利用；健全公众参与机制，形成海洋科学开发长效机制；加强陆海污染综合防治，坚持海陆并举、区域联动、防治结合，切实做好陆源污染物入海排放控制和近岸海域污染整治工作；实施海陆污染同步监管防治，推动跨区域海洋污染防治，重点在入海污染源联合监控、海洋污染协同治理、重大海洋污损事件防范应对、海洋生态修复建设、涉海环境联合执法、废弃物海洋倾倒监管等领域开展广泛合作。

珠海横琴总部经济建设研究报告

张 旭*

总部经济资源是经济发展的稀缺性资源。我国当前在新的经济发展阶段，格外重视总部经济发展。国内一流先进城市均将发展总部经济作为自身发展战略的重要内容。

珠海作为我国最早的"经济特区"之一，在改革开放中起到了排头兵的作用。在世界多极化、经济全球化、科技革命和产业革命深入发展的背景下，加快总部经济发展，是珠海经济特区在未来国际国内竞争中赢得主动的迫切需要，是建设现代化国际化先进城市的重要保证，是实现科学发展、转型发展、创新发展、低碳发展的必然选择。实现总部经济工作创新发展，重点在于创新总部经济发展体制机制和总部经济政策体系，全面增强城市总部经济竞争比较优势，全面优化总部经济队伍结构和提升自主创新能力。为此，有必要进一步发挥先行先试、敢闯敢试的特区精神，以中央、广东省委新时期赋予珠海经济特区的历史使命和特殊政策为契机，按照"试点先行、分步推开"的方式步骤，在重点区域和重点产业领域率先探索总部经济发展改革，促成总部经济资源分布高密度、与产业结构高对应、投入与产出高效能，逐步实现珠海总部经济构成、总部经济素质和总部经济活动空间国际化，为实现珠海市努力当好科学发展排头兵、建设现代化国际化先进城市的战略发展目标提供有力的总部经济支撑。

开发、开放横琴是党中央国务院做出的重大战略决策，是我国国民经济和社会发展"十二五"规划纲要强调的重点工作。2009 年，国务院正式出台《横琴总体发展规划》，明确将横琴定位为粤港澳紧密合作示范区，赋予横琴

---

* 张旭，珠海市横琴新区党群工作部政策研究专员。

一系列优惠的创新政策，将横琴打造成为发展环境与港澳相对接、相类似的新型特区，冠之以"特区中的特区"的称号。横琴被誉为继浦东新区和滨海新区之后的第三个国家级新区，足见党中央对横琴发展的重视。因此，在这样的发展基础上，横琴有足够的理由在发展总部经济方面闯出一条新路，开创出新的经济发展成就。横琴总部经济将率先开展总部经济管理体制机制、总部经济政策法规、总部经济服务体系和总部经济综合发展环境等方面的探索创新：探索符合国际惯例，有利于吸引总部经济的优惠政策；推动出台配套政策，建设与国际接轨的总部经济服务平台；促进发展"金融＋科技＋服务"新的总部经济业态；加快推进总部经济与国际资本、技术、产权等要素市场的融合与对接。总之，横琴区位优势明显、经济腹地广阔、产业支持雄厚、国际交往便利，总部经济开拓事业的空间大、平台广、机会多，具有建设总部经济的独特优势和良好条件。

因此，在以上背景下，开展《珠海横琴总部经济建设研究》对于珠海市实现总部经济工作创新发展、实现粤港澳现代企业资源广泛合作战略不仅是非常及时必要的，而且在理论上具有重要的创新意义，在实践上具有重大的指导作用。

一 横琴总部经济建设可行性分析

横琴所处的环境和地位，使得横琴总部经济建设既具备有利的条件，又面临不利的因素。对横琴总部经济建设进行实事求是的条件分析，有利于为横琴总部经济发展找出准确的战略定位。

（一）有利条件

1. 发展规划起点高

早在 2009 年国务院就批准了《横琴总体发展规划》，并建立了国务院有关部门、香港特别行政区、澳门特别行政区、广东省、珠海市多方参与、协调的开发机制。横琴的开发定位是：粤港澳紧密合作的示范区，改革开放科技创新先行区，产业转型升级发展新平台。应着力将横琴打造成为高端服务业集聚发展区、珠江三角洲地区产业升级引领区，同时明确金融业、旅游业、会展业、高科技产业、文化创意产业、中医药产业等为重点发展产业。开发横琴是实施国家发展战略、把特区办得更好的重大举措，充分体现了国家构建对外开放格局、加快转变经济发展方式的战略构想。因此，横琴新区规划起点高、标准高、使命大、政策支撑力度大、后发优势大，为横琴总部经济建设提供了良好的制度基础。

2. 把握住世界经济格局转变的历史机遇

起始于 2008 年春、夏的国际金融危机余波未了新澜又起。国际金融危机对中国经济虽有一定的破坏作用，但也给我们提供了吸纳国际高端总部经济资源的难得机遇。面对国际金融危机，包括资本、人力等在内的各种生产要素在世界范围内的重新洗牌在所难免，不少国际知名大公司、大集团走上了重组和收缩的道路。这对珠海横琴来说，正是吸引各类总部经济资源进驻的大好机会。

3. 充分发挥制度创新空间大的优势

国家赋予横琴建设对接港澳先进经济体系先行先试的使命，最便捷的通关安排、最优惠的财税政策、最创新的体制机制将在横琴叠加，因此横琴被称为"特区中的特区"，是国内制度创新空间最大、体制机制安排最为灵活的特殊区域。

国家鼓励横琴对政策法规没有明确规定的领域，借鉴国际经验，先行先试，通过特区立法规范管理；对国家只作原则性规定的领域，制定相应的实施细则，探索发展；对特殊领域如金融行业，监管部门可设立专门机构直接监管，支持创新实践；在全国人大授予的经济特区立法权限范围内，制定促进横琴现代服务业规范发展的法规。

在产业创新发展方面，国家支持横琴以高端服务业为重点，积极打造现代服务业发展集聚区，重点创新发展金融、现代物流、信息服务、科技服务、文化创意、中医药研发等重点产业。

在加大政策支持力度方面，为支持横琴新区发展，国家正逐步明确营造优质高效的政府服务环境、打造社会主义法治模范区、财政税收、土地政策、口岸服务、社会保障等相关配套支持政策。

4. 粤港澳紧密合作优势

横琴毗邻港澳,具有独特的地缘优势。《珠江三角洲地区改革发展规划纲要(2008~2020年)》明确要求珠海加强与港澳的紧密合作。在 CEPA (Closer Economic Partnership Arrangement,即《关于建立更紧密经贸关系的安排》)框架下,深化粤港澳三地在横琴开发中的合作,成为整个珠江三角洲经济发展战略的重要一棋。未来的横琴开发应充分利用与港澳合作的地缘优势和制度创新条件,深化三地在基础设施、产业发展、环境保护、要素流动等方面的合作,切实将与高端经济体密切合作的合力转化为横琴开发的动力。粤港澳三地在横琴开发中的紧密合作有利于横琴加强与香港、澳门及海外总部企业资源密集区域的总部经济项目合作,在合作共赢中打造总部经济的集聚高地。

5. 珠海特区立法权优势

珠海经济特区具有国家最高权力机关授予的立法权。近20年的立法实践表明,珠海特区立法权使珠海特区改革创新和社会经济发展对法治的需求得到了有效保证。建立横琴总部经济,就是要建立总部经济发展特别环境,形成总部经济发展的特别价值取向。这种特别环境的打造,有的靠政策,有的还要靠立法。鉴于我国还没有一部有关总部经济立法的现状,可以发挥特区立法先行先试和开拓创新的功能,为横琴总部经济或横琴总部经济发展的某一方面、某一环节立法。这不仅有利于横琴总部经济的建设,也有利于为国家层面的总部经济立法发挥试验田的示范探索作用。

6. 珠海经济特区市场化程度高

经过多年的培育和发展,珠海经济发展的市场化程度高,市场对外开放程度也很高。不论是产品市场,还是资本、土地、劳动力等要素市场,市场发达成熟,市场主体行为均已市场化。政府定位清晰,专注宏观调控和服务。发达的市场,有利于建立发达的总部经济体,有利于总部经济资源的流动和集聚,从而为横琴总部经济建设提供肥沃的土壤。

7. 良好的营商和对外开放环境

横琴通过选商选资并举,营造比较优势明显、国际一流的营商环境,启动横琴总部经济服务体系建设,构建高效廉洁的服务型政府,推行企业一站式服务,优化和规范行政审批,做到统一管理、限时办理、跟踪服务,全面提升工作效率和服务效能。利用横琴发展总部经济的各方面优势，横琴可以构建总部经济资源密集、体制机制真正创新、与国际高度接轨、最大限度激发总部经济活力的先进经济区域，营造适宜企业总部发展的外部经济环境，促进企业总部在横琴集聚发展，打造横琴全球企业总部中心。

（二）不利因素

1. 国际总部经济竞争的威胁

进入21世纪以来，智力全球化和总部经济全球化的趋势愈加凸显，国与国之间的总部经济竞争呈现炽热化状态，美国等发达国家往往因其雄厚的经济发展基础和先进的总部经济管理水平而成为世界企业总部最为密集的地区。发展中国家在发展总部经济方面占有明显的劣势。尽管我国当前总部经济发展势头强劲，但与国际先进水平相比较而言仍存在明显差距，这要求横琴必须能够发挥后发优势，奋起直追，要有勇气和决心与国际先进水平较量，打造国际高端的总部经济核心区域。

2. 国内总部经济竞争的威胁

对于横琴而言，总部经济竞争的威胁不仅来自国际，而且也来自国内。随着我国经济社会不断向前发展，涌现出一批具有竞争实力的总部经济城市，总部经济建设高潮迭起，各种总部经济优惠政策相继出台。这些先进总部经济城市形成横琴发展总部经济的国内竞争因素。纵观我国总部经济城市的分布格局，主要集中在京津地区、长江三角洲地区和珠江三角洲地区，其中长江三角洲地区在总部经济总量和质量方面位于全国前列，对总部经济的吸引力较强。此外，随着西部大开发、中部崛起以及东北老工业基地复兴三大战略的深入开展，三地区资源优势将进一步得到发挥，总部经济吸引力度将不断加强。相比之下，包括珠海在内的珠江三角洲地区如不迎头赶上，其原有优势将会不断被弱化。

3. 体制机制亟待创新

21世纪以来，作为横琴母体的珠海，面对全国各地创业环境迅速改善和创新氛围不断提升的严峻挑战，不仅在总部经济吸引上面临着更加激烈的竞争，而且原本具有的体制机制和激励保障政策的优势已逐渐丧失殆尽。珠海市现代产业发展虽取得了显著成绩，但总部经济结构和布局仍处于中等偏低水平，国际、国内大型企业在珠海建设总部的数量还有待提升；战略性企业总部资源引进较为缺乏，政府、社会、市场有效互动吸引企业总部进驻的体制机制尚待完善；对于总部经济发展至关重要的人才资源保障还有待加强。

（三）战略选择

根据对横琴总部经济建设的条件分析，我们可以得出：横琴总部经济建设的有利条件是可发展的主流，不利因素是可改变的非主流。据此，有四种战略组合可供选择。

（1）利用优势、抓住机遇的增长型战略。利用优势、抓住机遇的增长型战略指的是，抓住经济全球化、一体化和横琴开发上升为国家发展战略的大好时机，充分利用横琴体制机制创新优势以及先行先试的权力，打造良好的总部经济发展环境，吸引全球企业总部进驻横琴发展。

（2）抓住机遇、转变劣势的扭转型战略。抓住机遇、转变劣势的扭转型战略指的是，抓住经济全球化、一体化和横琴开发上升为国家战略的大好时机，在总部经济管理体制和机制上寻求新突破，在总部经济优惠政策上寻求新高度，吸引和留住企业总部。

（3）利用优势、化威胁为机遇的竞争型战略。利用优势、变威胁为机遇的竞争战略指的是，充分利用横琴先行先试的权力和横琴合作的区位优势，创新出比其他地区更优惠的政策，勇于参加国际国内的总部经济竞争，在竞争中壮大自己，在威胁中寻找机遇，吸引和保留企业总部。

（4）转变劣势、化威胁为机遇的变革型战略。转变劣势、化威胁为机遇的变革型战略指的是，突破总部经济体制和机制的障碍，创新总部经济政策，深化粤港澳合作，积极参与国际国内总部经济竞争，在竞争中创立横琴总部经济比较优势，建立适合总部经济发展的环境，吸引全球先进总部经济资源。

（四）结论

横琴总部经济发展战略并不能单一地采用上述四种组合战略中的一种战略，而应当综合考虑横琴发展总部经济的机遇、威胁、优势、劣势诸因素。通过对横琴总部经济建设的条件进行综合分析，横琴总部经济建设应该采取积极的以变革和竞争为导向的总部经济发展战略。这个战略的内涵应该是：紧紧抓住经济全球化、一体化和横琴开发上升为国家发展战略的大好时机，充分利用粤港澳紧密合作的体制优势以及先行先试的权力，打造良好的区位总部经济环境，在总部经济体制和机制上寻求新突破，在总部经济激励保障政策上寻求新高度，在国际国内总部经济竞争中创立比较优势，建设国际级总部经济中心，以总部经济发展促进横琴经济腾飞。

二　横琴总部经济总体设计

在现有国际经济社会危机四伏的大环境下，在国内转变经济发展方式和产业升级转型的大背景下，横琴新区要实现科学发展，首先必须解放思想，加快转变经济发展方式，制定总部经济发展战略，切实优化经济结构，以改革创新为动力，大力推进横琴总部经济发展；重点创新横琴总部经济发展的体制与机制，通过政策支持与配套，真正实现横琴总部经济的协调有序发展。

（一）横琴总部经济建设的指导思想和总体思路

1. 指导思想

横琴新区作为国家级新区中面积最小、时间最短的区域之一，它的建设首先必须整体体现国家的战略意图，然后才是具体体现珠江三角洲和珠海发展建设的实际诉求。因此我们在分析梳理、综合《珠江三角洲地区改革发展规划纲要（2008~2020年)》《横琴总体发展规划》等纲领性文件精神以后，对横琴总部经济建设的指导思想进行了如下表述：

深入贯彻落实科学发展观，切实转变经济发展方式，制定总部经济发展战略，以提升横琴总部经济竞争优势为核心，按照高端总部经济资源聚集、粤港澳紧密合作开发的特别定位，基于横琴总部经济建设的实际状况及珠江三角洲地区总部经济资源的分布状况，设计横琴总部经济集聚区的特别发展模式，构建公正透明、开放多元的总部经济发展环境，形成特别能够体现总部经济价值的特殊管理制度，创建国际知名的总部经济区域品牌，让各类企业总部拥有广阔的创业平台、发展空间，争做珠海总部经济发展的领头羊和总部经济强市排头兵，为横琴新区优质快速发展提供优质经济资源保障。

2. 总体思路

以实施国家战略为依托，以体制机制创新为动力，以粤港澳紧密合作为重点，以现代服务业为依托，牢牢把握横琴总部经济区域的发展定位和目标要求，实施接轨国际、更加特殊的政策体系，营造良好的总部经济发展环境，有效推动跨境跨区域总部经济合作，打造国际化总部经济资源高度集聚区、总部经济工作体制机制创新区、总部经济政策改革发展试验区、横琴总部经济合作示范区、总部经济制度创新示范区。

（二）横琴总部经济的建设方针

横琴总部经济的建设方针如何确定？本研究从两个方面进行探索思考，一是它必须符合横琴新区发展建设的原则要求；二是作为总部经济，它必须符合总部经济发展的内在规律。按照这样的逻辑思路，本研究将横琴总部经济的建设方针确定为：

（1）多方合作，世界标准。以粤港澳紧密合作为抓手，以国际重点总部经济城市为参照，置身全球视野，打造国际化总部经济发展平台，融入世界级产业核心网络，建设国际化总部经济配置枢纽，实现总部经济集聚密度世界领先。建成体制机制与国际接轨、总部经济政策符合国际惯例的全球优秀总部经济向往之地，国际产业总部经济价值实现之岛。

（2）高端引进，开放格局。突出总部经济集聚的国际化、高端化取向，通过产业融合发展，彰显国际文化品位，构建一流人居风貌，引育聚焦产业、开放多元、活跃互动的国际总部经济群落，建设多语种、跨文化、包容、开放、有活力的"总部经济集聚区"，打造企业总部来源国际化、总部流动国际化、总部经济素质国际化的国家级总部经济区域新形象。尽快集聚一批高端化、国际化企业总部进驻。

（3）市场配置，高效汇聚。完善市场化导向的总部企业评价、引进、受益、流动、退出机制。持续增强总部经济活力，充分发挥中介机构和服务企业功能，构建开放、市场化、多元化的总部经济服务体系。形成企业总部集聚、繁荣发展，企业服务水平较高且能够适应企业总部的发展要求，市场内外联通，制度保障公正完善，企业文化多元相容的总部经济发展格局，带动珠海、珠江三角洲经济发展取得新突破，发展方式实现新转变。

（三）横琴总部经济的建设目标

横琴总部经济建设的发展目标是：打造高品质、多元化的"国际总部经济区域"，建设发展环境开放、体制机制与国际接轨、世界影响持续彰显的横琴国际总部经济发展合作区，实现横琴总部经济集聚国际化、体制机制创新市场化、总部经济服务高端化、作用发挥多元化、总部企业进出自由化、粤港澳紧密合作常态化。

（1）国际精英高度汇集：为企业总部经济发展提供相匹配的一流专业人才。

（2）发展环境开放融合：实现世界各国优质企业总部资源无障碍高效集聚。

（3）总部经济制度与国际接轨：建设符合国际惯例和国际标准的总部经济制度体系。

（4）世界影响持续彰显：打造与现代国际产业中心相媲美的总部经济发展平台。

（四）横琴总部经济建设的主要内容

1. 推进横琴总部经济建设

围绕深化粤港澳紧密合作及横琴产业发展的要求，瞄准横琴开发重点发展的产业项目，引进生产性服务业、生活性服务业、公共服务业，聚焦金融服务、现代物流、信息服务和科技服务等高端产业，大力打造促进总部经济发展的总部经济服务体系。通过实施优惠的税收政策、准入政策、人才政策、知识产权保护政策等，吸引全球优质企业总部经济资源进入横琴，强势推进横琴总部经济发展。

2. 建立市场导向的总部经济工作体制机制

加快推进政府职能转变，将总部经济资源调配职能进一步放权给市场，形成小政府、大市场的运行格局。强化政府的总部经济公共服务职能，变"管理总部经济"为"服务总部经济"，从总部经济服务供给型向需求导向型转变。利用政府采购等市场化手段，强化宏观管理职能，弱化微观管理职能。对于具体的企业总部引进工作，以市场化手段，交由市场配置。政府则以政策和法律、法规等方式间接调控，使市场力量真正成为引导企业总部经济资源合理流动的主导力量。将总部经济管理机制融入市场行为，充分发挥市场的基础性配置作用。通过粤港澳紧密合作、政府推动，建立多方参与的总部经济工作模式。积极发展各类行业协会、社会中介机构，推进总部经济主体多元化发展。充分发挥行业协会和中介组织在总部经济调查、研究、引进、评价、协调交流方面的积极作用。

3. 构建总部经济管理法规与政策创新体系

充分利用横琴新区先行先试权，广泛借鉴发达城市（地区），尤其是香港促进产业发展的立法经验，争取使得横琴总部经济在行业准入、企业治理结构、股权收益方案、收入制度、法律制度、人才使用、资金融通等方面的政策有所创新突破，从而推出一系列有利于现代服务业总部经济集聚的政策法规。争取到2020年左右建立健全基本覆盖总部经济发展各环节的、协调配套、结构严谨的地方性总部经济和产业发展法律法规体系。

4. 搭建总部经济载体支撑平台

按照建设现代服务产业体系的需要，宽领域、多渠道、全方位加强构建总部经济服务平台、总部经济合作对接平台、总部经济产业要素支撑平台和跨国总部经济开发合作平台等总部经济支撑体系，不断提高横琴总部经济吸引力、承载力，实现横琴总部经济共享式、集约式、高效率发展。

5. 建立总部经济市场服务体系

探索建设开放型企业总部经济经营服务机构，统筹推动与总部经济发展密切相关的有形市场和无形市场建设，充分发挥市场机制在总部经济引进、发展、业务升级等方面的基础性作用。鼓励和支持著名金融、贸易、广告设计、商务会展、市场营销、人力资源管理等服务于企业总部发展的服务类企业和中介服务机构在横琴开展业务，健全专业化、国际化的总部经济市场服务体系，推动本土总部经济服务专业机构的产业化发展，不断提高服务能力。

6. 完善总部经济建设的保障机制

完善政策激励机制，进一步形成有利于横琴总部经济发展的税收制度和激励机制。完善平台建设机制，集中力量完善平台载体结构体系建设，不断丰富平台载体建设内涵。创新总部经济引进机制，推进总部经济准入制度。与国际发达总部经济城市及港澳地区建立紧密合作关系，与国内先进总部经济城市携手开展战略合作，面向全球多渠道招引企业总部资源。健全总部经济引进机制，降低市场准入标准，积极寻求与著名跨国集团公司的项目合作。创新总部经济发展体制机制，完善企业总部绩效评价机制，逐步完善有利于企业总部经济发展的公共服务环境。

（五）横琴总部经济建设的阶段

横琴总部经济的建设要统筹兼顾，分步实施：到 2015 年，重点在制度建设、体制机制创新、环境优化上有较大突破；到 2020 年，全面实现各项任务目标，确立国际总部经济竞争比较优势。

第一阶段（2011～2015 年）：夯实基础，营造环境，建设总部经济制度创新引领区。以提质增效、转型升级为主线，以重要跨国公司和国有大型企业总部为引领，大力实施企业总部集聚计划，支持总部经济优先发展，探索总部经济支撑政策，着力推进体制机制创新、建立同国际制度接轨的总部经济管理规则，在平台载体、发展环境和保障措施等方面取得实质性突破，建立起符合国际惯例和国际标准的总部经济服务体系，迅速集聚高端总部经济资源，打响区域总部经济集聚区"金质名片"，走上依靠总部经济实现经济转型、高速发展的道路。

第二阶段（2016～2020 年）：提升品质，确立优势，建成区域总部经济核心示范区。持续提升区域总部经济核心区域品牌价值，建成国际总部经济资源配置中心，打造完整的总部经济产业链条，形成包容性、可持续性的总部经济发展"生态圈"。总部经济发展的各项指标居于国际城市前列，经济发展水平居于国际领先，进一步扩大横琴总部经济发展的竞争优势，成为具有全球影响力的总部经济中心。

三 横琴总部经济建设的保障措施、对策建议和环境支撑

（一）横琴总部经济建设的保障措施

1. 完善政策体系

（1）健全协调机制。横琴新区管委会统筹协调全区总部经济发展，负责组织制定总部经济发展重大政策，总部企业资格备案、信息发布及解决重大问题，协调和督促检查等相关工作。横琴新区各有关部门要在各自的职责范围内，做好对总部企业的管理服务工作。

（2）形成政策合力。横琴新区管委会整合珠海市已颁布的关于促进总部经济发展的扶持政策，做好有效对接和深度联动，根据横琴总部经济发展目标和重点，在总部企业认定、重点领域扶持、财税、用地、人才等方面形成全面推动总部经济发展的政策体系。制定"横琴新区总部企业认定办法"，开展总部企业认定和统计监测工作。

（3）加大财政扶持力度。整合现有财政扶持资金，加大对总部经济发展的投入，支持总部企业的发展。对经认定的总部企业实行经营贡献奖励等政策，增强总部企业发展动力和品牌提升能力。

2. 创新服务机制

（1）加强政府服务。进一步发挥横琴新区政务服务功能，简化行政审批手续和程序，提高政府的服务效率，营造一流的投资发展环境。将总部企业重大产业项目列入横琴新区政府绿色通道服务范围。

（2）推动公共服务平台建设。加快推进电子政务建设，深入推进政务公开，为企业提供快速便捷的商务、法规和政策信息等各类资讯服务，建立总部企业参与政府重要决策咨询论证和重大工程规划建设的机制。加强引进国际知名的中介机构，完善专业化服务体系，为总部企业提供支援服务。

（3）优化法治和诚信环境。加强知识产权保护，营造公开、公正的法制环境。规范信用征集和使用，加大失信惩戒力度，建立健全横琴新区社会信用体系，营造诚信环境。建立完善总部企业及其高层管理人员信用信息库，促进

总部企业加强自身信用建设。加大对总部经济的宣传力度，形成有利于总部经济发展的良好舆论氛围。

3. 优化招商策略

（1）明确招商目标群体。加强对世界 500 强、跨国公司的投资趋势研究，跟踪分析国内外有关行业龙头企业的发展动态，将有意向在横琴投资的内外资企业列入总部经济重点招商目录，积极跟进招商工作。

以中国－东盟自由贸易区建设加快推进和 CEPA 在广东先行先试为契机，重点引进印度尼西亚、马来西亚、菲律宾、新加坡以及中国香港、中国澳门、中国台湾等国家和地区的企业到横琴设立地区总部。

（2）主动招商，加强宣传。采取主动出击、重点跟进等方式，加强与有投资意向的总部企业的沟通联系，提供个性化服务。探索推行总部企业对口联系服务制度，专人负责协调解决总部企业入驻面临的实际困难。通过举办年度论坛、参与国际招商等方式加强横琴新区营销力度，宣传横琴发展总部经济的优势和政策措施。

（3）加强区域群体协同招商。加强横琴与泛珠江三角洲、东盟等广大腹地的区域合作，促进有关部门联合建立总部企业招商引资协调机制，实现信息分享、经验交流和优势互补，实现由单体招商到区域群体协同招商，树立区域整体形象和招商实力。

4. 健全扶持体系

（1）支持企业拓展外部横琴新区市场。以横琴新区经济协作部门为主体，发挥行业协会、各地驻珠海机构和横琴在其他区域的网络资源作用，组建外地珠海横琴企业服务机构，实行政府服务前移，支持本地总部企业拓展外地横琴新区市场、延伸发展腹地。鼓励有条件的总部企业在国内外建立生产基地、营销中心、研发机构或通过资本运作方式对异地企业进行重组改造，延伸企业价值链条，增强外部竞争力。争取国内外行业龙头企业与横琴新区优势企业联合，投资参股，加速培养和壮大总部企业。

（2）支持总部企业上市。整合扶持企业在横琴新区的政策资源，协调解决总部企业在境内外上市融资过程中的问题。引入优秀中介服务企业，改善横琴新区服务，加快总部企业及其所属优质企业的上市融资步伐。鼓励总部企业设立产业投资基金，并通过发行中长期票据、企业（公司）债券等多种方式融资。

5. 加快载体建设

（1）积极拓展用地空间。深化实施"中调"战略，加快"退二进三"步伐，在符合横琴新区规划的前提下，加速旧城区改造、工业厂房置换以及对烂尾地、烂尾楼的处置，腾出发展空间。合理控制住宅的开发规模，并在规划、土地、资金、配套设施等方面予以重点扶持，优化横琴总部经济发展空间。

（2）打造分行业的总部集聚区。以专业市场园区化升级改造为契机，加快建设商贸业总部集聚区。鼓励置换出的厂房、场地优先引入企业总部，发展工业设计、创意产业等现代服务业总部经济，实现横琴新区功能升级和形象更新。在总部集聚区周边营造高品质的文化氛围和生活环境，形成具有横琴特色的总部经济载体。

6. 改善人才环境

（1）实施人才激励政策。加大总部企业紧缺人才特别是高层次人才的引进和培养力度，建立总部人才储备库。为总部企业吸纳的高端人才、科技领军人才和行业紧缺人才在横琴生活提供居住、子女教育、医疗、税费、旅游、出入境等方面的便利优先服务。结合横琴新区相关政策，对符合规定的总部企业高级管理人员给予奖励或补贴。

（2）形成人才培养机制。充分利用横琴高等院校集中的优势，引导高校增强相关专业的研究力量和人才培养力度，为总部经济培养适用人才。鼓励总部企业与境内外优质教育和培训机构联合建立人才培训平台，提供高质量人才培训项目。

（二）横琴总部经济建设的对策建议

初步考虑，横琴新区发展总部经济的总体思路应该是，以科学发展观为指导，深入研究和正确把握总部经济发展的一般规律，立足横琴优势，围绕总部经济发展目标，以产业结构调整为重点，以产业布局、产业链建设和重点企业发展为突破，大力优化发展环境，加强城市综合服务功能建设，着力培植、引进国内外现代制造业、高新技术产业、现代服务业等类型企业的研发中心、销售中心、采购中心、营运总部或分支机构到横琴新区发展，逐步将横琴建设成为国际级总部经济集聚中心，并具有较强带动、辐射能力的区域。为了更好地推动横琴新区总部经济发展，结合横琴实际我们提出如下建议。

1. 加大宣传力度，增强发展总部经济的紧迫感

大力发展总部经济，是横琴新区挖掘发展内涵，扩大经济总量，增强城市辐射力、集聚力和吸引力的重要举措，将对横琴新区实现信息、资金、人才、服务、管理、技术等方面质的改善和量的增加发挥积极的作用。总部经济凝聚的巨大资源，有利于促进横琴新区各项事业的发展；总部经济的带动作用，有利于促进横琴新区产业结构的优化；总部经济的品牌效应，有利于增强横琴新区经济的竞争力；总部经济的国际化水平，有利于横琴新区经济与国际接轨。因此，应把发展总部经济当做横琴社会经济发展战略的重要组成部分。要通过加大宣传力度，在全区上下进一步统一思想，充分认识发展总部经济的重要性和紧迫性，增强危机感和责任感，努力将横琴新区总部经济发展推上新台阶。

2. 加强产业发展规划，大力培植优势主导产业和产业群

目前，横琴新区已经确定了重点发展七大产业板块。我们认为，当前应该集中力量优先重点发展高端服务业，通过扶持龙头企业，拉长产业链，深化产业内部的分工，完善配套项目，提高产业综合配套能力，形成全区的支柱产业和骨干企业群体，在此基础上，吸引外面相关企业总部或研发中心、销售中心、生产基地落户，逐步形成具有比较优势的产业聚集区和产业带。对于重点产业企业总部，要完善扶持政策，在规划、资金、人才、园区建设等方面给予倾斜支持。通过发展优势产业，在内可以培养出跨区域甚至跨国的大企业集团，对外可以吸引相关企业总部或分支机构来横琴落户，从而为总部经济的发展奠定坚实的基础。

3. 整合提升现有产业园区功能，搞好全区产业发展布局规划

加快主导产业发展，必须搞好横琴新区的城市产业布局规划，明确产业发展空间，建设形成分工合理、功能突出、配套完善、优势互补的产业空间布局。要进一步调整理顺高新区、经济开发区等重点园区管理体制，明确功能定位，突出园区主导产业特色，加速重点产业成片聚集。关于城市产业发展空间布局，我们提出如下建议：重点发展现代服务业，主要是现代商业、金融、保险、咨询、证券以及各类中介服务机构，特别是要打造中央商务区，以吸引地区总部进入。鼓励各类投资管理机构以及大型企业的总部、营销中心、技术研究中心、采购中心、信息中心等进驻发展。同时要重点发展高新技术产业，突出发展电子信息产业，集中放置企业管理总部、研发中心、设计中心、成果孵化中心及软件制造等建设项目。

4. 健全公共服务体系，进一步优化总部经济发展环境

针对横琴新区经济发展环境的特殊性，应建立起具有横琴特色的公共服务体系，优化总部经济发展环境，为本地企业集团的发展和吸引外部公司总部入驻创造条件。建立联席会议制度，具体负责总部经济发展的协调工作，研究解决总部经济发展中遇到的困难和问题。加强对总部企业发展的情况分析，提出促进总部经济发展的对策和建议。加强政府与企业的沟通联系。建立领导干部联系重点集团企业制度；定期举办政府与企业间的各种形式的座谈会、沙龙、论坛和俱乐部活动，由政府牵头举办各种类型的专题推介会。进一步理顺管理体制，强化服务职能，发挥好政府协调作用，以更好地为企业发展和经济建设服务。

5. 提升城市功能，为总部经济发展提供有效的环境支撑

大力发展文化产业。推进广场文化建设，打造标志性的文化广场。挖掘文化历史内涵，加快历史资源的开发利用，以加强经济与文化的互动。积极推进城市环境综合整治，不断提高城市可持续发展水平。制定科学合理的交通规划，加大新区道路建设力度，不断提高公共卫生和绿化水平。建设一批高水准的标志性景观，完善旅游指引、广场工程建设，建设"数字横琴"。大力发展电子政务、电子商务和教育信息化，构建多层面信息体系，为总部企业提供方便、快捷、全面的资讯服务，不断增强政府的服务功能。逐步实现网上咨询、网上审批和网上投诉，完善企业与政府交流、沟通的平台。进一步扩大政务公开，优化办事程序。

6. 制定综合配套政策，吸引国内外大型企业集团总部入驻

为加快横琴新区总部经济的发展，对入驻横琴的外来集团总部提供一系列完善配套的政策。对有可能把总部迁入横琴的大公司、大集团要列出单子并组织力量、遵循规律，有的放矢地做工作，直至吸引他们把总部迁至横琴。有关人员的入住落户、子女入学、住房补贴及其家属的出入境、居留等问题，应做出明确规定，给予最为优惠创新的政策支持。

（三）横琴总部经济建设的环境支撑

打造适宜横琴总部经济发展的良好环境，是横琴总部经济建设的重要内容。没有良好的总部经济发展环境，重要企业总部就不会设立在横琴。横琴总部经济环境建设应从生活环境、人文环境和营商创业环境三个方面着手打造"三优"。

1. 打造优质的生活环境

横琴应通过国际招标的方式开展综合规划，有序合理地部署城市发展、城市布局和城市运行，充分融入滨海和水系自然因素，遵循可持续原则，营造良好的城市生态环境，促进人与环境高度和谐。同时，横琴应注重城市优质化公共服务建设，建立符合国际标准、拥有比较优势的公共管理和公共服务体系，构建安居乐业、低碳环保的"生活品质之城"。

（1）街区景观。利用横琴滨海的优势，开辟海滨长堤，增设文娱广场、花木种植区、露天茶座及休憩地点；建设滨海主题公园，为市民提供休闲娱乐好去处。推行一系列的地区改善及绿化计划，美化区内环境，提升街景品质，改善景观状况。

（2）公共设施与公共交通。建设国际化、高标准的公共设施，包括：托儿所、幼儿园、小学、中学、大学等教育机构；医院、诊所、卫生站等医疗机构；商场、菜场、集贸市场等商业服务场所；影剧院、俱乐部、书店、图书馆、游泳池、体育场、青少年活动站、老年人活动室、会所等文化体育场所；银行、储蓄所、邮电局、邮政所、证券交易所等金融邮电机构；商业管理、街道办事处、居民委员会、派出所、物业管理等行政管理机构；公共厕所、变电所、消防站、垃圾站、水泵房、煤气调压站等市政公用场所。加快公共汽车、轨道交通等快速便捷的公共交通建设。

（3）社会保障。健全社会保障制度。对国内外总部经济参与社会保险进行分类管理，给予国内外总部经济人才的配偶子女参与社会保险。建设总部经济安居工程，提供一批总部经济公寓。

2. 塑造优雅的人文环境

横琴人文环境的塑造，需要尊重不同国家、种族、民族的生活方式及文化习俗，在增强本土文化发展活力的同时，引进国际文化以及国际文化机构，建设国际化语言环境、媒体环境和宗教环境。营造横琴丰富多彩的文化生活和百花齐放的文化氛围，逐步建立起多元化、环境友好型和具有国际风格、国际水准与国际影响力的国际总部经济社区，使横琴成为中国文化和国际文化的交融中心。

(1) 价值观多元化。由于横琴要打造的是"国际总部经济社区"，因此要在倡导社会主义主导价值观的同时，允许多元价值观存在。众多不同国籍、民族、文化的总部经济汇集在横琴，它们拥有不同的价值观念和文化信仰，不能用统一的标准来要求它们。在重视总部经济的基本道德素养培养的基础上，横琴的思想道德建设内容可以多元化。对于某种宗教教徒相对集中的地方，可以考虑建立相应规模的宗教活动场所，以满足教徒从事宗教活动的需要。

(2) 文明教育与科学普及。总部经济素质的提高有助于国际化总部经济社区的建设。横琴要通过广播、电影、电视、报纸、杂志、海报等各种宣传媒介，宣传文明礼貌和科学知识，提升总部经济的素养，改善总部经济的行为，使横琴成为思想开放、举止文明、具有创新活力的现代化社区。同时还要认识到，优雅的人文环境需要科学的知识作为支撑。横琴国际总部经济社区是一个科学的、民主的社区，这就要求建设现代化的图书馆、科学会堂、科技博览中心等科学场馆，加大科学知识的宣传、普及，通过耳濡目染来提高社区总部经济的科学素养和创新精神。

(3) 文化设施建设与群众文体活动。文化设施是城市文化软环境的现实载体。横琴要建设高水准的音乐厅、剧院、电影院及各种展览馆、博物馆等文化设施来开展形式多样的文化活动，为社区总部经济提供高水准的文化享受。同时要加强和港澳以及其他国家和地区的文体交流活动，定期举办群众性的文体活动。定期邀请国际高水平的文体团队来横琴演出，为社区总部经济提供高水平的文化体育大餐。

(4) 城市信息化。城市的信息化建设有助于提升城市的人文环境。横琴建设国际总部经济社区，需要通过提高互联网的入户程度、加大物联网的建设力度来加强城市的信息化建设水平。

（5）社会公益事业。建立健全社会公益事业机构，加强社会公益事业建设。倡导人人关心社会公益事业、参与社会公益事业、得益于社会公益事业的良好风尚。

3. 营造优良的营商环境和创业环境

国际总部经济社区必须拥有优良的营商环境和创业环境，为总部经济发挥作用提供良好的平台。这要求横琴在企业开设、经营、贸易活动、纳税、关闭及执行合约等方面遵循国家的法律规定和国际惯例，为总部经济提供宽松的营商和创业环境。

（1）营商环境。要给予国企、民企、外企公平公正的营商待遇。完善劳动法规，在依法保护劳动者合法权益的同时，根据国际惯例为企业妥善解决解雇困难和解雇成本高的问题。保护投资者利益，依法解决企业交易不透明和企业代理问题。创新企业融资环境，积极开展企业借贷信息的交流，切实解决企业贷款困难问题。整理企业税收环境，简化税务手续，减低税赋水平。简化企业开办手续，降低开办成本。简化执照申领手续，降低执照工本费。优化工商环境，加强商业合约执行检查，提高商业合约履行速度。

（2）创业环境。倡导创新，鼓励创业。在横琴内建设"无障碍创业"环境，设立"创业快速通道"，为总部经济创业从企业注册、场地租赁到人事关系办理等提供全程服务。建立创业服务中心，为总部经济创业提供包括技术服务、政务服务、中介服务、金融服务、关联和特色服务等创业服务。以知识产权、科技成果等无形资产创业的，实行"零资本注册"。对高层次总部经济以人力资本出资开办的高新技术企业、现代服务业企业给予按比例出资、延期出资、资本认缴等待遇。设立专项资金，对优质创业项目给予一定额度的创业启动资金扶持。

珠海市新城建设与全域城市化研究

白 雪*

一 引言

近年来，"新城"（New Towns）在我国各城市的建设过程中成为一个热议话题，北京、上海、广州等一些特大城市的总体规划布局中无一例外地都引入了新城，通过加速新城建设来推动该地区的城乡一体化进程。"新城"起源于大不列颠，是指在原有城市以外规划用来重新安置人口，设置住宅、产业、公共服务中心的空间单元，是一个相对独立的城市社区。

"全域"指的是"城市化空间"，其范围基本上是以经济城市的空间为边界。"全域城市化"也即新一轮的城市化浪潮，不仅指城市体量的扩张，更意味着城市文脉的延伸和城市生活的再造。在这种城乡结构中，要素流动得越通畅，城乡之间的经济往来活动越频繁，城市化空间越易于形成一个开放的、弹性的结构体系。

对于珠海市来说，新城建设是珠海市建设珠江出海口西岸核心城市的需要，是扩展珠港澳合作腹地，进一步促进珠海市经济社会繁荣稳定的需要，是有利于珠海、中山、江门三地交通、产业、资源等加快融合，促进三地互补合作与协调发展的需要。它是城市扩张和增长、迅速提升珠海市经济实力的基本途径；是推进珠海市城乡体制改革，创造体制新优势，实现新一轮增长的迫切要求；是推动珠海市全域城市化进程，形成区域一体化发展的客观需要；也是实现珠海市社会、经济、环境和谐发展的必要条件。

---

* 白雪，任职于北京师范大学珠海分校不动产学院。

二 相关概念简述

1. "新城"概念的内涵和外延

新城最早于20世纪初出现在英国。作为工业化和现代化发育最早的国家，英国的工业化所带动的城市化进程也为其他各国提供了参考。霍华德于1902年发表的《明天的田园城市》为新城建设提供了基本的启蒙和思考[①]。但是新城建设在英国取得大规模进展是在1946年颁布《新城法》（New Town Act）之后。英国《不列颠百科全书》对新城的定义为，新城是城市规划的一种形式，目的在于重新安排大城市人口，使大量居民迁移到大城市以外，在那里集中建设住宅、医院、工厂，以及文化、娱乐、购物等中心，组成相对独立的新社区[②]。

理解"新城"这个概念必须抓住三个要点：一是它的产业支撑。这种产业是广义的，包括生产、服务、教育、技术等。二是它的相对独立性。新城并不是简单空间范围上的"郊区化"过程，其应该是一个新的城市功能体，有足够的自我控制条件的、"独立"的新板块。三是完善的城市功能。只有健全完备的基础设施才能使新城成为具有竞争力的新产业发展空间和人口迁移地。

2. 城市化和"全域城市化"的概念与理解

城市化是指由以农业为主的传统乡村社会向以工业和服务业为主的现代城市社会逐渐转变的现象和过程，具体包括人口职业的转变、产业结构的转变、土地及地域空间的变化等。城市化的本质是经济社会结构变革的过程。

全域城市化概念有它的深刻内涵。韩增林和彭飞认为，全域城市化是指在城市化的中后期，少数经济较为发达的城市中，在自然演进、市场配置及政府推动的作用下，逐步实现所辖地域范围内城乡协调发展，优化产业与城镇布局，合理调整人口空间结构，实现区域一体化与整体竞争力的提高。宫希魁认为，全域城市化既有质的规定性，也有量的规定性。"质的规定性"就是：

---

① Wannop U, "New Towns," in Cullingworth B, eds., *British Planning* (London: the Athlone Press, 1999).

② Clapson M, *Invincible Green Suburbs*, *Brave New Towns* (Manchester: Manchester University Press, 1998).

在市行政辖区内，经过一定时段的社会发展、市场扩张、自然演进和政府推动过程，逐步实现全地域按照一般通行的城市标准、制度框架、人文理念运行。而"量的规定性"就是：全域城市化的过程是一个由量变到质变的演进过程。

综上所述，全域城市化并不是消灭农村，而是在拓展城市发展空间和扩大城市规模的同时，统筹城乡经济和社会发展，用城市化和工业化的理念去引导和促进农村经济转型升级，转变经济发展方式，提升农村经济的竞争力，尽快消除城乡"二元结构"，实现城乡一体化。

三 中外发达地区新城建设与全域城市化：经验与启示

1. 英国、中国香港、中国北京新城建设经验

英国：英国的新城建设起源于霍华德"田园城市"，其理论基础是建立一个既有方便、高效的就业与生活条件，又有农村卫生、优美的自然环境的城市，因此"新城"被称之为"城乡磁体"的新型理想城市。英国于1946年颁布了《新城法》，从1946年到1950年开始建设14座卫星城。新城建设也是适应了英国当时城市发展的需要，体现在：①探索大都市中人口和经济活动过分集中的某种出路。②新城建设起到了组织郊区无计划发展的作用。③新城作为一种"平衡社区"在人口、就业等方面可以起到某种平衡作用，以适应大城市及其区域发展需要。

中国香港：为了应对人口迅速增长对香港本岛和九龙市区带来的各种压力，中国香港从20世纪70年代就开始规划建设新城。新城在香港规划史上占有重要的位置，在香港整体发展中也扮演了积极的角色。香港的新城，是指在中心市区外围合适的地点建造的居民区、工业区以及相关的社会服务设施，以吸引新增人口的定居和旧城人口的疏散，从而缓解市区中心在住宅、交通和就业等方面日益增加的压力，避免城市的恶性膨胀。香港新城建设的主要经验：①明确功能定位。②规划较为完善的职能。③确定较高的规划建设标准。④建设快捷的交通联系。⑤统筹兼顾各阶层。

中国北京：《北京城市总体规划（2004～2020年）》确定了"两轴－两

带－多中心"城市空间结构，提出了新城发展战略。新城发展的主要目标是引导人口合理分布，成为疏解中心城人口、产业与功能的主要载体；打造首都经济发展新的增长极，成为集聚新的功能和新兴产业的重要区域；辐射和引领本地城镇化和促进区域合作，成为首都实现城乡统筹、带动区域发展的规模化城市地区；落实以人为本和节约、环保、创新理念，成为首都建设宜居城市的示范区。

2. 对珠海新城建设和全域城市化的启示

（1）注重生态宜居性。珠海新城的建设和全域城市化过程不但要注意保护生态和防治污染，更要注重城市物、事、人、境之间在时间、空间、数量、结构与秩序间关系上的高效和谐，避免人类活动强度超过环境承载能力，导致资源短缺、生态恶化等诸多"城市病"的出现，在人与自然和谐的基础上，实现城市的可持续发展。

（2）注重功能便利性。珠海市在新城建设和全域城市化过程中还应该大力关注人们的生活与创业需求，不断完善城市功能、改善城市环境。注意住房和交通规划的深入协调，以提供多样化且可负担的交通方式；提供公平且可负担的住房，并关注绿色建筑与智能建筑的结合；强调土地使用规划与经济社会发展规划的协调；注重政策协调和多元化利用相关投资；通过建设安全、便利服务的社区，提高人们的生活质量等。

（3）注重联动发展性。新城的发展建设与中心城区息息相关、密不可分。因此，珠海市应该加快促进中心城，即香洲区的优化调整，适度控制香洲区的建设规模和部分功能，除体现中心城核心职能的行政办公、文化设施、高端产业功能区以及必要的改造项目之外，限制一般性房地产、大型商业开发和其他高密度改扩建项目，把这些项目转移到新城。

（4）注重推进系统性。首先，要用先进理念、超前意识规划新城建设和全域城市化，把珠海市的新城建设和全域城市化放在一个崭新的战略高度。其次，珠海市应通过实施城市总体发展战略，推动珠海市的发展由规模扩张向质量提升转型。最后，珠海市要积极吸纳各方人才、各国资金、各种要素参与新城建设。

四 珠海市新城建设发展的特点和现状

唐家湾新城、横琴新城、港区新城、三灶新城、金湾新城、斗门新城和平沙新城是珠海现有的七个主要新城。按照这些新城形成的机制又可进一步划分为"重点项目型"新城和"历史进化型"新城。其中，唐家湾新城、横琴新城和港区新城属于前者，三灶新城、金湾新城、斗门新城和平沙新城属于后者。唐家湾新城、横琴新城和港区新城是依托城市重点项目的建设逐步发展起来的新城。三灶新城、金湾新城、斗门新城和平沙新城处于良好的自然环境中，在珠海市工业西进的良好机遇下，凭借自身良好的区位优势，吸纳外来投资及城市化进程中不断涌向主城区的农村劳动力。

从发展的状况来看，当前珠海市七个主要新城有以下特点：

唐家湾新城、港区新城和三灶新城属于发展良好型，唐家湾新城和港区新城依托重要项目的建设，发展势头良好，对全市的贡献比重加大，仍有很大的发展潜力。三灶新城工业园已逐步形成电子通信、家电、机械加工和制药等支柱行业，三灶新城需要处理好近期工业发展同远期承担全市重要职能的关系。

平沙新城、斗门新城属于需要改进型，这两个新城发展相对独立，在发展中存在恶性竞争，工业园区的配套严重不足，需要从整体发展的角度来确定发展方向和制定相应措施。

横琴新城属于高速发展型，随着时代的发展和政策的改变，在新的机遇条件下横琴新城的经济规模不断壮大，基础设施也不断得到完善。十字门中央商务区、长隆国际海洋度假村、澳门大学等项目都已在建或者确定落户横琴，横琴新城的商业服务业、休闲旅游业、高新技术产业、科教研发以及会展业将齐头并进，一同促进横琴新城的发展。

五 珠海市城市空间重构和全域城市化面临的主要形势

1. 珠海市新城建设和全域城市化的时代背景

（1）珠海市的城市化发展的空间差异。从工业发展看，东西部的差距正在缩小。但从城市化水平看，东西部的巨大差距没有缩小的迹象。因此我们认为，为解决珠海市东西部发展的严重不均衡，实现更高层次、更高质量的发展，必须推进西部地区的城市化进程，迅速启动西部新城的建设。

（2）珠海市建设珠江三角洲西岸区域性中心城市的愿望。目前，珠海市的总体战略定位为珠江三角洲西岸区域性中心城市。珠海市委市政府明确提出珠海的城市定位：区域性商贸、服务和金融中心，区域性海陆交通枢纽，珠江三角洲西部临海产业基地，亚热带海滨风景旅游胜地。今后几年将着力提升东部城区城市品质，快速提升西部地区经济规模。

（3）珠海市城市空间体系的构建需求。未来几年，珠海市要构建的城市空间体系，即由一个主城区（中心城区及南湾城区）、两个地区中心（斗门城区、金湾城区）、三个新城（临港新城、唐家湾新城、横琴新城）、五个中心镇（红旗、平沙、斗门、白蕉、莲洲）及 40 个左右中心村等组成。

2. 珠海市新城建设和全域城市化的重要性和紧迫性

（1）有利于更好地实施"工业西进"，助推园区经济的跨越式发展。除了唐家湾新城和横琴新城之外，大部分新城都集中在西部地区。这些地区是发展大型装备制造业、重化工产业和航空产业的重点区域，现已形成了电子电器、生物制药、精细化工、装备制造等产业。做大做强这些产业，需要进一步整合金湾与斗门两区的有效资源，需要金融、科技、信息、文化、会展、专业服务等各类配套设施完备的高端现代服务业的集聚，这些功能需要具备一定规模的城市才能够提供。

（2）有利于珠海市更好地拉开城市发展框架，拓展发展空间。目前珠海市中心城区用地日益紧张，需要进一步拓展发展空间。横琴岛和西部地区面积广阔，但人口却不及全市的 1/2。现存的镇组团和工业园区的规模普遍较小，布局比较分散，很难达到高标准配备的要求，比如包括教育、文化、体育、卫生、商业等公共设施的规模。因此，建设新城有利于西部地区与东部主城区共同形成城市发展的"双引擎"，向"空间"要效益，迅速拉开珠海市城市框架，形成和拓展新的发展空间。

（3）有利于珠海市更好地构筑"区域中心城市"，带动珠江西岸经济腾飞。在 2003 年 5 月获国务院批准的《珠海市城市总体规划（2001～2020）》

中，将珠海定位为珠江出海口西岸区域性中心城市。"区域中心城市"对珠海来说是期望、是要求，更是鞭策。

基于以上因素，我们认为，珠海市新城建设和全域城市化的实质性开发阶段已刻不容缓。

六 珠海市全域城市化过程中各新城的发展方向和发展战略

1. 总体发展战略

（1）产业突围战略。产业的依托是新城建设最重要的载体，没有相适应的产业发展，新城必将成为遗憾。因此，作为新城来说，我们把产业的突围放在最重要的战略高度。对于珠海市来说，我们建议将"提升一产二产、集聚做强三产、突出发展高端服务业"确定为未来珠海新城的产业结构发展方向。珠海市各新城在建设过程中，应大力开展招商引资工作，着力吸引国际、国内大型企业落户。这些重大企业的落户，必将加快转变整个新城的产业发展方式，优化产业结构，同时也吸纳国内外四方人才汇聚于此。人口的快速增长，可以极大地推进珠海市新城建设和全域城市化的进程，提升城市建设水平，营造国际级生活环境。

（2）有机空间战略。珠海将把东部沿海城市带（原来的中心城区）打造成为珠三角西岸区域交通枢纽、生产服务中心、中央商务中心、海滨休闲之都。在西部地区（金湾区、斗门）建设"中部沿江""西部沿海"两条城市带。基于此，我们建议珠海市新城的空间布局战略应构建以"一核、六园"为核心，产业集群为亮点的产业有机空间布局。其中"一核"为横琴新区，唐家湾新城、港区新城、平沙新城、三灶新城、金湾新城、斗门新城为六个特殊产业园区（见图1）。核心区以高端服务业为重点，突出发展以总部经济、特色金融、商务会展、娱乐休闲为主导的高端服务业。把核心区打造成为立足横琴新区、面向珠三角、辐射全国的区域商务中心与区域休闲娱乐中心。"六园"即把周边的六个新城打造成六个不同功能的产业园区，形成各自的产业集群，围绕核心区形成空间联动和产业互补。

（3）交通引导战略。"一桥两轨"的建设为珠海新一轮发展提供了历史机

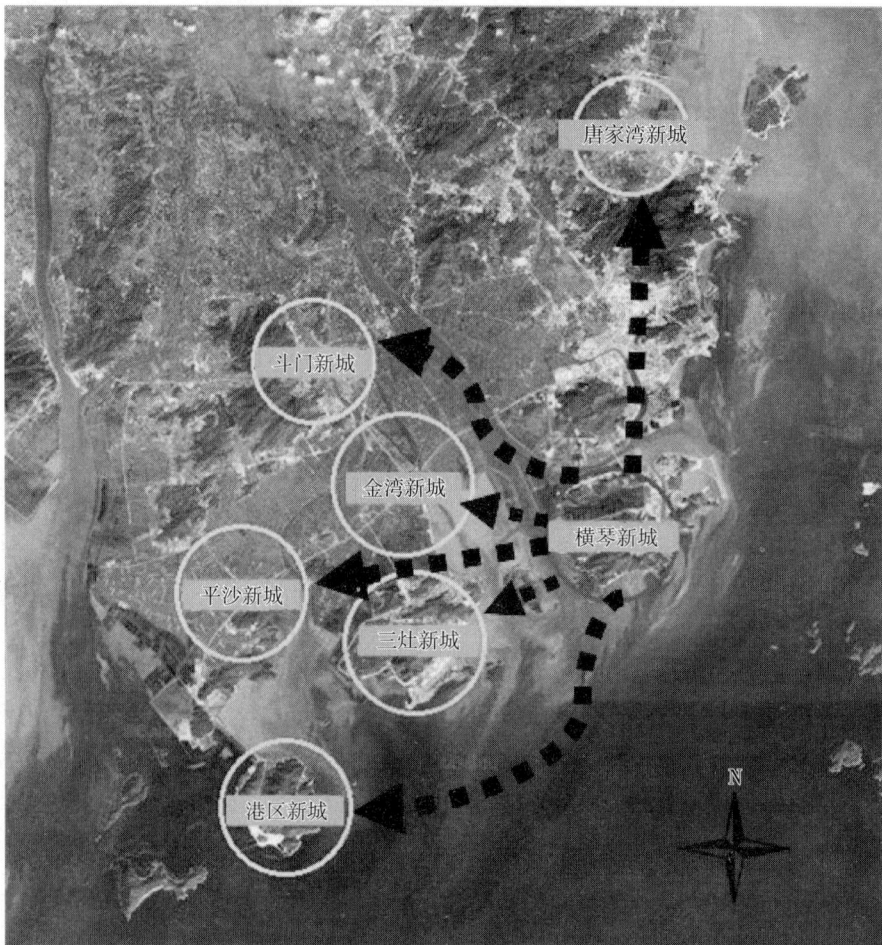

图1 珠海市新城的产业有机空间布局

遇，要实现规划建设的目标，加大重点枢纽交通建设也是保障。沿海以区域性设施联系为主，内部以东西向组团联系为主，对外以南北向联系为主，轨道交通系统由连接珠三角城际快轨和广珠铁路形成的网络与主要客运枢纽构成。珠海市新城与核心区之间交通网络的构建，应首先坚持新建与改造并举，加强珠海城市内部以及与外部通道的建设，扩展整体的路网规模；其次，强化珠海市区范围内各种运输方式间的有效衔接，推进综合运输体系建设，提升系统保障功能，提高运输能力和整体效益；最后，打造便捷交通、安全交通、绿色交通、智能交通、和谐交通，打造形成轨道交通、公路交通、民航、水运紧密衔接便捷高效的现代化综合交通运输网络。

（4）城乡统筹战略。实现城乡统筹战略，实施"一元化户籍管理"。珠海市有很多的外来务工人员，而且大部分新城都是处于城郊结合地带或者原乡村地区。应该积极稳妥地解决珠海市城镇农民工的户籍问题，让他们对所处的城镇和新区有归属感和安居感。因此，在新城建设和全域城市化推进过程中，取消农业和非农业户口性质划分，放低珠海市尤其是新城的进入门槛，使人力资源在原核心区、新城、乡村间自由流动，促进人力资源要素的合理配置。

（5）低碳环保战略。最近国家编制的城市主体功能分区就是根据城市的人口、经济、开发程度和资源环境承载力进行主体功能区划分的，将城市开发布局在最合适的区域，在不适宜城镇发展的区域制定限制和禁止开发政策①。因此，珠海市的新区建设开发模式首先必须保持资源的可持续和有序经营，不允许出现急于求成、急功近利的非理性经济行为，对于各类资源不能过度挖掘和掠夺式利用。

2. 各新城发展的发展方向和战略定位

（1）横琴新城（区）。首先，横琴新城（见图2）应被打造成为泛珠三角区域经济合作的实体平台，建设成为珠海市具有国际性影响的旅游度假休闲胜地和生态环境优美的现代化海滨新城；应为近期重点控制引资地区，积极参与泛珠三角区域合作，全力支持横琴经济合作开发区的建设，重点建设横琴会展中心、横琴旅游区。其次，应将国家"十二五"规划提出的"支持澳门建设世界旅游中心"的战略目标，与国务院提出的横琴岛实行"一线放开、二线管好"的新模式有机结合起来，按"共建、共治、共享"的原则打造"澳门－横琴"一体化的"世界旅游休闲中心"，这样就为澳门的经济结构单一提供了新的空间。再次，应将横琴新城打造成世界旅游休闲产业链和聚集区。横琴新城应以建设中的长隆国际海洋度假区为基础，大力发展海洋乐园、水乐园、动物乐园、表演娱乐园、生态乐园等多元化主题乐园。同时，可以配合澳

---

① 张振龙、于淼：《国外城市限制政策的模式及其对城市发展的影响》，《现代城市研究》2010年第1期。

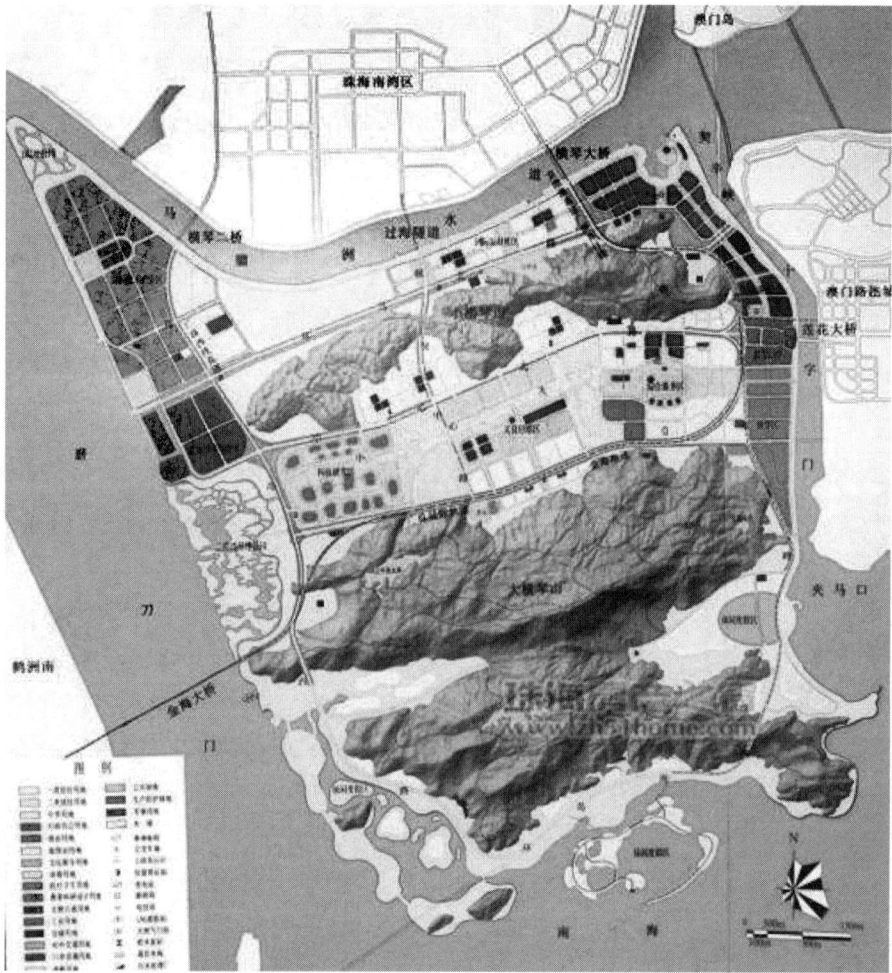

图 2　横琴新城

门休闲旅游业的发展在横琴新城健全休闲产业链和产业群〔博－住－食－行－乐－休（休闲）产业链和产业群〕：高端博彩产业－博彩业－酒店住宿业－中西融合饮食业－娱乐业（文化艺术演出娱乐业）－商贸业－商务会议会展业－主题公园休闲度假业－旅游休闲中介业－高端旅游休闲业（主要是旅游休闲创意创新业、教育培训业等）。最后，横琴新城对于现阶段我国新一轮改革开放的最重大意义在于完成体制改革的试验。横琴新区是国务院批准设立的第三个国家新区，也是经济特区的首次扩充。在这个层面上，横琴新城在政治体制创新上的实验意义，可能远远大过其蕴藏的经济价值。

（2）唐家湾新城。目前，唐家湾新城作为珠江三角洲地区重要的功能节点和滨海生活中心，已经具备了建设适合创业、居住，具有最佳生态环境的滨海新城的条件和潜力。唐家湾新城在珠海北区具有重要的战略地位，是珠海市拓展城市空间、提高城市核心竞争力的重要载体，必将成为高品位的新城区。因此，唐家湾新城要用更高的立场、更宽的视野、更新的理念、更坚定的思路整合自然和社会禀赋，并依靠政府资源力量，触发经济活力，创造崭新的城市形象，以高新产业为基础，以泛旅游业为主导，把唐家湾建设成为具有鲜明功能特色和国际吸引力的生态休闲海滨新城（见图3）。

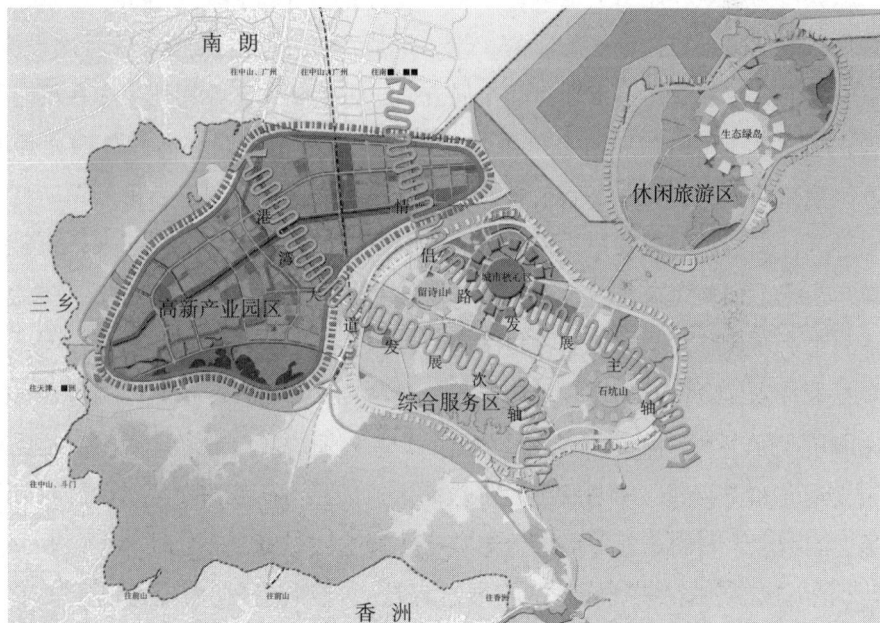

图3 唐家湾新城总体功能分区

首先，唐家湾新城的建设应以产业发展和商贸区建设为核心和龙头，以产业发展带动形成空间上的集聚效应，充分发挥重大项目的正外部效应，尽快形成产业集群和规模经济。发展各类产业园区建设，结合大学园区的科研潜力，成为珠海市的高科技基地。其次，唐家湾应以申报全国历史文化名镇为契机，探索保护历史文物与发展文化产业、促进经济文化和谐发展的新路子。将该新城建成以生态、创新、文化为特征的宜居基地，高新技术产业基地，文化产业基地，高等教育基地，企业总部基地及区域性流通、会展、旅游休闲基地。最后，淇澳岛的开发建设也迎来新的发展机遇。淇澳岛拥有广东沿海地区集中面积最大的天然红树林，拥有白石街、苏兆征故居等历史文化遗迹，集山石、海湾、沙滩、湿地等自然生态与人文资源为一体。在这次唐家湾新城的开发建设中，应引进国际性、专业性大公司，加快淇澳岛开发建设进程。

（3）港区新城。港区新城是国家沿海主枢纽港、大型化工业基地，分布着临海产业生产线，承担以海洋运输为主的大型储运、化工等临海产业职能。港区新城作为重点控制引资地区，近期应重点搞好工业园区、生活区的建设，大力加强重化工项目在港区新城的积聚，形成产业集群，完善市政基础设施，加强码头的新建和改建。至于空间布局方面，重型化工工业用地集中在填海区布置；加工工业用地在现南水镇西北部布置；油气储运区在高栏岛西南侧布置。以集装箱码头为先导，其他专业码头与工业发展配套跟进，重点发展高栏深水港区，重视岛屿码头建设，岛屿深水岸线与陆地浅水岸结合起来，完善陆岛转运系统，加快培育港航产业，提升珠海港辐射能力，建立临港工业园区，使珠海工业布局趋向临海型、临空型发展。

在港口发展定位上，注意"差异化发展战略"的选择，避免分散和内耗。从珠海市实际出发，借鉴深圳港，突出世界港口发展新趋势，珠海港应建成集装箱支线港和工业港，使之成为大多数海港开发区建设的重点，电力、石化、冶金、制造业、材料产业等应成为港口工业的支柱。

（4）三灶新城。三灶新城的发展过程较为特殊，最初的发展设想属于依托重点项目型，依托机场带动三灶的发展，但是由于历史机遇和机场本身建设的原因，机场的建设没有形成良好的经济效益和产业带动作用，三灶镇不得不发展一般类工业项目，目前三灶新城工业园已逐步形成电子通信、家电、机械加工和制药等支柱行业。目前，三灶新城要坚持以"特色制造、大空港"为主要职能，主要发展空港运输、飞机制造等空港产业，成为区域性的专业功能区之一。

就三灶新城的用地空间分布（见图4）而言，东部为居住和教育发展用地；中部和西部安排工业用地；南部为海滨旅游用地。对原三灶镇镇区的改造，形成为生产区配套的生活服务中心之一；珠海机场周围主要布置空港产业。三灶新城已开发出来的 2.66 平方千米土地早已满足不了工业项目的需要，珠海市近期新设立的西部五大工业园以及实施的"城市西进"和"工业重点西移"战略给三灶新城的大发展带来了极大的鼓舞。家电、生物制药、电子和汽车配件等产业是三灶新城未来产业的发展方向。

图 4　三灶新城工业分布

（5）金湾航空新城。2012 年年初，金湾航空新城建设全面启动。随后，《金湾航空新城开发建设总体方案》出台，为金湾航空新城建设明确目标任务并列出时间表。根据该方案，金湾航空新城建设的近期目标（2011 - 2015 年）：启动行政文化中心建设，建立体现现代商贸中心特色、融现代建筑为一体、服务设施较为齐全的初级行政商务区；中期目标（2015 - 2020 年）：航空新城核心区与十字门商务区形成优势互补、错位发展的集商贸、金融、旅游、文体、高档住宅为一体的现代化服务功能完善的高品质生活区和区域性标志性建筑群；远期目标（2020 - 2030 年）：把航空新城打造成总部经济基地、外向型经济服务基地、重要的研发基地，使其成为珠海西部最具活力的高端商务经济集聚区，并成为西部中心城区中央商务区。

　　总之，金湾航空新城的基本定位应为航空产业的服务配套区、现代化服务业的集聚区、企业总部机构的汇集地、服务西部的高端商务中心。金湾航空新城的总体建设目标应为建立起在国内外航空领域具有一定竞争力、能够自我生存并发展、产学研一体的航空产业基地（见图5）。

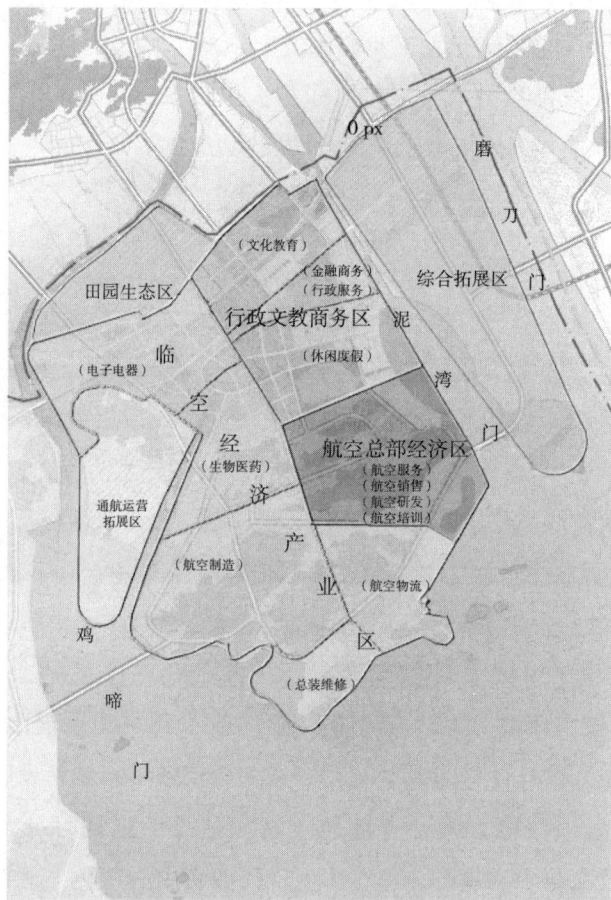

图5　金湾航空新城产业发展布局图

　　（6）斗门新城。"工业西进，城市西拓"的战略决策，为斗门新城的工业发展带来了前所未有的发展机遇。斗门新城应结合社会主义新农村建设的政策，积极鼓励推动市场引导的镇工业区发展，为这些地区提供工业就业岗位。同时，斗门新城辖区内的各镇也应根据各自的特点和优势在打造文化产业方面有所侧重。斗门镇应以历史、宗教文化为依托，打造"历史文化名镇"；乾务镇应充分利用"广东省民间艺术之乡"的招牌，进一步丰富旅游文化内容；

白蕉镇应积极弘扬沙田水乡文化，加快推进灯笼沙水乡游项目等。如今，斗门新城划定了未来本土文化产业的格局，辖区内五个镇实现差异化发展，最终实现"镇镇有主打，镇镇有特色"的目标。在发展工业和文化产业的同时，斗门新城还提出了发展生态农业、保护生态环境的口号。斗门新城应按城市居住区的标准配套建设公共服务设施，形成配套完整的生活服务中心；另外，作为农业人口聚居地，为周边农业地区提供生产生活服务；同时结合河流、山体、农田等自然界限，在城市组团间结合基本农田的布局，尽量留有足够的生态绿地，保持良好的新城生态环境。

（7）平沙新城。平沙镇拥有港中旅海洋温泉旅游城、亚马逊部落等旅游景点。新城内的海泉湾是亚洲最大的温泉度假胜地。此外，周边15千米范围还有金湾高尔夫球场、飞沙滩、荷包岛、金海滩等休闲娱乐的好去处，是海洋、海岛、温泉、沙滩、森林等生态和旅游资源集中的良好居住地。平沙新城经过几年的发展，已经逐渐形成精细化工、装备制造、游艇等产业格局。平沙新城建设指挥部在2012年3月挂牌，正式进入筹备规划阶段，意在利用游艇、温泉等得天独厚的条件，打造一座滨海休闲度假式的，集居住、商务和度假于一体的平沙新城。

平沙新城是珠海规划的重要城镇组团之一，也是未来珠海城市建设的主战场。目前平沙新城正在紧锣密鼓地开展用地调整、总体规划和控制性详细规划编制、融资等相关筹备工作。平沙新城应将加大投入，抓好平沙新城道路、供电、供水、供气、通信、排水、排污等市政基础配套设施项目等工作作为当前重点。平沙新城应将着力推进爱琴海皇家花园酒店早日投入运营，推进南国酒店、福格酒店、西海岸爱布菲尔星级酒店的建设，同时应以美平广场为中心，发展商业、饮食、休闲购物、文化娱乐等服务业。平沙新城将被建成富有滨海、滨江特色和欧陆风情的海港小城，这必将使平沙新城成为珠海城市格局中的重要城市功能组团。

七　珠海市新城建设及全域城市化的政策建议

1. 夯实基础，增强新城经济社会生态承载功能
建设新城的最初目的就是吸纳从中心城区疏解出来的人口，因此增强新城

的经济社会生态承载功能是其首要任务。新城的建设开发模式必须充分依托城市新区既定的资源存量以及由老城向新城扩散和转移的资源增量，包括土地资源、人口资源、自然资源、产业资源等，这些资源也决定着新城的整体经济社会生态承载功能。

珠海市各新城建设应该遵循居住多样化、居民能负担得起、打造良好生态环境、建立充足服务设施、丰富社区文化生活、创造便捷交通条件等原则来提升新城的吸引力，不断提高新城居住和创业环境的水平和质量，使新城不仅对周围乡镇的居民形成吸引力，而且吸引更多中心城区的居民。在开发新城的过程中应严格遵守国家和地方有关环境保护的法律法规，增强环境保护意识，做好施工期的环境保护工作。在制订施工组织计划时，应对可能出现的扬尘、噪声、水污染、固体废弃物污染等环境问题制定相应的预防和治理措施。在施工过程中，要明确现场组织机构中各类人员的环境责任，项目经理要对此进行经常性的监督检查，真正做到对环境问题及时发现、及时解决，尽可能把项目建设对新城环境的影响程度降到最低。

2. 规范引导，加强与老城区的合作与依存

对于珠海市来说，需要特别指出的是，新城建设开发模式必须建立在新城外向发展和合作发展的基础之上，即新城建设开发既不能完全割舍老城区，不重视甚至忽略相关产业或者城市功能，亦不能仅仅从新城自身的功能定位、布局定位、发展定位进行思考。从城市合作经营的角度出发，新城建设开发模式必须保证珠海市各新城与珠海市老城区具有良好的互补和依存关系，同时还需要将新城放置于珠三角城市群、华南区域大的经济板块中进行全面考虑，即珠海市各新城建设开发模式必须和与珠海市新城比邻、接壤和依存的珠三角城市群在布局定位、功能属性、产业遴选、空间规划等方面均能够较好地吻合，尤其是与其接壤的中山市和江门市等。在此基础上，推动珠海市新城建设开发融入特定的共存共荣的城市群和利益网中，通过不同城市和区域的差异化分工和功能分解定位，突出新城建设开发的特色内涵与元素，确定新城的经济生态定位，为其参与珠三角都市圈的合作竞争创造便利条件。在此基础上，发挥珠海市各新城内产业资源、自然资源、品牌政策或政策资源的辐射与带动功能，对内促进新城若干资源的整合，对外拓展市场空间与交流合作，最终实现新城与珠三角城市圈或城市群的联动发展。

3. 加强宣传，突出新城形象和主题

无论是为了彰显珠海市各新城的形象和品牌特色，还是为了应对同城竞争而必须获取的错位竞争优势，新城建设都应该加强宣传、突出主题。可以对各个新城的建设和发展冠以不同的主题，具体而言，如主题为"和谐新城"，即在新城开发建设过程中，全面贯彻落实科学发展观，正确处理新城建设开发的规模、结构、质量与效益等关系，按照可持续发展的原则，对于新城进行高起点规划、高标准建设、高水平管理，培育出宜人的居住环境、良好的生态环境、优越的产业环境、稳定的社会环境等；又或者可以为"创新新城"，即在新城建设开发过程中，通过技术创新、组织创新、产业创新、政策创新等一系列创新举措，特别是创新城市新区的建设思路与开发模式，推动新城的自主创新，使体制机制创新和科技创新逐步成为支撑和引领新城建设开发的重要力量，带动创新型新城的发展；还可以为"创业新城"，即在新城建设开发过程中，通过培育创业环境、加强创业培训、鼓励创业活动开展、吸引创业型企业入驻，大力发展新城的创业经济，以创业拉动就业，以创业经济推动新城的建设开发。

4. 合理规划，建构高速无缝链接的交通体系

便捷的道路交通组织和完善的区域交通网络对于满足珠海市各新城与中心城区的社会经济交流是必不可少的。大容量快速轨道交通服务是既环保又高效的公共运输工具，是新城建设和运营不可或缺的支撑条件，也是提高新城吸引力的重要影响因子。流动的城市才具有活力，而便捷的交通组织是实现人口顺利流动的最基本保障，是全面有效地优化大都市区域的人口和产业布局的重要手段。加快信息化建设，完善综合交通运输体系；要跳出传统客、货场站的建设运营模式，逐渐向信息化、系统化、网络化方向发展；应用现代信息化技术，建设技术先进、管理科学的运输枢纽，实现节约、高效、安全、有序的综合交通运输体系；充分结合城市空间布局，充分发挥机场、港口、铁路、高速公路等大型基础设施的作用，建成集疏运网络畅通的基础设施支撑体系。

珠海市新城的综合交通系统应建立以公共交通为主体、以轨道交通为骨干、融个体交通为一体的综合客运体系，一是结合珠海主城区（香洲区）的交通发展规划，加快主城区的公交站场新建、改建，改善公交站场不足的状

况；二是结合广珠轻轨等轨道交通、公路运输枢纽站的建设，配套完善公交站场，调整公交线路；三是结合社会主义新农村交通的建设，建设和完善珠海市各区、镇、村公交站场和候车亭；四是建设全方位的智能化公共交通管理体系，建立珠海市城乡一体化公交系统。

5. 产城联动，提高新城土地集约利用绩效

在宏观战略层面上，必须依据科学发展观念和理性发展原则，对城市扩张和新城建设加以合理的引导，塑造各具特色、互为依托的城市空间；在中观规划层面上，促进各类、各级规划之间的协调和配合，以加强现有规划体系的整体功能，充分发挥中、长期规划对城市扩展和新城建设的引导作用；在微观措施层面上，通过"内部挖掘、边缘控制、外部疏导"三种途径，综合运用不同类型的政策工具加以引导。总之，应该实现"产城联动"，根据新城中产业发展以及为产业相配套的社会发展的需要来决定土地的规划和开发，提高新城土地集约节约利用绩效。坚持"工业向园区集中、土地向规模经营集中"的原则，引导土地供应向技术密集型、新能源等新兴产业集中的趋势。

6. 创新业态，利用市场联动效应加快产业功能完善

在新城建设过程中要树立产业支撑的思想，必须突出其产业功能，注重特色产业支撑，并兼顾新城综合功能的培育。新城产业需立足现有资源优势、区位条件和发展基础，在分析宏观环境与中心城区的关系及新城自身的产业发展实际的基础上，以主导产业和龙头企业为支撑，定位于努力培育特色产业，把优质资源配置到这些产业，提高产业效率，增强产业竞争力，以特色产业构筑特色新城。

珠海市的大部分新城具有发展空间广阔的优势，拥有能承担起疏解核心区与拓展区发展空间限制功能的产业，如高新产业、传统服务业与高端服务业等。除此之外，还可以承载珠海城市发展未来新增的功能。同时，珠海市新城的产业发展在具备强大的主导支撑产业的同时，需要专业化与多元化相结合，积极培育和发展群落化、多元化、配套协作的产业集群，形成产业链接，放大投资乘数效应，增强空间聚合及产业黏性。各新城的产业集群应该树立优势互补、错位共享的发展思路，建立协调机制，形成新城之间主导产业的分工及协调型竞争优势，形成区域特色突出、功能定位明确的产业聚集区，吸引人口、资金、资源等要素的流入，提高珠海市新城的整体竞争能力。

7. 完善设施，建成社会经济协调发展的宜居地

首先，对于珠海市各新城来说，如果没有相应的餐饮、娱乐、休闲的场所，没有完善的生活配套设施，就会在一定程度上影响新城吸引人才的能力，也影响新城内各行业从业人员工作热情的发挥，只有做好新城内园区基础配套、生活配套，才能有健康可持续的产业发展。其次，要努力提升新城公共设施的能级，只有完善新城医疗、教育、文化设施配置，加强其特色和能级建设，才能提升新城的辐射力、吸引力和竞争力。最后，新城的基础设施和生活设施应当遵循适度先行的原则进行建设，同时注重各项服务设施的配套建设，以确保新城的居民能享受和大城市一样甚至更优越的公共服务。

承认和强调人的价值、尊严与自由，以人或人性及其范围、利益作为建设的核心、尺度和最高目标，是城市建设的"人本主义"。简言之，珠海市新城规划最首要的目的就是满足人们生活的需要。所以，应当深刻领会人本主义的城市规划思想，注重设计的人性化，从自然和社会两方面去创造一种能充分融合技术和自然的人类活动的最佳环境，诱发人的创造精神和生产力，提供高质量的物质和文化生活水平，适应新城高起点功能定位的需要。

8. 有序推进，形成城市新老城区双赢互动

新城建设作为珠海市实现全域城市化及缓解大城市问题的重要空间载体，应该能够通过有序推进实现城市新老城区的双赢互动。通过对国外以及国内其他城市新城建设的研究得出以下结论，在工业（产业功能）-居住（生活功能）-商业（服务功能）的综合型新城发展路径模式下，应突出两方面功能的培育：新城在承接主城产业转移的同时，应当为发展新的产业提供空间储备；在新城建设新的城市中心区，加强主城中心区位的有效供给，以承接主城中心区功能的转移，在统筹规划、实施进程、利益协调和资源配置等方面发挥积极作用。

在高标准高起点规划建设新城的同时，还应当注重对旧城进行合理的保护和改造，尊重历史文化遗产。尤其是对于历史文化名镇（如唐家湾新城）等，更应注重自然环境和人文环境的保护，拓展新思路、运用新技术，提升旧城的品质和活力，做到平衡协调新城与旧城的关系，积极稳妥地推进新老城区的双赢互动，适应经济社会发展需要。

9. 突破障碍，聚焦新城建设政策倾斜力度和法律保障

首先，应制定农民工的生活保障政策、产业政策，取消限制人口流动的户籍制度等，为新城建设提供充足的人员和就业岗位；制定优惠的财政政策、税收政策，为新城的建设提供经济支持。珠海市应成立直接负责的机构来组织和领导新城建设，聚集各方面专家成立研究机构对建设中的问题进行研究、指导决策，还应该给予参与新城建设的团体或私人以一定的优惠政策。其次，在基础设施建设上，可以建立多元投入机制，把基础设施建设引向市场。再次，以建立高效管理模式为着眼点，尽快建立最高层次的决策协调机构。珠海市应建立一个能够强有力地处理辖区事务和协调各方关系的有权威的新型组织机构，建立一个高效、精干的公司型、服务型新城区政府，为城市开发提供良好的政府服务和安全稳定的社会经济环境。最后，加强开发模式的创新研究，以政策、制度创新的大胆实践引领新城建设。

10. 扩展空间，实现全域城市化统筹与展望

作为珠江出海口西岸的重要门户，珠海市已成为珠江三角洲地区新一轮建设开发的热点地区，但由于发展过度向原有中心城区（香洲区）集中，没有形成与经济社会发展相适应的市域城市群，导致在城市综合竞争力、产业结构等领域面临着严峻的新挑战。因此，从城市功能统筹考虑，必须把中心城区（香洲区）原有的第二产业向郊区和农村转移，而不断发展起来的新城也恰恰需要承载这样的功能。而在形成了城乡统筹发展的格局之下，珠海市已经初步形成了通观全局的现代产业体系，多年的结构调整也已经积蓄下了一定的经济能量。

根据珠海市主体功能区规划，按照国土空间开发强度和承载力，明确城市与工业优化发展区域、重点发展区域、限制开发区域和禁止开发区域的空间范围和功能定位。从区域内来看，空间支撑的扩大不仅能够提升珠海市主城区的产业承载能力和人口承载能力，为中心城区开辟新的发展空间，同时还可以激发珠海市新城组团的发展活力。随着珠海市城市核心区域辐射功能的不断增强，全域城市化战略的实施将激活中小城镇的发展潜力，通过主城区和新城区将珠海市与周边城市的发展联结起来，更有利于珠海市向珠江出海口西岸核心城市格局的转变，可以更好地发挥珠海市在珠江西岸开发开放中的战略地位。

率先转型升级，建设幸福香洲对策研究

香洲区社科联课题组*

　　世界多极化、经济全球化深入发展，社会多元化趋势前所未有，世界经济政治格局出现新变化，全球思想文化交流、交融、交锋呈现新特点，综合国力竞争和各种力量较量更趋激烈，不稳定不确定因素增多，这充分考验执政党的执政能力和执政智慧，增加了中国共产党在机遇和挑战并存的发展阶段掌控全局的难度，需要我党在社会转型时期不断增强执政能力，与时俱进，推进转型升级，加快国民经济与社会发展。到 2020 年，珠海要实现"人均首位、生态一流、文化繁荣、法治优良、社会公平"的发展目标，开局的头五年是关键性的五年。如何紧扣科学发展这个主题，紧抓加快转变经济发展方式这条主线，不断提高发展的全面性、协调性、可持续性，加快建设珠江出海口西岸核心城市，极大考验转型升级的良性发展和有益探索，这将关系到执政党引领和促进珠海幸福城市建设的成败。作为珠海市主城区的香洲区，如何在复杂的国内外形势下，实现珠海市战略目标和城市地位，引领"科学发展示范市、生态文明新特区"的珠江出海口西岸核心城市的城区建设，是一个严峻的任务和挑战。这将需要考验香洲区的执政能力、执政水平和执政素养，同时也是考验其转型升级的成果、检验其区经济社会科学发展的试金石：综合、全面地考察香洲区党的建设，是否拥有科学执政、民主执政、依法执政能力，是否着力提高党总揽全局、协调各方能力和水平，建设高素质干部队伍，凝聚各方面人才和力量，充分发挥党委领导核心作用、基层党组织战斗堡垒作用和社会成员

　　* 课题主持人：温育辉，珠海市香洲区社科联主席、香洲区委宣传部副部长；课题组成员：范时杰、翟月、王健、金鑫、贺志峰、黄雅赟，所在单位：北京师范大学珠海分校。

的首创作用。能否转型升级，决定了香洲区能否在创建"幸福香洲"建设中奏响凯歌。这就意味着，在创建"幸福香洲"的关节点上，香洲区必须要以经济建设、社会建设为核心与重点，不断转型升级，提升在关键时刻和重要环节上的控制力，体现先进性，不断推进经济社会进步，实现政府改革创新，使香洲区在争创"幸福香洲"的进程中，注入一颗永葆青春、活力四射的红心。

这是全面建设小康社会的关键时期，也是深化改革开放、加快转变经济发展方式的攻坚时期。工业化、信息化、城镇化、市场化、国际化深入发展，人均国民收入稳步增加，经济结构转型加快，市场需求潜力巨大，资金供给充裕，科技和教育整体水平提升，劳动力素质改善，基础设施日益完善，体制活力显著增强，政府宏观调控和应对复杂局面的能力明显提高，社会保障体系逐步健全，社会大局保持稳定，我们完全有条件推动经济社会发展和综合国力再上新台阶。然而，国内以政府固定资产投资为主导的经济增长方式仍然没有改变，社会及居民购买力还没有完全释放，内需拉动效应不明显；产业结构转型与升级尚未寻找到合适的结点和抓手；社会、公民力量和社会组织力量相对薄弱，公民社会理念尚待培育；公民对公共服务和产品的需求在不断提升，对政府公共管理的要求和定位正逐渐改变。这双重因素更加要求我们必须深刻认识国民经济与社会发展的内外部条件，积极转型升级，打通新的发展通道。

一 幸福内涵和面临形势

幸福是一个比较的概念和相对的符号，GDP 数字的增长不代表经济发展，收入增加也不意味着幸福的增加，在沙哈尔看来，他需要一种方法，幸福更多的是成长，是一种习惯。执政党必须有一份紧迫感与责任感，使阶段性和长期性的幸福不断地螺旋上升。打造幸福城市，提升居民幸福感，构建安定祥和的社会系统，是实践科学发展观的阶段任务，也是其长期目标，更是党和政府的性质和宗旨所在。充分发挥各级党委政府的主动性、积极性和先进性，通过转型升级打造幸福城市，建设珠海美好家园的具体实践，更进一步强化了我们的认识，即要以人为本，立足民生显著改善，让社会发展环境更加宽松，让人民群众感受到切切实实的幸福。我们党历来走群众路线，坚持群众工作的方法，勇创先进来提升执政能力、攻坚克难，其实质就是解放思想、与时俱进，根基就是不断转型升级。转型升级是保持党的本质的长期工作，建设幸福城市体现了党改革创新的精神。转型升级推动幸福城市建设更是一篇宏大文章。

幸福是一个多元理念，是一个动态认知，在常识思维中被视为一种心理评价和主观感受，是不断平衡中的价值判断，既涵盖个体幸福，又囊括社会整体福利的改进。在构建和谐社会、践行科学发展观的进程中，我们在不断地反思，为何经济高速发展，社会矛盾和张力却不断凸显？这即是拷问我们的发展模式和发展目的。实践证明，通过转型升级，建设幸福城市，实现公众福利的帕累托最优，达到社会幸福的最大化，让人民生活得更加幸福、更自由、更有尊严，践行包容性增长已经成为社会共识。

当然我们也要承认，幸福还是一个客观现实的存在。把蛋糕做大，创造更多的社会财富，是构建幸福城市的物质基础和发展平台。经济发展水平、层次和结构，是保障幸福城市建设的客观要件。马斯洛的需求层次理论证明，物质需求是最基础的需求，物质条件的优劣在很大程度上影响社会与人的幸福体验。客观物质的体验，是伴随着社会环境、大众教育和发展水平的影响而变化的，存在曲线波动。幸福城市是对一个区域综合发展的阶段目标和终极追求，是经济社会发展的最高要求。满足人民日益增长的物质文化需要、以人为本、追求和谐是幸福城市的最本质内涵。执政党领导下的政府要转变执政理念，转型升级，把握时代脉搏，增强科学执政、民主执政和依法执政的能力，积极履行社会管理与服务的职能，优化公共产品的供给，为群众追求幸福、享受幸福提供坚实要素保障。幸福城市就是群众看得见、摸得着、享受得到的实实在在的具体每一件事，让尽可能多的群众感受到物质富足、人身安全、利益公平、心理归属和主人翁自豪。

执政党如何培育公众这种感受，是一个值得思考的理论命题。马克思在综合考量西方政治、经济、社会和文化发展的具体实际之后，提出要将黑格尔颠倒的国家与社会的关系重新颠倒过来，在"扬弃"和"异化"两大学说的指导下，构建出一套完整的国家－市民社会－个人关系的体系。马克思认为，人是社会发展的最终目的和唯一目的，提升人的幸福指数是政府的重要使命和存在基础，充满活力的市民社会带来的良性经济和活跃社会组织是增进人们幸福的唯一途径。个人的正、市民社会的反与国家的合之间的辩证螺旋上升关系，决定了政府需要在三维体系中扮演一个不可或缺的角色，通过制度设计、权力运行和行为示范等效应，调整和规范人与人之间的关系，约束和规制社会组织，引导和扶持发展经济，有效改善民生。一个政党先进与否，核心要义就是政党是否主动、自觉、自在地扮演好这个角色，是否顺畅与实现辩证螺旋上升。构建良性的社会、经济体系，打造幸福共同体，自然是先进的执政党的必然选择。

在后金融危机时代，国际经济复苏缓慢，欧美金融危机还有进一步加剧的可能，世界经济发展形势不容乐观。我国正在经历社会转型，以改革开放的伟大历程，穿越"历史的三峡"。后发展中国家要在现代化进程中抓住机遇、深化改革、锐意进取，充分利用国内外发展资源，建设一个充满活力、富有朝气的和谐社会，必须要有一个坚定的执政党，带领大家改革创新、转型升级，张扬引导力，提聚向心力。现代化理论明确提出，后发诱致型国家的成功，在于有一个非常强大、先进的执政党，组建政府带领全国人民奋发向上、迎头追赶，建设发达、幸福与和谐的家园。一个执政党拥有先进性，体现时代性，富有创造性，是在复杂局势下营造幸福生活的重要渠道和途径，也是保障社会生活安定祥和的必要条件。深入开展转型升级，是学习实践科学发展观活动的自然拓展与延伸，有利于把党的政治优势、组织优势转化为科学发展的优势，进而提升我国经济发展、社会发展和文化发展的动力。对于一个城市来说，如何通过党委政府的正确领导和社会成员的共同努力实现转型升级，建设幸福城市，营造一个美好的生活共同体，是一篇重要的理论文章。

我们清醒地看到，社会转型期间经济发展、社会建设、文化繁荣、利益分化和思想多元扭结在一个点上，如何在错综复杂的发展机遇期直面和协调发展的方式和路径，我们党历来有丰富的经验和宝贵的实践，总结起来就是通过党的自身建设，永葆党的先进性，不断解放思想，与时俱进，团结和带领全国各族人民，一心一意谋发展，聚精会神搞建设，以人为本，转型升级。在90多年的我党社会主义革命和社会主义建设的风雨进程中，不管是在革命的低潮时期、社会主义改造困难的过渡时期，还是在改革开放的艰难转型时期，每每党遇到了挫折和困难，都是通过牢牢抓住改革创新，提高党的转型升级能力，逐一解决问题，走向光明的。在中共一大的决议中，我党明确地认识到了中国革命的背景、历史基础和基本力量，在源头上奠定了党的先进性，确立了光荣传统。中共二大的决议，确定了党的最高纲领和最低纲领，开始实践马克思主义中国化，为转型升级确立了理论基础和思想指针。在长期的民族解放战争中，为了民族的独立和解放，我们党忙于在第一战线上进行战斗，推翻"三座大山"，打倒日本帝国主义和蒋介石的反动政权，忽视了党的自身建设，呈现出了事务主义、经验主义和教条主义等倾向的苗头，"优"和"先"的光芒在逐渐褪色。党中央及时发现了这个问题，积极开展延安整风运动，统一思想、统一认识，积极开展党的自身建设，改革创新，提出了新的革命指导理念，这何尝不是一种改革创新。在政治上、思想上和行动上，先进的理论、思想和路线、方针、政策指引党继续向前，夺取了抗战的胜利。在获取全国胜利的前夜，党的七届二中全会重申掌握政权之后如何保持党的先进性，让我们没有走李自成的老路。在社会主义改造向社会主义建设的过渡时期，党的八大和毛泽东主席的《论八大关系》又一次高屋建瓴地提出党要提升自己在新时期的执政能力和执政水平，正确分析了社会主要矛盾，开展了大规模的整理党务的工作，升华了党员对大局的认知，提升了党组织对大局的掌控能力，实现了社会主义建设初期的辉煌，为接下来的建设积累了宝贵资源。进入改革开放新时期，解放思想、实事求是、团结一致向前看的党的战略部署，"权为民所用，情为民所系，利为民所谋"的党群关系教育、科学发展观等，无一不在践行转型升级的宏大战略部署，使我们党一直走向全国和各族人民的前列，支持了我们社会主义建设的"优"和"先"，无时无刻不在改革开放、转型升级，换取了我们今天综合国力的蒸蒸日上、人民的幸福安康。"以史为鉴，可以知兴替"，历史开导和教育我们，要获得人民群众的支持，要战胜面临的任何困难，要获得丰收的喜悦，党必须要始终走在历史的前面，走在时代的前列，推动经济社会转型升级，构建新型生产关系和上层建筑。"问渠哪得清如许，为有源头活水来"，我们党必须时时刻刻地保持先进性，带领全国人民不断改革创新、转型升级，永远是"优"和"先"的楷模。"打铁还需自身硬，我比钢还硬三分"，"幸福香洲"建设的成败与否就是最能验证香洲区党的转型升级建设成果的指针，能清楚地看到香洲区是否保持先进性，是否科学贯彻转型升级，是否有"优"和"先"来凝聚人心、团结人力、汇聚人智。

总而言之，我们历来重视转型升级，推出了一系列举措，这是我们宝贵的经验和财富，也是指导我们在新时期开展科学发展的新型建设模式，是推进经济建设、政治建设、社会建设和文化建设的重要保障，是中国共产党团结和带领全国各族人民不断提升民众幸福指数，构建社会主义幸福社会、和谐社会的现实基础。这种一如既往的主张和实践，本质就是要将"优"和"先"融入日常思维和生活行动中去，就是要让先进性变成一种常态，用制度化、规范化和标准化的模式，采用外力约束和倒逼的方式，警醒、鞭策、促进和提升经济社会发展的"优"和"先"，其对于转型升级具有深远的影响和长远的意义。

二 "幸福香洲"建设的具体实践

香洲区要推动科学发展，促进社会和谐，创建"幸福香洲"。作为珠海市主城区和政治文化商贸中心，香洲区以特区精神为指引，坚持服务大局、服务发展、服务基层，勇于改革、大胆创新，为促进香洲经济社会科学发展提供了坚实保障。从2006年以来，在珠海市委市政府的正确领导下，香洲区加快推进经济和社会管理"双转型"，坚持在开拓创新中完善思路、在加快转型中科学发展、在夯实基础上促进和谐、在生态建设中提升品位、在固本强基中保持先进，全区经济建设、政治建设、文化建设、社会建设、生态文明建设和党的建设取得全面进步。香洲区生产总值从2006年的471.84亿元增长到2010年的755.42亿元，是2006年的1.6倍；三产增加值从2006年的246.2亿元增长到2010年的409.93亿元，是2006年的1.67倍；工业总产值从2006年的1005.17亿元增加到2010年的1494.21亿元，是2006年的1.49倍。三次产业比重由2006年的0.35：47.47：52.18调整到2010年的0.39：45.34：54.27，产业结构进一步优化。在经济迅猛发展的同时，香洲区的社会事业也得到全面繁荣。近五年来，香洲区全面落实户籍人口12年免费教育，新建扩建15所中小学校，增加优质学位1.35万个，全区公办学校100%、民办学校72.7%成为规范化学校，逐步实现教育现代化、均衡化。社会保障体系不断完善，全区累计新增就业岗位 103506 个，城镇下岗失业人员再就业 51664 人，城镇登记失业率控制在 2.8% 以内。坚持每年为群众办一批实事好事，总投入达 2.94 亿元的 165 个"为民办实事"项目得到全面落实，有效解决了城乡结合部社区群众出行难、就医难等热点问题。从自身看，香洲区经过近 30 年来的快速发展，已经积累了较为雄厚的物质基础和较高层次的人力资源，目前正处于转变发展方式的加速期、城市功能的提升期和综合实力的跨越期，我们的发展道路将更为宽广。

2011 年，香洲区进入了第十二个五年发展规划时期，也是践行转型升级的关键时期，更是转型升级初见成效的时期。第十二个五年规划时期的初始阶段，香洲区在经济、社会、文化和生态方面也进行了全面的探索，香洲区实施高端集聚战略，争当经济转型标兵城区；实施民生普惠战略，建设和谐共享幸福城区；实施模式创新战略，当好社会管理示范城区；坚持生态领先战略，创建环境优美魅力城区；全面提升党的建设科学化水平，为幸福香洲提供坚强的政治保证和组织保障。

从香洲区"十二五"规划和党代会设定的初步目标来看，香洲区要通过转型升级，实现经济发展新跨越，产业转型升级取得显著进展，经济发展方式实现全面转变，力争到 2016 年地区生产总值突破 1200 亿元，人均生产总值超过 2 万美元，第三产业增加值占地区生产总值的比重达到 62% 以上。民生事业跃上新台阶，初步实现基本公共服务均等化，社会保障体系更加完善，文化强区基本建成，人民群众的幸福感显著增强。全区城镇居民收入年均增长 10% 左右，城镇登记失业率控制在 3% 以内。通过转型升级，社会管理创造新模式。"党委领导、政府负责、社会协同、公众参与"的社会管理格局全面形成，社会管理网格化和全员人口服务管理实现全覆盖，镇街枢纽地位得到确立，所有社区建成特色社区，群众满意度和安全感不断提高，社会更加和谐稳定。生态环境呈现新面貌，可持续发展能力显著增强，万元生产总值能耗、化学需氧量和二氧化硫排放量等约束性指标完成珠海市下达的任务，城区空气质量全年达到优良，生态建设"四个百分百"全面达标，率先建成人口均衡型、资源节约型、环境友好型社会。大力发展现代服务业和高新技术产业，增强高端要素集聚发展功能和创新发展能力，提高经济综合实力，提高核心竞争力，提高发展带动力，率先转型升级，确保经济发展方式转变取得显著进展。目标已经明确，接下来如何凝聚全区人民的力量，上下同心，真抓实干，将蓝图绘就成现实，考验的是各方的智慧。要真正发挥香洲区的特区精神、排头兵的作用，一是必须坚持敢闯敢干，始终发扬"敢为天下先"的特区精神，大胆探索、奋发有为，以创新的思路绘就蓝图、以实干的举措成就未来，做到在闯的过程中勇往直前，在试的过程中形成共识，在干的过程中凝聚力量，为珠海"走出一条不一样的发展道路"赋予香洲内涵、贡献香洲力量；二是必须坚持又好又快，始终以科学发展观为统领，使各项工作的思路、目标、任务都自觉服从于"好"，服从于全面、协调、可持续发展，并在"好"的基础上体现经济发展之快、转型升级之快、社会建设之快，追求高质量，实现大发展；三是必须坚持群众主体，只有紧紧依靠人民群众，尊重人民群众的首创精神，发挥人民群众的主观能动性，才能充分调动一切积极因素，形成幸福香洲共同建设、美好生活共同创造、发展成果共同分享的生动局面。

三 "幸福香洲"中转型升级的不足

社会结构深刻变动，经济结构深刻调整，转型升级机制的完善不完全契合"幸福香洲"发展。香洲经过30多年的改革开放，取得了巨大的成就，但由于社会建设与经济建设的发展不同步，社会领域积聚了大量问题与矛盾，产业结构的失衡、内需和外需的比例失调、国民收入分配结构扭曲等增加了党应对复杂局面的困难，增加了把握发展趋势的困难。转型升级的机制建设具有鲜明的针对性，需要及时回应和反馈经济社会发展的信号。香洲区转型升级建设不断践行转型升级，解决了发展过程中的一个个问题，但忽视了预防性措施、预期性问题，没有及时、迅速和完善地跟进"幸福香洲"的步调，未雨绸缪的意识、意愿和机制建设还有待改进。

以活动带建设，以争创推发展，转型升级建设事务化不完全契合"幸福香洲"发展。基层工作千头万绪，事务性工作繁多，呈现出工作内容综合性、工作对象多样性的特点。香洲区在转型升级的过程中，鲜明地以活动带建设，积极推动社会动员，促进经济发展，通过各种特色活动的争创来推进转型升级中的经济发展。党委政府大部分工作时间都在应付事务性的活动、争创工作，忽视了对转型升级全面建设的关注，特别是对政治理论、国内外形势和政党建设重大问题的思考和关注，转型升级首先表现在思想觉悟、理论修养上，必须要有先进性，才能内化到日常工作中去，才能推进长效机制建设的针对性。当下香洲区不少党员同志的行为方式和思想觉悟两个层面出现了断层，更有一些领导干部思想上开始有些懈怠，不注重系统全面思考已转型升级的宏大理论。

国际经济形势严峻，香洲区应对能力相对不足。国际金融危机以来，香洲区传统产业领域的很多行业日渐萎缩，企业纷纷停产倒闭，随着欧洲债务危机的进一步恶化，我们将经受产业经济艰难前行的更严峻考验。如何有效化解当前香洲区产业发展中面临的问题和困难、重塑产业发展优势、提升产业发展能力、参与全球中高端产业竞争、实现环境友好和资源节约的产业发展目标是今后很长一段时间摆在我们面前迫切而又艰巨的任务。因此，我们必须认真贯彻中央关于加快经济发展方式转变的重大战略部署，充分发挥科技与创新在产业转型升级中的支撑引领作用，提高自主创新能力，实现创新驱动发展，全面加快香洲区产业的转型升级步伐。香洲区新一轮产业转型升级，是严峻局势下积极应对的一种自觉的产业改革，以内涵式、包容性增长为主导，是一种全新的经济结构自生型转型，是自我革命式的产业自发性升级，不是建立在科技革命、工业革命和国际产业转移的输入型转型升级，制度创新、管理创新、技术创新、产品创新、市场创新是转型升级的源泉。

四 转型升级建设"幸福香洲"基本原则

（1）转型升级要坚持围绕中心，服务大局，永葆党科学执政，"幸福香洲"建设不走样。建立转型升级机制，首先要认真贯彻和落实党的重要路线、方针和政策，把实现好、维护好、发展好最广大人民的根本利益作为一切工作的出发点和落脚点，始终保持同人民群众的血肉联系，积极推进落实科学发展观这个主题和经济发展方式转变这条主线，切实改善民生，是直接面对群众和服务群众的大群体，必须要带领全区人民聚精会神搞建设，一心一意谋发展。大力推进香洲区经济总量和质量的全面提升。全区必须坚持全心全意为人民服务，做到权为民所用、情为民所系、利为民所谋，使我们的工作获得最广泛、最可靠、最牢固的群众基础和力量源泉，使我们的事业经得起任何风浪、任何风险的考验，通过转型升级的建立，确保党领导的"幸福香洲"建设，真正让老百姓得实在。

（2）转型升级要坚持以人为本，服务人民，永葆党民主执政，实现"幸福香洲"建设不走形。转型升级工作，不搞虚的，不搞空的，要约束全区党员干部牢固树立群众观点、坚持党的群众路线，自觉站在人民群众的立场上，始终与人民群众同呼吸、共命运、心连心。我们要让人民群众体会到，党是人民的组织，是人民的党，一切为了人民。我们要以人民群众的利益为重、以人民群众的期盼为念，着力解决好人民群众最关心最直接最现实的利益问题，始终保持党同人民群众的血肉联系，通过转型升级，确保党领导的"幸福香洲"建设真正让老百姓得实利。

（3）转型升级要坚持人民首创，党群一家，永葆党合法执政，实现"幸福香洲"建设不走调。我们要坚持思想上尊重群众、感情上贴近群众、工作上依靠群众，把群众满意不满意作为转型升级建设的出发点和落脚点。我们要坚持人民主体地位，发挥人民首创精神，紧紧依靠人民群众开创新形势下转型升级的新局面。我们要着力建立健全体现以人为本、执政为民要求的决策机制，作决策、定政策必须充分考虑群众利益、充分尊重群众意愿，统筹协调各方面利益关系，坚持问政于民、问需于民、问计于民，坚持科学决策、民主决策、依法决策。通过转型升级长效机制的建立确保党领导的"幸福香洲"建设真正让老百姓得实惠。

五 "幸福香洲"确立转型升级目标

一是突出实现科学发展这个党执政兴国的主题，"幸福香洲"建设有新内核。引导基层群众切实转变观念，带头落实科学发展，实现"幸福香洲"的模式引领和榜样示范效应，这是转型升级的灵魂所在。

二是突出实现转变经济发展方式这个党执政兴国主线，"幸福香洲"建设有新突破。香洲区要争当促进经济发展方式转变的践行者和排头兵，搭建"香洲服务"这个平台，积极服务"幸福香洲"。

三是突出实现生活大富裕、生产大发展这个党执政兴国主轴，"幸福香洲"建设有新进展。我们要引导香洲区全体党员群众立足本职，在服务群众、服务社区、服务企业上转型升级，切实发展生产、改善民生，进一步推进政府职能转型，认真推进创新型的社会管理体制改革，更好地实现社会建设的"党委领导"角色。

四是突出实现生态大和谐这个主基，"幸福香洲"建设有新改善。全区党组织和党员积极落实"净畅宁美"，带头推进低碳经济和循环经济发展方式，积极植入"幸福香洲"的绿色元素，引导广大社会成员自觉践行做表率，积极倡导健康文明、低碳环保的生活方式，引领群众共创共建可持续发展的生态文明环境。

五是突出增强和改进党的自身建设这个党执政兴国主旨，"幸福香洲"建设有新提高。我们要围绕发展抓党建、抓好党建促发展，以创新的精神、务实的态度，不断提升基层党建的科学化水平，以开展转型升级活动为契机，围绕夯实堡垒基础，壮大党员队伍，搭建实践舞台和构建长效机制。

六 "幸福香洲"建设构建转型升级

"十二五"时期的产业发展，要以邓小平理论和"三个代表"重要思想为指导，全面贯彻落实科学发展观，以转变经济发展方式为主线，以市场需求和自主创新为动力，适时调整产业政策，落实产业扶持措施，推动产业转型升级，强化内生发展动力，全面实现从生产型经济向服务型经济的战略性转变，使香洲经济质量更加优化。我们要以"做优存量、做强增量、做大总量"为产业发展目标，按照"抓转型、促调整"的总体要求，着力推进发展平台向集约化升级，传统产业向高端化升级，主导产业向集群化升级，新兴产业向规模化升级，创新载体向示范化升级，在完善产业链、提升价值链上取得新突破。我们应认真吸取发达国家及地区经济发展的经验，提高香洲区经济发展质量和产业竞争能力，坚定不移地做大香洲区经济总量，根据产业发展"存量优化、增量引领，以存量确定转型集聚，以增量引领转型升级"的原则并结合香洲区实际，科学选择香洲区产业转型升级路径：以调整、优化和提升传统产业、加快其转型升级为抓手，以加快推进战略性新兴产业发展为核心，通过对传统产业的清理、整顿和提升，实现香洲区传统产业的转型升级，并为香洲区发展战略性新兴产业和现代服务业腾出空间。更重要的是，我们要顺应国际、国内战略性新兴产业发展的趋势和潮流，咬住战略性新兴产业不放松，集中资源、集中精力引进、扶持和发展好香洲区既定战略性新兴产业，积极参与世界高端产业竞争。同时，我们将下大力气解决两个问题：一是产业转型升级；二是城市建设，坚定不移地走产业转型升级和城市建设相互促进、互为牵引的双轮驱动之路，争当珠海市产业转型升级的排头兵。

（1）培育企业自主创新能力。我们要加强知识产权保护，鼓励企业申报国内外专利，对企业新授权的国内外发明专利给予资助。对于国家认定的高新技术企业，按其经济贡献给予一定资金扶持，鼓励企业进行产学研合作，实施技术创新项目，搭建公共技术服务平台。对于以香洲区企业为主体的产学研项目以及新认定的国家级、省级、市级的技术中心、工程中心、检测中心和公共实验室，按不同标准给予一次性资助；对于获得国家、省、市立项的重点科研项目，给予一定比例的配套资金扶持。我们要推动企业实施技术改造，鼓励企业实施技术改造和节能减排降耗项目，对于重点项目通过科研经费给予资助；对获得省级清洁生产企业或市清洁生产企业称号的企业安排专项经费给予资助；对获得珠海市市长质量奖的企业给予一次性奖励。我们要实施落后产能转移资助，经认定的高能耗、高污染、低附加值、低技术含量、劳动力密集型企业，鼓励其向香洲区定点产业工业园转移。对于企业整体转移的和生产线转移的，按照不同标准给予一次性资金扶持。对香洲区一类、二类企业，我们将采取加大错峰用电力度、控制用电负荷、限制企业用电增容、实施严格的环保核查、限制企业剩余工业用地开工建设，取消政府各类政策扶持和企业员工居民待遇及动员鼓励其进行产业转移等措施，用三年左右的时间，把这批技术水平低、资源和能源消耗大、环境污染高、产出效率低及经济贡献小的工业项目清理出去，为香洲区发展战略性新兴产业、高端制造业和现代服务业腾出空间。

对香洲区三类企业，我们也将通过采取加大错峰用电力度，控制企业用电负荷、实施严格的环保核查等措施，促使企业加大节能改造和环保设施投入力度。在对这批企业进行整顿的同时，我们将出台扶持引导政策，推动企业加大技术投入、加快自主创新步伐、加强品牌建设、提高产品竞争力和附加值、实施加工贸易转型升级，用2~3年的时间使这类企业成功实现产业的转型升级。我们要着力创建自主品牌，依靠品牌提升产品附加值水平，走产品增值型道路，以提升产业链整体价值为中心，进行产业链的高效整合，循"微笑曲线"由生产环节分别向上、下游延伸，将前端研发设计与后端市场服务等增值环节尽可能多的握于己手，实现产业的集聚发展和整体增值。但从长远来看，作为劳动密集型的产业，劳动要素资源在多年强制性生育控制后，新增和可供转移的劳动力在未来全面不足的状态将日趋严重，在内有"刘易斯拐点"后劳动力成本的长期趋势性上升，在外有"十二五"及更长时期优化国内收入分配结构、提高劳动报酬、扩大内需市场的宏观政策约束，转型升级压力巨大。

（2）努力构建现代产业体系。香洲区应大力发展现代服务业，积极挖掘中心城区优势资源，引进大型服务企业，大力发展市场需求旺盛的商务服务业；加快推进"三旧"改造工作，鼓励建设大型商业综合体，打造高端服务业聚集街区；不断加大放开服务业准入条件的力度，释放现代服务业内在发展活力，做大服务经济规模；设立现代服务业发展专项资金用于扶持现代服务业发展项目。香洲区应鼓励发展总部经济，充分利用广珠城轨通车、港珠澳大桥加快推进等有利契机，科学谋划"城轨经济"和"大桥经济"，鼓励和吸引国内外大型企业来香洲区设立地区总部；设立总部经济发展专项资金用于扶持总部经济发展。香洲区应鼓励发展高新技术产业，培育和壮大高端空调研发制造、办公自动化及打印耗材等产业集群，扶持联想赛纳、格力大金模具等高新技术企业发展，做大做强龙头企业和支柱产业；大力推动民营企业的自主创新和转型升级，鼓励民营企业进入高新技术产业。香洲区应加快培育战略性新兴产业，加大对战略性新兴产业的科技经费投入力度和产业政策扶持力度，力争在物联网、云计算、新能源、新材料、节能环保和电子信息等产业领域获得突破；对战略性新兴产业项目制定有针对性的扶持政策，给予资金扶持。香洲区应着力发展文化创意产业，大力发展传媒产业和休闲旅游产业，加快制定文化产业发展扶持政策，设立1000万元文化创意产业发展专项资金，积极鼓励和扶持数码创意、网络游戏、影视制作、工业设计等行业的创新和创业活动，形成富有特色和竞争力的文化创意产业；充分利用丰富的历史人文资源和海滨旅游资源，加快文化休闲旅游区建设；依托大型文化场馆，打造新的城市文化活动中心。香洲区应不断提高招商引资水平，巩固对港澳现代服务业的招商成果，继续加大对世界 500 强企业的招商力度；注重对内招商，重点引进央企、上市企业和成长性好的民营科技型企业，积极引导各类民间资本投向现代服务业、技术改造和科技创新等关键领域；坚持招商选资，开展对重点区域、重点行业、重点企业和战略性新兴产业的招商活动；完善我区招商引资工作机制，对重点项目的引进给予资金奖励；对企业采取"一企一策"的政策措施，根据每个企业的发展特点和差异化需求，制定有针对性的扶持措施，最大限度地满足它们的发展需求，提供优于集团其他生产区域的发展条件，推动它们集团的技术、研发和高附加值产品向香洲区转移聚集，推动它们快速实现转型升级和做大做强。香洲区主导产业的引领、凝聚区域产业发展的效力没有充分发挥，龙头企业在产业链中的决定性支配作用、引领功能、辐射效应和定价权力没有形成，产品的替代性和弹性系数较大，产品标准化程度不高，主导产品停留在工业、生活用品视野，尚未有效融入全球化产业链的中高端和"个人优质生活领导者"的思维，香洲区传统产业的转型升级，需要从低附加值转向高附加值升级，从高能耗、高污染转向低能耗、低污染升级，从粗放型转向集约型升级，更主要的是向产业链制高点和中控结点转型升级。这是香洲区目前推进传统产业转型升级、提高产业发展质量、迅速做大经济总量最现实、最快捷和最有效的途径。

（3）做大做强传统优势产业。香洲区应鼓励创建名牌名标，落实国家和省、市大力实施名牌战略的有关政策，鼓励香洲区企业利用名牌产品、著名商标的市场影响力，提高产品和服务的市场价值。对获得国家级名牌产品（或国家级驰名商标）、广东省名牌产品（或广东省著名商标）称号的企业，根据本年度对区经济贡献额给予资金奖励。香洲区应鼓励企业拓展市场。为鼓励企业开拓国际国内市场，保持外贸出口稳定增长，设立企业一般贸易出口退税征退差资助资金，由区科技工贸和信息化局制定具体办法，对于当期一般贸易出口额应达到一定额度并与上年全年相比有增长的外贸企业给予资助，同时提高对高新技术产品出口、国家级名牌产品出口和自主创新产品出口的资助额度。香洲区应扶持重点企业发展，对区经济贡献突出的企业根据当年情况给予一次性奖励；对区经济贡献突出的企业高层管理人员和高技术人才给予一定奖励，并在其子女入学方面给予特殊方便和照顾。国内外经济发展经验和产业竞争规律告诉我们，产业目标确定后，围绕既定产业进行招商选资是做大做强该产业最重要的手段和路径。当前招商引资工作中，对高端制造业，特别是战略性新兴产业项目的竞争异常激烈，机会稍纵即逝。现代招商引资的竞争已不再是土地价格和优惠政策的简单竞争，而是以市场要素资源优化配置为核心的产业区域优势及产业发展能力的全方位综合竞争。提高香洲区把握和配置市场要素资源的能力，加强对香洲区战略性新兴产业发展特点、发展规律的研究，加快产业项目进入及发展要素的构建，建立完善适应香洲区战略性新兴产业项目进入及发展所需的要素体系，最终形成具有明显区域竞争优势及提升产业发展能力的产业要素体系。

（4）建立健全产业发展保障机制。香洲区应设立产业发展专项资金，设立包含财政、科技类产业扶持资金的产业发展专项资金，每年预算额度不低于1.5亿元，用于兑现各类产业扶持政策中的奖励措施，重点用于鼓励企业调整产业结构、加大产业技术创新、转变产业发展方式、培育战略性新兴产业、打造服务业发展载体等方面。香洲区应提供现代服务业发展载体，在吉大、拱北、前山商业消费中心和新老香洲文化休闲旅游中心建设一批大型城市综合体，在老城区范围内改造发展一条特色商业街，进一步强化主城区的要素积聚功能和商业服务功能；每年从现代服务业发展专项资金预算中安排1000万元，用于扶持特色商业街区的新建或改造；对于新建大型城市综合体项目根据建筑面积和企业入驻情况给予奖励。香洲区应拓展中小企业融资渠道，加快金融产品创新，引导金融机构对符合产业政策要求的企业增加信贷支持，着力解决中小企业融资难问题；鼓励香洲区企业在境内外资本市场直接或买壳上市，拓展渠道筹集发展资金；对香洲区申请向境内外资本市场发行股票上市的企业，在上市前后给予一定的资助和奖励，鼓励企业将上市募集资金主要投资于香洲辖区。香洲区应加强创新型人才队伍建设，建立高层次人才引进和培育机制，制定落实人才落户、就医、子女入学、住房等方面的优惠政策，积极吸引海内外顶尖创新科研团队和领军人才来香洲区创业；实施高端人才培养工程，加快高素质创业队伍建设，培育一批杰出创新型人才。香洲区应完善产业政策体系，针对"十二五"时期多变的产业发展环境和发展条件，及时修订发布有时效性、针对性的产业政策体系，运用多种产业政策工具，调整产业发展的激励机制，激发经济发展的内生动力。香洲区应落实产业扶持措施。全区主要经济管理部门要明确分工、职责和任务，注重以完善产业发展的硬件条件和政策环境为抓手，广泛联系重点产业和重点企业，认真落实各项产业扶持政策措施，有效发挥产业政策的实际作用。充分发挥科技在产业转型升级中的支撑引领作用、提高自主创新能力、实现创新驱动发展是加快产业转型升级的根本途径。产学研联盟是建立科学合理、富有活力、更有效率的创新体系，是加快建立企业主导产业技术研发创新的体制机制，是提高科研院所和高等学校创新服务能力、协同创新能力的有效手段，是强化科技资源开放共享，建立基础研究、应用研究、技术创新、成果转化的重要方式。加大产学研合作力度，争取到2015年引进10家左右国内外知名高等院校、科研院所来香洲区设立研发机构。扶持一批面向产业集群、产学研合作的公共创新服务平台和科技孵化基地建设，争取全区建成科技企业孵化器15家。香洲区要围绕发展高科技产业、新兴产业的需要，大力培养引进高层次领军型创新创业人才和经营管理人才，出台实施吸引并留住人才的政策措施，打造高端人才向往、科研成果集聚、创新能力强大的"香洲人才高地"。

（5）加强干部队伍建设，尊重市场规律，实现政府转型再造。在全球一体化和高度市场化的今天，产业的转型升级和高端产业经济的发展对我们干部队伍的工作作风和素质提出了更高的要求。现代产业的竞争，某种程度上是各地政府驾驭和配置产业要素资源能力和水平的竞争。推进香洲区的产业转型升级，是对区委、区政府执政能力和领导水平的考验，也是对各级党政领导干部执行力和水平的检验，要加快产业转型升级，就要努力提高领导干部驾驭产业转型升级的能力，特别是从事经济工作的干部要提高把握和配置市场资源的水平和能力。理顺区域管理体制，形成区域一体化发展大空间大平台，从全区域视角谋划项目布局，从大空间推进企业聚合，依托大平台开展转型提升，全力消除体制性内耗与政策性内耗，区域一体化管理机制是转型升级的必要前提。我们要正确认识和把握当前发展形势，增强加快转型升级的责任感、紧迫感，要全面加强产业知识的学习，时刻跟踪香洲区主导产业的国际、国内发展动向。香洲区要切实强化政府服务意识，延伸服务内涵，提升服务质量，创优服务环境，推进新型服务型政府建设。政府角色要从简单的公共管理和社会服务上，转型升级到积极介入经济活动中去，通过自身的资源优势和信息优势，扮演信息处理中心、咨询汇总中心和资源链接中心的角色，为企业传递和连接产业、行业发展的具体信号，进一步节约企业运行的社会成本和咨询成本，积极引导产业集聚和企业集群。香洲区要进一步强化要素保障，整合优化各类各层次要素资源，提高资源配置和使用效率；要善于抓住激烈的市场竞争带来的产业结构调整、企业求生存求发展增强自主创新机会和技术改造动力带来的机会；要建立健全目标明确、责任清晰、各司其职、各负其责、推进有序的产业转型升级考核机制。推进产业转型升级，还要认真落实政府工作报告所做的安排：一是坚持领导、部门挂点帮扶制度。二是以市场信息、投资创业、社会融资、人力资源、科技创新、法律援助等为重点服务内容，加快建立起集公共服务、公益性服务、商业性服务于一体的全方位、多层次、综合性的企业服务体系，形成与企业又好又快成长相适应的具有香洲特色的"无缝隙链条式"企业服务支撑网络。三是适时推动和建立"中小企业孵化和发展基金"，以政府出资引导的方式，以吸引企业资本注入为主体，在金融改革创新实验的思维下，积极取代传统融资平台，规避政府直接接入经济运行的金融风险，为香洲区企业提供产业发展的重要引流资金。按照现代基金会法人治理的先进理念，运营和维护基金，更好地促进香洲区金融的活跃性和生命力。四是香洲区要在全区范围内开展以"提供一流服务，创造一流环境"为主题的"企业服务年"活动，重点解决项目"落户难、建设慢"问题，给客商提供优越投资环境不遗余力，给企业落实优惠政策不打折扣，紧紧围绕提高服务意识、强化服务职能、完善服务机制、优化投资环境、帮助企业解决难点问题等几方面工作开展系列活动，推动香洲区企业服务工作上台阶、见成效。

珠海生物医药产业物流现状
与未来发展的研究

张　滨　刘小军*

一　绪论

（一）课题研究背景和意义

目前，作为"医药谷"的金湾生物医药产值占珠海生物医药产值的 70% 以上，约为 70 亿元，预计 2017 年金湾生物医药产业年产值将达到 300 亿元人民币，在珠海医药产业发展中具有举足轻重的地位。其中，珠海市三灶镇还成为"广东省技术创新（生物医药）专业镇""珠海市三灶生物医药产业集群升级示范区""广东省火炬计划三灶生物医药特色产业基地"。但是相对于国外发达国家来说，其在产出、规模、供应链管理、物流管理、自主创新和品牌效应等方面仍有较大的差距。本课题重点研究珠海市的生物医药产业供应链和物流方面，希望通过对这两个方面的研究分析为珠海市的生物医药产业的健康发展提供一些决策依据。

（二）国内外研究现状分析

1. 医药供应链管理研究现状

刘力、李铁成[①]提出在医药流通领域构建一个新型的医药行业供应链系

---

* 张滨，教授，任职于吉林大学珠海学院物流与信息管理系；刘小军，讲师，任职于吉林大学珠海学院物流与信息管理系。

① 刘力、李铁成：《重构我国医药行业的供应链》，《信息与电脑》2004 年第 3 期。

统。在技术层面上要推动以信息网络技术为主要手段的医药电子商务在全行业的应用，推动现有批发企业向代理商和配送商转变，但是没有具体解决如何构建供应链和如何建立绩效评价指标的问题。

彭向辉[1]、高翔、王宏起、王雪原[2]指出了我国医药供应链的构成形式及存在的问题，分析了问题产生的原因，同时分析了我国医药企业实施医药供应链战略联盟的必要性，并且对医药制药企业在不同阶段的联盟伙伴选择对象、选择标准等做了研究，旨在提高其伙伴选择的科学性，促进企业的有效运行。

陈培正、周怡、张浩明[3]针对目前医药供应链信息系统中各企业信息和业务难以共享的现状，提出了以 SOA 体系架构来实施医药供应链共享平台的方案，以有效解决共享问题，并且分析了医药供应链信息系统中的服务功能模块，并据此探讨了信息系统实现模型与实现方法。

王艳、寇长华[4]指出当前我国医药分销体系较为冗长，导致药品在流通中成本过高。提出了在分析医药供应链现状的基础上，尝试改进模式，即通过各级医药分销企业与第三方医药物流企业合作，降低流通成本。

吕红、刘伟[5]从政府管理角度分析了合作模式的发展演变，认为我国经济体制导致医药行业相关政策变化，从而影响了与供应链合作模式的发展，且指出管制影响已经超出了市场的承受范围。

杨昌、郑尊信[6]从医药供应链的基本概念出发，分析了我国医药供应链的基本组成结构。以过程为视角，将医药供应链过程分解为代理循环、订货循环、生产循环和采购循环，并对每个循环的具体运作过程进行了解析。

---

① 彭向辉：《我国医药供应链现状及成因分析》，《物流技术》2007 年第 26 卷第 6 期。

② 高翔、王宏起、王雪原：《基于供应链的医药制造企业联盟伙伴选择》，《统计与决策》2011 年第 21 期。

③ 陈培正、周怡、张浩明：《基于 SOA 架构的医药供应链信息共享系统研究》，《中国数字医学》2008 年第 3 卷第 11 期。

④ 王艳、寇长华：《依托第三方物流优化医药供应链》，《中国医药指南》2009 年第 7 卷第 20 期。

⑤ 吕红、刘伟：《医药供应链合作模式及利益分配机制研究》，《现代管理科学》2010 年第 7 期。

⑥ 杨昌、郑尊信：《我国医药供应链及其运作流程分析》，《物流科技》2011 年第 34 卷第 3 期。

国外学者对供应链管理的研究在理论和实证上都取得了一定的成果，但应用在医药领域相对来说不是很多。

Papageorgiou、Rotstein、Shah[1]，Shah、Samsatli、Sharif 等[2]侧重于利用计算机软件对医药供应链进行模拟和建模。

Grunow、Gyang[3] 指出应在所有药品的销售包装上建立条形码，这为物流中心实现标准化、规范化、自动化拣选奠定了基础，使得散件采用播种式拣选成为可能，大大提高了分拣速度、准确率，降低了出货差错率。

2. 医药物流研究现状

宋远方[4]、谢明、梁旭[5]结合中国医药企业改革的实际情况以及医药物流现状，系统地分析了制约其发展的因素，提出如何通过建立有效的、符合国际发展趋势并具有中国特色的医药物流体系和结构，增强我国医药企业的国际竞争力。

杨舒杰等学者介绍了国外医药物流的模式和信息化建设状况，并与我国的医药物流发展情况进行对比，指出可学习和借鉴国外的经验，加快发展我国的医药物流体系，且针对医药物流配送中存在的问题，提出了相应的建议。

李志锋、谢如鹤、邱祝强[6]发表的文章中首先分析了我国医药物流目前存在的突出问题，然后通过总结现代医药物流的基本特征，提出了我国医药物流模式选择的思路。通过普洛斯、南京医药和美国麦卡森公司的实践案例，总结了三种先进的现代医药物流模式，并提出了发展现代医药物流时应该注意避免的误区。

---

[1] Papageorgiou G. E. , Rotstein G. E. , and Shah N. , "Strategic Supply Chain Optimization for the Pharmaceutical Industries," *Industrial Engineering of Chemical Research*, No. 40, 2001, pp. 275 – 286.

[2] Shah N. , Samsatli N. J. , Sharif M. , Borland J. N. et al. , "Modelling and Optimisation for Pharmaceutical and Fine Chemical Process Development," *AIChE Symposium Series*, No. 96, 2003, pp. 31 – 45.

[3] Grunow, M. , Gyang H. O. , "Plant Co-ordination in Pharmaceutics Supply Networks," *Springer-verlag*, 2003.

[4] 宋远方：《中国医药行业物流运营模式研究》，《中国工业经济》2005 年第 12 期。

[5] 谢明、梁旭：《我国医药物流发展的制约因素及对策分析》，《中国市场》2007 年第 32 期。

[6] 李志锋、谢如鹤、邱祝强：《我国医药物流发展现状及其模式选择》，《物流技术》2008 年第 6 期。

雷芳[1]提到医药行业缺乏先进的物流理念，政策、法规、行业标准、信息系统等方面的建设亟待加强，以及缺乏运作经验丰富的大型的第三方医药物流企业。他们提出应发挥第三方医药物流企业专业的管理团队、设施和发达的网络与信息技术运用方面的优势，增强企业的核心竞争力和客户服务水平，加快现代医药物流的发展。

关于医药物流的研究，国外学者已经将医药物流与供应链的思想进行结合，且取得了一定的进展。

Applequist、Pekny、Reklaitis[2]从医药品生命周期的角度对医药存储和生产计划进行了研究和建模。

Lerwent[3]研究了医药品在流通渠道中如何保持低库存和订单处理机制的问题。

Grabowski[4]对医药品的分销中心以及配送节点的选址进行了建模和研究。

（三）课题的研究思路

1. 课题研究目标

本课题的研究，是在对现有珠海生物医药制造企业供应链进行详细调研的基础上，分析适合于珠海生物医药制造业的物流供应链模式和未来的物流发展方向。

2. 课题研究内容

（1）通过查找资料和调查，对珠海市生物医药企业的供应链和物流的现状进行分析，揭示医药企业供应链以及物流的关键问题所在。

（2）在供应链管理理论的基础上，对医药物流的业务流程进行改造和重组，借助信息化技术和电子商务平台，重新构建医药供应链。

（3）在新的供应链模式下为珠海市医药产业的物流提供发展思路。

---

① 雷芳：《我国医药物流发展的对策思考》，《管理学家》2010 年第 6 期。

② Applequist G. E. , Pekny J. F. , and Reklaitis G. V. , "Risk and Uncertainty in Managing Chemical Manufacturing Supply Chains," *Computers of Chemical Engineering*, No. 24, 2000, pp. 2211 – 2222.

③ Lerwent J. , "The New Pharmaceutical Paradigm: Scientific Management at Merck," *Harvard Business Review*, 2000, Jan-Feb, pp. 88 – 89.

④ Grabowski H. , "The Effect of Pharmaco Economics on Company Research and Development Decisions," *Pharmacoeconomics*, No. 11, 2002, pp. 389 – 397.

二 珠海市医药产业概况

（一）珠海市医药产业发展状况

1. 珠海市医药产业发展概况

随着国务院、广东省、珠海市先后将生物医药产业列入战略性新兴产业，生物医药产业成为珠海市经济发展强有力的支柱产业之一。

目前珠海生物医药产业实力已位居全省前列，共有生物医药生产企业178家，其中制药企业35家，医疗器械生产企业125家，保健食品生产企业18家。医药经营企业约1000家，其中药品经营企业约700多家，医疗器械经营企业约260多家，可生产19个门类、60多个品种、100多种规格的产品。培育出了珠海联邦制药、丽珠医药集团、康德莱控股等一批全国知名的医药龙头企业。

珠海生物医药产业的优势主要集中在生物化学类药物、高新技术医疗器械（设备）以及新型药物制剂三大领域，形成了技术和规模的双重优势。

2. 珠海市医药企业类型分布情况

珠海市医药企业的经营范围主要包括制药、医药中间体、茶剂、保健品、生物工程等，其中大多数医药企业都是以制药为主。例如，丽珠医药集团、珠海联邦制药的制药范围包括中成药、中药饮片、抗生素、处方药、非处方药等。保健品中汤臣倍健生物科技有限公司占总产值的比重最大。

对于珠海市医药行业类型，我们做出了如下总结（见图1）。

到目前为止，珠海生物医药产业已形成三灶镇、南屏镇、唐家湾镇三大集聚区，形成三足鼎立之势。相对而言，三灶镇是珠海规模最大、产值最高、配套最为成熟的生物医药产业集聚区。目前，三灶镇代表企业有珠海联邦制药股份有限公司、广东威尔科技股份有限公司、康德莱控股有限公司、珠海春天制药有限公司、珠海亿邦制药有限公司，初步实现了医药产业的集聚。

因此，我们经过详细比较，选定珠海市三灶镇作为生物医药产业集聚地的代表，首先进行重点分析，得出的结果如图2所示。

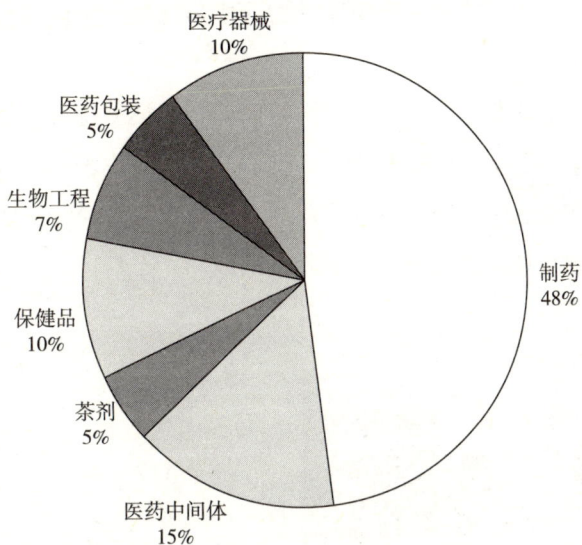

图1　珠海市医药行业类型分布

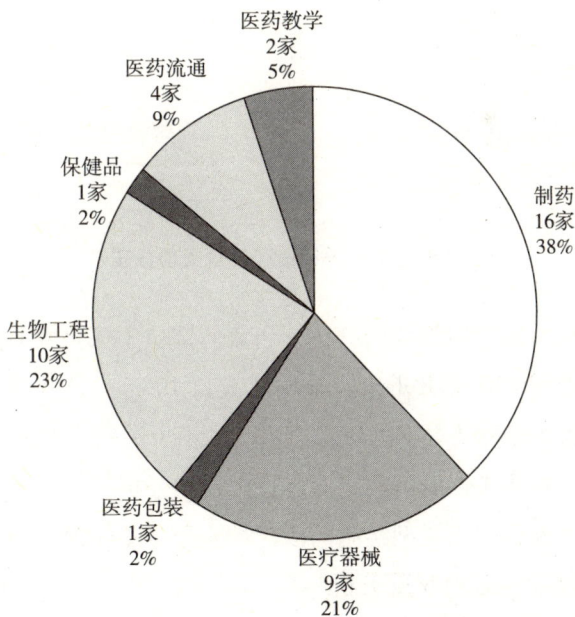

图2　珠海市三灶镇医药行业类型分布

在三灶镇的43家医药企业中，制药的企业有16家，生产医疗器械的有9家，从事生物工程研究的有10家（见图2）。由此可见，目前制药、医疗器械、生物工程这三个领域是三灶镇医药行业中最重要的组成部分，应当给予足够的重视。

此外，本文还对南屏镇以及唐家湾镇医药企业类型进行了简单的分析。首先，对南屏镇医药企业进行抽样调查，抽取几家具有代表性的医药企业，分别以医疗器械、药材药片、保健品、注射剂、医药包装为经营主体。图3为根据南屏镇医药企业类型绘制的医药行业分布图。

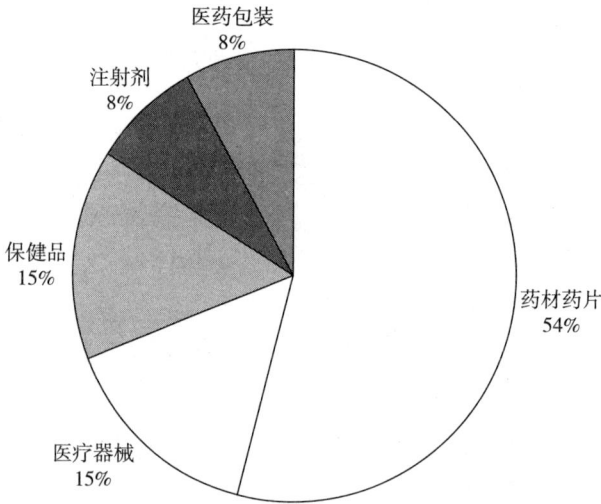

图3　珠海市南屏镇医药行业类型分布

其次，对唐家湾镇进行简要的分析。唐家湾镇位于珠海香洲区北部，北邻中山市，全镇总面积130平方千米，全镇总人口10万人，其中户籍人口2.9万人。其天然的地理环境及丰富的资源亦吸引了不少医药企业进驻，下面将对随机抽取的部分极具代表性的医药企业进行简要的分析。

根据唐家湾镇医药企业类型绘制的医药行业分布图如图4所示。

3. 珠海市医药企业项目状况分析

综合统计三灶镇、南屏镇、唐家湾镇三个地方的医药企业项目发展情况可知，2012年上半年珠海医药企业呈现新建、扩建项目迅速增多，骨干制药企业发展迅速的生产形势："益华科技"投入近3亿元资金，成功从制冷配套企业跃升到医疗器械巨头，生产拥有20多项国内外专利的负离子制氧机；"润

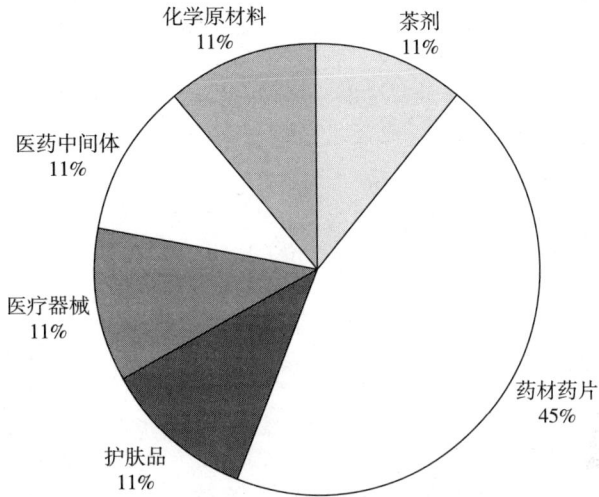

图4 珠海市唐家湾镇医药行业类型分布

都民彤"投入1500万元扩建二期工程。鉴于珠海市医药企业项目的迅猛发展，我们对珠海市主要医药企业项目做出整理，如图5所示。

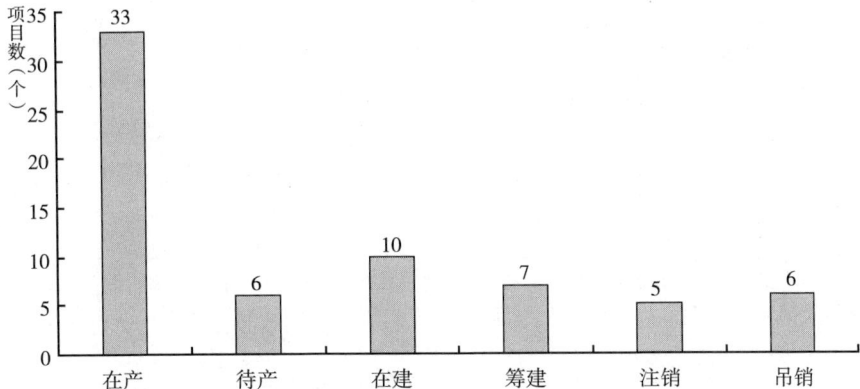

图5 珠海市三灶镇、南屏镇、唐家湾镇主要医药企业项目数据

4. 珠海市主要医药企业情况分析

2011年珠海市生物医药企业实现规模以上工业总产值116亿元，其中珠海联邦制药股份有限公司、广东汤臣倍健生物科技有限公司、珠海益华科技股份有限公司、珠海润都民彤制药有限公司、珠海亿邦制药有限公司、丽珠医药集团和康德莱控股有限公司比重较大（见表1）。

表1　珠海市部分医药企业产值状况

单位名称	2011年产值(亿元)	占三灶镇医药行业总产值比重(%)	占珠海市医药行业总产值比重(%)
珠海联邦制药股份有限公司	64.3	72.2	55.4
广东汤臣倍健生物科技有限公司	23.7	26.6	20.4
珠海益华科技股份有限公司	2.7	3	2.3
珠海润都民彤制药有限公司	3.2	3.6	2.7
珠海亿邦制药有限公司	3.3	3.7	2.8
丽珠医药集团	4.77	5.3	4.1
康德莱控股有限公司	9.6	10.79	8.28

资料来源：珠海市招商办。

　　珠海市医药企业的产品大都销往全国各地（见表2），很多都在当地有代理机构或者固定合作医院，产品主要辐射全国大中城市，并且都有各自的物流运输体系（比如珠海联邦制药公司借助九川物流公司，在全国十几个城市建立了物流中心，构建了珠海联邦制药物流体系）。而其中很多企业则自备汽车，进行物流配送，很多时候因为需求不一，导致运量差别很大，甚至有时很小的需求量也要用很大的车来运，回程时很多时候都是空驶，这导致了资源的极大浪费，也导致了运费居高不下、物流成本较高。

表2　珠海市部分企业的销售区域情况

企业名称	销售区域
珠海联邦制药股份有限公司	目前联邦制药中国销售部已在全国各省会城市、直辖市设立了25个办事机构，与超过300家协议客户、500家分销客户建立了长期合作关系，形成了覆盖全国超过3000家医院、5000家药店的庞大销售网络
广东汤臣倍健生物科技有限公司	汤臣倍健在中国有超过3400个销售专柜、超过100家的营养服务中心分布在各大中城市
珠海益华科技股份有限公司	全国各地
珠海润都民彤制药有限公司	让全国各地商家加盟负责开发当地医院市场
珠海亿邦制药有限公司	在全国各地设立代理机构
丽珠医药集团	丽珠医药集团已建立了覆盖国内市场的营销网络
康德莱控股有限公司	在国际市场占据了大量的份额，产品远销德国、巴西、南美、中东、美国、印度等50多个国家和地区，其国际市场份额占公司总销售额的60%，为全国同行业出口量第一

5. 珠海市医药产业未来发展情况

2011 年珠海市生物医药企业实现规模以上工业总产值 116 亿元。2012 年 3 月，三灶镇医药产业成为珠海第二个国家级示范基地，珠海生物医药产业形成了以联邦制药、丽珠医药集团、康德莱及和佳医疗器械为龙头，以产业集聚形态为特征的医药产业集聚。

基于珠海市生物医药的迅猛发展，我们大体做出如下发展状况图（见图6）。而珠海市的医药龙头区——金湾区 2010 年生物医药产业产值超 70 亿元人民币，珠海联邦制药股份有限公司成为珠海市首家产值突破 50 亿元的企业。"到 2015 年，该区生物医药产业总产值预计可达 200 亿元，占全市生物医药产业经济总量的 80% 以上"。

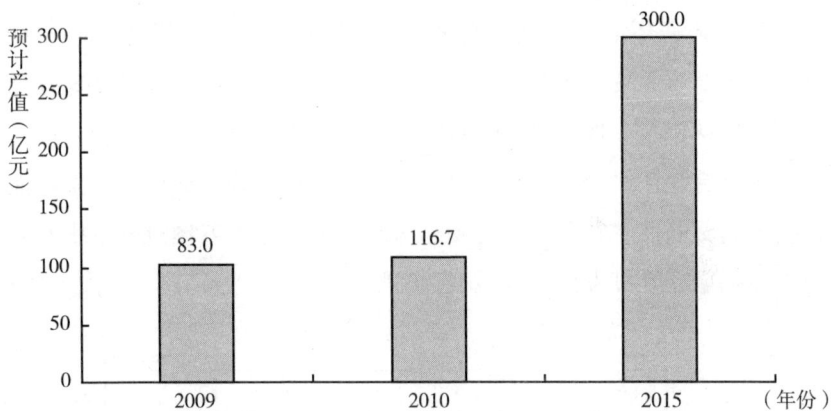

图 6　珠海市医药行业产值走向

（二）我国医药产业供应链状况

1. 我国医药产业供应链的构成形式

目前我国医药行业供应链如图 7 所示。图 7 中方框的长短表示物流量的大小，箭头表示供应链的通路。

从图 7 可以看出，贯穿整个供应链的渠道主要有四种，分别为：①药品生产企业—连锁药店—消费者。②药品生产企业—药品批发企业—医院—消费者。③药品生产企业—药品批发企业—连锁药店—消费者。④药品生产企业—医院—消费者。

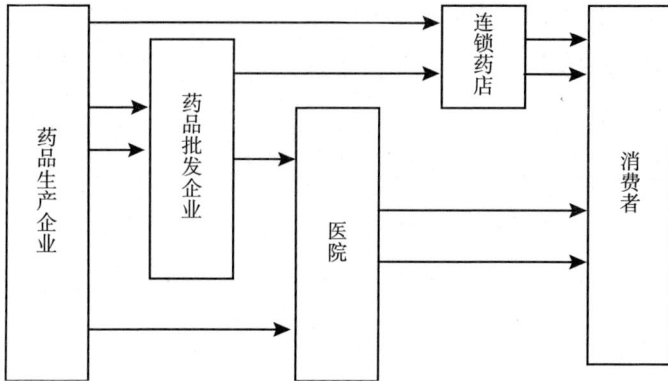

图7　我国医药产业供应链形式

2. 我国医药产业供应链存在的问题

（1）医药流通环节和交易层次多、交易渠道复杂。与发达国家相比，我国药品流通环节多、交易层次多是非常明显的。药品从出厂到最终消费者手里，在国外成熟市场一般为2~3个环节，在我国却往往有6~7个环节。仅批发环节一般就有地区总经销、市级批发商和县级批发商。此外，医院不能直接从制造商处购买药品，在药品最终到达医院之前，至少要经过一个中间商的交易环节，包括全国性批发商、区域/省级批发商或本地分销商，如图8所示。

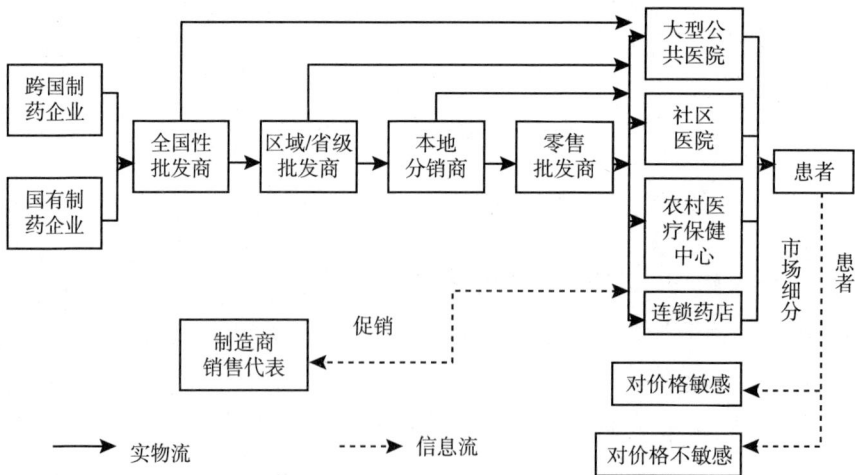

图8　中国医药供应链

（2）医药供应链的节点企业规模偏小、行业集中度偏低。与美国、日本、欧洲等发达国家和地区相比，中国医药行业非常缺乏集成度，亟须整合。2008年中国最大的三家医药分销企业（中国医药集团总公司、上海医药集团公司、九州通医药集团公司）只占有中国医药市场20%的份额，前十大分销商也只占有35%。

（3）药品物流信息化技术水平落后。由于信息技术落后，不能发挥对物流的指导作用，因此现代物流的高效性也无法发挥。

3. 我国医药供应链的整合

2009年，国家相关部门已经明确指出，将计划用5年左右的时间扶持建立5~10个面向国内、国外两个市场，年销售额达50亿元的特大型医药流通企业，建立40个左右年销售额达20亿元的大型企业，这些企业的销售额要达到全国销售额的70%以上。

若上述目标得以实现，则意味着中国未来的医药商业业态将成为美国式的。所以目前国内医药企业只有两种选择，即要么被别的医药企业兼并重组或直接被淘汰，要么对自身的供应链进行再造，加快向现代物流企业转型。

（三）国外医药产业供应链现状

国外发达国家供应链管理十分成熟，供应链管理技术应用广泛，如日本几乎所有的药品都直接从制造商进货，供货周期可控性非常强；同时，上游的药品供应商与分销商实现信息共享，当物流中心库存低于一定数量时，信息系统自动生成一个采购单，供应商可根据订单信息及时供应所需药品，如图9所示。

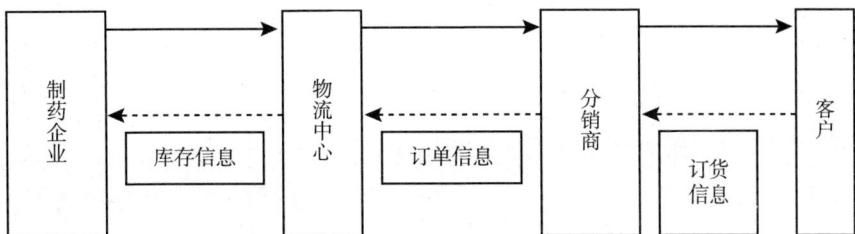

图9　国外医药产业供应链管理形式

以美国为例，美国是当今全球最大的药品生产、销售和使用大国。而美国在药品流通业的规模化、规范化、集约化方面都具有相当的水平，主要表现出以下几个方面的特色。

（1）规模经济优势突出。20世纪末美国的大型药品批发企业由"商业五巨头"及区域性批发企业构成。与我国的批发市场不同，美国的药品批发市场是高度集中的，其中90%的市场份额被有"商业五巨头"之称的五家巨型公司所垄断。

（2）薄利多销。大型批发企业的利润通常由卖方利润和买方利润构成。一方面企业向其客户收取流通费用以及各种中介费用（如运输费用等）来获取卖方利润；另一方面通过提前或者及时地向生产企业交付货款，可以从生产企业获得一部分折扣和付款方面的优惠条件，这一部分构成了批发企业的买方利润。除此之外，批发企业通过预收其客户的货款，而延付生产企业的货款，来赚取一部分的利息收入。

（3）全程一体化的物流服务。随着大型零售企业的迅猛发展，大型批发企业为客户提供了各种便捷的中介服务：一种是"库房—库房"配送服务，即批发商承担药品由生产企业到终端零售企业的运输服务，将从生产企业处购买的药品直接送往连锁药店或医院的库房（中间不再经过批发商的仓库）；另一种是"直接运输"服务，即批发商负责向生产企业下订单和付款，但是药品不再经过批发商的库房，而是生产企业直接送到大的零售商客户手中。据统计，这两种方式的销售额现在已占到了大型医药批发企业销售额的17%（见图10）。

（4）提供多种增值服务。近些年来，美国的药品批发商除了提供物流服务以外，还为其客户提供了许多增值服务。其中主要有标签服务、广告宣传、特殊处理、信息服务等。

（5）信息化程度很高。国外医药集团和连锁药店公司的营运和管理的信息化程度是非常高的。公司的客户管理、销售管理、库存管理、行政管理、财务管理等都是通过计算机信息系统完成的，为公司提供了科学决策的依据和准确、快速运行的保证，从而提高了公司的经营效益，同时能更好地为生产企业、消费者提供服务。另外一个显著的特点是，从发达国家的情况看，网上医

批发商直接运送

```
┌─────────┐      购买      ┌─────────┐          ┌─────────────┐
│ 生产企业 │ ◄──────────  │  批发商  │          │  连锁药店;   │
│         │              │         │          │  医药库房    │
└─────────┘              └─────────┘          └─────────────┘
```

运送

```
┌─────────┐   下订单和付款   ┌─────────┐          ┌─────────────┐
│ 生产企业 │ ◄──────────  │  批发商  │          │   零售商     │
│         │              │         │          │             │
└─────────┘              └─────────┘          └─────────────┘
```

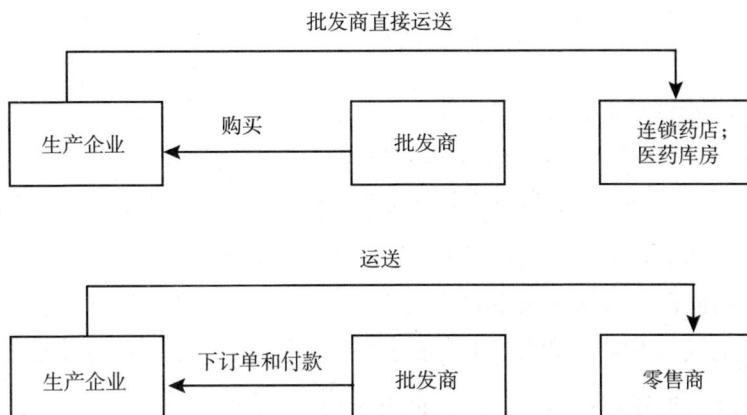

图10　全程一体化的物流服务

药交易十分普遍,据统计,1998年网上药品交易就已经达到了1700亿美元的市场规模。根据最近的一份调查报告,全美上网人口中有50%表示曾在网上查询医疗保健相关资讯或购买过药品或保健品。

(四)珠海市医药产业供应链现状

目前,珠海市医药流通领域缺乏现代化的流通管理理念和管理方法,总的来说没有形成一个完善有效的医药流通供应链。

以珠海联邦制药为例,珠海联邦制药的物流是外包给九州通物流公司的。企业自身没有完善的医药流通供应链系统去管理和整合一个企业的物流、信息流、资金流的流通。

相对珠海联邦制药而言,康德莱拥有自己的物流软件,其零库存降低了企业成本。康德莱研发了专门的物流软件,可直接与医院网络连接,对医院的医用耗材实行在线监测,一旦发现医院某药品库存少于某一标准,即可做到即时发货。建成投产后,还要建立集所有药物、医疗器械于一体的物流配送公司,一支队伍专责药品采购,另一支队伍专责药品销售,直接到终端客户,面对医院。尽管康德莱的零库存配送方式具有优越性,但珠海市医药企业暂时没有哪一个物流企业或者供应链公司拥有完善、有效的医药流通供应链可以帮助医药企业进行供应链管理。

（五）国内外医药产业物流状况

1. 我国医药产业物流现状分析

我国 2007 年颁布的《物流术语》国家标准对物流的定义是这样的：物流是物品从供应地向接收地的实体流动过程，根据实际需要，将运输、储存、装卸、搬运、包装、流通加工、配送、信息处理等基本功能实施有机结合。

医药物流在我国的发展正处于起步阶段。由于我国医药商业企业数量众多，不同地域、不同类型的企业发展水平各不相同，导致了信息化建设和物流体系建设存在很大差异。一方面，部分大型医药商业分销企业已经初步完成了现代化物流配送体系建设，正朝着完善供应链体系、物流配送网络、物流精益化运作方向发展；另一方面，大部分经营效益差、管理手段落后的中小医药商业企业还一直游离于企业信息化改造和现代物流配送体系建设之外。

据统计，我国目前医药物流服务商收益的 85% 来自基础性服务，如运输和仓储管理；增值服务的收益只占 15%。不可否认物流增值服务不仅是高层次的物流服务，而且是物流企业未来主要的利润来源，更可能是未来社会化的分工协作体系向更高级阶段发展的一种过渡形态。因此，可以认为当前我国医药流通领域中的多数物流企业还不是真正意义上的物流企业。

2. 国外医药产业物流现状分析

对比研究发现，美国、日本的医药商业已经形成了高度专业化、规模化、集约化的市场格局，其重要原因之一就是现代化医药物流体系的支撑和信息化网络化手段的广泛应用。

此外，美国的药品物流配送中心拥有很高的作业效率。以位于休斯敦总部的韦德配送中心为例，它负责 300 家药店的配送工作，配送中心设有 10 个部门，分 30 个小组。库区分为整件区、零头区、配送区和出货区。通过信息网络系统，药店的配货订单可实时传送到配送中心，配送中心在接到配货指令后，能在 24 个小时以内完成药品的拣选、组配，并在 36 个小时内送到，配送中心平均每周为药店送货 1.2 次，整个过程全部实现了智能化、自动化、信息化。

（六）珠海医药产业物流的现状

目前，珠海市大多数医药物流企业提供的物流服务仍然是以运输和仓储为主，不仅服务内容和形式过于简单，而且更为重要的是，还没有或根本没有能力全面展开物流信息处理、库存管理、流通加工、物流成本控制等以信息技术为基础的物流增值服务。并且区内大部分医药企业的物流和供应链都呈现出各自为政的状态，缺乏供应链的整合，物流、生产、采购、销售成本比较高。

1. 珠海市医药物流的政策环境

相对于全国其他地区生物医药产业的情况，珠海市生物医药产业的优势在于有完善的产业政策支持和产业发展环境，良好的区域经济和科技创新环境。2009 年珠海市《生物医药高新技术产业化基地规划布局》中指出，珠海市在经过近 20 年的培育和发展之后，已经初步形成集生产企业、研究中心、高校、企业孵化器、医药经销企业、公共服务为一体的"产、学、研、销、服"医药产业集群，培育了包括丽珠医药集团、珠海联邦制药在内的一批国内知名企业。

2010 年，珠海市政府常务会议通过《关于促进珠海市生物医药产业发展的若干意见》，覆盖了生物医药产业研发、生产、流通、服务等全部环节，为正处朝阳期的珠海市生物医药产业打开了攀升的空间。

2. 珠海市发展医药物流的优势

珠海市物流业发展潜力巨大。海陆空"三港"齐聚珠海，一批国内国际有名的物流企业落户珠海。珠海港集装箱码头正在加紧兴建，华南枢纽港地位日渐明显。珠海机场国际航线即将开通，与香港更加紧密的合作关系进一步加强，有望成为亚洲快递中心。建设中的港珠澳大桥、广珠铁路、机场高速和已经建成的江珠高速、西部沿海高速和京澳高速把珠海与国内和国外紧密联系在一起。随着珠海市大工业的发展及立体交通网的进一步完善，珠海市的物流运输将得天独厚、快速发展，区域性物流中心已具雏形。

3. 珠海市医药物流发展中存在的问题

研究表明，制约珠海市现代医药物流发展的因素主要包括六个方面：

（1）医药物流市场呈现多、小、散、乱格局，流通渠道复杂。

（2）医药物流管理水平落后，现代化管理手段和管理理念没有得到充分运用。

（3）医药物流信息化水平落后，尚未构建物流信息技术基础平台，相关信息技术尚未普遍采用。

（4）珠海市目前缺乏和医药产业相配套的医药物流体系。

（5）医药物流人才短缺，尤其是高级医药物流管理人才严重缺乏。

（6）珠海市医药物流企业在物流建设中多数以单个企业为主体，呈现点多、规模大、投资大的状况。

三　珠海市医药供应链存在的问题以及建议

（一）珠海市医药供应链存在的问题

医药行业供应链基本流程同其他行业供应链一样，从原料的采购为起点到最终用户的使用为终点。医药企业根据市场预测制订生产计划，然后从药包材料供应商处采购所需的药辅材料和包装材料。供应商将原辅、包材送到生产工厂，经过检验合格后将其发送到生产部门生产制造出药品。经过检验合格的药品和器械由医药商业公司根据订单批发给各个医院和药店，最后患者在医院或药店获得药品及相关器械。医药供应链如图11所示。

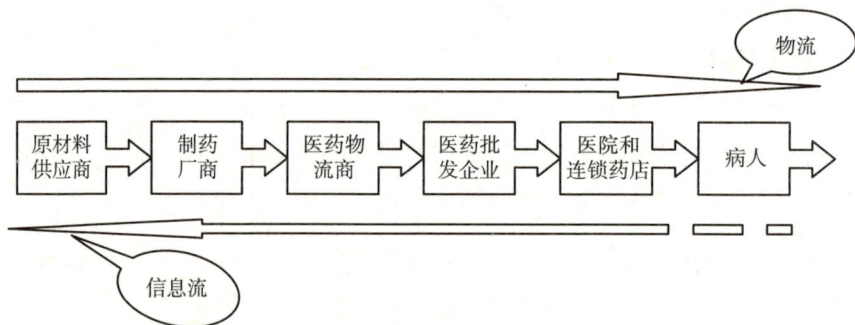

图11　医药供应链

珠海市医药供应链存在的问题主要来源于以下两个方面：

（1）医药供应链自身的复杂性。珠海市医药供应链由多个节点组织组成，主要包括原材料供应商、医药生产商、医药流通公司、零售商（医院、药店）、消费者（患者）。

（2）供应链信息的不确定性影响。目前珠海市大部分医药企业的医药供应链是一种松散的企业联盟，由于信息和物流系统管理的不完善，产生信息迟滞偏差等问题，这将导致上下游企业之间沟通不充分，对产品的生产以及客户的需求在理解上出现分歧，不能真正满足市场的需要，同时也会过量生产，导致过量的库存，造成计划生产与市场脱节。

（二）构建适合于珠海市的医药供应链

供应链管理是指在满足客户需要的前提下，围绕核心企业，借助信息技术，对整个供应链系统进行计划、协调、管理、控制和优化，使总成本达到最佳化，并且寻求两个目标之间的平衡。供应链管理是以同步化、集成化生产计划为指导，注重供应商与客户关系管理，以各种技术为支持，是企业在发展过程中寻求价值链最优的表现。供应链管理涉及的领域有供应、生产计划、物流、市场需求等，如图 12 所示。

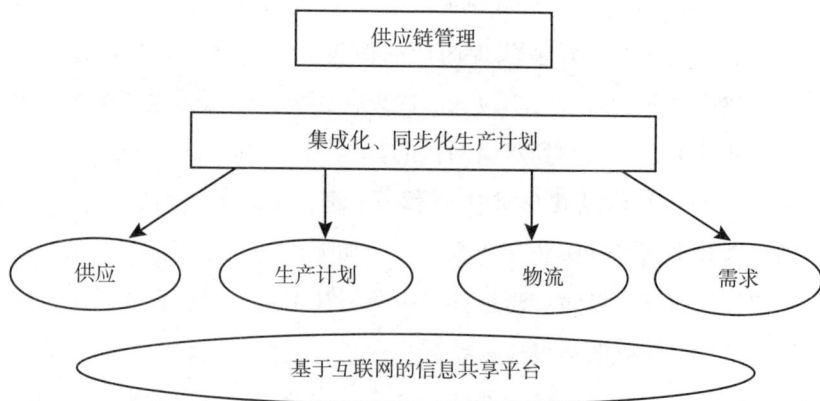

图 12　供应链管理涉及的领域

1. 珠海市医药供应链宏观管理

（1）政府引导培植医药供应链核心企业。医药行业整合、集中度提升是必然趋势，核心企业是供应链的信息集散中心和资源整合中心，是供应链的核心动力，具有管理医药供应链的能力。珠海市要以大型医药生产、流通企业为中心，以市场化运作手段，通过股份制改造、资本营运、兼并联合等方式，加快重组与调整步伐，培植和壮大医药龙头企业。建议以珠海联邦制药、汤臣倍健、丽珠医药集团等公司为重点，加快企业资产重组步伐，倡导强强联合，引导相关中小企业向这些大企业靠拢，培育有竞争力的企业集团。

（2）依托专业园区做大做强医药集群。其中，中心区以三灶生物制药产业"医药谷"为核心，辐射珠海市。珠海市要不断推动各种生产要素向生物制药产业基地和医药产业园区聚集，形成具有较强竞争力的产业集群，实现产业规模的快速扩张；广泛吸纳风险投资，发挥园区的集聚效应，以园区为载体整合医药资源，做大做强珠海市医药业。

2. 珠海市医药供应链微观管理

（1）对采购与供应进行整合。整合珠海市医药产业园采购供应渠道，维持少数几家高质量的供应商来进行集中采购。

（2）对生产进行控制，外包不相关的业务。制药企业是医药供应链中的核心，必须提高药品 GMP（good manufacturing practice，即药品生产质量管理规范）生产管理的水平，从源头提高产品质量，消除不相关的业务，必要时可以外包非核心业务，减缓资本投入。此外，还要加强医药生产企业和流通企业与物流企业的联合，以达到双赢的目的。

（3）建立企业间信息共享机制。第一，建立珠海市医药信息平台，建立产品、项目库和丰富各种医药专业数据库。加强推进各医药企业、园区医药信息平台的建设与对接，及时广泛地共享医药科技信息，提高企业的决策水平和研发能力。第二，建立医药供应链系统平台，包括操作平台、数据库平台和应用平台，加强整个医药供应链内的信息共享，降低信息不畅带来的影响，提高整体运作效率，如图 13 所示。这将为企业与企业之间的业务往来和交易提供全面的解决方案，帮助上下游之间实现电子订单、电子对账、信息往来等。只有优化供应链的产品和相应的服务、交货及时且保证质量，才能使所有的客户满意。此外，还要与供应商、合作伙伴和服务提供商建立战略同盟，减少医药供应链中导致拖延与浪费的环节，减少服务周期与成本，扩大市场机会，积极、有效地利用信息技术，只有这样，才能使医药供应链持续稳定高效率地运行。

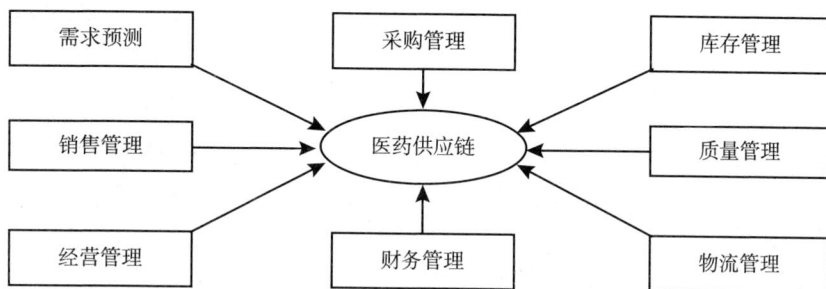

图13　医药供应链系统平台

四　珠海市基于优化后的供应链医药物流运营模式

（一）建立物流园区服务珠海市的医药产业

本文的第二部分详细阐述了珠海市生物医药产业的产品多样化，其中有一部分产品对温度有严格的要求，比如疫苗、血液制品等，还有一些产品对包装有苛刻的要求，比如医疗器械等。大部分生物医药产品对保存环境有严格的要求。所以建立专业的医药物流园区能较好地满足珠海市不同企业的需求，为珠海市生物医药产业的腾飞做出贡献。

珠海市生物医药企业的原材料供应商有的来自珠海本地、有的来自珠海以外的城市，不管原材料来自哪些地方，根据供应链整体最优的原则，这些原材料均应该首先选择存放在一个专业的第三方场所。经过分析，建立适合于珠海的生物医药园区是合适的选择方案之一，然后再根据珠海市各个生物、医药企业的配送要求，按时、按质地配送货物给这些生物医药单位。另外，来自供应链下游的批发商、医院、药店、流通企业也可以通过医药物流园区下订单、配送。其具体模式见图14。

纵观国内外其他地区的医药物流园区的发展，它们无一例外的都是具有优良的交通条件以及区位优势，珠海有得天独厚的区位优势以及交通条件，所以选择建设珠海市医药物流园区是最优的方法之一。建成后的医药物流园区不仅

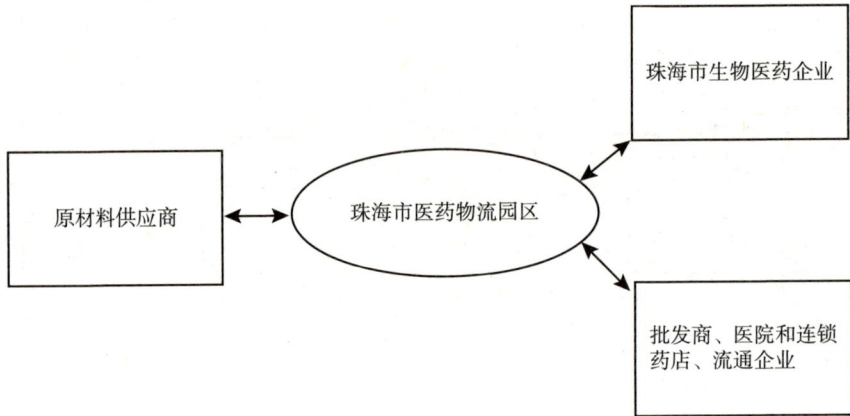

图14　珠海市生物医药产业未来的物流模式

可服务于珠海市的医药物流，也可以服务于香港、澳门及整个广东地区的医药流通，从而成为一个国际性的医药物流中心。

（二）扶持大型的医药物流企业服务珠海市的医药产业

本文提出基于供应链的珠海市医药产业物流系统运作模式，即一个起统一指挥作用的物流中心，多个运营中心。该模式从系统观点出发，通过物流中心协调从原料、半成品和成品的生产、供应、销售直到最终消费者的整个过程的物流运行来满足消费者的需要。其涉及将产品或服务提供给最终消费者的所有环节上、下游企业，但其强调的是符合物流中心与供应商运营中心的协作关系，在此基础上，进行信息共享、资源优化配置和有效的价值链激励机制。其中，物流中心可由政府构建，也可以是由医药企业构建，供应商运营中心由上、下游企业和医药企业分别构建。因为有效控制是现代物流的保证。从医药产业物流运作过程中的业务内容来看，每项内容并不复杂，但要协调整个过程的服务必须建立一个高效而有权威的组织系统，能够监督物流实施状态和未来运作情况，并能及时、有效地处理衔接中出现的各种疑难问题和突发事件。也就是说，需要有一个能力强、指挥灵的物流中心来对整个医药企业、物流业务进行控制和协调，将各种界面和各种决策联系在一起，形成一个统一的整体，从整体优化的角度协调发展。其详细结构如图15所示。

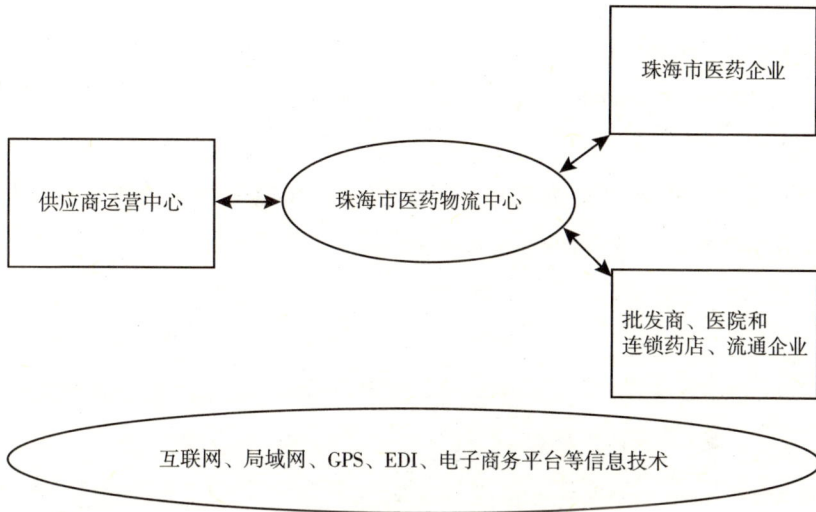

图15　重新构建的珠海市医药供应链

五　总结

珠海市作为广东省医药产业的重要地区，在医药行业有一定的优势。加快结构调整是医药行业转变发展方式、培育战略性新兴产业的紧迫任务。提高医药供应链的管理水平不仅对单个企业，对整个医药行业也都是极其重要的。

本文在对现有文献研究的基础上，就珠海市医药产业、医药供应链、物流的现状、存在的问题以及对策建议进行了分析阐述；对医药供应链进行了较为全面系统的分析，根据供应链中存在问题及其根本原因，提出了对珠海市医药供应链有针对性的解决方案；并且分析了国内外医药产业相关的物流研究，结合珠海市医药供应链的现状、珠海市的区位条件，最后得出了珠海医药产业在经过改进的供应链的基础上，应该怎样发展医药物流。

受知识和客观条件限制，本文仍存在诸多不足之处，对一些问题的研究有待于今后进一步探讨，主要包括以下几个方面：

（1）医药行业供应链中，协调医药企业与第三方物流的关系问题与现实较为紧密，与第三方物流企业的合作到什么程度可以避免第三方物流控制生产企业的渠道。

（2）关于供应链管理实施过程中 SCM（supply chain management，即供应链管理）、CRM（customer relationship management，即客户关系管理）的集成问题的研究。

（3）珠海市医药产业面对供应链的整合，相应的物流技术、信息标准、电子商务共享平台的建立。

珠海地方品牌调查报告

陈雪冰*

一 序言

2006 年上海交通大学编制了中国品牌报告，但只是泛泛地针对所有在中国的品牌，而且基本上都是强势品牌。同样在各个高校及品牌研究中心也往往是在微观上分析很多品牌要素的形成，更注重论文质量，很多情况下对实际没有任何指导意义。相对于珠海市这样一个人口只有 100 多万的城市，其拥有的品牌相对来说是比较丰富的（全国大约有 170 万个品牌），如华发股份、泰锋电器、横琴蚝等。本研究希望通过调查，对品牌的历史、成长以及形成提供完整的记录，为本地企业家和消费者提供有趣的资料，了解企业品牌，了解历史。

本研究使用调查法，除参与本课题的教师外，选择优秀学生 40 名参与本课题的调研，在调研中采用企业实际调查结合资料检索、会议论证的方法。

本研究的思路：从不同行业中选择品牌，包括珠海的文化品牌、制造品牌、旅游品牌、消费品品牌等。

本研究对品牌要素的构成进行了探讨，包括显性要素如名称的含义、包装、标准色、标准字和外形（景色）等，以及隐性要素如历史文化、民间风俗、知名度及美誉度。

在我国生产能力过剩、产品同质化越来越严重的环境下，国家需要调整结构，同时也在强调品牌战略。利用好本地资源，创建并强势塑造自己的品牌，会长远地提高城市的竞争力。具体到企业，就是要提供本地企业与同类外地企

---

* 陈雪冰，任职于北京师范大学珠海分校特许经营学院品牌研究中心。

业竞争的信息，使本地企业及文化品牌更具竞争力。企业品牌的竞争是关乎未来的竞争。

本报告是《中国品牌报告》后第一个研究本地品牌的报告，大量检索资料后，未发现任何涉及地方品牌的研究报告，本研究在第一阶段完成后，计划选择几个珠海地方品牌长期跟踪，通过对这些品牌的分析来阐述一个品牌的形成以及其如何变成强势品牌，并每年发布一次地方品牌报告调查。本报告不同于《中国品牌报告》的形式，它是在珠海不同行业中选择一个品牌，实地考察，并进行全面分析，以建立珠海品牌报告分析系统，为珠海的品牌建设提供帮助，同时也为珠海政府的决策提供有用的信息资料。

二　珠海地产龙头
——华发股份品牌调研报告

（一）华发企业的发展历程

1. 公司简介

珠海华发实业股份有限公司（以下简称华发股份）成立于 1992 年 8 月，其前身始创于 1980 年，1994 年取得国家一级房地产开发资质，2004 年成为房地产上市公司。

一直以来，华发股份始终坚持诚信经营的方针，秉承"建筑理想家"的宗旨和信念，勇于开拓，锐意创新，成功打造了近 30 个房地产精品楼宇项目，多个项目获得国家、省、市各项殊荣。鸿景花园、华发新城、华发世纪城、华发水郡、中山华发生态庄园等成为全国知名的楼宇品牌。

2. 品牌故事

华发股份曾在珠海打出"许珠海一个未来"的口号。这是一个广告语，是华发股份第一个大楼盘华发新城的广告语。在前山河西岸还是一片荒芜、比较偏远的地方时，华发股份第一个选择这里作为一个地产项目，从形态上来讲是城市范围的一个延伸，从房地产来说是改造这块地的落后，带来一种新的生活环境和生活方式。在华发新城一期开盘后珠海城市西扩，华发股份看到了城市的发展趋势，凭着华发股份的努力，在新城项目中取得了意想不到的成功，遂有了"在同行中做建筑规划的领先者，与城市共同发展带动城市规划，努力提升居民生活水平"的开发理念。在和珠海一同成长的历史中，华发股份承担了城市发展规划的使命，不断为珠海建造一个个新城并且带动了该片区的繁荣，同时也带动了行业的发展。凭借 20 多年的历史，在公司新一任主席袁小波的带领下，华发股份依托国际专业团队打造生态建筑，使建筑与周边环境平衡，人与自然友好融合。华发股份的探索决定了公司理念、品牌的定位，在不断地努力和探索中，华发股份无形中成了珠海这座魅力之城最棒的设计者与开拓者。

3. 企业 CIS

一家公司的企业识别系统（corporate identity system，CIS）包含企业视觉上的识别、企业思想文化上的识别以及企业行为识别这三个方面，它对于公司是至关重要的，其中的细致之处都体现着公司的品牌文化以及内涵。

袁小波曾提出要"高调做事，低调做人"，实际上代表了其企业的务实性风格。做事认真，把事做好，在企业宣传推广方面，都立足于已有的发展，并且积极参与社会上的文化公益活动，以具体的事实为基础，没有过多好的或不好的炒作，既务实又开拓。企业外在形象方面，没有做过多的变化，坚持表里如一。华发股份的 LOGO 是隼铆结构，是传统建筑的概念。高明的木工做家具都不用钉子，全用这种"扣"的方式实现稳定，代表了中国最传统也是最先进的工艺。从字母的意义来讲，"H"代表华发股份。

4. 组织架构

华发股份的组织架构如图 1 所示。

5. 企业荣誉

华发股份的荣誉如下：

2010 年 5 月，在"第九届（2010 年度）广东地产资信 20 强"颁奖典礼上，华发股份荣获"最具社会责任房企奖"。

2008 年 4 月，华发股份荣获珠海"纳税十佳"企业。

2009 年 5 月，在第四届珠海企业家活动日上，华发股份被评为"珠海最具社会责任企业"。同月，华发股份荣获"2009 中国房地产十佳诚信开发企

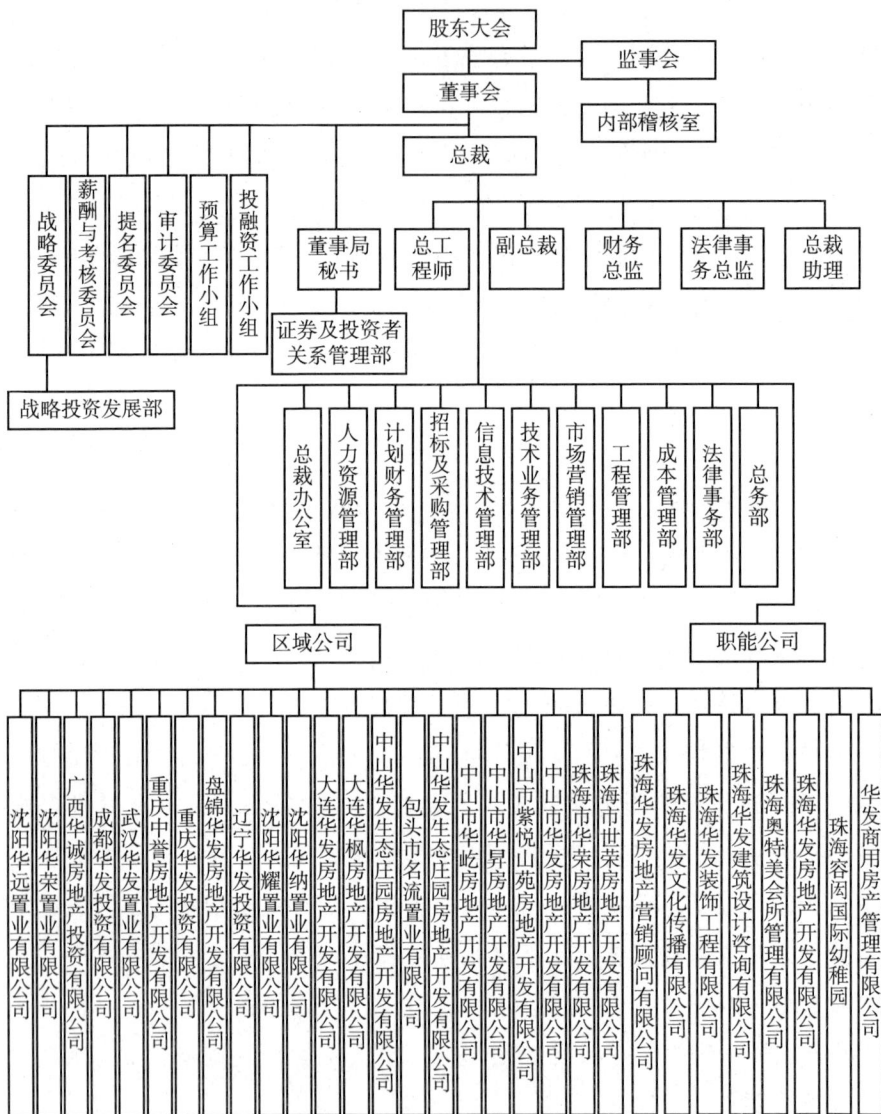

图1 华发股份的组织架构

业"荣誉称号。

2008 年，董事局主席袁小波获得"中国人居 10 年·杰出贡献人物"荣誉
称号。

2008 年 12 月，华发股份荣获"感动社会模范房地产企业"称号。

2008 年 7 月，华发股份荣获"中国人居 10 年·杰出贡献企业奖"。

2008 年 4 月，华发股份荣获第七届（2008）"广东地产资信 20 强"。

2007 年，华发股份荣获"2007 中国华南房地产公司品牌价值 TOP10"。

2006 年 5 月，华发股份荣获"第五届（2006 年度）广东地产资信 20 强"。

2005 年 12 月，华发股份荣获"2005 年中国地产十大领袖品牌开发商"称号。

2005 年，第二届中国地产经济主流峰会上，董事长袁小波荣获"2005 中国主流地产十大领袖风云人物"奖。

2005 年 12 月，华发股份被中国银行珠海分行授予"信誉等级 AAA 级"企业。

2004 年 12 月，华发股份被评选为"中国房地产上市公司 20 强"，名列第五。

2004 年 12 月，华发股份入选上证 180 指数样本股，跻身蓝筹股行业。

2004 年，由《新地产》杂志评出全国 65 家主营业务为房地产的上市公司中"华发股份"居第 21 位。

2004 年 2 月，华发股份在上海证券交易所成功挂牌交易，公开发行 6000 万股（A 股），成为实行核准制以来全国房地产行业第五家上市公司。

2003 年，华发股份荣获第二届广东地产资信 20 强。

2002 年，华发股份荣获首届广东地产资信 20 强。

华发股份荣获 2001 年度中国建设银行珠海市分行 AAA 级企业、2001 年度中国工商银行珠海市分行 AAA 级企业、2000 年度中国交通银行珠海市分行 AA（AAA）级信用企业。

1994 年，华发股份荣获首届中国房地产综合效益百强企业，名列第九。

1994 年，华发股份荣获住房和城乡建设部（以下简称建设部）房地产开发企业一级资质。

华发股份获奖楼盘如下：

2009 年 5 月，华发·世纪城荣获"2009 中国地产十佳建筑品质金奖楼盘"。

2004 年，华发新城在中国城市土地运营博览会评比中荣获"影响中国的三十大社区"称号。

2003 年，华发新城在珠海十大明星楼盘评选中被评为"至尊经典楼盘"。

2002 年，九洲花园和鸿景花园荣获"珠海园林式花园小区"称号，嘉园在"白金置业调查"活动中荣获"读者推荐十大优秀楼盘"。

2001 年，九洲花园被中国房地产报评为中国（珠海）房地产成功经营模式典范——高尚综合社区开发模式。

1999 年，九洲花园被评为珠海市十大明星楼盘金牌康居花园。

1998 年，鸿景花园荣获国家建设部颁发的"全国城市住宅小区建设试点银质奖"。

1997 年，鸿景花园、美景山庄被国家建设部评为全国优秀示范小区，美景山庄被评为广东省优质样板工程。

6. 战略规划

华发股份的发展规划如图 2 所示。

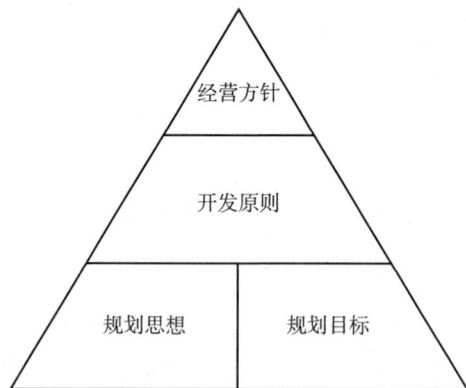

图 2　华发股份发展规划

经营方针：诚信、品质、服务。

开发原则：立足珠海，面向全国；规模适当，效益优先；突出市场，创新品牌；以人为本，打造精品。

规划思想：按现代企业制度要求，实现对企业经营管理机制的重建；按市场原则，重点开发具有特色并符合市场发展方向的优质楼盘，扩大品牌知名度和影响力;以效益为中心,形成科学合理的产品结构和开发结构,确保收入的均衡性;以资本运作为辅助,拓展公司收入来源,提高公司整体盈利能力和水平,为公司竞争实力的提高和持续发展奠定基础。

规划目标:开发能力和市场份额显著提高,品牌优势进一步扩大,形成独具特色的核心竞争力;盈利能力进一步增强,建立起完善的开发管理模式和经营管理体制,并形成均衡合理的盈利模式;通过资本运作,拓宽融资渠道,为扩大规模提供有力支撑。

(二)华发经营状况

1. 公司经营情况

(1)以市场需求为导向。面对严峻的市场形势,公司在控制经营风险的前提下,以市场需求为导向,坚持低位扩张的策略,保持了总体经营平稳发展。2011年公司实现营业收入 59.93 亿元,比 2010 年增长 2%;实现利润总额 11.19 亿元,比 2010 年增长 10.61%;实现归属于母公司所有者的净利润 7.70 亿元,比 2010 年增长 2.43%;基本每股收益 0.94 元。截至 2011 年 12 月 31 日,公司总资产 225.40 亿元,比 2010 年同期增长 10.89%;归属于母公司所有者权益 62.38 亿元,比 2010 年同期增长 8.26%。

(2)公司的优势。第一,珠海市场稳扎稳打。公司在珠海深耕细作 30 余年,华发品牌家喻户晓,产品品质有口皆碑,奠定了公司在珠海的区域龙头地位。公司在珠海本地拥有充足的土地储备。随着珠海在珠三角西岸核心城市地位的确立,珠港澳因交通改善而引致的经济联系越来越紧密,横琴岛开发如火如荼地进行,珠海经济腾飞可期,也必将带来珠海本地房地产市场的持续发展。公司将有机会充分分享珠海房地产市场未来快速增长带来的收益,有利于公司未来经营业绩持续稳定地增长。第二,良好的可持续发展能力。公司稳步推进异地发展战略,夯实异地经营的基础。公司相继在包头、大连、中山、沈阳、重庆、威海等地成立项目公司,累计 26 家,资产规模 90 多亿元。目前总土地储备建筑面积近 800 万平方米,可以支持公司未来 4~5 年的开发需求。同时公司也计划在适当的时机逐步增加商业性地产和持有性物业的比重,这将提高抵御经营风险的能力,增强经营的稳定性和持续性。第三,卓著的品牌效应。公司始终坚持"建筑理想家"的理念，以国际化的设计思维、准确的市场定位和高品质的市场推广，打造全国性房地产精品开发商形象，辅以教育、文化、设计等子品牌，全方位发挥全国化的华发品牌效应。

（3）风险及对策。第一，市场变化风险。公司所处的房地产行业受国家财税政策、土地政策、金融信贷政策等宏观调控及国际经济金融动荡因素影响，容易出现波动，为此，公司成立了专门的政策研究小组，解读国家宏观调控政策，并制订科学的投资计划，严格资金使用，控制房地产投资管理风险；严格成本控制，理顺采购流程，以解决由于土地、原材料价格和人力资本的迅速上涨导致成本大幅提高的风险。第二，集团管控风险。随着全国化战略的展开，异地管控风险增大，为此，公司持续推进管理体系优化工作，进一步完善了组织职能，提升了集团管控与组织能力，打造了具有华发特色的房地产集团管控与流程管理体系。

（4）公司主营业务及经营状况。公司的主营业务是房地产开发与经营，主要是住宅小区综合开发，包括住宅、与住宅配套的商铺、会所、车库等。2011年全年公司实现营业收入59.93亿元，实现利润总额11.19亿元，实现归属于母公司所有者的净利润7.70亿元。

主营业务分行业、分产品情况如表1、表2所示。

表1　主营业务分行业情况

单位：元，%

分行业	营业收入	营业成本	营业利润率	营业收入比上年增减	营业成本比上年增减	营业利润率比上年增减
房地产销售	5240643425.00	3047900122.55	41.84	-6.03	-20.73	增加10.78个百分点

表2　主营业务分产品情况

单位：元，%

分产品	营业收入	营业成本	营业利润率	营业收入比上年增减	营业成本比上年增减	营业利润率比上年增减
房地产销售	5240643425.00	3047900122.55	41.84	-6.03	-20.73	增加10.78个百分点

注：营业利润率（毛利率）比上年增长10.78%，主要是本期销售楼盘单价较高、成本降低所致。

主营业务分地区情况如表 3 所示。

表 3　主营业务分地区情况

单位：元，%

地区	营业收入	营业收入比上年增减
珠海市	5054313857.00	-3.83
中山市	186329568.00	-41.11

注：中山市营业收入较上年减少41.11%，主要是交楼面积减少。

（5）主要项目开发进度情况。2011 年是公司"立足珠海，面向全国"战略取得实质性进展的关键一年。公司在建以及计划开发建设的项目总建筑面积 300 多万平方米。一年来，珠海公司和各异地城市公司按照公司的统一部署，在各技术业务部门和单位的密切配合下，不断加强管理协调力度，全面做好项目开发各项工作，有力保障了各个项目按计划稳步推进。

其一，珠海本地项目。华发·蔚蓝堡项目工程进展顺利，完成主体封顶面积 21 万多平方米，地下室面积 14 万多平方米，办理预售证面积 9.4 万平方米。

华发新城六期工程进度基本按计划完成，主体封顶面积近 14 万平方米，地下室面积 11 万多平方米，办理预售证面积 10 万多平方米。

斗门容闳国际幼稚园于 2011 年 8 月已竣工并交付使用；鸿运台别墅已按计划交付业主使用；华发山庄、四季名苑和峰景名苑均按计划逐步推进；华发集团委托的容闳学校初中部和华发会馆正加紧推进，确保按计划完成。

华发·水郡一期 A 区全面完工，4 标段 2011 年 3 月按计划顺利入伙移交；二期 A 区提前完成 1、2、4 标段竣工验收备案；二期 B 区完成两个标段 5 万多平方米主体结构封顶，砌体工程80%，专业分包工程50%；二期 C 区完成桩基础工程100%，土建工程主体框架80%；湿地公园完成资料馆100%的工程量。

其二，异地项目。包头华发新城一期第 1~8 栋土建工程已完成封顶，住宅室内外精装完成60%；二期第 9~18 栋主体封顶，19 栋主体施工至 17 层，地下车库结构工程全部完成；完成三期概念设计并报规划方案；完成会所室内装修设计并展开招标准备工作。

大连华发新城一期的工程建设稳步推进，完成了现场销售中心、样板房及景观样板示范 A 区等工程，一期土建工程全部封顶，并着手展开精装修工程。此外，大连华发绿洋山庄和华发四季开发建设前期各项工作已按计划有序展开。

沈阳华发首府项目相继完成土地开挖、回填、桩基础设计等工程，主体结构施工完成 9 ~ 10 层，会所主体已封顶，并完成 50% 精装修；岭南荟项目相继完成场地平整、桩基础以及外展场精装修工作，创造了当年拿地当年开工的佳绩；沈北新区保障房建设一期工程 17.4 万平方米全部封顶，获得沈阳市委市政府的高度赞扬。

中山华发生态庄园完成了二期二阶段景观和园林绿化工程，4、5、6 标段单体竣工验收以及样板房和相关配套工程；完成了生态庄园三期规划及产品调整和设计工作，并对三期及后续项目产品定位进行了重新认证与分析；完成对中山华发广场商业部分的规划调整；完成了观山水项目整体定位、概念规划设计、景观设计等，并展开施工前期各项准备工作。

南宁华发新城项目完成了拆迁，拆除违章建筑 1.4 万平方米，同时地方政府出资对横跨项目用地内的一条架空高压线进行了拆除和埋地处理，清除了一期项目用地内的主要障碍，改善了周边环境。在此基础上，平整了场地，完成了地质勘查，完善了临水、临电等设施，为南宁华发新城开工做好了充分准备。

重庆华发·中讯广场项目完成了项目规划设计、前期报建、总体及商业产品定位以及品牌和项目推广前期各项工作。

盘锦华发新城完成了总体规划调整、一期规划调整和深化、一期住宅方案设计和园林设计等工作。此外，完成了办公楼整体装修以及售楼部初步设计等工作。

2. 公司未来发展展望

近年来，公司在巩固珠海地区龙头地位的同时，坚持理性扩张的原则，成功进入重庆、沈阳、大连、南宁、包头、中山、盘锦、威海等市场。随着全国市场布局的不断完善，公司将形成"一线城市作标杆，二线城市为主力，三四线城市作储备"的战略发展结构，为公司长远可持续发展积蓄了巨大能量。

一直以来，公司秉承"越完善越追求完美"和"建筑理想家"的理念，致力于打造房地产精品，已形成具有独特核心竞争力的发展模式。目前公司正逐步进入商业地产领域，并初步尝试保障房及一级土地开发业务，通过增强自身综合开发实力，在细分市场与其他主要的开发企业形成差异化发展态势，争取在全国新一轮城市化进程中获得更多的机遇，使公司在日益激烈的市场竞争中找到新的"蓝海"领域。

3. 工作计划

2012年，面对持续从严从紧的宏观调控形势和日益严峻的市场环境，公司提出2012年的工作总体策略和思路是：转变观念，更新思维，树立全局发展意识，紧跟市场发展方向，加大资源整合力度，全面加强统筹管理，在确保公司运营安全平稳的基础上，努力完成年度经营目标，实现公司持续、稳定、健康发展。

（1）加大营销统筹力度，全力推动楼宇销售，努力实现年度销售目标。2012年，面对国家严厉的宏观调控政策以及日益激烈的市场竞争环境，公司的楼宇销售将面临更加严峻的挑战。面对新的形势，公司将充分发挥品牌优势，采取积极主动的营销策略，把握市场机遇，全力推动楼宇销售，着力加快资金回笼，确保经营业绩持续增长。

（2）加大融资统筹力度，灵活应对资金压力，确保资金链条顺畅运转。研究制订全公司及各项目的融资计划方案，并抓好督促落实；继续保持与各大商业银行和金融机构长期稳定的合作关系，争取在贷款融资方面获得最大限度的支持，进一步巩固并扩大银行融资规模；积极拓宽融资渠道，实施股权私募基金、信托贷款、并购贷款、资本市场融资等多元化的融资模式，灵活应对资金压力。

（3）实施稳健的开发策略，稳步推进项目开发建设。2012年公司实施稳健的开发策略。一是加快推进在建楼宇项目的工程建设进度，确保按时完成，并顺利交付使用；二是按计划正常进行有市场销售前景项目的工程建设。

（4）树立成本意识，着力加强成本费用控制。加大成本费用控制统筹力度，进一步强化成本控制意识，确保公司工程款及成本费用控制工作目标的实现；实行工程款审核审批制度；加强成本费用控制，严格审核项目开发成本开支，实行预算管理制度，做好各项费用预算，根据工作开展的实际，合理安排营销费用及管理费用。

（5）把握市场机遇，完善开发业态和产品结构组合。2012年，面对来自市场、资金等方面的压力，公司对项目投资拓展策略做出了调整。一方面，从公司的整体布局和长远发展考虑，坚持以较少的资金投入获得较大的市场发展空间的原则，积极寻求和把握机遇，审慎实施项目投资拓展，不断完善区域市场布局；另一方面，把握国家的产业政策方向，促使公司从单一商品房开发建设，逐步向商业地产、保障性住房建设、一级土地开发等方向发展。

（6）继续推进管理体系优化工作，实施全国化品牌战略。继续完善公司管理流程和业务流程的梳理和优化，以及各项管理制度的修订和编制工作；集聚优势资源，扩大品牌发展，促进华发品牌向全国化延伸。

（三）市场营销策略

1. 4P 策略

（1）产品。华发股份的几大产品如图 3 所示，它们始终坚持精品战略、生态住宅、需求导向、综合配套、绿色建筑、特区情节的理念。

①精品战略，生态住宅。精品战略是华发股份在房屋建造时的指导思想，它的主要内容是以建筑的主体——房子为出发点，与许多优质的合作伙伴建立了良好的战略合作关系，从设计、装修等方面严格把关，遵循建造精品的理念。

在设计方面，公司从人性化的角度出发，综合当地的气候、周边环境以及经济等因素合理布局，并引入先进理念——生态住宅，即建筑最终能够促进人与人、人与环境、住宅项目与城市环境的和谐。以珠海的前山河房屋项目为例，它的建筑设计就考虑了周边的生态环境以及自然生态，把对自然景观的破坏降到最低，同时还将房屋的设计融入相应的环境中。通过大师的设计，为河岸添彩，华发股份的这种生态住宅的理念不单使城市环境更加优美，带动了片区土地的繁荣，更将环境巧妙地转化成自身的优势之一。

装修方面是华发股份最看重的内容之一，因为一个房屋项目的装修涉及许多的专业知识以及设计理念，毛坯房的销售实际上给消费者造成了许多不便。华发股份是首个引入精装修概念的公司，即帮助业主提前将需要动工的基本装修都一并承包，这样的策略能从实际上解决业主们的许多麻烦。其实，这样的策略与个性化的需求并不矛盾，房屋的基本装修与装饰其实是两个概念，装饰满足个性化，装修是房屋质量的要素之一，从华发股份的精装修可以看出公司对人性化概念的理解。

②需求导向，综合配套。华发股份旗下不仅有房地产，还包括教育、汽车

图 3　华发股份旗下产品

等产业。这些产品的开发并非仅从企业盈利的角度出发，其实更是在满足业主们的需求，为他们提供更多的便利。

子女教育在一个家庭中占据着十分重要的位置，但是如果每天为了接送孩子上下学而奔波劳累，生活的乐趣就会减少很多。为小区配套建设的学校，正是从解决业主子女教育的角度出发的。华发股份秉承其追求品质的作风，在多个住宅区中都建立了普及九年义务教育的配套学校，而且对教学质量要求也十分严格，其中的部分学校已经是省一级的重点学校。在教学中，学校引进许多先进的教育理念，如珠海容闳学校首创"绿色教育"的理念，认为"树上没有两片完全相同的叶子，世上没有两个完全相同的孩子"，"教育要顺应人的本性，教育要适合学生发展的需求"。这样的配套学校和教育理念，在业主心中树立了良好的形象。

汽车产业看起来似乎与业主需求很难有太大的关联，就算是业主有这样的需求，也大不必从华发股份这个经营房地产的公司来购买。但是当年华发股份在经营房地产的时候，进口的商品是需要指标的，而华发股份也正是利用这种经营上的优势来满足消费者的。

③绿色建筑，特区情节。华发股份伴随着珠海这个经济特区的发展而成长。珠海作为珠三角地区的经济特区，并没有将 GDP 作为其发展的根本目标，而是更多地从绿色环保、持续发展这样的角度去经营以及开发珠海这片宝地。华发股份在建立伊始，就已经与珠海特区结下了不解之缘，在政策上遵循绿色可持续经营的策略，在全球倡导绿色经济的今天，绿色建筑早已纳入华发股份的议程范围之内。其实对于市场来说，潜在的需求与未来的趋势是一个企业应该专注并预见的地方，而华发股份已经看到了这一点，并且一直在这样做。

华发股份通过产业之间相互促进、品牌之间相互影响和互相带动的策略，追求卓越。在做楼盘时具有大格局的眼光，旗下的汽车、教育、华发会为推进地产品牌服务，既满足了客户的需求，解决了业主潜在的问题，又提供了优质的生活保障，达到了硬件和服务软件的有机统一，地产销售又良性地带动了这些产业板块的升级和发展。

华发股份的市场价值就是在这样的良性循环中形成的。因为华发股份知道，定价是植根于产品的，只有做好自己的东西，才能获取高的回报，顾客业主才愿意拿出更多的钱来购买产品。这也是华发股份取得定价成功的核心所在。

（2）定价。立足于华发品牌，以地产起家，华发股份之所以如此成功的原因离不开它一直追求的企业使命感和精英意识。

华发地产的楼盘定位中高层消费者，集中在社会精英层——白领、社会商务人士、社会各领域的精英等客户群，针对不同的客户群推出不同的楼盘。由于华发股份一贯的高品质和精品战略，因此华发股份的楼盘具有相当高的溢价空间和品牌信任度。

华发股份的产品理念是：做西装不做时装。推出的楼盘总是能因地制宜，以人为本，立足生活，融入城市，富有浓厚的人文气息和文化底蕴，追求"国际理念""生态住宅""精品战略"。图4是华发股份旗下楼盘的定价信息。

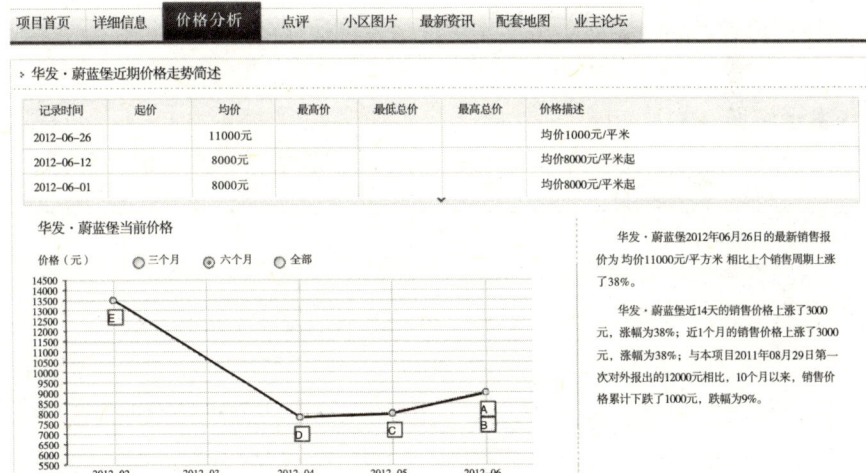

图4　华发·蔚蓝堡定价信息

华发·蔚蓝堡的定位是都市白领精英，客户群相对年轻，价格为8000～9000元/平方米，与市内同款楼盘相比，此楼盘的定价精准，性价比较高（见图5）。

> 华发·蔚蓝堡周边区域价格走势简述

截止到7月12日为止，华发·蔚蓝堡所在的唐家湾区共有在售住宅项目4个，近一个月内，1个项目的销售价格出现下跌，另有3个项目的销售价格与之前持平。

所有在售住宅项目的销售均价为17120元/平方米，近半年来持平。所有4个在售住宅项目与华发·蔚蓝堡相比：

3个项目的销售均价高于华发·蔚蓝堡，售价最高的香格里花园为26000元/平方米，占总数的75%；

1个项目的销售均价低于华发·蔚蓝堡，售价最低的盘龙湾为10480元/平方米，占总数的25%；

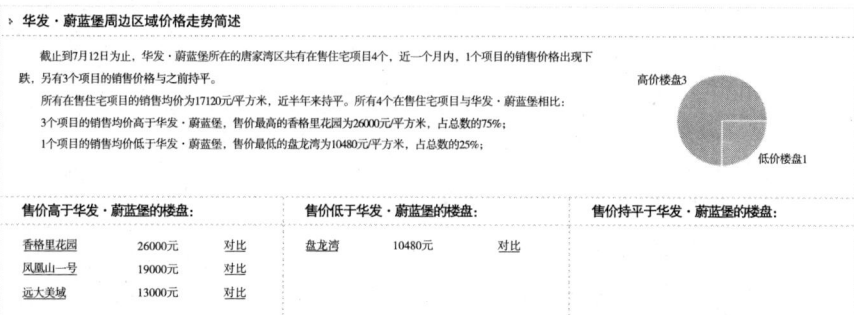

高价楼盘3

低价楼盘1

售价高于华发·蔚蓝堡的楼盘：			售价低于华发·蔚蓝堡的楼盘：			售价持平于华发·蔚蓝堡的楼盘：
香格里花园	26000元	对比	盘龙湾	10480元	对比	
凤凰山一号	19000元	对比				
远大美域	13000元	对比				

图5　华发·蔚蓝堡与市内同款楼盘比较

从图5中可以看出，同区域内有不少楼盘定价高于华发·蔚蓝堡，但华发股份凭借高品质的产品、强大的物业服务、齐全的生活配套设施，让华发股份的楼盘做到高性价比和高质量的高度统一。

我们可以看到在中档楼盘中，华发股份具有很大的优势和品牌信任度，楼盘的均价在10000元/平方米左右，性价比非常高。

让我们再看看华发另外一个高端楼盘华发世纪城的定价（见图6）。

华发世纪城

华发世纪城 华发世纪城 珠海

本楼盘访问：40581人次　团购：41人　论坛帖子数：175篇

| 项目首页 | 详细信息 | **价格分析** | 点评 | 小区图片 | 最新资讯 | 配套地图 | 业主论坛 |

> 华发世纪城近期价格走势简述

记录时间	起价	均价	最高价	最低总价	最高总价	价格描述
2012-04-26	16000元					起价16000元/平方米
2012-04-17		16000元				均价16000元/平方米
2012-02-22		16000元				均价16000元/m²

华发世纪城当前价格

价格（元）　☐ 三个月　☐ 六个月　☐ 全部

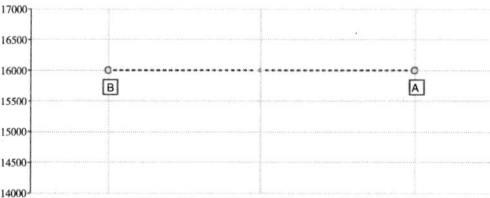

华发世纪城2012年04月26日的最新销售报价为起价11000元/平方米。

华发世纪城近1个月的销售价格持平；近13个月的销售价格下跌了1000元，跌幅为6%；与本项目2010年05月20日第一次对外报出的15000元相比，23个月以来，销售价格累计上涨了1000元，涨幅为7%。

图6　华发世纪城楼盘定价信息

华发世纪城是华发股份的高端品牌，客户定位是社会高层等成功人士。2012 年 4 月起价 16000 元/平方米，在发售过程中始终保持在 16000 元/平方米左右，体现了华发品牌的价值稳定性和楼盘活力。

由图 7 可见，在同区域中，华发世纪城在定价上傲视群雄，价格虽然最高，但因其产品品质好，高端客户对华发股份的高定价是接受的，也证明了华发股份对高端客户的把握能力。

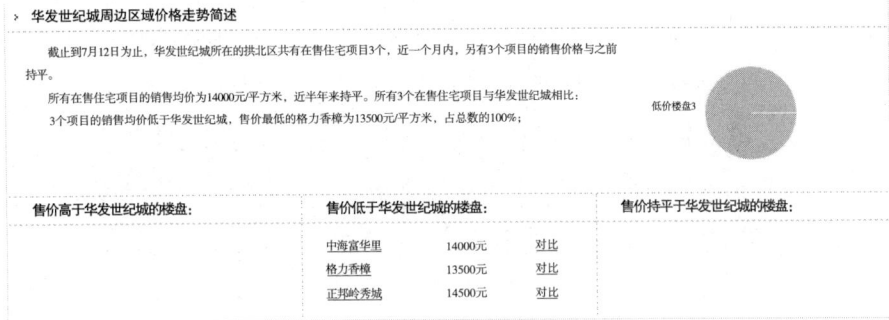

> 华发世纪城周边区域价格走势简述

截止到 7 月 12 日为止，华发世纪城所在的拱北区共有在售住宅项目 3 个，近一个月内，另有 3 个项目的销售价格与之前持平。

所有在售住宅项目的销售均价为 14000 元/平方米，近半年来持平。所有 3 个在售住宅项目与华发世纪城相比：
3 个项目的销售均价低于华发世纪城，售价最低的格力香樟为 13500 元/平方米，占总数的 100%；

低价楼盘 3

售价高于华发世纪城的楼盘：	售价低于华发世纪城的楼盘：			售价持平于华发世纪城的楼盘：
	中海富华里	14000元	对比	
	格力香樟	13500元	对比	
	正邦岭秀城	14500元	对比	

图 7　华发世纪城与同区域同款楼盘比较

定价总结：基本上，一个楼盘的定价要考虑地价、开发成本、税务支出、人力支出、运营支出。地价和税务支出在楼盘成本中占比最大，而且是无法压缩和控制的。开发成本、人力和运营的支出贯穿整个楼盘的实施过程中，要做到成本与利润的平衡和统一。

总体来讲，华发股份作为一个成熟的地产企业，在价格制定上已经具有一定的把控能力，根据市场需求情况，其楼盘价格会自然浮动，华发楼盘的溢价能力也相对较强。

（3）渠道。品牌的营销渠道策略是整个营销系统的重要组成部分，它对降低企业成本、提高企业竞争力、建立品牌意识、改善品牌形象、提升品牌价值具有重要意义，是规划中的重中之重。

作为 21 世纪的黄金产业，房地产业已成为投资者心中的重要目标。随着市场从"卖方市场"向"买方市场"的转变以及企业从"以产品为中心"到"以消费者为中心"的转变，销售渠道作为企业了解消费者、沟通消费者和掌握消费者的核心手段，已成为企业的重要资源，构建高效、稳定的销售网络，对增强企业竞争能力也越发重要。

①直接销售的销售策略。华发股份在珠海一直沿用直接销售的模式，并没有选择其他中间商进行代理销售。华发股份非常注重服务理念，华发股份认为就销售本身来讲是一种服务，如果代理出去就容易造成只剩下销售功能，而丧失服务的理念精神。从产品的角度来说，华发股份建造的楼房属于精装修的住宅，是一个很复杂的产品。在销售过程中服务非常重要，华发股份认为只有自身的团队对自己的产品了解得更多、更细致和周到，才能更加有效地服务于营销各个方面，提高销售率。另外，从销售的技术角度来看，华发股份一直注重吸收和培养专业营销人才，已拥有一支非常强大和专业的销售团队。

②关系营销渠道策略。关系营销渠道是华发股份主要的营销渠道之一。例如，通过"华发会"的人脉关系来推动房产的销售，以消费者为导向，强调通过企业与消费者的双向沟通；通过对华发业主的倾心关怀，建立长久稳定的对应关系，在市场上树立企业和品牌的竞争优势。事实上，任何营销方式的目的都是更好、更大程度地争取消费者。服务是制胜的法宝，从某一角度而言，消费者买的不是产品，而是服务。华发股份的不少楼盘在一期工程时营造了良好的居住氛围，使业主在入住后感受到小区物业管理带来的优质服务，而二期及后续楼盘的销售就在很大程度上获益于业主推介或口碑相传。

③隐性营销策略。隐性营销是营销理论的创新。隐性营销从提升产品的知名度、信誉度、美誉度入手，注重产品的品牌管理，旨在建立顾客导向型文化和树立企业的良好形象。随着市场经济发育日渐成熟，商品的品牌形象已成为消费者认知的第一要素。房地产产品也不例外。

华发股份在珠海经营房地产开发已经有30多年的历史，可以说是伴随着珠海的足迹一起成长，在消费者和业界中有非常好的品牌知名度，另外华发股份是一个有责任、有担当的企业，除了进行房地产开发还热衷于教育和公益事业，在公众的眼中是一个很正面的企业形象，换言之，其隐形营销渠道策略是非常成功的，其旗下的许多楼盘正是因为华发这一品牌而取得了非常好的销售成绩。

（4）促销。房地产的产品对于消费者来说是复杂的产品，其购买行为属于广泛决策类型，参与度高并在认识上有很大的差异。他们的决策反应一般经历六个过程，即知晓、了解、喜爱、偏好、信任、购买。所以选择一个有效的促销方式就显得非常重要。

口碑营销对华发股份的销售起了至关重要的作用。在促销方面，华发股份在广告（见图8）以及大型的促销活动上并没有进行很大的投入。华发股份在珠海深耕细作30余年，华发品牌家喻户晓，产品品质有口皆碑，在珠海树立了一个很好的品牌形象，有相当好的品牌积累，老业主的数量相当可观，并且客户忠诚度非常高。相对于其他竞争对手来说，华发股份有这方面的优势，有非常好的口碑，并且口碑对其销售产生了重大的影响。在某些楼盘销售期，老业主重复购买、老业主介绍亲朋好友购买的比重接近百分之五十。

华发新城五期彩云河畔…	华发新城五期彩云河畔…	华发新城五期彩云河畔…	华发新城五期彩云河畔…
华发新城五期彩云河畔…	华发新城五期彩云河畔…	华发新城五期彩云河畔…	华发新城五期彩云河畔…
华发新城广告形象篇	华发新城视频广告	华发新城视频广告	华发新城二期在水一方
华发新城三期碧水云天	华发新城风光鉴赏	华发股份2005年宣传片	奥特美国际会所UIP篇

图8 华发股份品牌广告

2. 整合营销

（1）名人营销。名人营销事件：①"迈克学摇滚"华发新城专场演唱会；②"华发之夜"2011 张学友 1/2 世纪演唱会珠海站举行；③华发水郡马克西姆演绎"琴动湿地"；④"华发之夜"再奏时代强音，李云迪、袁智丽联袂新春音乐会。

名人营销，即通过邀请知名演员、歌手、艺术家等作为企业形象代言或宣传的手段，可以迅速地传达企业想要表达的信息。华发股份曾邀请丹麦流行音乐史上最成功的团体之一———"迈克学摇滚"乐队，在亚洲地区享有情歌王之称的张学友、世界级钢琴大师马克西姆、李云迪等来举办活动，这些活动的特点是：①邀请的嘉宾都是世界级知名人士，这彰显了华发地产在国际中的文化视野，同时也在对外宣传着华发业主高品质的生活水平以及文化素养。②通过"荣誉业主"这样的形式，将非常多的名人纳入了业主圈，再通过其内部杂志《优生活》来做宣传，使华发股份的品牌形象更加具有优质生活的感觉。③通过冠名或者在社区举办的活动，华发股份都在建立以及维护着它的品牌形象———一个高品质、优生活的形象。

（2）文化营销。文化营销的例子如下。

①珠海华发艺术团。珠海华发艺术团（又名珠海歌舞团）是华发倾力打造的高水准歌舞团。节目均由国家级原创编导亲自排演，演员均从全国各地文艺团体、艺术院校精心甄选。50 人的演员团体，最小 15 岁，最大 21 岁，平均年龄 18 岁。

珠海华发艺术团（见图 9）成立于 2008 年 7 月，曾参加过 2009 年央视春晚和央视元宵晚会、第四届中国中部博览会文艺晚会、第七届中国国际航展文艺晚会、第十一届亚洲艺术节开幕式文艺晚会、中宣部国庆 60 周年文艺晚会《祖国万岁》等大型文艺演出，成为广东省乃至中国文艺百花园中的一朵奇葩，被媒体赞誉"从代表珠海到代表全国"，为珠海赢得了众多荣誉，为珠海的城市形象和文化品位增添了华美色彩、注入了新的内涵。

②《优生活》。《优生活》（见图 10）创刊于 2005 年，是一份主流精英家庭读本，彰显中产阶级的生活方式与品位，倡导主流社会的人文精神与情趣。

图9　珠海华发艺术团

杂志通过丰富精英家庭的生活质感，影响精英家庭的生活理念与消费习惯，为商家与中高端消费者搭建了一个有效的沟通桥梁。

第七十四期　　　第七十三期　　　第七十二期　　　第七十一期

第七十期　　　第六十九期　　　第六十八期

图10　《优生活》杂志

③华发会。华发会（见图11）是由华发股份面向业主通过举办活动来增加华发业主业余生活乐趣的集会。集会中的内容从举办亲子活动到儿童水彩画大赛，从养生漫谈到筹款募捐，从文化大讲堂到弘扬中国武术文化，旨在通过点滴的积累，丰富华发业主的业余生活，兑现其高品质、优生活的诺言。

› 海外记者采访团参观华发社区 - 7月1日下午，海外记者采访团一行20多人参观了华发社区， [12-07-03]

› 华发"爱心千里走单骑" 350名骑友募得数万元爱心 - 用一颗环保的心，给世界最大的爱。6月 [12-06-05]

› 华发新城"玩具总动员"六一欢乐举行 - "玩具总动员"——六一儿童节大型玩具交换活动在华发 [12-06-05]

› "华发业主通讯社"成立，推广幸福的方法 - 珠海市委原常委兼组织部长、现任珠海中老年大学 [12-05-25]

› 华发合唱团11月19日首次惊艳亮相 - 华发合唱团作为特邀嘉宾参演"今夜星光灿烂"郭颍珍师 [11-11-23]

› 知名学者严立新做客文化大讲堂，解读如何预防和打击洗 - 主讲人简介： 严立 [11-11-20]

› 华发会为您的优质生活加油！ - 好消息！！！自2011年9月15日起，华发会会员凭会员卡到 [11-09-19]

› 弘扬中国武侠文化 华发新城探秘"小小咏春拳" - 一部《叶问》电影走红了咏春拳，而一部 [11-07-24]

› 华发会"小小咏春拳"火热召集 - 探秘咏春拳的绝技，弘扬中国传统文化。华发会"小小咏春 [11-07-19]

› 华发新城缤纷享乐季第三弹 陶艺亲子其乐融融 - 为分享华发新城美好生活，优化业主服务， [11-07-10]

› 华发会 "陶艺亲子乐"火热召集 - 陶艺是土的艺术，火的艺术，其实更是人生的艺术；它可以提 [11-07-07]

› 华发新城品茗亦品生活 7月2日养生漫谈 - 年有四季，天有四时，喝茶有益，喝茶有异。继6 [11-07-04]

图 11　华发会活动安排

华发股份在品牌文化塑造上可总结为一团（珠海华发艺术团）、一刊（《优生活》）、一会（华发会），围绕着这三个点，华发股份展开文化及宣传活动，起到了很好的品牌文化建设作用。

三　珠海地方电器零售商，夹缝中崛起
——泰锋电器品牌调查报告

（一）企业描述

1. 企业简介

珠海市泰锋电业有限公司（以下简称泰锋电器）成立于 1997 年 4 月，注册资本为 600 万元人民币，总资产达 2 亿元。公司业务主要涉及家用电器、音响设备、照相器材、电子产品、电子计算机及配件的批发、零售等领域。

泰锋电器多次被评为珠海先进私营企业、珠海市消委会商品品质保证暨先行赔偿单位、私营企业"光彩之星""ZHTV 观众最喜爱的珠海品牌",连续九年被珠海市工商局评为"重合同守信用"企业。作为珠海本土名牌商贸流通企业,泰锋电器从单一门店发展到拥有多家连锁店的企业规模,从简单经营到规模化、品牌化经营,泰锋电器的发展对企业自身的扩充、对促进珠海家电产业的壮大具有较强的示范和带动作用。泰锋电器是目前珠海本地规模最大、最专业的家电连锁经营专业商场之一,在华南地区家电经营行业中具有相当大的影响力。

泰锋电器 14 年来以过半的市场占有率稳居珠海家电龙头地位,并创历年来多项第一。2011 年第一次采用 3D 电视体验室、3C 产品开放式体验、小家电情景式展示等多种新型消费体验,单店面积 11000 平方米,创珠海第一店奇迹,现八店连锁经营规模超 60000 平方米,覆盖了珠海市各主要区域及斗门城区,占有市场 60% 以上的份额。铸造成的珠海大型家电航母,以全新模式呈现给了珠海消费者,到泰锋买电器,享受空前的实惠。

2. 发展历程

泰锋电器成立于 1997 年。近年来,泰锋电器迅速发展,目前已拥有 8 家家电连锁店,覆盖了珠海市各主要消费区域。

1997 年,泰锋公司成立。

1998 年,开办珠海首家大型电器商场——泰锋电视音响城。

1999 年,开办泰锋电器主题广场(拱北总店)。

2000 年,开办泰锋空调厨房电器广场(前山分店)。

2003 年,开办泰锋电器广场(新一佳分店)。

2004 年,开办泰锋数码家电广场(吉大分店)。

2004 年,开办华南区最大型的专业家电商场之一——泰锋电器旗舰广场。

2005 年,泰锋总部移师香洲诚丰名园二楼。

2006 年,泰锋专业售后物流配送安装中心扩业。

2006 年,泰锋灯光音响工程部扩业。

2006 年,泰锋中央空调工程部扩业。

2006 年，泰锋属下机构——泰星达专业维修中心成立。

2007 年，开办泰锋斗门大型家电广场（斗门旗舰店）。

2007 年，泰锋总部移师前山明珠南路 2021 号泰锋大厦六楼。

2010 年 9 月，泰锋电器南屏店开业。

2011 年 3 月，泰锋电器拱北店重装开业。

2011 年 4 月，泰锋电器新香洲旗舰店扩张开业。

2011 年 7 月，泰锋电器上冲关口店开业。

（二）品牌元素

1. 标志与口号

泰锋电器的标志与口号如图 12 所示。

图 12　泰锋电器的标志与口号

2. 企业理念

泰锋电器的企业理念为：珠海人的泰锋，服务珠海更专注；致力于打造优质电器连锁销售平台。

（三）行业和市场分析

1. 泰锋电器 SWOT 分析

泰锋电器 SWOT 分析框架如图 13 所示。

（1）S：竞争优势。其优势体现在：第一，物流自有。国美、苏宁的物流都是第三方物流，而泰锋电器是自有物流，据泰锋电器总经办主任介绍，因为是自有物流，所以在调货或是退货方面要比国美、苏宁快很多，同时服务会做到最好。第二，售后服务好。泰锋电器所有管理售后的维修部门都在珠海集中，人员充足，一旦顾客有需要会以最快的速度赶到，而且服务态度好，让消费者赞不绝口。第三，市场集中，对市场灵敏度高。泰锋电器市场集中在珠

优势（S）	劣势（W）
1.物流自有 2.售后服务好 3.市场集中，对市场 　灵敏度高	1.资本不够雄厚 2.市场狭小
机会（O）	威胁（T）
1.扎实的消费者基础 2.广阔的发展空间 3.市场覆盖率大 4.政府的扶持	1.国美、苏宁强硬的竞争对手 2.外来人口逐渐增多 3.中国经济不稳定，有 　可能发生金融危机

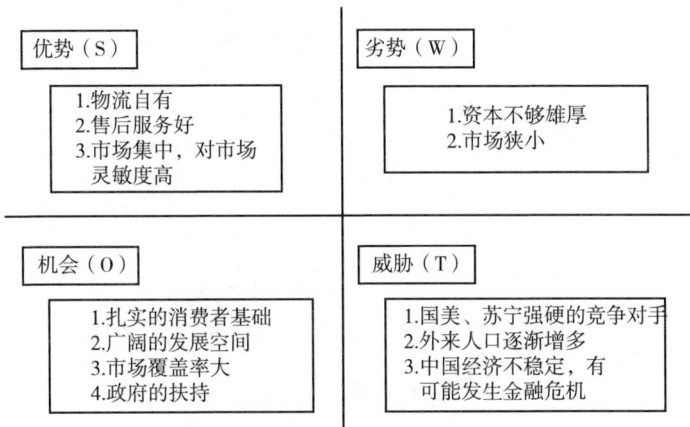

图 13　珠海泰锋电器 SWOT 分析

海，所以市场针对性比较强，应变能力快，而对于主要竞争对手国美、苏宁来说，因为它们的市场广阔，珠海只占其中的一小部分，所以不会像泰锋电器一样将所有注意力集中于珠海。

（2）W：竞争劣势。其劣势表现在以下几点：第一，资本不够雄厚，一旦发生金融危机很可能会对公司造成重大打击。第二，市场狭小，现有市场只局限于珠海，消费人口有限，而且珠海并不算经济发达地区，人口也并不密集，所以消费人口和市场的局限性会限制公司的发展，影响公司的壮大。

（3）O：机会。第一，扎实的消费者基础。泰锋电器在 1997 年就已建立，对于珠海人来说是很有影响的企业，人们对泰锋电器有深厚的感情。而对于新进入的企业来说，培养消费者还需要很大的投入和很长时间。所以这是其他竞争者所没有的优势。第二，广阔的发展空间。泰锋电器现在的市场主要集中于珠海，但是珠海周围的地区也是很好的市场，如中山地区等。现在的泰锋电器开始逐渐扩展市场，不再局限于珠海，这样可以扩大企业规模，有利于企业日后的壮大。第三，市场覆盖率大。这个市场仅指珠海，如果从全国范围来看，泰锋电器和国美、苏宁相差很远。但是如果从珠海市场来看，国美、苏宁还达不到泰锋电器的覆盖率。泰锋电器有 8 家店，而国美目前在珠海有前山店、粤华店、吉大店、香洲店、香洲旗舰店，一共 5 家店；苏宁有翠微店、斗门店、丹田广场店、人民东路店，一共 4 家店。可见苏宁与国美的店面远不如泰锋电器多，而且泰锋电器店面几乎覆盖了珠海的繁华地区，在市场上抢得了先机。第四，政府的扶持。珠海市政府对本土企业有相应的扶持。例如，珠海政府部门的电器绝大部分都从泰锋电器购买等行为就是对本土企业的支持。

（4）T：威胁。第一，国美、苏宁对泰锋电器来说是最大的威胁。虽然现在国美、苏宁的门店不如泰锋电器多，但是在短短几年内能开到 5 家，其速度也不容小觑，照此发展，再过几年门店数就会超过泰锋电器，这对于泰锋电器来说是不小的威胁。第二，外来人口的逐渐增加。虽然泰锋电器在珠海人心中有很高地位，但是珠海有越来越多的外来人口，外来人口对泰锋电器没有深厚感情，会觉得国美、苏宁是大品牌，可信赖。如此，泰锋电器便会失去部分消费者。第三，经济的不稳定。泰锋电器的主要竞争对手是国美、苏宁，现在三家电器已成三足鼎立之势。经济一旦出现滞涨、泡沫等不稳定因素，虽然会对国美、苏宁造成冲击，但对于泰锋电器来说则很可能是面临倒闭的危机。

2. 国美、 苏宁与泰锋电器分析对比

国美、苏宁与泰锋电器分析对比，如表 4 所示。

表 4　国美、苏宁与泰锋电器分析对比

项目	经营方式	目前实体店市场	物流	侧重方面	供应商供应方式	主要宣传方式	店面对比
泰锋	直营	珠海	自有物流	服务	B2B 与个人供应并存	报纸	吉大店、拱北店、前山店、香洲店、世邦店、上冲关店、南屏店、滨江路店（8 家）
国美	直营（准备特许）	全国	第三方物流	扩张	B2B	电视广告	前山店、粤华店、吉大店、香洲店、香洲旗舰店（5 家）
苏宁	直营（准备特许）	全国	第三方物流	质量	B2B	电视广告	翠微店、斗门店、丹田广场店、人民东路店（4 家）

第一，经营方式分析。三家企业的经营方式都是直营，但是国美、苏宁已经开始准备采用特许的方式进行扩张。

第二，市场分析。国美、苏宁的市场几乎覆盖全国绝大部分大中型城市，同时准备深入小城市甚至农村，但是目前泰锋电器的市场还是局限于珠海本地，下一步的目标就是走出珠海，向广东其他城市发展，首选目标是中山市。泰锋电器是珠海的地方性企业，在珠海已经有十几年的历史，而国美、苏宁近几年才入驻珠海，在珠海人眼中，泰锋电器是可靠可信的，在群众中有一定的基础，所以在顾客基础上要比国美、苏宁有竞争力。

第三，物流分析。泰锋电器在物流方面的竞争优势上文已提到，在此不做赘述。

第四，侧重点分析。泰锋电器现在侧重于用服务和国美、苏宁进行竞争，国美、苏宁是全国性的大型企业，泰锋电器在渠道或者其他方面与其竞争会比较困难，而只有在服务方面通过努力，争取做到比对方好才能在珠海与两大电器公司抗衡。

第五，供应方式分析。泰锋电器的供应方式是 B2B 和个人供应商并存，有些进货量小的电器是通过一些供货商进货，不是 B2B 的形式。而国美、苏宁是全国性的企业，商家都是从厂家直接进货。

第六，宣传方式分析。泰锋电器的主要宣传方式是定期在报纸上做宣传。例如，在《珠江晚报》或是地方性的报纸上刊登，在搞优惠活动的时候会在头版刊登来吸引眼球，同时增加知名度。而国美、苏宁是全国性企业，进行广告宣传的主要方式是通过电视广告，覆盖面比较广，同时也符合自身的大企业形象。

第七，店面数量的对比。国美有 4 家店面；苏宁有 5 家店面，而泰锋电器的店面达到 8 家。

3. 行业的市场潜力

（1）市场竞争。作为珠海本土的家电销售商，泰锋电器所经历的历史就是珠海家电商品从简单到丰富、从昂贵到便宜的过程。泰锋电器作为珠海的本土企业，先是从本土企业的竞争中脱颖而出，其后在全国连锁企业的扩张中站稳了脚跟。今天，泰锋电器又在激烈的竞争中进一步完善管理体系，逐渐涉足珠海以外的市场。

与苏宁、国美这样的全国性连锁家电相比，作为珠海本土家电的龙头企业，泰锋电器的优势在于，上游议价资源比较强，毕竟泰锋电器在珠海市场占有的份额最大，而且泰锋电器的管理体系也比较完善。在本土的扩张中，不存在不适应的情况。和苏宁、国美这些全国性连锁的家电零售销售商不同，泰锋电器的发展策略更加彰显"本土"性——泰锋电器有自己的专业维修中心和物流配送安装中心。自有维修中心可以弥补某些品牌在珠海没有设维修点的空白，自有物流配送能够根据消费者的需求送货上门，不需要第三方的物流中心来提供服务。

当市场逐渐饱和时，泰锋电器会制定不同的发展策略，努力实现从一个民营企业到现代企业的转型，而不仅仅靠经验来扩大市场。

在十几年以前，珠海也有很多本土的家电销售商，如大昌、新东升、万宝、惠佳和新国强等。经过激烈的竞争后，这些本土企业或者倒闭或者萎缩，泰锋电器能够胜出并逐渐站稳脚跟是市场选择的结果。而现在泰锋电器和苏宁、国美的竞争也是经过市场选择后存在的，三家大企业集聚在一起反而有规模效应，是一个标准的格局。现在几家企业之间的价格竞争是良性竞争，由竞争带来的价格下降与服务提升受益最大的是消费者。

目前泰锋电器在珠海已有 8 家连锁店，通过多年来的市场细分化和零售多元化的经营策略，形成了以新香洲旗舰店为标杆，以拱北店 3C 为主力，以吉大精品店和前山世邦社区店等为辅助的经营格局。泰锋电器在珠海所占市场份额为 60%，国美、苏宁共同占有 40% 份额。泰锋电器的发展是立足本土的积累式发展，其市场基础是珠海的老客户群体。而竞争除了品牌价格的优势外，更主要的是服务品质的竞争。

（2）客户。目前，家电市场上 80 后已经逐渐成为消费主流。在国内的城市市场，未来一段时间对家用冰箱有购买需求的人年龄基本锁定在 25～40 岁，新婚、新居、产品升级及孝顺父母是购买家电的初始原因。可以说，如何满足 80 后人群的消费需求，将成为家电制造企业未来很长一段时期的竞争关键。

为满足消费者对家电服务的个性化需求，并为改进泰锋电器服务提供更科学的市场依据，泰锋电器在各门店设立服务专员，增加收银台，采取多种服务方式，确保及时反馈顾客问题，随时接受顾客朋友的服务预约。

（3）市场渗透。

①有形化的服务为品牌带来了无形的收益。个性化营销：企业把对人的关注、人的个性释放及人的个性需求的满足推到中心的地位，企业与市场逐步建

立起一种新型关系，通过建立消费者个人数据库和信息档案，与消费者建立更为个人化的联系，及时地了解市场动向和顾客需求，向顾客提供一个个人化的销售和服务。顾客根据自己的需求提出商品性能要求，企业尽可能按顾客的要求进行生产，迎合消费者的个性需求和品位。

个性化的产品和服务在某种程度上就是定制。泰锋电器靠服务卖钱，不再是一句玩笑。泰锋电器通过实践将目标变成现实。靠服务卖钱，使珠海家电连锁业老大找到了新的利润增长点。泰锋电器所有的售后服务都是自营的，目前在安装、维修业务上，其毛利率已超过70%，而空调销售的毛利率还不到20%，小家电的销售毛利率也不过20%。

事实上，靠服务卖钱在一些跨国知名企业中并不少见，服务带来的收入已在其公司利润中占有相当大的比例。例如，GE公司的服务利润占其总利润的比例由25年前的15%上升到目前的50%；IBM公司实施战略转型后，服务收入增长了15%。所以说有形化的服务为品牌带来了无形的收益。

②服务多元是目的。苏宁、国美家电进驻珠海，对泰锋电器来说面临的是一场实力的较量。泰锋电器能占有珠海家电零售60%以上的份额与泰锋电器的自有物业和自营安装维修有直接关系。因为家电服务的竞争也直接影响到产品的销售和市场占有率。

提高服务时效和顾客满意度是注重"服务营销"的重要部分。外来企业家电品牌不可能整合所有的维修资源，本土维修企业可与更多的家电品牌企业建立特约维修关系，发展区域连锁，在多个层面、多元化上与外来企业展开竞争。

随着家电领域的不断拓展，消费者看重的是更好、更快、更专业的服务，谁能在售后服务的规模、特色、网络、有形化及多元化上做足功课，谁才有可能胜出。泰锋电器的"珠海人的泰锋，服务珠海更专注"及"真实真诚"的经营服务理念已深入人心。

（4）定价策略。泰锋电器坚持价格便宜才是硬道理的宗旨，不断为顾客提供各种实惠。

泰锋电器的价格在市场上与其他家电卖场的价格基本持平，不会出现刻意压低价格等恶性竞争的行为。

泰锋电器承诺，在泰锋电器的销售厅中，各类电子产品的价格都将是珠海各大商场中最低的，因为泰锋电器已与各大生产厂商有了深度的交流和联系，同时以大规模进货作为保证，可以确保商品价格的稳定。同时，泰锋电器对所有的消费者都将实行"五星级"的服务，即通过自己的售后保障服务，免除消费者的后顾之忧。

4. 产品渠道

（1）门店销售。10多年来，泰锋电器迅速发展，目前已拥有8家家电连锁店，覆盖了珠海市各主要消费区域。由于泰锋拥有不同形式的家电连锁店，可以将城区、社区的消费人群加以细分，便于做好精细化服务，提升泰锋电器在电器领域的竞争力。

在终端竞争过于激烈、"千军万马争过独木桥"的时候，泰锋电器采用自有物业、自有物流、自营安装及自有售后服务队伍，完善EPR（electronic public relation system，即网络公关系统），通过建立一种适合本公司的经营方式，成功地走出了终端，赢在了终端。

（2）网络渠道。泰锋电器官网已开通网络渠道销售，不过还处于起步阶段，网络销售还不完善。目前在拍拍网、淘宝网等平台上都有泰锋电器的销售。同时泰锋电器还和某些团购网站进行合作，增加其销售量。

（3）社区销售。公司派专人与珠海各大型楼盘、新楼盘接触，把目光转移到了更接近消费者的社区。每当新楼盘落成，业主即将入住时，就在新楼盘附近临时搭建帐篷，与小区管理处洽谈，组织团购。在业主眼前展示泰锋电器的实力，利用在商品采购、物流配送、服务管理等方面的整体优势，为业主提供选择、购买、安装的方便，这是一种比任何宣传和促销更有效的社区销售方式。

终端并非渠道的终点，在终端竞争日趋激烈、终端门槛越来越高的情况下，有些企业为了进一步增加竞争优势，跨越终端直接做社区销售，成为当前营销的一大亮点。

（四）宣传渠道

1. 报刊宣传

在珠海甚至省内各大具有影响力的报刊上刊登泰锋电器的广告，通过纸媒宣传泰锋电器。泰锋的主要宣传渠道是报纸，珠海本地比较有影响力的报纸会经常刊登泰锋电器的广告。

2. 网站宣传

在对目标客户群有涉及的网站上贴出网页动态广告，通过生动形象的展示来引导消费者认识泰锋电器。而且网店的价格比实体店便宜，有时会有折扣让利或者团购的活动来增加销量。

3. 店面宣传

在泰锋电器的店外、店内张贴海报或有关泰锋电器的介绍和照片，同时还配有泰锋电器做公益活动时的照片，如此可以对入店客户起到宣传效果。

4. 促销活动

通过制定节日性的促销活动或者 VIP 消费卡等方式，为泰锋电器吸引并留住更多的客户。泰锋电器还经常开展产品折价让利、赠品销售、现金返还、集点购买、抽奖销售活动，在网上也经常进行团购活动；此外，还有联合促销，如和格力、美的等企业的联合促销活动。

5. 户外广告

在公交车车身或者车座靠背上为泰锋电器做广告，在路边公交亭等都有泰锋电器的广告。

6. 与政府合作

通过与政府机关单位签订合作合同，开启为政府机关单位提供电器以及电器服务的专一通道，以此来提升泰锋电器的公关形象以及品牌形象。

7. 与相关的组织合作

除了政府机关单位之外，泰锋电器还可以同社会上以及行业内有影响力、有知名度的各类组织达成合作，使泰锋电器的企业形象深入各个行业。

（五）终端营销

珠海泰锋电器赢在终端。销售终端是指产品销售渠道的最末端，是产品到达消费者完成交易的最终端口，是商品与消费者面对面地展示和交易的场所。珠海泰锋电器就是通过这一端口和场所，由厂家、商家将产品卖给消费者，完成最终的交易，进入实质性消费；通过这一端口，消费者能够买到自己需要并喜欢的家用电器产品。

珠海泰锋电器的终端营销策略是：决胜终端；得终端者，得市场。

1. 主推商圈升级

1999年正式成立泰锋电器主题广场——拱北总店。随着公司的发展以及对终端建设的逐步重视，拱北店由刚成立时的一层发展到现在二层的营业面积，同时也对产品结构进行了全面调整。一方面，将集中整合行业资源，梳理部分影响力较小的品牌，保留国际、国内一线品牌；另一方面，在产品品类选择上更重视市民日常生活需求，加大彩电、冰箱、洗衣机、空调出样面积，从消费者需求出发，对商场通道、照明系统进行重新规划。这样大大强化了泰锋电器终端市场的竞争力，从而提升了泰锋电器的盈利能力，树立了品牌形象，促使企业做大做强。从一定意义上来讲，获得了顾客的青睐，提高了顾客对泰锋电器的依赖程度和对泰锋电器的忠诚度。

2. 主攻时尚高端

"环境更舒适、布局更合理、服务更细致、产品更丰富"是泰锋电器拱北店全面升级的方向。

2009年，拱北店在淘汰部分销售平平的产品和品牌后，该店引入了大量的新品牌、一线主力品牌的全线产品，立挺时尚化、精品化路线。在布局方面，二楼彩电专区尝试将"体验式购物"引入其中，采用各具特色的专柜设计及"客厅式"布局，希望拉近与消费者的距离，提供面对面购物体验。在服务方面推行标准化，从促销员的每一个促销用语到待人接物的礼仪，都重新制定了标准，希望让顾客感受到更多贴心服务。此外在国庆黄金周期间，三星、索尼、长虹、创维、TCL、海信等市场主流品牌抛出采购大单，其中特价机占到50%，合资彩电占60%，大屏高清彩电占40%，高清彩电的平均降价幅度达到20%，以最有力的手段让消费者释放潜在的高清梦想。

3. 主动适应市场

拱北店自成立以来，主动适应市场、全面提升整体实力的战略性出击，确立了其在该商圈家电市场的地位。随着拱北商圈商业业态的变化发展，家电消费的需求结构也发生了巨大变化。特别是近一年来珠海家电业竞争形势跌宕起伏，外来连锁店纷纷做出调整，客观上对泰锋拱北店原有的经营优势造成压力。

4. 完善优质的服务体系

在日趋激烈的家电市场，优质的服务才是制胜的关键。泰锋电器销售赢在物流配送上。物流配送中心的师傅们、安装中心的技术人员那种"不断超越，永不止步，提升自我，拉开距离"的精神，让我们更加坚信泰锋电器服务体系团队是有巨大潜力的，泰锋电器服务体系在所有人员的共同努力下会越来越好，取得更大的辉煌！

5. 物流配送

黄金周期间，珠海家电市场店面销售火爆，同时也给物流配送中心带来了巨大压力，几乎每天的货物配送量都接近平时的三倍。物流办公室内打印交货单的声音几乎没有停止过，几个工作员不间断地接打电话。库房里更是忙着进货、理货、出库。泰锋电器的物流配送中心全体员工秉承"迅速反应，马上行动"的信念，齐心协力，在处理完所负责库区的事情后就急速支援其他库区，物流中心、安装中心、IT 部、采购部、仓管员、各门店的负责人更是连续几天坚守在物流配送中心现场。

6. 售后安装

售后安装部门是泰锋电器提供的最后一道服务环节，安装部门提供服务的好坏直接影响了顾客对公司的满意程度。面对黄金周期间的高作业量，安装部门展示了良好的专业技能。

每到夏天临近，安装中心的师傅们总是顶着炎炎的烈日进行安装作业。每日的大作业量，甚至连日高强度的工作，他们没有任何怨言，坚持为顾客提供最优质的服务。偶尔有顾客要求当日送货当日安装，甚至是下午送货下午安装，泰锋售后秉承"真实真诚，让顾客满意是泰锋的职责"的精神，专门开通绿色通道，满足顾客的要求。

7. 维修服务

面对呈几何级数增长的销售量，泰锋电器维修服务中心的维修人员没有被吓倒，始终坚守在电话机旁耐心地解答顾客的各种问题。

2012 年黄金周期间由于销售较往年有突破性增长，维修服务部门的每位员工在此期间都经受了巨大的考验。当顾客遇到的问题较严重、需要多方协调时，维修服务中心发挥了极大的作用。据维修服务中心的负责人介绍，维修服务中心所面对的都是十分棘手的问题，既要及时回复、迅速解决，更要让顾客满意，在这里工作承受的压力可想而知。每天不停地接听电话使工作人员十分疲惫，但维修服务中心的工作人员纷纷表示，黄金周期间接受这样的挑战是十分有意义的事。每当听到一个顾客收到了公司的送货，对公司服务表示满意时，他们心中就感到非常欣慰。

（六）泰锋的成功对我们的启示

在 2006 年国美、苏宁进驻珠海之前，珠海有多家卖电器电子产品的商场，比较有名的有东升、珠影家电城、惠佳、福电、新大昌还有泰锋电器。以前的情况是各个卖场各施其法进行竞争。国美、苏宁进驻之后，打破了珠海原有的格局，珠海家电零售商重新洗牌，惠佳、珠影退出市场，福电和新大昌合并，而东升电器也开始收缩，连凤凰北的店面都换上了国美的招牌。只有泰锋电器在这次珠海的家电企业竞争中胜出。同时泰锋电器抓住了消费者心理，意识到国美、苏宁刚刚进驻珠海，在珠海没有消费者基础，而泰锋电器在 1997 年的时候就已经开店，珠海人民对泰锋电器有着深厚的情感，这是国美、苏宁无法比的。所以泰锋电器在第一时间打出的口号是"珠海人的泰锋"，泰锋电器抓住了国美、苏宁的弱点，也了解自己在珠海的优势，所以泰锋电器在开始的时候占据了有利地位，在激烈的竞争中不但没有受损还陆续开分店，形成和国美、苏宁"三分天下"的局面。

据调查，泰锋电器在珠海有 60% 的市场占有率，而国美、苏宁还有其他家电零售商只占到 40%。这些数据说明了泰锋电器的发展前景和实力。现在的泰锋电器已经有了 8 家分店，并且开始逐步往珠海市外扩展，这说明了泰锋电器将来的发展方向不再是守着珠海，而是要壮大起来。

所以在面对激烈的竞争时，首先要看清自己的优势，充分了解对手的弱点，取得先机，攻守结合才有可能取得最后的胜利。

（七）建议（未来行动计划）

1. 面对强劲对手泰锋电器该何去何从

泰锋电器如果将来想对抗国美、苏宁两大行业巨头企业的话，应切实地做好以下两点。

（1）稳定并稳步发展企业现有市场。珠海市的市场是目前泰锋电器发展的根据地，如果让国美、苏宁把这个"根据地"夺走的话，泰锋电器的优势将一去不复返。泰锋电器在珠海市场上可以继续以贴近消费者的形式，把自身的本土化服务实施下来，并要做大做强这一本土化服务，稳步从珠海市场向外围地区逐步拓展。

（2）发展"农村包围城市"战略路线。国美、苏宁两大企业巨头已经把家电行业中国版图的大部分城市占据了，如果泰锋电器不能一次性重手笔地在大城市展开足以抗衡国美、苏宁的店面布局的话，是不能成功的。而目前，泰锋电器可以结合自身在珠海发展起来的针对中小型城市的本土化服务经验，在珠海市外寻找相同的或者类似的小市场，前期用相对较小的成本投入把泰锋电器的品牌打入这一类市场，以求后期能"以小打大"地去对抗行业巨头。

2. 泰锋该如何走出珠海

第一，泰锋电器要走出珠海，最重要的是要找准市场，泰锋电器要寻找未来发展价值大、提升空间高的市场。

第二，泰锋电器要重点吸收和培养市场管理人才，以对泰锋电器未来的市场开拓做好准备。

第三，在进入市场前进行分析调查，充分了解拓展区域的情况以及家电市场的发展空间。

第四，谨慎选址。第一个店面关系到泰锋电器在当地人心中的地位，所以要重视。

第五，提高服务质量。泰锋电器在珠海市是本土企业，有影响力，但是离开珠海就失去了这个优势。首先要靠服务、质量和售后来吸引顾客，所以服务对于开发一个新的市场来说有着至关重要的作用。

四 未来拼搏：珠海赛车场
——珠海国际赛车场品牌调研报告

（一）调研背景

珠海市是中国第一批经济特区之一，在改革开放 30 多年后，珠海市的经济人文环境都得到了极大的提升。珠海市经济的发展与一大批珠海本地品牌的蓬勃发展是密切相关的。众所周知，一个成功的品牌不是短短几年就能发展起来的，经过了30多年的时间，珠海有不少脱颖而出的本地品牌。珠海国际赛车场（ZIC）就是这些品牌中的一个。

珠海国际赛车场于1993年11月23日奠基，1994年4月动土，1996年11月投入使用，经过10多年的发展，现在是珠海市对外交流的窗口之一，成为珠海本地人耳熟能详的一个品牌，在国内外也有着不小的影响力。

我们希望通过这次对珠海国际赛车场的品牌调研，进一步了解珠海国际赛车场的品牌发展，让更多的人了解这个品牌。

（二）调研方法

在调研活动当中，我们运用得最多的是文案调研，主要是二手资料的收集、整理和分析。当然，实地调研也是不可缺少的，我们在调研活动中，前往珠海国际赛车场进行实地调研，运用询问、观察的方式争取得到更多的相关资料。

（三）调研对象

我们的品牌调研对象是珠海国际赛车场（见图14），珠海国际赛车场是由珠海经济区隆益实业公司（隶属珠海市农业委员会）与香港南迪投资有限公司合作兴建的大型综合发展项目，首期投资1亿美元，总占地面积近4平方千米。主要项目现已建成，除包括一个符合国际赛车安全标准的国际赛车场及配套设施之外，还有两个达国际水平的18洞锦标级高尔夫球场和管理专业、设施完善的高尔夫乡村会所。

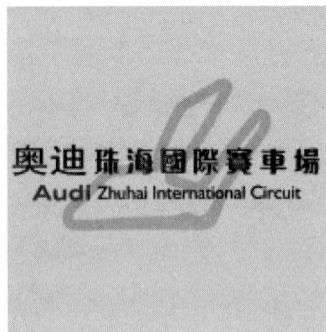

图14 珠海国际赛车场标志

此项目位于珠海市东北面，靠山面海，风光旖旎，交通非常便利。距珠江三角洲主要城市不到2小时车程；距广州1.5小时车程；距珠海机场1小时车程；距澳门（拱北海关）30分钟车程；距轮渡码头（九州港）30分钟车程；距市中心20分钟车程。

珠海国际赛车场是整个项目的核心和龙头，投资约需 3 千万美元，占地 1.2 平方千米，总设计师为澳大利亚的 Kinhill 工程公司（现名 HALLIRTONKBR，该公司曾负责设计澳大利亚的 Adelaid 一级方程式赛车场和墨尔本一级方程式赛车场）。

该工程初期跑道全长 4.32 千米，共 16 个弯，至 1998 年 4 月赛道修整之后，现有 4 个向左弯，10 个向右弯，2 条分别长 900 米和 500 米的直道。珠海国际赛车场的设计结合了由 FIA（Fédération Internationale de l'Automobile，即国际汽车联合会）和 FIM（Federation International Motorcycle，即国际摩托车联合会）批准的一级方程式（F1）及 500cc 摩托车格兰披治（MotoGp）的条例及规格。其中 900 米的主直道由一个快速弯道紧接 500 米直道，最高速度可超过 300 千米/小时。赛道宽 12 米，维修站外直道宽 14 米。

主要赛事如下：国际赛事有勒芒洲际大奖赛、国际汽车联盟 GT 锦标赛、国际摩托联盟耐力锦标赛亚洲赛车节、亚洲三级方程式挑战赛、亚洲雷诺方程式挑战赛等。

除了国际赛之外，珠海国际赛车场还主办了相当多的本地赛事，包括香港房车锦标赛、澳门房车锦/标赛、莲花跑车挑战赛、超级跑车挑战赛、迷你车赛、珍藏车赛、ZIC 摩托车锦标赛、中国全国场地锦/标赛、康巴斯方程式系列赛等。

（四）珠海国际赛车场的品牌历程

根据珠海国际赛车场 10 多年来的发展，我们可以将珠海国际赛车场的品牌历程分为以下三个时期。每个阶段，珠海国际赛车场举行的赛事以及相关的营销都是不同的。

1. 品牌奠基阶段

在这个时期，珠海国际赛车场刚刚建立，可谓是没有一丝的品牌影响力。但是珠海国际赛车场在这个阶段并没有沉寂，而是积极地申请举办国内的各种赛事，以期可以为将来的赛车场扬名气。在此期间，珠海国际赛车场所承办的都是国内一些街道赛等小型赛事。通过举行这些赛事，人们渐渐地知道了珠海市有一个正在兴建的大型国际赛车场，珠海国际赛车场在国内也逐渐变得小有名气。我们将这个特殊的阶段称为珠海国际赛车场的品牌奠基阶段。

以下是这个阶段中的一些重要事件：

1993 年，由香港汽车会管理，中国珠海赛车组织委员会组织的街道赛是珠海举办的第一次国家级盛事，超过 10 万人在现场观看了这次活动。

1994 年，由 FASC（中国汽联）向 FIA 申请，珠海获得批准在 4.1 千米街道赛道上举办中国第一次国际赛事。ZIC 大力推广在 11 月 11~13 日举办的活动，也是"94 美孚翠湖珠海国际汽车赛"第一次在中国举办。现场及电视观众第一次目睹价格昂贵的超级房车在珠海街道上飞驰。

1995 年，由 ZIC 组织的"95 壳牌中国珠海国际汽车赛"在 11 月举办。观众增加至约 20 万人。加上中央电视台、广东电视台及卫星电视台的直播，约 50 多万名观众收看了这次赛事的盛况。

2. 品牌发展阶段

在这个阶段中，珠海国际赛车场符合国际赛车安全标准的国际赛车场及配套设施投入使用。珠海国际赛车场在继续举办国内赛事的同时，更多的是引进国际的著名赛事，以期打开局面，快速地扩大自身的影响力。

以下是这个阶段的一些主要事件：

1996 年，作为中国第一条永久性一级方程式标准赛道——珠海国际赛车场的第一场赛事，"1996 万宝路中国珠海国际汽车赛"于 11 月 1~3 日举办，这是中国赛车运动历史上一个标志性时刻。这个经 FIA 批准的盛事在上千观众及过百万电视观众的见证下成功举办。

1997 年，"97 万宝路中国珠海国际汽车赛"于 11 月举办，包括爱立信挑战赛、埃尔夫康巴斯方程式国际赛、美能达东南亚房车地区挑战赛、万宝路 GT 耐力赛、万宝路三菱蓝瑟挑战赛、Valvoline 国产车赛、林宝坚尼赛及亚洲方程式 2000 车手赛。中国锦标赛包括爱立信富士猎豹 WRX-RA 划一规格赛、中国康巴斯方程式锦标赛、1600cc 国家赛、A 组 1600cc 耐力赛及摩托车赛。

1998 年，"98 中国珠海国际赛车节"于 11 月举办。赛事包括爱立信三菱成龙基金慈善赛、康巴斯方程式国际赛、三菱挑战杯赛、超级房车赛及公开房车赛。

爱立信中国锦标赛包括中国珠海房车锦标赛、中国康巴斯方程式锦标赛、

N 组 1600cc 耐力赛、N 组 1600cc 赛、爱立信挑战杯赛、改装房车赛及中国珠海生产型房车锦标赛。

1999 年，FIA GT 锦标赛于 11 月举办，包括 FIA GT 锦标赛、康巴斯方程式国际赛、F99 Spider 赛、中国房车挑战赛及三菱蓝瑟挑战赛。

爱立信中国锦标赛包括中国康巴斯方程式锦标赛、N 组 1600cc 赛、中国F99 Spider 锦标赛、N 组房车耐力赛。

亚洲赛车节包括东南亚房车地区挑战赛、亚洲方程式 2000、爱立信中国方程式 2000 锦标赛及保时捷法拉利系列赛。

2000 年 10 月 7～8 日，亚洲赛车节举行赛事，又为亚洲车手提供了一次大显身手的好机会；11 月 4～5 日在 2000 年中国珠海国际汽车赛上，来自亚洲多个国家和地区的赛车高手角逐东南亚房车挑战赛和亚洲方程式2000 赛。

2001 年 9 月，亚洲的格兰披治赛"嘉实多 FIM 亚洲公路摩托车赛"第四站举行；10 月，亚洲最受欢迎的系列赛"亚洲赛车节"第 13、14 回合举行。

2002 年 10 月 18～20 日，亚洲赛车节的第 11、12 回合在珠海国际赛车场举行。赛事包括亚洲方程式（AF2000）、亚洲房车赛（Asian Touring Car Series，ATCS）、迷你车赛、超级房车赛、珍藏车赛，精彩赛事使车迷再次大饱眼福。

2003 年 4 月 11～13 日，"2003 美怡乐国际赛车嘉年华"将比赛与娱乐节目融为一体，豪华赛车展示、摇滚乐表演、美食节和时装秀让来自世界各地的几百名车手、近万名观众陶醉在嘉年华热烈的气氛之中；9～11 月，"2003 珠海秋季国际赛车节"举行。一场接一场的精彩赛事为亚洲的观众带来了全新的感受。

2004 年 4 月 30 日至 5 月 2 日，世界摩托车耐力锦标赛珠海 6 小时耐力赛举行。重回国际重大赛事的怀抱，不仅让 ZIC 以崭新的面貌出现在世界面前，更让世界重新认识了 ZIC，对 ZIC 充满了信任与希冀。

2004 年 11 月 12～14 日，2004GT 赛车狂欢节暨 2004FIA GT 世界锦标赛（中国站）举行。GT 大赛在赛事组织推广方面的成功获得了国际汽联官员的肯定，GT 全球推广商决定从此让 GT 定居珠海。

3. 品牌成长阶段

经过约 10 年的发展，经过不断举行国内外赛事，珠海国际赛车场在国内外已经具备了一定的品牌影响力。珠海国际赛车场为了更好地发展品牌，决定推出"泛珠三角超级赛车节"这一赛事，以期能通过这一个赛车节，更快更好地提升自身的品牌价值。当然，除了"泛珠三角超级赛车节"之外，珠海国际赛车场也在努力地引进更高层次的国际赛事，扩大自身的国际影响力，这是一个快速发展的阶段。

以下是这一时期的重要事件：

2005 年，珠海国际赛车场在整合了多项赛事的基础上，从 5 月到 8 月连续推出了四场国内顶尖水准的以方程式和房车赛为主的汽车娱乐大型活动——"泛珠三角超级赛车节"。赛车活动获得巨大成功，堪称 2005 年最成功、影响力最大的地区性赛事。

2006 年，2006 年泛珠三角超级赛车节迎来了冠名赞助合作伙伴——"新飞"。新飞泛珠三角超级赛车节全年共举行了四场赛事，每场均有 2 万多名观众到现场观看比赛，使整个赛事真正成为全民投入的赛车嘉年华。

2006 年 10 月，亚洲最受欢迎的系列赛"亚洲赛车节"再次降临珠海，整个周末有超过 3 万人的观众前来观看比赛，获得巨大的成功，并得到亚洲赛车节官员的称赞。

2007 年，全年的新飞泛珠三角超级赛车节继续由新飞赞助，全年的三场赛事吸引了大量车迷入场观看。

ZIC 与中国摩协达成合作协议，成为中国超级摩托车锦标赛（China Saperbike Championship，CSBK）的协办机构，全年在珠海、北京金港及上海天马举行四站比赛，正式为中国摩托车手打造了一条由国内赛通往国际赛的通道。

2007 年 12 月，珠海国际赛车场迎来了 A1GP 赛车世界杯大奖赛。在看台完全爆满、为 A1 中国队打气的强大声势下，中国车手程丛夫取得了季军，登上了颁奖台，令全场观众欢欣雀跃。

2008 年，虽然受到北京奥运会的影响，但 2008 赛季无论从赛事本身还是赞助方面仍然取得了巨大的成功。CSBK 以其成功的赛事运作，赢得了国内摩托运动爱好者的追捧，取得不俗的市场成绩，获得"统一冰红茶"的青睐。新飞泛珠三角超级赛车节也迎来了更多的赞助商，如奥迪、道达尔、天思、海珠啤酒等都为赛事的成功举办做出了贡献。泛珠系列赛事定于三月、六月、九月的第三个周末定时开赛。而 ZIC Motorsports 也再次被确定为赛事推广者，继续担任泛珠三角超级赛车节及中国超级摩托车锦标赛的主推广商。

2010 年，在历经多年酝酿谈判后，世界三大赛车比赛之一——勒芒耐力赛落户珠海，2010 勒芒洲际大奖赛于 11 月 7 日在珠海国际赛车场举行。

除此之外，珠海国际赛车场还继续举办泛珠三角超级赛车节，举办了中国超级摩托车锦标赛——珠海站、中国房车锦标赛、亚洲公路锦标赛等赛事。

2011 年，珠海国际赛车场除了举行招牌性的泛珠三角超级赛车节之外，奥迪珠海国际赛车场管理层与勒芒组委会终于达成共识，正式确定 2011 年勒芒洲际大奖赛收官战于 2011 年 11 月 13 日在珠海举行。这次的勒芒洲际大奖赛共设 7 站，分别是美国佛罗里达、比利时、法国、意大利、英国、美国亚特兰大和中国珠海，首站赛事已于 3 月 19 日完成。这次的珠海站比赛由 2010 年 1000 千米赛改为更具挑战性和观赏性的 6 小时耐力赛。

2011 年 6 月，法拉利倍耐力杯亚太挑战赛首站于珠海国际赛车场拉开战幕，当天共有 22 辆 458 Challenge 角逐这项赛事。法拉利倍耐力杯挑战赛是全球最具人气的单一品牌赛事之一。

（五）珠海国际赛车场的品牌营销

1. 赛车场的盈利来源

（1）赛事的赞助。赛车场的一大部分利润都是来源于赛车场举办赛事时赞助商的赞助费用。当然所收到的赞助费用是与赛事的级别、所受到的关注挂钩的，所以赛车场都会尽可能地多举行赛事，举行高级别的赛事。

珠海国际赛车场也是如此，不过在现阶段，珠海国际赛车场所举行的赛事还不够多，赛车场在很多时间都是在空置的。这样不仅没有提高赛车场的盈利，还增加了赛车场的管理成本。

（2）场地的租赁。在赛车场没有举行赛事的空闲时间里，通常会以出租的形式租赁给其他单位举行活动，或者是租赁于赛车手作为训练场地，以此收取一定的费用。

珠海国际赛车场在每年会有多个时间段是接受租赁业务的，所以即使是在没有赛事的时候，赛车场也会有部分收入。

（3）观众观看赛事的票价。一个成熟的赛车场的赢利，很大程度是来源于它们举行赛事时观众入场的票价价值，但遗憾的是珠海国际赛车场现阶段并不能做到这一点。珠海国际赛车场举行赛事时，观众的数量并不是很多，在很多时候，赛车场的10000～13000个固定座位并不能保证60%的上座率。所以现阶段，珠海国际赛车场并不能依靠众多的观众而赢利。

（4）旅游观光等其他收入。旅游观光也是赛车场的利润来源之一。一个著名的赛车场通常会吸引众多的车迷前来旅游观光，在这些日子里，赛车场可以通过票价、服务设施等形式得到部分收入。当然，珠海国际赛车场在这个赢利点上面得到的收入并不多，因为现阶段的赛车场在空闲时间里并不需要凭票出入，所以只能依靠一些服务性的设施得到少许的收入。

2. 赛车场的营销

根据央视索福瑞的调查报告显示，泛珠三角超级赛车节媒体价值达到3300万元人民币，中国超级摩托车锦标赛CSBK媒体价值更是达到了3400万元人民币。巨大的媒体价值代表回报赞助商的投入，更代表了媒体对赛事的认同。这些是珠海国际赛车场多年品牌营销的成果。

（1）珠海市国际赛车场的赞助商。珠海国际赛车场的赞助商主要包括如图15所示的这11位。通过赞助进行品牌推广对于合作的双方或多方而言是一个共赢的关系。一方提供资金或资源，得到巨大的商业价值和额外的惊喜作为回报；另一方提供平台或活动吸引大量观众，尤其是赞助方的目标群体的关注。

（2）六年泛珠三角赛车节的营销。成熟的赛事来源于强大的商业赞助。经过2005～2011年六年的推广，泛珠三角赛车节的文化影响已经覆盖到了珠三角每一个车迷。经历了初期的迷茫、发展的阵痛，ZIC的赛事运作已经走上了以车迷为主体、以赞助商为方向的康庄大道。

六年以来，泛珠三角赛车节一直以一种积极进取的姿态在中国赛车圈里默默地耕耘。六年后的今天，不论是赛事的组织运作还是现场活动安排，ZIC都表现出了娴熟的国际水准。泛珠三角超级赛车节从最初的平民赛车路线开

图 15　珠海国际赛车场的赞助商

始，到现在已经发展成为集平民赛车与专业赛事于一体、集赞助商车队活动和车迷活动于一体的集群式大型比赛。而经过六年的磨练，ZIC 工作人员对赛事的掌控程度也已经非常娴熟，这给泛珠三角赛车节的比赛发展创造了良好的条件。

赛车运动所提供的宣传平台，所代表的向上的、有活力的运动形象，带来的商业影响是推动赛车运动的根本。泛珠三角赛车节经过几年的发展，在赛事的组织上，特别是在赛事的商业运作上的推广，已经非常成熟了。泛珠三角赛车节为赞助商提供展示自己的平台，赞助商通过泛珠三角赛车节的比赛，向传媒、向观众展示了自己品牌的形象。这是一个双赢的结果。

珠海国际赛车场通过泛珠三角赛车节这一系列的赛车活动极大地提升了自身的品牌价值，扩大了自身的影响力。

（六）珠海国际赛车场的未来发展

对于珠海国际赛车场这一品牌的未来发展，我们的态度是肯定的。珠海国际赛车场现在通过不同等级的赛车比赛和一系列的赛车界等活动不断地扩大自身的品牌影响力。我们相信随着其自身影响力的提高，珠海国际赛车场的品牌价值也会不断地升值。

随着汽车在中国的普及，以及大众对赛车和相关知识的不断深入了解，我们相信珠海国际赛车场将会得到快速的发展。对于珠海国际赛车场的未来发展，我们认为其可能会更多地倾向于以下几点。

1. 举办更多大众娱乐性的赛事和汽车展示等活动

举行类似赛车节等活动是打响品牌、提升自身市场经营实力的重要途径。珠海国际赛车场除了举办泛珠三角赛事和一些商业品牌推广活动之外，以后会为推动中国赛车运动的普及发展贡献更大的力量。所以珠海国际赛车场可以在今后开展更多的汽车文化展示，向汽车爱好者和赛车迷开放，让他们近距离接触赛道、维修区域和赛车别墅等，深入体验赛车文化的氛围。这样不仅能更快速地推广大众赛车文化，并且能从赛车场中获得一定利益。

2. 通过旅游观光，提升品牌影响力

将赛事和赛车场附近风景区相结合，让自驾游和外地旅行团充分参与到其中，一方面提高了国际赛车场和赛事知名度，另一方面也提升了风景区游客量，达到双赢的效果。

珠海国际赛车场在这一点上有着独特的优势，因为珠海国际赛车场是一个大型综合发展项目中的核心和龙头，项目中有两个达国际水平的 18 洞锦标级高尔夫球场和管理专业、设施完善的高尔夫乡村会所。珠海国际赛车场可以依靠整个项目的优势进行营销。

3. 推广大众赛车文化，让消费者正确认识赛车活动

在中国，各类赛车赛事还不是十分成熟，但受欢迎程度却相当高。与其他发达国家几十年的成熟市场相比，汽车热在近几年才在中国兴起。中国对汽车的需求量很大，潜在客户很多，但真正懂车、对汽车有研究的车迷级别消费者并不多，从现在开始通过赛车营销培育消费者对其品牌内涵和形象的认知，对今后的赛车市场大有益处。

4. 加强与汽车企业的合作

从一定程度上讲，赛车场是企业展示实力的平台，支持赛车运动也是国外汽车企业都走过的道路。世界主要汽车厂家的科研工作大都集中在赛事上，或者说是在赛场上进行产品研发。作为一种较为成熟的营销方式，赛事营销一直广为各大汽车厂商应用。在汽车领域，很多国际品牌都是赛车运动的忠实拥护者，积极参与 F1、WRC 以及各种越野拉力赛。

赛车场是企业的一个很好载体，能够得到综合效益，所以珠海国际赛车场可以参照这种模式与汽车企业合作。现在的珠海国际赛车场和汽车企业的合作还相对较少，相信在以后的发展中，珠海国际赛车场将会更多地与汽车企业进行相关的合作。

（七）总结

经过 10 多年的发展，珠海国际赛车场已经逐渐成为珠海市的标志性品牌之一。相信随着珠海国际赛车场所举办赛事级别的提升、自身品牌性的泛珠三角赛车节影响力的扩大，珠海国际赛车场将会更多地出现在国内外车迷的视野中，成为一个有着巨大影响力的国际性大型赛车场。

五　地方名产：横琴蚝
——横琴蚝品牌调查报告

（一）背景

珠江两岸咸、淡水交界的横琴盛产虾、蚝、蟹、鲩鱼，其中横琴蚝最为著名。横琴蚝于每年 4 月至 11 月为育蚝期，11 月至次年 4 月为上市期。横琴岛四面环海，处于咸、淡水交界处，温度适宜，水质干净，微生物丰富，是理想的天然蚝场。横琴蚝原产横琴岛，历史十分悠久，可以一直追溯到宋代，那时横琴岛上就已经有了蚝民，并开始用插竿的方式来养蚝。

横琴蚝是在无污染的横琴蚝养殖场内打捞吊挂在海里的鲜活肥蚝，由工作人员现场撬蚝，将鲜活的肥蚝肉自行烹饪，这种现捞、现撬、现煮的食蚝法，实在是鲜美无比。珠海市横琴镇在东海水产研究所的帮助下建起了全国第一家蚝产品净化厂，并由当地居民自己出资成立了珠海绿岛横琴蚝净化养殖有限公司。该公司从科技入手，按照国际贝类食品技术标准（Hazard Analysis Critical Control Point，HACCP）组织生产，从过去"取一篓，卖一篓"的自然销售模式到每只精包装贴上横琴蚝标签可生食的净化蚝，目前种养水面积已达 5000 多亩（1 亩≈666.7 平方米），年收入超过 1600 万元，成为珠海市经济发展的一大产业支柱。

（二）横琴蚝简介

产地：珠海香洲区横琴岛。

养殖面积：4000 亩。

年产量：不带壳产量高达 130 吨。

年产值：800 万元。

特色：以一大、二肥、三白、四嫩、五脆为特色，多选"碗仔蚝"为种，生长于咸、淡水交界，水的咸度常年维持在 15 度左右。

横琴蚝养殖特点：珠海最早出名的蚝是在银坑、叠石一带，但现在那里主要制作蚝油，鲜有产生蚝的。这种没落过程固然和横琴蚝的崛起有关，但那边的工业区、生活区的污染也是不可忽视的因素。所以横琴的蚝民都以该地没有工业区为幸，蚝民、经营户也都很重视生态保护。广东珠海横琴蚝日前获得了中国绿色食品发展中心颁发的国家绿色食品证书，这是目前广东省唯一获得国家绿色食品资格的蚝类水产品。横琴岛地处南亚热带季风区，良好的生态环境和特有的咸、淡水相融汇的水文资源，给横琴蚝养殖提供了良好的环境。2001 年 4 月，农业部食品质量检测中心组织专家小组对横琴岛及蚝养殖基地周边的水质、土壤、气候和横琴蚝所含成分等进行了全面分析检测，结果表明：横琴蚝不仅含有多种丰富的营养元素，而且各项"绿色食品"指标大大优于国家标准，无"六六六"和"滴滴涕"等农药成分，汞、无机砷的含量也低于国家规定标准。

（三）横琴蚝"蚝"文化

1. 地域文化：地标美食

横琴蚝是珠海的本地美食象征，也成了横琴的代言。在珠海"四大美食"中，横琴蚝可是傲居榜首的，被称为珠海餐桌上的名吃。珠海"十大名菜"中的状元——"鲍汁扣横琴蚝"用的也是横琴蚝，可见其名声在外。横琴蚝于 2008 年被认定为"广东省著名商标"。目前，横琴岛以"公司协会加基地加农户"的生产经营模式，开辟了 4286 亩养殖水域，使"横琴蚝"成为一方名牌，并获中国国家质量监督检验检疫局颁发的"注册为原产地标记"。

2. 养殖文化：历史渊源

早在宋代，当地的蚝民就开始用插竿的方式来养蚝。蚝一般附生在礁石上，随着潮水的涨落，蚝壳开开合合吸入海水里面的藻类和浮游生物，蚝民们在海里插上竹竿作为标志，投下石头、瓦片养蚝，养肥再采。现在横琴当地的蚝民把蚝采回来后，经过多级净化处理，进行无公害绿色养殖，并获得全国贝类产品 A 级绿色食品认可。

3. 饮食文化：蚝情效应

横琴蚝作为一个品牌产生了极大的美食效应，横琴岛几乎成了名牌生蚝的代名词，令众多的食客慕名前去品尝。广东人讲究"意头"，在"吃"上面尤甚。过去，每逢年节或喜宴，家家户户必吃三样东西——蚝豉、发菜、猪手，讲究的就是"好市发财就手"。这种讲究"意头"的文化习俗和文化心理，使"蚝"以独特的饮食文化形态流传下来。

横琴是珠海 146 个海岛中最大的岛屿，尤其以"春看鸟，夏听瀑，秋观日，冬品蚝"最具特色。横琴岛最出名的是蚝，在横琴蚝被命名为"浪漫蚝情"，算得是吃出诗情画意了。由于"横琴蚝"品牌的打响，横琴岛内逐渐自发形成了多处特色美食一条街，餐厅内经常座无虚席，岛上居民吃蚝的历史也很长久，长时间与蚝的接触使他们对蚝有着远较"外人"更为深刻的认识，而岛上善于做蚝的酒家食肆更是不少，每家都有各自的拿手绝活，蚝菜也各具特色，形成一种"蚝"情的饮食文化。在横琴岛宁静的港湾，触目皆是大片的蚝场，数以百万计的蚝被吊养在插竹蚝桩上。沿途两岸随处可见被撬开的大蚝壳，也到处可见高挂着横琴蚝招牌的大排档，横琴吃蚝的特色在于：游客可在无污染的横琴蚝养殖场内自行打捞吊挂在海里的鲜活肥蚝，然后由工作人员现场撬蚝，将鲜活的肥蚝肉即时交于厨师烹饪。从海水里捞出到经蚝民巧手撬开烹调上桌的过程也是一次足以回味无穷的视觉大餐。

4. 自然生态园：蚝展示

珠海横琴在 1000 多亩的养蚝场基础上兴建横琴蚝自然生态园，开设了学习、了解蚝科普知识的"蚝展示厅"，了解蚝加工产品工艺的"加工示范场"。另外还设有游客观赏蚝生长环境的观蚝栈桥、幽雅清净的树林烧烤场、天然海湾垂钓区，更有造型独特的品蚝厅，游人在生态园中不仅可以品蚝、赏蚝，了解蚝的生长过程和营养价值，还可以现场学到蚝的各种烹调方法，现学现做，自娱自乐，使游客可以在大饱口福之后到园中漫步，了解海洋知识，欣赏独特的蚝田，享受横琴蚝的这一特色美食品牌文化——蚝文化。

到了横琴岛不吃蚝等于没到过横琴岛。当前珠海正在为打造旅游城市而积极筹划和建设，横琴蚝作为珠海饮食文化中最靓丽的一张名片，成为重点推广品牌项目。

（四）横琴蚝 SWOT 分析

1. 优势

（1）地理优势。横琴岛四面环海，处于咸、淡水交界处，温度适宜，水质干净，微生物丰富；有适当的阳光照射，涨潮时水能没过蚝身；退潮时又可露出蚝身晒晒太阳，是理想的天然蚝场。横琴蚝生长地方的与众不同，导致了横琴蚝与其他牡蛎的区别。

（2）品种优势。横琴蚝以大、肥、白、嫩、脆而傲视同类。虽然国外有很多地方，如日本或澳大利亚也有养殖食用牡蛎，但成本太高等问题使横琴蚝的需求远远大于供给。

（3）营养价值高。牡蛎肉肥爽滑，味道鲜美，营养丰富，素有"海底牛奶"之美称。据分析，干牡蛎肉含蛋白质高达45%～57%、脂肪7%～11%、肝糖19%～38%。此外，还含有多种维生素及牛磺酸和钙、磷、铁、锌等营养成分。钙含量接近牛奶的1倍，铁含量为牛奶的21倍，是健肤美容和防治疾病的珍贵食物。蚝除了肉可食、珠可作装饰外，蚝壳可供用药，其制酸镇痛功能可做胃药，治疗胃酸过多，对身体虚弱、盗汗心悸也有疗效。

2. 劣势

国内市场对横琴蚝的需求越来越大，供应量远远不足，所以正宗纯粹的横琴蚝越来越难吃到了。目前，基本上是在横琴采种，三灶、阳江、台山等地吊养一年，横琴再养半年，就算是正宗的横琴蚝了。

横琴岛虽然四面环海，但是由于珠海位于珠江出海口的位置，珠海的江水属于下游。下游的水质是低于上游的。

此外，水污染问题越来越严重。而蚝是水生动物，水污染必定会影响它的生长。

3. 机遇

2009 年 8 月 14 日，国务院正式批准实施《横琴总体发展规划》，将横琴岛纳入珠海经济特区范围，要逐步把横琴建设成为"一国两制"下探索粤港澳合作新模式的示范区。由于政府的介入，珠海必定会成为国家的一个重点发展城市，而横琴更是其中的重点，可以此为契机重点推广横琴蚝。

4. 威胁

国外的同类竞争者众多，包括：①北美太平洋沿岸的奥林匹亚牡蛎。②北美牡蛎（维吉尼亚牡蛎或维吉尼亚厚牡蛎），原产圣罗伦斯湾到西印度洋群岛，已引进北美西海岸。在北美的食用贝类中商业价值最大、最受欢迎的有蓝点厚牡蛎和林黑文厚牡蛎。③西欧沿岸的葡萄牙牡蛎（角厚牡蛎）。④日本的长厚牡蛎。它是最大的牡蛎，可剥壳生食也可熟食、制罐头或熏制，少量冷冻处理。⑤英国的科尔切斯特牡蛎和法国的马雷纳牡蛎。

国内包括广东湛江生蚝、大连湾牡蛎、近江牡蛎等。

经过以上分析可知，横琴蚝有着特有的地理优势和品种优势，并且其营养价值高。但由于供需问题和水质问题日渐严峻，横琴蚝需要在外地吊养，这对横琴蚝本身的品牌形象是有影响的，同时也将造成成本的提高，而水质的污染更是导致蚝的质量较难以得到保证。然而，在横琴面临重大发展机遇的同时，横琴蚝也必能借着这个平台迎来新的发展高潮。

（五）横琴蚝营销之路在何方

横琴岛地理环境和气候都十分利于蚝的生长，是理想的天然蚝场，而且横琴蚝历史十分悠久。

横琴蚝称得上是珠海的名片之一，但是却没有系统地进行整合。针对横琴蚝自身的特点以及内外环境，有以下几点营销方式。

1. 树立品牌

分析行业环境，寻找区隔概念，开始市场的细分。依据顾客调查，针对潜在顾客的喜好决定烹饪方法，例如生吃、烧烤、汤食等。与其他菜品形成差异效果，具有独特性，定位品牌。

（1）卓越的品质支持。将蚝置放在餐厅内，可由顾客参观、了解，确保材质的新鲜程度，给予顾客信心，包括产品的鲜美程度、烹饪技巧等。

（2）整合、持续地传播与应用。经由广告、宣传单、饮食栏目、网络平台等方法进行直销，给予顾客强制性的印象。

2. 品牌个性

在命名上我们就不应再更改，因为"横琴蚝"在人们心中已经根深蒂固了，如果更换了名字，就要再次从头开始对消费者灌输产品内容，而且浪费了大量资源。我们应该做的是：

（1）设计专属横琴蚝的 LOGO。该 LOGO 应该迎合横琴蚝的"大、肥、白、嫩、脆"的特色，生动而形象。

（2）设计专属横琴蚝的包装材质。生鲜产品受环境影响大，容易腐坏或不新鲜，产销的渠道和范围也狭窄。根据现代技术，可以采用真空包装，为此就需要设计一个符合生鲜产品的包装材质。

（3）制定产品价格。物美价廉的产品人皆喜欢，所以针对不同品种的横琴蚝制定不同价位，另外对于出口方式不同也应制定不同价格。

（4）定位横琴蚝的产品概念。对于海产品，很多人的概念是鲜甜美味，在此基础上，还应该注入纯天然无污染、绿色食品、营养价值高等概念，树立横琴蚝的形象风格。

3. 品牌传播

从品牌传播的角度看，品牌形象的支撑是品牌文化，只有拥有独特、深厚的文化内涵，品牌形象才能更丰富、更有魅力。同时，一个品牌持久的生命力，在于品牌蕴涵和代表的被消费者普遍而且持久认同和接受的文化底蕴。体验是一种围绕消费者创造难忘经历和有价值的回忆的活动，在塑造餐饮品牌时应追求个性饮食文化，吸引消费者，使顾客受到刺激或有所触动，突出亲历性，达到体验的效果。例如，酒楼饭店的装修、环境上要有个性，如果饭店是老字号，有历史话题、人文典故，则可以在这方面做文章；如果饭店经常有名人来往，则可让名人名流说话，产生"名人效应"。此外，还可以创造文化、制造文化、形成自己的风格。同行业者应共同努力"做大蛋糕"，丰富蚝产业，形成珠海的一大饮食文化。

（1）与交通部门建立合作关系。例如，与珠海机场成为合作伙伴，在机票的背面打上横琴蚝的广告。在人们还没有抵达珠海的时候，就已经看到横琴蚝，必定会对横琴蚝充满好奇。公共汽车座位的靠背及车厢内也可打上广告。除此之外，在珠海机场的购物区还有珠海市各个旅游景点、大型购物区设立横琴蚝专卖点，作为珠海特产对外销售。

（2）进行广告传播。例如，在高速公路旁的大广告牌上可以放上横琴的广告，旨在宣传新开发的横琴岛，招商引资，横琴蚝特产图片等可以作为背景给人留下印象。

（3）邀请广播、电台等美食节目到当地进行录制，以及在各类杂志中的美食专栏进行推荐，利用名人效应和曝光率提高知名度。

（4）充分利用网络上的旅游、美食等相关网站，如去哪儿网等，或成立专门微博账号实时宣传横琴蚝的特价菜式或新产品。

4. 品牌销售

（1）产品开发系列化，以横琴蚝作为原材料，发明不同的烹饪方法。市面上的冰蚝、烧蚝、胡椒浸生蚝、酥炸蚝等做法已广为推行，可再发明新的食用方法提高顾客的新鲜感，提高再消费的概率。

（2）可采用真空包装，让产品持久保鲜，并且利于携带。

（3）进行产品促销。逢年过节和旅游旺季可以进行促销活动。

（4）举办横琴蚝美食节。

（六）横琴蚝未来之路

1. 横琴蚝的升级

（1）现在横琴岛成为国家的第三个国家级新区，正在大兴土木建设工程，其环境受到极大破坏，而蚝却是需要在极其严苛的环境中生长的。因此扩张横琴蚝的养殖范围是不可能的事情，满足市场需求也是不可能的，与其用其他地方蚝来顶替横琴蚝，不如将横琴蚝打造成性价比较高的蚝。

（2）应改变现在的蒸、煮等烹饪方法，以及加调味料遮盖蚝不新鲜的惯用手法，而应对横琴蚝进行深加工，将其进行净化，使其成为可以生吃的、做刺身的蚝，以彰显其干净、新鲜。

2. 横琴蚝的创新应用

蚝的壳是很硬的，有用蚝壳做房子的，也有做沙堤的，在文化氛围日益浓厚的珠海，将蚝壳用来做艺术品也是一个不错的选择，甚至可以将用蚝壳做艺术品作为一次艺术大赛的比拼项目。

横琴在未来的发展规划中有长隆集团出资筹划的一个海洋主题公园。如果横琴蚝真的可以成为珠海的地理标志产品的话，同样作为海洋生物的蚝可以成为长隆集团的海洋主题公园中一种特殊的海洋生物，作为一种动物来供人们观赏，甚至饲养（只是一种想象，如何可以让蚝自由地生长，但又可以让大家看到它生长的过程，这是个很大的问题）。

3. 珠海地标

每个国家都有自己的特殊的标志，不单单是建筑，食物也是可以成为标志的，如法国除了著名的卢浮宫外，它的法式长棍面包也是闻名于世的。因此珠海可以仿照法国，将横琴蚝打造成为珠海的标志产品。

4. 往更专业、更集中的方向发展

横琴蚝的发展为越来越多的人所关注，横琴蚝必然要为自身的发展方向做准备。当横琴蚝在蚝类市场上已处于领先地位时，要想更好地取得发展先机，就要往专业化的道路前进，可通过多种措施，如注册商标、广告宣传、开横琴蚝的专卖店等，在人们心中形成一种对横琴蚝的肯定与赞赏。

5. 横琴发展拉开横琴蚝发展新篇章

横琴新区专门在长隆国际海洋公园和石栏洲两处预留了养蚝的场所，"横琴蚝"不但不会消失于横琴现代化发展的进程之中，还会借助横琴岛发展的契机、人口流量的增大，为横琴蚝的发展创造有利的条件，提供难得的机遇。

6. 成为蚝类产业的领头羊

吃蚝就吃横琴蚝，要在蚝类产业中打响横琴蚝的知名度，塑造品牌，发挥品牌效应。

六 魅族品牌调研报告

（一）关于魅族

1. 企业背景

珠海市魅族电子科技有限公司成立于 2003 年 3 月，是一家以研发和生产高品质的 MP3 系列随身听为主的高新企业，是目前国内有自主研发能力的MP3 企业之一，于 2006 年开始转型做手机。其 MP3 经过两年多的高速发展，打破了国内原本"国产廉价低质"的多媒体播放器市场格局，魅族 MP3 正在为越来越多的消费者了解、接受、认可和喜爱，产品已远销俄罗斯、捷克、瑞典、加拿大、澳大利亚、东南亚等国家和中国香港和中国台湾地区。自成立以来，公司拥有研发队伍及技术设备，以技术及产品定位、准确的市场定位、一定的创新力，持续保持着高速的成长与发展态势。

魅族创始人黄章从小沉迷电子、热爱科技，魅族就是其电子梦想和共赢理念的结晶。魅族从创立以来的一次次飞跃不仅是魅族人热爱追求的结果，更是梦想力量的体现。而人只有不变的热爱才能排除复杂的干扰，始终如一地为追求不变的热爱而付出，创造更大的价值，带来更多的财富。那不变的热爱就是梦想。魅族因梦想而立。热爱而极致，专注和长久的追求，必将带来商业产品无与伦比的梦想之作。魅族的一切将超越常规，超乎想象。

"魅族"品牌的字面意思是"魅力一族"，它正在迅速发展并成为中国国内数码产品玩家最为熟悉的品牌之一（见图 16）。虽然当时它生产的暂时只有一款手机——M9。我们感兴趣的是一家过去弱小的 MP3 厂家如何打败众多竞争对手，一跃成为一家拥有众多粉丝的知名智能手机生产商。

2. 魅族神秘 CEO

时间回到 2002 年，当时黄章是新加坡一家名叫爱琴的电子公司的总经理，在职期间他成功推出了一系列的个人音响产品。可惜，后来黄章在如何宣传产品的问题上跟股东们产生了分歧，他认为应该通过该公司的网上论坛来跟客户沟通，但其他人只想用广告轰炸。2003 年，黄章卖出了爱琴的股份，来到珠

MEIZU 魅族

图 16　魅族品牌标志

海创立了自己的魅族公司，他也因此被称为疯子。

　　虽然此后魅族生产的数款 MP3 播放器的外形并没有使其显得格外突出，但是黄章仍然坚定他的信念，魅族花在广告上面的钱也是尽可能的少。于是，即便魅族每年只生产一到两款产品（早年的 OEM 代工不算在内），它仍然在茁壮成长，靠的是在其论坛上与用户积极交流，让他们参与产品开发，还有频繁地产品系统更新完善。黄章甚至在 M9 发布之前就泄露 M9 二代的细节，同时也为魅族的极客粉丝放出了不少的 M9 固件。

3. 口耳相传的理念

　　多年以来，魅族的粉丝群因黄章活跃的网上交流而越发壮大。只需在论坛上稍微看一下就知道他们是如何称呼黄章的了："JW""J Wong""老大""老板"，甚至他的中文名"黄章"。有时黄章会给出精彩的回复。当他愤怒地指责某些特定的新闻、商家甚至客户的时候是非常直接的，个人色彩很浓。无怪乎魅族不需要广告，魅族论坛本身就已经足够精彩赢取公众关注。

　　魅族市场总监华海良也认为口耳相传比市场营销更有效。"我们以前有做过电视广告，但非常少"，"这么久以来我们花在广告上的钱甚至不能跟其他公司一年的广告预算相比。我们在 2005 年或 2006 年有过两个电视广告，显然比其他 MP3 或者手机公司少。过去两年更是一个也没有，一分钱没花。或许有赞助过个别的媒体事件，但也就那样了"。

　　华海良也坦承魅族并没有那么多钱可以花在广告上。魅族曾经推出过一些很有吸引力的以旧换新的折扣活动，尤其是不论是否过了保修期的次品回收换新。魅族偶尔也会赞助地区性的粉丝（魅友）自发聚会。他们在这些场合一展所长，如武术、唱歌、跳舞等。根据反馈信息来看，这些聚会的确有很高的回报率。

4. 优越的员工福利

由于黄章自己就是工厂工人出身，所以他很关心公司员工的待遇。首先，每个员工的基本工资在人民币 2200～2700 元。这明显高于当地某大企员工的 2000 元。除此之外，魅族的每个员工，包括清洁工和保安，每个月都有 800 元的用餐补贴：300 元打入在饭堂使用的员工卡，剩下的 500 元直接加到工资里。

像大多数中国国内的工厂一样，魅族也为员工提供可选的内部住宿。每间宿舍 25 平方米左右，有阳台和配套的洗浴间，为 4～6 人间，附近有露天的羽毛球场、乒乓球室和电脑房供员工在业余时间消遣。至于那些住在外面或者想要去市区的员工，公司则提供免费大巴服务。

（二）魅族品牌发展历程

1. 从 MP3 的梦想开始

（1）魅族公司的成立与 MX 的上市。2003 年 3 月，魅族公司正式成立。自此中国诞生了一家集自主研发、生产、销售能力于一体的高科技民营企业。它对日后几年中国多媒体终端产业及市场发展产生了重要影响，甚至在一定程度上左右了市场格局与技术方向。

2003 年 6 月 MX 上市，这是魅族的开山之作。其实当时爱琴的代表作 U30 就是由黄章等主持开发的，黄离职后也就归爱琴经营了。但魅族成立后，还是很快就发布了自己的第一款 MP3 产品——MX（见图 17）。这是一款基于公模制造的产品，用的是和 U30 一样的 SigmaTel 3410 芯片方案。但是其做工和用料还是比较出色的——精致简洁的铝镁合金无接缝外壳和耐磨水晶玻璃显示屏。另外 MX 集成了当时 MP3 的主要功能，如录音、FM 收音、可视复读、歌词显示等，加之上市时的价格优势，销售方面还是取得了较大成功。

（2）不断积累。MX 初获成功，几个月后在市场热度不减的情况下魅族却主动停止了其生产，原因是与魅族的理念"用最新的技术，做最好的产品"不符。但对于一个刚成立的小公司来说，要做到这点又谈何容易。不过 MX 系列取得的成功引起了一些贴牌厂商的注意，此时的另一家 MP3 厂商昂达的主动合作给魅族提供了一个新的发展思路，即 OEM 代工。双方一拍即合，做国

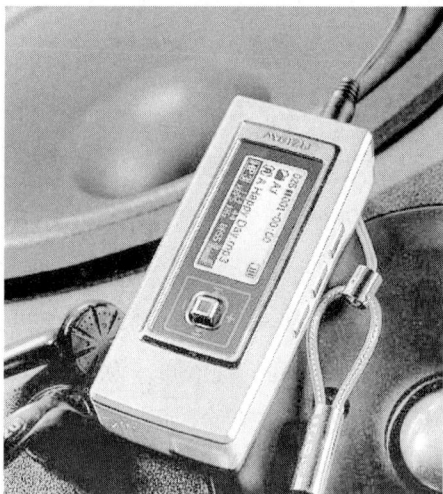

图 17 魅族第一款 MP3 产品：MX

内市场上最好的 MP3。从后来的 ME 到 X6（见图 18），几乎魅族制造的每一款产品都贴了魅族和昂达两个牌子同时在市场上销售。

图 18 魅族 X6

2003 年，国内 MP3 市场开始进入快车道，以爱国者为代表的国产品牌市场占有率超过了国际品牌。不过国产品牌只是占据了中低端市场，高端市场仍被韩系厂商垄断，国产品牌在这一领域不能与它们正面叫板。

2004 年 4 月，ME 上市。这是国内首款采用 SigmaTel 3520 芯片的 MP3，

支持 USB2.0，支持 MP3 格式的 Line in 录音。虽然最终 iriver（即艾利和）并没有采用 SigmaTel 3520 芯片，仍然采用飞利浦芯片，但无论如何 ME 这款产品对魅族的影响都是深远的，自 ME 到 X6 的每一款产品，全部都是基于 SigmaTel 3520 这个芯片平台，并一步步挖掘其潜力。ME 上市后以极高的性价比迅速赢得了市场，其后魅族又在其基础上推出了 MEV6、MEV6S、MEV7 三个升级版本，上市后的几年时间，魅族仍然不断对其进行固件升级，可见其影响力。

2004 年 7 月，MI 上市。悦舞 MI 和 ME 功能相近，菜单或操作也都与 ME 相差无几。但 MI 是魅族第一款以外形为主打的产品，号称悦舞精灵的 MI 造型独特，采用流线型设计，横看像一艘潜水艇，竖看像一位翩翩起舞的女子。并且在色彩上也有了变化，有诱人的葡萄紫、高贵的太空银以及典雅的粉蓝色，MI 当时被媒体誉为"中国第一美的 MP3"。其实魅族在 M6 之前的产品外观上差异不大，这款 MI 算是最突出的了。MI 是一款以年轻女性为主要目标群体的产品，但这款产品在市场上的表现却并没有达到预期的效果。

2004 年 10 月，E2 上市。E2 完善了 ME 的各种功能，特别是 FM 收音，无论是灵敏度还是音质，都较前有了质的提高。

2005 年 1 月，X2 上市。X2 是第一款使用 SRS（sound retrieval system，即声音修正系统）虚拟环绕立体声技术的国产 MP3。另外由于魅族购买的是 SigmaTel 3520 全系列机型的 SRS 授权，后来通过固件升级惠及了之前的老机型用户，E2、MI、ME 也都用上了 SRS 音效。

2005 年 4 月，E5、X6 同时上市。E5 也是国内首款具备各种自动唤醒时钟功能的 MP3 产品。X6 是魅族工业设计和制造工艺的代表作。

（3）ME 到 X6 的特点。从 ME 到 X6，是魅族高速成长的时期，魅族实现了品牌、技术和资金的自我积累，成为国产 MP3 的中流砥柱。回顾这一时期，有以下两大特点：

第一，与昂达之间的 OEM 深度合作，实现了双方的共赢。对于魅族来说，初期缺乏资金，没有市场渠道，但是有自己的研发团队和制造工厂，可以提供产品和技术支持。对于昂达来说，一个代理品牌经过十几年发展，其在渠道建设和市场推广方面经验老到，但是没有自己良好的产品和技术支持。双方优势互补，一拍即合。这一时期魅族生产的同一产品在市场上同时贴魅族和昂达两个牌子销售，2004～2005 年的深度合作堪称商业运营中合作共赢的典范，一时传为佳话。魅族在这一时期快速成长，资金和技术得到了积累，产品和品牌也被市场认同。

第二，全系列产品采用 SigmaTel 3520 芯片方案，不断挖掘，自身研发实力增强。其实，当时 SigmaTel 只是提供了一套 3520 的芯片方案，并未提供多少技术支持，所有的技术、方案细节，都是魅族的工程师们自己研究出来的。2004 年 8 月，E2 还未上市前，魅族就成为全球范围内第一家采用 SigmaTel 3520 芯片达到 10 万片的厂商，美国 Sigematel 公司特别派出全球销售经理，亲临珠海给魅族颁发了全球第一个 3520 芯片 10 万片纪念牌，并与魅族签署了进一步合作的合约。从 ME 到 X6，魅族工程师把 SigmaTel 3520 研究得非常透彻，并将其潜能挖掘到了极限。虽然这一时期的产品都基于 SigmaTel 3520 这同一平台，但是魅族也不断加入了很多创新因素，自身研发实力进一步增强。魅族也成为当时国内少有的集研发、生产、销售于一体的 MP3 厂商。

（4）E3 到 M3 的特点。2005 年 9 月，E3 上市。"超级音乐引擎""打造完美音质""魅族专业 MP3 随身听"，这是 E3 上市前后一系列活动的主题。E3 上市前后，魅族进行了史无前例的大规模宣传。2005 年 8 月，魅族在 CCTV5 及湖南卫视对 E3 进行连番广告轰炸，将上市前的宣传推到了顶点，这也是魅族首次为自己的产品做电视广告；8 月底魅族在北京面对 60 余家媒体举行新品 E3 发布会；9 月初，全国 12 大城市同步大规模首发路演，自此 E3 全面上市并热卖两年多，直到 M6、M3 连续上市后的 2007 年下半年，魅族仍不定期对市场补货。E3 上市后，国产同级别产品无对手，即使面对高端韩系品牌的同级别产品，品质也不分上下。E3 奠定了魅族在国内 MP3 市场的领导地位，即使面对高端国际品牌也是底气十足。

如果说，更换了飞利浦芯片的魅族是这一时期的第一大换"芯"，那第二大换"芯"就是魅族更新企业标识，新的"MEIZU"Logo 诞生了。

为了提升魅族的对外形象与凝聚力，统一企业内部、代理商、经销商及各级营销机构对魅族形象的应用，向国际化发展，伴随着魅族 E3 的上市，魅族公司更新企业标识。魅族新标识运用蓝色的简单风格，以"次序产生美感"

的美学原理为设计理念，在适当比例基础上将字体笔画由粗到细处理，恰好与字体笔画前繁后简协调一致，如同音阶和色阶原理，将杂乱有序化，形成理性审美情趣，如同电磁波、声波等的跨距离传递扩散以体现从事"电子产品"的集团行业特色，色彩由重到浅的渐变转换成吸引视线的完善的视觉流程，亦形成强烈动感以体现企业活力和产品的时代感。标识形象简练，富有内涵，个性鲜明。新标识将伴随着魅族开拓、创新、发展、走向国际化，树立民族品牌形象！

更换新的企业标识也是魅族发展中的一件大事，与此同时，另一件大事也在进行着，那就是新的集科研、办公、生产于一体的魅族科技楼正在建设当中。

2005 年 11 月，X3 上市。E3 上市后定位中高端，而 SigmaTel 3520 系列的产品降价后定位低端，对魅族来说，需要一款中端产品弥补市场和自身产品线的空白，X3 就是基于这样的定位。X3 以小巧精致的外形、实用的功能和完美的音质，再加上合理的价格，同样赢得了很多消费者的青睐。

2006 年 3 月，E3C 上市。2006 年，彩屏 MP3 开始普及，但此时魅族最高端的 E3 和 X3 也只是采用了 OLED 屏幕的产品。当然魅族不会停下自己前进的脚步，也在潜心研发自己的彩屏新品。

2006 年 5 月，M6 上市。2007 年 3 月，M3 上市。M3 和 M6 为姐妹版，M6 主打视频，M3 主打音频。M3 和 M6 同时在售，采用差异定价。不过由于 M6 实在太成功，另外在价格差异不大的情况下，多数消费者还是喜欢功能更齐全的产品，所以 M3 没有取得和 M6 一样成功的市场效应，但相对其他品牌的同类产品，M3 仍然是市场业绩最好的。

2008 年年底，由于为 M3 提供屏幕的供应商断货，加之 M8 即将量产，魅族不得不停产 M3。魅族的最后一代 MP3 作品在仍然具有良好市场前景的情况下以这样的一种方式黯然谢幕，令人唏嘘不已。可是，最痛苦的还在后面，2009 年年底各大媒体相继报道了魅族停产 M6，彻底退出 MP3 市场的消息。一时之间，业界和媒体感到十分惋惜，以后由谁来带领国产 MP3 继续走向辉煌？国内外同行也长舒一口气，短期内终于不用再担心这个强大的对手。而最痛心疾首的莫过于一直支持魅族的魅友们，得知这样的消息，很多魅友内心在流泪，以后还能有音乐播放器产品值得我们如此深爱吗？

2. M8 手机的启航之路

从 2006 年开始，魅族就有做手机的计划。历经两年多研发的 M8 也于 2009 年 2 月上市，用两句话总结魅族 M8 的历程就是：战略转型是痛苦的，二次创业是艰难的。

（1）滑盖 MP3 构想。M8 还在视频 MP3 的领域中，设计灵感来源于滑盖手机，M8 的设计大小与 M6 差不多，正面依然是采用现在 M6 的工艺，有黑白两色可选。背面还是镜面工艺，正面只有 3 英寸 16∶9 的屏幕，原来触摸键的地方也被屏幕所代替，而触摸键则隐藏起来，当我们向右滑动时触摸键就出现了，M8 的触摸键和 M6 有相同之处，但也有些不同，原来需要按下的键，现在都只需触摸就可操作（类似于 LG 巧克力的按键），并且这次的按键在操作的时候会发出蓝色的光，即使在光线不太好的地方操作也会很方便。开机、耳机孔 hold 等键的分布和 M6 基本一样，还有 M8 支持 minisd 和 minimmc 卡，因为使用了储存卡机器整体厚度比 M6 稍厚。储存卡的插槽位于屏幕后面，只有在滑出键盘时才可以插入或是移除储存卡，这样会比较美观，不影响 M8 的整体感。

M8 的初步构想是在 M6 的基础上加入滑盖、大屏幕、支持 minisd 和 minimmc 卡等元素（见图 19），感觉上与 M6 相比变化不大，只是外形上变成滑盖罢了。在 M6 的光芒之下，M8 的设计只是精益求精而已。但如果就这样发展，则会出现像 MOTO 的 V 系手机的一样，款式千篇一律，进而导致审美疲劳。

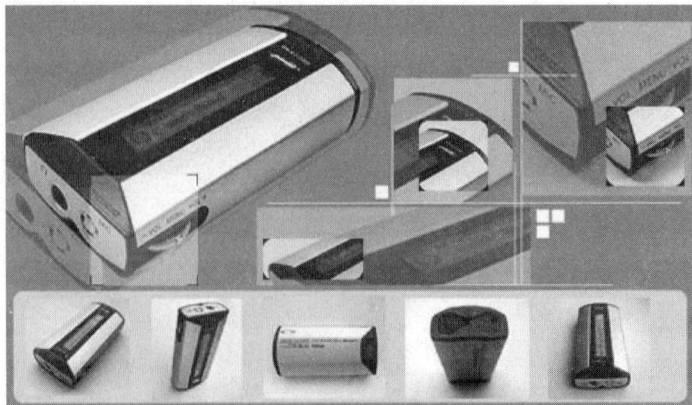

图 19　M8 初步构想：滑盖 MP3

（2）影音智能化。M8 将采用 533Mhz Arm11、2.6 寸 VGA 屏幕。影音智能化构想使 M8 走出了单纯的 MP3 领域，向掌上电脑（personal digital assistant，PDA）的方向迈出了一大步，但在手机逐渐取代 PDA 的年代，这样的可行性不大。于是又引发了魅族对 M8 的下一步构想。

（3）手机 M8 公布。魅族在其论坛公布出了新一代产品 M8 的部分设计资料。出乎人意料的是，魅族这次居然推出带手机功能的视频播放器（见图20）。其外观跟苹果刚推出的 iphone 有类似之处。但从参数来看，魅族的 M8 无论是在硬件配置上还是在功能方面，都要比苹果的 iphone 强。

图 20　魅族 M8 手机

3. M9 手机的飞跃

魅族 M9（见图21）的概念雏形，最早形成于 2009 年的春节时分，那时黄章把它称为 M8 3G 版。回望 M9 的诞生历程，其实有好几条线可供追溯：首先，M9 的通信制式从最早的 TD 制式，到后面决定 TD、WCDMA 和 CDMA 同时发展，再到 M9 刚开始只会出 WCDMA 版，M9 在制式上可谓是一波三折，最终选择了如今最为成熟的 WCDMA 作为其 3G 通信制式。其次，在硬件上，M9 也是一路风雨，从处理器最终定为三星 1GHz 的 C110，到屏幕分辨率在 2010 年 7 月的突变，也最终导致了 M9 再次跳票。最后，关于 M9 的上市时间，是最让广大用户诘难之处：从 2010 年上半年上市推迟到 10 月，最后延期到 12 月。

图 21　魅族 M9 手机

其实 M9 的这种诞生路线亦和此前的 M8 有些相似：从黄章在 2006 年 12 月开始宣布生产 M8 起，直到 2008 年 12 月左右 M8 才以公测版的形式开售（当时还并未通过工信部的认证）。而在 2008 年 6 月，M8 的参数和照片已基本上曝光了。如果要谈及历史的相似性，M8 和 M9 便是很好的例证。

（三）魅族营销策略分析

魅族（MEIZU）是生产 MP3 随身听、手机的多媒体终端科技公司，时至今日，公司的产值已达到数亿元人民币，是国内为数不多的具有自主创新研发能力的数码科技产品品牌。

分析魅族的营销策略，主要以其 MP3 系列与手机系列作为对象。在 2004 ~ 2007 年，魅族前后推出过 10 款 MP3 产品，成了当仁不让的"国内 MP3 第一品牌"，年销售额超过 10 亿元。

2007 年，魅族建造了全新的研发制造中心——魅族科技楼，奠定了魅族迈向更高台阶的软硬件基础。

2008 年，具备多媒体终端通信功能的魅族 M8 发布，魅族成功进军通信多媒体终端市场。为了给广大魅友和消费者提供体验、交流、购买、售后的一站式服务，魅族已在全国开设了数百家连锁专卖店。

随着新一代互联网手机魅族 M9 的面市，魅族将改变国内通信终端市场的格局，让更多人的生活因魅族而变得更精彩，魅族的产品和精神将渗透到世界各地。

1. 市场细分

根据消费者对手机需求的不同，我们可以把市场划分为以下消费群。

（1）对手机摄像质量的需求。魅族 M9 的摄像像素已经达到了 500 万像素（见图 22），而从图 23 可以看出，有近 25% 的消费者对于手机摄像像素的期盼是在 300 万像素以上，而魅族高达 500 万像素的手机基本可以满足众多消费者的需求。

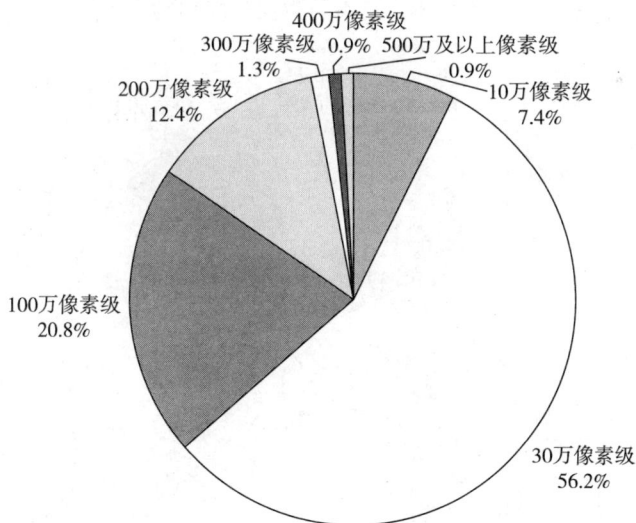

图 22 M9 摄像功能和多媒体娱乐功能参数

数据来源：赛迪数据。

（2）按手机的价位细分。魅族 M9 手机的市场价格大约为 2400 元，而用户对 2001～3000 元的关注比例为 23.8%，相对其他价位而言，该区间的关注比例

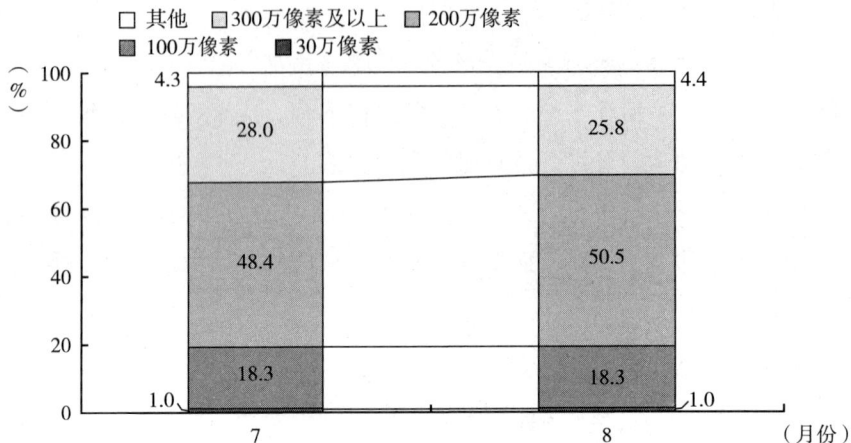

图 23　2007 年 7 月与 8 月不同像素智能手机关注比例对比

数据来源：ZDC（ZOL 调研中心）。

较大（见图 24）。如果 M9 在上市一段时间以后能够把价格调整到 2000 元左右，M9 在市场上将有更大的发展空间，更容易激发用户的购买欲望，并产生购买行为。

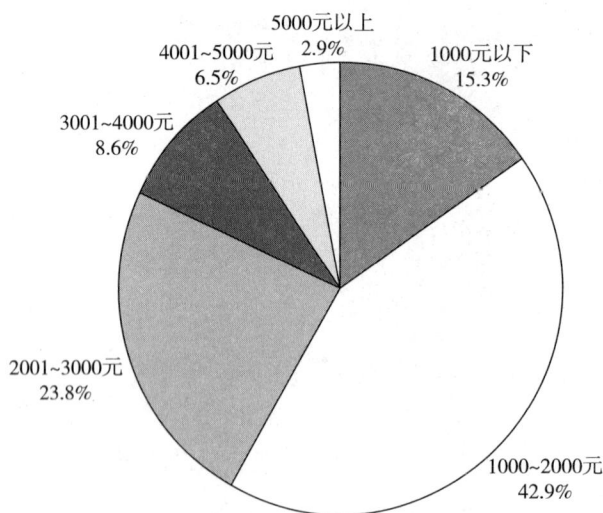

图 24　2008 年 1 月不同价位区间手机关注比例分布

（3）对不同年龄消费者的细分。16 岁以下：该用户群体对手机功能的偏好度不是太高，一般该类用户购买手机的时候绝大部分受家长的影响。为了孩子们的安全、方便联系和学习情况，家长往往不会选择比较好的手机给这类群体使用，在手机功能方面主要是方便与家长联系和他们的学习。所以 M9 对这个年龄阶段的人群来说市场极小，或者基本没有，可以研发一款适合这类用户的手机。

16～35 岁：该年龄段的人群是魅族 M9 手机最有力的购买者，从"魅族"名字上看，也就决定了这款手机主要是针对年轻一族的，因此 M9 拥有满足很多青少年需要的功能，如拍照、智能系统、音乐、游戏等方面的功能，另外 M9 手机的外观也主要是针对年轻人而设计的——外观时尚且机身超薄。因此魅族手机能否占据较好的市场份额最主要的在于该类群体，而魅族成功的关键也在于此。

35～50 岁：虽然该年龄段的人不会对魅族手机产生很大的兴趣，但是这个年龄阶段的女士对魅族手机还是有一定程度的需求的，她们喜欢追赶年轻人的时尚，崇尚年轻人的生活，在不知不觉中会喜爱魅族 M9。

50 岁以上：该年龄段的用户群体对手机的外观没有太大的要求，能够满足基本的需求即可，因而针对该类用户群体，魅族应该致力于开拓其相应市场。

2. 市场定位

魅族手机的使用者主要以 80 后学生、中产阶级白领为主，绝大部分是男性，对消费电子产品有一定了解，有的甚至是这个领域的"玩家"，其特点是依赖网络。

智能手机爱好者、价格导向型消费者、民族品牌支持者、品牌导向型消费者主要集中在 16～45 岁的人群，常见的是高中生、在校大学生、城市白领，其特征是接触网络较多，生活中容易接触到各种交通工具，休闲时间的活动地点在闹市、商业区及各种大小型商场，有一定的理性，有灵活的思维方式和应变能力，有一定的品牌忠诚度，希望有点与众不同，对本国文化有兴趣。

冲动型消费者、感情型消费者、不定型消费者遍布在广大的手机消费者中，其特点是容易受营销广告、意见领袖的影响，是潜在消费者，任何能接触到广告好产品的消费者都属于这一部分。

送礼者，主要集中在 25～50 岁的人群。其特点是他们认为送手机越来越受到人们的追捧，价格太低、手机包装和外观档次太低拿不出手，而且能够把手机作为礼物赠送的，一般不会太计较价格，更多是注重档次。

商务人士，主要集中在 22～45 岁。这主要是针对商务人士，他们在工作中主要用手机联系业务、洽谈工作。因此他们对于手机功能的要求比较高，如发电子邮件、远程遥控、防盗追踪等，而价格对于他们来说不是问题。

大学生，主要集中在 18～24 岁的人群。随着生活水平的提高，越来越多的学生有了自己的手机，不仅是大学生，现在连高中生、初中生甚至小学生都有手机，而大学生消费能力以及接受新事物的能力更强。由此可见这是一个很大的市场。

3. 产品研发

作为一个国产品牌，魅族进入市场之后便要面临一个很难脱离的背景影响，那就是国产品牌给人低质廉价的印象，面对部分消费者对国产品牌根深蒂固的印象，魅族对其产品做出的处理是这样的——大力研发高新技术，生产中高端产品，避免价格混战。

（1）推出 MINIPLAYER 系列。MINIPLAYER 是魅族 MP3 时代的优秀产品，它是第一款采用了 SigmaTel 3520 解码芯片的 MP3，单这一核心技术就已经领先了全国乃至很多外国 MP3 制造商。同时，魅族在 MP3 时代把自己的假设竞争者设定为苹果等知名企业，这就促使了魅族在科技上的不断革新。而且为了进一步摆脱国产品牌根深蒂固的形象，魅族在产品外观上也进行了很多处理，采用全金属外壳，多重颜色可更换外壳，重新设计五维导航键，具有更佳的手感与操控性。魅族公司对产品的研发力度使其成为 MP3 时代的国内领先企业。

（2）魅族 M8、M9 是国产手机中知名度较高、好评较多、为数不多的优秀产品，无论在系统、外观设计，还是质量上都超越了其他大部分国产手机。M8 吸收众家之长，经过两年的研发才正式面世。而热度很高的 M9，采取的是安卓系统，这也是在国内企业中运用科技走在前头的一个表现，现在很多人拿 M9 和 MILESTONE 作比较，这就是产品研发水平上升的一个表现。

4. 价格策略

2011 年零售价 8G 版 2499 元、16G 版 2699 元，持 M8 的用户可换购 M9。据黄章称从 5 月 10 日开始会先提供 M8 故障机折价换购 M9 服务，寄给魅族公司直接折价换购 M8 故障机可折 800 元，在专卖店直接折价换购可折 700 元，少 100 元为专卖店服务费。一款 2000 多元的智能手机是可被消费者所接受的，而在硬件上取得突破的国产品牌，在手机质量、手机配备上已经赶上了国外知名手机，一部苹果手机的售价可以买两台魅族，所以说魅族在价格上的定位是很恰当的。

5. 销售渠道

（1）专卖店营销的优势。魅族公司在全国各地拥有 300 多家专卖店，而且店面还在继续增加，魅族专卖店一般选址于繁华商业区、商店街或百货店、购物中心、旗舰店、认证店，采取统一定价销售和排架面售的方式，注重品牌影响，提供专业服务。专卖店是魅族品牌、形象的窗口，可创造稳定、忠诚的顾客群，有利于销售网络的稳定与发展，保持企业经营的稳定性和持续性。

（2）官方网络直销。通过网络直销，消费者可直接在魅族官网（见图25）订货、付款，快递送货上门，这大大方便了顾客，通过网络直销降低了专卖店分销环节的成本。

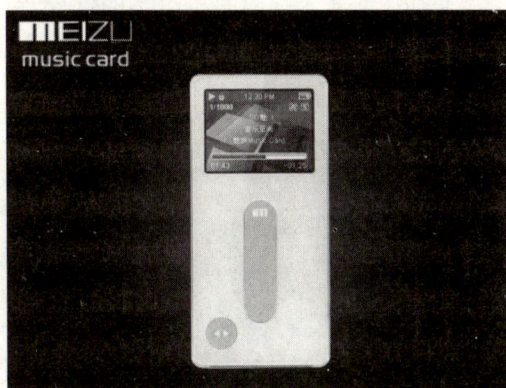

图 25　魅族官网产品

（四）魅族 & OPPO

OPPO 公司先后成功推出 MP3、MP4、Hi-Fi-DVD、手机等产品，现正致力于智能手机、3G 手机、平板电脑的研发。OPPO 公司凭借雄厚的自主研发能力，在品质表现上力求完美，在产品造型设计上力求时尚精美，在功能操作上力求简洁易用。产品定位为推崇年轻文化、拥有青春动感的手机品牌，那么高度契合产品定位、打动年轻消费者的广告，就成了 OPPO 推广品牌认知度的利器。从最初用户界面外观坚持独立设计，同时重金开设专卖店和专柜、品质精良的广告推广，最终塑造了 OPPO 时尚和相对高端的品质。

OPPO 这个新生品牌使用的可说是中国厂商的传统利器——营销战。在营销方面的一系列举动，如冠名超女、加入 NBA 正式合作伙伴、与新浪合作的"OPPO·新浪网络歌曲排行榜"、赞助高校歌手大奖赛、建立高校"超级社团联盟"、Real 广播站等，都紧扣"时尚"，迸发"活力"，为潜在消费者提供服务，为品牌发展积蓄着未来。

2013 年是 OPPO 品牌创立的第九个年头，迄今为止 OPPO 已在全球 100 多个国家进行了注册，OPPO 品牌旗下音乐手机等产品也在中国、美国、西欧、韩国、东南亚市场占据了可观的市场份额。这些成绩离不开 OPPO 人对于品牌定位的精准把握以及在品牌运作中对核心价值的强化。

魅族（见图 26）、OPPO 都属于国内手机市场的佼佼者。两家企业都曾是MP3 制造企业，现在转型为手机，并且取得一定的口碑。两者对比，可以为手机行业的发展提供良好的借鉴意义。

图 26　魅族产品

1. 品牌源起：金蝉脱壳 VS 水到渠成

OPPO 手机重点为营销，OPPO 的产品有韩式风格，让人疑似是国外品牌，其实公司前身是步步高。为什么没有借助以前步步高的品牌影响力，究其原因有以下几点：首先，步步高虽然具备较高的知名度，不过其品牌却只定位于中档之列，抛弃旧品牌，有利于新品牌的高端化；其次，步步高以往生产的虽然也是影碟机、学习机等电子类产品，但与充满时尚元素的 MP3 相比关联度并不太大，使用全新品牌也有利于改变消费者对步步高产品的刻板印象；最后，这也有利于借助 MP3 的来源国效应。因为在当前的市场上，最高端的 MP3 品牌基本上来自韩国，OPPO 从命名到推广走的都是韩系路线，这就使其借助了消费者对韩国品牌的好感，提升了自身的品牌。

相比于 OPPO 的金蝉脱壳，魅族品牌的诞生就可谓是水到渠成了。魅族电子科技有限公司成立于 2003 年，业务比较单一，一直以为国外知名品牌 MP3 做 OEM 为生。而正是 OEM 的经历，使魅族积累了 MP3 生产的相关技术，成为目前国内屈指可数的有自主研发能力的 MP3 企业之一。由于自主品牌意味着更高的利润，顺理成章地，魅族电子就走上了自主品牌之路，推出了魅族这一品牌。与 OPPO 相比，魅族在品牌命名等方面几乎没花什么心思，这一点从它的英文名字可见一斑，简简单单就是魅族的汉语拼音"MEIZU"（见图 27）。企业缺乏步步高这样雄厚的实力，在前期的推广方面也远不如 OPPO 这般大手笔。所以，魅族的品牌前期推广也更具有渗透性的特点。

图 27　魅族品牌 MEIZU

2. 媒介推广：传统为主 VS 网络为王

OPPO 的广告宣传也延续了以往步步高的传统，重点使用高端电视媒介，大投入、高密度。所以在媒介推广方面，OPPO 的做法还是比较传统的，虽然也在平面、网络媒介上有所行动，但其重点还是落在了传统的电视媒体上。使用电视媒体，尤其是央视这样的权威电视媒体，效果当然是显而易见的，它可以具有很高的到达率、很快的市场反应、很高的说服力以及很生动的表现形式，相对而言费用较为高昂，非一般企业所能承受。

由于企业实力和资金方面的限制，魅族在媒介推广方面就远不如 OPPO 来得洒脱，不过在这种情况之下，它也走出了一条极为有效的推广之路，这就是全力抢占网络宣传渠道。在国内众多的 MP3 品牌当中，魅族的网络推广可以说是做得最好的。而其中最有魅族特色的做法又非 BBS 推广莫属。在魅族的官方网站上，其 BBS 系统被摆在极为突出的位置，打开一看，上面赫然写着"中国最大的官方专业 MP3 论坛"的字样。

与另外一家知名度更高、资格更老的国内 MP3 品牌的 BBS 比较发现，在注册会员数、在线人数、发帖量等硬性指标上，魅族的 BBS 遥遥领先于对手。魅族 BBS 站点的会员总数已经超过了 36 万人，每天发帖量基本保持在 10000 篇以上，同时在线人数的最高纪录为 2800 余人，平时在线人数稳定在 1000 人以上。具体来看，该 BBS 还提供会员相册、会员日记、英文吧、交易区、活动专区等不同板块，甚至还发行可以兑换礼品的虚拟金币。这样一个大型 BBS 的存在，对魅族的贡献真可谓无法衡量。首先，它起到了一个信息发布平台的作用，魅族电子通过该 BBS 可以获得一个有效的信息发布的渠道，事实上，魅族的许多新产品的信息都是通过该 BBS 传递出去的。数十万的注册会员不仅是这些信息的接受者，同时又是新一轮的发布者。他们通过 BBS 接收到相关信息以后，又会通过其他的途径向外界扩散，引起了一系列的连锁性信息传播。其次，它也成为众多魅族用户进行彼此交流的场所。众多有着共同爱好和消费习惯的年轻人在一起谈天说地聊魅族，无疑会大大加强受众对魅族品牌的忠诚度。与其有着因果关系的是，很多魅族的忠实消费者都是该 BBS 上的常客。更为重要的是，维护这样一个 BBS 的成本基本是可以忽略不计的，就广告信息传播而言，它具有极高的投入产出比。

不仅如此，魅族在其他形式网络推广上也是不遗余力的。例如，与专业性电子类网站建立协作关系，或用提供奖品等形式进行合作。最近在国内知名的 IT 网站中关村在线上，魅族就以奖品的形式为 MP3 评论栏目提供了赞助。这种做法看似平常，其实收效却不可小觑。MP3 并不同于其他的电子类产品，它被更多的消费者认知为 IT 类产品，其销售也大多是在 IT 产品的销售渠道上完成的。基于这一点，消费者在获取有关 MP3 产品（见图 28）信息的时候，就更倾向于寻找 IT 产品信息的发布渠道，而专业性的 IT 网站在这种发布渠道中又占据着主体地位。比起朦朦胧胧的电视广告，IT 网站上的专业性测评更能给消费者以权威的购买根据。所以一般而言，越是高端的 MP3，其消费者求助于专业性 IT 网站的频次也就越多。魅族之所以能取得今天的市场地位，很大程度也是靠了这些专业性网站的帮助。

古人有云：失之桑榆，得之东隅。魅族虽然缺乏强有力的传统媒介的支持，但却因祸得福，凭借网络杀开了一条血路。也正是得益于有力的网络推广，魅族才能从众多的 MP3 品牌之中脱颖而出，而且抢到了专业性 MP3 制造商这样一

图 28　魅族 E5

个有力定位。为了说明魅族在网络推广上的实际效用，通过百度对 OPPO、魅族进行了搜索。结果发现，OPPO 的相关网页为 31900000 篇，而魅族的相关网页为 55300000 篇，可见魅族在网络上的号召力。

3. 广告诉求：感性为主 VS 理性为主

总体而言，OPPO 与魅族的定位基本相同，都是属于 MP3 市场上的高端本土品牌，但是在广告诉求上，两个品牌却都呈现出不同的个性与特征。具体来说，OPPO 走的是一条感性诉求为主的路线，而魅族却反其道而行之，走的是理性诉求为主的路线。当然，两者之所以会偏重于不同的诉求方式，与它们的媒介推广策略存在一定的相关性。

首先，OPPO 所专注的目标消费群相对而言更为年轻时尚，所以走情感路线以激发他们对于品牌的心理认同不失为一则良策。而且从品牌开局之始，OPPO 就通过大量投播"我的音乐梦想"这则电视广告，为日后的品牌诉求定下了一个浪漫感性的诉求基调，与其时而感性时而理性使消费者无所适从，倒不如从一而终将感性诉求进行到底。其次，OPPO 所采用的媒介一直都是以电视为主，而电视媒体的时间性强、卷入度不高和信息容量不大等内在属性，使 OPPO 也不具备在广告中将产品功能等硬性指标作为诉求重点的现实条件。所以 OPPO 采取的是以感性为主的诉求路线，力求通过动之以情的广告诉求，使消费者对 OPPO 形成良好的品牌态度，然后通过对产品的实际使用来加强这种品牌态度。

而就魅族而言，无论是在其网络推广、卖场宣传还是宣传单当中，都很

难找到与其品牌相关的信息，居于重点的无一例外都是对其产品具体功能的介绍。这种做法当然也有因可溯，如上文所述，魅族在国内本来就在技术方面处于领先地位，技术优势本身就是魅族最为核心的竞争力，所以其技术水准就当仁不让地成为诉求重点。而且由于其广告信息多见于网络和平面广告媒介，而这两种媒介都可以容纳较多的信息，具有高卷入度的特点，就更适宜于传播更为复杂和精细的理性广告信息。相当多的魅族消费者都对 MP3 产品有着较深了解，他们本来也就是奔着魅族的技术而来，而魅族直截了当的理性诉求方式也恰恰迎合了他们的胃口，降低了双方进行信息沟通的成本。

珠海创新发展现代农业的
思路和对策研究

赵鹤芹 曾 艳 刘美玲 等*

食物是人类生存和发展的基础，中国自古有"民以食为天"之说，说明民食的重要性。解决现代农业的发展问题，实际上是研究人类生存发展的根本性问题。珠海从创新思路和全球视野提出加快发展现代农业的思路和对策，对珠海经济、社会和生态的可持续发展具有重要意义。

一 全球现代农业发展趋势

目前，农业产业在世界各国主要呈现出五大发展趋势：

（1）高科技，向高科技密集的集约化、精确管理方向发展。20世纪末以来，高新技术日益成为现代农业产业的生长点和贡献点。随着科技的发展，越来越多的科学技术在农业上得到应用，科技对农业的贡献率逐渐提高，形成围绕农产品生产的协作配套体系，推动高科技密集型农业的形成和发展。高科技对现代农业的贡献主要体现在：资本密集型和技术密集型农业成为农业生产中获益最多的类型，资本密集型和技术密集型农业日益成为具有较高综合效益和市场竞争力的产业。

（2）高生态，向节约资源、产品安全、保护环境的生态型方向发展。随着世界范围内资源的快速消耗，节约资源、保护环境、生产优质安全的生态型产品已成为农业发展的方向。人们对农业提出了由数量型向质量型模式转变的要求，对高档安全农产品的需求日益增长。不同国家非关税的贸易壁垒也对农

---

* 赵鹤芹，北京师范大学珠海分校国际商学部副教授、技术经济研究所所长；曾艳，北京师范大学珠海分校图书馆馆员；刘美玲，北京师范大学珠海分校图书馆馆员。

产品的质量提出了更高挑战。

（3）多元化，向区域优势突出的多元链型、多功能产业集群方向发展。由于各地资源禀赋等立地条件的不同，要提高农产品的市场竞争力，就应依托优势进行农产品区域化布局。很多农产品加工企业借助这种区域化优势，实现农产品加工的多层次和多环节的转化增值，促进产品由粗加工向精加工，由单一型向多元链型发展，提高了农产品的附加值。多元化不仅体现在产业链的延伸上，也体现在自身功能的增加上。现代农业生产不仅能提供农业产品，还能实现经济、社会、文化等方面的价值。农业的发展，除了其产品的"市场位"，还取决于其"生态位"，生态位反映了产品的生态价值、环境价值和美学价值，市场位和生态位二者相辅相成。

（4）集聚化，向农业企业化、产业化和市场化方向发展。构建现代产业体系是"十二五"时期广东省深入贯彻落实科学发展观、加快转变经济发展方式的重要举措，是广东省培育产业新优势、推动产业结构优化升级、实现创新转型发展的必由之路。现代农业的发展需要现代农业产业体系的支撑。农业产业化是农业的组织形式和经营机制的转变，它侧重在农业经营体制的创新和经营环节的组织创新。现代农业产业体系是在农产品生产、加工、销售过程中，由关联效应较强的各种涉农主体，包括生产、经营、市场、科技、教育、政策、服务等方面通过必要的利益联接机制，相互作用、相互衔接、相互支撑，借以实现农业产前、产中和产后协调发展的有机整体。它是以一定的农产品为基础，为满足特定市场需求，由市场化农业与其相关产业构成的一种新型的农业组织形式和经营机制，是一个涵盖农产品价值形成和分配的多部门复合体。现代农业产业体系对提升农业地位，增强农业产业竞争力，促进农村经济发展，推动农村现代化进程具有重要意义。

（5）一体化，向全球一体的标准化商品型方向发展。由于现代信息、交通、物流等条件的改善，农业生态系统中的能量物质流、资金价值流、信息流将会更加迅速，系统将更加开放，与外界市场的联系将更加紧密，大区域范围的农产品交易乃至全球贸易成为可能。世界很多国家通过建立规范化的生产、加工、储运和营销等体系，制定包含农业生产和加工以及农产品质量标准等一系列法律规范，加速了农业向全球一体化的方向发展。

二 国内外现代农业发展的先进经验

（一）国外的先进经验

从 20 世纪 30 年代开始，发达国家对传统农业进行了全面的改造，完成了从传统农业向现代农业的转变，虽然形式不同，但总体上具有代表性的有三种模式，即以美国为代表的资源丰富型，以日本、荷兰为代表的资源短缺型，以法国为代表的资源适中型。以上几个国家现代农业都是在不同的自然资源和不同外部环境条件下建设的，尽管所走的道路不同，但采取的方式有许多相似的地方，大体包括以下几点：

（1）规划先行，因地制宜地确定发展模式和经营方式。主要发达国家根据本国的自然条件、资源情况以及经济发展水平，在发展现代农业上采取了不同的发展模式和经营方式。美国目前的农业发展模式以土地要素、技术要素和资本要素相结合的高度机械化大生产模式为主；日本走的是一条劳动密集、技术密集的小农经济模式；荷兰则以技术要素、资本要素相结合的工厂化设施农业生产模式为主；法国采取的是依靠土地制度变革调控现代农业生产的小农经济模式。就是在同一个国家内部根据不同的自然条件采取的经营模式也不相同，如澳大利亚畜牧业中的养羊业以放牧为主，经营粗放，但在沿海、沿河一带的局部地区实行种草养畜的集约化经营。

（2）重视农业科技创新，强化技术推广体系。农业发达国家十分重视科学研究和技术创新，机构和人员稳定，经费充足，手段先进，研究内容紧密结合生产。其科研经费主要由政府提供，同时也吸纳一些企业科研基金、国际资助及其他基金。目前，发达国家农业科技成果的转化率和科技贡献率一般都在70%以上。日本的农业技术推广由政府的农业改良普及事业和农协共同完成，从中央到地方形成了一套完整的体系；荷兰则主要依靠农渔部技术推广局下设的分布于全国的农业技术推广站来完成这一工作；美国的农业技术推广体系则是由政府部门、大学和民间机构共同组成。

（3）支持建立农民组织，社会化服务程度较高。一个有效的农业合作组织的建立，对加快传统农业向现代农业的转变起着决定性的作用。完善而发达的农业产业组织体系是发达国家现代农业的重要特征之一。日本从第二次世界大战结束到 20 世纪 70 年代中期基本实现了农业现代化，仅用了不到 30 年的时间，其中最主要的原因就是日本在充分吸收西方国家农业发展经验的基础上独创了一套适合本国国情的农协制度。

（4）合理利用农业支持措施，建立高效的宏观管理体制。发达国家十分重视现代农业建设，通常利用一些涉及经济利益的经济手段来支持、引导或影响企业和农户在现代农业进程中的行为。其包括价格支持与补贴、税收减免、低息或无息贷款等；有的则是直接影响企业和农户的收益或成本，如休耕补贴、购置装备与修建设施补贴等；加强对公共品的资助，例如提供农业科研、教育与技术推广所需经费和对水利、电力、通信及道路等农业基础设施的资助等。

（二）中国的先进经验——以江苏为例

江苏省根据苏南、苏中、苏北所处自然条件及科技社会资源条件，进行了卓有成效的建设现代农业的实践，其发展现代农业的先进经验值得借鉴。其突出成绩表现在：在借鉴世界现代农业发达国家经验及发展模式的基础上，不断提高农业经营规模，加快科学技术的推广应用，实施农业专业化生产与发展农业专业化服务互助组织，加快现代农业发展进程。

（1）苏南经验：利用苏南技术资本优势，推进现代农业发展。苏州、无锡、常州等地区历来享有"鱼米之乡"的美誉，经济发达、技术先进、社会及政府发展农业资本相对丰富，但土地资源少，劳动力成本高，农业比较效益低。苏南采用政府扶持与引导社会资本相结合的方式，力求规模化高效经营，探索农业转型升级之路。大力推进土地承包经营权流转，使农用地向专业大户和现代农业园区集中；提升农业机械化水平，发展设施农业，提高土地产出率；利用信息化管理手段，实现精耕细作，提高土地经营效益；应用现代农业生物技术，培育名特优品种，发展绿色有机食品；引入体验经济，发展休闲观光农业，实现城乡和谐发展。无锡市近年来高度重视现代农业发展，政府推动高效农业，负责园区前期基础设施建设，各个业主负责后期工作，成立公司，把资金、技术、市场等要素集聚在一起，2006～2009 年的近 4 年中，无锡市社会资本投入农业近 100 亿元，高效农业面积占耕地面积的 46%。高效农业主要生产环节机械化率超过 20%，显现农机化区域性特征，催生了 118 个农业园区和 200 多家农字号企业。其中，锡山拥有无公害农产品产地 38 个，面积约达 7.5 千公顷（约 11.22 万亩），共有市级以上无公害农产品 37 个、绿色食品 19 个，初步形成了亩均产出 2000 元、5000 元、1 万元、10 万元以上 4 种不同层次的高效农业发展模式。

（2）苏中经验：加快苏中农业经营方式转变，推动高效农业发展。苏中地区沿江沿海，地理位置及自然条件较好，易于接受苏州、无锡、常州及上海等地经济的辐射。随着工业化的推进，农村剩余劳动力加速转移到非农产业，为发展适度规模的集约化现代农业创造了条件。股份合作制经营、大户经营、合作社经营及企业经营模式迅速发展起来。2008 年，江苏新洋农场推行模拟股份制经营，将分散到户多年的近 4000 公顷（约 6 万亩）耕地实行"五统一"管理，即统一作物布局、统一供种、统一管理、统一销售、统一保险。当年粮食总产、单产、亩均效益三超历史，实现"农户增收，企业增效，土地产出率增加"的"三增"效应。在不断扩大模拟股份制经营规模的同时，打造以"种业、米业、麦芽"三产业为主的龙头企业，推动"产、加、销、贸、工、农"纵向一体化的农业发展模式。

（3）苏北经验：扶持苏北龙头企业，带动主导产业，发展特色农产品。苏北地区经济基础较弱，农业在地方经济中比重较大，工业反哺农业能力弱。该地通过政府科技支撑及财政转移与税收优惠，发展科技先导型支柱产业，积极扶持龙头企业做大做强，开展产学研合作，推广适用技术应用；利用地方优势资源，提高农产品附加值。2010 年以来，江苏省科技厅安排科技富民强县项目和科技型中小企业项目 128 项，拨经费 3000 多万元扶持龙头企业。128个项目涉及茧丝绸、畜禽、水产、设施果蔬、意杨等苏北 41 个科技特色产业，重点支持这些特色产业的关键是技术研发，加强自主创新与集成应用，积极拓展和延伸支柱产业的产业链，进一步加快形成优势产品和产业集群，推进苏北地区特色产业结构的优化和产业规模的形成。据统计，苏北星火产业带 28 个科技先导型支柱产业产值利税年均增长近 40% 以上。徐州市发展食用菌、银杏、花卉、优质稻麦等十大主导产业，其特色农产品产值占全部农业总产值的比重达 60% 以上。

三　珠海现代农业发展的优势和存在的问题

（一）珠海现代农业发展的优势

1. 区位优势

珠海市位于广东省南部，珠江出海口西岸，与香港隔海相望，陆地与澳门相连，设有一、二类口岸 14 个，是重要的陆海口岸，也是珠江三角洲地区主要的商品出口和集散地。2009 年年末全市常住人口 149.12 万人，总面积 7653 平方千米，其中陆地总面积 1687.8 平方千米，海岸线长 700 多千米，拥有 146 个海岛，有"百岛之市"的美称。珠海市毗邻港澳，拥有国际标准的机场、深水港口和连接珠江三角洲的交通网络，并具有多个与澳门、香港相连的口岸，特别是即将建成的广珠城际轨道和即将兴建的珠港澳大桥，为泛珠三角地区和东南亚经济合作发展提供了方便、快捷的交通条件。国际贸易在珠海发展迅速，目前珠海市已成为华南地区物流的重要基地。珠海经济与港澳台经济相互依托，在市场与技术、信息、资金、管理、国际交流与合作、国际贸易等方面具有独特的优势，因此珠海既拥有广阔的内陆市场，又具有外向型经济导向形成的国外市场和港澳台市场。澳门是一个以商业贸易、旅游等为主导产业的地区，香港是以国际贸易和金融业为主的地区，其所需的农产品、花卉，大部分水产品需从内地进口。同时我国已加入 WTO，农产品出口量将进一步加大，安全、优质、无公害、绿色、有机、健康的农产品生产将得到进一步发展。这为珠海市综合发展的生态农业提供了良好的机遇和广阔的市场前景。

2. 良好的生态环境

改革开放以来，历届珠海市委市政府领导高瞻远瞩，始终坚持经济发展和环境保护双赢，坚持生态文明理念，把保护蓝天白云、青山绿水作为一条不可突破的底线。珠海现已发展成为初具规模的现代化花园式海滨城市。全市林业用地面积50461.4公顷，其中生态公益林46419公顷，占林业用地的92%。全市森林覆盖率32.6%，城市绿化覆盖率达43.8%，人均公共绿地面积24.24平方米，城市环境质量始终保持良好水平。珠海市先后荣获国家授予的"园林城市""造林绿化十佳城市""环保模范城""中国十大最具幸福感城市""中国十大和谐名城"和联合国人居中心授予的"国际改善居住卫生环境最佳范例奖"等荣誉称号。同时还正式被国家环保总局命名为"国家生态示范区"。

3. 自然资源丰富

一是气候条件适宜农作物生长。珠海市地处北回归线以南，属亚热带海洋性季风气候，雨量充沛，热量丰富，全年日照时数达1991.8小时，年平均气温22.4℃，极端最高温度38.5℃，极端最低温度1.7℃。年平均降雨量为1700~2300毫米，最大雨量在5~9月，平均1654.3毫米，占全年总雨量的84%。5~10月受台风影响，每年平均约4.1次。全年无霜期341天以上，农作物越冬条件好，适宜蔬菜、水果、水产、畜牧等多种产业的发展。二是珠海的土地资源丰富，可耕地面积43万多亩，其中基本农田保护区面积37.05万亩。土地类型具有多样性，既有低山地、坡地，又有广阔而肥沃的平原，适宜发展南亚热带水果、蔬菜、畜牧和高档花卉。特别是斗门区，是典型的大沙田耕作区，耕地多是冲积平原，有机质多，利于农作物的生长；由于地处西江的出海口，河道密布，水质清新，水资源丰富，发展水产养殖更是得天独厚；气候温暖，全年无霜，全区的土地资源可种可养，十分适合发展各种特色农业和观光休闲度假农业。三是水资源环境优越，有利于发展海洋渔业。珠海市处于珠江出海口，有6100多平方千米的海域面积，水资源极为丰富。海岸线绵长，海岛众多，滩涂资源丰富，有140多万亩滩涂。珠江8大出海口有5个在珠海市，江河、河涌水网纵横，咸淡水交汇，河口型渔业资源丰富。分布广阔的沿海滩涂资源主要用于发展虾、蟹、鱼、蚝等产品，其中，淡水主要和直接的来源是大气降水和珠江支流的河流水量，相对数量也较多。

4. 旅游资源得天独厚

珠海市发展旅游业具有得天独厚的资源优势，突出表现在拥有700多千米长的海岸线、30多万亩海滩、近6000平方千米的海域和146个海岛，这在国内外都是不多见的。在旅游市场方面，粤港澳台是中国旅游消费能力最高的客源市场，区域内有 1.1 亿人口，粤港澳台年共接待游客 3 亿多人次。珠海市是中国第二大进出境口岸城市，每年进出境的人数达 5000 多万人次，随着 CEPA 的实施，来往珠海的人数还会不断增加。2008 年珠海市旅游接待总人数突破 2000 万人次，过夜游客达到 900 万人次，旅游收入达到 167 亿元。这些都为发展都市观光休闲农业提供了庞大的客源市场和巨大的旅游市场需求。

5. 发展动力足

近年来，珠海市农业发挥比较优势和区域优势，积极招商引资，强化科技兴农，加快农业经济结构调整，积极推进农业产业化经营。在确保粮食生产能力的前提下，大幅减少传统低值低效农业生产，发挥区位、资源、技术等比较优势，走专业化、规模化、集约化、社会化的发展道路，利用政策、资金、技术等支持，积极培育优势主导产业和优势产品，大力发展特色农业、效益农业、精品农业、都市农业和生态农业，形成以水产养殖为主导，包括畜牧、水果、蔬菜、花卉产业等区域优势主导产业。2009 年调整后的农业生产结构为：水产养殖 49.25 万亩，产量 17.6 万吨；粮食 11.9 万亩，产量 4.54 万吨；蔬菜 9.4 万亩，产量 12.3 万吨；水果 12.9 万亩，产量 11.4 万吨；甘蔗 1.5 万亩，产量 9.31 万吨；生猪饲养量 100 万头；三鸟饲养量 1109.9 万只。使珠海市种植业、林业、畜牧业、水产业和农业服务业产业结构由 2001 年的 25.71%、0.42%、10.69%、59.98%、3.20% 调整为 2009 年的 15.41%、0.02%、18.00%、55.84%、10.71%，形成稳定的水产业支柱产业，减少低效益种植业，增加高效益畜牧业，提升农业服务业的优势产业格局，实现水产业、种植业、畜牧业、农业休闲旅游业协调发展的产业格局，市场前景好、附加值高的水产、水果、蔬菜、花卉、畜牧等产业快速发展，产值占珠海市农业总产值的 90% 以上。珠海市已初步形成优质化、专业化、规模化和区域化的生产格局。一是实施农业园区、农业龙头企业和品牌农业带动战略，以"两园一区"（金湾台湾农民创业园、斗门北部生态农业园、万山海洋开发试验区）为载体和平台，积极开展现代生态农业产业体系建设。珠海市拥有 38 家农业龙头企业，其中国家级农业龙头企业 1 家，省级农业龙头企业 8 家。珠海市采取有效措施促进农民专业合作社发展，全市农民专业合作社有43家，入社成员1165人，辐射带动农户5710多户。实施农业品牌带动战略，全市有11个农业类产品被评为广东省名牌产品，6件农业类商标被认定为省著名商标。"白蕉海鲈"2009年获得珠海市首个国家地理标志保护产品。二是农业产业结构确立了以水产养殖业为主导产业，兼以多种经营的合理结构，农民在结构调整中增收明显。三是外向型农业快速发展，外资投入兴办农业生产基地、农产品加工和流通企业大幅增加，抓住了国际产业转移的良好机遇，农业外资的进驻形成了良好的发展势头。四是农业科技含量大幅度提高。珠海市水产养殖水平，无公害农产品、绿色食品和有机食品品种，农业综合开发基地的数量，国家、省重点支持的农业项目，利用外资等近年来大幅度提高，使科技对农业的贡献率进一步提高。目前，珠海市获得认证的有机食品品种3个，绿色食品品种15个，无公害农产品品种16个，无公害产地28个，其中蔬菜基地6个，水产品基地15个，畜禽基地5个，水果基地1个，甘蔗基地1个。五是生态农业发展方兴未艾，农业的多功能性逐步凸现，现代农业的发展空间得到拓展。经过多年的努力，目前珠海市现代生态农业有了一定基础并呈现出良好的发展势头，农业生态环境不断得到改善，逐步走出了一条有珠海特色的现代生态农业发展之路。

6. 农业技术体系逐步完善

珠海市以沼气为纽带的生态农业技术体系已逐步完善。从2006年开始，珠海市紧紧围绕生态城市建设，发展农村循环经济，促进农村经济社会可持续发展，以金湾、斗门地区畜禽养殖场为重点，以政府引导、养殖户自愿为原则，开展农村沼气建设。每立方米由市级财政补助200元，不足部分由区、镇和农户自筹解决。2006～2009年珠海市共建设各种类型沼气池62座，总体积6462立方米。通过"猪—沼—果、猪—沼—渔、猪—沼—菜"的沼气建设模式，有效阻断了农村细菌、病毒和寄生虫的传播，大大减少了河流的富营养化和有机污染，取得了有目共睹的生态效应。

（二）珠海现代农业发展中存在的问题

（1）农业发展空间逐步缩小，环境污染逐步加重。随着城镇化进程的加快和工业化的发展，珠海市农业土地资源逐年减少，使农业发展空间受到限制。生活垃圾和工业废水大量增加，生态环境恶化，水土流失加重，水质退化加剧，严重影响了生态农业的可持续发展。

（2）农业科技含量不高，综合开发程度低。珠海市水产资源尤其是海洋资源开发与利用方面的高新农业科技研究开发不足，农业资源综合开发科技含量不高，使生态农业的综合发展缺少高新农业科技动力，大多数农产品生产仍处于低级水平，极大地影响了生态农业的可持续发展。

（3）农业产业化程度低，农民转移就业困难。产业化基地建设规模化水平不高，产、加（工）、销一体化发展滞后，农业龙头企业规模不大、实力不强，辐射带动能力有限；农业投入不足，产业化水平不高，农民增收难度大，农民转移就业困难。急需建立形成高起点、高标准的产业龙头和现代农业转化载体。

（4）发展模式和机制需进一步探索。珠海市在具有自身特有的资源优势和面临机遇与诸多不利因素的情况下，采用什么样的发展模式和发展机制才能实现生态农业的综合发展，才能实现资源环境保护利用与社会经济协调发展，正面临着严峻的挑战和考验，现代农业的发展模式和机制需进一步探索。

（5）缺乏吸引国内外开发现代农业资本和高素质管理人才的优惠政策和条件。缺少引领农民参与全方位市场竞争的现代农业经营组织，缺少知名品牌和参与国际竞争的产品。

四　珠海现代农业发展的思路和重点

（一）珠海现代农业发展思路

以党的十七届三中全会通过的《中共中央关于推进农村改革发展若干重大问题的决定》精神为指导，贯彻落实《珠江三角洲地区改革发展规划纲要（2008～2020年）》中提出的"科学发展、先行先试"的战略，进一步解放思想，努力实践"建设生态文明新特区、争当科学发展示范市"的重大决策。按照"高起点、新思路、阔视野"的要求，加强珠海与珠江三角洲地区及港澳台的区域协调与合作，创新发展理念，突破传统农业发展模式和机制，统筹优化高效配置资源，推进资源融合和产业联动，加快优势农业产业集聚升级，建立具有珠海特色的现代化生态农业体系，推动珠海生态农业的综合、快速、持续发展，促进区域经济的一体化建设，实现资源与环境的统筹协调，逐步实现从农业文明向生态文明的跨越式发展。

根据珠江三角洲地区率先实现农业现代化的要求，珠海也要着力构建"五个体系"，促进农业产业转型和结构优化升级，推动现代农业发展水平整体提升。一是要构建现代农业结构体系；二是构建现代农业物质技术装备体系，推进农业生产手段高科技化；三是构建现代农业经营体系，推进农业产业化；四是构建现代农业服务体系，推进农业服务社会化；五是构建现代农业教育培训体系，推进农民知识化。构建现代农业产业体系，需要逐步抛弃传统的以初级农产品生产为主导的狭隘的农业观念，树立大食品、休闲、生态等功能的大农业观念。在地域上，要进行整体的统筹规划，确定区域产业的定位与发展；在产业链条上，要突破农业就是农产品生产的传统观念，树立包括产前、产后、产中的大产业观念，挖掘农业生产的内在价值，实现市场位和生态位的共同发展，提升农业产业的附加值；在产业培育上，要转变传统的、狭隘的产业体系界定，在高度专业化、社会化的基础上，发展多功能的产业体系，尽量挖掘农业的全方位价值，赋予有限的土地以多种功能，提升农业整体效益。

（二）珠海现代农业发展重点

现代农业以珠海金湾台湾农民创业园、斗门北部生态农业园和万山海洋开发试验区为主要载体，重点发展城郊型特色农业、水产科技研发、农业生态旅游，加快形成具有岭南特色的都市型、外向型、生态旅游型的现代农业产业体系，打造珠江三角洲外向型水产品物流基地、城郊现代农业高新技术发展试验区、亚太地区著名的滨海生态休闲农业旅游城市。

1. 金湾台湾农民创业园

珠海市金湾台湾农民创业园（以下简称"台创园"）是由农业部、国务院台湾事务办公室于 2008 年 2 月 25 日批准设立的广东省首个台湾农民创业园，它设在高栏港区平沙镇，是纳入《珠江三角洲地区改革发展规划纲要（2008～2020年)》的63个重点实施项目之一。珠海市已制定并实施《珠海金湾台湾农民创业园总体规划》。其主要建设内容如下：台创园分为核心区、示范区和辐射区。园区建设分两期进行，第一期规划核心区5000亩、示范区40000亩，第二期规划核心区3000亩。珠海市全境为辐射区，间接辐射广东全省。重点规划建设核心区。第一期规划建设核心区5000亩，包括台湾水果区、花卉苗木区、设施蔬菜区、水产养殖区、休闲观光区。休闲观光区由六大主题公园组成，即台湾水果主题农园、蔬菜主题农园、花卉主题农园、香蕉主体农园、水产主题农园、水网游乐园。第二期规划建设核心区3000亩，由农产品加工区、科技孵化区、管理服务区、花卉苗木区、设施蔬菜区、休闲观光区（包括台湾风情园和甘蔗主题农园）组成。其功能定位如下：台创园核心区的建设，以发展现代农业为方向，以农业增效、农民增收为目标，以市场为导向，以高效农业工程项目建设为载体，以提高产业化经营水平为主线，强特色、重质量、创品牌、保安全，实现高效农业规模化发展，提高农业综合生产能力、农产品市场竞争力和可持续发展能力，使之成为辐射广东、联通海峡两岸的农业科技合作试验示范基地，成为创业平台、创新平台、创意平台、创富平台。其主要任务为：经过十年左右，把台创园核心区建设成为现代农业产业循环经济示范园区，并跻身全国重点台湾农民创业园行列。重点打造"一条街"：台湾风情一条街。构筑"三个中心"：华南地区的台湾农民创业服务与管理中心，两岸农业技术合作研发中心，台湾特色农产品展销中心。建设"五个基地"：海峡两岸农业科技合作试验基地，台湾农民再创业示范基地，现代设施农业生产试验基地，休闲观光农业基地，台湾农业高科技人才创业基地。形成"十一个功能园区"：第一期规划建成永呈农业生态科技园、主题农园休闲观光区、台湾特色蔬菜生产示范区、台湾特色水果生产观光示范区、台湾特色花卉种植示范区、台湾特色盆景苗木生产观光示范区、现代设施农业生产示范功能区、无公害优质食用菌培植功能区、植物产品洁净与配送功能区、市民租地体验农业功能区；第二期规划新建农产品加工区，扩建两岸农业技术合作研发中心、台湾农民创业服务中心和台湾特色花卉种植示范区、台湾特色盆景苗木生产观光示范区、现代设施农业生产示范功能区、主题农园休闲观光区。

2. 斗门北部生态农业园

斗门区北部生态农业园包括莲洲镇、斗门镇北部、白蕉镇北部和灯笼片。园区总面积约 287.5 平方千米，共涉及斗门区 57 个行政村。其中，莲洲镇全境 27 个行政村，斗门镇 7 个行政村，白蕉镇 23 个行政村。园区耕地面积 15.0 万亩，基本农田保护区面积 12.0 万亩，农业人口 9.9 万人。北部地区农业人口和农业产值都占了斗门区的大部分，该地区地势平坦，土地肥沃，土地资源丰富，河涌交错，淡水资源充足，地理环境和自然条件优越，是典型的水乡和冲积平原，有较好的农业生态基础，是珠海市的主要农业区和水源保护区，莲洲镇还是市级生态保育区。该园区将重点建立无公害水产基地、无公害蔬菜基地、高端花卉苗木基地和有机水稻基地"四个基地"，发展农产品深加工区、农产品展销区和生态农业旅游区"三大专区"，以提升现代农业和生态农业的发展水平。

3. 万山海洋开发试验区

发展万山海洋开发试验区生态特色渔业，大力发展现代海洋渔业。依托高校和科研单位技术力量开展特色鱼类品种的孵化、育苗、提高单产等一系列的研究，采取"公司 + 基地 + 渔户"模式，积极培育具有珠海产地标志、行销国内外市场的名牌产品。在 2010 年建立 1 万亩以上的海洋生态牧场，并争取用 3 ~ 5 年的时间，使全区的渔业产值达到 10 亿元。加快发展海洋科技产业。设立科技兴海专项资金，支持建设海洋科技产业基地、教学科研实习基地和国际海洋科技合作示范区，以此为平台聚集海洋科技的人才、项目、投资和贸易，不断提升海洋科技创新能力。同时积极引进海洋类药物及化妆品、海水淡化、海洋生态渔业等研究成果及相关企业，推进海洋技术向高端化、多样化发展。积极推动海洋生态休闲旅游胜地建设，打造以桂山岛为中心点、以东澳岛为重点的万山列岛和以外伶仃岛为重点的隘洲、三门列岛作为两翼的生态旅游度假区，争取东澳岛 2 年内成为国家 4A 级景区，5 年内成为 5A 级景区。适时选择有实力、有经验的央企或港澳大型企业进行整岛开发，提升海岛旅游的规模和水平。

五　珠海现代农业发展对策

（一）加大政府的政策支持

1. 认真落实各项优惠政策

一是认真落实《珠江三角洲地区改革发展总体规划纲要（2008～2009年)》等相关文件精神，对文件中已明确的政策要加强落实督办。二是全面落实CEPA在广东省先行先试的政策措施，联合港澳承接全球农业科技服务及国内优质农产品物流流通业务。借鉴港澳先进经验，加快改善珠海市农业营商环境，与国际接轨。与港澳共同推进建设大珠三角优质生活圈，务实深入推进泛珠三角区域合作，推进粤台经贸、旅游、农业等交流合作。

2. 不断创新发展现代农业的政策

一是要探索农民增收机制。以园区建设为基础，对园区农民进行政策引导，通过土地流转等措施建立农民财富积累的新机制。二是探索加快农村劳动力转移新举措。要通过寻找发展第三产业和农业龙头企业的新契机，增加就业机会，提高第三产业带动就业的能力，促使农村劳动力充分就业。三是实施农业龙头企业带动战略。针对珠海农业企业"少、小、弱"的实际，实施农业龙头企业带动战略，给予农民在信贷、保险、税收、投入、贸易等方面的优惠政策支持，通过优惠政策吸引内资、外资投入，吸引企业在珠海市设立生态农业产业链整体建设，加快形成市场带动型、加工推动型以及服务引导型等多种形式的农产品产加销新体系。四是通过政策优惠吸引农业科技高新项目、科技服务等第三产业项目落户，给予农业科技人才、综合的产业经营人才奖励，吸引高学历、高层次人才的聚集，加快农业高科技的推广应用。政府只有提供一系列的优惠政策，才能吸引战略投资者，开发生态农业、观光农业，开发安全食品、绿色食品，推动珠海市现代农业的发展。政府惠农政策的落实，要突破体制、地域、规模、人口的限制，统一安排、同步落实。重点完善国有农场土地的使用管理、扶贫开发、产业化经营、示范区（场）建设、农业科技自主创新与科技推广体系建设等政策问题。

（二）完善现代农业制度保障

1. 建设农业标准化生产制度

进一步健全农业生产过程、质量管理、市场准入和检验检测的标准化制度，实现农业标准覆盖所有主导产业。为保障消费者的生命健康安全，大力推行标准化生产和管理，建立了农副产品检测中心，完善了质量安全标准体系、检验检测体系、动植物防疫体系和农产品认证体系建设，实行了生产基地备案、原辅料台账、产品追溯等制度，鼓励企业取得国际国内权威认证，有力保障了农产品质量。

2. 建立健全农业执法制度

农业行政执法是农业部门职能的重要体现，是保障农业健康发展的重要工作。要进一步完善农业行政执法体系，加强队伍建设，提高执法人员的素质；要依法管理与执法监督相结合，常态管理与专项行动相结合，专业执法与综合执法相结合，提高执法能力和水平；要突出农业执法重点，高度重视动植物疫病防控、农产品质量安全等关系产业健康发展和百姓切身利益的问题。

3. 建立农业多元化投入机制

一是积极引导金融机构加大对农业企业融资项目的信贷投放，引导开发适合农业产业企业、行业协会需求的金融产品，稳妥推进小额贷款公司试点。以企业融资项目落实资金来源，形成多元化渠道。推进银企合作，积极向金融机构推介农业产业龙头的重点项目。完善生态农业企业的担保体系，形成覆盖广泛的农业企业担保网络。支持有实力的农业产业龙头企业通过改制上市、发行债券等进行直接融资。二是在资源上推进土地、资本、技术、劳动的联合，明确参与现代化农业产业各利益主体的法律地位和财产权利，实行土地折合资金入股、技术折合资金入股等多种多元化形式建设项目。采取"租、扩、引"等形式，实行租赁经营，整合利用原有资产，盘活存量，扩大效益，引导鼓励有条件的企业多形式筹措资金。通过建设一批高效生态农业和第二、第三产业项目，多策并举发展农业农村产业经济、集体经济，推动项目建设企业发展。三是建立重点、长期财政资金投入引导机制。要积极落实国家扶持农业发展项目的各项优惠政策，引导符合国家、省财政支持方向的重点项目，争取国家、省的长效资金引导与支持。对农业产业化龙头企业项目，积极探索政府补助、以奖代补、财政贴息、参股经营等措施，支持农业产业化龙头企业做大做强。进一步探索农村金融制度，建立政府扶持、多方参与、市场运作的农村信贷担保机制，引导各类资金和经济资源投向农村和农民。加大农业投入力度，离不开政府的引导，离不开社会的支持。特别是在投入方面，政府要进一步加大投资的结构性调整力度，资金的投入要在稳准狠上下功夫，把资金投在刀刃上，有针对性地将投入重点放在标准化生产示范基地建设、特色农产品良种繁育，特色产区的特色龙头企业建设等方面。不断挖掘农业发展的潜力，增强农业发展的劲头。拓宽资金筹集渠道，坚持国家、地方政府、企业和农户一起上的投资方针，引导企业和农户自力更生，积极主动地自己解决资金链短缺问题，自筹资金，同时把民间的闲散资金通过一定的方式吸收到农业发展中，还要不断改善投资环境，开发技术含量高、产品品质高、市场稳定的新的生产经营项目，吸引外国资金的注入。

4. 实施农业补贴制度

针对特色农业可进行一定的财政扶持，制定推动特色农业发展的税收、信贷政策。政府对特色农产品育种、技术研发、特色农业产业化基础设施建设等进行扶持，可实施专项资金政策，在财政预算中设立专项资金，对风险较大的产品可将其优势产区作为试点，探索农业保险的路子，实现特色农产品的风险规避。

（三）构建现代农业组织保障

1. 大力支持农民专业合作组织发展

坚持"民办、民管、民受益"的原则，以农业龙头企业为牵引，提倡和引导农户实行合作制，把家庭经营和合作经营的优势结合起来，对提高农业组织化程度，开辟家庭经营走向市场，避免增产不增收，促使农民走出小农业格局，推进农业专业化发展，降低农民在获取这些资料信息的成本等方面有重要作用。一是要在尊重农民意愿的基础上，加强分类指导，开展教育和培训，增强农民的合作意识，加强农业科技的推广和应用，提高农民的合作能力；二是要制定相关政策，从注册、登记、财政支持、税收优惠和金融保险支持等方面给予农民合作组织优惠政策，在其成立初期要特别加大扶持力度；三是要尽快修改和完善我国有关合作经济组织的法律法规，对合作组织的性质、法律地位、税赋关系、会员制度、分配原则等做出规定，为农业合作组织的发展及其在经济社会中的地位提供法律保障；四是要注重农业合作组织经营人才的培养和使用，在注重合作组织硬件设施建设的同时，更要注重培养和造就一大批农业经营人才，并为他们创造条件带领广大合作经济组织和农民实现致富；五是要加大对农村新型合作经济组织的试点示范、资金扶持、宣传培训力度，引导农民参与农业产业化经营。珠海农业发展取得的成绩和曾经遭遇的挫折告诉我们，面对一家一户的分散生产与千变万化的大市场日益突出的矛盾，只有创新符合市场需求的农业产业组织体系，才能把广大农民组织起来，从而提高小农家庭生产效率，解决分散生产与千变万化的大市场的矛盾。农民合作社组织具有农产品的收购、销售、储运、加工、包装、融资、保险、福利、科技培训与推广、农资供应等多种功能，注重公益性服务和经营性服务相结合、专项服务和综合服务相协调。农民专业合作组织应包含农户、市场、合作经济组织（民间组织或者专业协会）、政府的公共服务部门等要素。合作经济组织是联系农户和市场之间的桥梁，政府的公共服务部门在合作组织中行使引导、协调、调控和基建等职能。合作经济组织要解决农户利益共享问题，要有完善的激励制度，协调好农户生产时间和空间问题，及时反馈市场信息。2007 年 7月 1 日，我国颁布《中华人民共和国农民专业合作社法》并正式实施，为建设农民专业合作组织提供了法律依据和保障。珠海市建设农业合作经济组织，要充分发挥供销合作社、专业化合作社、专项农业服务公司、技术协会、农业经纪人和龙头农业企业等多种形式经济合作组织的积极作用，提高农业生产经营的配套服务水平。

2. 大力推进农业高科技的研发和应用

科学技术是第一生产力，也是现代农业发展的第一推动力。珠海市农业科技的研发能力和转化能力起点并不是很高，应着力增强农业自主创新能力，大力实施农业科技行动计划、良种产业化工程和农副产品精深加工示范工程，使科技创新成为农业结构调整和提速增效的催化剂。发展农业高科技，一是提高了农民的科技素质，二是增强了涉农企业的创新能力，三是提高了农业科研成果的转化能力，四是推进了实用科技成果的应用。其具体措施包括：构建农业科技创新平台；强化龙头企业的科技创新能力，安排重大农产品加工技术项目时向企业倾斜，鼓励龙头企业向科研投资，创办研发中心，鼓励高级专业人才到龙头企业创业；构建新型的农业科技推广体系，提升农业科技的贡献率；加大对科技农业的投入，支持农业基础性、前沿性学科研究。争取在农业生产技术、装备设施、防灾减灾技术等方面进行开发和创新，力争在关键领域和核心技术上实现重大突破，促进品种和技术向产业转化。

3. 健全农业服务体系和信息支撑体系

要建立健全农业服务体系，加快信息化建设，向农产品生产经营者提供及时准确的相关信息，减少市场风险，增强农业生产服务提供能力，为发展农产品加工业提供优质专用农产品原料，提升农业科学化、机械化水平。农业服务体系需配套发展。发展现代农业，需要有现代的服务网络作保障。应从流通、信息、金融保险等多方面入手，积极创新综合配套服务方式，形成具有一定规模的农业服务网络。流通服务方面，应创新农村流通服务，大力实施"万村千乡市场工程"，加快建设农业生产资料供应、日用消费品供应和农产品购销三大流通网络，推动连锁超市下乡，促进农副产品入市；信息服务方面，应建立健全农业信息服务体系，提高农业信息化水平，充分利用各种信息载体，如农民信箱、网络、短信、报纸杂志等多种途径为农业服务，构建涉农信息平台，做好信息的发布和接收，建立层次分明、相互联动的信息工作体系，建立完善的农业统计和产量预测系统，系统、连续地跟踪、收集、发布有关农业的最新市场信息，并及时将信息反馈给农户和农产品加工企业，以便他们及时采取应变措施，在市场竞争中赢得主动。

4. 建立健全农业科技培训体系

农业现代化的新主体是农民，推进农业高技能人才培养工作，完善农垦职业技能人才培养机制，是现代农业发展的关键。党的十七大报告提出，要培育有文化、懂技术、会经营的新型农民，发挥农民建设社会主义新农村的主体作用。在构建现代农业产业体系的过程中，要使农民逐步抛弃传统的以初级农产品生产为主的小农业观念，树立大食品、休闲、生态等功能的大农业观念。为此，要做好以下几方面工作：第一，要抓好农村基础教育，进一步改善农村办学条件，巩固中小学教育，大力推进职业教育，提高农民的基本文化素质；第二，要抓好务农农民的专业技术培训，围绕区域主导产业开展各种类型的短期培训，不断提高农民的务农技能和科技文化素质；第三，要抓好农民工的专业技能培训，提高农民的就业能力和竞争能力，形成多渠道、多层次的转移就业格局；第四，加大公共财政对农村科技、教育事业的投入力度，拓宽教育渠道，创新培训机制，逐步形成农民参加文化教育和技能培训的长效机制。发展农业职业教育、提高农民素质是提高农业科技水平的基础。大力发展农业职业教育，综合采取各种措施和手段，培养和提高农民综合素质，是提高我国农业国际市场竞争力的有效途径。我们要发挥农业职业院校的优势，通过举办各种短训班或专题讲座，普及农业科技知识；通过各种媒体建立职业教育网络，对农民进行远程教育；聘请农业科技人员或农业专业户指导农户生产；农村中学也应适当增加农业职业教育的有关课程，尽快培养一批懂得农业生产技术、会经营、会管理的新型农民。

5. 加快农业基础设施建设

广东省农业基础设施和装备条件还不是很完善，农业机械化水平仍然较低，农业抗灾能力还不强，要突出项目建设，通过启动和实施一系列农田水利改造和农业机械化示范工程等进一步提升农业基础设施和装备条件。首先，用现代物质条件装备农业，要加快农业装备改善，推进农机化进程，发展设施农业，改善农业生产条件；其次，要重点抓好农田水利设施建设，重视基本农田保护和质量建设，支持发展设施农业，提高土地产出率和经济效益，增强抗御灾害能力；再次，要加强农业面源污染治理，发展节约型、循环型、生态型农业，加强生态环境保护，加快沼气建设，加强农村生态建设；最后，形成政府主导，工商、社会资本参与，农民投工投劳的基础设施建设机制。

（四）建设现代农业创新机制

1. 创新发展思路

发展现代农业，必须用工业化思维指导农业，坚持区域化布局、标准化生产、产业化经营、市场化运作。先进地区推进农业产业化经营的实质是政府将先进的工业经营理念，如规模经济、标准化生产、市场布局、品牌营销等用于指导农业发展，以工业化为推动力，克服农业生产中的缺陷，通过行政和市场双重推动，使农业区域化布局、标准化生产、规模化经营、社会化服务、企业化管理，逐步实现农户与现代技术的对接、与市场经济的对接。支持发展农业新型业态，以健康、绿色、休闲为主题，大力发展观光农业、休闲旅游农业，使之成为城市居民休闲的新去处、农民增收的新渠道。

2. 创新产业区域规划

继续完善农业产业布局，大力发展循环农业，着力发展外向型农业。依托港口优势，建立农产品出口贸易集散中心，使珠海市成为国内外农副产品重要集散地、国际农产品市场信息发布地。努力打造现代渔业，大力推广生态、立体养殖，将传统海洋农业与现代旅游产业有效结合，充分挖掘海洋资源。探索发展观光农业，大力发展适宜珠海市的观光农园、生态农庄、体验农业、教育农园等各种新型观光农业，实现农业的"市场位"和"生态位"结合。根据珠海市的资源禀赋，开展现代生态农业产业体系建设，综合发展以"两园一区"为核心的生态农业区域布局。其中，金湾台湾农民创业园力争成为辐射广东、联通海峡两岸的农业科技合作试验示范基地，成为创业平台、创新平台、创意平台、创富平台；将斗门北部生态农业园打造成为农业示范区、畜牧业生产基地和生态文化旅游功能圈；发展万山海洋开发试验区生态特色渔业，大力发展现代海洋渔业，积极培育具有珠海产地标志、行销国内外市场的名牌产品，将其打造成海洋生态休闲旅游胜地。

3. 大力实施品牌发展战略

一是鼓励企业和农户开展商标注册和品牌认证，提高农产品精深加工水平，增加农产品附加值，使珠海市农产品品牌知名度和市场占有率均走在全国前列，并在世界占有一定份额。围绕生态及安全，加强品牌建设，建立农产品质量安全体系，健全重大动植物疫病防控体系。推进清洁生产，推进农业标准化建设，衔接国家、省市标准，完善地方农业生产示范，建立区域特色农产品生态、安全生产标准。二是着力建设水产养殖加工产业、规模种植产业等，重点扶持国家级农业龙头企业、省级农业龙头企业的建设发展，增加农业产业龙头的比重及规模，重点扶持一批省级以上农业龙头企业及品牌的发展壮大，对获得省名牌产品、省著名商标以及无公害、绿色、有机食品称号的农产品企业给予适当奖励；新兴培育香洲区都市农业观光、农产品流通品牌领域，在金湾区发展优质水果及规模经济种植，在斗门区构建水产养殖与优势生态种植农产品品牌。三是加大农业产业科技的研发和引进、转化、推广力度。通过构建水平领先的生态农业科技研发创新体系、高效灵活的科技成果转化体系，推进生态农业产业的产业链条完善，推进产业集聚发展，从而深化品牌内涵，凝聚生态农业品牌竞争力。

4. 建设特色农产品体系

借助现代经济技术，以市场需求为导向、质量效益为目标，积极推动农业功能由单纯的食品保障向原料供给、就业增收、观光休闲等多领域延展，促进农业结构优化升级，产业效益不断提升。一是种植产业稳定发展。在稳定粮食产量的基础上，坚持以市场为导向，在调整品质结构、推动产品升级上下工夫。二是养殖产业规范发展。三是特色产业初具规模。鼓励主导农产品和传统拳头产品开展商标注册和品牌化经营，大力发展绿色食品和有机食品，提高农产品精深加工水平，改变农产品牌子多而杂、单枪匹马闯市场的局面，支持农业龙头企业、专业合作组织搞好品牌整合，联手推品牌、创品牌，加强市场流通体系建设，尤其要在市场营销、连锁配送等方面采取鼓励措施，提高农产品品牌知名度和市场占有率。

5. 继续加强与农业科研院（所）校合作关系

一是要从物质和精神两方面，激励科技人员研发农机新产品，培育一批农作物新品种，提高粮食单产水平，促进技术与产业对接，推动产业升级和产品增值，最大限度地发挥劳动生产率。二是建立和完善科技推广体系，加强科技推广队伍建设，提升科技成果转化能力，提高科技服务水平。三是加快构建农业知识创新体系，为农业科研开发和技术推广搭建载体，不断注入和增强农业发展的科技进步因素，加快发展优质、高效、安全的生态农业。

珠海市产业结构与就业结构关联研究

张 静 王克富 崔夷修 林柳琳*

经济全球化和知识经济时代到来引发的世界范围内的经济结构调整是深刻的，其作用与影响是任何区域都无法回避和抗拒的。

在国家"十二五"规划中调整优化产业结构，构建现代特色产业体系的思想指导下，加快转变经济发展方式，推动经济结构优化升级，已成为关系国民经济全局紧迫而重大的战略任务。珠海市"十二五"规划纲要中也提出率先实现经济结构转型升级、建设幸福珠海和建设生态文明新特区的发展意见。

因此结构调整已成为国家及地方区域经济发展的主要任务和根本性措施。本课题结合珠海市的实际，借鉴国内外经济理论和实践，试图通过定性和定量相结合等方法分析珠海市就业结构与产业结构之间的关系及产业结构变动对就业结构的影响程度，这对政府今后制定和实施产业结构和就业结构互动发展政策措施，实现经济结构转型升级、建设幸福珠海，具有重要的参考价值。

一 珠海市产业结构与就业结构关系的现状分析

（一）珠海市产业结构变动分析

珠海市的经济发展，根据其发展特点可以分为三个阶段：第一阶段是改革开放至邓小平南方讲话，这一阶段的特点是经济迅速起步，逐步形成自有的工

---

* 张静，硕士，珠海城市职业技术学院讲师；研究方向为经济结构。王克富，珠海城市职业技术学院经济管理学院院长、副教授；研究方向为信息管理。崔夷修，硕士，广东科学技术职业学院讲师；研究方向为人力资源管理。林柳琳，珠海城市职业技术学院讲师；研究方向为企业竞争力。

业体系。第二阶段是邓小平南方讲话到 21 世纪初,这一阶段的特点是经济发展处于徘徊状态,相对于珠江三角洲区域的其他地市,珠海市由于缺乏相应的产业支持而发展乏力。第三阶段是 21 世纪以来,珠海市完善相关产业支撑体系,加强与周边地区合作,开始进入一个新的发展时期。根据表 1 及表 2 中的数据,本文主要对第二阶段以来珠海市产业结构变动趋势进行分析。

表 1 珠海市三次产业 GDP 值及就业人数

年份	GDP(万元)				就业人数(人)				人均 GDP
	第一产业	第二产业	第三产业	总数	第一产业	第二产业	第三产业	总数	(元/人)
1995	108146	941061	777717	1826924	153922	259200	220126	633248	21208
1996	117522	1031362	912973	2061857	156445	244313	230900	631658	22414
1997	122016	1166917	1051471	2340404	121011	284985	283984	689980	23824
1998	129260	1304853	1194022	2628135	111077	284782	307019	702878	25052
1999	135484	1445719	1283211	2864414	103644	297137	347274	748055	25568
2000	152657	1728227	1442641	3323525	114420	288122	386278	788820	27770
2001	168601	1898025	1628663	3695289	131680	309567	376265	817512	29315
2002	194315	2079470	1844474	4118259	101413	351065	430621	883099	31671
2003	211349	2452881	2137008	4801238	99621	378564	409698	887883	36036
2004	207324	2850908	2485950	5544182	98474	397653	417876	914003	40511
2005	226850	3391846	2735818	6354514	97933	407469	434658	940060	45320
2006	252323	4135665	3076578	7464566	97910	420033	466359	984302	52189
2007	259691	4946589	3741868	8948148	72342	429405	492914	994661	61303
2008	286192	5448596	4236815	9971603	73710	433517	507796	1015023	66798
2009	288249	5439572	4658806	10386627	67592	441659	472080	981331	68042
2010	323552	6620075	5142331	12085958	100644	449606	503302	1053552	77888

资料来源:1995~2011 年《珠海统计年鉴》。

表 2 珠海市产业结构和就业结构变动情况

单位:%

年份	产业结构			就业结构		
	第一产业比重	第二产业比重	第三产业比重	第一产业比重	第二产业比重	第三产业比重
1995	5.92	51.51	42.57	24.31	40.93	34.76
1996	5.70	50.02	44.28	24.77	38.68	36.55
1997	5.21	49.86	44.93	17.54	41.30	41.16
1998	4.92	49.65	45.43	15.80	40.52	43.68
1999	4.73	50.47	44.80	13.86	39.72	46.42
2000	4.59	52.00	43.41	14.51	36.53	48.97
2001	4.56	51.36	44.07	16.11	37.87	46.03

续表

年份	产业结构			就业结构		
	第一产业比重	第二产业比重	第三产业比重	第一产业比重	第二产业比重	第三产业比重
2002	4.72	50.49	44.79	11.48	39.75	48.76
2003	4.40	51.09	44.51	11.22	42.64	46.14
2004	3.74	51.42	44.84	10.77	43.51	45.72
2005	3.57	53.38	43.05	10.42	43.34	46.24
2006	3.38	55.40	41.22	9.95	42.67	47.38
2007	2.90	55.28	41.82	7.27	43.17	49.56
2008	2.87	54.64	42.49	7.26	42.71	50.03
2009	2.78	52.37	44.85	6.89	45.01	48.11
2010	2.68	54.77	42.55	9.55	42.68	47.77

资料来源：根据1995～2011年《珠海统计年鉴》计算得到。

（1）第一产业在GDP中所占的份额从1995年的5.92%下降到2010年的2.68%，这种变动的过程与珠海市本身的定位及发展特点相关。珠海市自改革开放以来，特别是定位为经济特区后，主要向工业化方向发展，在发展的第二阶段，珠海市已经基本进入工业化社会，因此第一产业占据较小比重，并且随着工业化程度的推进，第一产业的产值比重一直保持下降趋势，下降幅度不太大，约3个百分点。随着经济的增长，第一产业在国民生产总值中所占比重越来越小，目前农业占珠海市GDP的份额约1/50，这与随着经济发展和人均收入水平的提高，农业GDP的份额下降的规律相符。

（2）第二产业所占比重略微上升。1995～2010年第二产业所占比重上升了3%左右，呈缓速增长趋势，但总体发展变化不大，一直占有GDP份额的一半左右。特别是1995～2000年发展较为稳定，在50%左右波动。这说明进入工业社会后，珠海市的经济发展反而进入停滞不前的状态，处于经济发展徘徊期，工业发展缺乏持续增长能力。这是由于这一阶段，珠海市在继续推进轻工业为主的经济发展，提出发展高新技术产业。珠海市虽然较早完成了进入工业化社会的任务，但并没有遵循产业结构升级的一般规律，而是跳过重工业化产业发展而直接发展高新技术产业。如果在区域合作较好的情况下，珠海市的这一选择是合理的，但珠江三角洲地区整体仍以轻工业为主进行发展，没有形成高新技术产业所需的支撑环境，珠海市自身也没有具备这种条件。因此，这使得珠海市传统工业没有得到相应的发展，高新技术产业也踌躇不前。但21世纪以来，第二产业表现出一定的增长趋势，这是由于在《珠海市国民经济和社会发展第十二个五年规划纲要》等纲要的指导下，珠江出海口西岸交通枢纽城市的建成及高校人才聚集地的形成，为珠海市高新技术产业发展提供了良好的基础。

（3）第三产业总体发展趋势较为稳定。1995～2010年第三产业所占比重基本保持在40%～45%波动。珠海的第三产业主要由六大行业构成，即批发零售和餐饮业、运输邮电仓储业、金融保险业、房地产业、旅游业以及其他服务业。珠海第三产业呈现门类齐全、各业并举、服务多元化、全方位的格局，由于其特殊的地理位置和自然环境，在产业结构发展过程中，不管处于哪一阶段，珠海市一直较为重视第三产业的发展，因此第三产业发展良好，但在进一步发展的突破口上还是有一定的难度。

总体来说，三次产业变动的总体趋势是，第一产业比重呈下降趋势，第二、第三产业占经济发展的主体位置，第二产业和第三产业均发展较为稳定。

由上述分析可知，珠海市的产业结构随着经济的发展已经有所改善，较早进入工业化时代，并按照经济发展的规律，第一产业比重下降，第三产业比重上升。但与其他发达国家的发达地区相比，这一比重随经济发展变化不大，提升后劲不足。据1995年《世界发展报告》测算，大多数发达国家第三产业在GDP中的比重都在50%以上，第二产业的比重相对较低，保持在20%～40%的水平。因此珠海市在产业结构中，仍然存在第二产业比重较大，第三产业有待继续提高的结构偏差。

（二）珠海市就业结构变动分析

产业结构的转变决定着就业结构的变动。诚然，经济的长期增长要靠三个产业部门的均衡协调发展。将经济增长细化和具体到每个产业的增长，需要资本、劳动力等生产要素的合理比例投入以及技术进步等有关因素的推动。以下是对各期三次产业、就业结构的变化分析。

由表 1 和表 2 可以看出：1995 年以来珠海市从业人员一直呈上升势头，从 1995 年的 633248 人递增到 2010 年的 1053552 人，各年增长幅度都较为平稳。

（1）从第一产业来看，其总量并无太大变化，1995～2002 年始终在 100000 人左右徘徊，但比重呈较大递减趋势，从 1995 年的 24.31% 降到 2009 年的 6.89% 左右，2010 年略微有所回升。第一产业中就业人数占总体就业人数比重最小，这与第一产业的 GDP 份额比重保持一致性。

（2）第二产业从业人员数总体呈增加趋势，从 1995 年的 259200 人递增到 2010 年的 449606 人，但 20 世纪 90 年代以来，随着工业的发展，就业比重却一直徘徊在 40% 左右，无太大变化。第二产业吸纳劳动力的比重数与第二产业在 GDP 中的份额一样，较为稳定，无明显增加或减少趋势，而是呈现出一定的上下波动性。

（3）第三产业就业结构有较快发展，1995～2010 年的 16 年中就业人数总量从 633248 增长到 1053552 人，是 1995 年的 1.6 倍，不仅绝对数量大幅度增加，在整体就业结构中所占比重也不断提高，从 1995 年所占总劳动力人数的 34.76% 增加到 2010 年的 47.77%，增长了 13 个百分点。

随着珠海市经济的发展，人均收入在不断提高，就业结构也随之呈现劳动力在第一产业中就业比重不断降低，在第二、第三产业中比重不断上升的现象，并且第三产业上升幅度大于第二产业，即劳动力首先从第一产业转移到第二产业，再由第二产业转移到第三产业，这与克拉克定理也是相符合的。珠海市 2000 年人均 GDP 为 27770 元/人（折合 4200 美元左右），三次产业的就业比重分别为 5∶52∶43，与钱纳里的阶段理论对照，可得出珠海市在 2000 年后就处于工业化基本全面实现阶段。

对图 1 和图 2 所示珠海市产业结构与劳动力就业结构的转移轨迹进行比较可以发现，两者的基本发展趋势有相似性，说明两者是相互促进发展的，但是在不同发展阶段其相互作用关系则比较复杂，转移变动特征也不尽相同。具体来说有以下几点：

（1）就业结构的变动幅度要大于 GDP 构成。从整体来看，就业结构变动幅度较大，三次产业 1997～2003 年都有较为剧烈的变动，而产业结构的变动

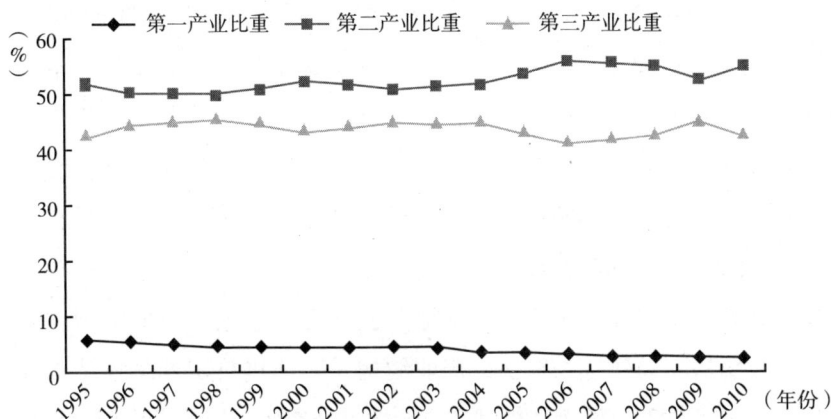

图 1 珠海市产业结构变动

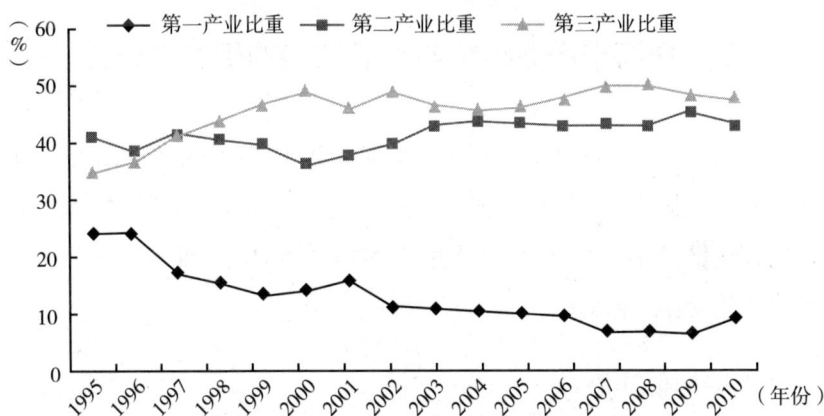

图 2 珠海市就业结构变动

曲线较为和缓，发展趋势平稳。总体来说，第一产业就业结构平稳下降，第二、第三产业就业结构稳步上升。这说明珠海市在经济快速增长的过程中，社会结构也随之发生了变化，人们的从业结构与以往相比有了明显不同，相应的生活方式也发生了变化，但总体上就业结构与产业结构的变动还是存在偏离。

（2）从 GDP 构成来看，三次产业比重构成较为稳定，第一产业比重最轻，第二产业和第三产业的比重均远远超过第一产业。1995～2010 年的 16年中，基本保持在"二三一"状态；总体上第一产业仍然呈不断下降趋势，而第二、第三产业较为稳定，这是工业化中期的明显表现，但仍未实现"三二一"的发达地区水平。从业人员构成的比例关系也与产业结构基本保持一致，第一产业就业人员占就业人数的最小比重，呈现下降趋势，第二、第三产业就业比重基本持平，"三二一"和"二三一"状态轮流出现，说明目前珠海市第二和第三产业是吸引劳动力的最主要部门，但重心仍不明确。

（3）从三次产业两种曲线的发展趋势来看，三次产业的产业结构与就业结构发展趋势都是基本相同的，这就符合了《理论综述》一文中阐述的产业结构与就业结构互动性这一规律，产业结构及其演进决定着就业结构及其变动，但在一定条件下，就业结构对产业结构也会产生一定的反作用。以下部分就两者的相关性进行较详细的实证分析。

二　珠海市产业结构与就业结构的相关性研究

在第一部分的理论基础上，本文以珠海市近 16 年相关产业结构和就业结构数据，利用结构偏离度、就业弹性和相关系数及回归分析三大指标，采用实证分析的方法探讨珠海市产业结构与就业结构之间的相关性，作为合理调整产业结构并优化就业结构的依据。

（一）结构偏离度

为了分析珠海市就业结构与产业结构的滞后程度，本文引入了结构偏离度的指标，它的主要含义是劳动力结构与产业结构之间的一种不对称状态。

$$结构偏离度 = \frac{GDP\ 的产业构成百分比}{就业的产业构成百分比} - 1$$

由定义可看出，结构偏离度的绝对值越小，产业结构与就业结构发展越平衡，结构偏离度为正，表明三次产业中产业产值份额大于就业份额，反之亦然。当结构偏离度为零时，两者结构处于均衡状态。表 3 是 1995 年以来珠海市三次产业的结构偏离度。

表3　珠海市三次产业的结构偏离度

年份	第一产业	第二产业	第三产业
1995	−0.76	0.26	0.22
1996	−0.77	0.29	0.21
1997	−0.70	0.21	0.09
1998	−0.69	0.23	0.04
1999	−0.66	0.27	−0.04
2000	−0.68	0.42	−0.11
2001	−0.72	0.36	−0.04
2002	−0.59	0.27	−0.08
2003	−0.61	0.20	−0.04
2004	−0.65	0.18	−0.02
2005	−0.66	0.23	−0.07
2006	−0.66	0.30	−0.13
2007	−0.60	0.28	−0.16
2008	−0.60	0.28	−0.15
2009	−0.60	0.16	−0.07
2010	−0.72	0.28	−0.11

注：结构偏离度为0，代表就业结构与产业结构均衡；当结构偏离度为正，表示产业产值比重大于就业结构；当结构偏离度为负，表示产业产值比重小于就业结构。

资料来源：根据1995~2011年《珠海统计年鉴》计算得到。

根据西蒙·库兹涅茨研究成果，随着人均GDP的提高，三次产业的结构偏离度将越来越小，逐步趋向零，当人均GDP为5000美元时，第一、第二、第三产业的结构偏离度大体上为−0.40、0.06、0.07[①]。2002年珠海市人均GDP为31671元（折合5000美元左右）时，结构偏离度却为−0.59、0.27、−0.08，第二产业的结构偏离度远大于人均GDP 5000美元时的国际水平，说明珠海市第二产业劳动力转移严重滞后。以下就三次产业阐述每个产业的滞后情况。

（1）从第一产业来看，1995年以来珠海市第一产业结构偏离度的绝对值基本在0.6左右徘徊，一直居高不下，但与西蒙·库兹涅茨的研究成果差距不大，略高于0.4，呈合理状态。

（2）从第二产业看，1995年以来珠海市的第二产业的结构偏离度波动较

① 〔美〕西蒙·库兹涅茨：《现代经济增长》，北京经济学院出版社，1989。

大，2000年高达0.42，2009年最低水平为0.16，总体仍表现出下降趋势。一般随着人均收入的增加，结构偏离度应逐步降低，这表明珠海市第二产业产业结构和就业结构配置总体还是朝着合理的方向发展。但是第二产业的结构偏离度与西蒙·库兹涅茨的研究成果0.06相比仍然偏大，从理论上讲，珠海市第二产业完全有能力吸纳更多的劳动力。但由于劳动使用上存在着诸如户籍制度、劳动用工制度等多方面的限制以及第二产业自身技术含量高，特别是珠海市在定位为发展高新产业的形势下，需要较多具有一定职业技能的从业人员的特点，第二产业接纳转移劳动力方面的壁垒很高。

（3）从第三产业看，1995～2010年珠海市第三产业结构偏离度由0.22下降到－0.11，下降了一半左右，总体平均水平与西蒙·库兹涅茨所考察的人均GDP 5000美元时的结构偏离度0.07的国际水平已基本持平。这种情况说明，第三产业的产业结构与就业结构正在向均衡状态迈进。第三产业在接纳转移劳动力方面的进入壁垒是较低的，这是由于一方面第三产业中的服务业技术含量较低，对从业人员的素质要求不高，往往是外来人员就业的首要选择；另一方面，由于第三产业的一些部门是从传统计划体制外发展起来的市场主导部门，这些部门拥有更加充分的竞争环境和灵活的用人机制。因此第三产业一直保持着对转移劳动力的旺盛需求。

（二）就业弹性

以下采用就业吸纳弹性来分析各产业对就业的吸纳能力，这有助于政府制定有针对性的法规政策来提高经济水平和促进就业。

所谓就业弹性，就是经济增长每变化一个百分点所对应的就业数量变化的百分点。就业弹性为正值时，含义比较简单、直接和容易解释：弹性高则经济增长对就业的拉动效应大，弹性小则经济增长对就业的拉动效应低。在就业弹性为负值时，弹性的含义就变得较为复杂，形成一种"海绵"效应，即经济增长对就业的作用在这种情况下可以分为两种：一种为"挤出"效应，这种效应来自于经济为正增长但就业减少的情况，此时就业弹性绝对值越大对就业"挤出"效应就越大，就业弹性绝对值越小对就业"挤出"效应就越小；另一种为"吸入"效应，这种效应来自于经济为负增长但就业增加的情况，此时就业弹性绝对值越大对就业的"吸入"效应就越大，就业弹性绝对值越小对就业"吸入"效应就越小[①]。严格来说，"吸入"效应不是一种正常的经济作用现象，这种现象有悖于经济发展的一般规律，比如典型的农村经济对劳动力的"蓄水池"。此外，如果就业弹性为零，说明经济增长对就业增长没有拉动作用。当然，在经济增长率为零的情况下，就业弹性也就不存在了。

经济长期持续地增长为劳动者提供了大量的就业机会，但随着经济的发展，经济增长对就业的拉动作用逐渐减小。观察表4和图3中三次产业的就业弹性，可以看出珠海市的就业弹性具有以下几个特点：

表4　三次产业的就业吸纳弹性系数表

年份	第一产业	第二产业	第三产业	总弹性
1996	0.19	-0.60	0.28	-0.02
1997	-5.92	1.27	1.52	0.68
1998	-1.38	-0.01	0.60	0.15
1999	-1.39	0.40	1.76	0.71
2000	0.82	-0.16	0.90	0.34
2001	1.44	0.76	-0.20	0.33
2002	-1.51	1.40	1.09	0.70
2003	-0.20	0.44	-0.31	0.03
2004	0.60	0.31	0.12	0.19
2005	-0.06	0.13	0.40	0.20
2006	0.00	0.14	0.59	0.27
2007	-8.94	0.11	0.26	0.05
2008	0.19	0.09	0.23	0.18
2009	-11.55	-11.34	-0.71	-0.80
2010	3.99	0.08	0.64	0.45

资料来源：根据1995~2011年《珠海统计年鉴》计算得到。

（1）总的就业弹性基本在0.2左右，说明珠海市经济增长对就业的拉动效应自1995年以来变化不大，即每带动一个百分点的就业增加需要更高的经济增长。

（2）第一产业就业弹性总体波动较大。珠海市第一产业本身所占比重较小，在没有明确的农业定位的情况下，导致其吸纳劳动力的能力呈现不稳定的

---

① 杨云彦、蔡昉等：《城市就业与劳动力市场转型》，中国统计出版社，2004，第236页。

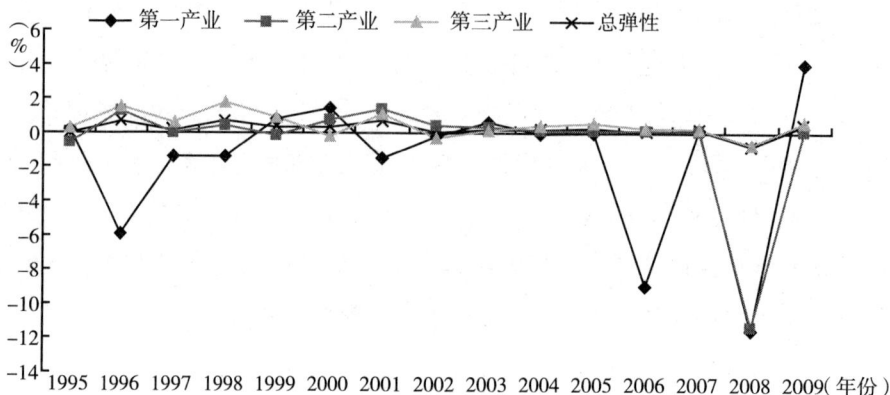

图3 珠海市三次产业就业弹性变动情况

状态，应该充分重视农业信息化，科技兴农，大力发展珠海现代农业。

（3）第二产业就业弹性总体也呈下降趋势（剔除 2009 年的就业弹性值为 - 11.34），从 2001 年的 0.76 降到了 2010 年的 0.08，说明第二产业的 GDP 增长对就业的拉动效应不断减小。虽然第二产业对经济增长的贡献率较大，但它对就业的吸纳能力在不断减弱，逐渐呈饱和趋势。

（4）第三产业的就业弹性呈上升趋势。第三产业的就业弹性从 1996 年的 0.28 递增到 2010 年的 0.64，这一上升趋势说明第三产业的产出增加对就业的拉动效应正在逐渐加强，即经济每增长一个百分点将带动更大就业量增加。

分析就业弹性变化可以更好地把握就业形势。虽然就业弹性的高低并不直接反映就业形势的好坏。但是从就业弹性的结构变化中，可以对就业状况做出这样的判断：当第一产业就业弹性越低甚至为负值时，总体就业形势就越好；当第一产业就业弹性高时，总体就业形势就会严峻；而第三产业对就业的增加不仅具有促进作用，并且明显地大于第二产业和第一产业。我们可以得出一个结论：当 GDP 增量一定时，即经济增长速度保持稳定时，通过大力发展第三产业能够更好地促进就业的增加，从而也证明了通过发展第三产业促进就业不仅是可能的，而且是有效的。

（三）珠海市产业结构与就业结构相关性分析

就业结构与产业结构之所以具有相关性，是因为就业结构本身就是产业结构的一部分内容，其发展变化应与产业结构相一致。就业结构的变动反映了由于产业结构的演进对劳动力资源需求的变化。产业结构及其演进决定着就业结构及其变动，但在一定条件下，就业结构对产业结构也会产生一定的反作用。

衡量产业结构初始条件程度的标尺之一就是劳动力就业结构，因为产业结构优化的结果之一就是使包括劳动力在内的生产要素从低劳动生产率向高劳动生产率部门转移的过程，它必然是生产要素流动的取向，因此劳动力向制造业的转移成为产业结构深化的重要标志之一。劳动力就业结构，直接影响着产业结构的变动方式和方向。综观产业结构发展的历程，产业结构与就业结构是互为制约的。首先，就业结构反映着产业结构的收益水平。在任何经济发展阶段，产业之间收入都存在着相对差别，而且各产业间的工作环境、社会地位同样存在着优劣差异。这种不同产业之间的收益水平综合差异，对就业人员有着不同吸引力，就会形成产业结构的就业导向。其次，就业结构反映了产业结构的要素构成。不同产业具有不同的技术经济特性，因而不同产业对就业人员具有不同的素质要求和吸纳能力，反映了产业之间的要素构成的差异。低素质劳动力不适应高技术化的传统产业和新兴高技术产业，就只能滞留在低技术的产业，从而使这些产业劳动就业长期处于过度膨胀状态，并因此成为产业结构演进的障碍；相反，高素质的劳动力则适应了产业结构演进的需要，从而推动了产业结构的演进。最后，就业结构反映了产业结构的生产效率。不同产业有着不同的生产效率，在同样的产业规模下，生产效率低的产业对就业人员吸收能力弱，生产效率高的产业对就业人员吸收能力强，因而不同产业具有不同生产效率的排挤效应。生产效率高的产业拥有的劳动力素质高，产业的发展就得到了加强；反之，生产效率低的产业，不易获得高素质的劳动力甚至劳动力供给不足，其发展就会受限制。就业结构在反映产业结构初始条件程度的同时，也影响着产业结构的变动。随着各产业内部要素组合的优化，产业结构的高度化得到了有力的支持。因此，产业结构与就业结构是相互推动、互为印证的。以下用实证分析来验证两者的相关性。

通过相关系数检验，由 Correl 相关系数函数可以得到三次产业的产业结构和就业结构间的相关度，如表5所示。其中表现为高度相关的是第一产业，相关系数高达 0.9140，接近 1；第二产业的产业结构和就业结构呈正中度相关；第三产业的产业结构和就业结构呈负低度相关。

表5　三次产业的产业结构与就业结构的相关系数

相关系数	第一产业产业结构	第二产业产业结构	第三产业产业结构
第一产业就业结构	0.9140	—	—
第二产业就业结构	—	0.4930	—
第三产业就业结构	—	—	−0.1734

资料来源：根据 1995～2011 年《珠海统计年鉴》计算得到。

由于第一产业产业结构和就业结构间表现高度相关，可对其进行回归分析。

1. 第一产业的产业结构与就业结构的相关性分析

通过 Excel 对表 5 的数据进行回归分析，建立一元线性回归方程：

$$Y_1 = 0.01833 + 0.17643X_1 \tag{1}$$

$$R^2 = 0.83533 \quad \overline{R}^2 = 0.82357$$

$$F = 71.02195 \quad \delta = 0.00443$$

$$X_1 = -0.06498 + 4.73467Y_1 \tag{2}$$

$$R^2 = 0.83533 \quad \overline{R}^2 = 0.82357$$

$$F = 71.02195 \quad \delta = 0.02295$$

（注：X_1 为第一产业就业人数比重，Y_1 为第一产业的产值比重）

可得出珠海市第一产业的就业结构（X_1）与产业结构（Y_1）的相关系数 $R = 0.9140$，为高度相关，置信度取 95%，即 t 值对应概率值为 0.05，F 对应概率值小于 0.05，通过检验。

回归方程（1）表明第一产业就业结构每变动（增长）1 个百分点，产业将相应同向变动（增加）0.18 个百分点。

回归方程（2）表明第一产业产业结构每变动（增长）1 个百分点，就业人数将相应同向变动（增加）4.73 个百分点。

比较上面两个回归方程可知第一产业中经济的增长较能促进就业人数的增

长。珠海市虽然农业所占比重较小，但在继续发展现代化农业、科教兴农的基础上，对就业能有较大的帮助，有利于缓解就业状况的压力。

2. 第二、第三产业的产业结构与就业结构的相关性分析

由于第二、第三产业中，不是靠就业人数增加来提高对经济的贡献率，而主要是利用科技、提高机械化程度和资本投入等来促进经济发展，特别是在珠海市重视高新技术产业和现代服务业的发展形势下，第二、第三产业对就业人数的依赖性就较少，因此两者计算出来的相关度不高，不利于进一步的回归分析，以下我们仍用表1、表2和图1、图2来分析第二、第三产业相关性。

由数据和图形比较珠海市产业结构和就业结构会发现两者具有不相称的特点，从某种程度上来说，产业结构滞后于就业结构的发展。随着珠海市经济体制的改革，产业结构不断地进行调整，就业结构也发生了明显的变化，但仍存在一定的问题。

我们进一步通过对不同收入国家的产业结构和就业结构的相应数字的对比，也可以看出珠海市产业结构和就业结构存在联系和分离的两重特征。表6揭示出不同收入国家的产业结构和就业结构变动一般相适合的状态，上中等收入国家和高收入国家产业结构与就业结构的关系被认为是合理的，第一、第二、第三产业所占份额依次越来越大，从业人员在这三次产业的比重也依次变大。就业结构对产业结构升级的反应非常迅速，三次产业中的就业人数随着产业结构的升级而迅速相应地调整。突出的特点是，发达的第三产业吸收了超过40%的就业人数，并随着其进一步发展，其就业比重仍然在不断上升。珠海市作为沿海城市和经济特区，总体来说与上中等收入国家和高收入国家的产业结构和就业结构已经较为接近，特别是与第一产业比重基本吻合，在上文中我们对第一产业也进行了分析。但是第二和第三产业的经济结构与发达国家收入水平相比，仍然存在一定的差距；以近16年的数据来看，珠海市第二产业GDP的构成始终超过第三产业，就业结构中第二产业与第三产业基本持平，相对产业结构更加趋向合理化，但是与发达国家相比，第三产业的发展相对于GDP的增长而言还有待于进一步提高，其吸纳的就业人数也可以进一步扩大。因此在今后的珠海市发展过程中，我们要继续推进工业化进程，但要更重视第三产

业的发展。中等收入国家和高收入水平国家的产业结构代表着珠海产业发展的
未来方向，他们的经济结构也是珠海市经济政策努力的目标。

表6 不同收入国家产业结构和就业结构的变动

单位：%

国家	年份	就业构成			年份	GDP 构成		
		第一产业	第二产业	第三产业		第一产业	第二产业	第三产业
低收入国家	1980	71	10	19	1986	38	20	41
	1990	66	12	22	1993	37	22	42
下中等收入国家	1980	55	16	29	1986	22	30	46
	1990	36	27	37	1994	13	36	49
上中等收入国家	1980	29	31	40	1986	10	40	50
	1990	21	37	42	1994	8	37	53
高收入国家	1980	7	35	58	1986	3	35	60
	1990	5	31	64				

资料来源：郭克莎：《结构优化与经济发展》，广东经济出版社，1999，第45、49页。

三 珠海市产业结构和就业结构存在的问题

（一）产业结构中存在的问题

1. 产业基础相对薄弱

根据工业化理论，在进入到以第二产业为主的经济发展阶段后，第二产业
比重表明工业发展水平，一般情况下，第二产业比重越高表明工业化水平越
高。经过20世纪80年代的发展，珠海市开始进入工业化阶段，由第二部分的
分析我们可以看到珠海市的产业结构趋于工业化程度更高，主要是第一产业比
重基本达到后工业化时期，但第二产业比重一直高居不下，与此相对应的是第
三产业比重长期徘徊不前，这与后工业化时期的产业结构要求不同。特别是进
入21世纪后，按后工业化前期规律，产业结构中的第三产业比重应该开始逐
步上升时，珠海市第三产业比重却异常地出现波动性下降。如果前面对珠海市
进入后工业化阶段的判断正确，那么这一时期珠海市的产业结构变动频率应继

续保持较高水平，而这种低迷状态只能反证珠海市在前一时期的产业结构变动是在一种产业结构异化的状态下产生的，违背产业结构发展的一般规律。因此我们可以判断，珠海市的产业结构表现出一种不健康的状态，表现在其经济发展上则是一种欠稳定状态。

2. 产业结构失衡

产业结构是一国或地区经济发展的内在质量，随着经济发展，产业结构依次升级调整。钱纳里等对工业化进程的描述，揭示了产业结构变化的一般规律。如果产业结构调整出现了与一般规律不相符的现象，就表明产业结构变动与经济发展不一致，最终将影响经济的持续发展。

我们可以看到珠海市的产业结构调整步伐出现第一产业比重下降过快、第二产业比重偏高、第三产业发展缓慢的情况，这种情况的发展结合固定资产投资的变化，进一步说明珠海市产业结构变动的不合理。珠海市在设市之初工业基础薄弱，但经过 20 世纪 80 年代的发展后，第二产业占 GDP 比重迅速上升到 50% 以上，但是珠海市并没有发展重化工业，轻工业的发展也并不迅速，因此这种产业结构上的情况反映了珠海市自身产业结构的畸形格局①。

（二）就业结构中存在的问题

1. 结构性失业严重

跨入 21 世纪，人类进入知识经济时代。知识经济改变了整个社会的经济结构，也对劳动力素质提出了更新、更高的要求。珠海市在经济发展的过程中，特别是定位为经济发展特区后，重心放在高新技术产业和现代服务业上，在改革中很多企业在传统体制下固有的矛盾日益暴露，亏损面扩大，对国民经济的贡献减少，大量的职工下岗，而职工从国有企业向非国有企业流动比较困难；产业结构、地区结构上的调整也使一部分曾经过热发展的产业出现企业效益下降乃至倒闭，致使大量职工失业。由于珠海市人口偏少，大量高素质人才需要从外部引进，大部分现有劳动力素质普遍偏低，高技术人员严重匮乏，劳动者的整体素质远远满足不了知识经济的需要，许多失业人员的

---

① 曾建平：《珠三角一体化背景下的珠海市经济发展战略研究》，吉林大学硕士学位论文，2012。

素质不高，缺乏文化技术知识，掌握的技能十分有限，又不重视及时补充和更新知识，导致与新的社会生产需求不相适应，形成结构性失业。其表现在：一方面是大量的求职者找不到工作，处于失业的状态；另一方面是一些新技术产业以及原有企业由于技术更新和产品的创新而找不到适当的职工，出现了职位空缺。

2. 人才支撑能力不足

珠海从立市以来，很快便决定走高新技术产业发展的道路，由此也决定了珠海市必须具备足够的人才才能实现好发展。珠海市成立之前，人口稀少，更没有高校。虽然1992年以重奖科技人才形成了相应的效应，但是这种效应并没有持续发展。这是因为，珠海市发展高新技术产业对人才的需求量较大，但这种人才并不能如改革开放初期珠江三角洲其他地区吸引一般劳动力那样容易。此外，珠海市自身也缺乏高新技术发展所需的配套产业。20世纪90年代的珠海市经常出现某一大型企业的发展直接影响经济发展的情况，如1992年上半年，珠海佳能公司因调整生产而减产30%，珠海市上半年的经济增长只有8.2%。其实，这种情况一直困扰着珠海市的发展，高新技术产业因为人才不足而难以实现集群发展，人才也因为没有更多、更好的就业选择而转移到其他地区就业，珠海市的人才集聚和高新技术产业发展形成了恶性的循环。这一问题直到珠海市开始利用土地等资源吸引国内高校到珠海开办分校才真正得以解决。也是以这一突破口，珠海市加快对高新技术产业的招商引资，加快培育本土高新技术产业，逐步形成人才与高新技术产业良性循环后，人才支撑问题开始逐步得以解决。

四　珠海市产业结构与就业结构优化的对策及建议

从本文第二、三部分的分析中可以看出，珠海市虽为特区之一，但经济发展速度在珠江三角洲常居于后位，经济总量在广东地级市中处于中游，特别是与同为特区的深圳及珠江三角洲内其他地区，如东莞、广州、佛山等有较大差距，并未显示出特区的优越性。首先，由于珠海市位于珠江西岸的顶端，紧邻澳门、香港，虽有较明显的区位优势，但交通设施不完善阻滞了经济发展；在打造生态文明新特区的过程中，为了处理好经济发展和环境保护的关系，又一定程度上限制了产业结构的升级和转型。结构上表现为一方面产业结构不能快速向高级化演进，另一方面产业结构又滞后于就业结构发展。其次，借助《珠江三角洲地区改革发展规划纲要（2008～2020年）》和横琴大开发的战略机会，在珠港澳大桥、城际轻轨、高栏港深水港等工程即将改善交通问题的基础上，珠海市提出了"东部大转型，西部大开发"战略，因此作为珠江出海口西岸的核心城市，在城市化进程中，珠海市的产业结构也必将发生极大调整，同时会对就业结构带来较大影响。最后，由于珠海市表现为移民城市，大部分居民为外来人口，受经济体制、劳动者素质等因素的影响，就业结构与产业结构之间也出现了不协调的局面。

但在这次新一轮经济结构调整过程中，珠海市的经济发展面临着前所未有的机遇和挑战，我们应该抓住机遇，面对挑战，解决产业结构和就业结构中存在的问题，按照《珠海市国民经济和社会发展第十二个五年规划纲要》的指导和要求，大步提升珠海市的经济发展，率先实现经济结构的合理升级，建设幸福珠海。

（一）珠海市自身发展优势

珠海市位于珠江出海口西岸，毗邻港澳，一直被视为广东省珠江三角洲地区中心城市之一。除了这些不可替代的自然条件优势外，珠海市的发展正面临新的机遇，无论政策支持、自身基础建设，还是区域合作格局等都使珠海市具有发展所需的一切条件。

1. 珠海地区经济发展面临历史性政策机遇

随着《珠江三角洲地区改革发展规划纲要（2008～2020年）》和《横琴岛开发建设总体规划纲要》的逐步实施，珠海市可以充分利用有关的政策。

《珠江三角洲地区改革发展规划纲要（2008～2020年）》对珠海市提出了新的定位、新的要求，明确了珠海市作为珠江出海口西岸核心城市的战略地位，要求珠海市加快建设珠江出海口西岸交通枢纽城市，加快建设高栏港工业区、海洋工程装备制造基地、航空产业园区和国际商务休闲旅游度假区。这一定位是珠海市未来发展的方向，与以前的定位相比，这次规划定位的重要性在于上升到国家战略层面，广东省政府也相应地制定了战略措施，具有较高的可操作性和可实现性。珠海市在发展过程中，由于自身的基础制造业发展欠发达，工业发展寄希望于高新技术产业的发展，在自身缺乏基础又脱离珠江三角洲区域产业关联的情况下，一直在自我封闭中发展。因此，积极利用珠海市的海洋优势和航空展览等固有优势，结合广东省未来产业发展方向，把珠海市的产业发展重点放在海洋工程装备制造业和航空产业，是符合珠海市和广东省产业发展要求的。

《横琴岛开发建设总体规划纲要》则更进一步对珠海市的发展进行具体描述，提出在积极利用珠海与澳门优势的基础上，重点发展商务服务、休闲旅游、科教研发和高新技术产业，加强生态环境保护，鼓励金融创新，实行更加开放的产业和信息化政策等，逐步把横琴建设成为"一国两制"下探索粤港澳合作新模式的示范区、深化改革开放和科技创新的先行区、促进珠江出海口西岸地区产业升级的新平台。

两大规划带来的政策便利相辅相成。《珠江三角洲地区改革发展规划纲要（2008～2020年）》对珠海市的发展主要在于通过珠江三角洲区域内部的整合，促进珠海与江门和中山等周边地区的合作，为珠海市发展奠定基础。从广东省委省政府出台的政策看，这三地的整合为珠江三角洲区域内三大整合之一，相关的交通、通信、产业等的一体化必然加快。《横琴岛开发建设总体规划纲要》对珠海市的发展主要在于其国际性，通过与澳门的合作，引入国际资本，以绿色经济为主导，形成高端产业开发区。

珠海市可以灵活地将两大规划的政策进行组合，结合自身的发展进行运用，从而摆脱以往自身定位、独立发展的格局。

2. 珠江三角洲区域一体化加速为珠海地区经济发展提供良好机遇

珠江三角洲区域一体化交通网络建设加速。根据《珠江三角洲基础设施建设一体化规划（2009～2020年）》要求，到2012年，珠江三角洲区域基础设施协调机制初步完善，实现基础设施统一规划、互联互通、共建共享，基本实现基础设施一体化。珠江三角洲地区围绕广州市形成一小时生活圈，珠海市与区域内各地区交通等更加便捷，人流、物流的速度和数量也将迅速上升，珠海市将在一体化中获得更多发展机遇。

围绕珠海市进行建设的交通项目有序展开。2011年，广珠铁路、珠海机场高速公路、珠海高栏港高速公路、珠海港高栏港区北顺岸煤炭码头四大基础设施项目完工。2012年，珠海港高栏港区干散货码头工程完工，广珠西线高速公路完成中山至珠海段建设，广珠西线高速公路全线贯通。2013年，珠海港高栏港区集装箱码头二期建成，珠海市区-珠海机场城际轨道动工。2015年，港珠澳大桥将建成。2020年前，珠海市区-珠海机场城际轨道与广州—佛山—江门—珠海城际轨道完成建设。这都使珠海市真正成为珠江三角洲区域体系中的一员，改变了珠海市由于对外交通网络欠缺而造成的孤立式发展格局，结合港口建设，珠海市不仅融入珠江三角洲区域，更借助珠江三角洲已有的交通网络与全国及世界市场更好地结合在一起。

3. 高等人才储备为高新技术产业发展提供条件

珠海市在2004年之前并没有高等学校，人才要依靠引进，所以在发展高新技术产业上并不如意，虽然希望通过重奖科技人员等方法吸引人才，但效果也并不好。究其原因，本地没有相应的高等人才培养机构，即使能够吸引个别的人才进入，但是缺乏吸引大量人才进入的环境，也难以实现人才的聚集。经过努力，珠海市在2004年前在相关部门的支持下，引入8所高校，2005年8所大学开始招生。2005~2010年珠海市高等学校在校人数分别为2467人、51280人、79113人、89897人、101564人和108190人。这8所高等学校并非简单地为珠海市培养高等学历的人才，更重要的是以此为基础，吸引科研机构的进入，形成高等研发机构的集聚效应。

高新技术产业发展不仅要有大量的高等研究型人才，更需要大量一线的高等技术工人。珠海市在大力发展高等教育的同时，为高新技术产业发展储备一般技术工人的教育也在进行。中等专业学校在校人数也不断增加。2005~2010年中等专业学校在校人数分别为644人、13458人、15439人、1.67万人、2.28万人和2.72万人。这些高等技术工人的培养，将有利于珠海市在科研研发和产业化上形成有效的人才支持体系，可以更好地促进珠海市高新技术产业的发展①。

---

① 曾建平：《珠三角一体化背景下的珠海市经济发展战略研究》，吉林大学硕士学位论文，2012。

（二）珠海市产业结构调整的对策及建议

1. 深化和促进第一产业

第一产业是人类的衣食之源、生存之本，是一切生产的首要条件，是国民经济的基础。珠海市作为经济特区之一，在发展经济的同时也要因地制宜大力发展第一产业，尤其是现代农业和海洋产业。

现代农业以珠海台湾农民创业园、斗门北部生态农业园和万山海洋开发试验区为主要载体，重点发展城郊型特色农业、水产科技研发、农业生态旅游，加快形成具有岭南特色的都市型、外向型、生态旅游型的现代农业产业体系，打造珠江三角洲外向型水产品物流基地、城郊现代农业高新技术发展试验区、亚太地区著名的滨海生态休闲农业旅游城市。海洋经济重点发展东部海洋产业集聚带、西部临港产业集聚带和六大海岛群组成的海岛经济功能区，推进建设现代临港工业集群、物流中心、滨海旅游功能区、新型"海洋牧场"、"数字海洋"工程，打造具有领先水平的蓝色产业带和科学发展的海洋经济发展示范区。万山区加快发展海岛旅游、海洋科技和现代渔业，创建国家级综合海洋开发试验区，大幅提高海洋科技进步对海洋经济增长的贡献率，实现"规模庞大、结构优化、布局合理、素质优良"的海洋强市标准。

2. 调整和提高重点产业的发展

（1）以珠江三角洲区域重化促进珠海市产业结构优化。珠江三角洲区域产业重化转型是必然取向。广东省产业布局主要依托现存产业基础和区位优势展开，珠海市在珠江三角洲区域具有较高优势的产业集中在航空博览业、临港工业和生物制药等，这也是珠海市未来产业结构优化的选择。

（2）发挥临港优势、促进临港产业发展。珠江三角洲区域发展和利用水平较高的港口主要集中在广州、深圳和香港的珠江口东岸，包括珠海在内的珠江西岸港口尚未得到充分利用。其主要原因是前期的发展主要围绕香港这一国际桥头堡开展。随着珠江三角洲区域重化产业的发展，珠江出海口西岸港口将迎来发展的契机。珠海高栏港是珠江出海口西岸中具有自然条件并已得到相应开发不多的港口之一，珠海市的临港产业可以有较大的发展空间。结合广东省石化产业的发展，高栏港将获得飞速发展，建设成为广东省重要的临港化工基地，重点发展环境友好的新型专用化学品和新型材料，并向江门延伸产业链，与粤西地区的石化产业形成产业集聚。

（3）大力发展生物医药、电子信息等已有产业。电子信息产业是珠海市传统的高新技术产业，应积极利用珠江三角洲产业结构转型升级之际促进以电子信息为联结的产业提升。结合石化产业的发展，加强石化产业下游产业发展是实现石化产业范畴效应的要求。生物医药是我国战略性主导产业之一，珠海市生物医药产业已有一定基础，横琴岛的开发及其良好的自然环境条件可以成为珠海发展生物医药的条件。广东省现代产业发展布局中，明确提出建设珠海生物医药科技产业园，结合横琴岛开发规划，珠海市将在生物医药领域得到较大发展。

3. 大力发展现代服务业

珠海市成为珠江出海口西岸核心城市的关键在产业，而最有条件突出重围成为核心产业的就是现代服务业。在珠海、中山、江门三市未来的产业发展中，珠海市的现代服务业呈现明显的优势，珠海市应将现代服务业作为决定前途和命运的战略产业来对待。

珠海市的众多优势都是发展现代服务业极为有利的条件。"双港"及便捷的交通基础设施优势，以及万山群岛发展深水港的潜在优势，是发展大物流业的有利条件，而物流业发展又势必带动商贸流通业的发展。独具特色的海滨海岛资源，是发展旅游业的独特优势。一流的宜居环境和"最具幸福感城市"的品牌以及已独具特色的大学园区，为研发设计等创意创新产业发展奠定了良好的条件。根据珠海市的现实情况，作为高端服务业的重点项目应该以旅游业、物流业、金融业、商务服务业、商务会展业、文化创意产业及房地产业七大产业为重点，做大现代服务业产业群。

（三）珠海市就业结构优化的对策及建议

1. 大力发展教育和培训事业

就业结构的优化需要进行产业结构的调整与升级，而产业结构的调整与升级又要求劳动力具有较高素质，这样才能与现代化的技术装备相结合。如果只有现代化的装备而缺少高素质劳动力，就不可能实现产业结构的优化与升级，同时大量低素质的劳动力也无法得到合理高效的配置。劳动力素质包含许多内容，仅就其中的劳动力的科学文化素质而言，包括劳动者的文化教育程度和技术熟练程度两个方面，这两方面水平的提高直接影响到劳动生产率的提高。大力发展教育和培训事业，可从以下几方面入手：

（1）继续完善高等教育。以继续办好大学园区为重点，优化高等教育布局结构，推进高等教育健康发展。大力发展应用学科，积极培育和发展新兴、交叉学科，加大扶持与珠海市支柱产业和战略性新兴产业相关的学科专业建设，大力提高工科类专业比例，优先发展高新技术类专业，着力推动北京师范大学珠海分校、吉林大学珠海学院、北京理工大学珠海学院等高校配合珠海产业发展情况设置学科。推进教育国际化，争取引进一所国际知名大学在横琴新区创办高等教育机构。进一步提高教学质量和水平，按照本科教育为主、兼有研究生教育和留学生教育的目标，在教学计划上重点进行基础和综合教育，重视能力的培养和训练；在教学理念上要重视能力培养和提高大学生的创新思想和创业能力。力争把大学园区建设成为广东省重要的高等教育、产学研基地和我国高等教育对外合作与交流的窗口。

（2）继续大力发展职业教育。对职业教育的发展方向转变，应从供给为导向转向以市场和就业为导向，并逐步适应产业结构调整的需要而培养大批技能型人才，充分发挥职业教育促进社会公平、促进就业的积极作用。

根据珠海市产业结构，及时调整各职业学校的专业结构、师资结构，积极创新职业教育人才培养模式、校企合作模式，构建以职业教育基地为核心，涵盖香洲服务、金湾航空、高栏港海洋工程、斗门机电农林专业集群板块的职业教育功能布局，打造与区域性现代产业基地相适应的职业教育体系。依托广东科技职业学院和珠海城市职业技术学院，创建中高职对接机制，推动市第一中等职业学校、市理工职业学校等创建省级、国家级示范性中等职业学校。深化珠港澳职业教育合作交流，率先探索与国内、港澳或国外职业教育合作之路，继续推进市高级技工学校、珠海城市职业技术学院、广东科技职业学院、市第二中等职业学校等职教基地改扩建工程建设，努力构建集技工教育、技能培训、技能鉴定、实训基地"四位一体"的现代综合性就业训练基地。

（3）制定持证上岗、证书年检等制度，不断提高劳动力的整体素质及产业专业人员的专业技术水平，使在岗人员不断适应产业发展对知识更新的要求。

（4）采取各种岗位培训方式，对下岗人员和剩余劳动力进行岗位技能培训，使这一部分人员转化为第二、第三产业的劳动力，弥补第二、第三产业从业人员的不足。

2. 建立人才回流机制

珠海市人才外流的原因主要是劳动报酬，但劳动报酬不是单一的原因，在周边发达地区人才可能会累积更多的技能，从而有更大的发展空间等都是造成人才外流的原因。所以珠海在对待外流人才问题时，最佳方法不是"堵"，不是通过强制性措施迫使其极不情愿地留在原地区、原企业，而应采取"疏"，真正从物质上关心人才，情感上爱护人才，给人才创造一个宽松、宽容、理解、和谐的环境，促进人才才能的充分发挥，真正实现其对地区、对企业的价值，并对症下药，建立人才回流机制。人才回流机制的建立是一项较大的系统工程，必须在众多影响因素中抓住关键因素和关键环节。珠海市人才外流主要受到周边港、澳地区和广州、深圳等地高薪酬的影响，以及本市工作岗位偏少、缺乏合适的工作载体等主要因素的制约。因此，建立人才回流机制，一是要发展经济，改善条件；二是要建立鼓励珠海人才回本市工作的政策体系；三是要建立健全可以学以致用、实现理想的人才培养体系与制度；四是建立人才回流及使用的信息反馈体系。相信总有一天，人才外流的现象将会减少至最低限度。

3. 提高科技人才支撑能力

（1）继续推进现行的建设高校政策。加大对已有高校的倾斜政策，重点吸引这些高校的重点学科、国家重点实验室、产学研中心等进入珠海，使珠海市形成更强的科研能力，增强对技术人才的培养能力，逐步形成与珠海市产业发展相适应的人才培养体系。

（2）面对跨国公司和国际研究中心开展工作，争取把相关的研发中心、研究所、实验中心等机构引入珠海，结合招商引资政策，把产业引入与研究力量引入共同推进，占领珠海市未来主导产业的研发高地，实现珠海市高新技术产业发展的高起点和可持续性。

（3）进一步完善技术人才的服务政策，可尝试恢复高新技术人才创新奖，对科技人才的社会政策可作进一步调整，允许科技人才拥有"双重户籍"，不求科技人才为珠海市所有，但求科技人才为珠海市所用，为科技人才的流动提供更宽松的政策。

（4）增强公共财政对科技设备的支持。一是对科研机构等单位购置的世界级科研设备，可以在本地财政体制下给予补贴优惠，提高相关机构科研硬件，以此吸引科技人才的进入。二是执行广东公共研发平台建设政策，对与珠海相关主导产业发展的公共性科研设备，可以由政府财政进行购置，以租赁、合作等方式提供给相关企业使用，增强产业研发能力。

区域合作篇

横琴新区开发建设与深化
珠港澳合作研究

周天芸*

一　引言

《横琴总体发展规划》共分 10 章，其规划范围为横琴岛，土地总面积 106.46 平方千米，规划期至 2020 年。横琴新区的定位是"一国两制"下探索粤港澳合作新模式的示范区、深化改革开放和科技创新的先行区、促进珠江出海口西岸地区产业升级的新平台。

《横琴总体发展规划》要求横琴加快转变产业发展方式，优化产业结构，发展以高端服务业为主导的现代产业。在产业发展目标方面，要把横琴建设成为珠江出海口西岸地区的区域性创新平台，服务港澳的商务服务和休闲旅游基地。

横琴作为比经济特区更加特殊的战略级新区，区别于天津滨海和上海浦东，《横琴总体发展规划》对横琴的功能定位是"三个有利于"：第一个是有

---

* 周天芸，中山大学国际商学院教授，研究方向为金融机构管理等。

利于构建港珠澳紧密合作的新载体；第二个是有利于促进澳门经济适度多元化和维护港澳地区的长期繁荣稳定；第三个是有利于共建珠澳国际都会区。

珠港澳区域经济合作能够提升横琴新区的开发建设，区域经济合作有利于横琴新区的产业趋同和经济趋同，使横琴新区的开发建设具有后发优势，实现创新性的发展。

二 横琴新区的设立与金融定位

（一）横琴新区的设立

横琴新区位于珠海市横琴岛所在区域，面积为 106.46 平方千米，人口仅7585 人，地处广东省珠海市南部，毗邻港澳（见图1），将是东南亚和中国经济活跃地区的中心。

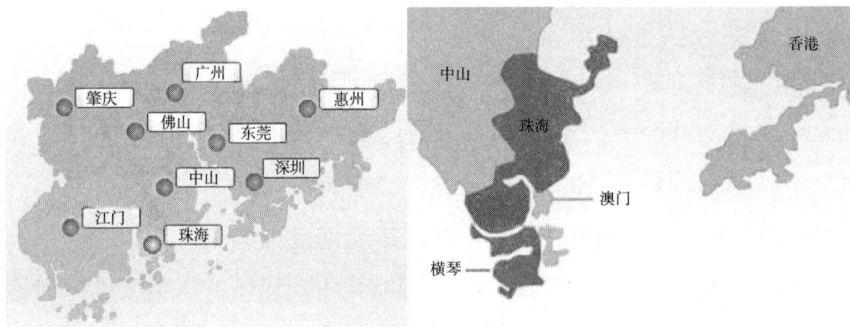

图1 珠三角—横琴区位

2008 年 12 月，国家发展和改革委员会颁布《珠江三角洲地区改革发展规划纲要（2008～2020 年）》，提出规划建设横琴新区作为加强与港澳服务业、高新技术产业等方面合作的载体。2009 年 8 月 14 日，国务院正式批准实施《横琴总体发展规划》，将横琴岛纳入珠海经济特区范围，要逐步把横琴建设成为"一国两制"下探索"粤港澳"合作新模式的示范区，横琴新区从此翻开了经济发展的历史新篇章。

1. 交通与基础设施

横琴原本是边防禁区，岛上桥路不通、缺水缺电，通过近十年30多亿元的资金投入，从围海造地开始，建设了几项大型基础设施工程，开通了程控电话，建成11万伏变电站，并接通市区供水系统，实现了水电、通信等方面的互联互通。在交通方面，横琴建成了与澳门相连的莲花大桥、国家一类口岸——横琴口岸以及连接珠海市区的横琴大桥，并修建环岛公路等一批道路工程。

横琴新区东与澳门一桥相通，通过未来的港珠澳大桥，与香港的距离也将得以大幅度缩短。横琴距离珠海机场40分钟车程，距澳门机场10分钟车程。距离华南枢纽港珠海港也只有50分钟车程，已形成较为完善的陆海空交通体系。

横琴口岸位于珠海市横琴经济开发区内，是国家一类口岸，与澳门路环岛一桥之隔，隔海相望。2000年3月28日经国务院批准，横琴口岸正式对外开放。口岸现设出入境边防检查通道共24条，其中货车入出境通道各3条，客车入出境通道各2条，旅客出境通道8条、入境通道6条。2005年横琴口岸的出入境旅客流量位居全国第十，出入境车辆流量位居全国第五，横琴口岸跃居全国十大口岸之列。2011年，横琴大开发正式启动，整个横琴岛建设繁忙，横琴口岸的客流量和车流量节节攀升，全年每月平均较2010年同期增长12%。据统计，截至2011年11月22日，横琴站查验出入境旅客达2622000余人次，超过2010年全年查验量2617000人次，较上年同期增长12.2%。截至2011年12月4日，横琴站查验出入境车辆达583000余辆次，超过2010年全年查验量582000辆次，较上年同期增长9.8%。

2. 区域经济的基础

横琴岛的经济原以传统的农渔业为主，建区以后经济规模逐渐壮大，初步形成以外资和民营经济为主体的发展格局，多项经济指标呈现快速增长。根据统计数据，2012年第1季度和第2季度的地区生产总值较2011年同期翻了一番，2012年第2季度的地区生产总值达到60142万元，自2011年第1季度开始的变化趋势如图2所示。

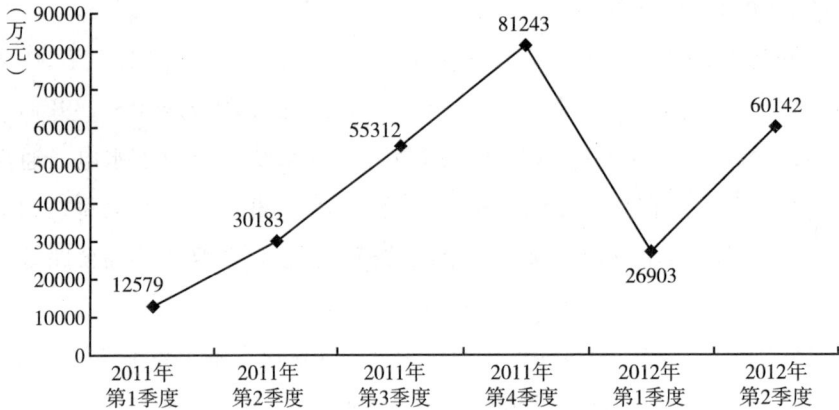

图 2　横琴地区生产总值

虽然受外需疲软、订单减少、用工成本提升、原材料价格上涨等因素的影响，2012 年以来横琴新区规模以上工业总产值和外贸进出口额均有较大幅度缩水现象（见图3），但固定资产投资额特别是外商直接投资额仍在巨幅增长（见图4），数据显示横琴新区发展势头强劲，根据统计数据，2012 年第 2 季度横琴新区固定资产投资额达 208.7 亿元，同比增长 174%；外商直接投资额达 9984 万美元，同比增长 76%；一般预算财政收入达 4.4 亿元，同比增长 37%。

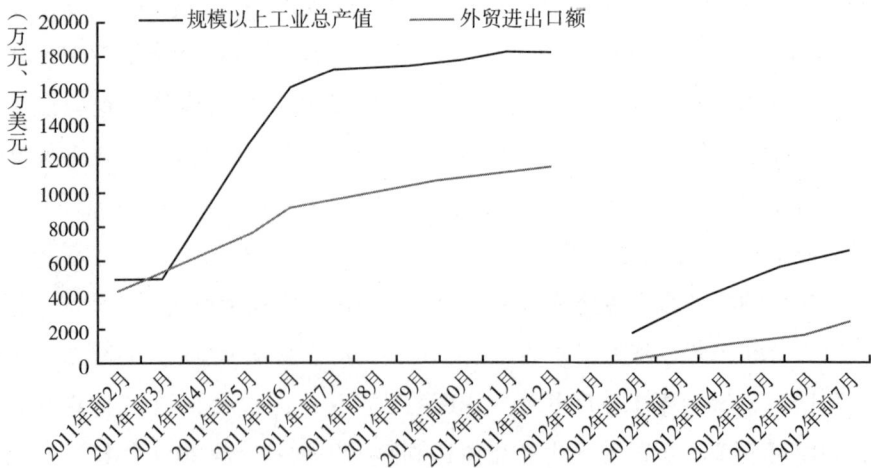

图 3　横琴地区外贸进出口

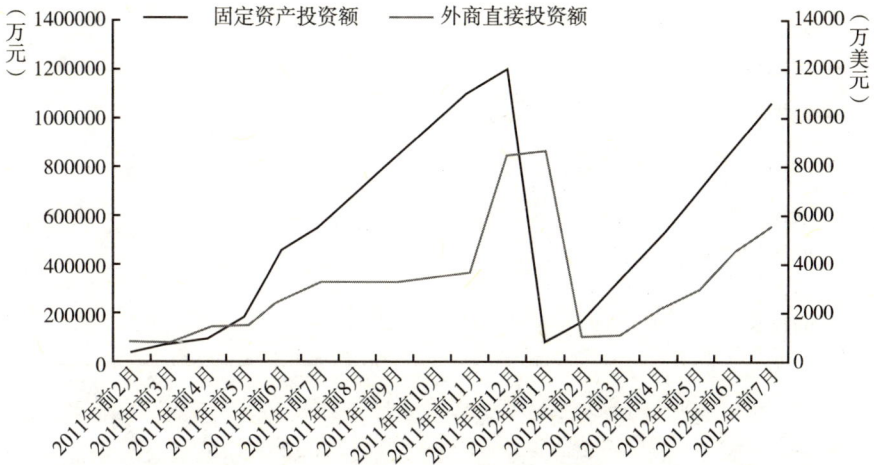

图4　横琴地区固定资产投资额及外商直接投资额

由于横琴处于起步发展阶段，自身的经济基础仍然相对薄弱，但是横琴所处的地域优势弥补了横琴的这一劣势。横琴毗邻港澳，与澳门一衣带水，与香港两岸相望，随着港珠澳大桥的建设，三地贯通指日可待，港澳对横琴的经济辐射也将进一步加强，为"琴鸣天下"提供了有力的经济支撑和保障。横琴问世，可谓"衔玉而生"。

澳门虽然属于小型经济体，但经营着高度发达的博彩业，图5数据显示，2011年澳门地区国内生产总值（GDP）为2921亿澳门元（2011年美元与澳门元的平均汇率为1：8.0186），实际增长29.13%，人均GDP达53.1723万澳门元。

2011年澳门经济增长的主要动力来自服务出口及内部需求扩大，博彩服务出口增长34.6%，旅客总消费上升7.2%。内部需求方面，就业人数及收入上升带动私人消费支出增长10.2%，政府最终消费支出增长9.4%，固定资本形成总额由于政府增加投资而增长14.5%。

2012年上半年，澳门博彩业的毛收入接近1400亿澳门元，地区生产总值超过1600亿澳门元，澳门地区拥有巨大的资金市场和利用价值。

香港是世界上最开放、最自由的经济体之一，背靠内地，面朝欧美大市场，外围经济的冷暖总能先知。2011年，受欧债危机、美国经济复苏乏力

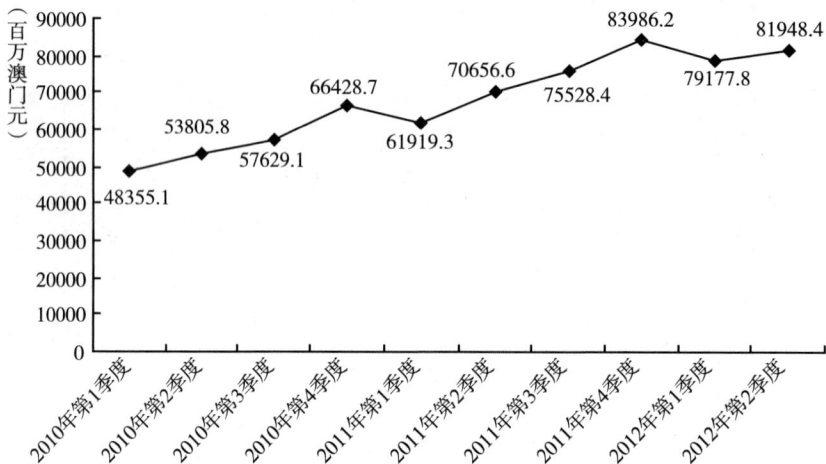

图5 澳门地区国内生产总值

及中国内地增速放缓的影响，香港经济同比增长 5%，低于 2010 年的 6.8%。2012 年上半年地区国内生产总值就接近万亿港元，进出口总值约达 3.5 万亿美元，截至 2012 年 8 月底的官方外汇储备资产为 2982 亿美元（见图 6 和图 7）。

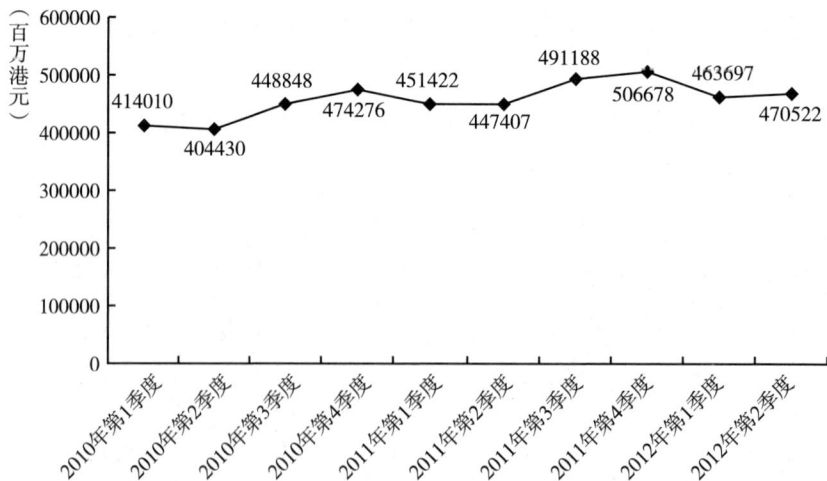

图6 香港地区国内生产总值

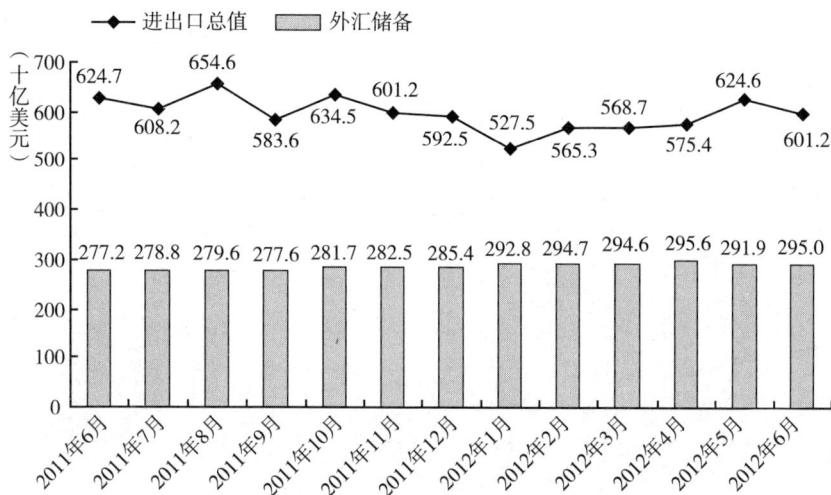

图 7 香港地区外汇储备、进出口总额

珠海市的经济规模相对较小，增长较为势缓，但作为特区，珠海市 2011 年市区国内生产总值达到 1403.24 亿元，规模以上产业总产值突破 3400 亿元，固定资产投资总额高达 630 亿元，进出口总额超过 510 亿元（见图 8 和图 9）。

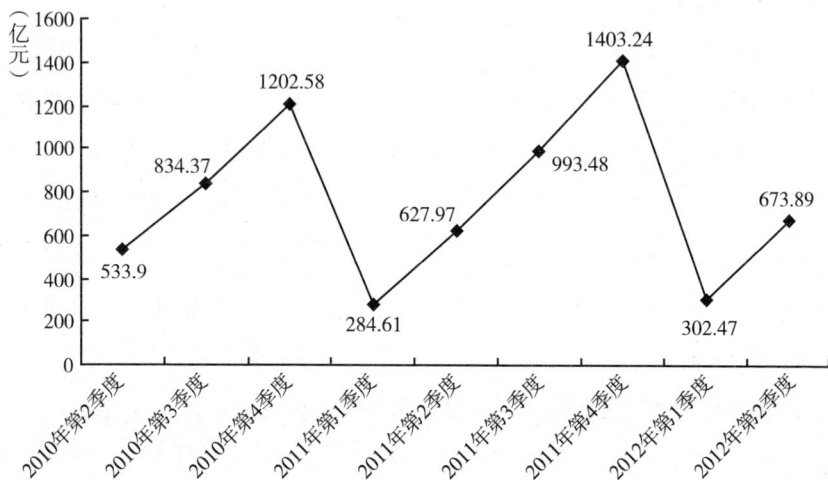

图 8 珠海市区国内生产总值

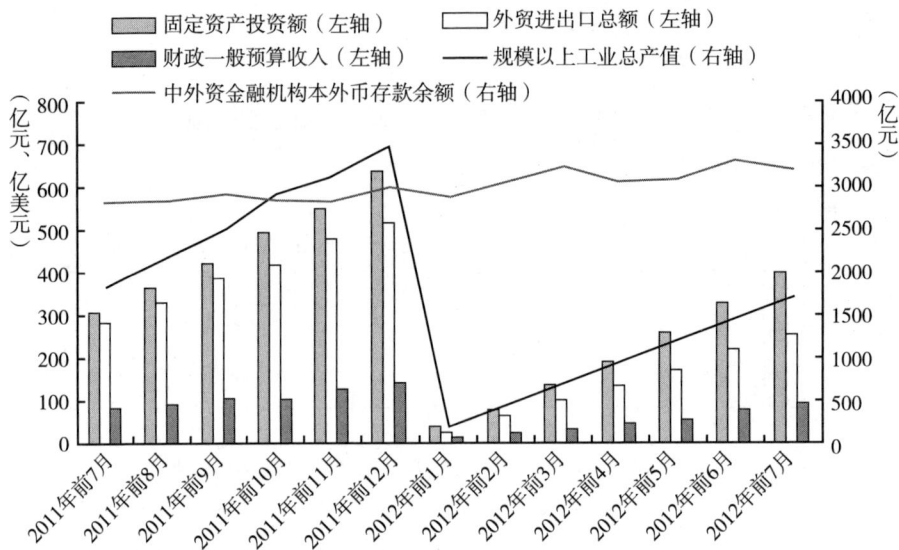

图9 珠海市的生产总值及固定资产投资额

区域经济的规模和结构为横琴新区的发展奠定了基础，凭借香港、澳门和珠海深厚的经济基础，横琴新区拥有光明的发展前景，借力香港的金融市场辐射、澳门的资金融通支持、珠海的政策财政保障，横琴发展将处于有利的发展起点。

3. 政策优势

2008年年底，《珠江三角洲地区改革发展规划纲要（2008～2020年）》颁布实施，把珠海定位为珠江出海口西岸核心城市，2009年8月国务院常务会议审议并通过《横琴总体发展规划》，横琴将建设成联通港澳的"开放岛"、经济繁荣的"活力岛"、知识密集的"智能岛"以及资源节约、环境友好的"生态岛"，这标志着横琴新区的开发建设上升为国家战略，其定位是"中国第一个粤港澳紧密合作示范区"。2011年3月，粤澳双方签署合作框架协议，这成为粤澳两地贯彻"一国两制"方针、落实《珠江三角洲地区改革发展规划纲要（2008～2020年）》《横琴总体发展规划》和CEPA携手推进更紧密合作的重大举措。

珠海市横琴新区的发展与经济特区不仅存在时间上的连续性，而且在内在机制上也存在着继承性，将引领特区发展潮流，促进特区"以特别之为、立特区之位"，为珠海经济特区再创新优势提供强有力的支撑。

国务院赋予横琴比特区更特的优惠政策，体现在三方面，一是特殊的区域管理政策，二是特殊的财税政策，三是特殊的粤澳合作产业园政策，加上此前国务院及有关部委相继批复的将横琴纳入珠海经济特区范围以及在金融、产业、信息化、土地等方面的政策，这些将进一步推动粤澳合作开发横琴，为港澳居民、企业和投资机构参与横琴开发创造更大的空间。横琴将成为"特区中的特区"，继续承担改革开放"窗口"和"试验田"作用，带动珠江三角洲，服务港澳，率先发展。

在企业所得税方面，明确对横琴符合条件的企业减按15%税率征收企业所得税，成为新《企业所得税法》实施后，除西部地区实行15%企业所得税率的区域优惠政策外，东部地区享受企业所得税优惠政策的首个区域。15%企业所得税率政策的落实将为横琴新区旅游休闲、商务服务、金融服务、文化创意、中医保健、科教研发和高新技术等产业发展奠定良好的基础。

从政府行政方面，广东省对横琴的开发建设非常重视，2012年3月15日，广东省政府出台《关于加快横琴开发建设的若干意见》，在授予横琴部分省级经济管理权限、创新企业登记制度等13个方面提出42条支持举措，其中包括"广东省财政'十二五'期间每年安排1亿元专项资金用于扶持横琴重大基础设施的建设""同意将新区10年内产生的所有税费省留成部分，设立专项资金用于支持新区开发建设"等。

2012年6月26日，海关总署副署长孙毅彪宣布《海关总署关于支持横琴新区开放开发的意见》，意见包括10个方面的24条措施，包括加快横琴口岸设施建设；创新通关制度和措施；实施税收优惠政策；推进海关信息化建设，率先探索电子围网区域模式；支持重大项目建设；加大海关保障力度等方面推进横琴新区开放开发。

（二）横琴新区的金融定位

横琴新区的开发建设是"一国两制"背景下的粤港澳紧密合作，通过深化改革开放和科技创新，来促进珠江出海口西岸地区产业的升级。横琴新区将实行"分线管理"的通关创新制度，实施金融创新，制定更加开放的产业和信息化政策，改革土地管理制度和社会管理制度，因此横琴新区的开发建设将是全方位的创新性建设。

横琴新区的开发建设定位为携手港澳、区域共享、示范全国、与国际接轨的复合型生态化创新岛，重点发展与港澳对接特别是支持澳门经济多元化的高端现代服务业、高新技术及旅游休闲等产业。

根据《横琴新区城市总体规划（2009～2020）》对横琴新区土地利用和空间布局的规划，横琴将重点建设包含口岸服务区、中心商务区、国际居住社区的商务服务片，包含休闲度假区和生态景观区的休闲旅游片，包含教学区、综合服务区、文化创意区、科技研发区和高新技术产业区的科教研发片等三个区域片（见图10）。

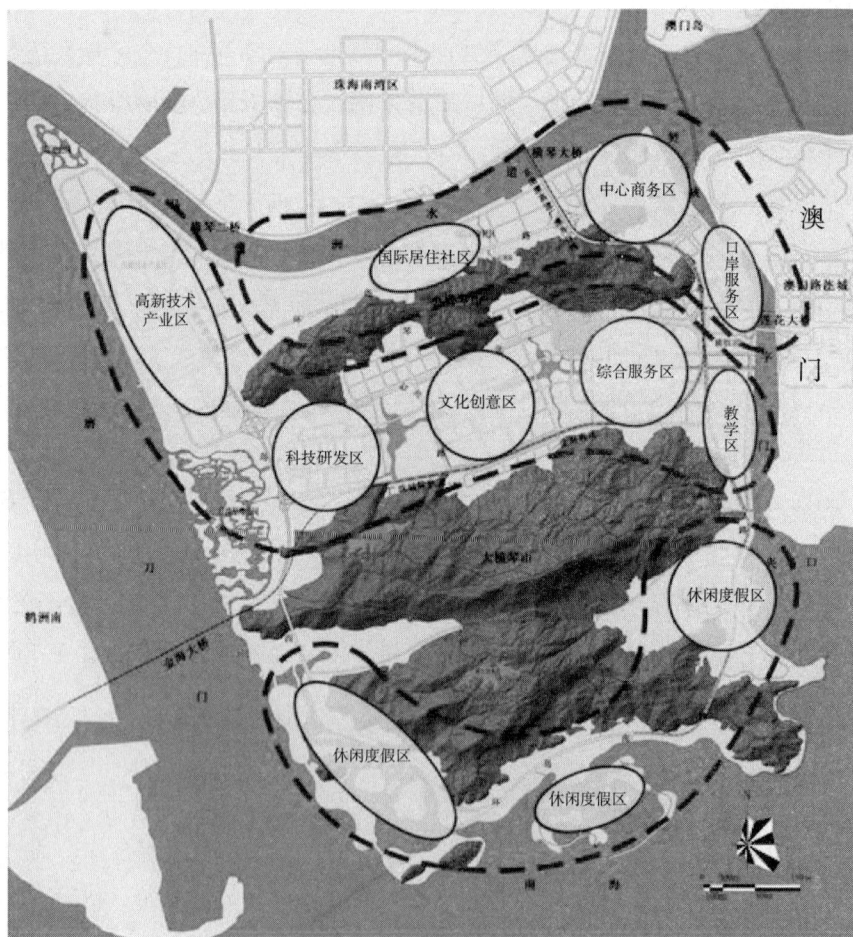

图 10　横琴地区发展规划

注：生态景观区包含在休闲度假区中。

横琴新区与珠港澳的合作领域以服务业为主，该产业定位能够发挥横琴新区的后发优势和资源效率。由于港澳的制造业已呈"空洞化"趋势，而且核心竞争力也不及服务业，因此在港珠澳大桥建设和横琴新区开发的背景下，横琴新区应该实现与港澳服务业的融合。

由于金融是现代服务业的核心，金融发展对优化资源配置、促进经济发展和经济结构调整具有举足轻重的作用。横琴新区的开发建设是金融业抓住机遇、发挥优势、加快发展的关键时期，实现金融业的创新发展，使金融成为横琴现代服务业的支柱产业，并以此推动全区产业结构的建成和优化。

横琴新区周边已经存在香港、深圳和广州等国际金融中心、全国性金融中心和区域性金融中心，横琴定位为"金融特区"，必须建设有特色的金融创新区，形成具有核心竞争力的业务。

香港作为全球性金融中心，同时提供面向大珠江三角洲地区的金融服务，其提供的金融产品覆盖金融业务领域。而拥有深圳证券交易所的深圳，汇聚了以深圳证券交易所和创业板为中心的各种基金，包括众多产业投资基金、创投基金、证券投资基金，此外还有已形成规模经营的银行、保险、期货等金融业务，深圳日益成为全国性金融中心，并成为香港国际金融中心的一部分。广州市 2011 年的 GDP 达到 12380 亿元，中国银行、中国农业银行、中国工商银行、中国建设银行四大国有股份制商业银行和多数股份制商业银行均在广州市设有辐射华南地区的营运中心，在华南地区的金融业务发展上占据主要市场份额，行使华南金融中心的职能，与深圳形成竞争。

金融业作为最高端的生产型服务行业，其发展需要依托基建设施齐全、经济发达的城市都会中心，其在人力资源的需求、资金交易方面的设施保障、快捷的交通网络等方面，决定金融中心应地处所辐射区域中最具开放性的城市都会。

金融业还要求与其服务的产业体系相毗邻，以保证对高质量的产业发展的跟随服务，而香港和深圳、广州三个城市的金融体系服务已经涵盖珠江三角洲的范畴。

因此，横琴新区目前的城市设施配套远未达到金融中心的基础设施要求，汇集金融资源缺乏空间，横琴新区的金融机构在短期内也无法抢占市场。

横琴新区本身的经济和金融规模很小，即使是横琴新区所在的珠海市，其金融规模也十分有限。2011 年年末珠海全市中外资金融机构本外币各项存款余额 2980.01 亿元，比年初增长 8.4%。其中，企事业单位存款余额 1728.74 亿元，增长 7.1%；城乡居民储蓄存款余额 1102.85 亿元，增长 12.2%。年末中外资金融机构本外币各项贷款余额 1638.21 亿元，比年初增长 11.3%。其中，短期贷款余额 433.14 亿元，增长 5.9%；中长期贷款余额 1089.94 亿元，增长 10.2%（见表 1 和图 11）。

表 1　2011 年珠海全市金融机构本外币存贷款余额及其增速

指　　标	年末数（亿元）	比年初增长（%）
各项存款余额	2980.01	8.4
其中:企事业单位存款	1728.74	7.1
城乡居民储蓄存款	1102.85	12.2
其中:中资机构人民币	2734.51	7.5
各项贷款余额	1638.21	11.3
其中:短期贷款	433.14	5.9
中长期贷款	1089.94	10.2
其中:中资机构人民币	1396.04	16.0

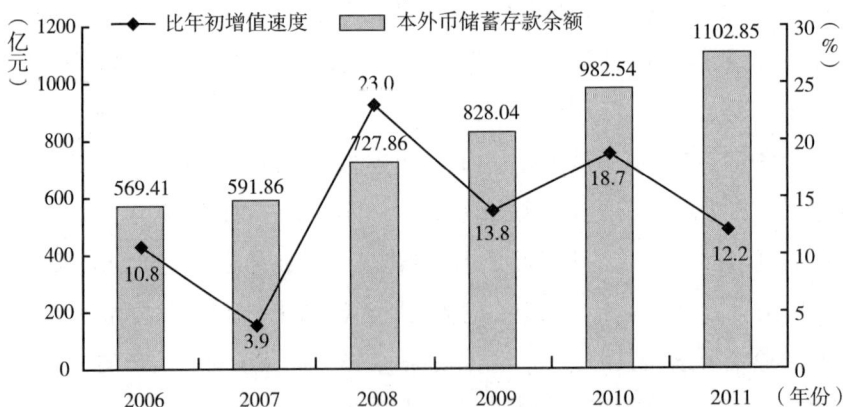

图 11　2006～2011 年珠海市金融机构本外币储蓄存款余额及增长速度

　　由于横琴岛的经济规模不大，其金融的规模和发展速度受到限制，数据显示，珠海市金融机构的本外币储蓄存款余额呈现增加态势，但其增长速度并不稳定。

横琴新区自身的金融发展基础不强，开发仍然处于起步阶段，经济总量小，与内地市场的联系也不多，金融领域更是空白，即使金融创新试验出现一些问题，风险也是可控的。在横琴新区设立粤港澳金融共同市场试验区，具有独特的区位优势，只要在政策上予以支持，则横琴新区的金融创新实验具有很强的可行性，有条件打造成为粤港澳金融创新合作的示范区，在推动内地金融改革创新和对外开放中发挥杠杆作用。

截至 2012 年 7 月，横琴新区已有银行类金融机构 6 家，股权投资基金超过 40 家，募集资金总额已超过 100 亿元，预计年内将突破 100 家。伴随着对《横琴总体发展规划》及国务院批复中横琴金融创新政策的不断落实，横琴新区跨境人民币结算增长迅猛。截至 2012 年 5 月末，横琴新区办理跨境人民币结算业务约 34.48 亿元，超过了 2011 年全年的结算量。珠海市首批 3 家获得国家外汇管理局个人本外币兑换特许业务资格的货币兑换公司，均在横琴新区注册并运营。

2012 年 7 月 25 日，广东省《关于全面推进金融强省建设若干问题的决定》正式公布，珠海的横琴将与深圳的前海、广州的南沙作为金融创新平台，被打造成为引领金融改革创新的重要引擎。在分工中，该决定提出，横琴将重点发展离岸金融，组建多币种产业投资基金，为国际自由贸易提供配套服务。

随着中国的对外全面开放，国际离岸公司发展迅速，其业务需要配套的离岸金融中心为其提供优质的金融服务，越来越多的国内上市公司和境外中资企业要不断扩大其规模，进行海外扩张，也要求开办相应的离岸金融业务。国家赋予横琴新区相对经营自由、税务优惠等政策因素，将其打造成为中国具有"离岸区"性质的经济特区，为将对外开放、吸收外资提高到一个新的水平，为本国企业走向世界创造有利条件。

由此，在横琴新区设立离岸金融中心，创建粤港澳金融共同市场实验区具有重要意义，对支持《横琴新区城市总体规划（2009～2020）》的执行，特别是中心商务区、休闲度假区、文化创意区、科技研发区和高新技术产业区的建设，起到有力的资金融通作用。为贯彻《关于全面推进金融强省建设若干问题的决定》，横琴更需要勇于探索、克服阻力、控制风险，创建创新金融业务和金融产品，打造粤港澳金融共同市场实验区，为澳门经济发展提供更开放的金融服务，为香港国际金融中心的地位巩固加力，为人民币的国际化探索作出贡献。

三 金融发展与区域金融合作的理论

2004年年底广东省提出将珠海市横琴岛创建为"泛珠三角横琴经济合作区"（"9+2"合作区），作为泛珠三角区域合作发展的重要载体、国家实施CEPA的重要平台和中国内地参与国际分工合作的重要基地。未来横琴新区的发展重点将是金融业、贸易业、服务业、高技术产品制造业。因此，本报告的研究内容包括以下三个方面，即横琴新区与珠港澳金融合作的理论、横琴新区与港澳合作的模式设计和内容、横琴新区与珠港澳合作的目标与措施。

根据20世纪90年代最为通用开放的地区主义理论，分析横琴新区与珠港澳合作的理论基础。开放的地区主义摒弃传统区域经济合作理论的封闭式合作模式，吸取新国际地域分工理论关于国际经济联系的观点而具有开放性合作的特征，考虑"中心–周边"论和"国际依附论"，使区域经济合作具有非制度性、软约束性特征；考虑新经济地理理论的观点，使区域经济合作具有合作机制市场驱动和政府推动相结合的特征。

（一）区域金融一体化理论

基于新古典主义的经济增长理论，区域金融一体化通过加强直接资本流动和国际证券资本流动等途径促进地区经济增长，开放的区域经济体系由于消除地区间资本流动的屏障、提高资本的配置效率，从而促进经济增长和福利状况的改善。

基于效率市场和完全市场理论的视角，区域金融一体化能有效促进风险分担和降低企业融资成本。在一体化条件下，区域通过多元化消除消费波动和产出波动，并获得较低的融资成本、交易成本和信息成本等好处，金融机构的进入能有效改善银行的监管水平与能力，促进金融市场效率的提高，有利于金融稳定。此外，区域金融一体化通过间接渠道促进经济增长，包括促进专业化分工和更好的经济政策，加强区域功能定位和优化区域产业结构。理论表明，金融一体化能调整内部经济效率和改善外部经济环境，通过多种渠道推动经济增长。

国外的研究主要集中于金融一体化对经济增长的作用，大多数学者得出金融一体化促进经济增长的结论，但也有部分研究结果与之相悖，从而引发促进作用的发挥是否受金融发展、金融体制以及法律等因素影响的讨论。

Michael W. Klein 等学者采用 21 个 OECD（Organization for Economic Cooperation and Development，即经济合作与发展组织）国及 74 个非 OECD 国 1986～1995年、1976～1995 年的横截面数据，研究资本账户自由化对金融深度、经济增长的效应，发现发达国家开放资本账户能显著推动金融深化，并通过金融深化渠道推动经济增长，但资本账户自由化的益处在非 OECD 国家的实现需要完善的机构和稳健的宏观政策的支持。M. Ayhan Kose 等学者研究发现，全球化水平能促进发达国家风险共享能力的提高；Yuliya Demyanyk 等学者预测在完全风险共享的情况下，金融一体化对 25 个欧盟国的益处即表现在消费的永久增加带来的等价福利。研究表明，2004 年新加入欧盟的 10 个成员国因高经济波动和产出的反周期模式比另外 15 个旧成员国具有更高的潜在效用收益。同样以欧盟为分析对象，Jappelli Pagano 从国家、行业、企业三个层面研究了区域金融一体化对经济增长的影响，指出金融市场完全一体化十分困难，汇率风险、保险政策、信息有效性、司法强制性等都可能使市场按照国界线分割，阻碍金融市场完全一体化。Blackburn 等学者则把政府腐败因素考虑到动态一般均衡模型分析中，认为经济开放度会强化腐败对经济发展的负面影响，金融自由化对经济发展的促进效应只有在良好政府存在的前提下才能发挥。

（二）离岸金融市场的理论基础

离岸金融市场（Offshore Financial Market，OFC）或欧洲货币市场（Eurocurrency Market），相对于在岸金融市场，其是指经营自由兑换货币、交易在货币发行国非居民之间进行、不受该市场所在国的法规和税制限制同时享受一定税收优惠待遇的金融市场。

离岸金融起源于欧洲美元，但随离岸货币币种的增多以及国际银行业务设施（International Banking Facility，IBF）的设立，离岸金融更加体现出其非居民的特性，是基于高度自由化和国际化的金融管理体制和优惠的税收制度，在一国金融体系之外，由非居民参与的资金融通。

离岸金融市场具有两个主要特征：一是非居民性。离岸金融市场进行交易的存款人和借款人都是离岸金融市场所在国家或地区的非居民，即"两头在外"。离岸金融市场的资金主要来源于外国资本，而且自从"国际银行业务设施"建立以来，离岸金融市场的离岸账户和在岸账户便开始严格区分，国内业务和涉外业务不相混淆。二是规避监管性。离岸金融市场是在特殊的监管体制和法律制度以及税收制度下运作的，不受货币发行国的约束，同时也不受金融市场所在国的约束，并且有着优惠的税收政策和严格的保密性，因此离岸金融市场侧重于制度性而非地域性。

有关离岸金融市场的形成，存在三种理论解释。

1. 制度学派理论

现代制度学派强调古典经济学中均衡的概念，所谓金融制度的均衡是指在这种均衡状态下，参与金融交易活动的各金融主体均不具有改变现状的动机或力量。本质上，如果各国的金融中介不受限制或者尽管受限制也是彼此对称的话，那么离岸金融市场则没有存在的必要，因此是各国金融机构管制的不对称性导致离岸金融市场的产生。

2. 全球一体化理论

经济全球化是一个动态的过程，自1950年提出"将分散的经济联结成更广泛的经济区域"的概念，货币一体化和金融一体化等概念也相继被提出并形成趋势。贸易国际化是经济全球化的初级阶段，投资国际化和生产国际化是经济全球化的中间阶段，而金融国际化则是经济全球化的高级阶段。贸易国际化带动生产、投资国际化，而贸易国际化和生产、投资国际化又催生金融国际化，促进离岸金融市场的发展。

3. 金融自由化理论

金融自由化理论是20世纪70年代由美国经济学家罗纳德·麦金农和爱德华·肖首次提出。该理论认为，当时发展中国家普遍存在金融市场不完全、资本市场严重扭曲和患有政府对金融的"干预综合征"影响经济发展的现象，提出应该金融自由化。因为在离岸金融业务高速发展的 20 世纪 60 年代，金融自由化已经表现出一定的趋势。而金融管制和金融自由化同时存在的环境又促成了离岸金融市场的产生和发展。

离岸金融市场的业务包括离岸银行业务、离岸证券业务、离岸保险业务。除此之外，还有投资信托、船舶、特殊目的机构、离岸私人银行、FDI（Foreign Direct Investment，即外商直接投资）、IT 等其他金融业务。

（1）离岸银行业务。其中贸易融资和存贷款业务是离岸金融市场上最主要的业务，包括短期资金拆借、中长期资金借贷和银团贷款等。性质是批发市场，每笔交易额都很大，所以尽管利差较小，利润仍然巨大。离岸银行业务是离岸金融中心比重最大的业务类型。

（2）离岸证券业务。离岸证券是指由外国的证券发行人在离岸证券市场上发行的、由来自不同国家的投资银行组成的、承销银团承销的、在许多国家同时发行出售的证券。离岸证券业务包括离岸债券、股票、集合投资计划等。近年来资产证券化的趋势在离岸金融市场上表现得很明显。跨国公司和金融机构等，常常通过离岸金融市场发行证券来降低融资成本并获得优惠税率，其中以发行中长期债券为主。在伦敦常见的离岸市场债券有全球存托凭证 GDR（Global Deposit Receipt）、欧洲美元可转换债券 CB（Convertible Bond）等。

（3）离岸保险业务。离岸保险业务是在离岸金融市场上，境外保险机构为非居民办理保险业务来保障投保人的利益，通常是针对跨国企业在海外投资而开展的一项保险业务，包括再保险、人寿保险和附属保险。跨国企业在离岸金融市场投保既可以降低保险费，也可以回避一些本国的保险限制，满足跨国企业海外投资的需要。

除了以上三大类主要业务之外，其他金融机构如金融公司、信托投资公司、租赁公司还经营共同基金、投资信托、不动产投资等。

受离岸金融市场特征和离岸金融业务的影响，离岸金融中心地域分布呈现出显著的地缘性和时区性特征。地缘性特征体现在小国、岛国型离岸金融中心的形成及发展，典型的如巴林、开曼群岛、新加坡等就是依靠优越的地理位置发展起来的全球著名离岸金融中心；离岸金融中心的时区性特征体现为在时区上前后相连，覆盖全球的所有时区，形成全天候连续不断进行交易的统一离岸金融市场。

离岸金融中心是在国际上政治与经济因素的促使下自然生成的，如冷战时期，东欧国家为免遭美国的监管，不愿把美元存于美国而存于欧洲银行，20世纪70年代的石油美元也是如此；第二次世界大战后美国的援助计划、对美贸易顺差，使得大量美元外流；美国金融市场的管制，使得美国本土的利率、汇率、信用、贷款方式等方面都竞争不过管制少的欧洲金融市场等。目前比较著名的离岸金融中心有英属维尔京群岛、开曼群岛、巴哈马群岛、百慕大群岛、西萨摩亚、安圭拉群岛等。

离岸金融市场一方面使国际银行业能够24小时连续营业，形成国际借贷资金高速运转的全球流动体系；另一方面离岸金融市场的低税率或减免税收及其他金融优惠措施，使资金交易成本大幅度下降，促使国际资本的加速流动，使世界资源配置更趋合理。离岸金融市场的产生，促使国际融资渠道畅通，为世界各国提供了一种利用闲置资本和顺利筹措经济发展资金的重要场所和机会。离岸金融市场缩小了各国金融市场的时间和空间距离，为降低资金成本提供了便利。离岸金融市场是金融自由化的典范，对金融自由化的发展起着一定的指导作用。

（三）区域金融合作的相关研究

区域金融协调发展方面已经有不少相关研究成果。按照区域金融发展的边界，金融协调发展分为地区范围、国家范围及全球范围的融合，按照经济发展水平，金融融合可以分为经济发展不同阶段国家（地区）之间的垂直融合、经济发展水平相似国家或地区之间的水平融合。

基于区域金融融合的边界和性质，Lane等学者从理论和实证方面研究金融融合的衡量方法；Cheung等学者实证检验中国内地、中国香港、中国台湾的金融融合程度；由于欧洲货币一体化的推进，研究欧洲金融市场融合的文献也比较丰富，而Croux等学者建立了测量金融融合动态变化的方法。更具体的文献则是对股票市场融合的讨论，信贷市场融合与机构同质化的讨论。国内的研究集中在长江三角洲地区的金融一体化问题，金融一体化基于金融资源禀赋差异，根本动力是金融效率的帕累托改进，金融一体化是指发挥金融核心扩散效应，促进金融腹地的产业成长，带动整个金融地域系统的金融产业成长水平，最终实现金融地域系统的金融资源效率帕累托最优；张颖熙比较了长江三角洲、珠江三角洲和环渤海经济区内的金融融合发展水平。

四　横琴新区与港澳金融合作的模式设计

横琴新区的开发建设将本着"面向世界、优先港澳、政府主导、市场运作"的原则，构建起粤港澳紧密合作新载体，共同建设亚太地区最具活力和国际竞争力的城市群，共同打造世界级新经济区域，促进区域经济一体化发展。

在开放的地区主义原则下，横琴新区与珠港澳合作的模式将在互利互惠的基础上，与不同政治制度、不同意识形态的经济体进行区域经济合作，不强求各成员在意识形态、政治制度、文化和历史背景的相似性，也不对区外经济体设置经济交往的障碍和实行歧视性待遇，使得地理位置临近的经济体之间由于较小的运输成本和共同的地缘利益具有区域经济整合的优势，使得区域经济合作模式具有多边、多层次和多形式的特点。

虽然横琴新区与珠港澳合作内容是全方位的，包括区域贸易及自由贸易区的建立、科技合作、旅游合作、投资与金融合作、能源合作、交通运输与物流合作、劳务合作等多个方面，但是在注重各个合作领域协调发展的前提下，突出横琴的金融业的支柱地位，有利于形成重点突破的、系统整合的区域经济合作。

（一）横琴新区与港澳金融合作的模式

横琴新区与港澳区域采取"平等参与型"的合作模式，本着自愿与协商、平等与互利，在金融合作的组织结构方面，不采取中心与外围的"辐射吸纳型"，而是采取"矩阵网络型"组织，以业务为中心的区域金融合作模式。

创新地将横琴新区的金融定位在离岸金融，以跨境人民币结算和多币种结算为主导业务，以基金、信贷、保险为辅助业务，形成灵活、自由、高效的区域金融模式，开创中国版的开曼群岛，与香港在金融业务方面互补，与澳门在经济发展方面互助，实现粤港澳合作新模式、新突破。

横琴发展离岸金融最大的优势是政策优势和税收优势，横琴是全国最优惠的税收地区。借助税收优势和毗邻港澳的区位优势，横琴打破各种币种结算管制，使人民币、港币、澳门币以及世界主流货币自由兑换。吸引中国内地、中国香港、中国澳门、海外企业、银团在岛内注册公司，在岛外发展业务，使横琴岛成为中国的开曼群岛，成为中国的离岸金融中心。针对在岛内注册的公司开展跨境人民币结算、多币种结算、基金、信贷、保险和再保险等业务，将为横琴的金融机构带来巨额收益，同时带动横琴与港澳的金融、贸易、高新科技产业、创新、旅游休闲等多个领域的合作，使横琴发展成为真正意义上的符合国家发展规划的开放岛、活力岛、智能岛和生态岛。

香港作为世界老牌国际金融中心，仅次于全球真正意义上的国际金融中心——伦敦和纽约，具有强劲的金融指标（见图12）。香港也是离岸人民币业务的先行者，拥有境外最大的人民币资金池，2012年5月底，香港人民币存款加上人民币存款证的余额达到6737亿元。与此同时，香港亦是全球最大的

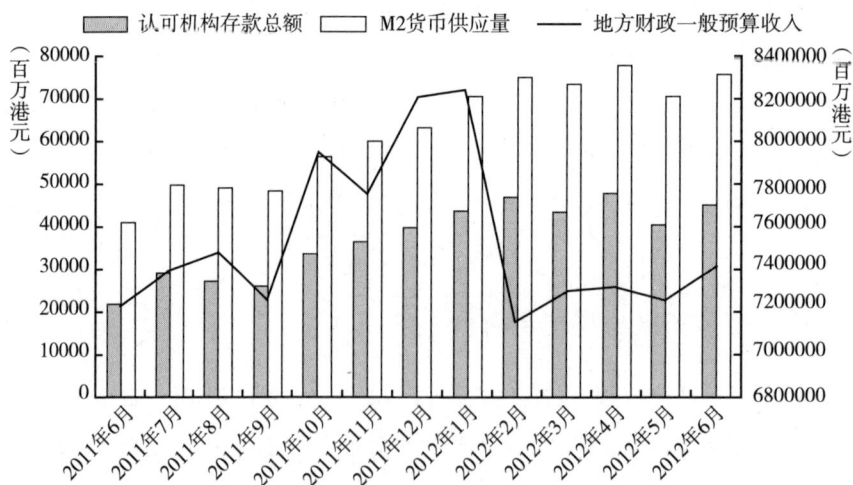

图12　香港地区的金融指标

离岸人民币债券市场，自 2007 年开始，总发行量达到 2544 亿元。单以 2012
年前 6 个月计算，人民币债券发行量达 727 亿元，比 2011 年同期增长 65%。
从长远看，横琴新区和香港合作，建立离岸金融市场，通过银行贷款、债券市
场等渠道，为需要人民币资金进入国内直接投资的外国企业和往境外寻找新资
金的内地企业提供人民币的融资，将存在良好的市场前景。

　　澳门虽然属于微观经济体，但博彩业发达，博彩业每年带来毛收益 2000
多亿澳门元，为澳门积累了异常雄厚的资本（见图 13）。港币在澳门与澳币同
属官方流通货币，且实际地位比澳币强势，博彩业的筹码以港币为单位计算，
居民大宗物件买卖与企业贸易也以港币结算并储蓄。在澳门流通的 M2 货币总
量中，港币占 50% 以上，澳门币占 30% 以下（见图 14），从金融业角度看，
其货币可纳入港币范围，与香港视为同一经济体。

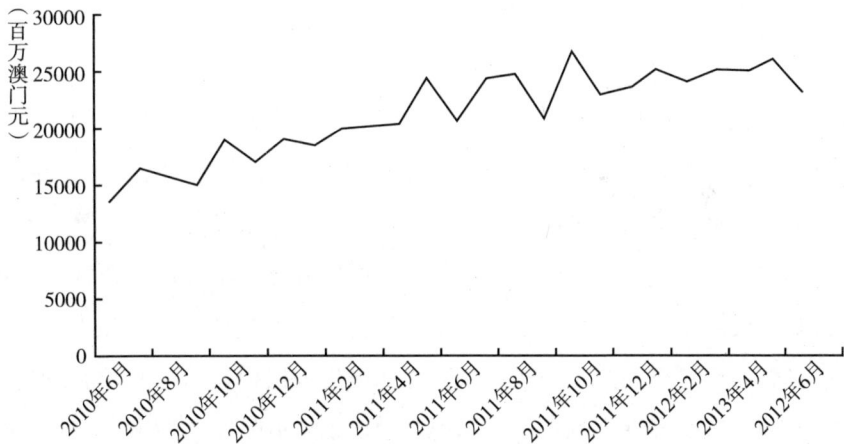

图 13　澳门博彩业毛收入

　　综合港澳政治与经济等各种有利因素，基于经济社会长远发展和重构世界
货币体系的背景，如果加大粤港澳金融合作的力度，走局部开放的道路，建设
一个跨境金融市场，让人民币在跨境市场内与港币、澳币实行自由兑换，放开
对境外企业（港澳）贷款、允许海外人民币回流，并在该金融特区建立一个
能够覆盖东南亚地区的股市与期货市场，将有利于人民币成为亚洲结算货币，
奠定人民币国际化的基础。

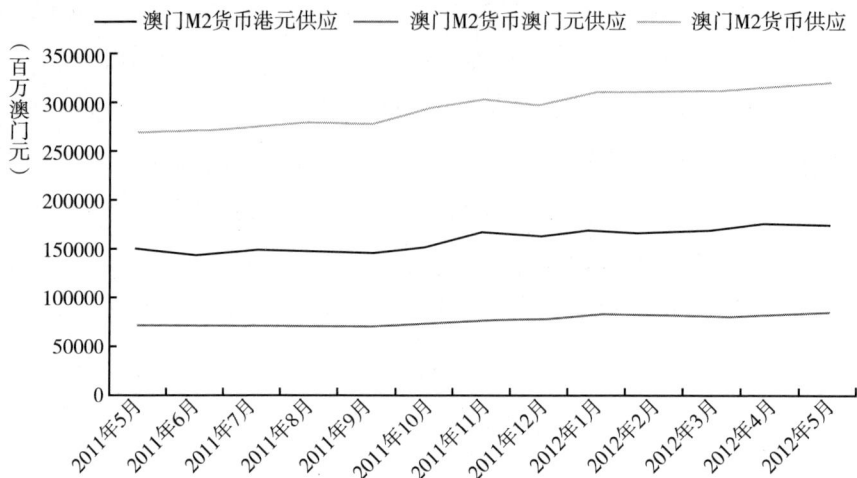

（百万澳门元）

图例：—— 澳门M2货币港元供应　—— 澳门M2货币澳门元供应　—— 澳门M2货币供应

图14　澳门 M2 货币供应量

具体而言，通过横琴离岸金融市场的建立，可以吸引一批经验丰富的跨国金融机构进入，使同样入驻横琴的国内金融机构在和跨国金融机构的竞争中得到锻炼，并且带来和吸引大量的国际金融人才，有利于国内金融机构的国际化。国外金融机构进入横琴的离岸金融市场，会带来最新的金融工具，使国内金融产品与国际接轨，有利于我国金融业务的国际化。横琴离岸金融市场通过中资银行开展离岸业务为我国巨额的外汇储备减压，缓解人民币升值压力。横琴离岸金融市场可以回流在周边国家流通的境外人民币，从而便于加强对境外本币的监控，减少境外大额本币对国内金融市场可能带来的冲击，同时有助于人民币的国际化进程。

离岸金融业务具有管制宽松、税收优惠的优势，因而其经营成本较低，只要风险控制得当，就会带来丰额利润。巨额的利润不仅增加了横琴的地方收入，还会带动相关会计、律师、保险、航运、证券、旅游以及生活服务等行业的发展。而且通过离岸金融业务培养出来的高级金融人才可以和香港的同行交流经验，彼此借鉴提高，从而带动内地的金融专业人员素质和技术水平的提高。

总之，在横琴建立离岸金融市场符合横琴发展规划的要求，符合粤港澳的共同利益需求，符合人民币走向世界的趋势诉求。在横琴建立离岸金融市场，是横琴目前最大化政策优势、税收优势、地域优势的正确举措。

（二）横琴新区与港澳金融合作的内容

作为离岸金融的设计，横琴新区和港澳的合作内容包括以下几个方面。

1. 证券合作：形成股权投资市场

随着具体优惠政策开始实施，珠海横琴作为股权投资基金企业中心的集聚效应开始显现，截至2012年已经有40多家企业入驻横琴新区。

开放股权市场。2012年5月下旬，《珠海横琴新区鼓励股权投资基金企业及股权投资基金管理企业发展的试行办法》正式对外公布，允许外资在横琴直接或合资成立股权投资管理公司，外资可以直接在境外以人民币方式进入横琴股权投资合伙企业，直接投资到拟上市公司股权投资及参与二级市场非公开定向增发等。珠海横琴新区接着对外发布《横琴新区促进股权投资基金业发展的实施意见》，进一步明确股权投资基金企业进驻横琴的优惠政策，包括在横琴新区设立的股权投资基金管理企业，自完成工商注册之日起，缴纳的营业税横琴新区留存部分前两年全部予以返还，后三年返还60%；自获利年度起，其缴纳的企业所得税前两年全部予以返还，后三年返还60%。此外，股权投资基金企业投资于横琴新区的企业或项目，在项目退出时再按项目退出后形成的所得税横琴留存部分的10%给予额外奖励。

优惠政策还包括，对在横琴新区租赁自用办公用房的，且注册资本与募集资金均已到位的股权投资基金企业，自到位之日起，按实际租赁面积，连续3年给予房租总额30%的补贴。不仅如此，对股权投资基金企业及股权投资基金管理企业的高级管理人员，该实施意见指出，按照其当年所得形成个人所得税横琴新区留存部分的80%给予奖励，用于鼓励和支持其深造、培训、购买自用住房等。

推动跨境上市。鼓励香港企业到深圳证券交易所和上海证券交易所发行股票，提高后者的国际影响力和国际化程度；鼓励香港企业到内地发行债券，推动内地债券市场的市场化和国际化，缓解内地和广东省流动性过剩的压力；

进一步推动深圳证券交易所和香港联合交易所之间的合作，建立上海证券交易所和香港联合交易所之间的合作机制，香港联合交易所在进一步完善发行上市制度、交易制度和交割清算制度方面为深圳证券交易所提供指导和建议；香港联合交易所在 ETF、债券期货、股指期货、外汇期货和外汇期权等新产品和业务的开发及相关的风险控制上为后者提供政策咨询；香港联合交易所为后者培养金融人才；作为配套措施，降低准入门槛和资格限制，引入香港的律师、会计师、投资银行和资产评估师，以提高证券市场中介机构的服务质量。

创新资本市场设计。利用香港资本市场基础（见图15），尝试将国际版设立在横琴新区，将"深圳—香港—横琴"打造为最具影响力和活力的世界金融中心。

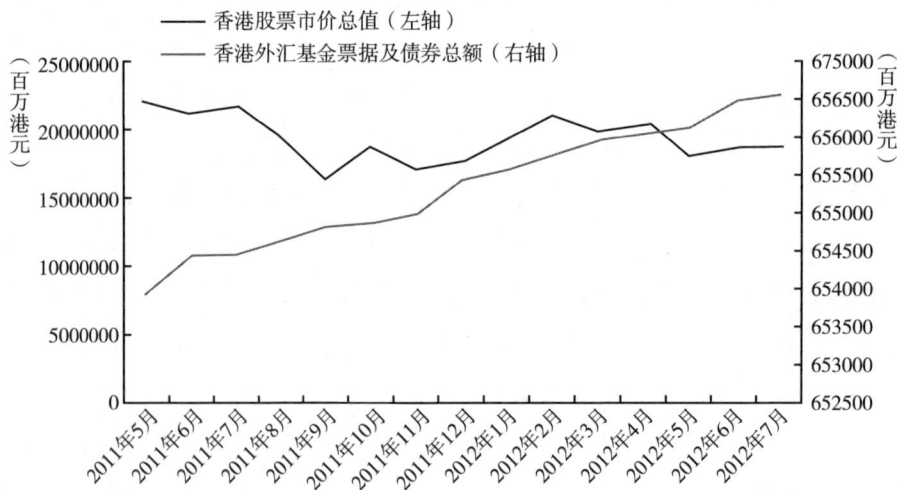

图 15 香港资本市场统计数据

2. 银行合作：建设统一的支付清算系统

基于香港银行体系的存贷业务（见图16）推动支票联网建设。目前，在广东省范围内已实现粤港澳币支票、汇票和本票等票据联合结算，便利了两地的资金流动，横琴新区建设可以在粤港支票联网的基础上，进一步实现粤港澳票据联网，研究试行票据跨境跨币种清算、贴现、转贴现和再贴现，如将香港的支票在广东清算，将港币支票在广东省清算时自由结汇或兑换为人民币。

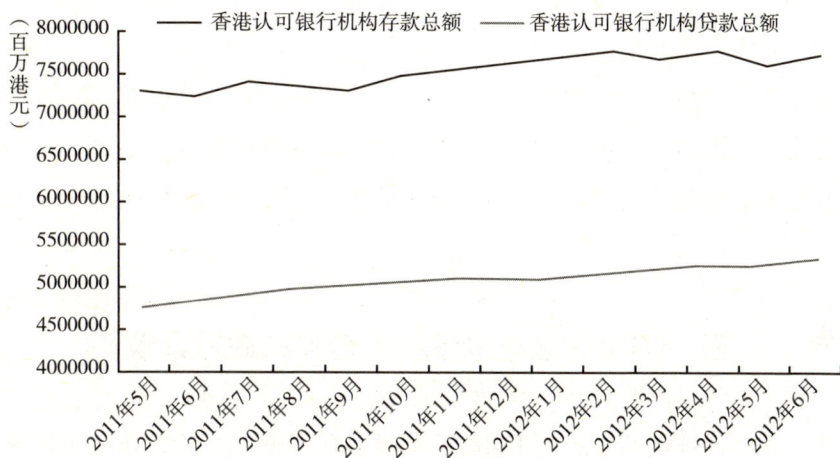

图16　香港认可银行机构存贷款总额

信用体系建设方面，借鉴香港银行系统的方法，加快广东省的信用体系建设，完善中小企业资信评估机构，在此基础上发展信用担保机构，通过银行同业公会和银行监管机构实现粤港澳银行体系征信信息共享。

3. 货币合作：促进人民币的国际化进程

根据统计和测算，现有800亿元人民币在香港流通，对人民币的跨境流通，如果利用得当，将有利于推进人民币的国际化，促使人民币资产的合理回流。

横琴新区可考虑在香港特别行政区和内地之间相互发行股票和债券以调节人民币的流动性；人民银行在内地和香港同时进行中央银行票据发行和债券回购；允许港币在广东省进行结算和清算，人民币在香港和澳门进行结算和清算；允许广东省和港澳金融机构之间进行人民币、港币和澳元的掉期交易；授权人民银行广州分行与香港金融管理局开展货币掉期交易等。上述安排既可以跨境调节人民币的流动性，又可以通过人民币区域化合作为人民币国际化奠定基础。

4. 监管合作

粤港澳三地的跨境金融交易一直比较频繁，大量资金通过香港和澳门正规或非正规的渠道进入广东（尤其是深圳），然后从深圳的银行系统提出人民币现金，进一步将其转移到内地进行投资和投机，致使深圳银行体系的现金投放量占全国的一半以上。另外，人民币存在升值预期时，港澳居民不愿意持有本币，而是把大量本币兑换成人民币。

由于跨境交易的规模巨大，容易对三地的金融交易造成冲击，影响三地的金融稳定，粤港澳三地金融监管部门通力合作，对跨境资本流动加以监管和控制，在香港、澳门和深圳建立跨境资本流动重点监测点，相互提供实时的预警信息。

五　横琴新区与港澳金融合作的政策建议

为实现上述区域经济的合作目标，横琴新区的开发建设需要在政策层面、机制层面采取相应的措施，以保证区域经济合作目标的实现，具体包括：

（1）制定以横琴新区金融合作为主的粤港澳金融合作规划，积极向港澳地区开展金融合作项目推介，着手制定区域金融合作的专项合作规划或规划框架，进一步细化两地金融合作内容和明确合作事项进程安排，并将横琴新区金融合作纳入专项合作规划，并积极向港澳推介横琴新区的金融合作项目。

（2）营造良好的空间环境。在横琴新区规划建立金融商务区，为各类金融机构的集聚发展提供条件。在横琴十字门中央商务区划出金融商务区，优化金融布局，构建具有一流水平的城市金融空间。

（3）建立多层次的资本市场，充分利用国家赋予横琴新区相对经营自由、税务优惠等政策因素，将其打造成为中国的一个具有"离岸区"性质的经济特区，做好横琴新区的金融创新，探索粤港澳产业合作的新模式，促进珠江三角洲产业结构升级换代和新型经济增长点的形成。

（4）创新金融机构与金融业务市场准入的制度。设立各类金融机构，引进大型金融机构进行综合化经营和离岸金融业务试点，争取国家放开金融机构及市场准入政策，推动全国性商业银行和广东省金融机构在横琴建立区域总部，构建金融氛围。在CEPA基础上进一步放开香港、澳门的本土银行在横琴设立分支机构，支持和吸引境内外有条件的金融机构在横琴设立机构，开展综合经营试点，设立或参股银行、保险、信托、证券、金融租赁等机构。

（5）建设"市场 – 金融机构 – 研究机构"一体化的金融智力交流平台。集合粤、港、澳的金融研究力量，组建横琴国际金融研究院，引进金融教育培训机构，设立从业资格认证考试基地，发起年度高端"横琴金融峰会""粤港澳金融合作论坛"，定期举办粤港澳金融创新产品展示会，凸显横琴新区现代金融服务业的重要地位。

（6）探索与金融合作相适应的三方金融监管模式，建立跨境资金流动和金融风险的监测体系。通过跨地区金融监管、风险预警、风险救助等措施，确保横琴新区金融创新的稳步推进。创新的金融监管模式需要通过一些特殊的监管政策，比如在横琴新区设立中国人民银行与国家外汇管理局的分支机构，赋予其在横琴进行金融改革创新规划与金融监管综合协调的职能，以及与港澳金融合作交流相匹配的地位和职权，设立金融市场突发事件的应急处理机制等。

基于 SWOT 分析的珠中江经济圈
一体化发展策略研究

宋 洋 王志刚*

在改革开放的 30 多年里，珠江三角洲一直被赋予改革"排头兵"的身份，广东经验、特区精神被广泛学习，在优越的地理位置和政策制度下，珠江三角洲曾一度辉煌。然而，随着全国经济体制的改革开放，各级新区、产业园区的建立，特区优势已经不能独美。以长江三角洲城市群为代表的区域一体化战略逐渐体现出其独具特色的竞争实力，而珠江三角洲如何持续领跑中国、为科学发展提供更多的广东经验也面临着严峻挑战，在可持续发展及产业转型的新形势下，珠江三角洲放弃"诸侯经济"，做出了"抱团起飞"的一体化战略决策，将珠江三角洲九市"化九为三"，形成广佛肇、深莞惠、珠中江三大经济圈。

一 珠中江经济圈一体化的由来

为推进珠江三角洲地区经济社会一体化，着力增强城市群整体竞争力，该地区以广州、佛山同城化为示范，积极推动广佛肇、深莞惠、珠中江经济圈建设，加快区域经济社会一体化进程，从而形成了珠江三角洲三足鼎立的多核发展模式。2009 年 3 月 31 日，时任广东省委书记汪洋在江门召开的珠江三角洲现场会上第一次明确要求打造珠中江经济圈，推进珠江西岸一体化，同年 4 月 17 日珠海、中山、江门三市党政主要领导在珠海签署了《推进珠中江区域紧

* 宋洋，吉林大学珠海学院工商管理系讲师，吉林大学博士研究生，主要研究方向为区域经济、企业管理；王志刚，吉林大学珠海学院工商管理系讲师，吉林大学博士研究生，主要研究方向为产业经济、企业管理。

密合作框架协议》，根据协议约定珠中江三市将率先在交通基础设施、环保、通信、旅游、应急等方面展开合作，并逐渐延伸到产业合作层面，实施上规模的产业合作，最终实现三地居民生活同城化。珠中江区域经济一体化发展从此翻开历史性的一页。

珠江三角洲九市之间的经济发展水平各不相同，珠江口东西岸之间在经济发展上也存在较大差距，珠中江区域一体化建设将极大地提升西岸地区城市间合作发展水平，在整合优势、错位发展、产业升级、统一协作中使珠中江三市获得更强的对外竞争实力；珠中江一体化水平的提高将有利于避免城市间的恶性竞争、重复建设，同时提高城市间各类要素的流通速度、节约成本、便利民生。珠中江经济社会一体化是珠江出海口西岸地区崛起的必然选择，也是珠江三角洲辐射粤西经济发展的重要纽带。

经过三年多的发展，珠中江一体化取得了一些成效，在"政府推动、市场主导，资源共享、错位发展，平等协商、互利共赢"原则的指导下，珠中江区域合作不断深化，重民生、强交通的合作特质日益凸显。目前，三市政府、行业协会和企业组织共签订各类合作协议 45 个，涵盖交通、通信、经贸、科技、警务、旅游、文化、卫生、体育、食品安全等各个领域，如三市实现公交互通、年票互认、媒体互动、环保联动、警务协作，通信一体化、饮用水同网、跨界交通项目建设、边界河流和环境治理、产业协作和科技交流等多领域协作，合作成果丰硕，初步形成了宽领域、深层次、多形式的区域合作局面，珠中江区域合作将成为珠江三角洲区域协调发展中极其重要和活跃的力量。

然而，珠中江一体化建设仍然任重道远，珠中江一体化水平仍处于初期发展阶段，诸多问题与挑战摆在面前，如珠海作为核心城市缺乏龙头带动作用，三市对一体化的态度尚不够积极、向心力较弱，行政壁垒阻碍资源、要素的高效自由流通，缺少区域产业一体化发展的规划，财政投入力度不足等问题。珠中江一体化的合作领域需要拓展，合作方式亟待创新，产业分工互补性和互促性更需进一步加深。因此，对珠中江一体化发展的战略研究具有突破性的研究意义和创新价值，尤其是在珠中江一体化过程中存在的问题、三市应着重在哪些重点领域进行分工合作、合作的基础、合作的层次、合作的方式等方面应重点研究。

利用 SWOT 分析法对珠中江经济圈发展的优势（strengths）、劣势

（weaknesses）以及面临的机遇（opportunity）和威胁（threat）的深入研究可以将珠中江一体化的发展现状、发展前景和存在的问题进行彻底剖析和挖掘，并进而为珠中江一体化的发展战略提出总体思路和战略目标。

二 珠中江经济圈一体化发展的优势

珠海、中山、江门三市同处于珠江出海口西岸，地理位置相邻、人文历史相通、风俗习惯相近、陆路水路相连，具有发展区域经济一体化的先天优势，具体体现在以下几个方面。

（一）区位优势

珠中江经济圈位于广东省南部珠江出海口西岸，处于经济高度发达的珠江三角洲城市群。珠海南与澳门陆路相连，东与香港、深圳隔海相望，相距仅36海里，海上通航只需1小时就可以到达；中山紧邻广州，与深圳之间的经济联系也较强，未来深中通道一旦建成，中山将是珠中江经济圈与珠江口东岸联结的衔接点；江门虽然处于珠江三角洲核心区外围，但它是珠江三角洲与粤西地区乃至西南各省之间重要的交通要道，是西江以及粤西沿海交通的重要门户，也是珠江三角洲向腹地进行产业转移的必经之路。优越的区位条件使珠中江经济圈能够极大地获得港澳及珠江三角洲经济发达地区强有力的经济辐射以及产业转移。

（二）资源优势

珠海、中山、江门三市地处亚热带，气候温暖宜人，生态环境优美，拥有丰富的自然资源。

首先，珠海、中山、江门的土地资源比较充裕，三市陆地总面积约为13035.91平方千米，其中珠海陆地面积最小，为1711.24平方千米；中山总面积为1783.67平方千米；江门是三者之中土地面积最大的，约为9541平方千米（包含江门市代管的台山、开平、恩平、鹤山四个县级市的面积）。三市中珠海虽然陆地面积最小，但仍存有大量可开发利用的土地，2010年在国土资源部《有关房地产开发企业土地闲置情况统计》名单中，珠海市以96幅的数量在广东闲置土地宗数中排名第一，约占据广东省闲置土地宗数的三成。预计到 2020 年珠海市有 129 平方千米的新增建设用地空间，占全市土地总面积的 7.5%，可供开发建设的土地资源相对比较充裕。江门市是珠江三角洲土地资源极为富饶的地区，陆地面积约占珠江三角洲面积的 1/4，仅市区面积就为 1818 平方千米，全市城市建成区面积为 203 平方千米，核心城区建成区面积为 139 平方千米，全市耕地面积 21.38 万公顷，可供开发利用的荒山荒地 0.82 万公顷①。江门是珠中江经济圈的重要腹地，在一体化中应充分发挥其土地资源的优势。

其次，丰富的海洋资源是珠中江经济圈的后发优势之一。众所周知，珠海市是海洋资源大市，是珠江三角洲城市中海洋面积最大、岛屿最多、海岸线最长的城市，拥有大小岛屿 218 个，其中面积大于 500 平方米的有 148 个，素有"百岛之市"的美誉。而中山的海域面积为 176 平方千米，海岸线长 57 千米，有烂山岛、横门岛、灯笼岛、大茅岛、二茅岛和枰洲岛 6 个海岛，中山的海域多为浅海滩涂，海域面积虽小，但属黄金海域。江门的海洋资源同样非常丰富，海域广阔、海岛众多，具有发展海洋经济优越的先天条件。三市在海洋经济方面不断挖掘自身潜力，主要体现在海洋生物工程、海洋装备制造、海洋交通运输与仓储、海岛旅游等多方面综合性的开发和利用，现已取得丰硕的成果。

最后，珠中江经济圈是珠江三角洲生态环境最好的地区。三市都曾获"国家园林城市""国家环保模范城市""国家卫生城市""中国优秀旅游城市"等荣誉称号，空气质量优良、绿化覆盖率高使珠海、中山、江门三市在发展旅游产业上具有得天独厚的优势。

（三）交通运输便捷

根据《珠江三角洲地区改革发展规划纲要（2008～2020 年)》对珠江三角洲未来的发展要求，珠江三角洲一体化发展应打破行政区域限制，加强多方合作，追求共赢。区域经济一体化应以交通先行，因此珠中江经济圈的一体化改革应首先致力于珠中江交通运输一体化。珠中江三地交通运输主要依赖于高速公路，如联结珠海与江门的江珠高速将珠海与江门之间的路程缩短至 45 分钟；联结中山

---

① 资料来源：江门统计信息网。

与江门的中江高速以及将广西、海南、粤西地区与珠海乃至珠江三角洲连通的经济捷径——西部沿海高速等数十条高速公路，将珠中江三市紧密地联系在一起，为珠中江区域一体化创造了良好的先决条件，加速了三地的经济发展。

三年来，随着珠中江交通一体化建设的不断推进，珠海、中山、江门三地之间的"断头路"正逐渐消失，三市实行了年票互认、公交互通。从 2010 年 1 月 1 日起，珠中江三市车辆通行费年票互认正式启动，涉及这次年票互认的三市普通二级公路收费站共有 25 个，其中三市共撤销 4 个收费站。年票互认后，三市所有购买年票的车辆途经这些收费站时将一路绿灯、畅通无阻，而三市以外的车辆在通过上述收费站时，仍需缴交次票。年票互认为珠中江三地的 800 万名市民带来便利和实惠，每年约节省 1.87 亿元出行成本。在跨市公交建设方面，珠中江三市开通 21 条跨市公交线路，实现了公交 IC 卡互通。城际公交线路的不断增加和优化将促使珠中江三地市民往来更加频繁，带动三地经济贸易迅速地增长。除此之外，三市之间的交通正在以铁路、高速公路"两条腿"共同迈进的方式加紧一体化建设。广珠铁路北起广州市三眼桥火车站，经佛山、南海、顺德、鹤山、江门、新会到珠海斗门，全长 140 千米。广珠铁路的规划几经变更，现今将其确定为以货运为主，而珠海高栏港也由原来的支线站变为干线终点，广珠铁路的修建不仅填补了珠江出海口西岸铁路的空白，而且打通了珠江三角洲西部大规模货运经济命脉，为珠江三角洲西部发展先进制造业、重化工业等产业奠定了基础。广珠城际轻轨主攻客运，将广州、佛山、江门、中山、珠海联结在"1 小时都市圈"内，进一步加强了珠江西岸与东岸之间的联系和交流。

（四）通信一体化

珠中江经济圈是珠江三角洲三个经济圈中率先实施通信一体化的地区，2011 年 10 月起珠中江三地居民只需办理 5 元/月的资费叠加包，即可在次月享受一体化资费方案，在三地市范围内通话免除长途费和漫游费，等同于拨打市话。珠中江通信一体化未来的发展方向是要三市统一区号，形成真正意义上的通信一体化。通信一体化有利于进一步促进三市经贸交往，节约三地居民和商家的通信成本，据各基础运营企业静态测算，珠中江通信资费一体化实现后，基础运营企业每年共减少 2.87 亿元业务收入，这也意味着珠中江三市居民通信费用支出每年共减少 2.87 亿元。

（五）经济发展潜力较大

虽然珠中江经济圈的经济总量在珠江三角洲处于中下游，但其在土地、资源、环境、人口等方面都具有较大的发展空间，蕴藏着较大的潜力。珠中江经济圈是珠江三角洲保有可开发土地面积最多、海洋资源最丰富、环境承载力最高、要素价格较低的黄金区域，也是未来珠江三角洲增长潜力最大的地区。虽然珠海、中山、江门三市的经济总量在珠江三角洲并不算高，但其经济增长速度较快，根据珠海、中山、江门三市 2006～2011 年经济增长速度数据（见图1）计算可得，珠海、中山、江门三市近六年平均增长率分别为 12.12%、13.08%、13.01%。2011 年珠海、中山、江门三市的人均 GDP 分别为 8.87 万元、6.98 万元、4.01 万元。珠海市完成固定资产投资 638.37 亿元，比 2010 年增长 28.4%；中山市固定资产投资 766.79 亿元，比 2010 年增长 21.9%；江门市全年固定资产投资 741.94 亿元，比 2010 年增长 21.1%。从经济增长速度、人均 GDP 和固定资产投资等指标来分析，可知三市经济发展水平相近，处于相同的经济发展阶段，容易在经济发展上形成互帮互助，在未来发展中可以齐头并进，为珠中江经济一体化奠定良好的基础。

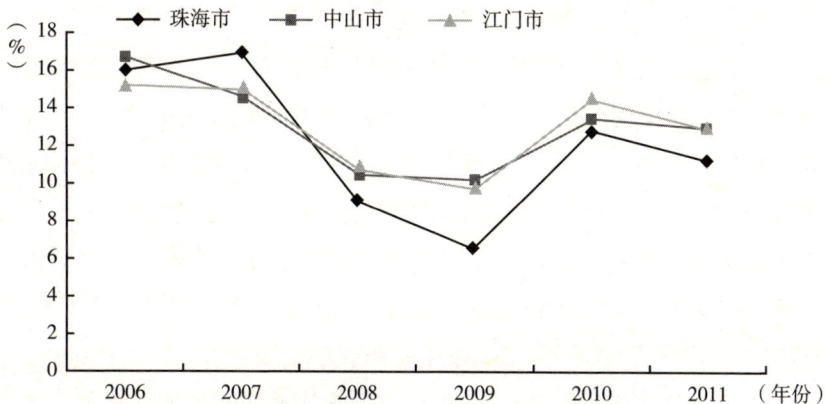

图1　2006～2011 年珠海、中山、江门三市的 GDP 增长速度

资料来源：2006～2011 年珠海、中山、江门三市《国民经济与社会发展统计公报》。

（六）政府支持力度大

根据《珠江三角洲地区改革发展规划纲要（2008～2020 年）》的要求，"全面推进珠江三角洲地区经济社会一体化，着力增强城市群整体竞争力。以广州、佛山同城化为示范，积极推动广佛肇（广州、佛山、肇庆）、深莞惠（深圳、东莞、惠州）、珠中江（珠海、中山、江门）经济圈建设，加快区域经济社会一体化进程"。从国务院到广东省政府对珠中江经济圈的发展都非常重视，2009 年 3 月 31 日在江门市召开的珠江三角洲规划纲要现场会上，广东省委书记汪洋第一次明确要求"打造珠中江经济圈，推进珠江西岸一体化"，随后在 4 月 2 日召开的珠海现场会上，汪洋进一步阐明要把珠海打造成珠江西岸核心城市，尽快完善珠江三角洲区域布局。珠中江经济圈是珠江三角洲一体化发展战略中的重要组成部分，珠中江经济圈的发展水平和发展步骤将影响珠江三角洲区域经济协调发展的整体大局。广东省政府多次到珠中江三地考察，并大力支持珠中江经济圈一体化。汪洋在对珠中江实地考察时就指出："珠中江经济圈要走与珠三角东岸不一样的发展新路，可能会影响发展速度，这就要做到'好字当头，快在其中'。"这说明广东省政府对珠中江经济圈未来的发展策略是客观务实的，在珠中江产业转型升级和经济一体化发展过程中应走科学发展、可持续发展的道路，而不是盲目追求经济总量数字上的增长。

珠海、中山、江门三地的政府对珠中江经济圈的建设也持期许支持的态度，为促进珠中江一体化的顺利展开，建立了珠中江三市联席会议制，以三市市长为联席会议召集人，分管副市长和政府秘书长参加，三市相关部门主要负责人为成员，负责紧密合作工作的组织协调。联席会议在三市设立办公室作为日常办事机构。联席会议原则上每半年举行一次，但三市任何一方提出重大事项需要协商时也可随时召开，由珠海、中山、江门三市轮流作东道主，并根据需要邀请国家及省有关部门参加。迄今为止，珠中江联席会议已经召开了五次，三地政府签署了 40 多项合作协议，产生了良好的经济效应和民生效应。

三 珠中江经济圈一体化发展的劣势

珠中江经济圈在一体化发展中除了具有以上一些优势以外，也存在着先天或后天上的劣势，珠中江在一体化过程中仍有许多棘手的问题亟待解决，如珠海市缺乏龙头带动能力、产业同构系数高、产业无序开发恶性竞争、行政体制障碍阻挠一体化发展进程等问题。

（一）珠海缺乏龙头带动能力

无论是广佛肇还是深莞惠，这两个经济圈都是由一个经济高度发达的大型城市与邻近两个经济欠发达的中小城市组成的经济体，根据区域空间扩散理论和区域经济均衡理论，经济发达地区在发展到一定规模后，区域原有产业中心会向郊区及相邻的城镇渗透扩散，同时由于发达地区增长极的带动作用，也使一体化进程中欠发达地区受到更多经济辐射和产业转移，而珠中江经济圈恰恰缺少这种增长极的辐射带动作用。根据珠江三角洲规划纲要，珠海被确定为珠江出海口西岸核心城市，在珠中江经济圈中被冠以"龙头大哥"的地位，但现实情况是珠海、中山、江门三市中珠海的经济总量是最低的，2012 年珠海、中山、江门三市的 GDP 分别为 1503.81 亿元、2441.04 亿元、1910.08 亿元，珠海市在珠江三角洲九市中 GDP 排名长期处于第八的位置，而中山市近年来稳居珠江三角洲第五的位置，江门市的经济总量也排到珠海前面（见表1）。经济总量低使珠海市这位"大哥"在珠中江经济圈中的经济带动能力和产业辐射能力都比较弱，在城市群中的龙头地位不够突出。同时，中山和江门两个兄弟城市并不太认可珠海作为珠中江的"龙头老大"，珠海也承认现阶段自身能力还不足，应努力提高自身经济实力才能胜任珠中江城市圈的龙头。

表1 珠江三角洲各市 2012 年 GDP 及增长速度

单位：亿元，%

城　市	GDP	
	人民币	增长率
广州市	13551.21	10.5
深圳市	12950.08	10.0
佛山市	6709.02	8.2
东莞市	5010.14	6.1

城　市	GDP	
	人民币	增长率
中山市	2441.04	11.0
惠州市	2368.03	12.6
江门市	1910.08	8.1
珠海市	1503.81	7.0
肇庆市	1453.84	11.0

资料来源：珠江三角洲九市 2012 年《国民经济和社会发展统计公报》。

（二）珠海、中山、江门之间缺乏向心力

从国外一体化发展比较成熟的纽约都市圈、伦敦都市圈、东京都市圈等世界知名都市圈到国内长株潭城市群、武汉都市圈、长三角城市圈、成都的一体化都市圈都是以一个经济发达的城市为中心，并与周围欠发达的城市群组成经济一体化都市圈，整个都市圈内要素资源自由流动、互通有无，通过产业转移与分工合作促进区域内产业一体化。欠发达地区因受到发达地区的经济辐射迅速成长，逐步拉近与中心城市之间的差距，从而达到区域经济均衡发展的目的。因此，欠发达城市在一体化过程中会积极靠向中心城市，与中心城市形成产业分工，一体化的向心力较强。然而，珠中江经济圈的情况比较特殊，中心城市经济规模较小，三市经济发展水平相差不大，无法形成产业转移。中山市和江门市都认为在经济发展中很难从珠海市这个"中心城市"中获得经济利益上的"好处"，珠海市正自顾不暇，但却不遗余力地发展自身经济，很难照顾到"兄弟城市"。中山市更倾向于接受珠江东岸广州、深圳的经济辐射，积极打通深中通道；江门市也期望成为广佛产业转移的目的地，江门人更加倾向于"广佛江一体化"；珠海市因紧邻澳门，又在横琴大开发中与澳门有更紧密的联系，珠澳同城化受到更多青睐。这样，珠中江一体化的向心力显得越来越弱，而离心力却在增强。缺乏向心力的区域一体化是很难成功的，它将极大地影响珠中江一体化的发展速度和未来发展趋势。

（三）产业同构下的恶性竞争

根据珠海、中山、江门三市 2011 年的统计数据，珠海市三次产业结构为

2.7∶56.0∶41.3；中山市三次产业结构为 2.7∶55.8∶41.5；江门市为 7.5∶64.2∶28.3。三市三次产业的比重比较接近，而且都是第二产业所占比重最高。根据中山大学的一项调查研究结果显示，"深莞惠"的产业同构系数为 0.88，珠中江产业同构系数为 0.71，而广佛肇经济圈的同构系数为 0.49（最低）。一般认为，产业同构系数大于 0.5 即表示两地结构趋同度大，应进行产业结构调整。珠中江三市均以发展工业制造业为主导，产业基本都以纺织服装、建筑材料、灯饰、五金制品、家用电器等劳动密集型行业为主。第一产业逐渐弱化，第三产业发展缓慢，第二产业由于缺乏研发能力和核心技术层次较低，产业结构的雷同更容易形成竞争，进一步导致了三市在招商引资、产业规划、投资、人才和市场等各方面的恶性竞争。例如，前几年非常热门的游艇产业在珠海、中山、江门三市都受到"热捧"，这个号称"水上房地产"的香饽饽让珠海、中山、江门三市都"垂涎三尺"。三市都是沿江、沿海城市，水资源极为丰富，都拥有发展游艇产业的先天条件。珠海市平沙享有"游艇王国"的美誉，聚集着包括美国宾士域集团等 18 家游艇制造企业，游艇配套制造企业 6 家，商贸配套企业 30 多家，总投资达 3 亿多美元。中山市东部临海工业园以及神湾港一带是游艇企业聚集之地，东海船舶出品的豪华游艇正向打造世界级品牌努力。江门市也拥有 30 多家游艇制造企业。三市的舰艇产业都在如火如荼地开拓局面，然而三市的游艇产业却是单枪匹马、毫无分工合作，不仅没有合作，各地游艇制造企业在面临国外由于经济下滑而出现的出口减少局面时都纷纷降价，形成恶性竞争。产业同构下的恶性竞争，不仅浪费各种资源，还容易导致产业经济效益下降、市场机制混乱。

（四）行政体制障碍

中国行政官员的考核机制导致各地区行政官员极为看重各自地方的经济总量，珠江三角洲长期的"诸侯经济"策略也使各地区的竞争意识远高于合作意识。行政区划的藩篱是区域一体化天然的障碍，同时，若区域经济一体化水平不能进入考核领导执政能力的指标体系，则很难督促促地方政府对区域一体化的关注和参与。虽然在市场经济中的区域一体化一直提倡"政府引导、市场主导"的发展方向，但现实情况是在一体化初期往往是"政府主导、企业参与"，因此政府的态度对区域一体化的发展至关重要。珠海、中山、江门三地政府在珠中江一体化过程中仍缺乏工作协同、积极配合的热情，这也是制约珠中江一体化快速发展的重要原因。

四　珠中江经济圈一体化发展的机遇

虽然珠中江经济圈存在着一些发展上的瓶颈和劣势，但珠中江一体化所形成的后发优势将把珠中江经济圈推向新的发展高度，一系列政策上、经济上的机遇摆在面前，珠中江经济圈未来的发展前景将非常美好。

（一）产业转型升级的浪潮

2012 年是《珠江三角洲地区改革发展规划纲要（2008~2020 年）》"四年大发展"的验收之年，在广东省政府的大力提倡下，产业转型升级、区域协调发展、区域经济一体化、公共服务均等化等问题受到广东各级地方政府的重视，珠海、中山、江门三市在此基础上积极推进珠中江一体化建设，在交通一体化、通信一体化、环境保护一体化等多方面都取得显著的成绩。随着广东省产业转型升级的浪潮，广州、深圳、东莞等经济发达地区大量的加工制造型企业外迁，珠江西岸凭借优越的生态环境，完善的配套服务和生产链，雄厚的制造业发展基础，更廉价的土地资源、人力资源优势将会承接更多从珠江东岸转移过来的资金、人才和技术，这将为珠海、中山、江门带来崭新的发展机遇。

（二）港珠澳大桥的开工建设

2010 年 12 月 15 日，港珠澳大桥的开工仪式在珠海市顺利举行，这条由珠海市酝酿了 20 多年的联通港、澳的海上通道终于开工建设了。预计于 2016 年通车的港珠澳大桥是一条连接香港、珠海、澳门三地的跨海通道，港珠澳大桥对于珠江出海口西岸的珠海、中山、江门三市乃至粤西地区都意义重大，大桥落成后，珠海至香港的车程将由目前的三个半小时缩短至半个小时，粤西到香港的路程将减少 200 千米，原本呈 A 型的珠江三角洲交通网将联结成环状，珠海市也将由珠江三角洲交通"末梢"变成"枢纽"。珠江三角洲西部将进入"香港 3 小时车程可达"的范围内，意味粤、港、澳三地正昂然迈向"3 小时生活圈"的目标。港珠澳大桥建成后，珠江三角洲西部将更加便捷地承接香港的产业转移和经济辐射，对珠中江经济圈的旅游业、物流业、制造业等行业都将产生巨大的连锁效应，创造更广阔的市场。

（三）海洋经济带来新的发展机遇

2012 年 5 月广东省召开的第十一次党代会上提出，"要优化海洋经济空间布局，构建现代海洋产业体系"。珠中江经济圈拥有丰富的海洋资源，具有发展海洋经济的先天优势。然而，前些年珠中江都没有注重海洋经济的发展，对海洋的利用仅限于发展海产养殖业和零星的海岛旅游线路，而这些对于珠中江巨大的海洋资源来说只是冰山一角。进入"十二五"发展新时期，珠中江加大了对海洋资源的开发和利用，形成了以船舶与海洋工程装备制造业、临海电力产业、港口物流业、海洋医药产业、滨海旅游业、海洋渔业为主导的海洋产业体系，在珠海的高栏港、中山的东部临海工业园以及新会的银洲湖和台山的广海湾建立起一批初具规模的海洋产业集群区域，成为珠中江经济发展最具活力和最具潜力的地区之一。海洋经济将为珠中江未来的经济带来重要的发展契机，是珠中江后发优势的重要体现。

五 珠中江经济圈一体化发展的威胁

在增强发展信心的同时也应清醒地看到，珠中江经济一体化发展中仍然面临着许多严峻的威胁和挑战，只有充分认识到这些威胁，才能在未来的发展中少走弯路，大步追赶经济发达地区。珠中江经济圈面临的威胁和挑战主要体现在以下几个方面。

（一）国际市场波动增大外贸出口难度

从美国金融危机到欧债危机引发的一系列连锁反应，使中国的出口型企业迎来了全行业的寒冬，订单量急剧减少，出口额迅速下滑，无法成功转型的外向型企业大都被迫破产、倒闭。珠江三角洲向来以外向型经济为主，珠中江三市也都是外贸依存度较高的城市，2012年第一季度，珠海市进出口贸易总值为102.68亿美元，同比下降13%，出现大幅下滑；同期中山市进出口总值77.6亿美元，比2011年同期下降0.7%，其中出口增长缓慢，进口更呈现负增长，外贸形势不容乐观；江门市外贸进出口总值为44.1亿美元，与2011年同期相比增长19.2%，相较而言，江门市的进出口贸易增速较高，但其进出口总值并不算高。国际市场需求疲软给珠中江的外贸行业带来了巨大的威胁，同时国外经济环境的恶化也进一步导致引进外资的难度加大、资金量短缺，从而制约了珠中江经济的增长速度。

（二）高层次人才短缺

随着产业转型升级的浪潮，珠中江对高层次人才的需求不断增加。根据对珠海、中山、江门人才需求状况的调研，三市都存在人才结构性紧缺，即人才总量不少，但适用于高端制造业、高新技术产业、高端服务业的高素质人才较少。其主要体现在：熟练技术工人具有季节性短缺现象；拔尖人才、技术领军人物、产业带头人少；事业单位人才多而具有实干创新能力的人才少。高技能人才的短缺是制约珠中江产业转型升级的最大弊端和障碍，严重威胁着珠中江未来的发展。

（三）经济发展与环境保护之间的博弈

以前我国的经济发展往往以牺牲生态环境为代价，珠江三角洲九市中珠海、中山、江门三市的生态环境当属第一位，尤其珠海市是以生态环境优美、适宜人类居住而闻名的城市，甚至许多人认为珠海市经济发展缓慢的原因之一是为了保护青山绿水而舍弃许多污染性企业的进驻。如今，珠中江抱团重新起步，在你追我赶拼经济总量的同时，环境保护与经济发展之间的博弈又摆在面前，珠中江纷纷上马重化工业、装备制造业，对大气、海洋、土地构成了重大的安全隐患，项目施工所造成的植被破坏也令人惋惜。因此，摆正心态、注重经济的可持续发展、保护生态环境是未来经济发展中必须予以重视的问题。

六 SWOT 分析结论

综上所述，珠中江经济圈一体化的 SWOT 分析可以由表 2 概括得出。

表 2 珠中江经济圈一体化的 SWOT 分析

优势（S） ★区位优势　　★资源优势 ★交通运输便捷　★通信一体化 ★经济发展潜力大　★政府支持力度大	劣势（W） ★珠海缺乏龙头带动能力 ★珠中江之间缺乏向心力 ★产业同构下的恶性竞争 ★行政体制障碍
机遇（O） ★产业转型升级的浪潮 ★港珠澳大桥的开工建设 ★海洋经济带来新的发展机遇	威胁（T） ★国际市场波动增大外贸出口难度 ★高层次人才短缺 ★经济发展与环境保护之间的博弈

珠中江经济圈一体化存在诸多发展优势，如优越的地理位置、资源禀赋上的优势、三市之间交通运输便捷、基本实现了通信一体化、经济增长潜力大，拥有明显的后发优势、从国家到地方政府的支持力度较大。而劣势方面也比较明显，珠中江经济圈一体化程度不高的主要原因是：珠海市经济实力较弱，缺乏龙头带动能力；珠中江三市的向心性也并不高，江门市倾向于广州、佛山的经济带动，中山市向往深圳的经济辐射作用，珠海市看重珠澳同城化的影响；珠中江三市在产业上重合性较强，产业同构系数高；行政体制及行政效率的障碍。这些因素形成了珠中江经济一体化水平提高的藩篱。

当然，我们还应看到珠中江经济发展中的重大机遇，珠中江三市都在积极进行产业转型升级，港珠澳大桥建成后对珠江出海口西岸的经济具有很大的带动作用，可以重新发掘海洋经济这一新兴增长点。珠中江经济圈发展面临的威胁主要是国际市场波动增大外贸出口难度、高层次人才短缺、经济发展与环境保护之间的博弈。

七 珠中江经济圈一体化的发展策略

（一）珠中江区域产业一体化整体发展

由于珠海、中山、江门三市的产业同构系数较高，珠中江经济圈应在产业一体化方面进行产业链整合，将同一产业的资源、人力、服务等各方面进行合理分配，提升产业层次，拓宽优势产业发展方向，通过区域资源整合、优势互补、弥补各方劣势和不足，实现项目互补、信息共享，从而提升三地企业的行业竞争力，共同面向更为广阔的市场，进一步促进三地相关产业的再造和升级。根据自身优势，珠海、中山、江门三市应着重对战略性新兴产业、物流业、旅游业进行一体化整合，破除各自为政、重复建设的区域恶性竞争，在区域内不断完善产业一体化相关机制和政策。

（二）强化三市政府的协调能力

珠中江区域经济一体化需要三市政府间不断加强沟通，将合作范围、合作方式、合作约束机制形成文字和协议，并且各方要严格按照协议要求，尊重各方权益，只有这样才能形成互信互利的良好局面。三市各职能单位应形成定期交流与沟通的机制，通过政府的行政力量促进三市相关产业部门的配合与谅解。现今，虽然珠海、中山、江门三市签署了《推进珠中江区域紧密合作框架协议》并定期会晤，但要成为真正意义上整个区域合作体系中的领导机构，必须进一步强化政府定期协商机制，切合实际地解决区域合作中面临的问题和困难，明确每一年度区域合作的重大方针与原则，对下一年度的重大项目、资源方面的合作进行指导并提出可行性建议，在政府的协调下，促进珠海、中山、江门三市企业间的合作。政府应尽量减轻合作企业所面临的风险和税费成本。在面临区域间企业合作纠纷时，应以统一规章办法协调，各地区政府不可偏袒本区域企业。

（三）确立珠中江经济圈一体化的利益补偿机制

区域一体化合作发展中，为提高各行政区划主体之间的合作范围和合作程度，在市场机制的调节下促进区域间生产要素的自由流动，最先需要解决的就是区域经济合作中不可避免的"囚徒困境"问题。由于地区间资源禀赋上的差异，区域间的合作往往会导致某一方利益受到损失，此时在区域一体化合作之前，合作各方应将利益补偿机制写入合作协议或合同之中，在各地产业合作过程中，如果发生为了提高区域整体的利益或效率，而必须牺牲某一成员的利益时，获取利益的一方应对利益牺牲方提供经济补偿。只有充分合理地利用利益补偿机制，珠中江三地才能以更广泛的合作方式和更积极的合作态度促进三地市场的繁荣与发展。利益补偿的方式可以多元化发展，可以通过贸易补偿、政策补偿、资金补偿等多种方式并存，只要在保障合作各方的利益和法律法规的约束下，必然能达到利益和效率最大化，实现双赢和多赢，这一机制是区域合作中的动力和保障。

（四）建立三市的信息共享与合作机制

现代经济对市场、政府及宏观等信息的依赖度极高，信息的瞬息万变对企业会产生较大的影响，因此建立一个全面、高效、互通的珠中江信息网络平台是十分必要的。该网络平台可以将互联网、手机通信、微博、微信等众多新媒体联合起来，无论是政府、企业还是个人，当有各类信息需要发布时，都可以通过该平台进行信息发布和沟通。这将极大地提高珠中江三市的政府、企业合作的联动性，也能加强三地居民的商业往来及联系。同时，可以将三市的政府服务官方网站链接到该网络平台，提升该网络平台的知名度和应用性，不断提升珠中江经济信息一体化的发展。

珠澳空港经济与航空产业合作研究

珠海市社科联课题组 *

一 新时期珠澳发展空港经济与航空产业的新机遇

国务院批准实施的《珠江三角洲地区改革发展规划纲要（2008～2020年)》中，明确珠海市作为广东省发展航空产业的基地，给珠海市加快发展带来千载难逢的历史机遇。成立于2008年11月的珠海航空产业园，经国家发展和改革委员会（以下简称发改委）批准，成为广东省唯一、全国第9家国家级航空产业园。2009年7月中航通用珠海基地隆重举行开工奠基仪式，珠海航空产业园首个引进项目进入实施阶段。而后，航空产业所包含的航空制造业、航空服务业、航空维修业、航空加工配套业都陆续进入园区，各项基础设施配套建设有序推进，航空产业发展雏形初步显现。《珠海航空产业园发展规划（2010～2025年)》于2010年正式获广东省发改委批准实施，珠海航空产业园也被广东省纳入2011年省市共建战略性新兴产业基地，成为珠海市第二个省级战略性新兴产业基地。航空产业被纳入《珠江三角洲地区改革发展规划纲要（2008～2020年)》也填补了广东省现代产业体系布局中的空白。珠海航空产业园承载着广东省产业发展转型升级的历史重任，迎来了发展空港经济与航空产业的新机遇。

2011年3月6日，澳门特别行政区政府在北京与广东省政府正式签署《粤澳合作框架协议》，为粤澳合作和澳门经济适度多元发展开辟了新的空间，也为澳门航空业界带来更多的发展机遇。珠海是国家确定的粤港澳合作示范

---

   * 珠海市社科联课题组组长：杨穆；副组长：曹诗友；课题组成员：王玉琦（执笔）、王彩锋、危燕、钱佳。

区，与澳门开展全面、深入的合作一直是珠海肩负的重要历史使命，也是珠海市发展的基础性优势条件。珠澳合作发展空港经济也是两地加深合作的重要组成部分。《粤澳合作框架协议》明确规定：要完善区域机场联席会议机制，争取国家支持扩大珠江三角洲空域使用空间，发挥澳门多功能中小型国际机场优势，加强与珠海机场之间的客货运转飞对接，研究开通澳门往来广东部分城市的直升机航线，深化粤澳机场在城市候机楼、投资、销售网络、拓展业务等方面的商业合作，探讨机场股权合作。《珠江三角洲地区改革发展规划纲要（2008~2020年）》明确提出，要加强珠江三角洲民航机场与港澳机场的合作，构筑优势互补、共同发展的机场体系。

《珠江三角洲地区改革发展规划纲要（2008~2020年）》《横琴总体发展规划》《内地与澳门关于建立更紧密经贸关系的安排》的颁布实施以及为落实以上内容而制定的《粤澳合作框架协议》，将珠江三角洲地区与澳门特别行政区的合作上升至国家战略的层面，为澳门融入区域合作提供了政策支持，为澳门发展空港经济与航空产业提供了新机遇。

二 珠澳空港经济与航空产业合作发展探索

（一）空港经济与航空产业发展自身所应具备的条件

空港经济是后工业时代全球自由贸易潮流的最新表现，也是世界发达国家经济发展的最新成果，国内外众多成功经验表明，将现代工业与现代服务业有机结合的空港经济是未来的区域竞争焦点，我国政府近年来也给予了越来越高的关注。空港经济是一种依托大型枢纽机场的综合优势，发展具有航空指向性的产业集群，对机场周边地区的产业产生直接、间接的经济影响，促使资本、技术、人力等生产要素在机场周边集聚的新型产业形态，具有现代服务性特征与新经济时代的特征，是世界高新技术产业和全球经济一体化发展不断加快的产物。发展空港经济要注重技术、管理和融资水平的提升。发达的空港经济区是大型枢纽机场、雄厚的区域经济背景、良好的基础设施和有效政府管理以及大型物流中心等方面有机结合的结果，不是有个机场就能发展好空港经济。空港经济分为三类：第一类是直接与航空运输相关的服务产业，如航空物流业、航空食品业、航空维修业等，它们随着机场航空产业链的延伸而在机场周边形成航空配套产业；第二类是利用机场口岸功能和航空货物快速、安全的特殊优势，为对时效性有较高要求且产品具有体积小、重量轻、附加值高的制造业和高新技术产业及创汇农业、花卉业、邮件快递业等提供服务；第三类是利用机场的区位优势而延伸发展的总部经济、会展经济、旅游经济、文化娱乐等与航空关联的产业。随着经济的发展和航空业的进步，类似的空港经济区和航空城便在各主要国际机场周围蓬勃发展起来，如日本关西国际机场、荷兰阿姆斯特丹史希斯浦尔机场、中国香港新机场等。

航空产业属于产品附加值高、投入产出率比较高的产业，对国家和区域经济发展有着巨大的直接带动作用。国际经验表明，国民经济60%的技术源于航空工业，龙头产业对产业集群的吸附能力比最高可达1∶80，产品能够提供比其他生产部门都高的贸易盈余。一个航空项目发展对该地区带来的技术转移达到1∶16。飞机整机组装项目可以有效带动相关飞机研发、配套供应商、零部件制造、销售和售后服务、航空维护维修与航空物流和航材分拨以及包括航空展览、机场服务、空中交通管制、金融租赁等内容的航空服务产业在周边地区的快速发展和通用航空运营、飞行员培训、航空俱乐部、飞机停放维修等运营服务产业链的延伸发展，进一步提升地区产业层次和机械、电子、冶金、化工、材料等相关行业的发展，起到促进产业集聚、完善航空产业发展配套环境、优化区域产业结构、拉动区域经济增长、推动产业结构升级的作用。

（二）两地发展空港经济与航空产业的优劣势分析

1. 珠海市发展空港经济与航空产业的优势

航空产业已成为珠海市"十二五"时期产业调整及发展的方向。回顾珠海市航空产业发展历史，国际航展为珠海市发展航空产业提供了对外交流合作的重要平台，珠海市因此与航空产业结下不解之缘。随着中航通飞"一个总部、两个中心和三个基地"战略性布局、建设的全面启动，以及雁洲轻型飞机、中翔航空轻型飞机、天海翔无人机、银通航空器材等民营航空制造企业的纷纷落户，珠海市航空制造业的产业链价值获得了全面的提升。通用航空业作为民航产业的两大支柱之一，发展空间广阔，具有产业链长、辐射面宽、连带效应强等特点，可引领新型材料、现代制造、先进动力、电子信息、自动控制等领域关键技术实现群体突破，对科学技术和国民经济发展具有巨大的带动示范作用。通用飞机项目通过研发、总装试验、销售服务等完整产业链要素最终实现通用飞机及相关航空产品的市场化价值。目前，通用飞机产业技术在多个领域（如在汽车及零部件、燃气轮机、装备制造、复合材料制品、电子等非航产品方面）都得到了广泛应用。随着项目的推进，珠海将进一步吸引为通用飞机整机配套的航空发动机、航空电子、航空座椅、起落架、飞机内饰材料、航空零部件等核心供应商落户本地区。

随着翔翼飞行训练中心、南航珠海直升机分公司、中信海直珠海基地、民航校飞中心南方基地、美国西锐 FBO 珠海运营基地、亚飞/希科通用航空基地项目等一批基地的成立运营，珠海市航空服务业也初露端倪。

航空维修业是珠海市最早引进的航空产业，珠海摩天宇航空发动机维修有限公司（MTU）投资总额为 1.89 亿美元，占地总面积达 15.6 万平方米。初期重点提供 V2500 及 CFM56 系列发动机的维修、大修服务，年维修能力为 150台，2008 年 10 月完成了第 500 台飞机发动机的维修。预计将来可发展到 300台，相当于德国汉诺威 MTU 的规模。

珠海市黎明云路新能源科技项目和西工精密机械项目填补了珠海市航空加工配套业的空白，有待进一步跟进及洽谈的项目还包括中航工业试飞院、贵航工业园、法国 ATR 飞机改装维修及总装、加拿大 CAE 有限公司及海航集团等相关项目。

航空会展业已成为珠海市一张靓丽的城市名片。"中国国际航空航天博览会"是唯一由中央政府批准举办的国际性专业航空航天展览，以实物展示、贸易洽谈、学术交流和飞行表演为主要特征，1996～2010 年已成功举办八届，现已跻身于世界五大航展之列。2010 年第八届航展，各国及地区的参展商之间签订了 28 个项目价值共 93 亿美元的各种合同、协议及合作意向，位居历届中国航展之首。

经过十多年的艰苦探索，珠海市发展空港经济与航空产业已初具雏形，

"十二五"期间，珠海市将牢牢抓住此次产业转型升级的历史机遇，乘势而上，航空产业将获得全面加速发展。

2. 珠海市发展空港经济与航空产业的劣势

（1）制造业基础薄弱，制约了航空产业的发展。建立经济特区30多年来，珠海市制造业发展基础较为薄弱，规模以上装备制造业呈现数量少、规模小的特征，产业集聚能力偏弱，从制造业的营商环境来看，无论是硬件还是软件，产业发展竞争力都不强。目前，以家电电器为首的六大支柱产业工业体系虽已初具规模，但六大行业2010年累计实现规模以上工业增加值不足500亿元，产业基础薄弱使产业无法聚集、合力难以形成、效应无法显现，无法形成对人才和资本等生产要素的吸引力。另外，技术创新能力偏弱，企业的集成创新、引进消化再创新意识不够强，能力不足，产品多数处于产业分工价值链的中低端。而航空工业涉及70多个学科和工业领域大部分产业，属于高技术密集及工艺精密的综合性产业。从产业腹地及配套来看，广东省虽然经济规模居于全国前列，但其"轻型化"的产业特征使其无法回避在航空制造工业领域的短处。鉴于目前珠海市的产业基础及现状，发展航空产业将十分艰巨。根据航空产业园目前的企业进驻及签约情况看，从飞机制造、总装到配套、维修，从直升机服务到飞行培训，从机场资源到航展规模，可以说已具备一定的航空产业发展基础，但底子比较薄，尚处于起步阶段。尤其在航空制造业基础方面与内地大城市相比，竞争力还有相当大的差距。

（2）发展航空产业的软环境欠佳。发展航空产业必须依靠人才、技术、资本和科研机构等要素的强有力支撑，而珠海市在这些软环境建设方面吸引力明显偏弱。沈阳市拥有各类科研机构374个，国家级航空重点实验室5个；贵州安顺拥有一大批国家级和省级技术中心、工程中心、成果转化基地以及研究开发机构。而珠海市的航空技术人才和航空科研机构储备几乎处于空白，也亟须营造良好的事业氛围和提供施展才华的事业平台。西安阎良国家航空高技术产业基地总投资已超过150亿元，而珠海航空产业园尚处在开发建设的起步阶段，基础设施配套建设需要大量的资金投入，但从投融资的方式来看，多元化灵活的融资渠道也尚未形成，如何确保园区大量可持续资金的投入是目前迫切需要解决的重要现实问题。

3. 澳门发展空港经济与航空产业的优劣势分析

澳门机场拥有国际航线的优势，依托独特的产业和休闲旅游观光已成为一个强势的特色旅游型机场。通过十多年的运营、稳健发展，2010年澳门机场完成了旅客运输407.8万人次，货物运输52000吨，航班起飞量37000架次；引进4家新的航空公司，增开6个新航点，点对点旅客已达机场总客量93%；通过开源节流的措施及加强管理，机场整体收入逾24亿澳门元，比上年增加16.8%，各营运商更是首次获得利润；从经营策略、目标定位、内部架构、文化环境四个方面满足了AGIL（adaption，goal attainment，integration，latency pattern maintenance，即适应、目标达成、整合、潜在模式维持）功能需求条件，从而成为一个极具竞争力与生存弹性的经营有机体。2005年年初澳门机场荣获了由亚太航空中心颁发的"CAPA 2004年度亚太区最佳机场奖"，2009年货运服务质量获业界肯定，再次获授亚洲最具潜质货运机场荣誉和全球航空货运卓越奖，体现出管理层具有较其他机场更积极进取的市场策略和领导能力。选择差异化策略、引进低成本航空、积极扩大货运是澳门空港经济适应市场的重要体现。

受限于狭隘的地理空间和本身的城市规模及澳门经济本身发展的单一性，澳门发展空港经济与航空产业受到很大的限制。虽然机场对世界各地的航空人才不乏吸引力，但是在申请用人方面手续烦琐、周期较长，使澳门航空人才也十分奇缺，内地的发展对于澳门整体，包括航空业的发展，既构成相当推力，也形成一定的竞争与压力。

（三）两地合作发展空港经济与航空产业的领域探索

随着全国新一轮产业结构调整序幕的拉开，国内许多城市把发展航空产业作为拉动本地区经济增长和产业升级、产业结构调整的重要战略，航空产业竞争加剧。目前，我国已有20多个地方政府都在争先恐后上马航空产业项目，航空产业开发建设呈现出热火朝天的发展局面。最具竞争力的城市主要包括西安、天津、北京、沈阳、成都、上海和山东滨州等航空产业基地及航空城。它们的共同特点是依托原有航空工业良好的生产制造能力、聚集能力、科研机构、人才储备和技术力量等产业基础和技术优势，进一步营造一流的投资软硬环境吸引资本，并将其视为主导产业加以重点优先扶持。对比这一现实，珠澳发展空港经济与航空产业面临着强大的竞争和压力，所以珠澳合作发展空港经济与航空产业已十分迫切。

大珠江三角洲地区是目前中国经济发展态势最好的区域之一，大珠江三角洲地区经济的巨大增长，为区域内空港经济与航空产业发展带来了新的机遇，但在大珠江三角洲地区半径不到 200 千米的范围内，集聚着香港、广州、深圳、珠海、澳门五个大型现代化国际机场。2010 年，珠江三角洲地区机场的旅客吞吐量约为 1.13 亿人次，香港为 4617 万人次，广州为 3705 万人次，深圳为 2448 万人次，澳门为 407.8 万人次，珠海为 200 万人次。从以上数据可以看出：香港机场、广州白云机场、深圳宝安机场已占据绝对的优势，珠海机场、澳门机场作为珠江三角洲地区五大机场中距离最近、规模最小的两个机场，同样面对巨大的竞争压力和挑战，珠澳当务之急必须在机场营运、人才培训、航空会展业等领域加强交流合作，只有通过加强合作实现优势互补、互利共赢，才能促进共同发展。

三　珠澳空港经济与航空产业合作发展的措施

（一）合力营造良好的航空产业发展环境

航空产业涉及范围广、产业链条长，是科技含量较高的产业，包括航空制造业、服务业、维修业、加工配套业和会展业。营造良好的产业氛围和发展环境对珠澳空港经济与航空产业的发展至关重要。

一是营造产业文化氛围，充分利用国际航展的文化渗透力和澳门其他展览的影响力，积极在珠澳两地开展航空体验及航空俱乐部等活动，普及航空知识教育；二是注重开发通航业务终端应用市场，形成两地良性互动；三是加快推进通用航空服务业建设，建立通用航空服务的珠澳区域配套体系。

（二）合力培育产业集群，提升产业配套能力

迈克尔·波特教授的"产业集群理论"指出：产业集群与产业园区存在

内在的互动关系，园区的科学规划建设和良好环境的构建可以为形成产业集群提供极为有利的平台，而园区利用产业集群的机理来建设和发展就会形成持续的竞争优势。一是加快航空产业链和两地机场产业链融合发展，充分利用航空港资源优势，大力发展"临空经济"；二是遵循产业规律发展的客观要求，加快融入世界航空产业链。世界航空产业链的实质就是遵循"航空工业没有区域市场，只有全球市场"的产业规律。当今航空产业呈现出高度集中的趋势，世界航空产业高度集中在美国、俄罗斯和欧洲等大国和地区，它们不仅占据着绝大部分的航空产品市场，也占有着全球航空工业最重要的技术和人力资源，所以珠澳应合力培育产业集群，只有融入国际主流，才有话语权，才有参与权，才有竞争权。

（三）吸纳澳门资本、人才加入航空产业园发展

珠澳应树立项目大投入观，以极具创新的理念、更具吸引力的策略和优质高效的服务参与国际航空产业的同步竞争，探索以"市场导向、国际合作、体制创新和集群发展"理念高标准建设航空产业园，对现有存量资源进行充分利用和市场化整合，吸纳澳门资本和人才加入航空产业园发展。为珠海市带来先进的管理服务经验和航空专业资本，为所有引进项目提供全方位同等优质服务，增强园区投资吸引力和竞争力，进一步扩大开放，提高引进外资的规模、档次和水平。加快珠海市空港经济，特别是航空服务业的快速发展，促进珠海市形成具有港澳特色的空港经济体系。目前，澳门航空业界的企业也非常关注珠海市航空产业的发展，并已开始向珠海市提供相关资讯业务，也有澳门航空人才到珠海航空企业就业。

（四）更加主动积极地落实《粤澳合作框架协议》

《粤澳合作框架协议》的签署，给珠澳以及珠澳航空业带来新的发展机遇，根据 CEPA（Closer Economic Partnership Arrangement，即《关于建立更紧密经贸关系的安排》），澳门航空服务业从业者享有许多超过其他境外投资者的优惠政策，可在内地从事航空服务。因而，两地航空业要以创新的思维，在互补共赢的原则下分工协作。澳门航空应发挥内地与葡语国家交流平台的作

用，宣传珠海市航空产业的发展机遇，充分利用澳门国际投资展览会等机会，推进地区人流、物流、资金流和信息流便捷互通，促进区域融合发展，为两地空港经济和航空产业的快速发展和澳门经济适度多元发展注入新的活力。

2001年，珠江三角洲粤港澳五大机场开始举办"珠江三角洲五大机场研讨会"，尽管两年后会议停止了。在澳门国际机场的积极倡导下，2007年五大机场重启了"珠江三角洲合作论坛"，2009年3月在广州联合签署了《大珠江三角洲地区五机场落实行动纲领》（以下简称《行动纲领》），就五大机场发展定位、连手拓展珠江三角洲空域和积极开展交流合作等六个方面达成共识。《行动纲领》同时确立了常设沟通机制，各机场轮流担任主席，定期交流沟通，加强协调配合。2010年4月，由澳门国际机场主办主席会议，探讨了珠江三角洲空域拓展、机场专业人员培训、实现珠江三角洲地区海陆空综合交通联运等议题。珠澳应在多年研讨交流并达成共识的基础上，更加积极地落实框架协议要求，加强珠澳机场之间的沟通和协作，积极开展在培训、机场建设、商业服务等方面的交流合作。双方近年来加强了高层多次互访和座谈，就机场运行、人员培训、节能减排、信息共享等管理模式和商业模式进行了深入的合作。澳门国际机场2010年成功地举办了第三届中国与葡语国家机场会议，签署了5份合作协议及备忘录。自2004年举办第一届会议以来，中国与葡语国家机场会议机制有力地推动了中国内地、中国澳门与葡语国家三地空中管制及机场管理人员的交流培训项目，发挥了澳门国际机场的平台优势。珠海机场也可以进一步利用这个平台。

澳门国际机场和珠海机场比其他三个机场规模小，要发挥自身优势，相互支持和学习，避免在竞争中被边缘化，要更主动地推动珠澳空港经济的快速发展。一个大型枢纽机场的功能可以辐射到与航空相关的旅游业、服务业、金融业、物流业、房地产业等领域，从而形成一个较大的产业链。我国这几年的实践也证明，空港经济能够有力地推动当地经济产业结构的调整，使服务业有较大的发展，加快经济发展模式的转型。

（五）客货运互补更主动地推动珠澳空港经济的快速发展

澳珠两机场间可利用水路或陆路作"无缝连接"，在航空货运层面，通过货运公司将出口货物运至澳门机场，通过国际航线运往目的地，将国外进口中国内地的货物经澳门机场转至珠海机场，再利用内地航线运往目的地。珠海机场还通过与澳门机场的联程中转，实现了部分货物从空港口岸出境，在一定程度上弥补了珠海机场国际口岸尚未开放的短板。在客运方面，澳珠机场双方可选择航线优势互补的合作模式，使内地旅客经珠海机场，从澳门国际机场飞向东南亚等目的地。通过这种联运方式，增加旅客和货源，增强运力，澳门机场发挥国际航线的优势，珠海机场作为干线机场可发挥内地航线的优势，形成合作共赢、共同发展和共同繁荣的局面；充分利用《粤澳合作框架协议》中关于两地通关便利化的有利条件，深化两地机场合作，将珠澳两地空港作为一个整体进行统筹规划，在航空运力、物流配送、服务范围等方面进行合理分工，避免恶性竞争，加强良性互动，促进空港经济的全面快速发展。澳珠机场应发挥各自更大的优势，在大珠江三角洲市场对航空运输的分工中获得更多的份额。澳珠机场应结合珠海机场国际口岸的开放步伐，逐步推进两地在公务机运营托管领域的合作，利用珠海机场的软、硬件优势条件和珠海航空产业园的产业发展优势吸引澳门公务机到珠海停放、托管、维修。

（六）提升两地政府服务能力和服务水平，真正建立公平、竞争、透明和可预见的市场环境

提升两地政府服务能力和服务水平，加强两地政府之间的协调，在珠澳合作中起着特别关键的作用。两地政府应站在提升珠江三角洲西岸区域竞争力的高度上，在合作共赢的前提下达成区域发展共识，深刻认识空港经济和航空产业在促进澳门经济适度多元化中的巨大作用，筹划一些宏观的有关两地全局的战略性合作，使双方继续深入合作的空间和潜力有新突破，充分磋商共同推进，努力获得中央和省政府在政策和重大项目安排上的支持和倾斜，使珠澳两地空港经济和航空产业的紧密合作成为提升珠澳区域竞争力的新契机。

人才培养篇

构建基层一线干部培养选拔链问题研究

中共珠海市委组织部课题组 *

　　基层是改革开放的主战场、维护稳定的第一线、服务群众的最前沿，也是培养干部的大学校、锻炼干部的大熔炉、考验干部的大擂台。党的十七届四中全会《中共中央关于加强和改进新形势下党的建设若干重大问题的决定》（以下简称《决定》）强调，要建立来自基层一线党政领导干部培养选拔链，大力选拔经过艰苦环境磨练、重大斗争考验、实践证明优秀，有培养前途的年轻干部。李源潮在参加中国浦东、井冈山、延安干部学院举行的 2010 年春季开学典礼上也指出，要按照党的十七大和十七届四中全会精神，注重从基层和生产一线选拔优秀干部充实各级党政领导机关，建立来自基层一线的领导干部培养选拔链，改善机关干部队伍结构，树立重视基层的用人导向，让优秀人才到基

　*　课题组组长：刘振新，珠海市委常委、组织部长、市委党校校长。副组长：练伟光，珠海市委组织部副部长；梅其威，珠海市委组织部副调研员。成员：陈坤林，北京理工大学珠海学院文法学院院长、教授；江莉娜，北京师范大学珠海分校讲师；林明光，珠海市委组织部干部监督科科长；钟茹，珠海市政府办综合三科科长；朱自琴，珠海市直机关工委办公室主任；王保喜，珠海市委组织部研究室主任；冯坚福，珠海市委组织部组织二科副科长；郑晓升，珠海市委组织部研究室科员；侯亚群，珠海市斗门区委组织部科员。

层去，让机关干部从基层来。有鉴于此，我们将"构建基层一线干部培养选拔链问题研究"作为 2011 年度的重点课题进行研究。根据课题调研要求，我们及时成立了课题调研组，制订了调研方案，采取实地考察、个别访谈、召开座谈会（4 场）、问卷调查（300 份）和资料统计等方式，对课题进行了广泛深入的调研。经过对各方面情况进行综合分析和集中论证，形成了本课题的调研报告。

一 构建基层一线干部培养选拔链的重要意义

我们讨论的"基层一线干部"是指区、县级（含区县级）以下的工作在基层和生产一线的党政干部。

干部在基层成长、干部从基层选拔、干部到基层培养，是党的一贯用人方针，推动领导机关干部从基层来到基层去是当前干部人事制度改革的一项重要决策。因此构建基层一线干部培养选拔链具有积极的现实作用和长远的历史意义。

1. 构建基层一线干部培养选拔链，是巩固执政根基之所需

我党成为执政党是历史的选择，也是人民的选择。英国元帅蒙哥马利 1960 年访问中国后这样说："毛泽东的哲学非常简单，就是人民起决定作用。"这话在若干年后就被精练为"立党为公、执政为民"八个字。胡锦涛同志在纪念建党 90 周年的讲话中指出：90 年来党的发展历程告诉我们，来自人民、植根人民、服务人民，是我们党永远立于不败之地的根本。作为一个为人民群众谋福利的马克思主义政党，与人民群众的鱼水关系是中国共产党的最大优势和光荣传统。党政领导干部作为党的执政骨干，了解群众、与群众有深厚感情、懂得做群众工作、同人民群众保持血肉联系，是立场问题、党性问题、原则问题，是我们党执好政的根本。列宁曾指出，对共产党来说，最严重、最可怕的危险之一就是脱离群众。列宁也曾指出，培养和挑选大批能干的干部是党应尽的责任。因此，培养一支不脱离群众的干部队伍是我党实现长治久安的关键。然而当前我们必须清醒地看到，在世情、国情、党情发生深刻变化的新形势下一些党政领导干部"德"性缺失，远离群众，忽视百姓疾苦，致使干群

关系紧张，威胁党的执政基础。所以，要重视培养选拔那些能够在贫穷落后的地方察民情、帮民富，在怨声载道的地方听民意、解民忧的基层一线干部；要重视培养选拔那些能够实现好、维护好、发展好最广大人民根本利益的基层一线干部。我党只有坚持树立群众观点、站稳群众立场、增进群众感情，才能使党的执政优势在长期的执政实践中呈现巨大的生命力，才能巩固党的执政根基。

2. 构建基层一线干部培养选拔链，是提高执政水平之所需

当今中国正处于工业化、城镇化、信息化、市场化、国际化交织的战略机遇期和矛盾凸显期，遭遇社会转型拐点。教育、医疗、住房、劳动就业、社会保障、收入分配、征地拆迁、安全生产、社会治安、生态环境等热点领域不断积聚能量，群体性事件和恶性极端事件增多。面对以上社会风险，一些领导干部束手无策、被动应对，进而造成矛盾激化，这就是缺乏基层实践经验的表现。提高党的执政水平，关键在于提高党政干部的执政水平。正所谓"纸上得来终觉浅，绝知此事要躬行"，让干部到基层一线接受磨练、接受考验，学会做好群众工作，与群众心贴心、背靠背，才能在变幻莫测的改革浪潮中站稳脚跟、得心应手。党要不断开创中国特色社会主义事业新局面，必须有一支站在时代前列、理想信念坚定、综合素质高、同人民群众有血肉联系的干部队伍充实到各级党政机关，而这样的干部队伍只能在基层丰富生动的实践中成长起来。所以，要重视从基层一线培养选拔干部，引导干部深入基层、贴近工农，保持我党在90多年苦难辉煌中脚踏实地、实事求是的优良传统，使我们党的施政行为更加贴近实际、更加符合人民群众的愿望，使党政机关的执政效能指数与人民群众的期望指数一致，执政骨干的成就感与人民群众的幸福感一致。

3. 构建基层一线干部培养选拔链，是提高选人用人公信度之所需

分析传统的党政干部培养选拔工作存在的问题，主要表现在以下两个方面：一是由少数人来选。在考核的过程中，考核选拔的主导权在上级，群众参与较少，干部选拔不能够较好地体现群众的意愿。由于缺少有效的监督，一把手在选人用人上的权力非常大，买官、卖官现象时有发生。二是从少数人中选。长期以来，公务员选拔主要面向高校应届毕业生，领导干部选拔主要是面向系统内，选拔的视野不够开阔。以上问题的存在，大大降低了我党选人用人的公信度。因此，必须将干部培养选拔的起点定位在基层，将培养选拔干部的话语权交给群众，向群众学习并把群众的意见、要求加以升华，作为考核评价干部的依据，作为培养选拔干部的标准，大力将一心为民、埋头苦干、长期扎根基层和艰苦地区的优秀干部选拔任用，这样才能确保选拔结果群众满意、干部服气、组织放心，才能提高选人用人工作的公信度。

二　构建基层一线干部培养选拔链的研究实质

基层一线干部培养选拔链具有丰富而深刻的内涵。"链"原本应是机械传动学上的一个概念，党的十七届四中全会《决定》中提出党政领导干部培养选拔链，是对"链"的借用和延伸。"链"就是联系，即相关环节的联系。干部培养选拔链是一项系统工程，是由干部培养选拔相关的各种途径、各个方面、各个环节等组成的一种培养选拔的管理机制。作为管理机制，它符合管理科学的一般规律。具体说，基层一线干部培养选拔链的研究，就是要研究基层一线干部培养选拔系统的管理结构及运行原理。

（一）基层一线干部培养选拔链的管理结构

管理机制是以管理结构为基础和载体的。一个组织的管理结构主要包括以下方面：组织功能与目标、组织结构、组织基本构成方式、组织环境。因此，基层一线干部培养选拔链的管理结构应当如下：

（1）组织功能与目标：实现基层一线干部培养选拔工作一体化，促进领导机关干部从基层来到基层去的制度化、规范化、常态化，促进基层优秀人才健康快速成长。

（2）组织结构：关怀工程、培训工程、选育工程（选派工程、选拔工程、交流工程）、考核工程、监督工程。

关怀工程。坚持"以人为本"，关心每一个干部的成长和发展，"真正重视、真情关怀、真心爱护"基层一线干部，努力树立"干部在基层成长"的工作导向。关怀工程是基层一线干部培养选拔链的前提环节。

培训工程。优秀人才是在千百万基层干部的工作实践中脱颖而出的人才，没有千百万基层干部的培育成长，优秀人才的选拔就是无源之水、无本之木。大规模培训基层一线干部，是干部培养选拔链的基础性工程。

选育工程。实践阅历是干部成长的重要条件，选拔上挂，选派下放，横向交流，都是选育干部的重要途径，是不可或缺的。因此，选育工程内在地包涵了选拔工程、选派工程、交流工程。选育工程是基层一线干部培养选拔链的核心环节。

考核工程。坚持客观公正、注重实绩的原则，坚持科学发展观和正确政绩观的有机统一，德才的有机统一。通过考核，一批事业心强、求真务实、实绩突出、群众公认的干部得到肯定和重用。考核工程是干部培养选拔链的目标实现性环节。

监督工程。任何一个有效的管理系统应当是一个完整的闭合负反馈控制系统。如果没有信息反馈，决策系统就不能及时而准确地了解执行情况，防止和纠正偏差，就不能形成有效的管理。监督工程是培养选拔链的约束反馈保证环节。

（3）组织基本构成方式，即功能链接式。关怀工程、培训工程、选育工程、考核工程、监督工程，均是基层一线干部培养选拔链系统工程不可或缺的功能链接环节，缺少哪一环节，或各项工程自成一体，与其他工程关联度不高，系统的功能链就要断裂。

（4）组织环境，即关怀工程、培训工程、选育工程、考核工程、监督工程五项工程，都只能是建立在现行党的干部管理体制、公务员管理体制之上，随着政治体制和人事管理体制改革的逐步深化，基层一线干部培养选拔系统的结构与功能将可能发生变化。

（二）基层一线干部培养选拔链的运行原理

关怀工程、培训工程、选育工程、考核工程、监督工程的大系统要实现有效的运作，还须研究系统的运行原理。系统的运作是通过运行机制、动力机制、约束机制的共同作用而实现的。只有当基层一线干部培养选拔链的运行机制、动力机制、约束机制建立起来，该"培养选拔链"才能进入良性循环。

1. 基层一线干部培养选拔链的运行机制

构建基层一线干部培养选拔链应当体现科学化和系统化的要求特征，是组织化、规范化的人才培养方式。因此，关怀工程、培训工程、选育工程、考核工程、监督工程的庞大的、漫长的培养选拔链的形成和有效运作，不能靠经验主义的工作态度和"碎片化"的工作方式，必须靠理性主义的工作态度和整体化的工作方式，必须建立"地方党委统一领导、组织部门统筹实施、党政机关部门协同、基层一线组织配合、党内党外良性互动"的系统运行机制。

2. 基层一线干部培养选拔链的动力机制

基层一线干部培养选拔链动力的产生，一般由利益驱动、政令推动、精神激励三个方面构成。利益驱动是社会组织动力机制中最基本的力量。地方党委要运用利益驱动机制，鼓励优秀基层一线干部立足基层，实践锻炼，建功立业，脱颖而出，同时鼓励相关单位部门做好基层一线干部培养选拔工作。政令推动是地方党委通过组织部门制定规划、下达命令、达标检查、奖勤罚懒、优胜劣汰等行政方式要求相关下属组织机构和成员高质量完成基层一线干部选拔的相关工作。精神激励是由地方党委通过对基层一线干部进行宣传表彰、组织参观学习、榜样示范等多样化的生动形象的思想政治教育，特别是人生观教育等，调动成员扎根基层、创先争优的积极性，同时对下属组织做好基层一线干部培养选拔工作进行表彰鼓励。

3. 基层一线干部培养选拔链的约束机制

基层一线干部培养选拔链必须是闭合的负反馈的、对系统行为进行自我限定与修正的、具有自我约束功能的管理系统，主要包括权力约束、利益约束、责任约束、道德约束等约束机制的建立。权力约束是为了克服在基层一线干部培养选拔上可能出现的权力腐败现象，既要利用权力对系统运行过程进行约束，又要对权力的拥有与运用进行约束；利益约束是为了克服在基层一线干部培养选拔工作中可能出现的不同利益主体恶性利益博弈现象，既要以物质利益为手段，对运行过程施加正面影响，又要对运行过程中的利益因素加以适度约束；责任约束是为了保证基层一线干部培养选拔工作的按质按量完成，必须在系统中实行严格的工作责任制，通过明确相关系统及人员的责任，来限定或修正系统的行为，保证系统目标的实现；道德约束是为了在基层一线干部培养选拔工作中讲正气、树新风，必须充分运用教育、激励和社会舆论、道德与价值观等手段，对系统有关人员的行为进行约束。

三　珠海市构建基层一线干部培养选拔链的实践探索

近年来，珠海市坚持把构建基层一线干部培养选拔链作为推进深化干部人事制度改革的重要工作来抓，按照"能力在基层一线培养、业绩在基层一线创造、干部在基层一线选拔"的思路，不断解放思想、创新理念、营造氛围、完善机制，为构建基层一线干部培养选拔链打下了坚实的基础。

（一）多层面关怀，激励引导干部扎根基层

关怀工程是基层一线干部培养选拔链的前提环节。近年来，珠海市按照中央关于"真正重视、真情关怀、真心爱护基层党员干部"的要求，积极探索，大胆实践，初步形成了一套具有珠海特色的关爱基层干部体系，极大地调动了基层党员干部的工作积极性。①制度上保障。从 2007 年 1 月 1 日起，珠海市实行了村两委干部收入补贴制度，所需资金由市和区两级财政共同承担。其中市级财政每年承担 500 万元，一定三年，不足的部分由区财政拨付。斗门区为了适应农村形势的发展需要，先后四次调整提高农村两委干部的福利待遇。调整后，任职十年以上的村两委干部退休金标准根据职务不同为每人每月 300 ~ 480 元。该区还积极开展"群众满意村级班子"评议活动，对群众满意度较高的"两委"班子及其成员给予适当的物质奖励和精神鼓励。2008 年 1 月 1 日起，金湾区率先创立村（居）民小组长报酬制度，这是该区继 2004 年在全省率先实行农村干部工资保障制度后又推出的一项举措，全区 274 名村（居）民小组长的岗位补贴由财政统一发放，彻底解决了农村最基层干部的后顾之忧。②工作上帮扶。珠海市通过实施"党员科技示范户"工程，开展"百名专家进百村"等活动，构建出"专家组出谋划策、技术员现场指导、科技户示范带动"的新农村建设智力帮扶体系，每年组织 100 名专家到全市各镇村挂点帮扶，为全市基层干部提供了强大的智力支持。目前，全市已成立了 14

个专家组，近百名专家与全市 14 个镇 121 个行政村建立起智力服务关系；已有近 50 批次 200 多人次的专家进村开展智力支持活动，针对镇村规划、经济发展、环境保护等提出各类意见和建议近 100 条，开始实施或举办的项目 30 个。另外，珠海市还积极推行初任公务员职业导师制，由各单位为每一位初任公务员选聘一名思想政治素质好、业务能力强、工作经验丰富、作风正派的业务骨干作为"职业导师"，采取师傅带徒弟的方法，进行历时 1 年的"一对一"的职业训练。③情感上关怀。全市建立健全基层干部谈心谈话制和组织部长"四个必谈"约谈制，即在职务发生变动、退休时，个人遇到重大事项时，领导班子内部出现不团结苗头时，群众对领导干部某方面有反映时四种情况下必谈，让基层干部能在关键时候得到真诚提醒，得到真情关怀。保障镇村等基层组织的办公经费，改善基层一线干部办公和生活条件，经常性开展向基层困难干部、困难党员送温暖活动，真心爱护广大基层干部。

（二）多途径培训，提高基层干部综合能力

大规模培训基层一线干部，是干部培养选拔链的基础性工程。珠海市近年来积极探索多途径培训基层干部，夯实基层一线干部培养选拔工作的基础。①健全制度，高标准培训基层一线干部。珠海市出台《珠海市 2009～2012 年大规模培训干部工作实施意见》，将基层干部列为培训的重点，围绕建设社会主义新农村的要求，加强以镇、村干部为主体的农村基层干部在执行政策、加快发展、服务群众、依法办事、解决自身问题等方面的培训；围绕促进社区事业协调发展的目标，加强以街道干部为主体的城市基层干部在依法办事、开展群众工作、开拓社区服务、发展社区事业等方面的培训，全面提高社会管理和公共服务专业水平；定期举办镇（街）、农村和社区班子成员及后备人员的学习培训班，聘请高水平教师授课，不断提高办学水平，努力构建独具特色、富有吸引力的培训体系，进一步转变基层干部的发展观、生态观、全局观、特区观、创业观、政绩观。②创新载体，多渠道培训基层一线干部。珠海市积极探索"村官充电、政府买单"的基层干部培训模式，鼓励基层干部"洗脚上田、捧书充电"。目前珠海市已与华南农业大学共同举办了四期"村官培训班"，总共培训基层干部超过 300 人次，学费全部由政府"埋单"，并广泛开展菜单

式专题选学，推出珠港澳合作研究、生态文明建设等专题的学习菜单。2010年6月珠海市开通了"珠海市干部教育培训网"，为大规模培训基层干部开辟了新阵地，该网站提供包括政治理论、政策法规、领导科学、区域发展等在内的10大类400多门教学视频课件，目前全市共有1.3万多名干部注册在线学习，网站自开通以来访问量达100多万人次。五年来，珠海市通过举办主题班、专题研讨班、境外培训、干部自主选学、在线培训等方式大规模培训党员干部7万多人次。③严格管理，确保学习效果。珠海市出台了《珠海市干部教育培训学分制管理办法（试行）》，细化学分考核项目；制作下发干部教育培训学习卡，通过电子考勤和学分登记，全面准确记录干部参训情况；建立培训分级管理制度，设立干部教育培训管理员，协助解决各单位培训中遇到的问题；将干部教育培训学分作为干部年度考核、任用考察的重要依据之一，干部述职报告必须有"述学"的内容，要描述当年完成组织规定的学习任务和个人学习积分情况，由群众评学；提拔职务的，需报送干部个人的"考学"情况，凡没有达到规定学分要求的，应当在提任后的一年内完成培训任务，无特殊原因未完成规定学分的，不予按期转正。

（三）多方式选育，激发基层干部队伍活力

"选育工程"是基层一线干部培养选拔链的核心环节。珠海市近年来积极探索，通过强化干部"选派""选拔""交流"环节，奏好"选育工程"三部曲，开创了基层一线干部培养选拔工作的新局面。①加强选派力度，让年轻干部朝下走。近年来，珠海市在干部选派中，本着"好中选优、优中选强"和"公平、公开、竞争"的原则，坚持把培养锻炼干部与加强后备干部队伍建设相结合，重点将有培养前途、有发展潜力的优秀年轻干部选派到基层锻炼；通过采取个人自愿报名、单位民主推荐、组织部门考察确定的程序，确定选派对象；坚持市、区、镇、村四级联动，印发干部下基层驻村工作手册，强化工作措施，着力帮助驻村干部理清思路、增强意识、化解矛盾、发展经济、办好事实、规范制度，推进驻村工作不断深入；按照上级要求先后开展"十百千万"干部下基层驻农村工作及扶贫开发"双到"工作，截至目前，全市共派出驻村干部5批605人进驻到全市121个行政村，共有121个机关、企事业单位党

组织与全市 121 个行政村党组织结对共建；派出 3 个工作组、85 名驻村干部和 3 名劳务特派员到揭阳市扶贫，实现扶贫开发"双到"工作县县有工作组、村村有驻村干部。②加强选拔力度，把基层干部选上来。珠海市注重放宽视野选人，眼睛向下选人，注重选拔具有基层领导经历和工作经历的干部，注重选拔在条件艰苦、工作困难地方努力工作的干部，注重选拔长期扎根基层、埋头苦干、默默奉献的干部。2009 年至今，珠海市在区、镇（街）共选拔 49 名基层干部到市直机关单位工作，其中处级（含副处）干部 16 名，科级以下干部 33 名。③加强交流力度，开阔基层干部眼界。珠海市积极探索建立选派基层干部到上级机关跟班学习制度，学员的安排采取"就近"原则，学习部门主要选择市、区、镇（街）三级的安监、民政、城管、卫生等与民生密切相关的部门，每期学习 3 个月，每月换 1 个岗位学习。通过交流学习，基层干部在宏观层面上深化学习基层组织建设、社会管理、综治维稳等知识，提高管理水平和联系服务群众的能力，实现机关干部与基层干部互通有无、共同提高。珠海市近年来共安排 305 名市直机关干部和基层干部进行双向挂职锻炼。从丰富年轻干部基层工作阅历、提高处理复杂矛盾能力出发，珠海市积极开展遴选优秀年轻干部到镇级任职工作，探索建立机关与基层干部交流制度，改善了全市镇级领导班子的结构。2011 年珠海市统筹拿出 18 个职位在全市范围内进行遴选，其中镇长（街道办主任）2 名，镇街党政副职 16 名。这次遴选出来的市、区直机关干部与镇街干部全部实行交流任职，其中由市直机关交流到镇街任职 3 名，由区直机关交流到镇街任职 11 名，镇街相互交流任职 4 名。

（四）多角度考评，突出干部考核评价的公平性

考核工程是干部培养选拔链的目标实现性环节。它是干部选育工程的结果，也是选育工程进一步优化的重要依托，珠海市近年来加大基层干部的考核评价力度，以考增压力、强动力、提能力。①实行实绩考核，树立正确的考评导向。珠海市坚持科学发展观和正确政绩观的有机统一，坚持以实绩看德才，发挥好考核的杠杆作用。2010 年珠海市制定出台了《珠海市公务员考核实施办法（试行）》，着力改变以往公务员"干好干坏一个样、干多干少一个样"

的现象，打破年度一次性考核的传统模式，将考核结果作为调整公务员职务、级别、工资以及奖励、辞退等的重要依据，使一批事业心强、求真务实、实绩突出、群众公认的基层一线干部得到肯定和重用，使一些政绩平平的干部受到鞭策。②实行量化考核，完善干部考核评价体系。珠海市注重对工作实绩和工作能力的考核采取定量考核方式，其中对工作实绩的考核制定了工作数量、质量和难度三项评价指标，对能力的考核根据不同层级、类别制定不同的能力要求，相应设置4~5个等级的评价系数，分别按百分制进行量化考核，最终形成公务员"绩"和"能"的分数。考核评价指标既有履行职责方面的指标，也有党性、党风、党纪方面的指标和"一票否决"指标。在分值权重的分配上，做到"四个倾斜"，即向工作实绩倾斜、向经济工作倾斜、向重点难点工作倾斜、向民生民意倾斜。③实行分类考核，增强考核结果的公平性。2011年，珠海市委下发《2011年各区经济社会科学发展评价指标体系》，这是继珠海市委2010年出台《珠海市各区领导班子和领导干部落实科学发展观评价指标体系及考核评价办法（试行）》，按照科学发展观要求对各区领导班子和领导干部开展政绩考核探索后，干部考核评价体系的进一步改进完善，标志着珠海市干部考核评价机制向科学化、制度化又迈出坚实的一步。该体系突出导向性，考虑差异性，强调科学性，注重操作性，符合实际，特色鲜明，坚持从实际出发，采用"一区一体系"的方式，设置各区差异性指标，确定了包括"实绩考核、民主测评、群众满意度评价"三位一体的考核内容，力求考核工作综合全面、客观公正、群众公认。

（五）多手段监督，构建基层干部管理长效机制

监督工程是培养选拔链的约束反馈保证环节。加强基层一线干部的监督管理，是落实"党要管党、从严治党"方针的必然要求，是保障和促进干部健康成长的客观需要，更是维护社会稳定和谐的关键。①强化监督教育，增强"免疫能力"。为提高基层干部对反腐倡廉制度建设的理解和认识，切实增强拒腐防变意识和能力，珠海市颁布了《关于对党员领导干部诫勉谈话的实施意见》，经常性举办基层干部党纪政纪法纪教育培训班，通过先进典型教育、警示教育、党性党风教育、法规教育等有效形式，提高基层干部对

纪律教育学习的自觉性，树立正确的权利观和利益观，防止不良风气的侵蚀。②健全监督制度，防止"病毒感染"。考虑到区直机关科级领导干部和镇（街）一级领导干部大多面对人、财、物方面的实际事务，且大多直接与人民群众打交道，对其加强监督和管理实有必要。目前珠海市三个行政区（香洲区、金湾区、斗门区）在区管干部（乡科级）中已全面推行个人有关事项报告制度，通过加大基层干部日常工作检查、交流、汇报制度力度，及时发现、解决基层干部在工作中的苗头性、倾向性问题；推进基层干部日常工作纪实管理制度，对基层干部工作实行当地党支部、所在党委、组织部门三级审查，彻底防止实绩认定讲人情。③完善监督体系，全方位"把脉问诊"。珠海市积极探索多元化、全方位、刚性强的干部监督体系，严格执行基层党组织工作条例，进一步规范基层干部的工作职责，坚持推行目标责任、年终考评等制度，颁布《关于加强对干部选拔任用工作事前监督的实施意见》《珠海市选拔科级干部有关程序适度公开暂行办法》《关于加强党政"一把手"的实施意见》等文件，抓好事前监督，规范干部选拔任用的程序内容，健全干部选拔任用工作制度；在建章立制、加强指导的同时，有针对性地开展干部监督调研活动，深入了解情况、发现问题；积极探索拓宽公示的信息渠道，进一步落实群众的"四权"，逐步完善基层干部的监督管理体系。

四 构建基层一线干部培养选拔链存在的问题及其原因分析

　　注重从基层一线培养选拔干部，是自古以来的成功经验，是我们党加强干部队伍建设的优良传统，是适应新时期构建和谐社会、密切党群干群关系的必然要求，也是形成正确用人导向、激励广大干部安心基层建功立业的关键之举。但是，随着市场经济和机构改革进程的深入，基层一线干部在现实生活和工作中被关注、关心、培养、选拔、任用等方面出现了一些问题，已不能适应我国基层干部队伍在新时期、新形势、新任务下建设和发展的新要求，具体体现在以下几个方面。

（一）基层一线干部的地位问题

1. 基层一线干部被关注程度较低

基层是社会组织体系中最低的一层，基层一线干部长期在"金字塔"形干部队伍中的最底部，数量最多，直接与群众打交道，工作也最为复杂、琐碎。一心扎根在群众中、默默无闻工作的他们，没有时间和机会经常出现在上级组织部门或领导周围，难以进入上级组织部门或领导的视野，难以被上级组织部门或领导纳入培养选拔的对象，从而长期沉在"塔底"，没人关注、没人关心，长期缺少外部激励使其丧失积极进取的热情和干劲。

2. 基层一线干部综合素质有待提升

目前，一部分长期在基层一线工作的干部，他们虽然群众观念强、经验丰富，但往往年龄偏大、文化程度偏低，自知自身水平有限，难以被提拔，从而放松学习、放松对自己的严格要求，思想变得保守刻板，缺乏改革创新的闯劲和激情，有的甚至满腹牢骚，严重影响了基层一线干部的队伍形象和思想稳定；另一部分是近年来通过公务员考试或大学生"村官"考试等方式进入基层一线工作的干部，他们虽然年轻、文化程度和理论素养较高，但是由于其成长经历简单，少数干部缺乏服务群众的真挚感情和攻坚克难的吃苦准备，难以真正沉下心、躬下身，扎根基层一线工作。

3. 基层一线干部难以脱颖而出

为解决机关干部脱离基层、脱离群众的问题，中央到地方都很注重选派机关年轻干部充实到基层，向基层输送干部或到基层挂职锻炼，鼓励优秀干部到基层一线建功立业。但是有些地方重视"选派下派"，却忽视了"选拔上挂"，甚至还有部分领导认为基层干部理论素养低，难以适应机关工作，即使机关有空缺职位也不愿意拿出来给基层干部，造成机关干部能下来，基层干部却上不去。而"空降"到基层的机关干部又填满了基层空缺的领导职位，堵住了基层一线干部在基层内部晋升的渠道，使基层一线干部"无路可上"。同时，由于基层管理相对松散，且部分基层同一级别的工资待遇高于机关，部分基层一线干部为了"眼前利益"也不愿意平调到机关工作，以致把握不住成长锻炼的机会而成为"井底之蛙"，难以跳出小圈子成就大事业。

（二）基层一线干部的培养问题

1. 缺乏干部培养的长远规划

相当一部分领导同志在干部的培养问题上是"近视眼"，只看到周围的同志，看不到那些不图虚名、踏实干事的基层一线干部；只看到当前使用干部的需求，看不到培养适应时代发展的人才战略规划；只关注基层干部的提拔率和使用情况，满足于现阶段成果，忽视了对基层一线干部培养的长期计划和安排。他们对基层一线干部应该具备的知识储备和解决实际问题的能力，如何为其成长提供多种锻炼的平台和接受教育培训的机会，如何在基层干部成长的同时加强品德的修炼，如何培养基层一线干部的群众观念、与群众建立深厚的感情，都没有一个清醒的认识。图 1 中的调查结果表明，有 95% 的被调查者认为基层一线干部的培养缺乏长远规划。

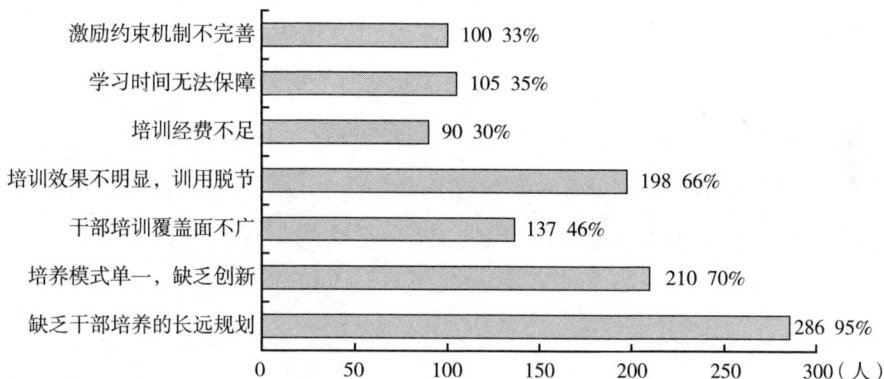

图 1　对基层一线干部培养问题的调查结果

2. 培养模式单一，缺乏创新

谈起干部培养，目前很多基层部门和领导的认识仅限于学习培训，未形成多渠道、多手段、全方位、系统化的干部培养模式，未能做到形成合力、齐抓共管；没有搭建一个有效的课堂学习环境，仍以"填鸭式"的传统授课方式为主，学员只能被动接受，难以形成热烈讨论的课堂氛围，学员主动学习的积极性得不到充分调动；没有搭建一个干事创业、展示才华的舞台，基层干部到各种急难险重的岗位锻炼的机会不多。还有很多基层干部反映，培训缺少科学合理的安排和相应手段，不同层次、不同专业的基层干部具备的基本条件是有差别的。千篇一律的培养模式、培训上的"一刀切"，只会让培养工作难以避免形式化、走过场。

3. 培训效果不明显，训用脱节

基层干部是最直接与群众打交道的群体，每天直接面对最尖锐的群众纠纷，直接接触最棘手的利益矛盾，因此最需要加强业务培训，不断提高解决实际问题的能力和做群众思想政治工作的水平。然而基层一线干部参加培训的机会很少，针对基层一线干部的工作培训更是少之又少。培训的目的是更好地使用，而很多基层干部的培训却只是为了培训，不是针对岗位和职责的培训，而是大讲高深莫测让基层干部听得云里雾里的政治理论和所谓的"学术成果"，使培训和使用两个本该紧密相连的环节失去了联系，培养的效果大打折扣。

（三）基层一线干部的选拔问题

1. 选拔程序不甚规范，基层干部难提拔

按照规定，各级政府的行政首长应该是由同级人民代表大会选举产生的，但在实际操作中是自上而下任命的。在选拔干部的过程中，"德才兼备，以德为先"的标准在实践中可操作性不强，缺少量化的指标去考核或衡量，于是凭主观印象提拔，上级领导说了算的现象层出不穷。领导推荐、群众测评等方法似乎已成选拔干部工作唯一的、必须遵守的规则。而一些领导在岗位出现空缺时，想到和看到的首先是本单位、本系统的人，自己身边的人，存在本位主义和排外思想，没有给基层干部同等的机会。同时，选人用人的不正之风和腐败现象屡禁不止，甚至有些领导干部利用"在基层一线培养选拔干部"这把"尚方宝剑"，进行权钱交易、权色交易，致使一些不被主要领导认知的、没有背景、没有关系、没有靠山，长期在基层一线埋头苦干的基层干部得不到提拔和重用。

2. 受自身条件所限，基层干部提拔难

为提高干部选拔任用的透明度，各级组织部门都加大了公开竞争选拔干部的比重，但基层一线干部由于长期从事繁杂的事务性工作，很少有机会

接触和参与政策制定、战略决策等高层次领域的学习或培训，进而在理论知识的积累和政策法规的把握等方面较为薄弱，以至于大多数"只会埋头拉车，很少抬头看路"的基层一线干部，在公开选拔、干部考核，甚至公务员考试录用中往往处于弱势，难以在竞争中获胜。另外，有些部门刻意追求领导班子年轻化、知识化，在选拔任用干部和机构改革中，对年龄和学历搞"一刀切"。一些在大机关工作，年轻但缺乏基层工作经验、能力一般的干部优先得到提拔，而40岁以上、有着丰富基层经验和良好口碑的干部被迫在竞争中退出，这极大地挫伤了基层一线干部的积极性，造成严重的人才资源浪费。

（四）干部培养和选拔的链接问题

1. 干部培养与选拔间的链接不紧

为强化干部培养和选拔的良好链接，从中央到地方在各级领导干部中实施了"后备干部"培养计划，为选拔"德才兼备"的优秀干部做好储备。然而，在很多地方的基层，实际情况却是"后备干部只备不用，任用干部不备照用"，后备干部选出来就没了下文，并没有作为提拔的重点对象去培养和选拔，造成现今的基层后备干部已没有了"优秀"的压力和动力，干部选拔的随意性使培养找不到方向和重点。还有些地区不重视干部的培养，等到用干部时却找不到合适的人选，形成了恶性循环，干部上升通道的不畅造成学习培训无用论的蔓延，而学习培训的不足又使干部在公开选拔时失去竞争力。

2. 干部培养选拔链的运行不畅

部分基层单位对干部培养选拔的链接关系不重视，没有"链"的意识、"链"的措施，更没有"链"的监管和"链"的考核。基层干部的培养和选拔工作分别由不同部门、不同领导分管，在目标的制定和任务的部署上也没有做到同向、同步，使基层的干部培养和选拔工作链接脱节。同时，在干部从培养到选拔的整个过程中，由于观念的局限和人手不足的限制，基层单位几乎没有专门的部门或岗位以及专门的制度对干部培养、选拔的链接情况进行监督和考核，导致干部培养选拔链的运行不畅。

基层一线培养选拔干部存在以上问题的原因既有干部政策上的不完善、用人导向上的偏颇，也有选拔任用制度上的缺失、领导的重视不够等，而社会上也尚未形成相应的环境氛围。具体来说，主要有以下几个方面：

（1）思想认识不足。相当一部分领导干部对基层一线干部的培养选拔工作的重要意义认识不足，有的认为基层干部学历低、理论素质不高、缺乏培养潜力等，所以只把培养和选拔基层干部挂在口头上，没有落实到具体工作中；有的缺乏科学的政绩观，只重经济的投入，轻人才的投入，缺乏战略眼光，没有人才发展的战略规划和人才培养选拔链的意识，对基层一线干部的培养和选拔缺乏长远规划和安排；有的对长期工作在基层一线的干部成长重视不够、关心不够、培养不足，只要求基层干部干事完成任务，不关心他们的成长和需求。

（2）干部选拔任用制度不完善。基层干部的能力高低、素质优劣决定了国家各项方针政策在基层一线的落实和执行程度。当前，中央和地方有关部门没有形成从基层培养选拔干部的相关制度规范，缺乏一套硬指标来保证基层优秀领导干部进入中央国家机关和省市级机关工作。"注重从基层一线培养选拔干部"说得多，做起来难。在实际操作中，限制干部和人才流动的身份、区域、部门隶属关系等"条条框框"还很多，从基层或企事业向党政机关选调公务员门槛过高，程序复杂、烦琐，使基层干部上不去，对基层干部队伍的能力提升、事业激励、前途导向产生了极大的影响，不利于基层人才资源的利用和流动。

（3）监督约束机制乏力。我国在基层干部的培养和选拔方面出台了一些好的制度、好的政策，但由于相关规定、政策弹性较大，使一些原则和规定常常会被感情和私心所代替，应该由基层一线干部享有的权利被圈外人员强占，基层干部培养和选拔的成效并不让人满意。究其原因，主要是监督约束机制不到位。干部选拔任用缺乏公开的民主监督，其监督运行方式单一，除来自上级部门的监督外，其他监督运行方式并没能起到应有的作用；监督手段滞后，大多数是事后的矫正性监督，没有形成一套完整的、科学的、长效的基层一线干部队伍规范化管理机制，无法有效对基层干部培养选拔链的各个环节进行全过程的监督考核。

五 构建基层一线干部培养选拔链的对策建议

构建新形势下基层一线干部培养选拔链具有很强的政治性和政策性，要充分考虑基层实际，不断深化干部人事制度改革，强化长远规划，加大基层一线干部培养选拔力度，促进优秀人才脱颖而出，形成充满活力的来自基层一线的干部培养和选用良好机制。那么，在构建基层一线干部培养选拔链的过程中须加强哪些方面的工作？我们通过问卷调查发现，有82%的被调查者认为须强化组织领导、70%的被调查者认为须加强培训教育和选拔任用力度、54%的被调查者认为须重视关爱激励、43%的被调查者认为须加强管理服务（见图2）。

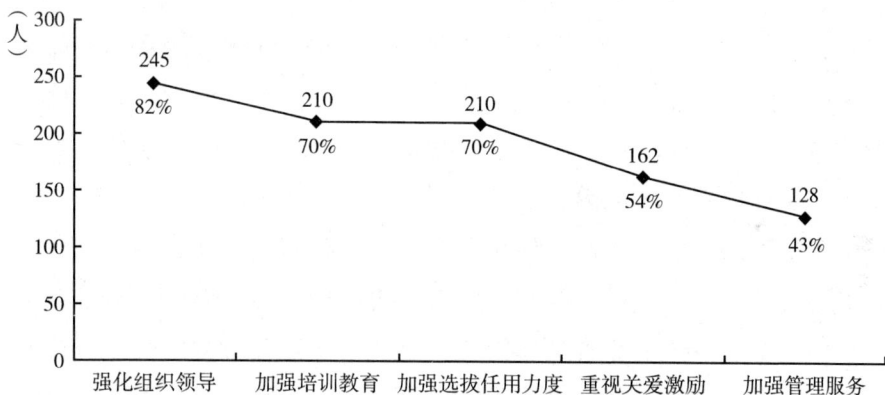

图2 对加强基层一线干部培养选拔链构建方面的调查结果

（一）强化组织领导，为构建基层一线干部培养选拔链提供强大保障

构建基层一线干部培养选拔链是一项复杂的系统工程，不可能一蹴而就，必须要循序渐进，逐步完善。构建的过程是一个漫长的积累和改进的过程，必须有持久的、强大的各种力量保障才能实现长远目标。

1. 坚持解放思想，构建思想基础

思想是行动的先导。构建基层一线干部培养选拔链将对现有的干部培养选拔观念和方式造成一定的冲击，因此要解放思想，破除旧观念，形成新观念；要统一思想认识，构建坚实的思想基础。①破除因循守旧的观念，树立创新意识，要以改革创新精神重新审视固有的思维模式、传统的习惯做法，坚决摒弃故步自封、求稳怕乱思想，大胆破除影响和制约优秀基层干部脱颖而出的因素和障碍，畅通基层的干部进出渠道。②破除责备求全的观念，树立长远发展的眼光，要以长远和发展的眼光，正确看待基层干部在成长过程中的优缺点和长短处；要多鼓励、多引导，将基层干部放在关键和重要岗位进行锻炼。③破除论资排辈的观念，树立不拘一格的用人意识。选拔基层干部要重实绩、重能力、重潜质，不能简单以资历、年龄论先后；要不失时机大胆启用优秀人才，不能任其"排队"，错失最佳使用期。

2. 遵循理论先行，夯实理论基础

理论是行动的指南。构建基层一线干部培养选拔链必须系统、科学地规划，建立起一整套理论体系。①把握干部成长规律。干部的成长是个人潜质、组织培养、环境锻炼、制度约束等各方面综合作用的结果，要充分研究干部成长过程中各种因素及其相互影响、共同作用的规律，遵循成长规律为基层干部的成长创造条件和平台。②把握人才流动规律。干部的培养选拔会对人才流动形成导向，人才的流动也将影响干部培养选拔链。因此，要构建基层一线干部培养选拔链、形成人才流动的良性循环，必须认真把握人才流动规律，充分考量人才流动涉及的工作环境、工资待遇、成长平台等因素。③把握政治体制的特点。我们研究基层一线干部培养选拔链，着重于党政人才的培养选拔，这就需要将干部成长规律、人才流动规律与当前政治体制的特点结合起来，充分考虑基层上升空间较小、待遇较差、工作繁重等特点，在上级与下级、机关与基层之间构建良好的干部人才流动循环机制。

3. 强化领导职责，建立责任体系

基层一线干部培养选拔链的建立，是一项系统工程，需要建立良好的工作机制，并落实培养选拔和经费支持等相关责任，形成落实政策的责任体系。①建立良好的工作机制，要建立起党委统一领导、组织部门综合协调、其他部门齐抓共管的工作机制，形成工作合力；要建立起上级党委统一规划、下级党委落实执行、基层党委培养锻炼的工作机制，推动工作顺利开展。②强化组工干部队伍建设，提供组织保证。广大组工干部是干部培养选拔的具体落实者，要加强组工干部队伍的思想建设，以"讲党性、重品行、作表率"为重点，培养一支甘于奉献、甘为人梯的干部队伍；要加强组工干部的素质能力建设，建立一支善于发现优秀基层干部、善于选贤任能的干部队伍。③强化资金支持，提供经费保障。干部的培养选拔和关爱激励都需要耗费一定的资源和经费，各级党委要确保在基层一线干部培养选拔、关爱激励工作中所需的资金，将其列入年度财政预算，大力支持基层干部干事创业，促进基层干部健康顺利成长。

4. 确立基本原则，确保稳妥有序

基层干部培养选拔链的建立过程，是建立人才流动良好导向的过程，需要确立基本原则，确保培养选拔稳妥有序。①多样性原则。干部的成长不是只有唯一途径，而是有多种途径。因此，基层一线干部培养选拔链应该是链条组，充分考虑不同层次、不同经历干部的培养选拔，考虑干部培养选拔的多个方向、多个途径、多个目标。②稳定性原则。建立顺畅的培养选拔链，关键在于形成稳定的选任导向，必须长远规划、深入研究，形成战略规划、稳定政策，并坚持严格执行，不偏不倚，切忌朝令夕改。③公开性原则。信息公开透明对建立和稳定选任导向、稳定干部民心都非常重要，要公开培养选拔链的战略规划、政策文件，公开培养选拔的操作过程及结果；要建立信息传动机制，使培养选拔链所涉及的各单位部门之间信息渠道保持畅通，为培养选拔链的正常运作奠定基础。

5. 制定科学规划，明确长远目标

建立培养选拔链，必须着眼长远、科学规划，要结合贯彻落实《2010～2020年干部教育培训改革纲要》和中央有关精神，着眼未来经济社会发展对党政人才的需求，制定基层一线培养干部规划，就培养目标、选派机制、宏观管理、选拔任用等建立阶段性目标、近期目标和长远目标；要结合贯彻落实《2010～2020年干部人事制度改革规划纲要》，针对当前各级干部队伍的来源、知识能力和年龄结构情况，准确预测一段时期内的变化情况，科学设定各级领导干部队伍的年龄结构、学历层次、任职经历等指标，并提出明确具体的刚性要求。同时，要对各级党政机关干部来源结构提出中长期目标，对基层一线干部选拔任用起到导向作用。

（二）完善培训教育，全面提升党员干部素质能力

构建基层一线干部培养选拔链，首先要构建干部培养教育链，不仅要对基层干部进行培训，还要让机关干部到基层锻炼，形成基层与机关交流互动、互学互促的良好局面，全面提升党员干部的综合素质和业务能力。

1. 明确培训目标，统筹推进基层干部培训教育工作

（1）确立培训教育方针。基层一线干部培养教育要坚持服务大局、按需培训，以人为本、机会均等，重心下移、资源倾斜，贴近基层、务实管用，全覆盖、多渠道、有重点、高质量地开展基层干部教育培训，努力培养造就一支适应时代发展要求，守信念、讲奉献、有本领、重品行的高素质基层干部队伍，为推动科学发展、促进社会和谐提供坚强的组织保障和力量支撑。

（2）明确培训任务和重点。面向全体基层干部开展教育培训，做到省级示范培训、市级重点培训、区级普遍培训、镇（街）和单位自主培训。在地市层面，要对市、区党政机关科级及以下干部，镇（街）干部，村（社区）干部，学校、医院、科研机构、国有企业、金融机构基层的管理人员和专业技术人员，"两新"党组织负责人等开展教育培训，全面提高基层干部队伍的整体素质；要根据事业发展和干部现状，确定一个时期的重点培训对象，采取集中轮训、脱产培训等方式抓好教育培训。

（3）加强领导统筹协调。基层干部量大面广，需求多元，差异性大，各级各部门要加强组织领导，统一规划，明确职责，狠抓落实，充分发挥沟通协调和宏观指导作用。各级党委和政府有关工作部门要切实履行职责，按照职责分工，加强工作指导，开展重点对象示范培训。市、区两级组织部门要加强工作联动，统筹培训计划、统筹项目实施、统筹师资配置、统筹资源利用，整体推进本地区基层干部教育培训工作。

2. 注重分类培训，增强教育培训的针对性、实效性

（1）坚定分类培训原则。坚持实际、实用、实效原则，按照"干什么，

学什么""缺什么，补什么"的要求，紧紧围绕经济社会发展需要，根据农村、街道社区、机关、企业、事业单位等不同领域、行业基层干部的不同特点和需求，确定培训内容，切实增强培训的针对性、实效性，让基层干部愿意学、学得懂、用得上、用得好。

（2）分类明确培训重点。对基层组织带头人，要加强宗旨意识教育，引导他们切实改进作风，带领群众致富，真心为民谋利，真情为民解难。对机关干部和基层组织带头人，要加强群众工作方式方法的培训，增强做好新形势下群众工作的本领，提高应急处变能力，及时化解各种矛盾和冲突。对专业技术人才，要加强应知应会的业务知识和岗位技能培训，提高履行岗位职责的能力和工作水平。

（3）分类确保培训时间。要创造条件，确保基层干部参加教育培训的时间。区镇科级（含科级）以下干部、县处级后备干部每年参加脱产培训的时间不少于100学时；村（社区）党支部书记、大学生"村官"等重点培训对象，每年参加脱产培训的时间不少于40学时。

3. 完善现有培训方式，巩固已有培训实效

（1）实行集中培训与经常性教育相结合。应充分运用各类大讲堂（讲坛）、专题培训（讲座、辅导）、学习论坛等形式，加强对有关重大理论和现实问题的学习培训；重视借鉴学习先进地区经验，组织基层干部瞄准典型外出考察学习；基层党组织要严格落实"三会一课"、民主评议党员等制度，通过集中会议、专家报告会、专题讨论、知识竞赛等不同形式，扎实有效地抓好经常性教育培训工作。

（2）实行网络培训与实体培训相结合。应充分依托现有各类干部培训教育网，结合远程电教网络平台，实现与高校教育资源的共享，提供理论联系实际、说服力强的教育课件，建设新时期网络学习教育的大课堂；采取巡回宣讲、流动课堂、送教上门等方式，深入农村、社区、企业开展培训；采取案例分析、交流研讨、知识竞赛等方式，促进学习借鉴和实践运用；积极倡导"帮带"培训、现场观摩、现身说法等方式，用身边人、身边事开展培训；广泛开展专业技能培训。

（3）实行脱产培训与在职自学相结合。与高校、培训机构合作，为基层干部提供半免费的脱产培训或学历教育。每年为基层干部推荐一批热点学习书目，鼓励干部根据需求选定书目，开展自学；鼓励基层一线干部充分运用现代信息技术平台进行在职自学。

4. 构建"三大平台"，探索灵活多样的方法途径

（1）构建基层一线培训锻炼平台，锤炼干部作风。根据干部档案分析，工作经历越丰富、越综合，干部进一步成长的潜力就越大。因此要建立新录用公务员到基层一线工作锻炼长效机制，有计划地安排缺乏基层工作经历的机关年轻干部到基层培养锻炼，统筹构建公务员基层锻炼平台，打破干部"一岗定终身"和"提拔才调动"的用人模式。一是在锻炼对象和范围上实现"全覆盖"，将新录用的公务员、基层工作经历不满2年的科级以下（含科级）公务员和参照公务员法管理单位的工作人员，全部纳入实施范围。二是在锻炼时间上保证"不拖欠"。新录用公务员试用期满当年就要安排到基层锻炼，缺乏基层工作经历的机关年轻干部要有计划地安排到基层锻炼，时间为2年。特殊情况当年不能安排的，或当年同一部门（单位）锻炼人数较多的，可根据情况统筹考虑暂缓安排或分期、分批组织进行，但一般应在第二年上半年全部安排完毕。三是在锻炼去向上确保"达一线"。工作锻炼的具体基层单位，要求机关干部选择本单位对口的区级以下基层单位、与职位职责相关的所属企业，或选派参与扶贫、下乡驻村工作队、重点工程建设等工作。四是在锻炼人员的组织管理上突出"严考核"。锻炼人员在基层锻炼期间，派出单位不得以任何理由将其抽回或提前结束锻炼。对锻炼人员工作成效严格考核，要求派出单位会同基层单位除对锻炼人员按照公务员考核的有关规定进行平时考核和年度考核外，还要在锻炼期满后对其锻炼工作情况进行综合考核，以此作为晋升职级、选拔任用的重要依据。新录用公务员未经锻炼、锻炼期不满2年或锻炼工作考核评定等次在"一般"以下的不得提拔。五是在对各相关部门的工作要求上做到"明职责"。对各级组织人事部门、派出单位、接收单位，从宏观指导、组织协调、具体实施和组织管理方面明确职责，使其既各负其责，又协调配合，推动工作落到实处。

（2）构建上级机关跟班学习平台，拓展干部视野。应建立现任基层一线干部到上级机关跟班学习制度，由接受单位制订学习计划，选拔优秀的村

（社区）党组织书记、村（居）委会主任、基层站所及"两新"党组织书记等到市、区、镇机关跟班学习。将市、区、镇（街）三级涉及基层社会事务的安全生产、计生卫生、综治维稳、民政农渔等有关部门列为跟班学习单位，供学员选择，各取所需。应建立健全相关制度，确保学习成效：一是辅导员制度。单位要为学员指定经验丰富、业务熟悉、善于沟通、有较强责任心和耐心的同志作为学习辅导员，为学员释道解惑，及时掌握学员的思想、学习和工作情况，解决存在的问题和困难。二是多岗学习制度。到镇（街）跟班学习的，原则上要轮换 3 个部门；到市、区机关跟班学习的，原则上要在同一个单位轮换 3 个岗位。三是学习时间规定。规定每期学习时间为 3 个月，每个月学习时间不少于 15 天。具体时间安排由学员灵活处理，统筹好工作与学习。

（3）构建平级部门交流互动平台，提升干部综合素质。应加大年轻干部实践锻炼力度，积极推进机关与机关、机关与企事业单位、基层与基层之间的干部交流任职、交叉挂职，丰富阅历。对那些表现比较出色、有发展潜力的机关年轻干部，都要进行岗位轮换，使他们更多地了解基层情况，更多地积累基层工作经验。要建立选派优秀年轻机关干部到信访、司法、综治等部门挂职锻炼制度，提高处理基层突出矛盾的能力水平；要建立选派干部到经贸、发改、统计等经济部门挂职锻炼制度，提高服务经济社会发展的能力水平；要建立机关干部和企业一线干部交叉挂职锻炼的制度，促进相互了解。在镇（街）党政领导岗位上，对在同一职位任职满 10 年的，必须交流；在同一职位任职 5 年以上的，有计划地进行交流。要建立跨单位跨部门的干部交流信息公开制度，对干部个人的挂职锻炼需求、组织对干部的硬性挂职锻炼要求、机关和企事业单位培养人才的能力情况等进行公开，方便单位和干部进行挂职锻炼的双向选择。

（三）大力选拔任用，为基层一线干部脱颖而出提供广阔平台

要坚持树立重视基层的选人用人导向，把各类优秀人才引导到基层工作，把经过基层培养锻炼的优秀干部选拔到各级党政机关，逐步建立起"人才到基层、基层出干部"的干部培养选拔机制。

1. 改进考核办法，建立干部脱颖而出的考核机制

（1）落实考核主体责任。对基层一线干部，由本级组织部门进行考核评价；对挂职干部，采取"谁派出，谁考核；谁接收，谁监督"的考评制度，探索实行培养责任制。考核主体要采用平时考核与年度考核相结合、量化考核与定性考核相结合的办法，加大考评力度；要以经常性地、动态性地深入走访群众和谈心谈话的形式了解基层干部平时工作生活表现，以民主测评形式完成年度考核，不要让基层一线干部远离组织视野；要充分运用信息技术，广泛实施量化考核，实现量化考核日常化。

（2）注重考察干部的德行。对基层干部的考核，既要坚持客观公正、注重实绩的原则，又要考虑德才兼备、以德为先的用人原则。正确把握德与才的辩证关系，认真落实以德为先的要求，既注重"考能"更重视"考德"。落实以德为先的要求，关键是要把考德贯穿到培养选拔的全过程。要在日常全面"察德"，通过民主测评包括德的反向测评、个别谈话、民意调查、社区访谈等方式，了解干部在工作圈、生活圈、社交圈的表现，看人选在群众中的形象、口碑。要在年度考核时公开"验德"，通过年度考核结果公示，让广大干部群众监督，发现德有问题的，及时进行诫勉谈话、纠正错误。要在选拔任用时"审德"，注重向纪检、审计、信访等部门了解人选党风廉政情况，充分听取所在地方或单位党组织对人选德的评价，使选出来的干部组织放心、干部服气、群众认可。

（3）强化考核结果运用。加强和改进考核制度的目的，是为了能够准确区分人才的优、良、中、差。要对在考核中发现的优秀人才，适当给予调整工资待遇；对政治品质好、道德品行优、工作能力强的优秀人才，要及时发现、合理使用起来。要敏锐发现人才的短板和弱点，及时进行诫勉谈话，限期改进；对通过培训教育可以改进的，要给予机会参加培训教育；对长期不思悔改的，要作降职、辞退处理，及时兑现考核结果，确保考核的严肃性。

2. 明确选拔目标，形成注重基层的干部选拔导向

地市级党政领导机关要注重从区以下党政机关选拔优秀干部，还要注重从国有企业、学校、科研院所等事业单位，村（社区）组织及"两新"组织等基层选拔优秀人才，逐步完善干部队伍结构。经过5～10年的努力，达到以下目标要求：

（1）地市级党政主要领导干部，要注重从担任区级党政主要领导职务的干部和在国有企业、学校、科研院所等事业单位担任过主要领导职务的优秀人才中选拔。

（2）地市级党政机关工作部门领导班子成员中，要有一半以上具有基层一线领导工作经历。

（3）区级党政领导班子成员出现空缺时，要优先从具有镇（街）党政主要领导职务的优秀人才中选拔，注重从具有基层一线工作经历的优秀人才和干部中选拔。

（4）区级以上党政机关录用公务员，除部分特殊职位外，要逐步做到基本上录用具有两年以上基层工作经历的人员。区级以上党政机关有公务员编制空缺时，应优先考虑从下级党政机关公务员队伍中选拔。

（5）镇（街）党（工）委书记一般应具有镇、街道工作经历，优先从具有镇、街道领导岗位任职经历的人员中选拔。镇级党政领导班子成员出现空缺时，优先从镇（街）机关事业单位公务员中产生，同时应考虑从基层站所、村（社区）党组织书记、村（居）委会主任中产生。

3. 创新选拔方式，坚持不拘一格选贤任能

（1）公务员录用。公务员录用坚持"凡进必考"原则。市、区两级公务员录用应明确录用具有两年以上基层工作经历人员的比重。区级以下党政机关要拿出一定职位，专门面向镇（街）基层站所、企事业单位和在农村、社区工作的高校毕业生进行招考公务员。招录具有 2 年以上基层工作经历的，可根据岗位特征和单位在性别、年龄等结构方面的特点，适当增加性别、年龄等限制条件。对具有基层工作经历的参考人员，适当采取按基层工作经历年限加分的办法，每在基层工作 1 年，笔试增加 0.5 分。

（2）公开选拔。各级党政领导机关在公开选拔领导干部时，要有一定比例的职位用于选拔基层一线的优秀人才和优秀干部，而且可以适当放宽年龄、学历等条件限制。例如，可在 50 周岁以下、大专以上学历的优秀村（社区）党组织书记中公开选拔镇（街）党政领导副职。为避免基层单位的大量优秀人才流失，可采取兼职办法，从基层单位选拔的可兼职原职位，以维持工作的稳定性和持续性。

（3）公开遴选。各级党政机关职位有空缺时，要有计划地面向下级机关公务员进行公开遴选。本级组织部门可适当收回部分单位和部门的重要中层职位任免权，采取从本级公务员队伍中公开遴选的办法择优填补职位空缺。从"全市一盘棋"的角度，破除单位部门界限，打破优质资源被单位部门垄断的现象，减少重要资源被单位垄断而造成的腐败现象。

（4）公务员调任。根据工作需要，在规定的编制限额和职数内，严格按照公务员调任规定的条件和程序，有计划地将国有企业、事业单位中的优秀人才调任到党政机关担任领导职务。注重从经过基层锻炼、表现优秀的选调生和大学生"村官"中培养镇（街）领导干部。特别优秀的年轻干部，可以破格提拔使用。

（5）职位聘任。对专业性较强的事业单位职位，可以通过公开招聘或直接选聘的方式，选拔国有企业、事业单位或"两新"组织的优秀人才任职。村（社区）党组织书记、大学生"村官"、镇站所负责人、企事业单位负责人，思想政治素质好、实绩突出、群众公认、符合换届提名人选条件要求的，可通过竞争性方式产生人选，聘任为镇（街）党政副职兼职人选，不占镇领导班子职数。

（四）重视关爱激励，充分调动基层一线干部干事创业的积极性

各级党委不仅要从政治上、经济上关爱基层一线干部，还要在工作方面、生活方面给予基层干部适当倾斜。要在全社会营造基层干事创业光荣的良好氛围，激励基层一线干部扎根基层、干事创业。

1. 努力创造条件，保障基层干部参政议政的权利

（1）拓宽参政议政的平台。各级党代表、政协代表、人大代表要注重从具有较强议事能力和联系党员群众能力、带头创先争优的基层一线干部中产生代表。要改善代表结构，适当提高各级党代会、基层党员代表大会、人民代表大会的代表构成中基层一线干部的比例。

（2）扩大党内基层民主。拓宽党务公开的范围，凡是重大决策、重大事项和热点问题，只要不涉及党和国家机密，都应当及时公开；建立健全党内事

务听证咨询制度，对涉及经济社会发展和群众利益的重大事项，基层党组织要认真听取基层党员干部意见；结合年终考核工作，严格落实党员干部定期评议基层党组织领导班子成员制度；探索基层一线干部向上级党组织、政府反映情况、表达意愿的有效途径。

（3）落实和完善党代表大会代表任期制。完善代表提案和提议制度，提案在党代会召开期间由代表联名提出，提议在党代会闭会期间由个人或者代表联名提出；落实党代会代表联络机构，做好党代表的联络和服务工作；推行驻村（社区）党代表工作室制度，党代表应定期到工作室接待党员群众。

2. 加大经费支持，适当提高基层干部的经济待遇

（1）适当增加基层公务员职级。现行公务员制度中，公务员职务分为领导职务和非领导职务。较低的两个领导职务层次为乡科级正职、乡科级副职，最低的两个非领导职务为科员、办事员。但在实际的基层组织架构中，区、镇（街）层级较低，但社会管理和发展事务较多、任务较重，且工作人员众多，使大部分工作人员长期处于科员、办事员层级，严重影响了基层人员的工作积极性。可适当增加基层公务员职级，以激励基层公务员的工作积极性和创造性，如在区、镇（街）增加股级、副股级。内部增加的层级，只能在内部作为提高经济待遇使用；当上级单位选拔时，不应作为限制条件。

（2）减少不同地区的工资福利待遇差别。应以当地购买力水平为准绳，同一级别的干部在不同地区的工资福利收入的购买力水平应相当；适当采取财政补贴形式，补贴"边、少、山、穷"地区。在同一地区，可以采取同一级别存在级差的工资福利制度，即越往基层，同一级别享受的工资福利越高。这需要财政大力支持。

（3）建立工资福利与职级脱钩制度。强化非领导职务待遇，在政治上仍采用原职级，工资福利待遇享受非领导职务待遇。例如，一个优秀的科员，在没有领导职数空缺的情况下，维持科员级别不变，但可以按副科级或正科级享受工资福利待遇。

（4）鼓励基层干部干事创业。疏通大学生"村官"的五条出路，鼓励高校毕业生到基层干事创业。鼓励大学生"村官"开展经济项目，并对实施的项目给予适当经费支持，如每个项目给予项目总预算的30%经费支持；完善大学生"村官"的补贴保障制度，鼓励大学生"村官"竞选村党组织书记和村委会主任；鼓励大学生"村官"参加研究生招考，并报销报名费、考试所需的交通费和食宿费等。

3. 强化示范引领，营造基层干事创业光荣的良好氛围

（1）建立健全党内表彰制度。建立党内荣誉证书授予制度，研究确定党内表彰的最高荣誉称号，严格表彰标准，营造最高荣誉氛围，并给予适当物质奖励，增强为党和人民做出突出贡献的基层党组织和党员的自豪感和使命感。每年对50年以上党龄的老党员颁发纪念奖章，增强忠诚于党的老党员的荣誉感。

（2）加大宣传力度。积极引导优秀干部到基层一线干事创业、经受磨练，使优秀干部在这样的氛围内感受要进步必须先吃苦的"压力"，营造一种社会认同、干部适应、群众支持、大家参与的良好舆论氛围。

（3）树立先进典型。积极宣传基层一线干部先进事迹，让各级领导干部真正认识到建立来自基层一线干部培养选拔链的重大意义，引导和鼓励大家到基层创业建功、增长才干，切实树立起注重基层、注重实绩的用人导向。

（五）加强管理服务，为基层一线干部健康成长保驾护航

1. 完善基层干部监督巡查制度

各级组织部门和有关部门要采取多种方式，加强对本地区本系统基层干部的督查指导，及时发现和解决存在的突出问题，总结和推广新经验和有效做法，不断提高基层干部培养选拔的整体水平。要在对重大决策、干部任免和重点工程、重点项目建设等方面进行跟踪监督的过程中，把基层干部综合素质能力、突发事件应变能力、清正廉洁的党性党风作为监督的重要内容。对执政意识差、执政能力弱的基层干部进行反馈谈话，督促其培训提高。

2. 加强对基层干部全方位管理

各级组织部门要加强与纪检、检察机关和信访部门的沟通，及时了解干部作风和遵纪守法等有关情况，发现"带病"干部，要及时采取相应措施；要加强与统计、审计、计生、环保、劳动和社会保障等部门的联系，及时掌握一

个地方的经济发展速度、质量、发展潜力和社会事业发展情况，全面准确地识别、评价干部，培养发现优秀人才。

3. 严格执行班子配备制度

上级党委要制订下级班子配备的明确方案，对领导干部队伍的年龄结构、学历层次、任职经历等结构提出明确具体的刚性要求。例如，区级党政领导班子中应保持一定比例的从基层一线选拔的领导干部。上级党委组织部要加大宏观管理力度，对下级具备基层工作经验的干部配备达不到规定比例的要调整方案以确保基层干部的成长空间。

珠海人力资源现状及优化
人才发展环境研究

王凯宏 刘 斌 李 伟*

一 人力资源调查概述

2011 年 9 月 10 日至 12 月 31 日，珠海市人力资源和社会保障局、吉林大学珠海学院在全市范围内开展了珠海市人力资源调查，此项调查在珠海市为首次。

机关和事业单位采用统计报表、利用统计年鉴的方式收集资料。

企业采用随机抽样、典型调查和重点调研相结合的方法收集资料。样本企业按照珠海市第二次全国经济普查所公布的行业分布、员工数量、企业规模及影响力等进行分层抽样。对支柱行业，上市公司和大、中型企业及珠海特色企业进行典型调查和重点调研，对小型企业按照随机原则抽样调查。第一产业重点调查斗门区；第二产业重点调研珠海九大工业园区（高栏港经济区、高新技术产业开发区、航空产业园、富山工业区、南屏工业园、三灶工业园、新青工业园、平沙游艇与休闲旅游区和珠海保税区—跨境工业区）；第三产业重点在拱北和吉大等服务中心区域开展抽样调查。调查共访问企业 2966 家（见表 1～表 4），其中有效问卷 2869 份，问卷有效率达 96.7%。其中，珠海格力电器股份有限公司、伟创力科技（珠海）有限公司等 41 家重点企业，珠海国际货柜码头、珠海长成化工等 373 家规模以上企业，珠海华发、德豪润达、东信和平智能卡、远光软件等 12 家上市公司，珠海纳思达电子等 6 家珠海市荣获

---

* 王凯宏，珠海城市职业技术学院副教授，主要研究方向为人力资源管理；刘斌，珠海市人力资源和社会保障局副局长；李伟，珠海市统计局社情民意调查中心主任。

广东省著名商标称号企业均在本次调查范围之内。被调查企业样本分布广泛，拥有从业人员数合计40.97万人，占全市从业人员数的41.75%，接近一半。

表1　企业注册登记类型

单位：家，%

序号	经济类型	调查企业数量	所占比重
1	国有经济	73	2.54
2	集体经济	29	1.01
3	股份合作企业	67	2.34
4	联营企业	22	0.77
5	有限责任公司	1062	37.02
6	股份有限公司	161	5.61
7	外商投资企业	197	6.87
8	港、澳、台商投资企业	275	9.59
9	私营企业	495	17.25
10	个体经济	454	15.82
11	其他经济	34	1.18
合　计		2869	100.00

表2　调查企业行业分布情况

单位：家，%

产业	行业	企业数量	所占比重
第二产业	农副食品加工业	10	0.69
	食品制造业	45	3.13
	纺织业	34	2.36
	纺织服装、鞋、帽制造业	84	5.84
	家具制造业	23	1.60
	造纸及纸制品业	44	3.06
	印刷业和记录媒介的复制	69	4.79
	化学原料及化学制品制造业	63	4.38
	医药制造业	47	3.27
	橡胶制品业	14	0.97
	塑料制品业	74	5.14
	非金属矿物制品业	12	0.83
	金属制品业	103	7.16

续表

产业	行　业	企业数量	所占比重
第二 产业	通用设备制造业	16	1.11
	专用设备制造业	60	4.17
	交通运输设备制造业	20	1.39
	电气机械及器材制造业	78	5.42
	通信设备、计算机及其他电子设备制造业	189	13.13
	仪器仪表及文化、办公用机械制造业	26	1.82
	工艺品及其他制造业	54	3.75
	建筑业	64	4.45
	其他	310	21.54
	小　计	1439	100.00
第三 产业	交通运输、仓储和邮政业	75	5.24
	信息传输、计算机服务和软件业	88	6.15
	批发和零售业	276	19.30
	住宿和餐饮业	356	24.91
	金融业	89	6.22
	房地产业	83	5.80
	租赁和商务服务业	45	3.15
	科学研究、技术服务和地质勘查业	21	1.47
	居民服务和其他服务业	152	10.63
	教育	21	1.47
	卫生、社会保障和社会福利业	21	1.47
	文化、教育和娱乐业	74	5.17
	其他	129	9.02
	小　计	1430	100.00
	合　计	2869	100.00

表3　支柱产业分布

单位：家，%

经济类型	调查企业数量	所占比重
家用电器	24	12.83
生物医药	27	14.44
精密机械制造	35	18.72
电力能源	15	8.02
石油化工	16	8.56
电子信息	29	15.51
打印耗材	33	17.65
游艇制造业	8	4.37
合　计	187	100.0

表 4　战略性新兴产业汇总

单位：家，%

所属产业	企业	所占比重
节能环保产业	104	12.02
新材料产业	17	1.97
海洋工程产业	52	6.01
新能源	6	0.70
新能源汽车	24	2.77
高端电子信息	518	59.89
生物医药产业	70	8.09
医疗器械产业	63	7.28
航空产业	11	1.27
合　计	865	100.00

调研报告中数据的推算得到珠海市委组织部、珠海市统计局、珠海市人力资源和社会保障局、珠海市人才中心等有关部门的大力支持，以及多位专家学者的指导，调查数据的汇总使用了国际通用统计软件 SPSS，确保了结论的科学性和直观性。

二　珠海市人力资源总体情况

（一）人力资源的界定

人力资源，又称劳动力资源或劳动力，是指能够推动整个经济和社会发展、具有劳动能力的人口总和。人力资源的最基本方面包括体力和智力，从现实的应用形态来看，则包括体质、智力、知识和技能四个方面。关于人力资源年龄的界定，世界各国的规定也不尽相同。我国劳动年龄区间为男性 16～60 岁、女性 16～55 岁。

人力资源的数量构成主要包括以下八个部分：

（1）处于劳动年龄之内、正在从事社会劳动的人口，它占据人力资源的绝大部分，可称为"适龄就业人口"。

（2）尚未达到劳动年龄、已经从事社会劳动的人口，即"未成年劳动者"或"未成年就业人口"。

（3）已经超过劳动年龄、继续从事社会劳动的人口，即"老年劳动者"或"老年就业人口"。

（4）处于劳动年龄之内、具有劳动能力并要求参加社会劳动的人口，这部分可以称作"求业人口"或"待业人口"。

（5）处于劳动年龄之内、正在从事学习的人口，即"就学人口"。

（6）处于劳动年龄之内、正在从事家务劳动的人口。

（7）处于劳动年龄之内、正在军队服役的人口。

（8）处于劳动年龄之内的其他人口。

（1）～（3）部分人口是构成人力资源的主体人口，一般的人力资源调查与分析统计主要泛指主体人口。

本次调查研究的人力资源总量主要是指（1）～（5）部分人力资源，具体的人力资源构成分析主要是指主体人口。

（二）总体现状

1. 人力资源总量

2010 年年末珠海市人力资源总量为 123.24 万人。

（1）根据《珠海统计年鉴（2011）》：2010 年全市的从业人员年末数为 105.36 万人。

（2）根据《珠海统计年鉴（2011）》公布的年末城镇登记失业率 2.65% 计算，推算出全市失业、下岗、待岗人口为 2.79 万人[①]。

（3）根据《珠海统计年鉴（2011）》公布的在校学生人数计算如下：普通高等学校学生 10.82 万人、中等职业学校 1.99 万人、技工学校 0.73 万人、普通高中（因 16 周岁以下不计入人力资源，按 50% 计算）1.55 万人，推算全市就学人口合计 15.09 万人。以上三项合计，珠海市人力资源总量为 123.24 万人，即

$$105.36 + 2.79 + 15.09 = 123.24(万人)$$

---

① 2009 年从业人员年末数×年末城镇登记失业率，即 105.36 万人×2.65% = 2.79 万人。

在全市人力资源总量中从业人员占 85.49%，失业、下岗、待岗人口占 2.26%，在校学生占 12.25%。

2. 人力资源与经济发展的关系

人力资源是为社会经济发展全面服务的，因此人力资源总量的大小与构成和经济发展是密切相关的，纵观珠海市人力资源和地区 GDP 2001～2010 年发展变化趋势图可以看出，人力资源与 GDP 的总体和长期趋势是相一致的，GDP 变化略滞后于人力资源变化，符合经济发展规律（见表 5 和图 1）。

表5　2001～2010 年珠海市从业人员与 GDP 发展趋势变化统计

单位：万人，%，亿元

项目	2001 年	2002 年	2003 年	2004 年	2005 年	2006 年	2007 年	2008 年	2009 年	2010 年
从业人员	81.75	88.30	88.80	91.40	94.01	98.43	99.47	101.50	98.13	105.36
增速	3.64	8.01	0.57	2.93	2.86	4.70	1.06	2.04	-3.32	7.37
GDP	369.53	411.83	480.12	554.42	635.45	746.46	894.81	997.16	1038.66	1208.60
增速	12.09	12.37	17.47	14.21	13.05	16.1	17	9.22	6.55	12.85

资料来源：2001～2010 年《珠海统计年鉴》。

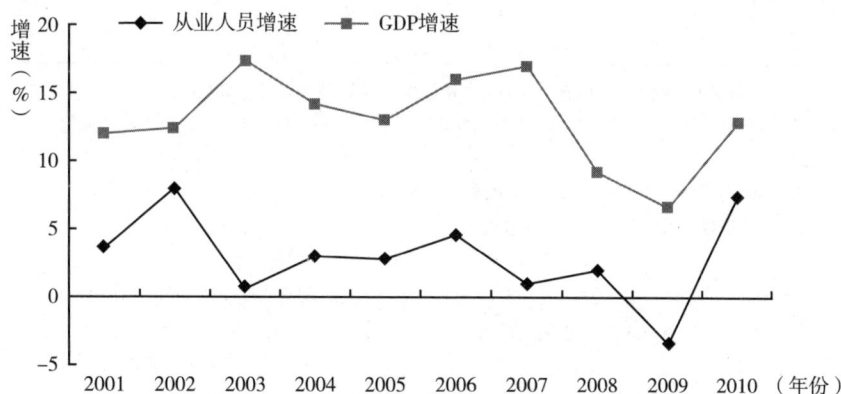

图 1　2001～2010 年珠海市从业人员与 GDP 发展趋势

3. 2011～2020 年珠海市从业人员预测

经测算珠海市 2001～2010 年的就业弹性系数①分别为 0.30、0.65、0.03、

---

① 就业弹性系数是从业人数增长率与 GDP 增长率的比值，即 GDP 增长 1 个百分点带动就业增长的百分点系数越大，吸收劳动力的能力就越强，反之则越弱。

0.21、0.21、0.29、0.06、0.23、-0.51、0.57。2010～2020 年珠海市就业弹性系数为 0.2 的可能性最大。对珠海市"十二五""十三五"平均按照地区生产总值增长 15%①、就业弹性系数 0.2 测算，"十二五"末期就业人员将达到 119.43 万人，城镇新增就业 16.41 万人，也就是说在不计算每年单位包括企业的自然减员的补员，每年新增的就业岗位需要 3.28 万人。"十三五"末期就业人员将达到 138.45 万人，比"十二五"末期增加 19.02 万人。2010～2020 年就业人数净增 35.43 万人，平均每年约增加 3.54 万人。高校毕业生就业是我国城镇就业面临的首要问题，巨大的就业人口压力应该是有关部门提早重视和规划的（见表 6）。

表 6　2010～2020 年珠海市就业人数规模预测

单位：万人

时间	就业人数 L_t	新增就业人数	时间	就业人数 L_t	新增就业人数
2010 年	103.02	——	2016 年	123.01	3.58
2011 年	106.11	3.09	2017 年	126.70	3.69
2012 年	109.29	3.18	2018 年	130.50	3.80
2013 年	112.57	3.28	2019 年	134.42	3.92
2014 年	115.95	3.38	2020 年	138.45	4.03
2015 年	119.43	3.48			

注：①以 2010 年就业人数为基数，以就业弹性系数为控制变量预测 2011～2020 年就业人数。

②预测公式为 $L_t = L_{t-1}(1 + A_t)$。其中，L_t 为 t 年就业人数，L_{t-1} 为 $t-1$ 年的就业人数，A_t 为 t 年的就业增加率。

③控制变量 A_t 为经济增长率和就业弹性系数的乘积。

④就业弹性系数 = 就业增长率/经济增长率。

（三）从业人员产业分布

1. 产业分布现状

2010 年珠海市三次产业吸纳从业人员的比例为 9.55∶42.68∶47.77，同期珠海市三次产业增加值的比例为 2.7∶54.8∶42.5。第二产业从业人员对 GDP 的贡献率最高，为 54.8%，而第一产业和第三产业从业人员对 GDP 的贡献率分别为 2.7% 和 42.5%，尤其是第一产业从业人员 2010 年较上年增长 48.9%，

---

① 珠海"十二五"规划 GDP 的年平均增长速度为 14.9%。

人员净增 3.3 万人，但是经济增长只有 5.5%（见表 7）。提高农业产品的附加值、提高农业的劳动生产率是相关部门应该重视的问题。

表 7　珠海市 2010 年从业人员产业分布与 GDP 比较统计

单位：人，%，亿元

产　业	2010 年从业人数			2010 年 GDP		
	总量	比重	增长率	总量	比重	增长率
第一产业	100644	9.55	48.9	32.90	2.7	5.5
第二产业	449606	42.68	1.8	658.66	54.8	17.6
第三产业	503302	47.77	6.6	511.02	42.5	7.1
合　计	1053552	100.00	7.4	1202.58	100.0	12.8

资料来源：《珠海统计年鉴（2010）》。

2. 从业人员与产业增加值的关系

2001～2010 年，三次产业增加值比例由 4.6∶51.3∶44.1 变动为 2.7∶54.8∶42.5，其中第一产业比重下降 1.9 个百分点，第二产业比重上升 3.5 个百分点，第三产业比重下降 1.6 个百分点；三次产业从业人员比例由 16.11∶37.87∶46.03 变动为 9.55∶42.68∶47.77，其中第一产业从业人员比重下降 6.56 个百分点，第二产业比重上升 4.81 个百分点，第三产业比重上升 1.74 个百分点（见表 8）。从世界经济的发展来看，世界各国（地区）产业和就业结构的变化都具有共同的发展规律，根据 Petty-Clark 定理，在产业结构的演进过程中产业结构朝着农业产出为主→工业产出为主→第三产业产出为主的方向发展。相应的，一个国家（地区）的劳动力构成也会逐渐由第一产业占优势而转化为第二产业、第三产业占优势。上述数据表明，珠海市产业结构及对从业人员的需求结构相对稳定。

表 8　珠海市产业结构和就业结构比重变动情况

单位：%

年份	从业人数			GDP		
	第一产业	第二产业	第三产业	第一产业	第二产业	第三产业
2001	16.11	37.87	46.03	4.6	51.3	44.1
2002	11.48	39.75	48.76	4.7	50.5	44.8
2003	11.22	42.64	46.14	3.8	56.4	39.8
2004	10.77	43.51	45.72	3.4	57.0	39.6

续表

年份	从业人数			GDP		
	第一产业	第二产业	第三产业	第一产业	第二产业	第三产业
2005	10.42	43.34	46.24	3.0	53.4	43.5
2006	9.95	42.67	47.38	3.4	55.0	41.6
2007	7.27	43.17	49.56	2.9	55.2	41.9
2008	7.26	42.71	50.03	2.9	54.7	42.4
2009	6.89	45.01	48.11	2.8	52.4	44.8
2010	9.55	42.68	47.77	2.7	54.8	42.5

产业结构与从业人员结构的演进客观上要求保持一定的关联性，即产业结构的变动必然会引起就业结构的变动，同时就业结构也会对产业结构产生积极影响，从业人员结构与产业结构具有高度关联性（见表9）。

表9　珠海市三次产业的结构偏离度*

年份	第一产业	第二产业	第三产业
2001	−0.71	0.35	−0.04
2002	−0.59	0.27	−0.08
2003	−0.66	0.32	−0.14
2004	−0.68	0.31	−0.13
2005	−0.71	0.23	−0.06
2006	−0.66	0.29	−0.12
2007	−0.60	0.27	−0.15
2008	−0.60	0.28	−0.15
2009	−0.60	0.16	−0.07
2010	−0.72	0.28	−0.11

*产业结构偏离度是指各产业增加值的比重与相应的劳动力比重的差异程度。
注：结构偏离度 = GDP的产业构成百分比/从业人员构成百分比 −1。

结构偏离度的绝对值越小，产业结构与从业人员结构发展越平衡，结构偏离度为正，表明三次产业中产业产值份额大于从业人员份额，反之亦然。当结构偏离度为零时，两者结构处于均衡状态。

根据西蒙·库兹涅茨的研究成果，随着人均GDP的提高，三次产业的结构偏离度将越来越小，逐步趋向零，当人均GDP为5000美元时，三次产业的结构偏离度大体上为 - 0.40、0.06、0.07。2010 年珠海市人均 GDP 为 77888 万元时，结构偏离度却为 - 0.72、0.28、- 0.11，第一产业 2001 年以来产业结构偏离度的绝对值基本在 0.6 左右徘徊，一直居高不下。第二产业 2001 年以来产业结构偏离度有趋向合理的趋势，但结构偏离度远远大于人均 GDP 5000 美元时的国际水平，说明珠海市第二产业劳动力转移的严重滞后，第三产业在2001~2010年，产业结构偏离度由 0.04 上升到 2007 年 0.15 后逐年下降到 2010 年的 0.11，特别是 2009 年呈现骤减现象，接近西蒙·库兹涅茨的人均 GDP 5000 美元时结构偏离度 0.07 的国际水平，这说明第三产业的产业结构与就业结构正在向均衡状态迈进，第三产业一直保持着对转移劳动力的旺盛需求。

（四）从业人员行业分布

从参与经济活动的国民经济主要行业的从业人员指标来看，珠海市人力资源按照由高到低主要分布在以下主要行业：制造业占 34.38%，批发和零售占 17.93%，农、林、牧、渔业 8.17%，交通运输、仓储和邮政业 3.48%，居民服务和其他服务业 2.77%，公共管理和社会组织 2.57%，住宿和餐饮业 2.56%。仅工业就占据三分之一强，以上七大行业占人力资源总量的 71.86%，由此可见，工业和批发零售业是人力资源最为集中的行业，占据着珠海市人力资源的半壁江山。

从地区生产总值的构成来看，各行业增加值占 GDP 的比重由高到低依次为：工业 51.25%、批发和零售业 10.39%、房地产业 6.38%、金融业 4.63%、公共管理和社会组织 4.00%、建筑业 3.52%。工业超过一半，以上六大行业占 GDP 的 80.17%（见表 10）。通过表 10 可以得出如下结论：①第一产业和传统第三产业的批发和零售业用工较多，但所创造的增加值较少；②工业无论是人力资源需求量还是所创造的增加值都对珠海市起着举足轻重的作用，其最显著的特征就是"三分之一的人力资源却创造了超一半的 GDP"，工业尤其是制造业将是珠海市未来人力资源需求潜力最大的行业；③第三产业中金融业等现代服务业对人力资源的需求标准高，发展潜力巨大，所创造的 GDP 增幅较大，是传统服务业及工业等其他行业所无法比拟的，珠海市未来的产业发展将逐渐由第二产业向第三产业过渡，第三产业将是珠海市人力资源需求前景最为广阔的产业，尤其是现代服务业对高层次人才的需求更大。

表10　珠海市2010年人力资源分布与行业增加值比重对照

单位：人，％，万元

国民经济行业	人力资源		行业增加值	
	总量	比重	总量	比重
农业	100644	8.17	323552	2.67
工业	423733	34.38	6193901	51.25
建筑业	25873	2.10	426174	3.52
交通运输、仓储和邮政业	42881	3.48	253888	2.10
信息传输、计算机服务和软件业	19184	1.56	356025	2.94
批发和零售业	220999	17.93	1255155	10.39
住宿和餐饮业	31606	2.56	305583	2.53
金融业	18500	1.50	559328	4.63
房地产业	20651	1.68	771010	6.38
租赁和商务服务业	24888	2.02	376008	3.11
科学研究、技术服务和地质勘查业	4210	0.34	73337	0.61
水利、环境和公共设施管理业	8136	0.66	51396	0.43
居民服务和其他服务业	34182	2.77	111789	0.92
教育	22628	1.84	321171	2.66
卫生、社会保障和社会福利业	11000	0.89	156867	1.30
文化、体育和娱乐业	12795	1.04	67804	0.56
公共管理和社会组织	31642	2.57	482970	4.00
学生（未从事经济活动）	150900	12.24	—	—
失业、下岗、待岗	27919	2.27	—	—
合　计	1232371	100.00	12085958	100.00

（五）从业人员区域分布

　　珠海市三个行政区的自然资源禀赋和陆路面积接近，但由于历史的原因，三个行政区的经济和社会发展相差比较悬殊，人口的聚集度也存在很大的差距。香洲区为主城区，是人口聚集和经济社会发展的中心城区，西部的金湾区和斗门区的发展和配套明显滞后。在全市从业人员中，63.31%的从业人员集中在主城区香洲区，斗门和金湾区分别占18.81%和17.88%，均不足全市的两成（见表11），随着"工业西拓"和西部地区交通与配套的完善，人口分布欠均衡的问题会逐渐得到缓解。

表 11　珠海市 2010 年从业人员区域分布***

单位：万人，%

行政区	从业人员		年末常住人口		从业人员比占常住人口
	总量	比重	总量	比重	
香洲区	66.70	63.31	89.26	57.21	74.73
斗门区	19.82	18.81	41.59	26.65	47.65
金湾区	18.84	17.88	25.18	16.14	74.82
合　计	105.36	100.00	156.03	100.00	67.53

*表中的香洲区包括香洲区、高新区、横琴新区和万山区，金湾区包括金湾区和高栏港区。

2010 年全市从业人员人均创造地区增加值 11.47 万元，其中金湾区从业人员的经济效率最高，人均创造地区增加值 15.44 万元，斗门区从业人员的经济效率最低，人均创造地区增加值 8.19 万元（见表 12）。

表 12　珠海市 2010 年区域从业人员人均生产总值

单位：万人，%，亿元，万元/人

行政区	从业人员		地区生产总值		人均生产总值
	总量	比重	总量	比重	
香洲区	66.70	63.31	755.42	62.51	11.33
斗门区	19.82	18.81	162.34	13.43	8.19
金湾区	18.84	17.88	290.84	24.06	15.44
合　计	105.36	100.00	1208.60	100.00	11.47

（六）从业人员经济类型分布

从经济类型来看，从事个体经济的 20.956 万人，占从业人员主体的 19.89%，是从业人数最多的，港、澳、台商投资企业占 18.07%，外商投资企业占 17.33%，私营企业占 16.96%，四大经济类型吸纳从业人员均在 15 万人以上，合计吸纳从业人员 76.13 万人，占从业人员的 72.25%，超过七成。国有经济和集体经济则相对次之（见表 13）。

表 13 珠海市 2010 年从业人员经济类型分布

单位：人，%

经济类型	从业人员数	比重
国有经济	101610	9.64
集体经济	62643	5.95
股份合作企业	8086	0.77
联营企业	1569	0.15
有限责任公司	64537	6.13
股份有限公司	47940	4.55
外商投资企业	182593	17.33
港、澳、台商投资企业	190417	18.07
私营企业	178696	16.96
个体经济	209560	19.89
其他经济	5901	0.56
合　计	1053552	100.00

三　人力资源的特征

（一）性别情况

全市从业人员的男性约为 56.45 万人，占 53.58%，女性约为 48.91 万人，占 46.42%，男性高于女性 7.16 个百分点，男性比女性多 7.54 万人。其中，香洲区、斗门区和金湾区男性分别占 52.52%、53.09% 和 57.85%，女性分别占 47.48%、46.91% 和 42.15%，香洲区从业人员男女比重接近，而金湾区男女比重的差最大，近 16 个百分点（见表 14 和图 2）。从性别分析可以得出如下结论，第二产业增加值高的区域与男性所占比重成正比，而第三产业增加值高的区域与女性所占比重成正比。

表 14 珠海市 2010 年从业人员性别与行政区交叉统计

单位：人，%

性别	全市		香洲区		斗门区		金湾区	
	总量	比重	总量	比重	总量	比重	总量	比重
女性	489059	46.42	316693	47.48	92963	46.91	79400	42.15
男性	564493	53.58	350311	52.52	105210	53.09	108975	57.85
合计	1053552	100.00	667004	100.00	198173	100.00	188375	100.00

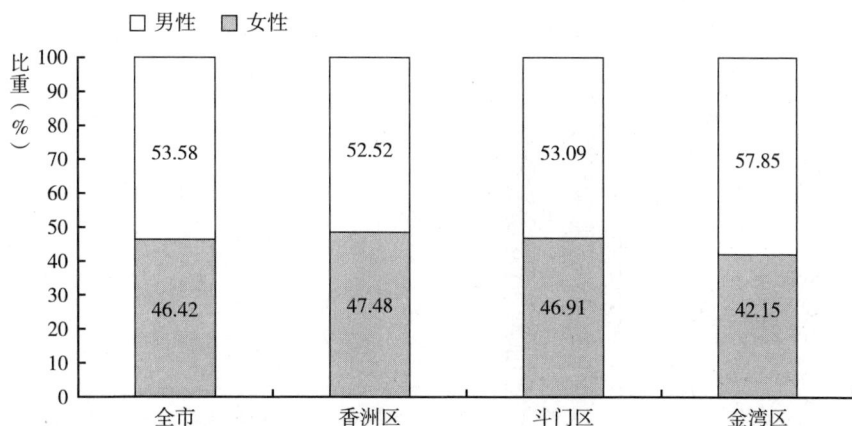

图 2　珠海市各行政区从业人员性别分布

（二）年龄情况

从事经济活动的从业人员以 20～30 岁为主体，占全市从业人员的 51.82%，占据着人力资源的半壁江山，其次为 31～40 岁的从业人员，占 24.35%，从三个行政区看，斗门区的从业人员呈现明显的年轻化态势，30 岁以内的从业人员占 76.54%，高于金湾区 15.11 个百分百点（见表 15 和图 3）。全市从事经济活动的从业人员的平均年龄为 27.95 岁，金湾区的平均年龄最高，为 28.74 岁，香洲区为 28.23 岁，斗门区的平均年龄最低为 26.23 岁。

表 15　珠海 2010 年行政区与年龄分布交叉统计

单位：人，%

年　龄	全市		香洲区		斗门区		金湾区	
	总量	比重	总量	比重	总量	比重	总量	比重
20 岁以下	153503	14.57	97137	14.56	33676	16.99	22690	12.05
20～30 岁	545951	51.82	334915	50.21	118011	59.55	93025	49.38
31～40 岁	256540	24.35	166321	24.94	36165	18.25	54054	28.69
41～50 岁	85443	8.11	59830	8.97	8979	4.53	16634	8.83
50 岁以上	12116	1.15	8801	1.32	1342	0.68	1972	1.05
合　计	1053553	100.00	667004	100.00	198173	100.00	188375	100.00

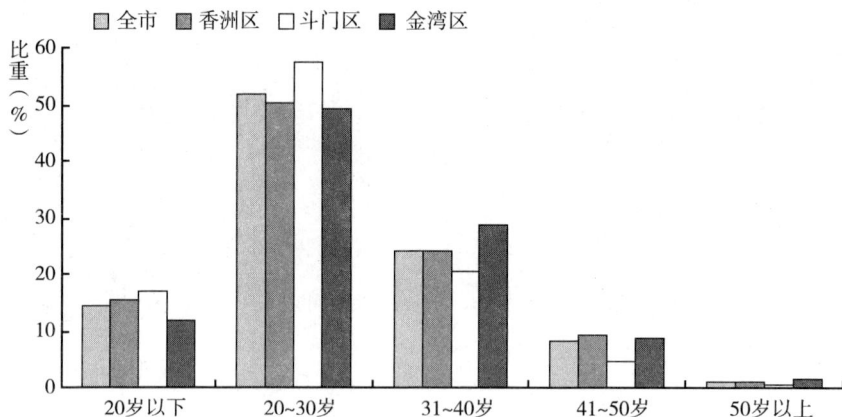

图3 珠海市各行政区从业人员年龄比重分布

从人口年龄三分法分析，珠海市正处于人口年龄结构的最佳时期（见图4）。0～14岁人口比重大幅度下降，从1982年的31.09%下降到2010年的13.5%，65岁以上老年人口比重从1982年5.28%小幅度下降到2000年3.94%后又有所回升至2010年4.93%，15～64岁的劳动力年龄人口比重大幅度上升，从1982年63.63%一直上升至2010年81.57%。

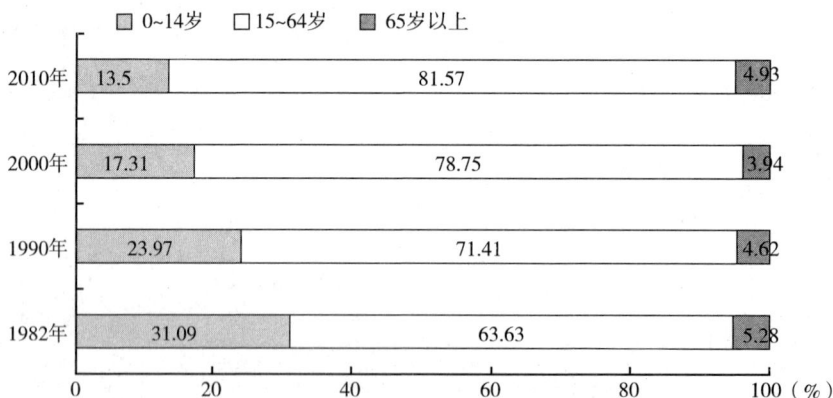

图4 珠海市1982～2010年人口结构变动

2010年珠海市从业人员占年末常住人口的比重为67.47%，高于广东省比重8个百分点①，其中金湾区、香洲区从业人员占年末常住人口的比重超过了70%，

---

① 数据来源于广东省人民政府网站。

斗门区从业人员占年末常住人口的比重最低，仅为47.65%。从业人员比重高，从另一个方面说明珠海市人口年龄轻、抚养率和赡养率低，意味着珠海市人口正处于抚养负担较低的"人口红利"的黄金时期，根据人口发展的规律，在人口迁入无异常的前提下，珠海市"人口红利"将会持续较长一段时间。

（三）文化程度情况

1. 总人口文化教育程度

珠海市一直非常重视教育，在全国第一个实行十二年义务教育，积极引进和重奖高层次人才是珠海市一直以来的政策导向。1982～2010年，人口受教育水平明显提升，高学历人口比重明显增加，1982年小学及以下受教育程度的占总体近70%，2000年这一比重下降为近30%，到2010年不足20%；2000年受教育程度在大专以上的人口仅占8.03%，到2010年上升为19.59%（见图5），在广东省位居第二[①]，仅低于广州市。以上数据表明，珠海市人口的受教育程度初步从低层次向较高层次发展。

虽然高学历的人口比重明显提高，但是全市人口受教育程度仍然偏低。2010年受教育程度比重从高到低依次为初中、高中（含中专）、大专以上、小学、文盲及半文盲，初中及以下教育程度的占总人口的54.22%。

2. 从业人员文化程度

珠海市从业人员以高中和初中为主体，占68%左右，其中高中文化程度的约39.3万人，占37.30%，初中文化程度的约31.79万人，占30.17%，其他由高到低依次为本科和大专，值得注意的是，珠海市从业人员中仍有超过2万人（占总体2.1%）文化程度是小学及以下，这与珠海市大力发展高端制造业、高新产业和高端服务业的战略发展存在较大矛盾，高素质、高学历、高技能人才问题能否尽快解决，是产业转型升级面临的重要问题之一。

令人高兴的是，本次调查中珠海市有硕士及以上从业人员约2.5万人，占从业人员的2.42%（见图6）。珠海市从业人员文化程度逐年提高，尤其是硕士、博士人数增加，究其原因，可概括为以下几点：①珠海市一直对教育的重

---

① 广东省第六次人口普查数据。

（a）2000年

（b）2005年

（c）2010年

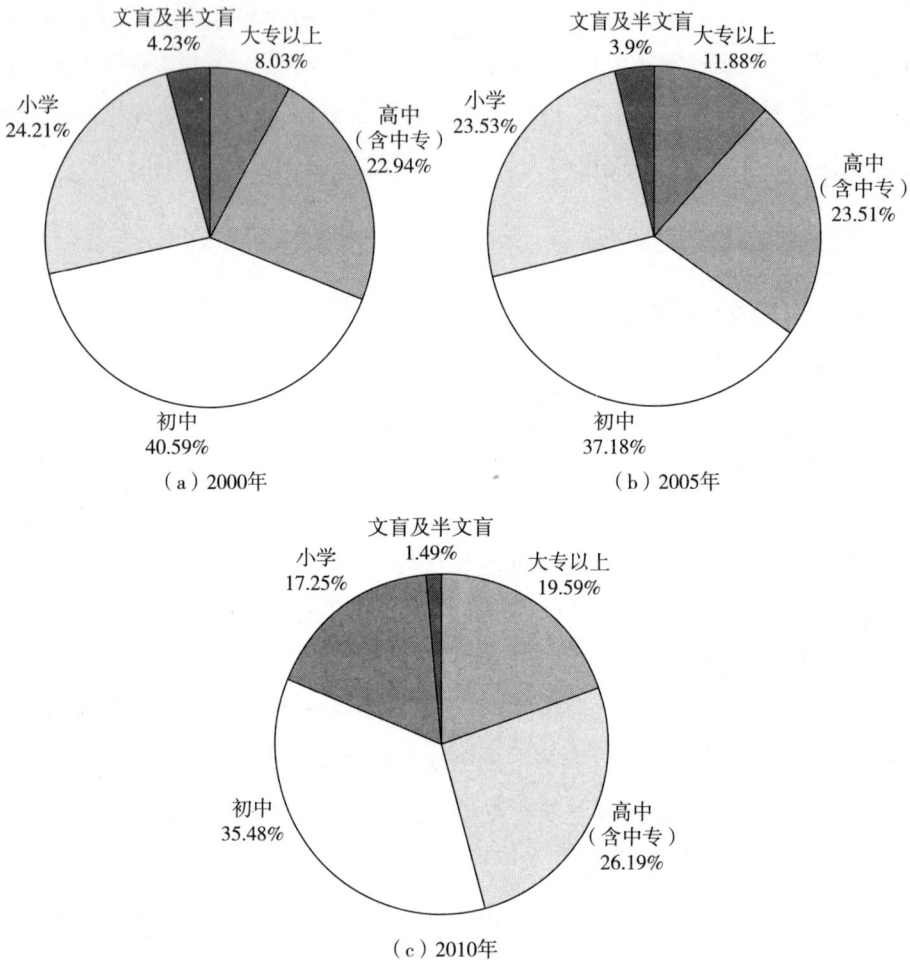

图 5　珠海市各年受教育程度比重

视和对高层次人才的激励政策；②珠海市拥有中山大学珠海校区等 10 所大专院校；③10 所大专院校在珠海市对硕士和博士进行培养；④珠海市从业人员对学历的重视。

（四）职称/职业资格等级情况

1. 职称等级情况

职称是指专业技术人员的专业技术水平、能力以及成就的等级称号，通常

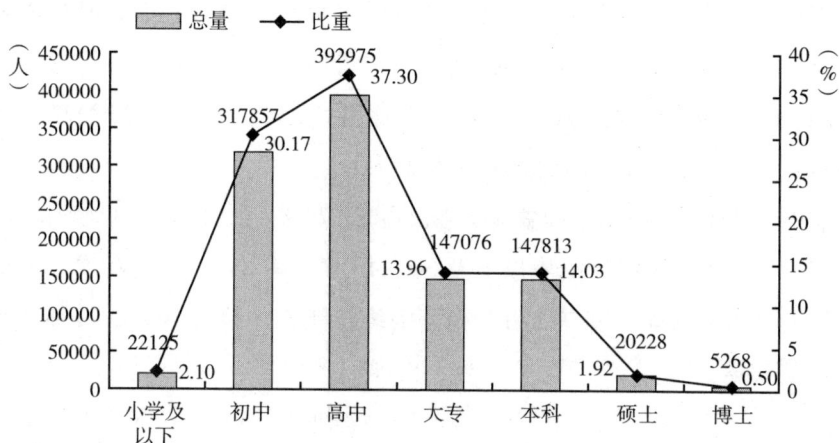

图6 珠海市 2010 年文化程度分布

要有较高的学历，从事专业技术工作。更多在生产第一线的人员要取得职业资格等级证书。

2010 年珠海市约有 33.7 万从业人员取得了专业技术职称，占从业人员的 32.02%。职称分布呈倒金字塔形，在取得专业技术职称的从业人员中，依次为初级占 17.34%，中级占 10.36%，高级占 4.32% （见表16）。

表 16 珠海市 2010 年技术职称分布*

单位：人，%

技术职称	总量	比重	技术职称	总量	比重
高 级	45513	4.32	未聘任	716205	67.98
中 级	109148	10.36	合 计	1053552	100.00
初 级	182686	17.34			

* 有技术职称的人数包括企事业单位及大学园区，其中包含获得国家资格证及企业以相应职称所聘用人员。

2. 职业资格等级情况

（1）职业资格等级现状。2011 年珠海市技能人才总量约为 28.50 万人，占全市从业人员的25.9%，高技能人才总量为8.12万人，占全市技能人才的28.49%。技能人才总量和比重均超过国家"十一五"人才规划和珠海市目标（国家目标为高技能人才占技能劳动者的比重达到25%以上；珠海市目标为2010年技术劳动者的人数要达到24.79万人）。

技能人才中男性占67.21%，女性仅占32.79%。技能人才的年龄偏年轻，平均年龄只有32.06岁，30岁以下及30~40岁的占81.69%，40岁以上成熟的技能人才不足20%（见表17）。初、中级技能人才超过70%，技师和高级技师不足20%。

表17　珠海市2011年技能人才基本情况

单位：人，%

项目	内容	技能人才总量	比重
性别	男	191549	67.21
	女	93452	32.79
年龄	30岁以下	141987	49.82
	30~40岁	90830	31.87
	41~50岁	46113	16.18
	50岁以上	6071	2.13
合　计		285001	100.00

95.98%的技能人才与企业签订了书面劳动合同，企业为91.97%的技能人才缴纳了社会保险。

技能人才中，拥有国家职业资格证书的为16.98万人，占技能人才总量的59.57%，其中初、中级工11.61万人，占68.38%，高技能人才5.37万人，占31.62%。没有职业资格证书，但单位按照技能人才使用的为11.52万人，占技能人才总量的40.42%，其中初、中级工8.09万人，占70.23%，高技能人才3.43万人，占29.77%。

（2）职业资格等级动态分析。2006年珠海市拥有的技能人才的总量达24.80万人，技能人才占从业人员的比重高达25.2%，高技能人才总量达

7.35 万人，占技能人才的 29.64%，技能人才总量和比重均超过国家"十一五"人才规划和珠海市目标。

受全球金融危机的重创，2009 年技能人才的总量仅为 22.10 万人，比 2006 年减少 2.7 万人，技能人才占从业人员的比重下降为 22.5%，由于企业裁员最多的是初、中级技能人才，因此与 2006 年相比较，技能人才占从业人员的比重下降 2.7 个百分点，但高技能人才占技能人才的比重增加了 2.49 个百分点，高技能人才占技能人才的比重仍然超过国家"十一五"末期规定的 25% 的目标。

随着经济的逐渐全面复苏，企业订单的大量增加，企业用工人数剧增，2011 年技能人才总量比 2009 年增加 6.4 万人，年均增速达 13.56%，高技能人才年均增加近 5100 人，年均增速为 6.94%（见表 18）。

表 18　珠海市 2006 ~ 2011 年技能人才动态发展比较

单位：万人，%

年份	从业人员	技能人才	技能人才占从业人员比重	其中：高技能人才	高技能人才占技能人才比重
2006	98.43	24.80	25.2	7.35	29.64
2009	98.13	22.10	22.5	7.10	32.13
2011	110.00	28.50	25.9	8.12	28.49

注：从业人员为全市口径，包括城镇单位从业人员、私营企业和个体从业人员三部分。
资料来源：表中数据均为课题组历次技能人才调研的数据。

（五）经营管理人员情况

2010 年全市从事企业经营管理人员①约 14.07 万人，占从业人员总数的 13.35%，香洲区管理人员比重最高，为 14.18%，斗门区最低，为 11.46%。企业经营管理人员比重与不同的行业和管理效率相关（见表 19）。

---

① 指在企业管理岗位上工作的人员之和，包括出资人代表、经营管理人员、党群工作者。

表 19　珠海市 2010 年各行政区与管理人员的交叉统计

单位：人，%

项目	全市	香洲区	斗门区	金湾区
管理人员总量	140669	94581	22711	23377
从业人员	1053552	667004	198173	188375
管理人员/从业人员	13.35	14.18	11.46	12.41

（六）优势产业从业人员情况

1. 规模

家电电器、生物医药、精密机械制造、电力能源、石油化工和电子信息六大工业企业为珠海市优势产业。2009 年珠海市六大优势产业增加值合计为 390.58 亿元，占全市工业增加值的 78.2%，占全市 GDP 的 37.64%，优势产业的地位明显。

2009 年年末珠海市六大优势产业从业人员为 35.88 万人[①]，占全市从业人员数的 36.56%，居于三分之一强，其中电子信息行业从业人员最多，高达 15.35 万人，家电电器 8.54 万人，其他依次为精密机械制造、石油化工、生物医药和电力能源行业。从工业总产值前三名企业来看，以和佳医疗设备、伯轩医疗科仪和广东宝莱特医用科技股份有限公司为代表的医药制造业吸纳就业人数最多，以伟创力制造、伟创力实业和伟创力电脑（珠海）有限公司为代表的电子信息制造业，以格力电器、飞利浦家庭电器为代表的家用电器制造业，以碧辟化工、联成化学工业和裕华聚酯有限公司为代表的石油化工制造业，以佳能、伟创力科技和兰吉尔仪表系统（珠海）有限公司等为代表的精密机械制造产业是珠海市人力资源最为密集的产业。近三年，珠海市的游艇制造和打印耗材产业发展也非常迅猛，是珠海市新崛起的新兴产业，未来十年，珠海市在海洋工程装备和通用航空制造等产业的发展潜力及空间优势凸显，将会形成"东部服务""西部制造"的产业功能布局。"双港"的资源优势将会

---

① 根据珠海市统计局核算的指标口径推算。

为先进制造业的崛起奠定坚实的基础。

六大优势产业中，电力能源行业从业人员的经济效率最高，人均创造增加值为 365.20 万元，其次是生物医药，人均创造增加值为 25.94 万元，六大优势产业中，从业人员的经济效率较低的是电子信息和精密机械制造（见表 20）。

表 20　2009 年珠海市从业人员分布及创造工业增加值情况统计

单位：万人，％，亿元，万元/人

行业	人力资源总量		工业增加值		人均创造增加值
	总量	比重	总量	比重	
家电电气	8.54	23.80	128.59	32.92	15.06
生物医药	0.96	2.68	24.90	6.37	25.94
精密机械制造	5.96	16.61	38.04	9.74	6.38
电力能源	0.15	0.42	54.78	14.03	365.20
石油化工	4.92	13.71	46.23	11.84	9.40
电子信息	15.35	42.78	98.04	25.10	6.39
合　计	35.88	100.00	390.58	100.00	10.89

注：①表中行业划分标准参照了国家统计局行业划分标准及珠海市科工贸信息局的有关文件规定。

②表中的从业人员数据由 2008 年经济普查行业数据推算得出。

③表中的工业增加值为 2009 年珠海市《国民经济与社会发展统计公报》数据。

2. 结构

六大优势产业中共有 3.49 万管理人员，占优势产业从业人员总量的 9.72％，比全市管理人员的比重低 3.39 个百分点。男性从业人员占 2/3，共计 24.08 万人，男性占有明显的优势，而女性仅占 32.88％，共 11.8 万人，产业从业人员的男女性别与产业的性质相关。

六大优势产业从业人员的平均年龄为 26.5 岁，低于全市平均年龄 1.42 岁，从业人员近 60％为 20～30 岁，30 岁以下的从业人员占 75.05％，高于全市 8.66 个百分点（见表 21）。

表 21　六大优势产业从业人员年龄分布

单位：万人，%

年龄	总量	比重	年龄	总量	比重
20 岁以下	5.72	15.95	41~50 岁	1.75	4.88
20~30 岁	21.21	59.10	50 岁以上	0.20	0.55
31~40 岁	7.00	19.52	合　计	35.88	100.00

（七）战略性新兴产业从业人员情况

2010 年 9 月，珠海市出台了《关于加快发展战略性新兴产业的意见》，将高端新型电子信息、生物医药、新能源及新能源汽车、新材料、航空、海洋工程和节能环保 7 个领域作为珠海市战略性新兴产业，并提出未来五年战略性新兴产业年平均产值增速要高于同期工业产值增速 5 个百分点以上，最终战略性新兴产业年产值将超 1000 亿元。重点领域为高端新型电子信息、生物医药、新能源及新能源汽车；布局发展领域为新材料、航空、海洋工程及节能环保产业。

在珠海市确定的战略性新兴产业当中，2010 年全年的营业收入超过 437 亿元，资产总计达到 489 亿元，从业人数约为 7.17 万人（见表 22）。

表 22　珠海市 2008~2010 年战略性新兴产业从业人员汇总

单位：家，人

所属产业	企业	2008 年	2009 年	2010 年
节能环保产业	104	2535	2546	2846
新材料产业	17	3276	3256	3415
海洋工程产业	52	4368	4684	5642
新能源	6	296	430	664
新能源汽车	24	3774	4164	5037
高端电子信息	518	29113	29830	37626
生物医药产业	70	7995	8520	9881
医疗器械产业	63	3372	3393	4072
航空产业	11	2212	2287	2503
合　计	865	56941	59110	71686

资料来源：珠海市战略性新兴产业研究课题组；数据由珠海市统计局提供规模以上企业产值进行统计汇总，目前国家尚无战略性新兴产业的统计标准，数据仅限于科学研究使用。

（八）人才资源情况

2010 年年末珠海市的人才总量为 33.24 万人①，占全市从业人口的 31.54%，占全市总人口的21.23%。其中专业技术人才人数最多，约15.84 万人，占人才总量的 47.65%，其次是企业经营管理人才（主要指企业中层正职以上的经营管理人才），占 23.71%，高技能人才（主要是指具有高级技工以上的技能型人才）占 22.65%，党政人才 1.28 万人，农村实用人才 0.64 万人，社会工作人才 0.07 万人（见表23）。

表 23　2009～2010 年珠海市的人才总量

单位：万人，%

人才类型	2009 年人才总量	比重	2010 年人才总量	比重	增长人数
党政人才	1.23	3.93	1.28	3.85	0.05
企业经营管理人才	7.5	23.97	7.88	23.71	0.38
专业技术人才	14.8	47.31	15.84	47.65	1.04
高技能人才	7.1	22.69	7.53	22.65	0.43
农村实用人才	0.6	1.92	0.64	1.92	0.04
社会工作人才	0.055	0.18	0.07	0.22	0.015
合　计	31.285	100	33.24	100	—

注：①数据为年末人数，由珠海市人力资源和社会保障局提供。
②企业经营管理人才为中层以上。
③各类人才为珠海市属人员。

四　企业对人力资源管理的意见及建议

（一）企业反映的主要问题

1. 人力资源网站建设难以满足企业的需求

网站宣传力度不够，开发建设明显滞后。目前人力资源管理工作还主要停

---

① 数据来源于珠海市人力资源和社会保障局。

留在传统的人事档案的托管和转移，对人力资源网站的开发与建设重视力度不够，在网站的功能设置、网络速度、操作便捷度及开发建设上明显落后于周边兄弟城市，与企业对人力资源的需求相脱节，致使很多企业仍然靠户外张贴招工广告和员工介绍等传统的招聘手段招工。人力资源中心的人才招聘港、人才储备港、人才配置港、人才开发港作用发挥得不够理想，供需双方无法在市场规律的作用下达到人力资源的合理配置。

2. 对高级技术专业人才吸引力偏弱

珠海市工业经济多年来一直发展相对缓慢，优势产业并不十分明显，规模以上工业企业多年来一直在 1300 家徘徊，上下游产业链条较少，规模难以做大做强，中小型企业经营成本居高不下，向中山、东莞及佛山等地迁移趋势明显。工业经济规模和活力直接影响着人力资源的正常合理流动，很多企业反映：专业技术人才一旦跳槽，在珠海市很难找到同岗位和专业的企业，而在广州、佛山和东莞等地却很容易找到更高薪酬的相同岗位。目前珠海市比较紧缺的人才主要包括以下几类：①制造业技术人才及高级技工，尤其是新引进的装备制造业和航天产业技术人才更是奇缺；②有着丰富经验的中高层企业管理人才；③酒店旅游服务行业的人才。作为旅游城市，人力资源的开发配置与酒店旅游服务行业的人才需求极不相适应，酒店旅游业是人员流动较为频繁的行业，服务人员严重缺乏，一方面中高级管理人才不断流向近邻澳门；另一方面珠江三角洲各城市间竞争也越加激烈，尤其是广州亚运会等国际性体育盛事对周边城市的酒店旅游业人才具有较强的吸引力。

3. 招聘应届毕业生，培训成本高，使用周期短

由于难以招聘到具有从业经历的员工，很多公司被迫无奈招聘应届大中专毕业生，这些人员进入公司后还要进行很多的相关培训，无形中增大了企业的培训成本，而令企业最头痛的是这些人频繁跳槽，流动性大，使用周期短。近两年，这一现实问题一直困扰着企业。还有一些酒店反映，珠海市本地缺少大型培训机构，更谈不上好的培训项目了，酒店旅游业要经常委托培训机构开展培训，而此类培训多在广州、深圳等地举办，加重了企业的经济负担。

4. 高素质人才流出总体上多于引进

人力资源结构不合理主要表现在：①新生代技能人才相对好招，但缺少吃苦精神，流动频率高，多在市内同类型行业间流动；②高素质技术和管理人才严重匮乏，随着市场经济体制的确立和人才主体意识的增强，人才会正常地合理流动，其特征是向周边城市流动居多。两者的流动虽然使人力资源的总量总体变化不大，但使高素质的技术和管理人才日趋减少，人力资源的总体素质着实难以提升。

5. 人力资源管理"简单利用，忽视培养"

对众多依赖廉价劳动力生产的制造类企业，其人力资源开发与管理仍处于"简单利用，忽视培养"的粗放经营模式。劳动关系不规范，劳动关系短期化，劳动者权益受侵犯，一些企业根本就没有人力资源的储备和开发计划，拿到订单招人，没有订单解聘，更多的企业缺乏人力资本的投资观念，忽视劳动者对就业安全、职业发展前景、在职培训、劳动管理的规范性和企业用工的公平性等方面的需求，只是一味地榨取劳动力价值。珠海市的经济结构特征是以外向型为主，外贸依存度2009年高达246.4%，出口依存度为117.1%，远远高于全省平均水平和珠江三角洲的兄弟城市，外向型企业大多处于整个商品利益链的终端，只是赚取一点加工费用而已。这些企业为了在行业激烈竞争中生存，会尽可能压低劳动力成本，但随着经济的发展、物价的上涨和社会消费水平的整体提高，人力成本不断上升也是必然。

（二）企业对政府部门的建议

1. 政府搭桥，企业与高校密切合作培养紧缺人才

珠海市要充分利用珠海众多大学的优势，政府出台相关政策及资金，引导大专院校科学设置珠海市未来重点发展产业的相关管理及技术专业，引进师资队伍，着力培养紧缺专业人才。珠海市应积极鼓励各重点产业成立行业协会等机构，协调好政府、企业和高校之间的关系，分层分级落实各项工作，将本地大学的专业学科资源优势转化为区域发展的产业和经济优势。

2. 加强人力资源网络建设

功能完备及快速便捷的人力资源网络平台是珠海市人力资源合理流动的重

要基础保障，人力资源中心网络建设要充分考虑如下几项功能：①要确保网速快捷；②要力争满足不同行业、不同经济类型企业的需求；③要满足寻找工作的人员需求；④网站主页要设置珠海城市概况、产业特征、未来发展规划等介绍；⑤开辟校园招聘栏目，将企业所需人才直接与高校点对点链接；⑥政策支持；⑦培训计划；⑧将各类企业按不同类型分门归类，主要包括规模以上企业、大中型企业、不同类型的服务业企业，并按国家统计局的行业划分标准设置，高起点规划建设人力资源网站，创新思维打造珠海人力资源"交易"平台。

3. 加强对企业人力资源管理的培训

一是定期邀请国内知名的人力资源管理专家及高校学者来珠海讲授人力资源管理实践课程，全面提高企业决策层对人力资源管理重要性的认识；二是开发具有珠海特色的人力资源管理软件，培训相关业务人员，不定期对公司的人力资源现状进行动态分析，为公司未来的人力资源科学管理提供依据；三是由政府牵头，不定期组织开展各类免费专业培训。

4. 加强宣传，提高珠海在内地的影响力及知名度

珠海市应着力加强宣传珠海优美的居住环境和人文环境，定期与内地劳动力大省建立良好的沟通与联系，并制定为当地来珠务工人员提供优先帮扶的政策，确保人力资源的供给。

5. 加快工业园区基础配套建设

工业园区及高栏港经济区都分别是相对独立完整的产业和产业群，是一种有别于传统经济的崭新发展模式。加快工业园区基础配套建设，对吸引和留住人才至关重要。在加快基础设施建设的同时，珠海市应大力发展园区文化，提升园区经济品位，使园区企业具有朝气和活力。国内最具活力的苏州工业园区发展历史证明，能够保持持续成长的园区，其经营战略和实践活动总是不断地适应着变化的外部世界，始终保持着稳定不变的核心价值观和基本目标，优质的园区文化应该是：以人为本，开明开放，团结奋斗，重视科学，乐于学习，鼓励创新，诚信至上，质量第一。园区文化必须让园区的价值理念贯穿到各个企业中去，并反作用于企业文化，从而推动园区经济和社会文明的共同进步，形成对人才的集聚力和吸引力。

6. 建设公共租赁住房

公共租赁住房主要的提供对象是既不符合廉租住房条件又暂无能力购买商品房的中等偏低收入住房困难家庭及符合条件的新就业人员、引进人才等。根据公共租赁住房的不同供应对象，实行灵活的租金标准，在租金标准上应以低于同一地段市场租金标准的 30% ~ 40% 为宜，有效解决有意在珠海市扎根工作，并为珠海市发展做出贡献而无能力购房的工薪族阶层。

五　优化人才发展环境

（一）制约吸引人才及留住人才的主要因素

1. 制造业基础薄弱，产业集聚力不强，人才缺乏有效聚集和流动载体

依据新一轮大发展对人力资本积累的要求，珠海市目前高层次尤其是领军人才严重匮乏。其主要原因是工业经济持续多年发展缓慢，优势及主导产业没有形成规模和优势，多年形成的六大优势行业除家电电器和电子信息工业增加值超过百亿元之外，其他四大行业工业增加值均在 50 亿元左右，新引进的产业仍处于施工及投产初期，对总体经济影响不大。制造业基础仍处于比较薄弱阶段，产业集聚力不强，整体工业经济缺乏活力，留住人才的经济基础和动力机制严重不足，基本"硬件"优势严重弱化。实业经济不旺，人才缺乏有效聚集和流动载体，无法形成对人才的有效吸引力，直接影响着人力资源的正常合理流动，企业招聘人才难度较大已是多年来不争的事实。目前珠海市比较紧缺的人才主要包括以下几类：①领军型人才严重匮乏，尤其是新兴产业技术人才更是奇缺，高级技术人才及制造业高级技工招聘难；②有着丰富经验的中高层企业管理人才；③金融、外贸、法律、现代管理等领域内，既懂国际通行惯例，又熟悉 WTO 规则的国际化人才和金融保险、社会中介、法律、商务谈判等领域内服务行业高级人才紧缺。

2. 西部无主城区是制约人才引进的最大瓶颈

珠海市西部地区的土地面积约占全市土地面积的 2/3，但西部地区的城市化进程及社会服务体系发展却极为缓慢，珠海建立经济特区 30 多年没有主城

区，交通、教育、医疗、文化、餐饮、娱乐、商业等基本公共服务发展仍较为滞后，无法为产业园区工作人员提供满意的物资及精神文化生活需求服务，社会资源缺乏、服务水平未能快速有效跟进、生活不配套、高栏港区钢铁和化工等污染让很多人才一到企业就马上决定离开。西部"无城区"的客观现状势必削弱对人才的吸引力，并导致现有人才的流失，使珠海陷入人才加速流失的恶性循环怪圈。

3. 人才交流环境难以满足人才招聘需求

目前珠海市招聘人才主要还是依靠最为传统的人力资源市场招聘方式，个别企业目前尝试利用校园网络平台招聘，但效果并不理想，招聘渠道过于狭窄及农民工与人才混为一体是企业反映出的较为共性的问题。现有的人才市场无法扮演人才招聘港、人才储备港、人才配置港、人才开发港角色，多年来企业和人才信息不对称。人才资源市场服务机构发展滞后主要表现在人才市场中介机构的层次不全，服务形式不能充分满足需求。目前的人才市场中介机构数量相对较少，层次不高，现有的公开登记的人才市场中介机构既缺少私营的"猎头公司"，也缺少中外合资性质的人才中介组织。而外地有些城市的人才中介机构已经能够提供人才租用、人才物色等特殊人才服务。此外，人才选拔尚缺乏完善的机制，还存在着较多的计划经济痕迹，缺少适应市场经济需要的"公开、平等、竞争、择优"的机制，以及企业与事业、机关之间缺乏通畅的渠道，智力资源资本化还没有取得实质性的突破。适合于人才流动的高级劳动力市场有待进一步培育与完善，没有充分发挥人才资源的流动性与人才资源促进产业结构调整的作用。

（二）引进及使用人才等方面存在的主要问题

珠海建立经济特区 30 多年来，随着经济的快速发展与产业结构的优化升级，人才资源在数量、层次、文化程度以及人才的引进与培养使用等方面取得了较为明显的成绩，已初步形成人才集聚优势。但与时任广东省委书记汪洋视察珠海时提出的"科学发展走新路，'十二五'崛起看珠海"发展目标及未来发展布置的五道题目仍具有较大的差距。同时与打造珠江出海口西岸区域性中心城市，以及产业结构调整与能级提升的要求，人才资源实力与产业结构调整要求也存在着明显的差距，其中结构性矛盾尤为突出，装备制造业、新兴产业、高新技术产业及现代服务业所需的高层次人才极其匮乏。同时，人才资源开发体制仍有一定的政府主导色彩，而且投入明显不足，人才资源市场的对内对外开放相对滞后，人才软环境还有待于进一步改善，归纳起来主要有以下几方面问题。

1. 人才吸引力弱化，人才队伍结构有待优化

当前，人才队伍建设存在两大紧迫困境：一是对人才的吸引力正在弱化；二是人才队伍结构有待优化。首先是吸引力不足。改革开放初期，珠海市凭借地缘、政策优势，大胆采用灵活多样的方式引进人才，开创了"孔雀东南飞""东西南北中，人才到广东"的时代，为全国人才资源开发工作提供了宝贵的经验。但是随着形势的发展，珠海市人才资源工作面临着新的严峻挑战。例如，人才首选地从广东省变成了北京市、上海市。这说明珠海市乃至广东省对人才尤其是高层次人才的吸引力正在弱化。其次，人才队伍在不断壮大的同时，与增强珠海国际竞争力和实现可持续发展的要求相比，仍存在四个方面的不足：①在人才的规模上，重点行业、重点领域的人才规模不大，尤其是高层次人才队伍所占比重偏低；②在人才队伍的结构上，主要表现在非急需专业人才多，急需专业人才、高技能人才及复合型人才少；③在人才的素质方面，人才自主创新能力不足，比较缺乏高层次的创新型人才，特别是跨领域、跨行业、跨学科的复合型创新人才；④在人才效益方面，由于人才管理体制还不够健全，人才法规体系也不够完善，使人才作用尚未得到充分发挥。

2. 高职院校与产业及企业未能有效深度结合

目前珠海市在校大学生数量位居全省第二，高校优势十分突出，近几年也在不断探索校企合作办学为产业转型升级的路子，但效果不明显，企业招聘合适的人才难和大学生就业难，其深层次原因主要为：①高校的专业设置、课程建设、教学内容仍然保留着传统的模式，只注重书本教学，而忽视了与区域产业发展和社会紧缺专业、紧缺人才职业（工种）的衔接。②珠海独立学院的教师年龄结构很不合理，教师主体大多数由来自内地聘请的60岁以上老教授和刚毕业的年轻硕士组成。年纪大的教授基本上长期不出校园，对珠海市产业

发展的现状缺乏认识和了解，而20多岁的硕士，刚走出校门就直接走上讲堂，一进学校就安排两三门课程，教师结构背景及经历决定了校企深层次合作的障碍和水平。③高校现行的"3＋1"或"2＋1"教学模式未能实行有效管理：一年实习期基本上是以放羊模式"散养"。④高校现在的教育产业化发展思路也阻碍了校企深层次合作，师生比等刚性指标距离国家标准越来越远，高校300多人"大课"安排越来越多，教学质量难以保证。上述原因最终导致高校高素质技能型人才的供给能力和质量难以满足企业的需求，人才供给与市场需求错位，如何依托产业转型升级平台解决现实存在的问题，探索产学研合作新模式，在人才、专业、生产和研发上创建新机制满足产业转型升级的需要，如何培养满足企业需求的应用型人才是珠海高校教育迫切需要思考的大课题。

3. 人才资源总量不足，且受教育水平偏低

目前珠海市的人才资源总量明显不足，人才数量占从业人员的比重明显低于沿海经济发达城市。此外，人才资源中受过高等教育的比重仅占10.54%，呈现明显偏低态势。未来10年是珠海市实现"科学发展走新路，'十二五'崛起看珠海"目标的最为关键时期，也是破解未来发展五道难题改革探索的重要阶段。现有的人才现状难以支撑珠海市的崛起与振兴。随着产业结构的进一步升级和优化，对从业人员文化素质的要求必将会越来越高（见表24）。

表24　珠海人口素质统计（2010年）

单位：万人，%

项目	全市人口	研究生	本科	专科	高中/中专	初中	小学及以下
人数	145.14	0.96	14.32	13.71	38.43	52.42	25.30
比重	100	0.66	9.87	9.45	26.48	36.11	17.43

资料来源：全国第六次人口普查公报。

注：总人口中剔除0～5周岁人口11.11万人，计算人口素质的人口总数按145.14万人计算。

4. 产业转移所带来的阵痛实际上是人才的严重缺乏

珠海市外贸依存度和出口依存度均位居广东省首位，企业经济类型主要以外商直接投资和港澳台投资居多，外商及港澳台投资主体主要流向轻工业、劳动密集型行业及技术密集型的电子行业，形成了广东省最为典型的"轻型外向"的产业格局。由"轻型外向"向"高端制造"转移的过程实际上是一个非常痛苦和艰难的过程，制造业产业基础薄弱所带来的最大难题就是整个珠江三角洲区域缺少制造业高级技能人才问题，因无法形成对高技能人才的有效吸引力，被迫选择在内地制造业基地职校培养，而在珠海市仅招聘初、中级技能人才。民营企业用人往往以市场为晴雨表，弊端是"订单用人"，即订单减少——裁人，订单增加——招人，这种利润最大化的短视经营模式对初、中级技能人才市场的冲击和影响较大。同时港澳台投资企业对初、中级技能人才的需求比例也较为强烈，2010 年珠海市拥有规模以上港澳台投资工业企业 533 家（按老规定），占全市规模以上工业企业的近 40%，规模以上工业增加值占 28%，港澳台投资企业在珠海市发挥着举足轻重的作用。

5. 大型装备制造企业招人非常艰难

近几年新引进的三一重工、路博润添加剂、华润聚酯、玉柴发动机、珠江钢管等大型龙头企业对装备制造人才需求迅速增加，这对于过去装备制造业基础薄弱的珠海招聘人才会更加艰难。高层由总部高薪统一安排，中层管理及技术人才初期一般在公司委培院校（主要为内地院校）优秀毕业生中产生，待正式投产运营后再从公司内部竞争中产生，中层人才如果在珠海招聘则非常困难，主要原因是所需专业稀少、工资待遇要求高和人才素质偏低、西区生活不配套，城市经济缺少活力，普通工人主要在珠海人力资源市场及珠海招聘网招聘。人才在珠海市招聘难以满足企业的需求。

（三）优化人才发展环境的对策及建议

1. 完善人才市场体系，形成国际化人才创业环境

完善人才市场体系，提高人才市场的社会化水平。珠海市应进一步完善公益性及民营性人力资源服务机构职能，打破地域、行业限制，推动建设统一开放、竞争有序的一体化人才市场体系，构建畅通的人才交流渠道；推动人才"一站式"服务系统建设，加强人才信息化管理，提高人才服务综合效能；积极培育人才评价、培训、中介等专业化服务机构，加强人才服务从业人员素质

能力建设；加快推进与港澳地区人才培养的交流与合作；推进与港澳在高等教育及职业技能培训等领域的合作，深化与港澳等培训机构的合作，探索建立三地职业技能培训机制；逐步实施专业技术人员职业、执业资格互认，联合引进国际职业标准和认证体系，推动技能类职业资格鉴定和证书互认互通；积极开展与港澳及国际先进地区的人才交流，鼓励本地重点产业的人才赴港澳台地区及其他发达国家和地区学习，引进先进管理经验和产业理念；大力引进海外高层次人才，优化人才创新创业环境；贯彻落实《珠海市人才发展"十二五"规划》，大力开展高层次人才队伍建设；依托各类留学生服务平台和机构网络，加大对海外高层次人才的引进力度；加大留学人员创业园建设力度，逐步完善创业园上下游产业配套，形成创业园优势产业集群。

2. 走出一条错位发展、高端发展和生态发展的产业新路

珠海市要走出一条不一样的发展道路，最主要的是要弄清珠江出海口西岸兄弟城市"十二五"期间的产业发展特色及重点。佛山市："十二五"建设广东第一大制造业基地，在战略性新兴产业发展方面，重点发展物联网、LED、OLED、环保设备及服务，并围绕一汽大众、旭瑞半导体和奇美电子等龙头项目吸附产业聚集。肇庆市：依托产业转移项目推进加速发展，大旺产业转移工业园具有广阔的发展空间，"十二五"期间将依托亚洲铝业、新中亚铝业、中导电子、志高家电、石井水泥、华润水泥、北新建材和登云汽配等一批知名品牌企业为龙头产业转移。中山市：装备制造业将成为发展重点，具有辐射影响力的项目包括：①清洁能源生产基地；②风力发电设备研发和制造；③生产大功率风光潮发电设备。江门市：引进龙头项目，形成产业链条，主要项目包括：①台山核电项目；②中国南车轨道交通项目，涉及60多个相关行业，拉动形成近1000亿元的上下游产业链；③绿色光源行业，争取成为广东省乃至中国LED的重要生产基地和贸易中心；④半挂车专用零部件制造项目，吸引上下游相关联的产业聚集，发展新能源汽车零配件。

综合以上四个西岸主要城市的产业布局分析，珠海市凭借目前薄弱的产业基础与兄弟市竞争，最终面临的只能是残酷而失败的结局，只有发挥珠海市的优势，选择适合自己的产业，独辟蹊径，才能突破重围，实现新崛起与振兴。根据调研，珠海市重点发展的五大产业优势突出：①以格力电器、飞利浦家电和德豪润达为龙头的家电电器行业。该行业在全市六大支柱产业中实现的工业增加值多年处于首位，主要得益于行业龙头格力电器的市场需求和出口订单增长较为迅猛，上下游配套企业较为完善，不断坚持自主创新实现专业化中的多元化，2012年以来格力电器寻求向产业纵深一体化发展，专注于对产业价值链的进一步挖掘，向上游发展，自主研发的变频控制技术取得多项核心技术突破，压缩机、高频电容等核心部件实现了自主研发生产，研制的具有自主知识产权的集装箱空调已正式推出，在产品多元化和精品化方面也迈出了可喜的一步，目前已中标沈阳铁路局、京沪高铁、广深铁路等共计36个火车站的空调招标项目，成为我国轨道交通领域最大的空调设备供应商。②生物医药行业。该行业的迅猛发展是近年来珠海市工业的最大亮点，目前已经初步形成以联邦制药和丽珠制药为龙头企业的集生产企业、研究中心、医药经销企业、公共服务为一体的生物医药产业集群。③船舶与海洋工程装备制造业。珠海港是珠江三角洲西部地区唯一的天然深水良港，紧靠国际航道、西江的出海口。而装备制造业常被称为"工业母机"，是为国民经济各行业提供技术装备的基础性和战略性产业。珠江口地区是国家规划建设的三大造船基地之一，具备发展船舶及海洋工程装备制造产业的优越条件，随着我国海洋开发事业的进一步推进，各类海洋工程产品需求将十分旺盛。无论是出于石油供给安全性考虑还是制造业产业升级，都必将发展海洋工程行业，由此带来的海工装备需求有着巨大的空间。同时该行业还具有产业链条长、关联度高、带动能力强等特征。④航空产业。国际航展可为发展航空产业提供对外交流合作的重要平台，同时现代化机场及摩天宇航空发动机维修有限公司也具有得天独厚的优势。中航通飞战略性布局珠海是珠海市难得的历史机遇，航空产业发展空间广阔，具有产业链长、辐射面宽、连带效应强等特点，可引领众多相关领域实现群体突破。⑤高端服务业。以横琴大开发为契机，优先港澳资源集聚优势发展高端服务业，以现代物流、信息服务、商务服务、旅游、商贸、会展、金融、文化创意为重点，深化珠港澳现代服务业合作。

3. 加快推动西部中心城区建设

人口就业与产业发展之间存在一定的关系，劳动力就业结构随着产业结构的不断调整而调整，产业结构调整与人口就业协调发展不仅是经济发展规律的必然要求，也是社会进步的体现，依靠产业结构优化和升级，提高人口素质和推动城市化进程，而城市化进程又会反过来促进产业结构的调整与升级。这正是珠海市所要寻找的"不一样的可持续发展之路"。随着船舶和海洋工程装备制造产业项目的落户、建设和投产，产业对人才资源的需求和吸纳也会迅猛增长，并且随着产业规模的壮大和产业的集聚效应显现，将会有更多的产业人才及产业技工来到西区工作和生活，劳动力的聚集，必然产生与之生活相关的大量消费需求。随着珠海经济特区的扩容，适应产业发展需求、加快启动西部中心城区规划建设已显得尤为重要。一是高起点规划，准确把握西部中心城区的功能定位，紧密地与东部城区功能相衔接，与西部产业发展相配套。二是高标准建设，以基础设施和公共服务设施建设为先导。三是推进城乡交通、教育、医疗、文化、就业、社会保障等基本公共服务均等化。四是加快服务业发展。

4. 在人才管理体制和机制方面大胆探索创新

珠海市以横琴新区建设为契机，在人才管理体制机制方面大胆推进创新，先行先试，构建具有国际竞争力和横琴特色的人才管理体制机制。在人才培养开发、评价使用、选拔任用、流动配置、保障激励等方面形成更加科学、更具活力的体制机制，真正关心和改善人才的工作生活条件，解决好他们在住房、医疗、子女教育、社保等方面遇到的实际问题，充分激发创新人才的创造活力，努力为人才发展营造良好环境。同时，珠海市要建立人才培养开发与经济社会发展需求相适应的动态调控机制；充分发挥教育在人才培养中的基础性作用，注重培养技能型人才，突出培养创新型人才；完善人才评价机制，建立多元化的人才评价体系，提高人才评价的科学性；建立统一规范、更加开放的人力资源市场，发展各类专门人才市场；健全专业化、信息化、产业化、国际化的人才市场公共服务体系；加强知识产权保护，完善权益人保护制度。

5. 创新人才交流服务平台

一是人力资源管理部门要以劳动力市场用工和求职双向需求为导向，不断创新服务载体，进一步优化市场服务功能，设立就业服务中心咨询热线电话，与移动开展合作率先实现现场招聘、网络视频招聘及电话招聘"三位一体"的招聘求职模式，为用人单位招聘和求职者应聘提供了一个方便、快捷的就业服务平台；二是加大与周边城市人才市场的合作贯通力度，探索富有实效的区域人才合作新路；三是充分利用视频技术搭建海外人才和用人单位的沟通平台，通过视频系统，就珠海市的人才环境、回国工作的相关政策和待遇、科研启动经费筹措、拟应聘的具体岗位等内容进行深入在线视频洽谈；四是利用珠海七所大学及职校的优势，广泛深入建立校企合作模式平台，实行企业与高校联合培养人才，探索新的"产学研"道路，充分发挥学校办学和企业助学的两大优势，把育人与用人两大环节衔接起来，形成一个由人才培养到人才使用的自然顺畅的良性循环。

6. 加快户籍改革，增强外地人才的归属感

第六次全国人口普查资料显示，2010 年在珠海市的 156.16 万常住人口中，外地人口 51.42 万，占本地常住人口的比重为 32.93%，也就意味着目前每三个珠海常住人口中就有一个外地人口。据国内一项有关人才流向的调查结果显示，人才选择什么样的城市生活和发展，主要取决于三个条件：一是发展机会；二是生活质量；三是生活成本。目前珠海市的生活质量总体不错，但发展机会欠缺，生活成本相对较高。社会人口倒挂的现实产生了很多问题，应逐步弱化和户籍挂钩的一系列的社会福利制度，加快户籍改革，增强外地人才的归属感：①进一步加大对高端人才的认定力度，高层次人才应享受政府补贴；②政府拨付财政专项资金，对所有本科及以上的大学生实施不等的住房补贴；③把人才住房纳入保障性住房范畴；④积极实施积分入户政策，拓宽入户渠道，吸引人才；⑤加大海外高素质人才和创新人才的引进力度，解放思想，从实际出发，为引进的人才创造有利于发挥作用的环境。

珠海市人才吸引力评价与策略分析

——关于优化珠海人才服务体系与人才发展环境的研究

杨智勤*

本研究报告包括两个部分，第一部分是对城市人才吸引力相关研究的理论述评，是研究的理论基础。第二部分是对珠海市人才吸引力的构成进行分析与评价，据以提出优化珠海人才服务体系与发展环境的相关建议。

一 城市人才吸引力研究述评

人才是国家、区域社会经济发展的重要战略资源，谁拥有了人才优势，谁就拥有了竞争优势。美国一些经济学家认为，人力资本占其国家全部资本的近70%，比物质资本更为重要，并据以提出了"知识经济"的概念；斯坦福大学国际研究所所长米勒教授提出"知识经济就是人才经济"。在2001年加入WTO以后，经济全球化为中国带来了更多机遇，同时也伴随着全方位的竞争与博弈，日益渗透到国内经济社会发展环境的各个方面。改革开放不断深化的中国，急需通过科技进步、知识创新与发达国家全面对接，中国的人才问题正面临日益严重的挑战，人才资源成为关系国家竞争力强弱的基础性、核心性、战略性资源。胡锦涛同志说，"国以才立，政以才治，业以才兴"，吸引、保持、使用和发展人才是我国各级政府和用人单位高度关注的问题。

（一）研究背景与问题的提出

资本是可以流动的，具有趋利性，而以个体为单位的人力资本更是如

---

* 杨智勤，中山大学管理学院博士后流动站远光软件工作站在站博士后，高级经济师，主要研究方向为组织行为与人力资源管理、风险管理、企业经济。

此。人才的吸引、保持、使用和发展的每一个方面的变化，都会导致人才的流动。在中国30多年的对外开放、对外交流的过程中，中国的人才流出量一直大于人才流入量，净流出量在近十几年中还呈现扩大的趋势。加入WTO前后，中国出现第三次人才外流高峰。2003年9月，国内多个主流网站媒体热议一份旨在"探讨我国一流高校、科研院所和重要产业界的高层次人才外流状况"的研究报告，纷纷讨论现阶段不容乐观的我国人才外流趋势，认为外企、外国都在与中国争夺人才，人才流失已经关系到国家安全。据报道，2011年获得美国永久居留权的106万名新移民中，有8.7万名中国人（包括技术移民、投资移民），比上一年增加了1.6万名，增加人数居全球之首。

为政之道，重在得人。面对人才浪费、人才外流现状，中国各级政府给予了高度重视。2000年，中央经济工作会议首次提出"要制定和实施人才战略"；2003年12月，中共中央首次召开的中央人才工作会议，下发了《中共中央国务院关于进一步加强人才工作的决定》（以下简称《人才工作决定》），指出国内目前存在的几方面问题：人才的总量、结构和素质方面存在不足，特别是急需的高层次、高技能和复合型人才短缺；市场配置人才资源的基础性作用发挥不够，人才流动的体制性障碍尚未消除；人尽其才的用人机制有待完善等。2007年，中国共产党把人才强国战略作为发展中国特色社会主义的三大基本战略之一，写进了党章和十七大报告。此后，"人才强国战略"每一年都会出现在政府工作报告中，并不断得到推进实施。各级政府也纷纷提出了人才兴省、人才兴市的口号，根据"用好现在的、培养自己的、留住关键的、引进急需的、储备未来的"人才工作整体思路，大力营造尊重劳动、尊重知识、尊重人才、尊重创造的良好环境。随着一系列举措、政策的出台，人才外流现象得到了一定程度的缓解，国内一些大城市还出现了归国潮、海归热。

人才流动主要受用人单位、所在区域或国家的用人机制、激励机制的影响。对一个城市、一个国家来说，人才流动现象的背后是人才服务体系和人才生活、发展的环境问题，包括管理体制、政策法规、社会秩序与社会风气、创业条件与成长机会、福利待遇与生活环境等多方面因素。例如，发达国家与发展中国家争夺人才，主要是依靠较高的工资待遇、对个人工作成就感的重视，以及较好的经济、生活环境等竞争优势。系统研究城市的人才吸引力问题，对城市区域经济发展，以及所在省份和国家的整体竞争实力都有重要的意义。

（二）关于人才与人才吸引力的研究述评

国内外关于人才及其分类、人才吸引、人才服务体系与人才发展环境方面的研究很多。由于国内人才流动的情况较为普遍，不仅向国外流动，还有国内从小城市流向大城市、从西部或偏远地区流向东部或较发达地区的情况，因而国内学者还重视对城市（区域）人才吸引力的比较与研究。

1. 人才与人才流动

（1）对人才概念的理解。不同学者对人才的理解不同，从社会效益、经济效益的价值创造角度来说，人才是指具有一定的知识或技能等专长，有能力在某些行业、领域的工作中创造价值的人。对人才的狭义解释是特殊人才（talent），而广义的理解则是用人单位所需的、合适的人（the right people），不仅包括具备高学历的知识型人才，也包括具备专业技能的技术性工人，还涉及合理的人才级配问题。国家的《人才工作决定》提出要树立科学的人才观，认为只要具有一定的知识或技能，能够进行创造性劳动，为推进社会主义物质文明、政治文明、精神文明建设，在建设中国特色社会主义伟大事业中做出积极贡献，都是党和国家需要的人才；要大力加强以党政人才、企业经营管理人才和专业技术人才为主体的人才队伍建设。

（2）人才流动及其特征。王伟国、张胜芳[1]认为，人才流动是一个空间概念，是指人才工作地域、岗位方面的变动；人才根据社会发展需要和实现个人价值等需求而合理流动，有助于科技进步和社会协调发展。人才流动的特征主要有：中心流，向各大中心城市流动；双向流（梯度流和反梯度流），中西部向东部发达地区流动，以及较少的反向流动；洋流，流向海外。近几年各地政

---

① 王伟国、张胜芳：《当前我国人才流动的特征及原因探析》，《重庆职业技术学院学报》2003年第1期。

府不断加大力度吸引海外人才，也呈现出一定的海归流。李冬梅、李志[1]总结了我国人才流动存在的不合理问题：一是人才流动率低、人才资源配置低效；二是人才分布不均；三是人才浪费严重。

2. 人才流动与人才吸引力的影响因素

柏林学派的 K. Lewin 提出了动力场理论，认为人的行为受生活空间的影响，包括个体及其心理环境；由于个体对环境的影响很有限，当面临不利的环境、无法实现自我价值时，就会想办法摆脱不利环境，寻找其他更适宜的环境。

关于人才流动的影响因素，城市人才吸引力的构成及影响因素与人才流动的影响因素紧密相关。宋鸿、张培利[2]分析了人才自主性流向大城市的问题，认为影响城市人才吸引力的因素体现为城市提供就业岗位、发展计划、宜居环境三方面的能力。徐茜、张体勤[3]、查奇芬、张珍花、王瑛[4]提出，人才吸引取决于人才环境（人才发展环境）；在一个城市（区域）的复合"生态环境"中，影响人才吸引的发展环境因素主要有区域经济发展状况、人才创业和发展保障状况、科技教育和国民素质状况、人才生活和工作环境状况、社会服务及保障状况、人事人才政策及服务状况等。

国内其他学者[5]也有许多类似观点，综合起来可以归结为从宏观环境到微观环境的几个方面：区域经济发展水平；地理环境；社会文化背景，如尊重人才的文化、舆论导向；政策法律法规，如人才使用制度、人才流动相关的配套政策等；人才服务体系，如社会保障体系，人才市场成熟度；产业集聚与发展状况，大中型企业的规模、数量；生活条件，如住房、医疗、子女教育环境等；经济利益，如薪酬福利待遇；岗位工作的发展机会，如能力与岗位工作的匹配度，体现或实现个人价值的机会；工作氛围，工作满意度等方面。

---

① 李冬梅、李志：《浅谈我国转型期的人才流动问题》，《商洛师范专科学校学报》2001 年第 9 期。
② 宋鸿、张培利：《城市人才吸引力的影响因素及提升对策》，《湖北社会科学》2010 年第 2 期。
③ 徐茜、张体勤：《基于城市环境的人才集聚研究》，《中国人口·环境与资源》2010 年第 9 期。
④ 查奇芬、张珍花、王瑛：《人才指数和人才环境指数相关性的实证研究——以江苏省为例》，《软科学》2003 年第 5 期。
⑤ 王伟国、张胜芳：《当前我国人才流动的特征及原因探析》，《重庆职业技术学院学报》2003 年第 1 期；李冬梅、李志：《浅谈我国转型期的人才流动问题》，《商洛师范专科学校学报》2001 年第 9 期；张再生：《人才流动态势及影响因素分析——以天津市为例》，《人口学刊》2000 年第 1 期。

"人才集聚"也是人才流动的一种形式①，影响人才集聚的城市环境因素有人口环境、经济环境、自然地理环境、生活环境和制度环境。其中人口环境包括人口质量与就业结构，经济环境包括经济发展水平与发展结构，自然地理环境包括自然环境、污染控制、环境建设，生活环境包括城市生活设施建设、城市生活软件，制度环境包括人才身份管理、人才配置、人才产权、人才使用与激励等制度。

3. 人才吸引力的分析与评价

对城市的人才吸引力构成与评价，学者张珍花、查奇芬、王瑛通过建立指标体系来评价城市人才吸引力水平，并进行了不同城市间的比较。构建的指标体系包括GDP、第三产业增加值、人口数量、教育投入占财政支出比重、科研投入占财政支出比重、城市绿化率、污水处理率、城市气化率、每万人拥有医生数、人均居住使用面积、人均可支配收入共11项指标，从不同角度评价人才吸引力；通过对江苏省13个城市的数据进行因子分析，得到了城市生活条件与环境指标、城市规模经济指标和科技教育状况指标三个因子。查奇芬、张珍花、王瑛②又提出人才环境指数的概念，指出其反映的是一个国家或地区人才环境状况的动态相对数，可以用于对人才环境进行定期测评，并提出了包括18个方面的人才环境综合评价指标体系。经因子分析得到三个因子，一是反映城市经济发展水平、人才创业与发展保障状况的因子，二是反映人才创业保障状况和城市科技教育与国民素质的因子，三是反映城市及其社会服务状况的因子。

周均旭、胡蓓、张西奎③研究了高科技产业集群人才吸引力的影响因素，提出了包括区域竞争力、区域文化环境、区域生活环境、区域人才政策环境、集群经济实力、集群成长空间和企业人力资源管理等方面的因素。通过对218份问卷进行因子分析，得到企业微观人力资源管理、区域人才成长环境、区域

---

① 徐茜、张体勤：《基于城市环境的人才集聚研究》，《中国人口·环境与资源》2010年第9期。
② 查奇芬、张珍花、王瑛：《人才指数和人才环境指数相关性的实证研究——以江苏省为例》，《软科学》2003年第5期。
③ 周均旭、胡蓓、张西奎：《高科技产业集群人才吸引影响因素的分层研究》，《科技进步与对策》2009年第6期。

人才成长支持政策、区域生活环境、区域文化环境、区域经济环境、产业集群实力、人才引进政策 8 个因子。

二 珠海市人才吸引力评价与策略分析

在当今的知识经济时代，人才已经成为区域经济发展的战略性资源，是区域经济竞争力的核心要素。城市（区域）的社会经济发展离不开人才，通过优化人才发展环境来吸引人才，可以有效促进地区社会经济的良好发展，这一观点是社会各界普遍认同的。而人才的流动性使国家与国家之间、省市（区域）之间都存在着日益显著的人才之争。目前，国内各个省市的发展规划中都有关于人才发展战略的内容，深入研究并认真落实吸引人才的相关策略刻不容缓。

（一）研究目的与思路

1. 研究目的

作为中国五大经济特区之一、全国"十大最具幸福感城市"之一，珠海市树立了"人口少，环境美，生活好"的品牌形象，但珠海市人口结构中文化程度偏低的较多，人口文化素质有待提高[①]。罗山、汪鸿[②]曾研究了珠海市的人才形势，根据相关统计资料分析认为，与珠江三角洲其他城市（深圳、中山、东莞、佛山、惠州）相比，珠海市在人才数量和质量上仍具备一定优势；但珠海市人才结构性紧缺，高层次人才严重不足，高端人才流失严重；在未来人才竞争中还面临全国范围、珠江三角洲区域内以及珠海自身因素等方面的挑战；相对于广州、深圳来说，城市规模和经济总量偏小，凝聚、吸引人才的实力不足。珠海市的经济发展总体上来说一直较为缓慢，与同为经济特区的邻近城市深圳相比差距较大。因而，提升人才优势、优化人才发展环境是发展

---

① 钱芳莉：《珠海市构建人口均衡型社会的实证研究》，《暨南学报》（哲学社会科学版）2012 年第 6 期。

② 罗山、汪鸿：《珠海经济特区人才形势分析及对策研究》，《科技成果管理与研究》2009 年第 1 期。

区域经济的一项紧迫的基础工作。

本研究主要从企事业单位吸引人才的组织外部环境视角，研究城市（区域）的人才吸引力问题。以珠海市的企事业单位作为研究整体，选取其中不同类型的部分单位为样本，研究珠海市的人才吸引力问题。研究目的在于分析构成珠海人才吸引力的内容因素，形成评价指标体系；分析其中与人才服务体系、人才发展环境相关的内容要素，评价其现状水平，查找差距、分析原因，据以提出优化人才服务体系、改善人才发展环境的意见和建议。

2. 研究思路

本研究是在对珠海市不同企业、单位进行问卷调查的基础上进行的。古语有云，"良禽择木而栖，贤臣择主而事"。"良禽"在择"木"的时候，其实首先是要做出择"林"的决策；与此相似，各类人才在寻找合适的工作单位时，也会对工作单位所处的城市、区域环境做出评价与选择，如工作单位所处城市的人居环境、人才政策等。可见，用人单位对人才的吸引也会受到所处城市（区域）"人才吸引力"的影响。为此，本研究通过对不同企业员工进行问卷调查，从被调查者个人感知的视角，对珠海相关环境因素进行综合评价。研究的技术路线是：

第一，通过对现有研究的梳理，明确"城市（区域）人才吸引力"构成要素的范围，如区域人力资源政策，自然、地理环境，人居环境，社会文化生活，科研、教育氛围，经济发展水平，房地产发展状况等，形成调查问卷，对各类企事业单位进行问卷调查。

第二，通过问卷分析，测量"人才吸引力"结构维度，分析各种环境因素（城市或区域经济、政治、文化等外部因素）对人才吸引力的影响关系，以及人才吸引力对各类人才心理与行为的影响关系。

第三，以"人才吸引力"结构维度为基础，构建城市（区域）"人才吸引力"评价指标体系，并据以对城市（区域）"人才吸引力"水平进行评价，分析其中与人才服务体系、人才发展环境相关的指标及现状水平，据以提出相关的意见和建议，以期为改善人才服务体系与优化人才发展环境提供有益参考。

（二）研究方法、工具与样本选择

1. 研究方法

本文采用问卷调查的实证研究方法，首先通过查阅文献、深度访谈和半开放式问卷调查，收集相关题项，编制调查问卷；然后通过问卷调查收集数据，采用多元统计分析中的项目分析、因子分析等方法，对调查数据进行分析，最后测定城市人才吸引力的结构维度，并运用结构方程模型来评价假设模型的拟合效果。主要研究工具有 SPSS、Amos 等统计分析、结构方程模型软件；自己设计调查问卷，并采用一些现有的组织行为量表。

2. 问卷编制

根据现有的关于城市（区域）、组织（企业）的人才吸引力等相关研究，对城市的人才吸引力进行概念界定，确定问卷编制所需题项涉及的范围，包括经济发展因素、城市环境因素、人才创业和工作氛围因素、工作本身因素、个体对生活和工作环境的偏好等几个层面的因素，由此形成共 53 个题项的预试问卷。设置的问题有 A/B 两个类型。A 类问题是请被试判断各题项所表述的因素对构成城市人才吸引力的重要性程度，这些因素可能构成或影响一个国家、城市（地区）对各类人才的吸引能力，并影响这些人才后续的态度和行为选择；评价得分是采用李克特 5 点量表法，从 1~5 的级别分别是很不重视、不太重视、不了解、有些重视、很重视。B 类问题是请被试对各题项所反映因素的现状进行满意程度评价，评价得分也是采用从 1~5 的级别：很不满意、不太满意、不了解、有些满意、很满意。

3. 样本选择

考虑到城市人才组织吸引力对不同样本可能具有一定差异（具有相对性），研究中尽量使样本来源不过于集中，主要选择珠海市不同类型的企事业单位员工作为研究样本（被试）。因为问卷题目涉及一些城市人才服务体系、人才发展环境等专业性较强的陈述，所以这部分被试主要是以人力资源工作者为代表，以避免对有些题目出现理解或认知的差异。发放问卷150 份，收到问卷133 份，回收率约86.6%。由于题目较多，部分答卷属于无效问卷；最后选出答卷质量较高的 48 份作为探索性分析的调查样本，作为验证性分析的数据，如表 1 所示。

表1　被试资料一览表（N=48）

单位：人，%

人口统计学变量	类别	人数	百分比	人口统计学变量	类别	人数	百分比
性别	男	18	37.5	年龄	23岁以下	8	16.7
	女	27	56.3		24~28岁	20	41.7
	0	3	6.3		29~33岁	11	22.9
在珠海工作年限	1年以下	7	14.6		34~38岁	2	4.2
	1~5年	22	45.8		39~43岁	4	8.3
	6~10年	6	12.5		0	3	6.3
	11年以上	9	18.8	受教育程度	中专及以下	4	8.3
	0	4	8.3		大学专科	18	37.5
职业资格（证书）	持有	26	54.2		大学本科	21	43.8
	未持有	17	35.4		研究生以上	2	4.2
	0	5	10.4		0	3	6.3
职业	人力资源管理	16	33.3	职务层级	基层人员	16	33.3
	其他职业	29	60.4		中层人员	23	47.9
	0	3	6.3		高层人员	5	10.4
聘用性质	国有编制内	6	12.5		0	4	8.3
	国有聘用制	9	18.8	员工人数	50人以下	7	14.6
	非国有	15	31.3		50~199人	15	31.3
	自营等	14	29.2		200~499人	2	4.2
	0	4	8.3		500~999人	5	10.4
单位性质	有限责任公司	23	47.9		千人以上	4	8.3
	股份制企业	10	20.8		0	15	31.3
	0	15	31.3	单位成立年限	1~5年	8	16.7
所属行业	高新技术行业	3	6.3		6~10年	8	16.7
	其他行业	30	62.5		10年以上	17	35.4
	0	15	31.3		0	15	31.3

注：0为缺省值；所有人数之和为48，所有百分比之和应为100%，但存在"四舍五入"问题，所以有误差。

（三）城市人才吸引力结构维度测量

1. 因子分析

本研究使用统计分析软件对48份问卷做探索性因子分析。使用主成分分析的正交转轴之最大变异法（varimax）。主成分分析的KMO=0.863（KMO值越接近于1，意味着变量间的相关性越强，原有变量越适合作因子分析），Bartlett的球形检验的卡方值为461.384，自由度为66，达到显著，代表母群体的相关矩阵有共同因素存在，适合进行因素分析，见表2。

表2　KMO 和 Bartlett 的检验

取样足够度的 Kaiser-Meyer-Olkin 度量		0.863
Bartlett 的球形检验	近似卡方	461.384
	df	66
	Sig.	0.000

通过选择性删除层面题项不足 3 个的因子及其题项、陡坡图（seree plot）中走势转为平缓后的因子及其题项、对所在因子贡献较小（即负荷值较小）的题项以及内容表述显著相关的题项，最后选取 12 个题项作为正式问卷。

使用 SPSS 的主成分分析法进行多次筛选、运行因子分析后，为保持各因子中题项的选择结果较为一致和便于计算，在保证各项指标都符合要求的前提下，确定了 3 个因子共 12 个题项。主成分分析的结果、各层面题项内容见表 3。

表3　探索性因子分析旋转成分矩阵（N=48）

Rotated Component Matrix^a 主成分			1	2	3
解释变异量(方差贡献率%)			58.015	12.602	10.124
累积解释变异量(方差贡献率%)			58.015	70.617	80.740
生活质量	A8	道路交通状况	0.871		
	A19	商品楼的价格水平	0.858		
	A12	工资收入水平(与周围城市比较)	0.838		
	A10	社会治安状况	0.824		
	A20	政府"公屋(廉租房、经济适用房)"建设情况	0.819		
发展前景	A34	专业人才发展规划		0.867	
	A26	吸引人才安居的激励政策		0.802	
	A35	各类公益的人才交流活动		0.802	
	A22	学术、科研与科技创新的激励政策		0.756	
生活环境	A1	地理位置			0.890
	A3	生态环境			0.811
	A11	人文环境			0.711

Extraction Method：Principal Component Analysis. Rotation Method：Varimax with Kaiser Normalization. a. Rotation converged in 6 iterations.

12 个题项的平均共同性为 0.808，符合 Kaiser 准则中关于平均共同性应在 0.60 以上的要求，见表 4。

表4　探索性因子分析——公因子方差（N = 48）

	初始	提取		初始	提取		初始	提取		初始	提取
A1	1.000	0.831	A10	1.000	0.721	A19	1.000	0.876	A26	1.000	0.754
A3	1.000	0.792	A11	1.000	0.826	A20	1.000	0.826	A34	1.000	0.850
A8	1.000	0.882	A12	1.000	0.841	A22	1.000	0.728	A35	1.000	0.764

注：提取方法为主成分分析法，平均共同性 0.808。

2. 数据分析与因子命名

从表3中的因子分析结果可以看到各因子载荷量和解释变异量、累积解释变异量。数据表明，根据对现有的48份调查问卷进行统计分析，构成珠海市人才吸引力内容结构维度的因素可归为三个主因子，合计方差贡献率为80.74%，即这三个因子包含80.74%的原始数据信息。第一主因子为"生活质量因子"，它是吸引人才的主因子，它包含 A8、A19、A12、A10、A20，从道路交通状况、住房成本、相对收入水平、公共安全等几个方面反映了城市生活质量的总体水平；第二主因子"发展前景因子"，它包含 A34、A26、A35、A22，从政府对人才、科技相关政策与投入来反映人才发展环境；第三主因子是"生活环境因子"，它包含 A1、A3、A11，从地理位置、生态环境、人文环境来反映工作生活的自然环境。

3. 信度与效度检验

用 SPSS 对各分量表（因子层面）与总量表进行信度（内部一致性）检验，结果显示各分量表的 Cronbach 系数 α 最低为 0.808，表明测量结果的信度较高。

量表的构念效度（construct validity）是指测量工具的内容能够推论或衡量抽象概念的能力。构念效度可以通过各分量表的第一主成分的方差贡献率来判断，方差贡献率大小反映了观测变量对潜变量的贡献大小，一般认为要大于 0.4 较好[①]。本研究各量表的第一主成分方差贡献率都大于 0.4，说明设计的问题与所研究问题有密切关系，测量工具具有较好的构念效度。但考察各题项的多元平方系数（R^2），其中观测变量 A1、A11 的多元平方系数较低，低于

---

① 吴明隆：《SPSS 统计应用实务——问卷分析与应用统计》，科学出版社，2003。

0.5，说明模型设定这两个观测变量来代表其所在维度的潜变量没有达到理想的信度水平。具体见表5。

表5　项总计统计量（N＝48）

因子	题项	项已删除的均值	项已删除的方差	修正项总计相关性	R^2	项已删除的 α 值
F1	A8	16.76	18.097	0.893	0.844	0.925
	A10	16.72	18.918	0.744	0.660	0.950
	A12	16.74	17.930	0.869	0.855	0.928
	A19	16.83	17.080	0.889	0.813	0.925
	A20	16.87	18.160	0.859	0.761	0.930
F2	A22	11.28	7.161	0.743	0.622	0.884
	A26	11.36	7.323	0.791	0.649	0.864
	A34	11.30	7.822	0.831	0.747	0.856
	A35	11.45	7.383	0.756	0.700	0.877
F3	A1	9.11	1.662	0.651	0.427	0.792
	A3	8.74	2.499	0.713	0.521	0.722
	A11	8.96	2.172	0.683	0.497	0.711

量表的内容效度（content validity）是指测量工具内容的适合性，即是否反映拟测量的全部内容；可以通过测量结果与现有研究进行对比来评价。从内容上来说，本研究的测量结果与其他城市吸引力的研究相比，较为明显的差异是影响城市吸引力归结于人才发展环境和人才服务体系的两个重要部分。题项的设计是根据被试的个人心理感知来评价工作生活中那些重要的方面以及对这些方面现状的满意程度，通过比较分析，最终量表对一个地区城市来说，其内容效度是可以接受的。

（四）珠海人才吸引力现状评价

以人才吸引力结构维度量表为基础，可以建立指标体系来评价珠海市人才吸引力的现实水平。

1. 评价指标体系的构建与评价方法

以测得的人才吸引力结构维度量表为基础，建立评价指标体系。指标体系包括三个部分：一是吸引力要素的重要性评价；二是被试对吸引力要素的实际感知评价；三是实际感知值与最佳值（满分值）的差距，即感知差距。

（1）城市人才吸引力要素的重要性（I, importance of the factor）指标，是被试个体对人才吸引力各维度（或各维度中的题项）的重要性判断，也是该要素受重视的程度。其说明两层含义：一是被试认为有哪些因素构成城市的人才吸引力；二是被试对这些因素的相对重要性判断，是一种相对意义的比较。这个指标具有相对性、动态性特征，因此是一种时点性（或称时期性或阶段性）指标。

（2）城市人才吸引力要素的感知值（P, perceived value of the factor）指标，是被试个体对城市人才吸引力构成要素所反映各个方面真实现状的评价。这也是一种满意度评价，题项判别问题是要求被试回答"对现状的满意程度"，主要取决于被试的实际心理感受。

（3）感知差距（GP, gap between the perceived value and full mark）是指感知值与满分值的差，如满分值是5，则感知差距 GP = 5 − P。

（4）吸引潜力（AP, attractiveness potential）是指人才吸引力某要素对吸引力总体水平的影响程度大小，其值大小主要取决于该要素感知差距（GP）和重要性（I）。

吸引潜力（AP）是一种相对比较指标，可用于对人才吸引力构成要素的吸引潜力进行排序。其主要公式如下：

$$吸引潜力(AP) = 重要性(I) \times 感知差距(GP)$$

（5）矩阵评价法。对吸引潜力（AP）的评价可以使用评价矩阵（见图1）。

图1是把每一因素（指标题项）的重要性与感知值分别作为纵轴和横轴的坐标，得到各个因素的"点"分布图。根据代表各因素的点在A、B、C、D这4象限中的不同位置，直观地反映各因素的现实水平。4个象限的相对意义是：在A象限中的点，表示被试对该因素所反映内容的重视程度和感知值都较高，是最为理想的状态，应注意保持、维护；在B象限中的点，表示被试对该因素的重视程度高，而实际感知值低，是最不健康的状态，表明相关方面是主要矛盾、工作重点；在C象限中的点，表示被试对该因素的重视程度低，

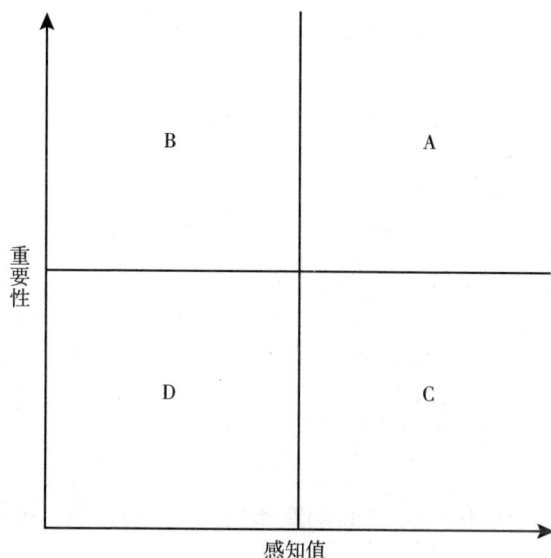

图1　城市人才吸引力评价矩阵

而实际感知值高，表明这是城市在相应方面的吸引力具有较大优势，但被试认为并不重要；在 D 象限中的点，表示被试对该因素的重视程度和感知值都比较低，但相应方面的问题并不是目前的主要矛盾。本次调研结果的因素分布基本集中在 A 象限，因而未采用这种评价方法。

2. 珠海人才吸引力的统计分析与现状描述

（1）对珠海市人才吸引力相关要素的描述性统计分析。根据被试对珠海市人才吸引力构成要素重要性和满意度判断的数据统计，分析各吸引力要素的吸引潜力值的大小。本研究取前 10 位、后 10 位来说明珠海市人才吸引力要素之间的比较情况，包括相对劣势（有待提高的方面）和相对优势（需要保持、维护的方面），见表6和表7。

从表6中可以看到，这10个题项的重要性均值（I）都在4左右，说明被试对这10个方面是比较重视的；但是在感知值均值（P）一列中可以看到被试者对这10个方面的现状并不十分满意，P值都小于3。分析结果表明，这些方面可能是珠海市在人才竞争中的劣势，是需要改善和提高的方面。

表6　吸引力构成要素描述性统计（吸引潜力 AP 排名前 10 位，N = 48）

编号	题项内容	重要性均值(I)	感知值均值(P)	方差	吸引潜力(AP)
A13	相对于周围城市,城市的物价水平	4.30	2.44	1.128	11.01
A19	城市商品楼的价格水平	4.13	2.44	1.090	10.58
A20	政府公屋(廉租房、经济适用房)建设情况	4.06	2.44	1.147	10.41
A12	相对于周围城市,城市的工资收入水平	4.21	2.56	0.965	10.26
A39	城市的医疗技术水平与服务质量	4.10	2.65	1.120	9.66
A46	政府是否补贴人事档案管理费用	3.98	2.69	1.014	9.20
A52	政府补贴公共交通,降低公交收费	4.06	2.77	1.207	9.06
A45	政府在办理招聘、调动、入户等的效率	3.94	2.77	1.088	8.80
A15	政府对人才的子女教育方面的优惠政策	3.96	2.83	1.136	8.58
A47	政府在办理各项社会保障手续方面的效率	4.02	2.90	0.951	8.46

　　表7是吸引潜力值排名后 10 位的题项列表。可以看到，被试对这 10 个方面也基本是同等重视的（I 值在 4 左右），而且对珠海市在这些方面的现状还是比较满意的，P 值都大于 3，所以这些方面的吸引潜力 AP 值也是较小的。分析结果表明，这 10 个方面是珠海市在人才竞争中的优势，是需要保持和维护的方面。

表7　吸引力构成要素描述性统计（吸引潜力 AP 排名后 10 位，N = 48）

编号	题项内容	重要性均值(I)	感知值均值(P)	方差	吸引潜力(AP)
A51	政府是否积极倡导并组织健康群体活动	3.83	3.21	1.010	6.87
A44	求职者是否可以及时了解各类招聘信息	3.98	3.28	0.949	6.86
A17	城市常住人口综合文化素质与受教育水平	4.19	3.38	0.866	6.8
A1	城市的地理位置(影响着区域经济发展)	4.27	3.44	0.873	6.67
A6	城市居民的精神文明状况	4.44	3.50	1.203	6.66
A23	不同户籍人才求职的就业机会平等问题	3.92	3.33	0.859	6.53
A24	各类企业等用人单位的总体数量	4.04	3.44	0.848	6.32
A41	城市文化、娱乐、文体活动整体氛围	4.06	3.46	1.031	6.26
A3	城市的生态环境及保护状况	4.63	3.79	1.071	5.59
A2	城市的自然气候	4.43	4.00	0.799	4.43

　　注：方差值越小说明每个人的评分越接近，越多人的观点、感受比较一致；方差大也不见得不好，可能是填卷人的背景差异较大，关心的问题、看问题的层次与角度不同。

　　(2) 对珠海市人才吸引力构成要素的诊断性分析与评价。参照描述性分析的思路来对人才吸引力构成要素进行诊断性分析，可以具体说明珠海市人才吸引力结构维度中各要素的现实水平（见表8）。

表8　探索性因子分析旋转成分矩阵（N＝48）

项目	题项	题项内容	重要性均值（I）	方差	感知值均值（P）	方差	吸引潜力（AP）	人才服务体系	人才发展环境
生活质量	A8	道路交通状况	4.17	1.117	3.23	1.237	7.36		☆☆
	A19	商品楼的价格水平	4.13	1.244	2.44	1.090	10.58		☆☆
	A12	工资收入水平（与周围城市比较）	4.21	1.148	2.56	0.965	10.26		☆☆
	A10	社会治安状况	4.23	1.357	3.43	1.163	6.67		☆☆
	A20	政府公屋建设情况	4.06	1.137	2.44	1.147	10.41	☆	☆☆
发展前景	A34	专业人才发展规划	3.83	0.892	3.04	0.743	7.50	☆☆	☆
	A26	人才安居激励政策	3.75	1.021	3.00	0.752	7.50	☆☆	
	A35	人才交流活动	3.67	1.038	2.90	0.951	7.72	☆☆	
	A22	科研与科技创新激励政策	3.83	1.098	3.15	0.850	7.11	☆☆	
生活环境	A1	地理位置	4.27	1.005	3.44	0.873	6.67		
	A3	生态环境	4.63	0.672	3.79	1.071	5.59		☆
	A11	人文环境	4.45	0.600	3.79	1.147	5.37	☆	☆☆

　　表8中关于吸引潜力的数据，数值越大的题项是越薄弱的环节，也是越需要改善的短板。较为突出的三个方面是A19商品楼的价格水平、A12工资收入水平（与周围城市比较）、A20政府公屋建设情况。在这三个短板中，"商品楼的价格水平"不仅是一个地区的热门问题，而且是全国各个城市人才考虑的重要因素。各类人才在选择工作、生活的城市时都会对此有所考虑，上海等大城市已经出现"高房价吓退人才"的报道。珠海市的工资水平相对于周边城市来说也有一定差距。2011年，广州平均工资是4567元，深圳是4205元，但珠海只有2867元。薪酬待遇不能提升，人才吸引力也会受到很大影响。在住房保障方面，虽然在2011年就已经根据《中共珠海市人民政府关于加强高层次人才队伍建设若干意见》（珠字〔2011〕11号）有关规定，制定了珠海市高层次人才住房保障暂行办法，但是从总则第2条的内容中就可知该办法只适用于取得"珠海市高层次人才证书"并在管理服务期内的珠海市高层次人才，以及取得"珠海市青年优秀人才证书"并在培养期内的珠海市青年优秀人才。复杂的评定标准与较高要求也给"人才"设定了一道门槛，能够真正受惠的人可能不多；因而政府"公屋"建设情况也是人才考虑是否来珠海市的重要因素。

　　珠海市人才吸引力内容要素中目前最令人满意的两个方面是A1地理位置

和 A11 人文环境，这是珠海市吸引人才的优势所在。但珠海市的发展定位一直比较模糊，发展工业与保持环境的矛盾正日益突出。人才吸引力构成要素的吸引潜力分析与比较见图 2。

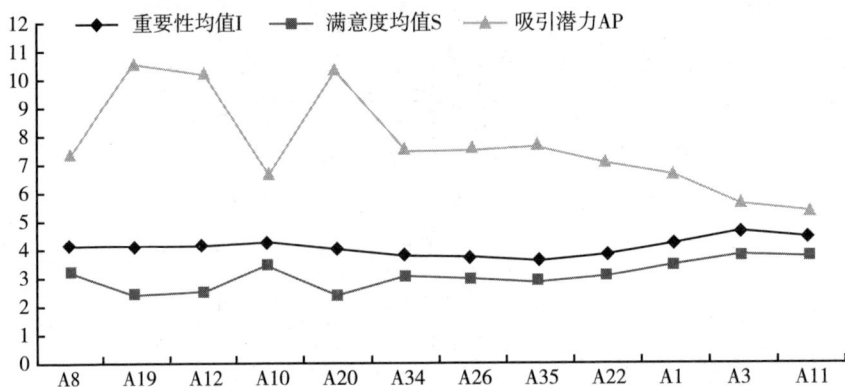

图2　人才吸引力构成要素的吸引潜力分析

表 8 中还列出了各因素与人才服务体系、人才发展环境的相关性，星号"☆"的数量越多表示相关性越大，两颗星表示高度相关。这些分析结论将作为优化珠海市人才服务体系与人才发展环境的参考依据。显而易见，在构成城市人才吸引力的各要素中，除了自然环境要素（如地理位置）不可轻易地人为改变，其他要素都是可以改变的，从而影响城市人才吸引力的总体水平。

（五）提高珠海市人才吸引力的策略与建议

作为环境优美的滨海山水城市，珠海的人才吸引力还是大有提升空间与潜力的。结合课题研究的主要结论，进一步优化珠海人才环境应关注几个方面：

一是进一步明确符合城市发展定位的人才政策导向。根据珠海的城市发展定位，把以"三高一特"（高端制造业、高端服务业、高新技术产业、特色海洋经济和生态农业）为重点的产业发展与知识经济、循环经济、绿色经济真正结合起来。结合产业政策、现有条件和实际需要，及时优化、更新珠海现有的产业发展导向目录和人才开发目录，遵循市场规律来完善人才政策，突出重点、广泛宣传。重视人才结构的统筹规划，有选择地评定、甄选或资助专业人才、海归人士、科技创新项目和人才创业项目，致力于形成人才、用人单位与城市经济社会协调发展、相互促进的良好局面。

二是进一步加大科技投入，推动科教兴市、人才兴市。20 年前领先全国百万元重奖科技人才的珠海，有着尊重知识、尊重人才的良好传统。应充分利用现有的科教文卫、高新技术产业的资源与基础，依据珠海经济社会发展的实际需求，积极鼓励实用型的产学研结合项目、科技创新与人才创业。加强政府相关职能部门与高校科研单位及相关社会团体的沟通，完善学术科研、科技创新、管理创新的信息交流平台等配套服务体系，加大专项资金支持、信息服务支持的力度，积极组织开展高端的科技、学术交流活动，提升珠海尊重知识、尊重人才、科学发展的城市品牌形象。

三是继续优化社会人文环境，提升居民生活质量。重视保持、发展和利用珠海在自然环境、社会人文环境方面的优势，加强区域生态环境资源的保护。抓好菜篮子工程，严格控制食品安全风险。优化公共交通基础设施，通过现有的城市公共自行车服务、合理降低公交收费等措施，倡导绿色出行，合理降低生活成本。发挥全日制普通义务教育与高等教育的优势，搞好职工子女教育、继续教育。继续改善医疗保健条件与社会治安状况，提高居民满意度、幸福感。鼓励企事业单位、社会团体参与或组织各类积极向上的群体性文化活动，共建幸福城市、幸福社区，不断优化安居乐业的社会大环境。

四是优化人才激励政策与配套措施。应依据城市发展需要，参考人才实际价值与贡献，明确人才类型的重点、产业发展的主线和人才结构的各个层面，点、线、面相结合，优化人才使用与激励的配套政策。由于各人的实际经济条件难以确认，租房或住房补贴、生活补贴等人才激励措施应适用于所有达标的所需人才；激励应以提高实际收入为目的，而不是针对少数外来人才的专项救济；补贴金额、兑现方式还要与激励对象在珠海的工作年限、实际贡献结合。对特定范围或等级的紧缺人才，可在一定时期内以个人所得税按比例返还，或增加个人住房公积金，或补充社会保险等方式进行专项激励。

五是加强沟通，鼓励参与，共建良好的人才公共服务体系。要加强政府相关单位、公共服务部门与用人单位、人才个人的沟通，构建有效的信息资源交互平台，了解各方的实际需求，共同建设良好的人才公共服务体系。例如，联合市内各类高校、教育机构建立本地人才的培训与继续教育的支持体系。可以考虑通过个人所得税返税补贴的形式，鼓励本地工作人员积极参与和专业工作相关的学习、科研、继续教育，不断自我提升。多渠道宣传相关政策和人才绿色通道的作用，使外部人才容易获取人才政策、创业政策、工作岗位空缺与薪酬水平等相关信息，降低人才流动的成本，促进人才的合理流动。定期组织对珠海用人单位进行"最佳工作场所"评价，鼓励或资助企业改善劳资关系，提升珠海用人单位的整体形象，形成用人单位与人才和谐发展，促进城市科学发展的良好局面。

（六）结束语

在现有关于城市人才吸引力相关研究的基础上，本研究通过问卷调查，对珠海市的人才吸引力结构维度进行了探索性分析，结果表明珠海市的人才吸引力主要由生活质量、发展前景、生活环境三个方面组成。通过对各内容要素的重要性与感知值进行分析，得知珠海市人才吸引力的短板主要是商品楼的价格水平、工资收入水平和政府公屋建设情况；主要的优势是地理位置和人文环境。据此，本研究对改善珠海市人才吸引力水平提出了几点措施与建议。

限于问卷调查工作的难度，本研究的样本数量较少，使研究结论的样本代表性、可靠性存在局限性。另外，城市人才吸引力具有相对性，其结构维度与不同地区城市存在一定的差异。因此如果把本文的分析方法用于研究某一具体地区城市相关问题时，要考虑到样本的代表性是否适合目标地区城市的类型。在样本代表性适合的情况下，本文的分析方法可用于研究其他地区城市的人才吸引力问题。

后续的研究应通过更为广泛的问卷调查来进一步分析城市人才吸引力对企业人才吸引的影响关系，研究城市人才吸引力的风险管理体系，通过开发相应的人力资源风险预测、分析与监控系统，通过对更多信息的系统分析，为优化珠海市的人才服务体系与人才发展环境提供决策参考。

珠海市社会工作专业人才队伍建设研究

熊俊超*

为推进珠海市社会工作专业人才队伍建设，珠海城市职业技术学院社会工作专业联合珠海市社会工作协会和北京师范大学珠海分校、北京师范大学 – 香港浸会大学联合国际学院、吉林大学珠海学院 4 所高校的有关专家共同组成研究课题组，于 2012 年 6 月 28 日至 9 月 29 日开展了专题调研。通过问卷调查、个别访谈、召开座谈会、交流会、专家论坛等多种形式，深入开展调查研究，历时三个多月，数易其稿，最终形成本课题研究报告。

课题研究报告在全面回顾总结和客观分析问题的基础上，提出了珠海市加强社会工作专业人才建设的总体思路、目标任务、发展需求和政策措施，并向市有关部门就急需突破的体制法制方面的障碍提出了相应的建议，旨在营造有利于社会工作专业人才充分发挥作用的体制机制和社会环境，为珠海市率先构建社会主义和谐社会提供坚实的人才支撑。

一 珠海社会工作专业人才建设的历史回顾

（一）宏观背景

社会工作是伴随着工业化、城市化和现代化所引发的社会问题应运而生、发展壮大的。当前我国正处于社会转型与发展的关键时期，各种潜在的社会矛盾和风险凸显，如何构建和谐社会成为关系国家未来发展极其重要的战略任

---

* 熊俊超，副研究员，珠海城市职业技术学院人文与社会管理学院党总支书记。

务。从国际经验看，运用社会工作理念、方法来解决由于社会转型带来的社会管理问题已经颇为成熟；从价值取向和目标来看，社会工作的价值理念和目标与创新社会管理的目标要求比较一致，也与解决社会转型期不断凸显的一系列社会问题具有契合之处。因此有学者认为，社会工作是社会转型期化解社会矛盾、平衡利益关系的"减震器"和"润滑剂"。

近年来，党中央非常重视社会工作人才队伍建设，在十六届六中全会通过的《中共中央关于构建社会主义和谐社会若干重大问题的决定》中，中共中央倡导要在全国开展社会工作人才队伍建设，培养造就一支数量充足、结构合理、素质优良的社会工作专业人才队伍。党的十八大更是将社会管理与民生并列为社会建设的重要内容，提出要加快形成党委领导、政府负责、社会协同、公众参与、法治保障的社会管理体制。这一方面表明了我国推动社会管理体制改革创新的方向与务实态度，另一方面也表明了社会工作的理念和专业方法对推动我国的社会管理创新具有的重要现实意义。

20世纪90年代以来，珠海市经济社会快速发展，人民生活水平逐步提高，与此同时，伴随着经济体制的深刻变革、社会结构的深刻变动、利益格局的深刻调整、思想观念的深刻变化，失业贫困、人口老龄化等复杂多样的社会问题、社会矛盾集中凸显，人民群众对福利保障、社会服务等方面的要求也越来越高。面对空前的社会变革，珠海市逐步引入国际上发展成熟的社会工作理念和方法，在综合运用传统的行政、经济、法律手段之外，寻求一种更加强调人性、个性和柔性的管理和服务方式，积极探求特区社会建设的新路。

2009年，珠海市作为《珠江三角洲地区改革发展规划纲要（2008～2020年)》确定的社会体制改革试点城市，启动了社会工作人才队伍建设试点工作。三年多来，珠海市社会工作专业人才队伍建设从抓好教育培训入手，以构建社会工作专业人才职业化体系为核心，积极促进社会工作专业方法在体制内外社会服务平台的渗透，初步造就了一支具有一定职业化、专业化水平的社会工作专业人才队伍，成为构建和谐、促进发展的重要依靠力量。实践表明，社会工作职业的诞生是时代的要求、理性的选择，符合广大人民群众的实际利益诉求。

（二）简要历程

2006 年 4 月，受广东省委组织部委托，珠海市民政局配合市委组织部开展社会工作专业人才队伍建设专题调研，形成《珠海市社会工作专业人才队伍建设调研报告》，自此，珠海市开始推进社会工作专业人才队伍建设的实践。

自 2009 年 7 月国家民政部确定珠海市为全国第二批社会工作专业人才队伍建设试点地区以来，市委市政府高度重视社会工作，2008 年组织进行了首次社会工作者职业资格考试，2009 年发布了《珠海市社会工作者登记管理暂行办法》；之后，相继建立注册管理、考前培训、继续教育等系列制度；2009 年 7 月，成立珠海市社会工作协会，探索开展社工岗位培训、资格评定和行业规范管理。2009 年 12 月 18 日，市民政局增设社会工作科。2010 年 8 月，市政府常务会议审议通过市民政局组织起草的关于加快社会工作发展的"1+2"政策性文件，即《关于加快发展社会工作的意见》《珠海市加强社会工作专业人才队伍建设的实施意见》《珠海市民办社会工作服务机构扶持办法》，2011 年通过了《珠海市社会工作机构评估办法（试行）》和《珠海市财政支持社会工作发展的实施办法（试行）》，有力地推动了珠海市社会工作的发展。

（三）主要做法

1. 健全体制机制，完善组织机构建设

珠海市设立日常专门机构，加强对社会工作的统筹、规划和管理。2009 年 12 月珠海市在政府机构改革中设立市委社会工作委员会，作为市委派出工作机构，并在市民政局加挂社会工作促进局牌子，与民政局合署办公，新增加了社工委办公室、社会工作科和政策法规科三个内设科室和人员编制，专门负责社会工作的总体规划、改革方案、宏观政策，并组织实施，会同有关部门加强相关立法工作等。

各区也参照市的做法，建立健全了领导和工作机构，设立区委社会工作委员会，作为区委派出工作机构，并在区民政局加挂社会工作促进局牌子，增设了社会工作股。

2011 年 5 月，珠海在创新社会管理体制机制上开全国先河，成立市委社

会管理工作部，作为珠海市委专门领导社会管理的职能部门。2011 年 9 月，珠海社会工作委员会成为市委派出机构，负责统筹协调全市社会工作。

2. 完善社会工作政策，培育民办社工机构

2009～2011 年珠海市先后出台了《珠海市社会工作者登记管理暂行办法》《珠海市委市政府关于加快社会工作发展的意见》《珠海市加强社会工作人才队伍建设的实施意见》《珠海市民办社会工作服务机构扶持办法（试行）》《珠海市财政支持社会工作发展实施办法（试行）》《珠海市关于政府购买社会工作服务考核评估实施办法（试行）》《珠海市政府购买社工服务项目考核评估实施办法（试行）》等系列政策文件，为推进珠海市社会工作发展夯实了基础。

2009 年由高校发起，民间运作，珠海市成立了珠海市社会工作协会，建立具有本土特色的社会工作行业管理服务体制，充分发挥市社会工作协会的行业带头作用，加强培育，将有关社工培训、行业规范和服务、维护社工权益以及社会工作者注册登记管理、社会工作教育培训、制定和完善社会工作制度等职责委托市社会工作协会行使，打造具有珠海本土特色的行业管理组织。

根据《珠海市民办社会工作服务机构扶持办法（试行）》，珠海市在降低准入门槛、简化登记手续、协调解决办公场所、提供服务项目支持等方面予以扶持，截至 2011 年年底，全市注册专业社工机构共有 8 家，分别是珠海市香洲区梅华社工服务中心、京师社会工作中心、珠海晴朗天空社会工作服务社、珠海市慈爱社会服务院、珠海市远博社会工作促进中心、珠海协作者社会工作教育推广中心、珠海市欣心社工服务中心、珠海市青少年综合服务中心，服务涵盖老年人、青少年、社区和企业等社会工作领域。

3. 构筑社会工作专业教育体系，加大教育培养

建立社会工作教育、研究和职业培训体系是建立宏大的社会工作人才队伍的一项重要任务。社会工作是一项专业性较强的工作，其人才的来源会比较多地依赖高等院校的培养和专门的培训机构。从国际社会工作发展的轨迹看，"教育先行"也是推动专业社会工作发展的重要力量。

目前，珠海市有 4 所高校设置了社会工作专业，分别是北京师范大学－香港浸会大学联合国际学院、北京师范大学珠海分校、吉林大学珠海学院、珠海城市职业技术学院。其中，北京师范大学－香港浸会大学联合国际学院已有三届毕业生，珠海城市职业技术学院已有两届毕业生，2012年北京师范大学珠海分校申报开设了社会工作专业硕士点，初步形成了以硕士、本科、专科和职业教育为主要模式的多层次、宽领域、多方向的社会工作专业教育体系，每年为珠海市培养和输出一定数量的社会工作专业人才，为社会工作职业化、专业化发展奠定了人才基础。至2012年9月，全市社会工作专业学生共694人。

4. 加大社会工作者培训力度，提高专业素质

从2008年起，珠海市连续四年为2200名参加考试人员免费举办社会工作者职业水平考试考前培训，截至2012年年底，珠海市通过社会工作师资格考试的共有502人；组织全市科（处）级干部50人赴复旦大学参加为期10天的社会工作高级研讨班；连续三年组织1230人次开展社会工作专业人才继续教育培训；各区充分利用社区居委会换届选举的契机，分批对社区建设领域的专职社区工作者进行社会工作专业基础知识和技能培训；2012年，珠海市委组织部委托北京师范大学珠海分校举办为期一年的社会工作人才素质提升培训班，共有500人参加培训。珠海市与中国社会工作协会社工师委员会密切合作，已成功举办了多期全国性的社会工作培训班，来自全国各地的近2000名学员以及珠海市相关的政府职能部门和一线的社会工作专业人员参加了培训。珠海市还被确定为全国远程社会工作培训首个试点城市。

5. 大力拓展社工服务领域，推进社工试点

据统计，近三年来珠海市在社会工作领域财政投入及福利彩票公益金投入约为700万元，通过职能转移、政府购买服务的方式，极力推进社会工作发展，主要为以下几个方面：

一是大力推进政府购买社工服务项目试点，探索"社工＋志愿者"服务联动模式。截至2012年6月底，已开展政府购买社工服务项目共13个，服务对象包括社区青少年、老年人、单亲母亲、外来务工子女、社区矫正人员等弱势群体。服务区域覆盖香洲主城区、斗门、横琴、平沙等地。其中梅华社区为老人服务项目、狮山街道"康乃馨"单亲母亲项目、康宁社区青少年服务项目、平沙美平社区长者服务项目、横琴家庭综合服务项目等，都收到了良好的效果，社会反响强烈。

二是推进政府购买社工岗位试点。根据人力资源和社会保障部、民政部《关于民政事业单位岗位设置管理的指导意见》，指导珠海市社会福利中心设置社会工作岗位试点方案，通过购买岗位的方式，从民办社工机构挑选 5 名社工从事儿童、青少年及康复社工服务，目前岗位服务效果明显，得到各方的肯定。

三是开展企业社工试点。2009 年成立珠海市协作者社会工作教育推广中心，在斗门伟创力工业园区开展企业社工服务。该中心于 2009 年被选为全国第二批社会工作人才建设试点单位，为企业员工提供了有效的社工服务。

四是积极实施政府职能转移。近三年来，珠海市通过职能转移，以购买服务的方式，将社会工作职业资格考前培训、社会工作者继续教育培训、宣传推广、理论研究等委托珠海市社会工作协会及高校来举办，成效显著。

6. 注重营造氛围，加强社工理论研究和普及宣传

一是努力提高社会工作的社会认知度。珠海市连续举办庆祝"世界社工日"系列活动，通过举办社工论坛、广场社工服务宣传展示，召开社工人才能力提升座谈会，推进"社工＋志愿者"两工联动等活动普及社工知识；同时加强电视、电台、报社、网络宣传，编辑《珠海社会工作》杂志，宣传社会工作理论、政策、方法和效果等。

二是加强党政机关领导干部社会工作培训和社会工作政策理论研究。近年来，珠海市高校、珠海市社会工作协会等成立课题组，研究珠海市社会工作的评估机制、"十二五"规划、"社工＋志愿者"联动机制等，并形成调研报告，对珠海市今后社会工作发展具有重要参考意义。

三是开展评优活动。2011 年珠海市首次开展"优秀社工"和"优秀案例"评选活动，在机构自荐、市社会工作协会初评、专家复审的基础上，评选出 10 位优秀社会工作者和 8 个优秀案例，并予以表彰，给一线社会工作者提供了做好社会工作的信心和动力。

（四）基本经验

1. 坚持党委领导、政府推动的工作定位

珠海市委始终坚持党管人才的原则，把握社会工作专业人才队伍建设方向，总揽社会工作发展全局，协调各方推进社工人才队伍建设。市委市政府将社会工作发展作为构建和谐社会的重点工作，市"十一五"规划中明确提出相关工作任务，并将社工和义工发展指标列入经济社会发展综合指标体系。各级党委、政府主要领导都十分关心在协调解决社会工作者职业化、专业化建设中的重大事项。各级组织、人事、民政、劳动、财政、司法等部门和单位通力合作，在机构、政策、财力等方面都给予有力支持，推进了多领域社会工作专业人才队伍建设的全面开展。

2. 坚持职业发展、专业提升的发展方向

社会工作者是社会管理和公共服务领域里的重要力量，职业化和专业化是发挥社会工作优势的必然要求和基本保障。立足社会工作者职业化、专业化的发展，珠海市社会工作专业人才队伍建设从一开始就着力于职业资格、岗位培训、继续教育和岗位设置等一系列职业化制度设计，通过建立健全社会工作专业人才队伍建设的制度体系，保证社会工作专业人才开发工作的规范性和稳定性。同时，组建社会工作行业协会，加强对社会工作实务的培训、督导、评估等工作，提升社工专业水平。

3. 坚持理论先导、实务跟进的开发路径

珠海边研究、边探索、边实践，在启动社会工作职业发展之际，全面调研、科学论证，借鉴国际经验，形成了具有本土特色的政策、制度设计。越来越多的高校开设社会工作专业课程，培养社会工作专业人才。珠海市成立珠海社会工作研究中心，开展社会工作综合研究。一批高校理论工作者积极参与社会工作实践，担任指导和督导工作。珠海市鼓励基层大胆实践，通过有组织地学习、培训、资格认证，提升理论素养和实际工作能力。通过理论和实践的融合推进，珠海市在政府部门、理论界和实务领域集聚了一批社会工作专业人才。

4. 坚持社会运作、公众参与的运行模式

珠海市积极转变政府角色定位，依托社区平台，寻求社工发挥作用的重要领域、途径和方式。探索实行社工和义工联动机制，由义工承担大量非专业性的工作，形成"社工引领义工、群众参与义工、义工协助社工"的良性循环效应。采取政府购买服务等方式，广泛吸纳社会资源，提高公共财政的投入效率。在社工实践过程中，珠海市推动政府从直接生产者向管理者与监督者转变，既符合深化改革、转变政府职能的需要，又有效保证了社会工作在较短的时间内实现较大发展。

5. 坚持区域试点、领域突破的推进策略

珠海市在推动社会工作专业人才开发工作的进程中，注意避免急躁冒进，采取积极稳妥的推进策略。在领域上珠海市采取重点领域率先突破的方式，由民政部门在社会福利、共青团在青少年、妇联在妇女儿童等领域发挥示范带动作用，由此逐渐向其他领域扩展。通过这种方式，珠海市既形成了社会工作专业人才队伍建设的示范带动效应，又积累了开展社会工作专业人才职业化、专业化建设的宝贵经验。

二　珠海社会工作专业人才队伍的现状分析

（一）基本现状

社会工作专业人才是指具有一定社会工作专业知识和技能，在社会福利、社会救助、慈善事业、社区建设、婚姻家庭、精神卫生、残障康复、教育辅导、就业援助、职工帮扶、犯罪预防、禁毒戒毒、矫治帮教、人口计生、纠纷调解、应急处置等领域直接提供社会服务的专门人员。

根据2011年11月中央组织部、中央政法委、民政部等18个部门和组织联合发布的《关于加强社会工作专业人才队伍建设的意见》中对社会工作专业人才拟定的概念，本次调研对象主要有以下三类人员：一是社会工作教育研究领域的教师、专家；二是获得全国社会工作职业资格证书的人员；三是未获得全国社会工作职业资格证书但实际从事一线社会工作服务的人员（本文简称"社会工作员"）。

调研组先后组织座谈会5次，实地调研13个机关事业单位、9家民办社工机构和5个社区居委会，征求意见300人次，利用SPSS统计软件对本市社会工作专业人才队伍情况进行描述性分析和多元统计分析。

根据社会工作管理和服务人员分布领域，对本市社会工作人员及人才情况作初步统计分析。据统计，截至2012年9月，珠海市社会工作专业人才共1645人，如表1所示。

表1　珠海市社会工作专业人才队伍分类

单位：个，%

类　别	个数	比重
社会工作教育研究领域的教师、专家	31	1.9
获得全国社会工作职业资格证书的人员	502	30.5
社会工作员	1112	67.6
总　计	1645	100

1. 分布范围和工作领域

珠海市社会工作专业人才队伍的分布范围如表2所示，工作领域分布如表3所示。

表2　分布范围情况

单位：%

单　位	比重	单　位	比重
镇街、社区	50.6	其他	5.1
事业单位	17.7	社会团体	3.8
机关单位	15.2		
民办社工机构	7.6	总　计	100

表3　工作领域分布情况

单位：%

工作领域	比重	工作领域	比重
社区建设	15.6	残障康复	3.8
计划生育	13.1	司法矫正	3.1
社会救助	8.1	基本权益维护	3.1
就业服务	8.2	慈善事业	3.1
禁毒	8.1	医疗卫生	2.5
优抚安置	6.9	收养服务	1.3
社会福利	5.6	教育辅导	1.3
青少年事务	5.6	家庭生活服务	0.6
减灾救灾	5.6		
其他（老年人、妇女）	4.4	总　计	100

2. 年龄结构和文化程度

珠海市社会工作专业人才队伍的年龄结构如表 4 所示，文化程度如表 5 所示。

表 4 年龄层次

单位：%

年龄	20～30 岁	31～40 岁	41～50 岁	51 岁以上	总计
比重	22.49	54.8	22.7	0.01	100

表 5 文化程度

单位：%

学历	高中	中专	大专	本科	硕士	总计
比重	6.7	6.3	33.8	50.5	2.7	100

综上所述，珠海市社会工作专业人才队伍初步形成了以社会工作领域相关从业人员为依托，以社会工作人员为基础，以专业社会工作者为主体的金字塔结构。

（二）主要问题

近年来，珠海市社会工作专业人才队伍建设虽然取得了一定成效，但无论从社会发展需求还是与国际比较来看，都存在一定的问题和差距。

1. 数量明显不足

目前，珠海市取得各类社会工作职业资格的人员约 502 人，不到全市常住人口的 0.5‰。有关资料显示，2005 年美国专业社工总量已达到 65 万人，占总人口的 2‰～3‰；加拿大专业社工约占总人口的 2.2‰。相比之下，珠海市专业社工数量明显偏少，社会工作专业人才总量不足与社会工作任务日益繁重存在着日趋尖锐的矛盾。

2. 结构不尽合理

社会工作人员中具有相关专业背景的人员比重偏低，学历层次整体不高；社工机构城区多、郊区少，城乡差异大；从社会工作发展需求看，社会工作专业人才的专业、学历、年龄、层次、功能等结构都有待进一步优化。

3. 领域分布不均

目前珠海市的社会工作实务探索主要集中在社会福利、老年人、残疾人、儿童、青少年、妇女、家庭、外来工、戒毒、人民调解等领域，教育、医疗卫生、司法、计生、优抚安置、慈善事业、婚姻家庭、就业服务、减灾救灾、信访等领域尚是空白。

4. 专业水平不高

作为提供社工服务主体的民办社会工作服务机构普遍处于成长阶段，机构依然面临管理运营人才紧缺、管理服务水平不高等发展瓶颈。现有的社会工作人员中70%没有经过系统的专业教育，虽然有长期工作实践，但经验型居多，缺乏社会工作的专业理念、知识和技能，工作手段和方法相对落后。特别是能综合运用各类专业方法的"复合型"社工、在一线解决复杂问题的"临床"社工等严重不足，难以提供个性化、多样化、系统化的专业服务。

5. 队伍稳定性不强

据统计，珠海市 2010 ~ 2012 年社工流失率分别为 0.7%、5.7% 和 10.1%，尤其是骨干社工流失情况严重。据有关调查显示，目前珠海市高校每年培养的社会工作毕业生将近 100 人，但留在珠海市工作的不足 20%。

（三）原因症结

珠海市社会工作专业人才建设仍处于起步阶段，上述问题既有历史的因素，也有现实的障碍；既有体制机制的成因，也有社会环境的影响，主要还是发展中的问题。深层次的原因主要是以下几点。

1. 社会工作专业人才管理体制及运行机制尚不完善，人才管理统筹协调的合力不强

社会工作专业人才队伍管理涉及党群、民政、司法、工、青、妇等数十个部门，每个部门都有相应的工作要求，面上缺少一个牵头来抓整合资源和统筹协调的总部门。同时，行政职能需要进一步落实，尽管在市级层面成立了负责协调发展全市社会工作的行政管理职能部门——社会工作委员会，但因缺乏全市统一推进社会工作的协调权威，力量也显得十分薄弱。

从运行机制上来看，政府购买社会工作服务的机制还没有完全建立，扶持

发展民办社会服务机构的政策还不够完善，人们对社会工作的认知、认可度有限，相关部门对社会工作专业也存在着一些不理解、误解甚至畏难情绪，这在客观上也给社会工作的开展带来了一定难度。

2. 社会工作专业人才职业发展渠道不畅

首先，有利于社会工作专业人才队伍成长的社会环境尚未形成，有利于社会工作专业人才培养、发展和稳定的社会氛围还没有形成。其次，科学合理的社会工作专业人才评价体系尚不完备，专业社会工作专业人才职称发展序列及其相关待遇难以落实，社会工作人员的职业规范、实务督导、服务评估、岗位配置、职业级别、薪酬标准等一系列配套制度不健全，社工缺少足够的职业发展空间，影响了社会工作专业人才的职业发展进程。

由于没有形成职业化的岗位体系，全国社会工作岗位开发与设置政策还没有出台，社工岗位不明确，专业社会工作岗位十分有限，致使社会工作人才"入口"不畅。一方面，社会迫切需要各个方面的社会工作人才去调节社会关系，化解社会矛盾，维护社会稳定；另一方面由于无法提供明确的岗位，一些大专院校毕业的社会工作专业的大学生难以找到合适的专业岗位。一些进入社区或福利机构工作的毕业生，因待遇偏低而选择了其他工作。

3. 社会工作缺乏长远战略规划，社会工作专业人才队伍建设投入不足

社会工作在珠海市真正得以规模推进虽然始于 2009 年，但目前仍然处于探索阶段，发展的基础还比较薄弱。由于对开展社会工作人才队伍建设缺乏统筹规划，在思想认识上还没有真正重视这项工作，珠海市虽然出台了一些政策性文件，但很多措施还有待进一步细化完善。

政府对社会工作服务外包的内容和实现形式的认识缺位，没有建立起稳定的支持社会工作发展的财政制度，导致政府财政对社会工作及其人才队伍建设的人力资本投入不足，相对于社会工作人员的付出及其发挥的作用，社会工作薪酬偏低、缺少吸引力。据统计，全市八家社工机构专业社工的薪酬水平基本在 2500～3500 元/月，且三年多来没有变化，无法与周边城市形成竞争优势。这种薪酬条件在现在的珠海市难以吸引和留住比较优秀的社会工作专业人才。

4. 社会工作专业人才培养、培训体系建设尚不健全，理论研究有待加强

珠海市高校的社会工作专业教育虽已初具规模，尤其是近年来社会工作专业发展相当迅速，目前已有 4 所学校设立了社会工作专业，来年陆续还有两所高校开办此专业，每年的培养能力可达近千人，但与建设宏大的社会工作人才队伍的要求相比较，仍有明显的不足之处，主要表现在教学质量仍然不够高，部分教师专业背景不强，师资力量整体水平有待提高，具有实践操作经验的实务教师较为匮乏，学科建设、教材建设尚不系统，专业教育缺乏专业实习和培训基地，难以适应社会工作人才实用性、应用性强的需求特征。

另外，社会工作继续教育和岗位培训体系尚不完善，相关的培训专业性、系统性有待加强，教学和研究中的社会工作本土化理论研究发展还不够理想。

三　珠海社会工作专业人才队伍需求预测

（一）珠海社会工作发展趋势

珠海市率先构建社会主义和谐社会、加强社会管理体制改革与公共服务模式创新、推进社会事业全面发展将为社会工作发展提供广阔舞台。至 2012 年，珠海市 GDP 已经连续保持两位数增长，人均 GDP 已经达到 10000 美元以上，经济快速发展。多项反映珠海市社会发展水平的主要指标均已接近甚至超出发达国家的水平。这表明，珠海市社会工作的发展潜力巨大，社会工作推进表现出强烈的"后发优势"。可以预见，珠海市社会工作将迎来一个"黄金机遇期"。总体来看，社会工作发展将呈现以下四个特点：

（1）"加速度"。城市经济持续健康发展，社会潜在需求迅速显性化，社会工作理论研究和实践探索越来越深入，全社会对社会工作的认识水平和重视程度也将越来越高，这些将为社会工作加速发展提供更加扎实的基础保障、充足的内在动力和良好的外部环境。

（2）"宽领域"。随着珠海市外来人口大量"沉淀"，社会服务需求日趋多元化、多层次，社会工作将逐步从传统的救助、福利领域向权益保障、家庭和个人生活服务等领域延伸，向文化适应、社区认同领域拓展。社会工作将集中在社区家庭、福利保障、司法矫治、公共卫生、学校教育、就业服务、企业单位等社会服务领域。

（3）"多主体"。在推动政府职能转变的过程中，社会工作将以一种全新的管理理念促进社会管理方式革新，以一种有效的参与途径实现公众参与治理的要求。社会组织将逐步发展壮大，社会工作将会由最初的政府推动，到各类社会组织的广泛参与，推进社会工作服务主体多元化，形成良好的竞争态势。

（4）"制度化"。社会工作服务从经济社会前进的过程中逐步分离出来，成为一种专业职业并被广大公众所接受而得到迅速发展。珠海市社会工作也将遵循国际社会工作的一般规律，进一步以制度建设为核心加快职业化、专业化进程，逐步建立起以培养、评价、使用、激励为主要内容的政策措施和制度保障，提高社会工作人员的职业素质和专业水平，从而为构建和谐社会提供人才保证。

（二）人才需求预测思路与模型

伴随着珠海市社会工作的快速发展轨迹，社会工作专业人才需求也必将面临整体规模与职业能力水平的跨越与提升。根据科学人才观的要求，并鉴于珠海市社会工作岗位，目前珠海市的社会工作仍以一批初步具有社工理念和方法的社会工作人员为主体，因此本次调研预测的人才需求总量对应于在社会工作岗位上职业从事社会工作的人员数量。社会工作人员需求预测是为了建立社会发展与人员需求之间的"桥梁"，建立珠海市社会工作人员需求模型是为了判断与预测未来珠海各个领域社会工作服务需求发展趋势以及各个领域社会工作人员的配置密度。本课题组在参照"珠海'十二五'经济社会发展规划"和珠海社会领域发展趋势与目标及国际社会工作领域社工配置密度等相关材料的基础上，建立了以定量趋势预测为主、以专家的经验判断为辅的预测模型，即人员需求预测以定量趋势分析的研究方法建立系统预测模型，一些趋势性增长参数的确定以权威机构规划参数为依据并结合专家的经验趋势判断以及与国际数据趋势比较进行预测。

社会工作人员预测模型主要有以下四个步骤：

（1）确定若干重点社会工作服务领域，通过与国际比较和趋势判断，确定未来该领域社会工作人员分布密度。

（2）针对上述若干重点社会工作服务领域，根据其社会工作发展需求对特定服务对象规模进行预测分析，并结合该领域社会工作人员分布密度预测数据推算出该领域的社会工作人员需求总量。

（3）对若干重点社会工作服务领域的社会工作人员需求总量进行汇总，设定其他服务领域社会工作人员需求的结构比例，推算出全口径的社会工作服务领域人员需求总量。

（4）根据未来社会服务人员与管理人员结构比例的趋势判断，测算出社会工作管理人员的需求总量，进而得到珠海市未来社会工作人员需求总量以及分领域分布结构比例。

人员需求模型为

$$Y_i = G_i / X_i$$

其中，i 表示某个社会工作领域；Y_i 表示预测目标年份某社会工作领域人员需求总量；G_i 表示预测目标年份某社会工作领域服务对象数量规模；X_i 表示预测目标年份该领域社会工作人员分布密度。

$$R_i = \sum Y_i$$

其中，i、Y_i 如上所述；R_i 表示预测目标年份商业服务业社会工作人员需求总量。

（三）人员需求预测结果

不同社会工作领域有其不同的社会工作需求以及特定的服务对象，根据不同社会工作领域的人员分布结构，预测 2015 年和 2020 年珠海市社会工作服务人员的需求情况。

1. 主要领域的社会工作人员需求情况

（1）社区家庭。2010 年珠海市常住人口的家庭户数达到 50 万户，户均人口 2.7 人；据人口抽样调查发现，近年来一人户和两人户家庭明显增加，户均人口将进一步减少，预计 2015 年户均人口将低于 2.7 人，家庭户数将增至 60 余万户。目前，平均每个居（村）委会覆盖的居民家庭约为 1000 户，由于社区基层组织的设置本身就是依据居民的服务需求而规划的，因此参照每个居

（村）委会或每 1000 户家庭配置 1 名社工，需要 600 名社会工作人员；另外，社区中还有 2 万多个生活困难的低保家庭需求社工的特别服务，参照社工与特殊服务对象 1：150 计算约需要 140 名社会工作人员，至 2015 年珠海市在社区家庭领域方面需要社会工作人员近 740 人。

（2）福利保障，主要是老年人、残疾人、孤儿、弃儿等特殊对象。2010 年珠海市有 60 岁以上老年人 12 万人，据 2010 年的残疾人抽样调查结果计算，珠海市有各类残疾人员 1.2 万人，其中智力、精神和多重残疾等需要特别服务的约占 25%；另外在全市福利机构和家庭寄养的孤儿、弃儿 1000 人左右。预计至 2015 年珠海市老年人口可能接近 15 万人，残疾人、孤儿、弃儿等特殊人群将达到 2 万人左右，参照 1：150 计算约需要社会工作人员约 1130 人。

（3）司法矫治。2010 年珠海常住人口中的吸毒人员将超过 1 万人，社工与吸毒人员的配比应从目前的 1：50 提高至 1：25，约需社会工作人员 400 人。外来人员中的吸毒人员数量也将呈不断上升之势，预计这方面需要社工 150 名，因此 2015 年全市禁毒社工的需求量约 550 人。2015 年全市社区矫正服务对象预计为 1000 人，安置帮教服务对象为 0.5 万人。按照合理工作量调整社工配备比例，即社区矫正 1：25、安置帮教 1：75，届时约需社区矫正社会工作人员 40 人，安置帮教社工约需 65 人，合计为 105 人。2015 年，全市约需青少年专业社会工作人员 300 人。综上所述，禁毒、矫正和青少年事务三类社会工作人员 2015 年的预测总数约为 955 人。

（4）公共卫生。医务社工是现代卫生系统中"不可缺少"的重要专业技术人员。医院是否设立医院社会服务部或社会工作部等机构，已成为衡量、检验、评价医疗服务质量与现代化不可缺少的重要指标之一。借鉴香港、台湾 1 名社工负责 100 张病床的做法，预计至 2015 年全市病床将增加到 0.4 万张，需要社会工作人员 40 人。

（5）学校教育。学校社会工作是社会工作者依据专业的理论和方法，在学校教师和管理人员的密切配合下，主要以学校为工作范围，以帮助学生解决问题和促进学生成长为工作重点，为学生、家长、教师及相应的学校环节提供服务的一种专业活动。2015 年，珠海市中小学校将达 200 所，参照香港 1 校 1 社工的比例，中小学需要社工约 200 人。

（6）企业单位，可以参照国外企业购买社会工作服务或自愿设置社会工作岗位，按1个社工服务100个百人以下企业单位配置，2015年需要社会工作人员150人；100人以上的企业单位超过2000个，按每50个企业配置1名社会工作人员，需要社会工作人员40人。企业单位服务领域的社会工作人员共需要190人。

至2015年，上述6大服务领域社会工作服务人员需求量将达到3255人。

2. 社会工作人员需求的总量情况

（1）根据上述社会工作管理领域和服务领域的人员需求预测，至2015年珠海市全口径社会工作人员需求量将达到3255人，社会管理人员和社会工作服务人员分别占4.8%和95.2%。

（2）2020年总量。未来几年，珠海市的城市化进程将进一步加快，人口规模将继续扩大，预计至2020年，珠海市常住人口总量将超过200万人。随着政府职能转变的逐步实现，社会管理体制将逐步完善，社会管理和服务也将越来越规范，伴随市民日益增长的物质文化需求，社会工作的服务需求将会继续增长，社会工作人员需求配置将从3.2‰发展到4‰，由此推算，珠海市的社会工作人员需求量将达到8000人左右。

四　珠海加强社会工作专业人才队伍建设总体思路

（一）指导思想

深入贯彻落实党的十八大精神、中央18部委《关于加强社会工作专业人才队伍建设的意见》，以健全体制机制、研究制定政策措施、开展教育培训、开发设置社工岗位等为主要内容，理清思路，明确重点，研究对策，推进社会管理体制和社会服务体系改革创新，加快推进珠海市社会工作人才队伍建设全面发展，培养造就一支数量充足、结构合理、素质优良的社会工作专业人才队伍，为"蓝色珠海，科学崛起"提供强有力的人才支撑。

（二）战略思路

当前，珠海市社会工作及专业人才队伍建设正处于由试点探索向全面深入发展的阶段。这一阶段对珠海市社工专业人才队伍建设工作提出了新任务和新要求。

珠海市作为广东省委省政府确定的社会管理体制改革先行试点，要切实肩负"率先建立现代社会工作制度""将珠江三角洲地区逐步建成社会工作发展和社会工作人才队伍建设示范区"的重任，全面推进现代社会工作制度建设，整体规划，分步推进，重点突破，创新务实，以教育培养为基础，以人才使用为根本，以评价激励为重点，以制度建设为保障，通过 3 ~ 5 年的努力，有效推进社会工作的职业化和专业化进程，初步建立起符合自身实际的社会工作专业人才制度体系，使社会工作专业人才队伍真正成为创新社会管理、加强社会建设的生力军。

（三）主要目标

1. 近期目标："十二五"期间

（1）数量目标。珠海市社会工作专业人才队伍规模大幅提升，社会工作人员总量达到 3255 名左右，约占全市总人口的 3‰。其中，社会工作师（者）达到 1200 名，占社会工作人员总量的 37% 。

（2）结构目标。社会工作专业人才队伍的领域结构、区域结构、层次结构、专业结构、功能结构逐步优化，基本符合社会工作实践需要。

（3）素质目标。社会工作专业人才队伍整体素质和实践能力显著增强，社会工作专业人才的专业权威基本树立，职业的社会认可度显著提高。

（4）环境目标。社会工作专业人才队伍多渠道、开放型的培养体系初步建立，协调高效的组织管理体系基本形成，社会组织对社工人才的集聚功能明显，相关政策、法律、制度框架体系初步完善。

2. 中长期目标：2015 ~ 2020 年

社会工作专业人才培养体系更加完善，社会工作专业人才工作体制机制更加健全，社会工作专业人才管理和服务的政策、法律、制度框架体系更加完善，社会工作专业人才发展环境更加优化。社会工作专业人才队伍规模进一步壮大，社会工作人员总量达到 5000 人，占全市总人口的 4‰，全面覆盖社会工作各个领域。其中，社会工作师达到 2500 人，占社会工作人员总量的 1/2。

社会工作专业人才队伍整体结构、素质和能力更加符合珠海市社会工作实际需求。

五 加强社会工作专业人才队伍建设的对策措施

加强社会工作人才队伍建设是一项宏大而长期的系统工程，内涵丰富，任务繁重。按照建设一支宏大的社会工作专业人才队伍的要求，迫切需要建立健全社会工作专业人才开发管理体制和政策措施，抓好社会工作专业人才培养、评价、使用、激励等环节工作，为社会工作专业人才发展营造良好环境。

（一）完善管理体制及运行机制，形成社会工作专业人才队伍建设的合力

创新社会工作专业人才队伍建设管理体制对社会工作人才发展意义重大。体制建设是管理工作的前提和基础，社会工作是一项跨部门、跨行业、跨所有制的社会事业，系统性强，涉及面广，社会工作人员广泛分布在社会福利、社会救助、慈善事业、残障康复、优抚安置、社区建设、婚姻家庭、公共卫生、司法矫治、青少年服务、就业服务等领域，覆盖领域广、高度分散的特点决定了社会工作人才队伍建设工作是一项复杂的系统工程。

目前，珠海市虽建有社会工作人才队伍建设领导机构和管理体系，但发挥的作用显然还不够。一些公共管理部门落实工作情况较好，但只能在本系统内加强和推广；一些公共部门对开展社会工作意识欠缺，手段、力度不到位，部门与部门之间协调配合不够，支持力度不够，造成了社会工作人才队伍建设政策制度未建立或者不完善，社会组织和社会工作人才在人才工作中的主体地位未能体现，社会工作机构和社会工作人才的作用难以体现，需求难以实现，对社会工作人才扶持政策缺少宣传，使社会工作人才的社会知晓度低，服务效能难以充分发挥。这些因素造成社会工作人才工作缺乏有效运行机制，社会工作人才队伍建设力度弱小，发展缓慢。

因此，珠海市急需加强对社会工作人才队伍建设工作的领导，宏观规划社会工作人才队伍建设的战略目标和整体布局，充分调动各种资源和积极要素向

社会工作人才队伍建设聚集。珠海市应建立党委统一领导、组织部门牵头抓总、有关职能部门具体负责、其他部门和团体密切配合的工作格局，切实加强对社会工作专业人才队伍的领导和管理，充实珠海市社会管理工作部的工作力量，加强对社工人才队伍建设的领导协调和统筹管理。

珠海市应建立联席会议制度，发挥珠海市社会工作委员会牵头抓总作用，充分发挥工青妇等群团组织作用，协调民政、人事、教育、劳动、司法、卫生以及有关部门，合理划分和明确各相关部门在社会工作专业人才队伍建设中的职责、权限和任务，定期研究社会工作专业人才队伍建设问题，通报工作进展情况，交流工作经验，研究解决重点和难点问题，统筹推进社会工作专业人才开发。

（二）完善投入机制，加大对社会工作专业人才队伍建设的投入

对于成熟的社会工作行业来说，政府是社会工作服务主要的资金提供者。在发达国家和我国香港特别行政区，社会工作职业发展的主要资金来源于政府投入。建议政府按照社会工作发展规划和需要，建立稳定的社会工作经费保障机制，设立社会工作专项财政预算资金，在每年财政支出的公共服务项目预算中，划拨一定比例的经费用于社会工作人才工作的固定投入。设立专项资金，并根据社会发展需求，参考 GDP 增长情况，按比例逐步提高社会工作经费的投入比例，通过政府招标渠道购买服务，从制度上保证社会工作的发展有财政资源。

（三）开发社会工作岗位，多渠道广泛吸纳社会工作专业人才

珠海市应拓宽岗位开发渠道，以转换、开发及引进的方式，重点探索在城市和农村社区设置社会工作岗位，通过政府购买服务等方式，逐步实现每个社区至少配备一名社会工作专业人才的目标；加快探索在以社会工作服务为主的事业单位，将社会工作岗位明确为主体专业技术岗位；在学校、医院等处设置社会工作岗位。

目前，珠海市民政局已制订社工岗位设置工作方案，首先探索在民政系统的机关内设科室及下属事业单位作试点，采取提升转换的方式（不新增行政和事业编制）设置社工岗位，推动各区重点在流浪儿童、残障人士、老年人、

社区青少年、单亲母亲、外来务工人员及其子女、园区产业工人等领域拓展社工服务项目。

（四）加强激励保障，充分调动社会工作专业人才的工作积极性

一方面要提高社会工作人才的政治待遇，对在社会工作中做出突出贡献的社会工作人才每年要以市委市政府的名义进行表彰奖励；另一方面要切实改善社会工作人才的工资待遇和工作条件，制定社会工作者的职业薪酬标准。珠海市应建立一套相对科学、合理，社会机构和组织之间相对统一的社工行业薪酬体系，充分体现社工的专业人才价值。珠海市应采取学历、资历、资格、业绩、岗位等多种指标相结合的方案，设置多层次、多类型的社工职业成长阶梯。对社会组织内部的社工，可以确定"以岗定薪、以绩定奖、按劳取酬"的指导性方案，建立适当高于相关行业工资水平的社会工作工资指导线制度，并定期发布指导价格。对于社会福利等事业单位内从事社会工作的人员，可以结合现有的职称体系来确定社工的薪酬标准。

珠海市应强化对社会工作专业人才的动态管理，依据社会工作岗位职业能力标准，定期对社会工作专业人才履行岗位职责、学习进修情况、职业发展状况等进行全面考核，根据考核结果进行奖惩。

珠海市应建立专家评估制度。为适应现代社会高度分工和专业化的要求，第三方评估也需要越来越专业化、精细化。珠海市要加强专家库建设，将不同社会工作领域的专家进行归类，在需要评估时可以采取随机抽取专家进行项目匿名评估，对各类社工服务项目、机构和个人业绩进行评估。珠海市要培育社会工作专业人才的个人和团队品牌，增强其影响力、辐射力，凝聚社工，服务社会。

（五）完善培养培训体系，提升社会工作专业人才专业素质

系统构建社会工作教育及培训体系对社会工作专业人才队伍建设尤为重要。可以从三个方面努力：

一是依托现有的高校社会工作教育资源加快社会工作人才培养，首先抓好高校专业社工源头培养。根据当前社会工作专业人才队伍建设的需求状况，在办

好专、本科学历教育的同时，扩大珠海市高校的社会工作专业硕士点。各高校社会工作专业要利用珠海市毗邻港澳的优势与国际社会工作教育接轨，引进国际先进的社会工作教育理念和课程体系，继续从教学规范和课程设置、教学内容建设、教材建设、实践教学环节建设以及教学和学科评估等方面加强质量建设，使社会工作教育水平迅速提高，以满足培养高质量社会工作人才的要求。

二是促进社会工作专业培训机构发展的同时借助社会资源培育专业社工，主要是加强对珠海市社会工作培训投入力度，有计划、分层次地对现有社会工作者进行专业培训，如通过进修、短期培训、实习等方式。

三是采取特殊办法选拔和培养社会工作人才，首先实行"实际社会工作人员"的专业身份转换。现在多数实际社会工作人员没有专业学历背景但有丰富的实践经验。政府部门要制定社会工作人才队伍培养规划，有计划、分层次地对实际社会工作者进行大规模的社会工作专业知识普及和强化，有针对性地挑选优秀的实际社会工作人员进行专业培训，鼓励他们参加进修、实习、短训、函授，学习、掌握社会工作专业知识和技能，大力提高实际社会工作人员的专业水平和职业素质，从中培养出一批优秀的社会工作人才。

珠海市应整合党校、行政学院、高等院校以及各类社会培训机构等资源和工作力量，逐步形成高等教育、继续教育和培训教育互为补充、相互促进的社会工作综合教育培训体系。珠海市应实施人才培训"走出去"策略，与国（境）内外高校、知名企业合作，力争建立若干海外社会工作专业人才培训基地，定期选送一部分优秀中青年社会工作专业人才赴海外培训基地进行中短期专业培训学习，有计划地定期组织一批领军标志性的优秀社会工作专业人才赴国（境）外培训、考察、研修和实践交流。珠海市应探索向国内和境外"借脑引智"开展继续教育的途径，组织邀请国内外有一定影响和造诣的专家学者和具有丰富实践经验的专业社会工作人才来珠海市讲学、交流，传递新理念、新知识、新技术，并形成一种长效机制。

（六）营造良好环境，形成社会工作专业人才队伍建设可持续发展动力

一是提供政策法规保障。珠海市应加强在社会福利和服务等社会工作领域

的立法，出台新的有关社会工作者法案，为社会工作者深入介入社区的建设与管理乃至公民的家庭生活提供法律依据，并且要规范社会工作者从事社会工作的义务和行为，从而使社会工作有法可依、工作有序、整合有规；制定社会工作制度规范，逐步将职业资格认证、注册、继续教育等政策上升到法律法规层面；研究制定社会工作者权益保障的相关法规，为社工提供必要的权益保障机制。

二是积极营造社会氛围。珠海市应借助知名网站、报刊、广播电视和专业媒介推广宣传社会工作，进一步为社会工作发展和社会工作专业人才队伍建设营造声势，让社工的本质含义扎根人心，提高社会知名度。珠海市应依托高校的社工专业学生资源，利用周末、暑期等在社区为居民讲解"社会工作"方面的知识；提供社工服务的机构、联系方式、地点等，逐步形成"政府高度重视社会工作、群众逐渐关注社会工作、社会不断塑造社会工作"的局面。

三是举办理论研修班、工作培训班等，对政府机关、事业单位、街道、镇基层和社会组织相关人员进行大规模的轮训，普及社会工作知识。同时，珠海市应大力推动社会志愿服务，进一步将义工志愿服务经常化、制度化、规范化，为社工开展活动提供有益的辅助力量，形成社工引领义工、义工发动群众、群众参与义工、义工协助社工的良好局面。

四是加强中国特色的社会工作研究。我国现行的社会工作研究和学科体系基本上是从西方国家引进的，在过去 20 年的时间里，我们借鉴西方社会工作理论与方法做了很多的工作，取得了不小的成就。今后在继续借鉴国外社会工作经验的同时更应该加强对本土社会工作理论与实践的研究。在过去长期的历史发展中，中国文化和制度实践中积累了大量的本土社会工作研究素材，改革开放以来在社会工作、社会政策和社会福利等方面的改革与发展也积累了许多的经验，需要理论工作者对我国社会工作实践经验做出理论总结，并在此基础上开展适合我国特点的社会工作理论与学科体系，为建设宏大的社会工作专业人才队伍建设提供有效的理论和学科支撑。

扩大优质学前教育资源，实施
"名园办民园"可行性途径研究

珠海市机关第一幼儿园课题组*

一 引言

（一）研究背景

当前社会对优质学前教育资源的需求大，而政府对学前教育经费投入又严重不足，导致优质基础教育资源供需不平衡，"入园难、入园贵"问题相当突出。在"入园难、入园贵"的背景下，一些在办园条件和师资水平有所保障，有一定办园历史，提供的幼教服务质量相对较高的公办园或部门办园脱颖而出，成为所谓的名园。"名园"毕竟是有限的，这为公办幼儿园以"名园办民园"的方式扩大供给优质教育资源留出了广阔的市场空间。于是，通过"名园办民园"扩大优质幼教资源的覆盖范围就成为时下备受推崇的办园方式。

各级各类的政策也为"名园办民园"提供了切实的依据。2010 年年末，《国务院关于当前发展学前教育的若干意见》（国十条）提出要构建"基本的""有质量"的幼儿教育公共服务体系，"鼓励优质公办幼儿园举办分园或合作办园"。中央政策的出台为"名园办民园"提供了强有力的政策支持。各地政府也以行政力量大力推行这种发展方式，以满足社会和家长对高质量教育的迫切需求，加快学前教育的发展步伐。各地陆续制定的"学前教育三年行动计划"和"十二五发展规划"中也大力倡导以"名园办新园""强园带弱

---

* 课题组负责人：吴春燕；课题组成员：汤芬、裴瑞芳、严海华、张秀丽；所在单位：珠海市机关第一幼儿园。

园""城园连镇园"等途径创新办园模式，加快学前教育优质资源的辐射和延伸。2011 年北京市教委出台的《北京市教改纲要》中提出，基础教育要结合人口迁移和学龄人口变化趋势进行"均衡配置"，继续推进名校办分校，推动优质教育资源的布局调整，促进区域内和区域间的均衡发展。2012 年的《珠海市人民政府关于进一步推进珠海市学前教育三年行动计划的意见》提出"通过举办分园、合作园及委托管理的方式，积极鼓励公办园举办民办园、名园举办民办园，帮助、扶持民办幼儿园提升管理水平，提高保教质量。到2013 年，每一所省一级公办属性幼儿园要举办至少 1 所分园或合作园、委托管理园"。

目前珠海全市共有幼儿园（含托儿所）236 所，其中公办园仅占幼儿园总数的 9.8%，优质的学前教育资源严重不足，导致适龄学前儿童"入园难、入园贵"问题非常突出。为扩大优质学前教育资源，发挥优质园的引领带动及辐射作用，珠海市机关第一幼儿园（以下简称机关一幼）于 2010 年开始了"名园办民园"的尝试。机关一幼·宝贝一家幼儿园（以下简称宝贝一家）便是依托机关一幼而开办的。机关一幼教育管理和教学资源的输入，使这所年轻的幼儿园在管理、教师专业水平、育人环境等方面得到了迅速而全面的提升，在一定程度上满足了所在区域幼儿入园问题。

（二）研究目的与意义

未来五年是珠海市教育事业伴随社会主义现代化建设的进程不断攀升新的高峰和不断打牢基础的五年，也将是珠海市的学前教育不断发展壮大和提升质量的五年。在办学资金投入不足、公办园特别是优质公办教育资源稀缺的情况下，实施"名园办民园"的学前教育发展模式，可有效地扩大优质学前教育资源。扩大优质学前教育资源、实施"名园办民园"可行性途径研究着重在操作层面探讨实施"名园办民园"的有效策略，为其他优质园所管理民办园提供可资借鉴的经验，推动"入园难、入园贵"问题的切实解决。这是关乎珠海市经济和社会共同协调发展的民生问题，是关乎珠海市能否在"十二五"期间实现转型升级、建设幸福珠海和生态文明新特区的重要问题。

（三）研究方法

本研究从问题入手，采用个案分析的方法反映珠海市机关一幼在实施"名园办民园"过程中取得的一些成功经验以及遭遇的困惑，并分析制约"名园办民园"发展的原因，提出解决问题的相应策略，从而为"名园办民园"管理模式的健康发展提供可资借鉴的经验，以及为政府及相关的教育行政部门制定相关政策提供依据。

二 "名园办民园"相关问题概述

（一）相关概念的界定

"名园"是指办园历史较长、基础较为深厚，并形成了一定的教育特色，具有较好的社会声誉，产生了一定的品牌效应，被教育行政部门冠以"示范园"的一类幼儿园。

"名园办民园"，即由知名优质公办园管理、由民间资金投资的民办园，使该民办幼儿园继承优质园先进的教育理念、课程模式以及优良的园所文化，辐射优质园的资源优势。

本研究的"名园办民园"实行董事会领导下的园长负责制，即珠海市嘉艺装饰设计有限公司委托珠海市机关第一幼儿园管理"珠海市宝贝一家幼儿园"，负责所有事务，独立管理和运作，园长定期向董事会做幼儿园工作报告，董事会为幼儿园在市场运作和科学管理上提供全面的支持。

（二）名园办民园的意义

"名园办民园"在一定程度上拓宽了教育经费筹措渠道，调动了社会组织和个人参与办学的积极性，从而发掘出蕴藏在民间的巨大投资潜力，短时间内筹措出大量教育经费，弥补了国家教育经费之不足。"名园办民园"由知名公办园发挥幼儿园管理队伍和师资队伍的优势，扩大优质教育资源，办出民办园自身特色，促进了教育供给方面的多样化，可以在很大程度上满足人们对优质高端民园的需求。"名园办民园"把"国有"和"民办"两方面的教育资源结合起来，通过全新的教育理念和运行机制，充分利用两方面的教育资源，对调动教师的积极性、提高办学效率和效益、激活内部运行机制、增强办学活力十分有利。通过公办名园办民园，其成为教育改革的试验基地，给予其更大的自由度，有利于幼儿园在管理、教育改革等方面放开手脚，大胆探索，创新办学形式。公办名园参与民办创新教育形式，可以实现优质教育资源由城区向城周的扩散，让该区域适龄儿童享受优质的学前教育。

三 "名园办民园"管理模式实施现状

（一）"名园办民园"实施过程中取得的成绩

机关一幼在"名园办民园"的过程中不仅把自己先进的教育理念、成熟的管理经验、先进的教育教学水平嫁接到民园，更引领民园打造出自己的管理和文化特色。

1. 打造独特的园所文化

宝贝一家幼儿园在成立伊始就注重打造独特的园所文化，机关一幼从物质文化、精神文化、制度文化三个维度全方位地推进该园文化建设的发展。

（1）规划雅致园所，营造和谐育人环境。美的环境将给人美的陶冶。校园环境是幼儿园的重要隐形教育者，它潜移默化地影响着走进来的每一位幼儿。机关一幼在全权管理宝贝一家幼儿园的过程中，首先成立了一幼环境规划设置领导小组，协助宝贝一家董事会设计并装修了符合省一级幼儿园标准和具有一幼文化特质的宝贝一家幼儿园环境，使宝贝一家幼儿园正式投入使用时，园内环境布局合理，园舍建筑规范，色彩和谐悦目，室内温馨、空气流通、光线充足。教学区、游戏区及生活区既分区设计又有机联系，设备设施齐全先进，给孩子们提供了众多舒适安全的活动场所；完善了幼儿动手操作的美术室、图书阅览大厅、音乐活动室、感觉统合训练室、多功能沙水游戏池等，满足了幼儿活动的多种需求；班级内部色彩柔和、物品整洁有序，区域规划合理、活动材料丰富；建立了宽带校园网络、校园电视直播系统和幼儿园网站，配置了大屏幕电视、实物投影仪、多功能电脑教学操作平台、摄像机、多功能打印机等多媒体设备及复印速印设备，教学设备先进、完善。园内的自主种植区及多处园林、人文景观，在美化幼儿园的同时增加了环境中的儿童情趣和文化内涵。围绕宝贝一家环境文化"新颖、意蕴、唯美、辅教、为学"的特点，所有的环境设置和举措，在美化园所、教育幼儿的同时使该园从户外环境到室内环境、从公共环境到班级环境都渗透着一幼和谐发展的文化气息。

（2）创新管理模式，营造严格规范的制度文化。为了充分发挥机关一幼的管理团队优势，珠海市嘉艺装饰设计有限公司委托机关一幼管理珠海市宝贝一家幼儿园，负责所有事务，独立管理和运作，在保持机关一幼现行管理模式不变的前提下，实行"名园办民园"的新型管理方式。

机关一幼指导宝贝一家组建了一支"团结、合作、开拓、进取"的领导班子，领导班子由园长（机关一幼委派）、保教主任（机关一幼委派）、行政助理、后勤主任组成。宝贝一家是董事会领导下的园长负责制，园长定期向董事会做幼儿园工作报告，董事会为幼儿园在市场运作和科学管理上提供全面的支持。从办园起宝贝一家就成立了教代会、园务委员会、家委会、工会、党团小组等组织机构，健全完善的民主管理机制使幼儿园的沟通渠道顺畅，有利于整体工作效率的提高。

机关一幼这所公办园是宝贝一家这所民办园的具体管理者，但在管理模式和方式方法上针对两所园的不同性质也有所不同。这两年来，机关一幼指导宝贝一家根据本园的实际情况召开了多次教代会，在机关一幼《员工手册》的行为规范、规章制度、岗位职责、任职条件、工作指导、考核细则的基础上，商议了适用于宝贝一家的《教职工考勤管理规定》《幼儿园奖惩制度》《幼儿园财产管理制度》《教职工月考核制度》等。例如，让宝贝一家沿用一幼《员工手册》，使每位新入职的员工能一目了然地清楚自己的工作职责、范围和内容，有助于新员工更快适应工作岗位。但机关一幼和宝贝一家的办园性质不同，因此在一些管理制度和考核机制方面，机关一幼引导宝贝一家在参考沿用的过程中，根据民办园的一些特点稍作相应的改善。例如，在员工的绩效考核方面，增加了与幼儿园生源、效益等方面的考核机制，以促进员工工作的积极性和责任心，并让每位员工与幼儿园共成长，积极为幼儿园的发展作贡献。在师资培训方面，宝贝一家依托机关一幼的强大名师后盾，通过高要求的统一招聘、统一培训，从理论到实践、从整体培训到一对一结对子指导，让宝贝一家的年轻教师队伍有了迅速的成长。

宝贝一家幼儿园每月召开园务委员会商讨幼儿园的日常工作安排及大型活动策划等方案，这是秉承机关一幼民主管理、人本管理、民主治校原则的举措，既鼓舞了教职工的工作热情，又增强了教职工的团队凝聚力，更有利于宝贝一家人有创造性地去开展幼儿园的各项工作，提升幼儿园的办园质量，对幼儿园的持续发展有重要影响。

宝贝一家延续机关一幼按照逐级负责、明确分工的原则，强化管理和责任，加强督查，落实各项安全与健康防范措施，把幼儿园和师生的健康与安全放在第一位。幼儿园成立了以园长任组长的卫生安全工作领导小组，不断建立健全各项规章制度，根据幼儿园各岗位工作性质制定其岗位职责，把安全卫生责任放在首位，做到制度上墙、责任到人、措施到位、督查有力；同时还成立了安全工作领导小组网络，建立了安全应急机制，制定了应急预案，定期进行幼儿园安全工作检查，及时整改。

机关一幼管理者指导宝贝一家幼儿园以科学、规范为标准，建立了一整套完善的卫生保健、食品采购及安全管理制度，认真做好疾病预防、饮食健康、安全保卫等工作；本着宝贝一家"有爱、有家、有宝贝"的主旨，用"爱"的行动服务于每一位孩子。宝贝一家成立了膳食委员会，邀请家长、教师、保健医生和厨师一起加入。

（3）营造积极向上的精神文化。宝贝一家在成长过程中注重培养幼儿园团队精神，完善教师师德行为，展示该幼儿园教职工整体精神风貌。第一，以园为基，塑造良好形象。幼儿园的每一位教职工秉持"园荣我荣，园耻我耻"的思想，随时随地自觉维护幼儿园的声誉，积极为幼儿园的发展出谋划策，谋求幼儿园的稳步快速发展。第二，教育教职工以德为先，严于律己强师德。宝贝一家不断强化教职工的角色意识：站在工作的岗位上，不是普通人，而是教师。面对家长的合理要求，要满足；面对家长的疑惑，要耐心解答；面对家长的误会，要冷静解释、真诚地沟通。平等对待每一位家长和幼儿，尊重互敬。第三，以爱为本，以爱心换取放心。爱事业，爱孩子，把爱留在心底，生活上细心照顾幼儿，学习上耐心引导，用爱心换来家长的放心和幼儿的开心是每一位员工的宗旨。第四，管理工作中以人为本，注重对教师的人文关怀，营建一个"以人为本"的幼儿园管理环境；幼儿园主动关心教师、体谅教师的实际难处，积极帮助教师解决工作、生活上的问题。事业上，幼儿园帮助教师进行个人职业发展规划，并为实现规划提供条件、创造机遇；把教师的个人职业目标和幼儿园的目标有机统一起来，让教师树立和幼儿园兴衰相依、荣辱与共的意识，并转化为其为实现共同目标的自觉行动；在塑造幼儿园品牌的同时塑造幼儿园自有的品牌教师、名师。在"幼儿园－教师"间法律契约的基础上建立牢靠的心理契约，让教师感觉在幼儿园里工作就是生活。待遇上，幼儿园制定、完善分配制度，奖励制度与福利政策，并坚持公开化、公平化，真正发挥分配制度、奖励制度与福利政策的保健、激励作用。幼儿园尊重广大教职工，充分重视教职工在推进民主管理进程中的重要作用，认真履行教代会制度，严格政务公开、园务公开，保障教职工主人翁地位。

宝贝一家幼儿园本着"尊重、平等、合作、参与"的原则，帮助家长树立正确的教育观念，促进家园共育。幼儿园定期召开家长委员会和家长学校讲座；通过宣传栏每周向家长公布教育内容，并定期更换家教宣传栏和网站信息，向家长印发家教专刊，虚心听取家长的意见和建议，及时给予答复和反馈；各班不定期以多种形式组织家长会、家长开放日、亲子活动等，随时接待家长参与教育活动，让家长了解幼儿在园情况，学习幼教知识与方法；通过家访、面谈、电话访问、校讯通、班级博客、QQ群等，促进家庭教育，实现家园共育。

宝贝一家充分利用社区资源，积极服务社区。在幼儿园门口布置宣传橱窗，向社区宣传科学育儿方法，利用社区环境开展主题活动。真诚的合作，扎实的工作，赢得了家长、社区对幼儿园工作的积极支持和一致好评。

开园以来，宝贝一家陆续举办过多次家园、师生、社区互动等活动，受到幼儿、家长及专家、同行的关注和认可，如"重阳节"敬老活动、"六一"文艺汇演、"庆六一"社区亲子游园、"万圣节"亲子化妆晚会、"圣诞节"走进社区互动活动、亲子健身月活动、冬季亲子运动会等。这些富有特色的系列活动以幼儿园、家庭、社区为空间单位，利用幼儿园、家庭、社区的资源优势，充分体现了宝贝一家"快乐宝贝、和谐一家"的人文氛围。

2. 建设精良的师资队伍

教师是幼儿园教育质量的保证，是幼儿园生存之本。宝贝一家在发展的过程中，在教师的选聘、任用、培养、评价等方面秉持以人为本的管理理念，把幼儿园与教师共同发展作为教师人力资源管理的首要目标和根本目标。教育是"人培育人"的事业，宝贝一家的管理始终坚持以人的发展为根本出发点和最终归宿点。

（1）教师的选聘。机关一幼根据宝贝一家幼儿园的特点和需要选聘合格教师，从以下方面考虑：一是任教岗位的素质要求，即考虑拟聘用教师在知识结构、性格特点、年龄等方面是不是最适合此工作岗位；二是有利于教师个人职业规划与发展；三是选聘教师考虑教师队伍性别结构，以利于整个教师队伍的健康、可持续发展。因此宝贝一家秉承机关一幼选聘老师的一条原则：注重引进男教师。

2010年2月，在宝贝一家幼儿园筹备期间，机关一幼的领导班子和宝贝一家的负责人开始面向社会招聘教师。为了打造一流的师资队伍，在招聘条件上要求：带班老师必须是全日制的学前教育专业本科学历，保育老师是教育专业的大专学历。经过了网上报名、资料审核、笔试和面试的层层筛选后，从报名的众多求职者中录取了25名精英。这些被录用的教师来源于不同的专业，并具有较好的专业技能，其中包括3名男教师，初步组建了一支充满活力、富有个性、知识结构多样化、性别结构完整的朝气蓬勃的教师队伍。

（2）教师的培训。宝贝一家在发展过程中高度重视人力资源投资，为教职员工的教育培训提供足够的资金支持和时间保障，为教师创设一个良好的成长环境，营造教师学习的氛围，创建学习型的教师队伍，促进每一位教师在自己原有的基础之上不断成长，进而在全市打造一支高素质的教师队伍。

第一，完备系统的职前培训。2010年3月，机关一幼根据所聘老师的特点，为这些招聘的新教师量身定做了一套详细的培训计划。这套培训计划涵盖了理论学习、实践操作、技能技巧培训等几个方面。

培训的第一项就是跟班实习半年。首先把新教师分配到机关一幼的各班，进班跟岗学习，以了解幼儿园一日工作流程，了解班上老师如何带班、如何组织教学，保育老师如何进行配班以及日常的卫生保健等。其次，安排新教师了解机关一幼的课程特点，以及班级三位老师如何配合协作开展工作，同时班上老师有针对性地进行指导。最后，安排新教师在第一、二周进行保育工作跟班实训，以后每三周轮一次保育工作，第三周开始每周至少单独组织两次蒙氏活动、两次集体活动，第五周开始承担班上的英语教学活动，第六周开始独立带班，由各班老师负责指导。对刚踏上工作岗位的应届毕业生来说，进行跟班实践的收获非常大，不仅积累了带班经验，还学到了有经验老师身上的敬业爱岗的好品质。

由于这些教师专业背景不完全相同，机关一幼根据新老师的专业、岗位、特长的不同，设置了不同的理论知识培训项目。培训项目包括幼儿教育基本理论、教育技能、保育技能、课程培训等理论学习。培训内容包括《纲要解读》《儿童心理学》、幼儿园课程、各科教学法、蒙氏教育理论等。进行蒙氏教育培训，是将理论与教具操作、跟班观摩幼儿的工作相结合。在培训的过程中，新教师不仅感知了蒙台梭利教育理论与教育法，接受了蒙氏五大教育领域的教学实践与学具操作（日常生活练习、感官教育、数学教育、语言教育、科学文化教育）的训练，学习了怎样对蒙氏教育教室环境进行准备与管理，而且因走进了蒙氏教育的幼儿教室，学会了观察儿童、评价儿童。

实际操作方面的培训贯穿于各科教学法中，将示范课和理论相结合便于新教师在学习中能理论结合实例，更快更好地理解掌握。例如，举办"幼儿音乐活动的组织"专题讲座后，新教师结合理论进行音乐教学示范活动的观摩，然后和有经验的老师一起研讨、评课。最后回到班上，由班上老师指导新教师选素材、备课、教学。通过将理论、实操、专家点评运用到自己的实践，新教师的教学组织能力获得了很大的提升。

技能技巧的培训方面，机关一幼专门安排了有特长的老师进行此项培训，包括舞蹈、美术、钢琴、讲故事、声乐等，新教师可以根据自己的特长或兴趣选择参加。

布置班级环境培训方面，宝贝一家在开园前规划开设五个教学班，班级的环境布置对新招聘的老师是一个成长锻炼的机会。机关一幼针对班级环境的布置做了如下的规划：机关一幼两个班级为一组，负责带在班级实习的新教师一起规划、布置宝贝一家的班级环境。大家在一起商讨方案，指导新教师如何确定方案，如何选素材，并将自己的构想画出来，再集中进行讨论，还多次到现场看整体的规划，最后定出方案。在机关一幼老师的指导下，新教师在环境布置中学会了如何进行材料的选择、色彩的搭配、精美的手工等。新教师在整个过程中学习了解：环境是给幼儿创设的，因此环境应该是安全的、舒适的，色彩搭配应该是协调的，教具、桌椅、物品摆放应是有序的等。环境布置结束后，大家分别进行了参观，五个教学班的环境布置各具特色，大家又在一起交流了环境创设的构思，分享了心得，总结了收获，反思了不足。

此外，对所有新聘教师进行了综合素质培训，包括五常法培训、社会礼仪、班级管理、师德师风、家长工作培训等，使新教师从谈吐到礼仪、从待人接物到精神面貌等方面，都体现出新时期幼儿教师的优雅气质。

第二，扎实、深入的职后培训。为使新教师尽快成长为一名合格的幼儿教师，打造宝贝一家的精英团队，以及帮助宝贝一家幼儿园快速发展，机关一幼制定并实施"一帮一""一对一"的师徒制战略，打造精英团队，以此来带动其专业化成长。

首先从机关一幼选聘出 6 位教学经验丰富、教科研能力强、有特色的名师，同时在宝贝一家选出几位骨干老师，作为重点培养对象。将几位骨干老师根据自身的兴趣和特色分给几位名师进行相应的指导，并举行了拜师仪式。名师根据新教师的特点制订相应的指导计划，如上示范课、定期观摩课、指导教案的设计等，使骨干教师快速成长起来，并带动班级其他老师的成长。

两园形成"一对一"的跟班指导形式。从新园开学的第一天开始，每一位名师负责带一名徒弟，每周到徒弟所在班进行指导，内容包括：班级计划的制订、组织教学活动，建立班级常规制度、制作教具、开展家长工作，个别幼儿的教育以及组织家长座谈会、家长开放日的组织等。例如，九月的指导重点：稳定新生情绪，幼儿一日生活常规的建立。指导内容包括：①做好新入园幼儿情绪稳定工作。通过开展多种形式的教育活动让幼儿能够愉快来园、不哭闹，并且喜欢上幼儿园。②通过学习让教师明确培养良好生活常规教研工作的重要意义，提高教师参与教研活动的主动性和积极性。③各班教师结合本班幼儿的特点，研究如何做好新生幼儿入园情绪稳定工作。④如何培养幼儿喜欢过集体生活，愿意参加集体活动。⑤专题研究分成愉快来园—做自己力所能及的事情—良好生活常规习惯三个阶段进行。玩具用后放回原位，安静午睡等。名师对班级提出的要求有：①班级每日的活动安排要丰富多彩，尽量让每个幼儿都有参与的意愿。②到机关一幼相应的班级进行跟班观摩活动，做到互相学习，取长补短。③每次指导教师观看完活动后开展交流会，逐个分析班上幼儿情况，找出问题，并找到解决办法。班上几个老师要求要一致，方法灵活多样，并把幼儿的各项常规表现通过家园联系表、家园联系栏等反馈给家长，也可放入幼儿的档案袋。通过多种形式的家园共育活动，强化幼儿生活常规的培养。④每月一次班级总结分析。每次指导后都会进行交流研讨答疑，解决徒弟在工作中出现的疑问，并提出建议和解决措施。名师还利用晚上下班时间对新教师进行蒙氏教育理论学习指导以及教具操作的培训等，使新教师的蒙氏教学能力得到提高，在名师的总结分析和传帮带的过程中进一步提升专业化素质。

2011年，宝贝一家参加了由珠海市级课题"基于幼儿学习类型划分的小组活动研究"子课题"基于学习类型划分的小组蒙氏课程活动设计、组织与评价"的研究。课题开展研究以来，机关一幼的名师团队引导宝贝一家的老师积极参与课题组组织的各项学习、培训、观摩、研讨等活动，同时还根据课题研究的进程，结合幼儿园自身的课程特点，将课题研究与园本特色课程相结合，相互促进，相辅相成。除此还开展"专家引领"的园本课程及课题研究活动，让教师们围绕实际工作中的问题进行合作研究、共同学习，内化教育理念，促进教师队伍专业水平的提高，从而在宝贝一家课程体系中的环境创设、资源配置、活动组织、幼儿发展评价等方面形成理性的思路，进一步完善宝贝一家幼儿园本课程文化建设。

在机关一幼的指导下，宝贝一家通过两年多的努力初步形成以园本教研活动为主体，名师专家引领、师带徒和培训学习为途径的教师专业成长模式。采取请进来、走出去的方式，选派教师参加省内、市内的各种培训及参观学习。教师们人人参与教育科研，人人从事课程改革实践。通过机关一幼的专业引领和宝贝一家全体教职工的努力，宝贝一家年轻的教师们在专业上大有长进，这种专业成长，让老师们感受到幼儿园对他们的重视和培养，为他们的个人价值实现提供了平台，为提高宝贝一家的保教质量提供了可靠的保障。

3. 建设多元课程体系

机关一幼在50多年的发展过程中始终致力于课程文化的建设，形成了影响课程建设进程和水平的知识、理念、信仰及处事方式等精神特质。宝贝一家幼儿园为了达成机关一幼园训提出的"健康成长，快乐学习，自主生活，和谐发展"的教育目标和"以蒙氏教育为特色、以英语教学为亮点、以体艺活动为个性"的富有特色的园本课程，同时又根据园所特点建构有自己特色的课程体系，宝贝一家在沿用机关一幼课程模式的基础上更注重宝贝一家的教师特点、环境和办园主体的不同，以高学历、高素质教师团队为主体，以解决教育教学实际问题为突破口，以提高教育教学质量和教师专业化水平为目标，开展了"综合主题活动"的园本课程探索（见图1）。

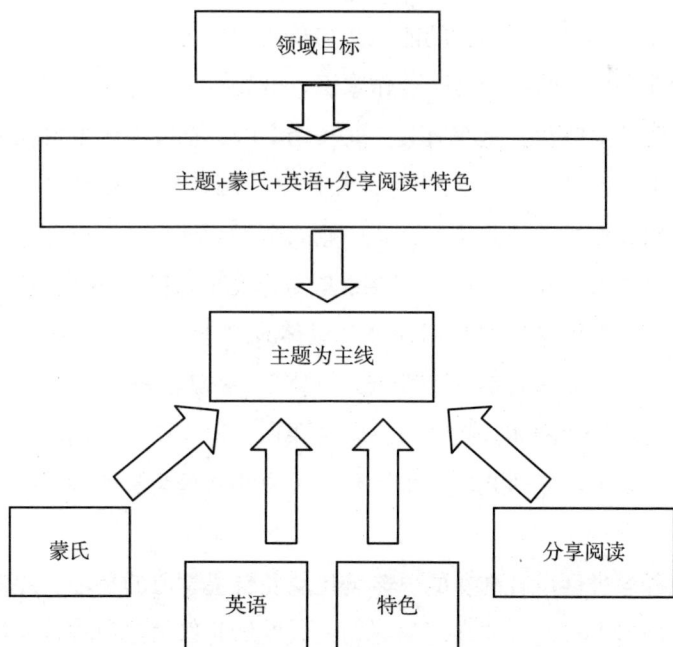

图1 宝贝一家课程实施模式

（1）课程理念。课程的设置与实施秉承以"和"为本，尊重个性，关注共性的理念。以尊重幼儿的天性为前提，顺应儿童的天性，采择符合儿童天性的内容并以适当方式传递给儿童，使之与每个孩子的品格、心灵、认知能力、情感特点相协调一致。培养身心和谐发展并且具备可持续发展能力的儿童，使其具有海纳百川、兼容并蓄的学习能力，理解包容、和谐共处的交往能力，求异思变、敢于突破的创新能力，为孩子奠定未来幸福和成功的基石。

（2）课程特色。以蒙氏教育为特色，以双语教学为亮点，以体艺活动为个性。

（3）课程目标。培养既具有中国传统文化特质，又能适应未来社会的现代中国人，使幼儿具有积极的情感和态度，良好的生活行为习惯，主动探索发现问题、解决问题的能力。

（4）课程内容与实施。综合主题活动是幼儿教师引导幼儿并和幼儿合作进行的集体探究活动。它以"主题"为导向，让幼儿在一定知识经验的基础上，围绕主题设定的常见问题或现象进行探索、解决问题或发现新问题，从而培养幼儿初步的解决实际问题的能力和初步的创造意识、创造能力，同时特别注意培养幼儿良好的情绪情感、合作意识、分享意识和表现意识。宝贝一家的这份综合主题活动课程，是在机关一幼长期实践，探究总结的成果基础上，突出"蒙氏、双语和体艺"三大特色，并根据本园幼儿的发展需要与特点，精心设计、挑选和安排的幼儿从入园到毕业的全程活动内容，以此作为教师组织教学活动、家长参与家园共育、评价幼儿发展状况的基本依据，从而为幼儿园的教育教学质量提供基础和基本保证。以体现"自我教育、个性化发展"的蒙台梭利教学作为主体课程，以突出"探究、发现、表达"的主题教学为配套课程，以双语教学和体艺教学为适应性课程，构成了以正规的、系统的课程为显性课程，以渗透于幼儿日常生活和学习中的课程为隐性课程的联合课程网络。

蒙氏课程通过创设有准备的、能满足幼儿自主学习的环境，让孩子通过工作满足其心理需求；通过与环境的互动，激发幼儿以自己的实践获得经验，培养其终生自主学习、持之以恒的学习习惯，为儿童的一生奠定智慧和品格的良好基础。

主题探索课程协助幼儿全面、深入地理解在他们的生活环境和经验中值得注意和探究的事物和现象，并利用多种媒介记录和呈现他们的发现、领悟和认知，从而相应地获得记忆、想象、预测、假设、观察、感觉、发现和表达8大智力发展；协助幼儿在环境的互动中、在项目方案的制订中、在活动执行中促进合作学习、沟通分享、角色分工等社会化发展。

双语课程以兴趣为基础，秉承快乐英语教学理念，通过游戏化的教学模式为幼儿创设真实、生动的双语环境，并渗透到一日活动当中，让幼儿在交往中感受语言的魅力及其独特的文化，形成对多元文化的了解与尊重，养成包容的胸怀。

体艺课程通过大型的艺术活动和形式多样的兴趣艺术课程凸显幼儿的个性，丰富其想象力，激发其创造力，让幼儿发现美、感受美、欣赏美、表现美、创造美，使幼儿的心灵在艺术活动中快乐成长。

礼仪课程通过日常生活中的文明礼仪的教育使幼儿体验文明交往带来的喜悦与和谐，让幼儿养成良好的文明行为，做一个文明的小公民。

（5）课程评价。课程评价在课程建设中起着激励导向和质量监控的作用。为保证宝贝一家幼儿园课程的建设朝着正确的方向发展，在课程建设的过程中，高度重视课程评价的完善与发展，机关一幼指导宝贝一家幼儿园从以下几个维度完善课程评价：

第一，评价内容全面化。宝贝一家幼儿园课程评价内容包括三个部分，即课程方案评价、实施过程评价和课程效果评价。这套评价方案改变了以往只重视对幼儿的学习结果和幼儿发展状况的测评，而是根据课程目标是否达成及达成程度进行评价。虽然对幼儿评价是课程评价内容的主要构成之一，但更重要的是还将课程目标、内容、活动过程等一并看做评判的对象，这样才能全面准确地认识课程。只有这样才能使课程不断地发展与完善。所以评价时强调把教师对课程的开发、实施以及教学运行过程的全部情况都纳入评价的范围，强调评价者与具体评价情境的交互作用，凡是具有教育价值的结果，不论其是否与预定目标相符合，都受到评价的支持与肯定。因此，我们在实施课程评价时既要看其是否与预设的目标相符合，也要对课程方案、课程方案的执行情况及实施效果进行监测和评估，及时调整课程内容，形成课程不断完善的有效机制。

第二，评价方式多样化。课程评价采用传统的简便易操作的量化评价来进行评判，但这种量化评价方式忽视了过程、忽视了人丰富的内在变化。因此，在评价时还采用了其他多种评价方式，以过程取向的评价、主体取向的评价代替单纯的目标取向评价，强调对情感、态度和价值观的评价。

第三，评价主体多元化。宝贝一家课程评价主体有不同类型的人员——课程专家、管理人员、教师、幼儿以及家长。该园聘请北京师范大学珠海分校教育学院王建成院长作为宝贝一家幼儿园的教学顾问，参与课程的设计与评价。评价不仅有对课程实施结果进行考查，还有对课程进行诊断、比较、修订等多项功能。课程实施的主体——教师参与评价，了解课程发展过程的全貌，深入理解课程的性质与目标，进而采取有效的方法完成课程规定的各项任务。课程专家及同行能敏锐地发现课程的不足，提出中肯的意见，可信度较高；幼儿通过自身体验、对知识经验掌握的顺利程度以及自身的发展状况对其进行评价；管理人员的评价，一般多从宏观着眼，形成与课程专家、同行评价、教师的自我评价和幼儿评价相结合的综合评价；家长及社区人员则通过幼儿在日常生活中的表现对其做出评价。这种多元主体评价的形式有利于发现和解决开发过程中出现的问题，在实施课程评价的过程中避免了评价主体单一化，从多种角度对其进行评价，以保证课程顺利有效进行。

第四，评价手段的多元化。评价以幼儿发展为中心，在日常生活与教育教学过程中，探究课程在幼儿园实施的效果。教师通过对幼儿生活、学习、游戏的自然状态的行为表现进行有目的、有计划的观察记录，从中获得幼儿的发展信息，并结合教育学、心理学理论，采用分析、反思、调查等策略，进行教育研究。教师结合在活动中观察到的幼儿行为和发展水平，对教育活动进行认真的分析与反思。在课程实施过程中注意收集孩子们的作品，并与幼儿交谈，了解幼儿创作时的体验与想法，并在此基础上结合幼儿的表现对课程进行评价。

（二）"名园办民园"实施过程中存在的问题

1. 公众对"名园办民园"理解不一致

有的公众认为"名园办民园"属于"卖招牌"型，实质是将机关一幼的名称作为民园的桂冠，机关一幼不出资金，不出师资，不去管理，对宝贝一家收取"冠名费"。有的公众认为机关一幼与宝贝一家是联合办学，形成股份制体制。有的公众认为"名园办民园"是一园两制型，在学生管理、师资配备、教学质量上搞双重标准；而在运行上是名园和民园裹在一起、难见分水岭，教育资源（师资、设备、科研成果、教育教学思想和理念等）实现共享。

对"名园办民园"有的公众持支持态度，有的公众持排斥态度。排斥者认为"名园办民园"加重了教育不公平，名园之所以成名园是靠政府长期倾斜的优惠政策，"名园办民园"造成国有资产流失（包括品牌资本）。而拥护者认为：这类幼儿园不但不存在让名园的国有资产部分流失的问题，相反，它通过引入市场机制，把国有资本"盘活"了，并且落实和完善的"四独立"（民园校舍、资金、教师和管理机构独立），使这类幼儿园国有资产流失的可能性不存在。更多的意见是来自伦理角度的评议。批评者认为：将优质资源拿出来为富裕阶层服务，使贫困阶层子弟入优质幼儿园更难，带来学生受教育机会的不平等；这类民园校享受政策优惠与纯民办幼儿园竞争，使后者处于劣势，不公平。反驳者认为：多数"名园办民园"的资源是通过挖掘包括社会力量在内的各个方面资源形成的，属于再生产，而不是原有资源的"挪用"，这对社会有利，也就是道德的。至于名园扩大了办学能力，优化了资源配置，更无可厚非。对于"名园办民园"的社会效果，人们也得出不同的结论。攻之者认为它不但搅乱了私立幼儿园间的竞争格局，也破坏了公立幼儿园间的平等。而赞之者则认为，这类幼儿园扩大了优质教育资源，事实上满足了人们的部分需要，人们一边责难这类幼儿园，一边持币涌向这所幼儿园就是证明。

2. 教师队伍不稳定，流动性过高

师资问题始终是困扰民办幼儿园发展的瓶颈。公办幼儿园的师资由教育行政部门派遣、补充、调整，并由财政负担其工资和社会保障费用。近年来国家出台了一系列政策改善教师待遇，公办幼儿园教师的工资大幅度增加，加之公办幼儿园教师的专业技术职称晋升有规范的程序和通畅的渠道，教师的养老保险、医疗保险、生育保险、工伤保险等都有可靠的保障，教师无后顾之忧，为强化对教师的管理、积极性的调动提供了良好的前提条件。民办幼儿园教师与公办幼儿园教师在医疗、保险等待遇上的差别是影响教师队伍稳定的重要因

素。公立幼儿园教师属于事业编制，医疗、退休等重要保障制度归属于国家财政支付的退休金制度和公费医疗制度。与此相对，民办幼儿园教师则只能参加企业社会养老保险，费用的支付渠道和保障的受益程度都与公立幼儿园教师存在很大的差别。民办幼儿园教师只能参加企业养老保险，导致其退休后的基本养老金比公办幼儿园同资历教师少得多，所以民办幼儿园教师很难安心工作，使教师队伍很不稳定、流动性大。优秀的教师不容易招进来，招进来的优秀教师也很难留住。许多人认为到民办幼儿园任教的社会地位会不同于进公办幼儿园，所以一些大中专学校毕业的学生到民办幼儿园任教只是为了暂时解决就业问题。由于种种原因，民办幼儿园很难建立起年龄结构、知识结构、学历结构完善、稳定的师资队伍。

3. 政府扶持力度不足

在政策方面，关于"名园办民园"的行为只是根据中央的有关文件精神，地方政府予以批准该种办学模式存在、发展，并未制定任何鼓励、支持该种办学行为的地方性政策。目前珠海市政府对"名园办民园"尚无财政上的任何支持及鼓励行为。在缺乏政府的财政援助和税收优惠的情况下，民办幼儿园的办学成本无形之中就增加了。对这种体现较强公益性的民办幼儿园，政府不但应该在维护其合法权益和正常运行方面提供必要的政策保障，而且应该为其发展提供适度的财政援助和税收优惠。但是，目前宝贝一家这所民办幼儿园还是独立的市场竞争主体，在市场竞争中自我积累办学经费，这在一定程度上增加了办园成本。例如，在税收优惠方面，《中华人民共和国民办教育促进法》第 46 条、第 47 条规定，民办学校享受国家规定的税收优惠政策。《中华人民共和国民办教育促进法实施条例》第 38 条也规定，捐资举办的民办学校和出资人不要求取得合理回报的民办学校，依法享受与公办学校同等的税收及其他优惠政策。财政部、国家税务总局《关于教育税收政策的通知》规定，对学校经批准收取并纳入财政预算管理的或财政预算外资金专户管理的收费不征收企业所得税；对学校取得的财政拨款，从主管部门和上级单位取得的用于事业发展的专项补助收入，不征收企业所得税。由于这些规定都是原则性的，珠海市地方政府没有制定相应具体的税收优惠措施，在实际操作过程中难以落实到位。

四　破解阻碍"名园办民园"实施的有效策略

（一）社会要形成正确的导向

为了在全社会形成支持"名园办民园"发展的社会舆论环境，政府应该实事求是地大力宣传"名园办民园"对珠海市教育发展的巨大贡献，重申名园办的民园是非营利机构，"名园办民园"是为落实学前教育公益性的一种既有条件下的有力举措。大力宣传合理回报是奖励而非投资收益的法律规定，调动一切积极因素吸引全社会的有识之士关注。

公众要理性对待"名园办民园"。"名园办民园"是现有条件下解决问题的一种措施，必定有其历史局限性，这是任何一个事物都具有的特点。因此，对此类举措所不能解决的问题不能求全责备。家长在选择幼儿园时要权衡各方面因素，做出理性选择。衡量幼儿园的优劣应看幼儿园是否能最大限度地促进幼儿全面和谐发展，而不是只看幼儿园的园舍、收费、办学主体等单一的因素或几个因素。在择园前，家长首先需要考察幼儿园的文化、管理、环境、师资以及办学理念，看这些特色是否有助于孩子成长，是否与孩子的特点一致，孩子是否喜欢或适合学校的授课方式。其次，从自己的财力出发。由于这类幼儿园的收费高于公立幼儿园，家长不仅要考虑自己的经济承受能力，而且要从成本效益原则出发看是否合算。最后，从培养的目的出发。当今社会是一个迅速发展的社会，社会对人才的要求也在迅速地变化。现代社会需要的是知识与能力并重、身体与心理健康的创新型人才。因此，家长必须根据孩子的特点与专长来规划孩子的未来，要认识到学校教育只是教育的一部分，孩子学会学习、学会生存比选择一所好学校更重要。因此，"名园办民园"的发展需要全社会方方面面的支持。政府在此过程中要充分发挥舆论导向的作用，为"名园办民园"的发展营造良好的生态环境。

（二）政府要完善相关的制度体系，加强宏观调控

在"名园办民园"的发展过程中，政府要强化责任，维护民办教育的公

益性品质。《中华人民共和国教育法》中明确规定了各级政府对教育所担负的不可推卸的责任。

1. 加强地方立法，为"名园办民园"的发展提供法律保障

要解决民办幼儿园的不平等待遇问题，真正落实《中华人民共和国民办教育促进法》有关政策，需要通过一系列制度设计和政策创新促进其合理转型。地方政府应加强地方立法，通过上位法与本地法相结合，为解决困扰"名园办民园"发展的一些突出问题提供法制保障，有针对性地进行制度和政策创新。地方立法应进行大胆探索与创新，着眼于建立具有财政资助和表彰奖励双重功能的激励机制，使民办幼儿园教育专项资金的筹措、管理和使用有法可依、有章可循；要依法落实民办幼儿园及其教师的法律地位，将公益性的民办幼儿园归属为事业法人类型，认定民办幼儿园的教师具有与公办幼儿园教师相同的事业身份。此外，地方政府各有关部门要尽快依法制定相应的税收优惠政策。对出资人要求取得合理回报的民办幼儿园在确认其事业属性的同时，对出资人合法提取的那部分资金征税，幼儿园提供教务劳务取得的收入免征营业税。地方政府应尽快开展《中华人民共和国民办教育促进法》的执法检查，推动地方政府在贯彻《中华人民共和国民办教育促进法》方面采取切实有效的措施，落实民办幼儿园与公办幼儿园、民办幼儿园教师与公办幼儿园教师、民办幼儿园学生与公办幼儿园学生之间的平等权利。

2. 加强政府监管，加强财政扶持力度，落实同等待遇

目前，世界上许多国家的政府通过多种方式资助私立学校。在大力倡导教育公平、推进教育科学发展的时代，政府资助民办教育不仅必要而且可行。对在民办幼儿园接受教育的学生，政府也应该给予他们适当的公共财物资助，因为一个幼儿无论在公办幼儿园还是民办幼儿园就读都不会改变政府资助教育的基本理由。在当前情况下，地方政府要转变政府职能，构建以行政监管为主，社会中介组织积极参与的管理新格局。地方政府可以根据地方特点，探索对名园办的民园实施不同方式的经费援助，不断维护这种民办教育的公益性品质。政府各职能部门、社会各界要打破对"名园办民园"的偏见。地方政府应该落实《中华人民共和国民办教育促进法》中关于国家鼓励金融机构运用信贷手段，支持民办教育事业的发展和鼓励社会基金组织为民办学校提供贷款担保，鼓励信托机构利用信托手段筹集资金支持民办幼儿园的发展等政策制定相关措施解决民办幼儿园融资难问题。在"名园办民园"的建园征地、设备购置、教师流动以及教职员工的医疗保险、养老保险、工龄计算、住房福利等方面与公立学校一视同仁、平等对待，这也是保证"名园办民园"健康发展的重要环节。

（三）民园要加强内涵发展，实现民园到名园的转化

在"名园办民园"实施过程中，名园应该将先进的办园理念、成熟的管理经验、先进的教育教学水平嫁接到民园，但这不等于照搬照抄地整体移植。名园既要将好的东西带到民园去，又要鼓励所办民园发挥自身优势，创造自己的品牌。名园在长期的办学过程中已经积累了丰富的经验，"名园办民园"刚刚起步，因此这类民园还缺少文化底蕴的沉淀，缺少人文精神的积累，因此在继续发展的过程中，民园更要有寻求创新、寻求突破的积极性。一所幼儿园的传统文化只能借鉴，是复制不了的。名园办的民园必须激活自身办学的灵活性机制，顺应改革的潮流，走创新发展之路。只有探索出自己的独特发展之路，才能在市场的洪流中立足，才能被社会认可。民办幼儿园要依据教育主管部门的相关规定，研究制定教学组织、招生管理、人事管理、财务管理、后勤管理等一系列的规章制度，使各项管理工作有章可循。在规章制度制定过程中，要动员广大教师参与。民办幼儿园还应该牢固确立特色意识、品牌意识和发展意识，充分利用国家在政策范围内授权的办学自主权，加强内部管理，改革管理体制，努力将幼儿园办成培养目标个性化、办学过程特色化，并富有选择性和竞争力的教育机构，坚持走内涵发展、品牌发展、可持续发展之路。从终极目标来看，"名园办民园"应该走"民园发展成名园"之路，也就是说，民园必须是优质幼儿园才有其更好更大的发展空间。这类幼儿园可以满足社会多元化的选择性需求。在当前我国推进学前教育大力发展、促进教育公平的形势下，通过优质公办幼儿园"名园办民园"到"民园发展成名园"，应当不失为一种继承和发展优质教育资源的办学捷径。

人文历史篇

国际化与珠海人文环境研究

付永钢 等*

一 课题调查研究概况

本课题自 2011 年 12 月获批以来，课题负责人组织课题组的全体成员，根据课题计划有条不紊地在珠海市展开了调查工作。调查的内容包括"珠海市新闻、旅游、高校及公共服务单位英文网站开设情况""珠海市公共标识英译情况""珠海市民英语交际能力概况"等十几个项目。珠海市调查的区域涉及新老香洲、拱北、吉大、金鼎、南屏、斗门等。调查的方式主要分实地调查、网上调查、书面资料查询以及访谈等，调查涉及珠海市各主要行业以及普通市民。调查信息的来源主要有三部分：实地调查获取的第一手资料，网上调查和网络搜索获取的资料，书面资料查询获取的资料。其中实地调查比较困难，40 多名大学生及部分课题组成员前后一个多月在珠海各大区域走

* 课题负责人：付永钢；课题组成员：赵友斌、宗世海、张习群、刘明绪、胡文芝、陈勤、庞慧莲；所在单位：暨南大学珠海校区。

街串巷，以问卷和访谈的形式当面调查了 2000 多位珠海市民，了解他们的外语交际能力和对珠海市国际化人文环境的认识和看法，还调查了 50 名外国人与本地市民交流的情况以及对珠海市国际化人文环境的意见和建议。这些调查都取得了预期的效果。网上调查和搜索也是海量的，课题组成员用两个多月的时间进行网上问卷调查和资料搜索，查询了"珠海统计调查信息网""广东统计信息网""中国广播网特区专题"等数百个网站和网页，收集到了足够的信息。课题组也查询了很多相关书面资料，包括《中国统计年鉴（2006～2010）》，珠海、广州、深圳、东莞、中山、江门 2008～2011 年的《国民经济和社会发展统计公报》和这六个城市 2008～2011 年的统计年鉴等资料，以及与本课题调查研究工作相关的理论资料 160 多项，其中学术论文 130 余篇，专著 30 多部。经过数月的辛勤工作，课题组在完成了所需资料的收集任务后，又迅即开始了资料的归类和整理工作，按时完成了科研任务。

二 课题调查项目汇总

（1）珠海市新闻、旅游、高校及公共服务单位英文网站开设情况调查结果。

（2）珠海市百强企业英语网站设置情况调查结果。

（3）珠海市近年承办和参加国际赛事、国际展览、国际性演出等情况调查结果。

（4）珠海市高校与外国/境外合作开展科学研究、教学、学习交流等情况调查结果。

（5）珠海市政府及事业部门/单位/协会等国/境内外外事交流与合作情况调查结果。

（6）珠海市近年外国人/外籍人士出入境及旅游人数/人次调查结果。

（7）珠海市近年组团出国/出境旅游人数/人次调查结果。

（8）珠海市民英语交际能力调查结果。

（9）外国人与珠海本地市民交流及对珠海本地市民英语交际能力的感觉调查结果。

（10）珠海市公共标识英译情况调查结果举例。

（11）珠海市企业宣传、广告英译情况调查结果举例。

（12）珠海市城市国际化主要指标达标情况及与广东省其他城市的对比。

（13）珠海市国际化人文环境其他方面与国内城市的对比。

三 对调查结果的研究与讨论

（一）珠海市政府部门、单位、企业英文网站开设情况研讨

我们对珠海市外语网站设置情况的调查比较全面，覆盖了所有的政府部门、民间社团和行业协会、新闻单位和高等学校，几乎所有的（公共）服务行业、旅游景点、交通场站和客运公司、二星级以上宾馆、珠海市百强企业（2012年），总共涉及1400多个部门和单位。具体情况总结如下：

调查的政府部门及市属事业单位：总数70个，其中8个有英文网站（占总数的11.4%）。

调查的民间社团和行业协会：总数1000个，其中只有珠海市进出口商会一个单位有英文网站（占总数的0.1%）。

调查的高等学校：总数10个，其中4所有英文网站（占总数的40%）。

调查的金融、保险、通信等服务行业公司：总数20个，全部都有英文网站，其中大部分是总部的英文网站（占总数的100%）。

调查的旅游部门/单位（包括宾馆酒店）：总数103个，其中19个有英文网站（占总数的18.45%）。

调查的交通场站、客运公司：总数26个，其中只有1个有英文网站（占总数的3.85%）。

调查的企业和公司（2012年珠海市百强）：总数100个，其中15家只有中文网站，55家有中英文网站（其中42个是总部网站）（占总数的55%）。

在调查的新闻媒体中，珠海视听网、《珠海特区报》和珠海广播电视台有英文版或英文节目。

调查数据显示，珠海市英语网站比例最大的是金融、保险、通信等服务行业的公司（占总数的100%），其次是珠海市百强企业（2012年）（占

总数的55%），再次是高等学校（占总数的40%）。这些单位和机构对城市国际化的建设有着举足轻重的作用，英语网站比例高能够加强这一功能。作为百强企业和高校，在当今国际化浪潮汹涌澎湃的年代，与世界各国企业和高校的交流日益频繁，按理全都应该设置英语网站以方便国际交流和交往，但遗憾的是，珠海市至今还约有一半的百强企业和一半多的高校未建设英语网站，这会让与之交往的外国企业和高校感到十分不便。

政府部门及市属事业单位英语网站的设置情况尤其堪忧，在调查的70多个部门和单位中只有8个（占总数的11.4%）设有英语网站。特别要提出的是，很多涉外的部门和单位也未设英语网站，如市国税局、市口岸局等。在1000多个民间社团和行业协会中，只查到1个有英语网站的。而103个旅游部门/单位（包括宾馆酒店）中，只有19个有英文网站，占总数的18.45%；其中9家五星级酒店几乎全都有英语网站，9家四星级酒店中4家有英语网站，但63家三星级酒店中仅2家有英语网站；某些主要的旅游服务网和旅游景点以及文化、休闲场馆竟然也未设英语网站，如珠海文体旅游网、圆明新园等。另外，在调查的珠海市26家主要交通场站、客运公司及其他公共服务公司中仅1家设有英语网站；而珠海机场管理有限公司、香洲港客运服务有限公司、珠海公交集团及所有出租车公司均无英语网站。

（二）珠海市近年承办各类国际活动、参与国/境内外交流等情况研讨

在本课题进行过程中，我们调查了珠海市从2008年到2011年以下三个方面的情况：承办和参加国际赛事、国际展览和国际演出、接待外国/境外演出团体的情况；高校与外国和境外合作开展科学研究、教学、学习交流等情况；政府及事业部门/单位/协会等在国/境内外外事交流与合作情况。调查的范围包括所有政府部门和绝大多数事业单位、所有驻市和市属高校、部分企业和公司等。涉外范围既包括其他国家，也包括港澳台地区。具体情况总结如下：

（1）承办国际赛事、国际展览、接待外国/境外演出团体的情况：每年平

均次数为 31 次；每年平均参与国/地区（次数）为 251 国/地区（次）。

（2）参加国际赛事、国际展览和国际演出的情况：每年平均次数为 63 次；每年平均参与人次为 1060 人。

（3）高校与外国和境外合作开展科学研究、教学、学习交流等情况：每年平均交流项目为 71 个；每年平均参与人次为 1387 人。

（4）政府及事业部门/单位/协会等在国/境内外外事交流与合作情况：每年平均次数为 176 次；每年平均参与人次为 5920 人。

珠海市承办的重大国际比赛主要是珠海国际半程马拉松赛、赛车、龙舟赛；珠海承办的重要国际展会首推中国（珠海）国际航展以及中国（珠海）国际打印耗材展览会等展会。这些赛事和展会是珠海市最重要的国际名片，对珠海市国际化的建设有着举足轻重的作用，在所有的活动中参与这些赛事和展会的国家/地区也最多，每年平均有 160 多个国家/地区。不过，从国际化的角度来看，珠海市举办这些大型赛事和展会的次数还是太少了，每年平均才五六次，这与我们把"会展、休闲"作为珠海市国际化发展的主要方向还有一定的差距。在珠海市参加的国际赛事中，实际上很多是在国内/境内举行的，如国际数学建模比赛。

与其他城市相比，我们就可以看出珠海的差距。杭州市现在有专业会展公司 200 余家，一年举办至少 15 个大型国际展会，包括国际动漫节、国际汽车工业展、国际休闲博览会等；还举办了福布斯论坛、世界华人数学家大会等 136 个国际性会议，2008 年共接待境外代表 15000 余人[1]。杭州举办的国际会展数量比珠海多好几倍，国际性的会议也多得多。福建厦门市的国际会展也呈现欣欣向荣的态势，覆盖的行业和展会的数量也远多于珠海。大连市 2011 年举办的 100 次各类展会有来自境外的参展企业 1418 家，境外参展商 5378 人，来自境外的参观人数 3.2 万人。

高校与外国和境外合作开展科学研究、教学和学习交流等情况看似较多，其实不然。因为 10 所大学平均下来每年才有约 7 个交流项目，不到 140 人次。而且这些项目主要是教学和学生交流，且学生交流大多以珠海市学生外出单向

---

① 方秀云：《城市国际化的挑战与杭州的应对策略》，《城市发展研究》2010 年第 3 期。

交流居多，而外国学生来得很少。另外，10 所大学每年平均仅 5 个对外合作项目，而且真正意义上的国际科研合作也非常少。

珠海市高校的国际交流活动即便与内地某些城市相比都有些逊色。成都市 2009 年每所大学在国内外参与国际交流的平均人次约 355 人/校①，而珠海市同一年平均才 64 人次/校；即便把 2008~2011 年的数字加起来平均，珠海市也不到 140 人次/校/年。

（三）外国人/外籍人士到访珠海及珠海市组团出境旅游情况研讨

这方面我们对近四年（2008~2011 年）的情况进行了查询，对进出珠海海关和来珠海旅游的外国人/境外人员以及珠海市各旅行社组团去国外和境外旅游的人数/人次进行了统计，具体情况总结如下：

（1）外国人/外籍人士出入境人数/人次：每年平均出入境总人次为 5605.71 万人次，其中港澳台同胞为 5421.98 万人次，外国人为 183.73 万人次。

（2）外国人/外籍人士旅游人数/人次：每年平均旅游总人次为 428.71 万人次，其中港澳台同胞为 366.86 万人次，外国人为 61.85 万人次。

（3）外国人/外籍人士过夜旅游人数/人次：每年平均过夜旅游总人次为 304.26 万人次，其中港澳台同胞为 254.5 万人次，外国人为 49.76 万人次。

（4）珠海市近年组团出国/出境旅游人数/人次：每年平均组团出国/出境旅游总人次为 23.32 万人次，其中去港澳旅游为 18.09 万人次，去国外及其他地区旅游为 5.23 万人次。

由于珠海比邻港澳、条件得天独厚，因此在这方面达标情况比较好。根据联合国伊斯坦布尔城市年会提出的"国际化标准指标体系"②，"入境（过夜）旅游人数占本地人口比重"国际化初级要求为 40%，中级为 70%，高级为 100%。珠海市 2008~2011 年的年平均比例为 194.09%，2011 年的比例为 204.67%，都远远超过了此指标规定的国际化高级水平的要求，优于内地其他许多城市：2011 年杭州市为 300 万人，占其人口（873.8 万人）的比重为

① 许军华、原源：《大学国际化与城市国际化——以中国西部城市成都市为例》，《西南交通大学学报》2012 年第 4 期。
② 王发明：《城市国际化水平综合评价指标体系的构建》，《统计与决策》2009 年第 22 期。

34.33%；厦门市130.32万人，占其人口（361万人）的比重为36.1%；三亚市52.81万人，占其人口（68.54万人）的比重为77.05%。虽然到珠海旅游的入境游客选择在珠海过夜的比例不小，但是因为大多数游客都来自港澳台地区，所以无论是外国人占入境游客总数的比重还是占过夜游客总数的比重仍然偏小，前者为四年平均61.85万人/428.71万人＝0.14；后者为四年平均49.76万人/304.26万人＝0.16。

在组团出境旅游方面，2011年珠海市的表现也不俗，共23.32万人，按人口比例算平均每千人中有149人随团出国/出境游。同年杭州市组团出境游74.6万人，比例是85人/千人（全市人口873.8万人）；重庆市组织出境游35.87万人，比例是12人/千人（全市人口2919万人）；无锡市组团出境游4.37万人，比例是7人/千人（全市人口643.22万人）。我们所查到的绝大部分判断城市国际化的指标体系都把出入境旅游人数作为一个重要指标。珠海市这方面的达标情况虽然比国内其他许多城市好，但并不理想。

（四）珠海市民英语交际能力及与外国人/外籍人士交流情况研讨

这里涉及两个方面的调查：一是珠海市民英语交际能力，另一个是常住珠海的外国人与本地居民交流情况。所以我们设计了两个问卷，一个给珠海本地居民做，另一个让在珠海居住半年以上的外国人做。因为第一个问卷是调查市民的英语交际能力，所以问卷里的问题不仅仅涉及英语语言知识，还包括英语非语言能力、语用能力、跨文化交际能力以及与外国人交际的情况。这个问卷调查的总人数为2727人，调查的人群十分广泛，几乎包括了所有主要职业，如政府公务员、企业员工、学校教师和学生、家居人士等。第二个问卷调查的目的是，通过弄清外国人与珠海本地市民交流的情况，了解他们对后者英语交际能力的感觉和看法。第二个问卷调查的总人数为50人，被调查的外国人来自英国等欧洲国家、美国、加拿大、澳大利亚和菲律宾等国。这些外国人绝大部分都是在珠海市工作的，有42位，占总数（50人）的84%。两个问卷的调查结果如表1和表2所示。

表 1　珠海市民英语交际能力调查

单位：人，分，%

行业	政府部门	事业单位	交通部门	旅游部门	金融部门	餐饮行业	娱乐行业	其他行业	总计
人数	45	753	81	114	306	216	60	1152	2727
总分	1509	28227	2433	4401	10710	6864	1935	39780	95859
平均分	33.53	37.49	30.04	38.61	35	31.78	32.25	34.53	35.15
得分比重	46.6	52.1	41.7	53.6	48.6	44.1	44.8	48	48.8

注：问卷共 45 个小题，总分 72 分。

表 2　外国人与珠海本地市民交流及对珠海本地市民英语交际能力的感觉调查

单位：人，%

(一)有关同意度的问题						
问题序号	完全同意、同意		不同意、完全不同意		不表态	
	频数	比重	频数	比重	频数	比重
1	11	22	31	62	8	16
2	6	12	30	60	14	28
3	2	4	44	88	4	8
4	18	36	24	48	8	16
5	8	16	29	58	13	26
6	5	10	38	76	7	14
17	5	10	17	34	28	56
18	20	40	20	40	10	20
19	10	20	31	62	9	18
22	15	30	22	44	13	26
25	21	42	21	42	8	16
26	19	38	19	38	12	24

(二)有关出现频率的问题						
问题序号	频繁、经常		偶尔、很少		有时	
	频数	比重	频数	比重	频数	比重
9	15	30	25	50	10	20
10	8	16	35	70	7	14
11	6	12	35	70	9	18
12	18	36	23	46	9	18
13	11	22	33	66	6	12
14	20	40	19	38	11	22
15	30	60	10	20	10	20
16	31	62	15	30	4	8
20	20	40	15	30	15	30
21	14	28	18	36	18	36
23	26	52	11	22	13	26
24	20	40	17	34	13	26

（三）有关具体语言、语用等问题

问题序号	问题选项及答案									
7	人称代词		语法		结构		语用		其他	
	人数	比重	人数	比重	人数	比重	人数	比重	人数	比重
	4	8	17	34	10	20	10	20	9	18
8	语音		语调		词汇		语法		口语	
	人数	比重	人数	比重	人数	比重	人数	比重	人数	比重
	13	26	4	8	10	20	1	2	22	44
27	语言能力		语用能力		跨文化交际态度		外国的社会文化知识		交际策略与技巧	
	人数	比重	人数	比重	人数	比重	人数	比重	人数	比重
	20	40	3	6	9	18	9	18	9	18

注：调查总人数为50人。

从表1可以看出，珠海市民的整体英语交际能力十分有限，因为只得了35.15分（总分72分），按百分比算是48.8%——如果按通常的标准60%才算及格，那珠海市民的英语交际水平离及格还差11.2%，即8.1分。再看看各个行业的得分情况：政府部门33.53分（46.6%）；事业单位37.49分（52.1%）；交通部门30.04分（41.7%）；旅游部门38.61分（53.6%）；金融部门35分（48.6%）；餐饮行业31.78分（44.1%）；娱乐行业32.25分（44.8%）；其他行业（包括家居人士）34.53分（48%）。在这些行业中，得分相对高一点的是旅游部门（38.61分，53.6%）和事业单位（37.49分，52.1%）；得分最低的是交通部门（30.04分，41.7%）和餐饮行业（31.78分，44.1%）。

表2是"外国人与珠海本地市民交流及对珠海本地市民英语交际能力的感觉调查"结果的一个小结。为清晰起见，这里再进一步说明：在27个问题中，"（一）有关同意度的问题"中列出的12个问题是假设在珠海市居住的外国人认为珠海本地市民在运用英语的某些表达时没有问题，5个选项按同意的程度被分为完全同意、同意、不表态、不同意、完全不同意；因此，同意的程度越大就越没有问题，同意的程度越小就越有问题，完全不同意当然问题就最大。"（二）有关出现频率的问题"中列出的前10个问题有所不同，是假设珠

海本地市民使用英语的某些表达时可能犯的语言和语用错误或出现的失误，5个选项是表示外国居民发现珠海本地市民这些错误或问题的频率，按出现频率的高低排列就是频繁、经常、有时、偶尔、很少；因此，频率越高就说明出错或有问题的可能性就越大，越低可能性就越小。"（二）有关出现频率的问题"中的最后两个问题（23、24）是为了了解客观情况，无所谓对错，属于中性问题。"（三）有关具体语言、语用等问题"中的3个问题是了解珠海市民英语交际能力方面存在的某些具体问题，所以单独列出。

从表2（一）可以看出，除第18、25、26题三个项目选择人数的比重完全相同（40%，42%，38%）以外，其余9题外国人选择"不同意、完全不同意"人数的比重之和都高于选择"完全同意、同意"的比重之和，而且第2、3、5、6、17、19题选择否定与肯定的人数之比都在3倍以上。这说明从总体上看，珠海市民在这12道测试题涉及的英语交际能力方面是存在问题的，其中的9项存在很大的问题。

现在分析表2（二）中反映的情况。关于表2中的9~13、21题提到的英语交际失误，看起来珠海市的外国居民在与珠海本地市民打交道的过程中遇到的并不多，因为选择"偶尔、很少"的外国人人数的比重之和都多于选择"频繁、经常"的外国人人数的比重之和；但第14、15、16、20题情况相反，选择"频繁、经常"的人数的比重之和多于选择"偶尔、很少"人数的比重之和，这说明在表2（二）里近一半的问题上珠海本地市民还是经常有失误的。如果把这里和前面的数据归结一下，我们可以得出这样的结果：在27个测试问题中，珠海市的外国居民认为珠海本地市民英语交际能力问题较大的项目共13个，问题较小的6个，处于中间状态的3个（18、25、26），其余5个问题（23、24、7、8、27）应以另外的方法加以分析。

表2（三）是询问在珠海市居住的外国人对珠海本地市民英语交际能力的总体感觉。表2中答案显示，外国人认为珠海本地市民使用英语时在语法（34%）、结构（20%）和语用（20%）三个方面（第7题）出的问题较多，而且总的来说口语不佳（44%，第8题），原因主要还是基本外语语言能力不够（40%，第27题）。总之，珠海本地市民的英语交际能力总体上还相当弱，还很难与外国人直截了当和明白易懂地进行交流，甚至日常简单的交流大多数人都会感觉力不从心。

（五）珠海市公共标识及企业宣传、广告英译情况研讨

我们的调查团队在珠海市各大区的街头巷尾进行了这方面的调查，涉及全市各行各业，特别是商场、交通站点、旅游景点以及各类企业。调查的内容分为四个小部分，即"公共场所提醒""商铺、单位、服务处标牌""道路指示、旅游景点标牌/说明、城市宣传语""企业宣传、广告英译"，调查总数 1000条以上。从总体上说，调查团队在珠海市大街小巷调查的过程中看到的公共标识及企业宣传、广告英译大多数有毛病，有些问题还很大，既有简单的拼写、词汇错误，也有较复杂的语法、结构和语用失误。我们在珠海市的很多企业网站和公共网站上，也发现了不少有语言和语用毛病的产品宣传广告。

外语公共标识及企业外语宣传、广告也是城市国际化人文环境的一个有机组成部分，通常都被纳入城市国际化指标体系之中，内地许多城市为自己的国际化进程制定的目标都包括这个方面。因此，提高珠海市外语公共标识占全市公共标识总数的比重和外语公共标识的正确率，为珠海市的外国居民和来珠海访问、商谈以及旅游观光的外国人创造更方便、更快捷的出行以及工作和生活条件是我们的重要任务之一。

（六）珠海市城市国际化主要指标达标情况及与其他城市对比

为了对珠海市国际化环境，特别是人文环境有一个比较直观的了解，我们这里采用联合国伊斯坦布尔城市年会提出的"城市国际化指标体系"来加以体现，这个体系的主要内容包括：①总体经济实力；②国际化程度要素；③基础设施要素；④人文环境要素；⑤政府作用要素；⑥管理绩效要素；⑦科技开发要素；⑧人力资本要素；⑨生活质量要素①。这九个方面又分为 17 个具体指标，根据我们能够获取的信息和资料，我们将运用 17 个具体指标中的 15 个来衡量珠海市国际化的达标情况，并对比珠海市与广东省部分城市的达标程度。具体数据如表 3 所示。

---

① 王发明：《城市国际化水平综合评价指标体系的构建》，《统计与决策》2009 年第 22 期。

表3　2011年珠海市与其他城市国际化主要指标值对比

序号	指标名称	标准值		城市及其国际化指标值与达标程度					
				珠海	广州	深圳	东莞	中山	江门
1	人均GDP（美元）			13886 排名3	14963 排名2	17091 排名1	8898 排名5	10828 排名4	6358 排名6
		初级	5000	2.78	2.99	3.42	1.78	2.17	1.27
		中级	10000	1.39	1.50	1.71	0.89	1.08	0.64
		高级	20000	0.69	0.75	0.85	0.44	0.54	0.32
2	人均可支配收入（美元）			4448 排名4	5332 排名3	5652 排名2	6118 排名1	4289 排名5	3704 排名6
		初级	4000	1.11	1.33	1.41	1.53	1.07	0.93
		中级	7000	0.64	0.76	0.81	0.87	0.61	0.53
		高级	15000	0.30	0.36	0.38	0.41	0.29	0.25
3	第三产业增加值占GDP比重（%）			41.27 排名5	61.51 排名1	53.50 排名2	49.42 排名3	41.50 排名4	36.97 排名6
		初级	60	0.69	1.03	0.89	0.82	0.70	0.62
		中级	68	0.61	0.90	0.79	0.73	0.61	0.54
		高级	73	0.57	0.84	0.73	0.68	0.568	0.51
4	非农业劳动力比例（%）			94	—	—	—	—	—
		初级	75	1.25					
		中级	80	1.18					
		高级	85	1.11					
5	人均电力消费量（千瓦时）			7180 排名1	5204 排名5	6649 排名3	6865 排名2	6319 排名4	4203 排名6
		初级	2000	3.59	2.60	3.32	3.43	3.16	2.10
		中级	3000	2.39	1.73	2.22	2.29	2.12	1.40
		高级	4000	1.80	1.30	1.66	1.72	1.58	1.05
6	人均公共绿地面积（平方米）	公园绿地		13.8 排名4	15.05 排名3	16.40 排名2	16.46 排名1	11.88 排名5	11.60 排名6
		初级	15	0.92	1.00	1.09	1.10	0.79	0.77
		中级	20	0.69	0.75	0.82	0.82	0.59	0.58
		高级	20	0.69	0.75	0.82	0.82	0.59	0.58
7	每万人拥有乘车量（辆）			1788 排名2	1457 排名3	1853 排名1	1286 排名4	1209 排名5	716 排名6
		初级	1000	1.79	1.46	1.85	1.29	1.21	0.72
		中级	1500	1.19	0.97	1.24	0.86	0.81	0.48
		高级	2000	0.89	0.73	0.93	0.64	0.60	0.36

序号	指标名称	标准值		城市及其国际化指标值与达标程度					
				珠海	广州	深圳	东莞	中山	江门
8	每万人拥有电话数（部）			5582 排名1	4607 排名3	5265 排名2	3871 排名4	3065 排名5	2508 排名6
		初级	3000	1.86	1.54	1.76	1.29	1.02	0.84
		中级	4000	1.40	1.15	1.32	0.97	0.77	0.63
		高级	5000	1.12	0.92	1.05	0.77	0.61	0.50
9	地铁运营里程（千米）			0 排名3	236 排名1	178 排名2	0 排名3	0 排名3	0 排名3
		初级	200	0.00	1.18	0.89	0.00	0.00	0.00
		中级	300	0.00	0.79	0.59	0.00	0.00	0.00
		高级	400	0.00	0.59	0.45	0.00	0.00	0.00
10	外籍侨民占本地人口比重(%)			0.19 排名2	0.16 排名3	0.29 排名1	0.12 排名5	0.14 排名4	0.03 排名6
		初级	0.6	0.32	0.27	0.48	0.20	0.23	0.05
		中级	1.0	0.19	0.16	0.29	0.12	0.14	0.03
		高级	2.0	0.10	0.08	0.15	0.06	0.07	0.02
11	入境（过夜）旅游人数占本地人口比重(%)			204.67 排名1	61.07 排名3	105.52 排名2	43.30 排名5	19.35 排名6	56.39 排名4
		初级	40	5.12	1.53	2.64	1.08	0.48	1.41
		中级	70	2.92	0.87	1.51	0.62	0.28	0.81
		高级	100	2.05	0.61	1.06	0.43	0.19	0.56
12	市民运用英语交流的普及率(%)			18.3 排名2	19.15 排名1	17 排名3	7.07 排名5	7.72 排名4	5.34 排名6
		初级	40	0.46	0.48	0.43	0.18	0.19	0.13
		中级	60	0.31	0.32	0.28	0.12	0.13	0.09
		高级	80	0.23	0.24	0.21	0.09	0.10	0.07
13	本地产品出口额占GDP比重(%)			17.09 排名2	4.59 排名6	21.35 排名1	16.54 排名3	11.2 排名4	6.7 排名5
		初级	40	0.43	0.11	0.53	0.41	0.28	0.17
		中级	60	0.28	0.08	0.36	0.28	0.19	0.11
		高级	100	0.17	0.05	0.21	0.17	0.11	0.07
14	进口总额占GDP比重(%)			19.71 排名1	4.85 排名4	14.66 排名2	12.01 排名3	4.40 排名5	2.97 排名6
		初级	30	0.66	0.16	0.49	0.40	0.15	0.10
		中级	50	0.39	0.10	0.29	0.24	0.09	0.06
		高级	80	0.25	0.06	0.18	0.15	0.06	0.04

序号	指标名称	标准值		城市及其国际化指标值与达标程度					
				珠海	广州	深圳	东莞	中山	江门
15	外商直接投资占本地投资比重(%)			2.1 排名3	1.25 排名4	2.15 排名2	2.83 排名1	0.95 排名6	1.06 排名5
		初级	10	0.21	0.13	0.22	0.28	0.10	0.11
		中级	20	0.11	0.06	0.11	0.14	0.05	0.05
		高级	30	0.07	0.04	0.07	0.09	0.03	0.04

注："非农业劳动力比例"未查到其他城市的相关数据；达标程度为1（即100%）即达到指标，1以上即超过指标。

就珠海市与广东省其他几个城市的对比情况看，珠海市在4个项目中排名第一，包括人均电力消费量、每万人拥有电话数、入境（过夜）旅游人数占本地人口比重、进口总额占GDP比重。排名靠后的项目有人均可支配收入（第4）、第三产业增加值占GDP比重（第5）、人均公共绿地面积（第4）。在与国际化人文环境相关的几个项目中，珠海市的排名情况如下：外籍侨民占本地人口比重（第2）；入境（过夜）旅游人数占本地人口比重（第1）；市民运用英语交流的普及率（第2）。这三项虽然排名靠前，但是我们上面已经提到，珠海市外籍人口绝对数和达标的情况（不到3000人，仅占全市常住总人口的0.19%，连初级要求都未达到）都很不理想；市民运用英语交流的普及率仅18.3%，才达到城市国际化初级要求的46%、中级的31%、高级的23%。珠海市在这项指标中的排名之所以靠前，是因为其他多数城市这方面的绝对数更低。因此，只看排名是不全面的，必须全面观察才能发现珠海市的不足。

为了更加全面地考量珠海市国际化人文环境的情况，我们将珠海市的其他某些相关情况和数据也在此加以对比。与广东省其他五个城市（广州、深圳、东莞、中山、江门）相比，珠海市在中国空气质量最优城市（排名第7）、中国最具幸福感城市（排名第13）、中国十佳优质生活城市（排名第3）方面排在其他五个城市的前面；在国际互联网用户数（1777户/万人）、移动电话用户数（7817户/万人）两个方面排在其他五个城市的后面。另外，在中国最安全城市的排名中，珠海市排名第18，仅次于深圳（排名第4），位于其他四个城市之前。不过，在中国国际化城市和中国最具竞争力城市这两个最关键的项目中，珠海市的排名却相当靠后：前者排名第25，远远落在广州（排名第3）、深圳（排名第2）、东莞（排名第12）之后；后者珠海市排名第33，位于深圳（排名第4）、广州（排名第5）、东莞（排名第17）、中山（排名第31）四个城市之后，仅超过江门（排名第72）。当然这不是全貌，因为在中国城市竞争力研究会这两年列出的其他项目的排行中，许多项目有这五个城市或其中某些城市但是没有珠海市，这里就不一一列举了。

四 对构建和完善珠海市国际化人文环境的建议

（一）对构建与完善珠海市国际化人文环境的总体设想

首先，珠海市城市国际化人文环境的构建应该与国家及城市的总体规划协调一致，并在总体规划的指导下进行。中央和省政府颁布的《珠江三角洲地区改革发展规划纲要（2008~2020年)》第十一部分"构建开放合作新格局"对珠江三角洲地区加强与港澳台地区和国际合作提出了明确的要求，珠海市政府常务会议2011年4月2日通过的《珠港澳合作发展"十二五"规划》阐述了"十二五"时期珠港澳合作的重点任务，除了强调加强与港澳的规划、交通、口岸和信息网络等城市功能衔接外，还特别指出要"加强与港澳的金融、旅游、物流、会展、文化创意、专业服务等现代服务业合作以及高新技术和先进制造业合作；加强与港澳的社会管理和民生福利等领域合作"，构建"具有较强国际竞争力的珠港澳都市圈"①。这些指导性的文件为珠海市国际化人文环境的建设指明了方向和路径，我们应该把握时机，根据珠海市的现状和已有的条件，谋划城市的人文环境建设蓝图，制订具体的行动方案。

珠海市国际化人文环境的构建是一个规模庞大的系统工程，要制定一个全面的规划并付诸实施，政府须起主导性作用。这也是北京、上海、深圳、西安等城市在建设城市国际化人文环境过程中的一个重要原则。我们认为，应该采

---

① 魏蒙：《珠海市制定〈珠港澳合作发展"十二五"专项规划〉》，新华社中央政府门户网站，http://www.gov.cn，2011年4月2日。

取"政府主导，高校引领，以点带面，全民参与"的建设方针，稳妥而高效地完善珠海市的国际化人文环境。"政府主导"是指政府在城市国际化人文环境的整个构建与完善的过程中要起到组织、召集和领导的作用，并为这一工程提供和划拨必要的经费，市委宣传部、市文体旅游局、外事局、教育局等直接相关的部门应积极支持和参与这一工作；"高校引领"是指珠海地区的高校在城市国际化人文环境的建设过程中要起到引导与参谋的作用，要为这一工程的规划和实施出谋划策，并利用高校科研和人力方面的优势资源主动、积极地配合专门组织做好这一工作；"以点带面"是指在城市国际化人文环境的建设过程中，首先考虑建设涉外频繁和对国际化人文环境建设有特别重要作用的单位和领域，如宾馆饭店、旅游景点、高等学校等，并利用建设的成果带动其他单位和领域的人文环境建设；"全民参与"是指在城市国际化人文环境建设的过程中，每一位市民都应该积极响应政府和专门组织的号召，主动参与这一利国利民的活动，从各自的角度为这一工程做出贡献。依据这一方针，首先应该建立"珠海市国际化人文环境建设委员会"，并设置相应的办公室，由政府提供建设和运作经费。委员会的成员包括相关政府部门、学校、民间团体、有关领域和行业的代表，统一筹划和协调全市人文环境的建设和改善，制定珠海市城市国际化人文环境建设的总体规划。教育界、文化界及外事部门和单位应该在委员会中占相当的比重，特别是大学应有足够的代表，以充分发挥高校在城市国际化人文环境建设中的引领作用。委员会还应根据情况设置数个分委会，如负责城市会展的分委会、负责教育国际化的分委会、负责外语环境建设的分委会等。委员会成立后的首要工作应该是以各种方式宣传和普及城市国际化的知识，特别是要让全体市民懂得建设国际化人文环境的必要性和重要性，明白自己在城市国际化过程中发挥的重要作用，形成跨文化交际意识，培养和提高跨文化交际的能力，积极主动地参与构建国际化人文环境的进程，为实现城市国际化的建设目标做出贡献。

（二）将举办大中型国际会展、会议、活动等作为带领城市国际化人文环境建设的龙头

举办大中型国际会展、会议、体育比赛和其他竞赛以及各种类型的国际活动，是各类城市国际化指标体系中都包含的项目，其重要性不言而喻。《珠江

三角洲地区改革发展规划纲要（2008～2020 年)》在第十一部分"构建开放合作新格局"中指出："充分利用中国（广州）进出口商品交易会、中国（广州）中小企业博览会、中国（深圳）国际高新技术成果交易会、广东国际咨询会、友好省州及城市等合作平台，推动更高层次的对外开放与交流。"我国正在为国际化努力奋斗的城市都将其作为城市国际化的一个名片来打造。作为经济特区和珠江出海口西岸的重要区域中心城市，又毗邻港澳，珠海市有很好的基础和条件搞好会展事业。

第一，珠海应继续打造中国（珠海）航展等赛事和展会，同时应利用珠海的资源和特色增设和扩展一些其他国际项目，如国际影视节、国际城市景观展览、珠港澳民间文化艺术节、国际服饰展览、国际特色集体婚礼等；还可以争取某些常规大中型国际赛事和国际会议的举办权，包括体育竞赛和趣味比赛、大中小学的各类竞赛、有关发展与建设的学术研讨会等。在举办这些国际赛事和会展的时候，要做好宣传，既要让外界知晓这些活动的情况以便能积极参与，也有必要让全市人民充分了解其重要意义并积极参加与之相关的工作和服务。

第二，政府应该为这些活动的开展提供方便和必要的经费支持，特别是初期阶段更应如此。对非专业性的活动，为了让参与的观众具有较大的普遍性和广泛性，在政府的资助下，组织方每次都应该发放较大比例的免费参观券。在国际赛事和国际展会进行期间，政府及各行各业应抓住这些有利时机，同参赛和参会的国际友人开展赛会和展会之外的友好交流，如观赏珠海市的风光和参观珠海市的建设成就、与珠海市的青年学生和市民进行座谈并开展一些有趣的活动、与珠海市常住的外籍居民开展联欢活动等。这些活动既能够丰富参赛和参会的外国/外籍友人的业余生活，又可以为珠海市民创造更多与外国人或外籍人士交流的机会，同时也可以起到宣传城市的作用。

（三）将教育国际化作为城市国际化人文环境建设的重要支撑

《珠江三角洲地区改革发展规划纲要（2008～2020 年)》第九部分"加快社会事业发展"中指出要"优先发展教育"，并特别强调教育的国际化，明确表示："支持港澳名牌高校在珠江三角洲地区合作举办高等教育机构，放宽与境外机构合作办学权限，鼓励开展全方位、宽领域、多形式的智力引进和人才培养合作，优化人才培养结构。"大学是人才汇集、教学及科研实力雄厚的机构，同时也是青年学生集中的地方，在城市国际化的进程中具有特殊的作用和功能。第一，高校的学者和专家通过对国际化问题的研究，可以向政府有关部门提出构建和改善国际化人文环境的意见和建议，并参与政府的有关决策。第二，大学以自身教育的国际化直接成为城市国际化人文环境构建的一部分。第三，高校可以参与城市举办的其他许多国际活动，如国际赛事和国际会展——有时是直接参与，有时是提供智力和人力支援。例如，选派学生参加某些体育比赛，组织大量的青年志愿者参与各种类型的服务工作，包括宣传、接待、翻译、导游等。第四，如果高校能够招收较多的外国/境外留学生来本地就读，这本身就是国际化人文环境的体现之一。第五，大学可以利用自己的师资和设施帮助城市各行各业培训外语人才和提高普通市民的外语水平。第六，高校培养的学生大多具有较好的素质，外国文化知识和跨文化交际能力相对较强，他们就学期间和在本地就业之后都能够为城市的国际化建设做出很大的贡献。

　　珠海市有十多所各类高校、十几万大学生，在广东省的规模仅次于省会广州。珠海市各大专院校自建校以来，逐渐与外国和境外高校合作，积极开展各种形式的联合或合作办学，开展教师、学生及科研交流，国际交往已经上成为一种常态，但是规模仍然较小。外国学生到我们珠海来的很少，真正意义上的科研项目的合作也少之又少。至于中外/内地与境外联合创办高校的项目，目前珠海市只有香港浸会大学与北京师范大学珠海分校创办的联合国际学院属于此类。我们认为：珠海市高校应加大加快国际化的步伐，除进一步深化已有的合作项目和领域以外，还应该多开展一些专业建设和科研项目的合作，吸引更多的外国/境外留学生来本地学习。有条件的高校可以考虑与国外或境外著名高校在珠海市联合开创新型大学，结合中西方的优势，打开高等教育国际化的新局面。另外，珠海市高校在国际化的过程中应该相互交流，互通有无，使高校国际化的发展形成一种联合推进的态势。

（四）将中外/境内外政府与民间互动作为城市国际化人文环境建设的催化剂

　　《珠江三角洲地区改革发展规划纲要（2008～2020年）》第十一部分"构

建开放合作新格局"中指出："坚持市场为主、政府引导的原则，进一步发挥企业和社会组织的作用，鼓励学术界、工商界建立多形式的交流合作机制。"这里的"交流合作"应该也包括与外国及境外的合作。珠海市民间组织与外国/境外的交流非常少，是国际化人文环境建设中特别需要加强的环节。珠海市各行各业大大小小的民间协会和团体有1000多个，在政府主导的原则下，这些协会和团体应该积极行动起来，采取措施，利用政府提供的渠道建立和加强与国外/境外相关团体或行业的民间联系，开展与本领域或本行业相关的各种活动。在这里，政府与民间协会和团体的相互支持和互动是必不可少的，具体体现在民间团体的交流活动应尽量配合政府的国际化方针和规划，而政府应该积极指导和参与中外/境内外民间团体之间的交流，如派相关政府部门的领导出席中外/境内外民间团体主办的会议或活动，同时尽量为这些民间国际交流创造必要的条件并提供各方面的便利，使它们的活动得以顺利地展开并取得预期的效果。

（五）将外语工程作为城市国际化人文环境建设必不可少的桥梁

要搞好国际化外语环境的建设必须首先建章立制，无的放矢，就难以实施。要搞好珠海市的外语环境建设，也必须制订一个指导性的计划或方案，有针对性地提出一些建议和要求。这个方案应该包含涉及城市国际化人文环境的诸多方面，如外语网站的建设、外语公共标识的设立和规范化、跨文化交际能力的提高及外语交际口语的普及、外语人才库的建立及使用等。应该由"珠海市国际化人文环境建设委员会"牵头，组织社会各界人士成立一个国际化外语环境建设分委会，市委宣传部、市文体旅游局、外事局、教育局等直接相关的部门应有人参与，教育界特别是高校应该是这个分委会的中坚力量。分委会负责制订珠海市的外语环境建设方案。方案中关于外语水平可以规定一个最低要求，但对不同行业和部门的要求不能一刀切，应提出不同的要求，如对所谓"窗口部门/单位"要提出较高的要求，这包括政府涉外部门、旅游、宾馆饭店等行业；对涉外较少的部门/单位和行业要求可以稍低一些。在时间上也不能急于求成，我们建议配合珠海市城市国际化人文环境建设的总体规划，以5年和10年为界把建设城市外语环境的过程分为两个阶段，逐步实施既定方针。方案制订以后，要以正式文件的形式发至所有政府部门、事业单位以及企业和公司，并向社会公布，广而告之，让全体市民都知晓。在实施方案的过程中，外语环境建设分委会的成员要深入基层，随时了解外语环境建设方案的实施情况，对发现的困难和问题要及时提出解决的措施。在第 5 年年末和第 10 年年末，分委会应该以抽查和随机调查的方式检查方案实施的效果，并把检查的结果上报"珠海市国际化人文环境建设委员会"，也应该向全社会公布检查的情况。

下面就城市国际化外语环境建设方案中包括的英语网站的建设、外语公共标识的设立和规范化、跨文化交际能力的提高及外语交际口语的普及、城市翻译及外语人才库的建立及使用四个方面加以详细的阐述。

1. 英语网站的建设

（1）优化现有的政府和事业单位的英语网站及新闻媒体英文版。

（2）所有政府部门、涉外事业单位、高校、公共服务部门/单位、大中型国有企业、城市主要旅游景点、三星级以上饭店都必须设置英语网站。

（3）鼓励和奖励民企设置英语网站。

（4）鼓励和资助民间社团设置英语网站，特别是涉外较多的社团。

（5）要求或鼓励有关部门、单位、机构或企业根据情况设置其他外语语种的网站。

（6）每年对全市各部门、单位、机构或企业的外语网站进行评估，并奖励优秀的外语网站。

2. 外语公共标识的设立和规范化

（1）要求全市所有主要涉外单位、企业、宾馆饭店、旅游景点必须有与其中文名称对应的英文名称，并与中文名称并列于标牌上；要求这些单位和企业把现有的英译名称上报珠海市国际化人文环境建设委员会的国际化外语环境建设分委会，由分委会聘请的翻译和英语专家对其进行鉴别和纠错。今后新批的同类单位和企业报批时要求必须有与其中文名称对应的正确英文名称。

（2）要求市交通和市政部门上报现有的道路指示、街道名称等的英文翻译，外语环境建设分委会审核是否合格，对不合格的由分委会加以规范并要求这两个部门修正或更换标牌。

（3）在上面两个步骤完成后，组织英语优秀的大学生对主要街道和道路进行排查，检查英语公示语设置和修正的情况，对发现的问题加以记录并上报外语环境建设分委会，由分委会聘请的专家审核并确定英语译文，而后要求有关部门再次修正或更换标牌。

（4）要求有关部门和单位对其设置在公共场所的英文提醒、介绍和说明等重新检查，各自请翻译或英语专家进行审定，修改可能有的错误，更换有问题的公共标识。

（5）要求有关企业和公司对置于室外的企业英文形象宣传、英语广告进行清查，聘请翻译或英语专家对宣传语和广告进行审读，对有毛病的，企业和公司必须按照专家的指点加以修改和重置。

（6）珠海市所有城市宣传语的英译今后必须经过外语环境建设分委会讨论决定后才能向外界公布。

3. 跨文化交际能力的提高及外语交际口语的普及

（1）由外语环境建设分委会制定具体的要求和方案，方案在跨文化交际意识、正确的交际态度和交际方法上对全体市民的要求是一致的，但是在口语能力方面，既要对全体市民提出英语交际能力的最低要求，也要针对不同的行业提出级别不同的较高要求。例如，最低要求只需要会讲和听懂300个日常用语，而对旅游行业除了这300个句子以外，还需要会讲和听懂与其行业相关的很多用语。

（2）由外语环境建设分委会组织英语专家编写适合珠海市情况的各类用于普及英语交际口语的教材，包括上面提到的英语日常用语300句；当然，如果合适也可选用已出版的有关书籍做教材。教材由政府买单，免费发放给各界群众进行学习和练习。

（3）利用高校和中学的资源，组织对各个行业的从业人员进行短期外语培训，培训可在学校也可在各行业进行。有外国人居住的居委会也可以聘请外国人对普通市民进行外语培训。

（4）由外语环境建设分委会或政府有关部门负责，利用节假日在公园或街头组织英语表演和竞赛、游戏或游园活动，欢迎市民免费参加，提高市民学习外语的热情和积极性。

（5）新闻媒体也应该以其特有的方式参与城市的国际化外语环境建设，

除英语版的报纸和新闻播报外，还应该开办一些外语培训和外语娱乐节目，并邀请市民和外国人参与进来，为提高市民的英语交际能力和口语水平营造更好的氛围。

（6）在第 5 年和第 10 年的末尾，由外语环境建设分委会组织对各个行业进行英语交际能力测试，检测英语普及活动的收效，同时对部分市民进行随机抽查，检查其英语交际能力和英语口语水平。

4. 城市翻译及外语人才库的建立及使用

在城市国际化的进程中，中高端外语人才是城市必备的资源，因为随时随地都可能派上用场，如城市组织的大中型国际赛事、会展以及类似的活动都需要大量的外语人才做翻译和服务工作。如果每次都临时抱佛脚，到处找人，可能会事倍功半，影响赛事或活动的顺利进行。因此，我们提议建立珠海市翻译及外语人才库，将珠海市所有中高端翻译和外语人才收罗其中，急需时调兵遣将，可以直接派上用场。这个人才库中也应该包括英语以外的其他外语人才，以备不时之用。

良好的人文环境是城市国际化的一个重要特征，但目前珠海市的人文环境仍不十分理想，还达不到国际化的较高要求，所以应该有的放矢地采取实质性的措施加以改善，以便加快城市国际化的步伐。应充分利用珠海市优越的高校资源帮助完善城市的整体人文环境。改善珠海市人文环境的对策应该是"政府主导，高校引领，以点带面，全民参与"，建议尽快制定相关政策，组建"珠海市国际化人文环境建设委员会"统领全市人文环境改善和建设的工作，采取有效措施，循序渐进，使珠海市的人文环境 5 年内有小进步，10 年内有大进步。

珠海市民公共文化生活现状的调研报告

张 楠[*]

文化是一个民族的精神和灵魂。国家发展、民族振兴不仅需要强大的经济力量，更需要强大的文化力量。党的十七大从建设中国特色社会主义事业经济、政治、文化、社会"四位一体"总体布局的高度，提出兴起社会主义文化建设新高潮、推动社会主义文化大发展大繁荣。在"十二五"开局之年，党的十七届六中全会审议通过《中共中央关于深化文化体制改革、推动社会主义文化大发展大繁荣若干重大问题的决定》，第一次将文化改革发展问题作为中央全会的议题，第一次以全会决定的方式对文化改革发展做出部署，第一次提出建设社会主义文化强国的宏伟目标和战略任务。广东省委十届七次全会通过了《广东省建设文化强省规划纲要（2011~2020年）》，随后珠海市委市政府制定了《关于建设文化强市的实施意见》，掀起了文化强省、文化强市的新高潮。

市民公共文化生活的丰富程度和满意度，是衡量一个城市文化建设和公共文化服务水平的重要标准。本文就珠海市民公共文化生活状况进行调研，为珠海市发展公益性文化事业提供数据支持和参考建议。

一 丰富市民公共文化生活的重要意义

（一）丰富公共文化生活是保障市民基本文化权益的重要途径

党的十七届六中全会提出，大力发展公益性文化事业，满足人民基本文化需求是社会主义文化建设的基本任务。保障人民群众的基本文化权益，是

---

* 张楠，任职于珠海市委宣传部。

社会文明进步的重要标志，是党的根本宗旨在文化领域的具体体现，是社会主义文化建设的重要使命，是全面建设小康社会、构建社会主义和谐社会的必然要求。丰富市民的公共文化生活要求用优秀文化为大众服务，满足群众的文化需求，提升群众的公共文化消费水平，变文化为群众的智慧源泉和精神家园。市民公共文化生活属于公益性文化事业的一部分，要坚持以人为本，贴近实际、贴近生活、贴近群众，发挥人民在文化建设中的主体作用，坚持文化发展为了人民、文化发展依靠人民、文化发展成果由人民共享，促进人的全面发展。

（二）丰富公共文化生活是党委政府的重要任务

发展公益性文化事业必须坚持政府主导，按照公益性、基本性、均等性、便利性的要求，加强文化基础设施建设，完善公共文化服务网，让群众广泛享有免费或优惠的基本公共文化服务。党委和政府要把文化建设摆在更加突出的位置，纳入经济社会发展的总体规划，加强对文化发展的宏观研究和指导。公益文化事业经费要随着经济发展逐年增加、稳步增长，加大对公共文化基础设施的建设，满足市民的文化需求，促进市民文化权利的充分实现。

（三）丰富公共文化生活是建设幸福珠海的重要内容

未来十年是珠海市转变经济发展方式、实现经济社会转型的关键时期，也是推动文化大发展大繁荣的重要阶段。在这个发展阶段，城市以格局定高下、以功能看强弱、以生态显魅力、以文化论输赢。丰富市民公共文化生活，是建设文化强市、建设幸福珠海的重要内容，是增强珠海文化软实力、提升城市文化品位、促进和谐社会建设的重要内容，也是珠海市在新一轮竞争中，全面贯彻落实科学发展观，建设生态文明新特区、科学发展示范市和珠江出海口西岸核心城市的必然选择。

二　珠海市民公共文化生活的基本情况

2010 年珠海全面建设文化强市以来，树立了具有特色的城市文化形象，构建覆盖全社会的公共文化服务体系，增强文化的示范带动力和影响力，构建全社会参与文化建设的新格局，使得珠海市民的公共文化生活内容丰富、形式多样。

（一）公共文化基础设施日趋完善

文化基础设施是市民开展公共文化活动的硬性条件。近年来，市政府对公共文化设施建设的资金投入力度不断加大，向市民开放用于开展文化活动的公益性场所面积持续增加，全市已初步建立起市、区、镇（街道）、行政村（社区）四级公共文化设施网络，为构建覆盖全社会的公共文化服务体系、丰富市民公共文化活动打下了坚实的基础。目前珠海市每万人公共文化设施面积916平方米，比全省每万人800平方米略高，广播综合人口覆盖率和电视综合人口覆盖分别均达99%，有线电视用户41.52万户，其中有线数字电视用户24.14万户。全年发行各类报纸4000多万份，刊物805万份，出版图书品种200多个（100多万册），公共图书馆藏书量76万册，人均0.5册，接近全省中等水平。全市共有各类专业艺术表演团体8个，近年来文艺作品创作获国家级奖项70多个、省级奖项100多个。全市共有文化馆、美术馆、博物馆等公共文化设施近300个，其中镇（街道）文化站和村（社区）文化活动室占80%以上（见表1）。

表1　珠海市公共文化设施建设基本情况

单位：个

公共场馆类别	数量	具体名称
公共图书馆	4	珠海市图书馆、珠海市少儿图书馆、斗门区图书馆、金湾区图书馆
文化馆	4	珠海市文化馆、香洲区文化馆、斗门区文化馆、金湾区文化馆
美术馆	1	古元美术馆
博物馆（纪念馆、陈列馆）	2	珠海市博物馆、斗门区（兆珍）博物馆
陈列馆（纪念馆）	6	苏兆征故居陈列馆、杨匏安陈列馆、唐国安纪念馆、苏曼殊故居陈列馆、容闳纪念馆、南屏民俗文化陈列馆
电影城（院）	8	珠海大会堂、珠海火星湖电影城、珠海市青少年妇女儿童活动中心电影城、珠海市菲仕电影城、珠海市前山电影院、珠海市新青外商俱乐部电影院、金湾区凤鸣电影院、珠海市万象城电影院

续表

公共场馆类别	数量	具体名称
体育场馆	2	珠海市体育中心、斗门区体育馆
镇(街道)文化站	23	拱北、湾仔、前山、三灶、井岸、斗门、乾务、莲洲、横琴、平沙、南水、唐家湾、担杆、桂山14个文化站被评为省特级文化站;红旗、南屏、狮山、白蕉、万山5个文化站被评为省一级文化站;香湾、吉大2个文化站被评为省二级文化站;翠香、梅花2个文化站被评为省三级文化站
社区文化活动室("农家书屋")	233	南屏社区文化活动中心、桂园社区文化活动服务室等
专业艺术表演团	8	珠海华发艺术团、珠海汉胜艺术团、珠海总工会艺术团、珠海市粤剧团、珠海市女子室内中乐团、海泉湾艺术团、圆明新园艺术团、珠海当代艺术团

（二）一批重大文化设施正在建设

珠海市委市政府投资20亿元正在建设以"一院三馆"（珠海市歌剧院、博物馆、城市规划馆、文化馆）为首的一批重大文化设施。十字门中央商务区音乐厅、西部城区文化艺术中心、香洲文体中心等重大文化工程项目也已全面启动。这批文化项目建成后，将彻底改变珠海市大型公共文化设施落后的现状，使城市标志性文化设施在布局、数量和规模上与珠江口岸中心城市的地位相适应（见表2）。

表2　珠海市重大文化工程项目进展情况

项目名称	投资规模	项目概况	工程进度
珠海歌剧院	10.88亿元	项目规划面积57670平方米、建筑面积59000平方米，内设大剧场1550座、多功能小剧场550座	项目主体于2011年8月1日正式开工，预计2015年年底竣工移交使用
珠海市文化馆新馆	原定1.6亿元	将在圆明新园内重建	规划阶段
珠海市博物馆和城市规划展览馆	7.62亿元	项目规划面积50336平方米、建筑面积55807平方米	项目主体于2011年8月29日正式开工，预计2015年5月竣工移交使用

（三）市政府设立购买公共文化产品与服务专项资金

珠海市政府为丰富市民公共文化活动，从 2011 年起设立购买公共文化产品与服务专项资金，每年拨款 525 万元，制定了《珠海市购买公共文化产品与服务专项资金管理办法》，规定了专项资金的使用原则、购买内容、购买方式、职责分工、监督机制和绩效评价等。通过项目购买和项目补贴两种方式，对思想性、艺术性、观赏性俱佳，公益特征明显的文化产品与服务进行重点扶持，充分发挥专项资金的统筹、示范与引导作用，确保专项资金的社会效益最大化。

珠海合唱节、春节联欢晚会、中秋节文艺晚会、"周末大舞台"广场文化活动、滨海之声音乐会、南国书香节、珠中江民歌大赛、珠海美术双年展、珠海艺术家优秀作品展等活动都是政府通过购买公共文化产品与服务的方式顺利开展的。市政府购买公益性文化产品，扶持大型演出、广场活动等公益性文化活动，降低了民众观看文艺演出的门槛，让更多市民免费欣赏到高质量、高水平的文化产品。其中"周末大舞台"广场文化活动按照政府搭台、企业运作、百姓受益的模式创办，2011 年全市共举办了各类广场文化和文化下乡活动1631 场，放映电影 1652 场，舞蹈《凤鸡舞》等 34 个广场文化节目获省级以上表彰。

（四）着力打造市民公共文化活动品牌

依托日臻完善的公共文化设施，全市各级文化单位为广大市民提供了丰富多彩的文化服务，形成了一系列公共文化活动的优秀品牌。其中有"元宵节民间艺术大巡游""端午节国际龙舟邀请赛""中秋节赏月诗会""国庆节沙滩音乐派对"等节庆文化活动品牌，"珠海读书月""珠海文化大讲堂"、金湾区"农家漂流书屋"等公共文化品牌，"珠海合唱节""金秋艺术节"等艺术活动品牌，"滨海之声音乐会""青少儿艺术花会"、市文化馆免费公益培训等一批特色鲜明、参与性强的群众文化活动品牌。近年来，珠海市又打造了"珠中江民歌大赛""西岸雅韵——珠中江同城音乐会""周末市民大舞台""唱红社区"等新的文化活动品牌，努力搭建更多的公共服务平台，不断满足人民群众日益增长的文化需求（见表 3 和表 4）。

表3　珠海市公共文化活动统计数据

主办单位	公共文化活动内容	经费来源每年数额	场次（场）			参与人数（万人）
			2010 年	2011 年	2012 年（预计）	
市文联	文艺下基层	财政拨款 10 万元/年	21	9	10	4
	展览	财政拨款 4 万元/年	40	50	60	15
	送春联	财政拨款 1.2 万元/年	6	6	6	1.5
市社科联	文艺演出	财政拨款 3 万元/年	1	1	1	0.1
	社科普及周	财政拨款 5 万元/年	31	15	19	0.1
市新华书店	书展	企业自负 76 万元/3 年	22	25	30	100
	讲座	企业自负 39 万元/3 年	21	18	20	10
	店外活动	企业自负 45 万元/3 年	23	24	25	18
市图书馆	展览	财政拨款 12 万元/年	93	130	120	25
	讲座	—	97	87	68	1.6
	书香岭南系列读书活动	财政拨款 8 万元/年	50	50	60	20
市文化馆	艺术花会	财政拨款	5	5	5	50
	滨海之声音乐会	财政拨款	2	2	2	0.12
	唱红社区广场文化	财政拨款	10	10	10	0.8
	送戏上岛下乡和慰问部队	财政拨款	10	10	10	1.3
	民间艺术大巡游	财政拨款	1	1	1	2
	贫困家庭子女免费艺术培训班	财政拨款	—	—	—	60
市博物馆	展览	财政拨款 23 万元/年	37	31	30	76.3
	巡展	—	16	7	10	12.4
古元美术馆	书画展	财政拨款 151 万元/3 年	56	67	50	80
市粤剧团	文艺演出	财政拨款 17 万元/年	40	43	50	3.4

表4　珠海市文化活动品牌

序号	活动名称	起始年份	届数	2011 年观看人数
1	珠海市元宵节民间艺术大巡游	2007 年	6 届	约 16 万人次
2	珠海端午节国际龙舟邀请赛	2009 年	3 届	约 6 万人次
3	国庆节沙滩音乐派对	2003 年	9 届	一晚观看人数约 1 万人次
4	勒芒汽车珠海站赛	2010 年	2 届	1 万余人次
5	珠海国际半程马拉松赛	2009 年	3 届	约 6 万人次
6	珠海市运动会	1982 年	7 届	约 5 万人次
7	珠海大学生原创音乐节	2011 年	1 届	约 2 万人次

（五）民办文化机构和民间艺术团体发展蓬勃

珠海市委市政府在《关于建设文化强市的实施意见》中指出，要"充分发挥非公有资本以投资兴办公共文化实体、建设公共文化设施、赞助或冠名承办活动、兴办民间艺术院团等多种形式参与公共文化服务，促进公共文化服务方式多元化、社会化"。近年来，社会资本积极投资公共文化场馆的建设，先后有近20家公共文化场馆依托城中村改造、旧厂房改造、新建社区等拓展到全市各个地方，其中投资规模上千万的公共文化场馆数量占新建总数的近半数（见表5）。目前，珠海市现有经批准设立的民办文化机构148家，其中民办博物馆5家，占珠海市博物馆总数的71%；民办艺术馆5家，占珠海市美术馆总数的83%；艺术表演团体4个，占珠海市艺术表演团体总数的51%；艺术培训机构74家，占珠海市民办文化培训机构总数的50%。

表5　珠海市社会资本投资公共文化场馆情况统计

序号	社会资本投资公共文化场馆名称	场馆地址	投资规模
1	龙禧博物馆	珠海市情侣南路	4200 万元
2	圣荣博物馆	珠海市吉大石花西路 2 号	1 亿元
3	赏心堂博物馆	珠海市九洲大道中 2172 号荔苑新村五栋首层	1600 万元
4	东方神韵艺术博物馆	珠海市吉大银行大厦 1209 室	2 亿元
5	汉东博物馆	珠海新香洲仙峰山脚侧	4500 万元
6	星宝自然博物馆	珠海吉大九州大道东	6000 万元
7	宝典园博物馆	珠海横琴岛赤沙湾	6000 万元
8	诚丰美术馆	珠海香洲区梅界东路 1008 号	1500 万元
9	鼎翰艺术中心	香洲人民东路 289 号诚丰名园 5 栋 113 铺	800 万元
10	大香山美术馆	珠海市香洲区人民西路区府广场	260 万元
11	百家收藏	珠海华润万家拱北二楼	8000 万元
12	北山会馆	珠海南屏针北山村	250 万元
13	九号仓	珠海市白莲路 148 号二层	150 万元
14	财智帮艺术馆	珠海市吉大路 1 号	300 万元
15	珠海画院美术馆	广东省珠海市文联大院内	—
16	会同村画家村	珠海市唐家湾金鼎镇会同村	—
17	唐家共乐园	珠海市唐家镇山房路 234 号	—
18	市收藏家协会	珠海市香洲区园林路 128 号	—

从多年来开展公共文化活动的实践经验来看，群众积极参与、自我表现、自我服务的趋势非常明显，在广场上、社区里、公园内，每个公共活动场所都会自发形成一个群众活动的中心，各种唱歌舞蹈、体育健身、艺术交流等活动填补了政府公共文化服务的空白，极大地丰富了市民的文化生活，形成了一个良性循环。这是建设文化强市的绝佳路径，因为开展公共文化活动虽然是政府主导，但归根结底还是属于老百姓自己的事情，需要老百姓的参与。

三　市民开展公共文化活动存在的问题

珠海市民的公共文化生活水平与广州、深圳等城市市民相比，与广东建设文化强省的总体要求相比，与创建全国文明城市的考评标准相比，还存在一定的差距，与经济特区所承载的使命和责任不相适应，与珠江出海口西岸核心城市的发展定位不相适应。具体存在以下几个方面的问题。

（一）政府对市民公共文化生活的重视程度不够，财政投入依然不足

近年来，国家、广东省、珠海市分别做出了建设"文化强国""文化强省""文化强市"的战略部署，但一些领导和部分基层政府对文化建设仍然缺乏应有的重视。部分基层公共文化服务在经费投入、设施建设、人员配置、活动组织等方面遇了到困难和问题，镇（街道）综合文化站、文化活动室普遍存在无编制、无人员、无经费的"三无"问题，一些公共文化场所或被行政办公挤占，或被闲置废弃。全市公共文化服务体系建设没有专项经费保障，多项文化惠民工程、公共文化活动的经费缺乏保障。财政投入经费不足的结果导致市民公共文化活动的场所不足，公共文化产品的数量和水平落后。

（二）公共文化基础设施资源配置不平衡，与国家要求的标准存在差距

珠海市基层公共文化设施建设存在两个不平衡。一是市、区、镇（街道）、村（社区）四级公共文化设施资源配置不平衡。市、镇（街道）两级优于区、

村（社区）两级，全市约50%的区级文化设施达不到创建全国文明城市标准，全市约98%以上的行政村（社区）未能按《广东省公共文化服务体系建设规划（2010~2020年）》的标准建设文化活动室、农家书屋或社区书屋、文体广场、宣传橱窗或阅报栏、文化信息共享工程服务网点或电子阅览室等文化设施。二是东西部发展不平衡。市级文化设施大多建在东部主城区香洲，西部地区受土地和资金等条件限制，文化设施建设被忽视、被挪作他用的现象时有发生。

（三）市民参与公共文化活动和建设的程度不高

目前珠海市一些文化建设和文化活动存在着政府重视、媒体关注，但市民参与积极性不高的情况。公共文化生活是市民根据爱好和兴趣"用脚投票"，有些公共文化活动是政府单方面提供，市民单方面接受，而且并没有深入调查和了解群众需求，文化单位一厢情愿地认为做了好事，提供给老百姓丰盛的文化盛宴，但因为缺乏群众基础，导致一些文化服务和产品叫好不叫座。例如，珠海市曾引进一批高水平的中国西部地方剧目文艺演出，邀请国家一级演员，演出曲目曾经获得国家级奖项，但是市民的兴趣不大，观看热情并不高。因此，政府应有针对性地提供公共文化服务，调动群众的积极性，让普通文化爱好者也能上台表演，让广大群众真正参与到文化活动中来，这样才能提高市民对公共文化生活的满意度。

四　丰富市民公共文化活动的对策和建议

发展公益性文化事业、丰富市民公共文化活动不仅需要党和政府"自上而下地发动"，还需要广大市民"自下而上地参与"，两种力量齐头并进、互为助力，才能起到事半功倍的效果。党和政府、社会力量、广大市民对文化发展都有着不可推卸的责任和义务，要依据公共文化服务的公益性、均等性、便利性、基本性，具体完善以下几个方面的内容。

（一）加大公共文化服务的财政投入

珠海市要建立公共文化服务的财政保障机制，各级财政的文化事业经费要随着经济发展逐年增加，稳步增长。要按照中央和广东省有关政策标准，确保文化基础设施和公共服务体系建设足额投入，加大对西部城区和农村文化建设的财政转移支付力度。政府对文化事业的投入方式要进一步改革，实行按项目拨款和以奖代拨，逐步将政府对文化经营单位的无偿投入转为国有资本金的投入。

（二）加快公共文化服务的法规建设

要加强政策引导，推动文化立法。目前，我国公共文化服务立法总体上比较滞后，相关内容散见于一些单项的法律、法规、规章中，没有形成完整的体系。而且这些法律法规在内容上一方面是偏重于管理，而不是着眼于促进，另一方面只涉及公共文化服务的某一方面，不能顾及整体。将公共文化服务纳入法制化轨道是公共文化服务事业健康发展的必然要求，在这方面广东省走在了全国的前列，先后颁布了《广东省公共文化服务体系建设规划（2011～2020年)》和《广东省文化事业发展"十二五"规划》，实施了全国第一部关于公共文化服务体系建设的综合性地方法规《广东省公共文化服务促进条例》。珠海市也颁布了《珠海市"十一五"文化发展规划》和《关于建设文化强市的实施意见》，但这些规划和意见更多地倾向于文化产业的发展。珠海应充分运用拥有特区和较大市双重立法权的城市优势，加快出台公共文化服务建设、引进文化人才队伍等方面的政策法规，进行文化立法的探索，促进公共文化服务的规范化、制度化、常态化。

（三）转变政府职能，推进文化体制改革

构建公共文化服务体系是政府公共服务体系的组成部分，政府要发挥公共文化服务中的主导作用。一是加快政府文化职能转变。文化单位要从办文化为主逐步转变为管文化为主，从管理直属单位为主逐步转变为管理全社会文化为主，从以行政手段为主逐步转变为以经济和法律手段为主，加强服务型政府建设力度。二是深化公益性文化事业单位改革。以转换机制、增强活力、优化服务、提高效益为方向，深化文化事业单位内部人事、劳动、分配制度改革，建立健全竞争、激励、约束机制，形成以公共财政为支撑，以公益性文化单位为

骨干，以全体人民为服务对象的文化体制。三是完善公共文化服务评估机制。建立年度公共文化服务指标体系，作为考核公共文化服务质量、效率和影响的量化标准，同时对公益文化单位、公共文化活动和文艺精品进行科学的绩效评估。四是加强对公共文化服务的支持力度。把主要公共文化产品和服务项目、公益性文化活动纳入公共财政经常性支出预算。采取政府购买服务、项目补贴、定向投资、贷款贴息、税收减免等政策，引导和鼓励各类文化企业和社会力量参与公共文化服务。

（四）扩大公共文化场馆免费开放的时间和范围

公共文化设施的核心功能就是向市民提供公共文化活动的场所，要推进公益性文化设施的免费开放工作，强化和凸显服务功能，始终把社会效益放在首位，努力提高公共文化服务质量和水平。要取消基本服务收费，逐步健全财政经费保障机制，对基本服务以外的文化服务项目，要降低收费标准，不以营利为目的。要在实现均等普惠的基础上，逐步增设多样化服务，重点增加对未成年人、老年人、农民工等特殊人群的对象化服务，提供更加人性化的服务设施和项目。

珠海市在这方面走到了前面。2012 年 9 月起，每逢周六，市体育中心部分场馆免费向市民开放，以最大限度地提高设施的利用率，而且免费对象并不限于本地户籍人口，市民只要持有效身份证，便可通过网上订票，享受免费体验。免费开放的场馆有体育馆、体育场、游泳馆等，免费开放项目有羽毛球、五人制足球、保龄球、游泳等。据统计，周六免费开放一天将惠及1000 余人次。10 月起，珠海市资格最老的 4A 级景区、珠海"十景之首"——圆明新园也免费开放，周末时段每天入园游客达到 4 万多人。除了大型文体场馆外，配备了篮球场、乒乓球台的免费街心公园也成为市民休闲活动的热门地点。目前香洲区已经建成 3 个示范点，还有 21 个将在 2012 年年底完工开放。公共文化设施免费开放的惠民举措，为市民提供了更多的活动场所，彰显了幸福珠海惠民理念的进一步提升和深化，而且带动了旅游、餐饮等消费，拉动了珠海市的 GDP 增长。建议更多的文化场馆和设施能够免费向市民开放，同时政府和文化场馆管理部门要针对免费开放后产生的交通、卫生、安保、管理等众多问题做出相应的方案，避免免费开放后服务质量下降。

（五）加强公共文化服务人才队伍建设

文化人才队伍是提供公共文化服务、丰富市民文化生活的基础力量。一是要营造文化人才队伍的发展环境。制定实施文化人才队伍的建设规划和引进培养机制，加强专业文化工作队伍，鼓励和扶持高校、职业学校开设与文化工作相关的专业，与文化企事业单位共建培养基地。完善文化人才的评价发现、选拔任用、流动配置、激励保障机制，表彰奖励成就卓著的文化工作者。二是要加强基层文化人才队伍建设。设立城乡社区公共文化服务岗位，建立公共文化辅导员队伍，对其人事编制、待遇保障、评定职称、参与培训、申报项目采取鼓励措施，吸引优秀文化人才服务基层。三是鼓励发展公共文化服务志愿者队伍。2011 年 3 月，广东省文化志愿者总队正式成立，标志着广东省文化志愿者队伍建设走在了全国前列。要加强与广东省文化志愿者的经验交流和沟通合作，与市团委和志愿者协会开展活动，向机关、社会、高校招募文化志愿者。要制定文化志愿者服务回馈政策，建立文化志愿者数据平台，对提供公共文化服务的志愿者，可奖励个人及其家人免费享受公共文化服务资源，以提高社会公众参与志愿服务的积极性。

（六）活跃基层群众文化活动

社区和村应该作为市民公共文化生活的基本单位，要丰富基层群众的文化活动，提高市民的参与度。一是探索社区公共文化服务新模式。基层公共文化服务要以政策、法律为保障，以街道管理部门为主导，以社区、居委会为依托，以社区文化设施和资源为支撑，以社团文化活动为主要组织形式，使市民无须出远门就能享受到各种公共文化服务。二是丰富社区公共文化生活内容。建立公益文化讲座网络，以市图书馆、文化馆为龙头，以各区文化站、文化活动中心为依托，以珠海文化大讲堂视频、市图书馆视频讲座为主要内容，开展社区免费公益讲座。三是活跃村民公共文化生活内容。以"幸福村居"建设为契机，运用农村的文化广场、活动中心、农村书屋、体育场等设施，结合当地村民的实际情况，开展各类文化活动。

（七）建立公共文化活动的信息平台

目前珠海市尚未建立综合性的公共文化服务平台，许多市民仍需通过电视、报纸等传统媒体获取文化活动的信息，建议建立公共文化活动信息发布平台。一是开设"珠海文化服务网站"。公开文化政务、文化产业、文化精品、文化活动等信息，发布每周重要文化活动预告，包括文艺演出、展览讲座、电影放映、节日庆典、社会文化活动等板块，电视、广播节目在固定时段增设"文演速递"栏目，方便市民获取信息。二是开发文化电子地图。分别开发公共文化场所电子地图、历史文化资源保护电子地图、文化服务信息电子地图等，为市民和游客提供清晰快捷的导航服务。三是建立公共文化活动数据库。对全市公共文化活动数量、类型、参与度等情况进行统计，作为政府文化工作的重要参考数据，引导以后公益性文化事业的发展方向。

珠海传统民居的空间分布、主要类型及其典型特征调查研究

中山大学地理科学与规划学院课题组 *

一 前言

改革开放以后，国家和省、市各级政府都对历史文化保护工作十分重视，截至目前共分三批以集中公布及陆续增补方式公布了 119 座国家历史文化名城，分五批公布了 181 座中国历史文化名镇和 197 座中国历史文化名村，其中广东省内共有广州、潮州、肇庆、佛山、梅州、雷州、中山 7 座国家历史文化名城和沙湾、碣石、唐家湾等 10 座中国历史文化名镇，还有大旗头、大岭、翠亨等 15 座中国历史文化名村。广东省委省政府一直以来对历史文化保护工作高度重视，按照国家和政府的有关规定，共公布 16 座广东省历史文化名城、19 座历史文化名镇、11 个历史文化街区、57 座历史文化名村。此外，广东省文学艺术界联合会、广东省民间文艺家协会也自 2007 年后联

---

* 课题组组成：总组长：林琳，教授、博士、博士生导师、国家注册城市规划师。总体组：曾娟，副教授、建筑学博士、地理学博士后；任炳勋，高级工程师、国家注册一级建筑师、国家注册城市规划师；卢道典，城市规划师、博士研究生；李诗元，城市规划师、博士研究生；林苑，助理城市规划师、硕士研究生；金冉冉，硕士研究生；吴燕，硕士研究生；王韬，助理城市规划师。专题组：

(1) 自然环境组：周洋、罗璇、李诗桢、汪翰林、林曼妮、许伟攀、林殷、刘明杨、张彦莎、杜东声、彭伊侬、王哲夫。

(2) 历史文化组：张济婷、姜一柱、陈俊仲、刘慧、朱楠、黄嘉勋、万雅文、丁可、严雅琦、叶竹、王文佳、郑立丰、肖雨融。

(3) 民居建筑组：梁怡芳、李佳洋、翁阳、梁颖妍、宋佳颖、祝益韩、邓嘉怡、边俊麟、袁艺桐、黄诗韵、廖沁凌、曲歌。

(4) 聚落形态组：周洋、罗璇、李诗桢、杜东声、彭伊侬、王哲夫、汪翰林、林曼妮、许伟攀。

(5) 道路交通组：刘庆、卢俊文、刘易欣、邵一欣、魏相谋、甘有青、郑茜彤。

合开展"广东省古村落保护专项工作"，组织了大量专家进行学术调查、认定和编纂等抢救性工作，截至目前共分三批命名了广东省古村落 100 多座。其中，珠海市内中国历史文化名镇有唐家湾镇，广东省历史文化名镇有斗门镇，广东省历史文化名村有北山村，广东省古村落有南门赵家庄、网山村、会同村以及排山村。所有这些历史文化名城、名镇、名村以及街区等大都是传统民居分布地区。

珠海市是我国首批经济特区，改革开放后经济社会发展均取得了明显成绩。同时，珠海市也是历史文化底蕴深厚、有形历史遗存丰富的地区，既有广府传统文化特征，又有沿海文化特点。本课题组依托中山大学地理科学与规划学院，课题组高度重视该项研究课题，克服了经费有限的困难，组织了 40 多人在 2011 年 12 月进行初步调查，形成了 16 份约 10 万字的专题调查报告，后于 2012 年 9 月又进行了重点调查和补充调查，最终浓缩形成目前约 3 万字的课题报告。

二 项目概述

（一）研究缘起及研究意义

1. 研究缘起

珠海历史悠久。在春秋战国时期，珠海地区属百越之地，秦统一岭南后隶属南海郡番禺县，后赵佗自立南越国时，珠海地区属南越国。西汉复设南海郡，珠海地区又归南海郡番禺县，隋朝时属宝安县，唐代时属东莞县。当时在今山场村设文顺乡，是香山地区最早设立的行政机构。宋朝时，因盐业和银矿业兴旺，在山场村设香山镇，后又改为香山县，隶属于广州府。明代在前山修筑城池，为"前山寨"，既是军事要塞，又兼管澳门和前山行政、外交事务。1553 年，葡萄牙占据澳门，澳门逐渐发展成为东西方贸易、文化交流中心，众多移民潜入珠海地区。辛亥革命后，香山县隶属于广东省，后于 1925 年为纪念孙中山而改名为中山县，1930~1934 年中山县政府曾设在现唐家湾古镇，后又迁址石岐，珠海地区仍属中山县所辖。

珠海传统民居的形成演变受多种文化影响。依据广东三大民系划分，传统地域文化可以细分为广府文化、客家文化和潮汕文化，而广府文化主要存在粤中和粤西地区，并且在建筑、艺术、宗教、绘画、饮食等各个文化领域形成了鲜明的特点。而自南宋以后，珠海隶属于香山县管辖，而香山县又归广州路或广州府管辖，当时香山县就是今天珠海市和中山市的前身。因此，珠海传统民居的形成演变深受广府文化的影响，古村落"梳式"布局形态特征和"三间两廊式"合院民居可以有所反映。同时，珠海紧邻澳门，深受西方文化交流的影响，出现了一批知名的买办和大买办，成为历史上十分罕见的香山珠海买办群，富裕起来的香山人回乡建房，在保持传统的同时也充分吸纳西方建筑技术和文化特点，众多民居建筑、宅院都可见西方建筑符号，说明珠海传统民居在近代受西方文化影响十分明显。

珠海传统民居正在濒临消亡。随着城镇化进程的快速推进，且城乡建设规划管理不到位，珠海市古城镇、古村落的保护工作面临着极大的挑战。甚至一些城中村改造项目，开发商在利益的驱动下更是不顾文物保护的需要，强行拆除一些具有很高文物价值的传统民居建筑，致使部分古村落和历史文化加速蜕变、消解。例如，山场村、北岭村和愚园都是在城中村改造中受到人为破坏，位于山场村的"鲍俊故居""鲍氏祠堂""吴氏祠堂"等也在旧村改建中被拆毁。实际上，还有很多未来得及评定文物级别、具有较高文物价值的传统民居被毁弃。这种态势非但没有得到很好的遏制，而且有蔓延之势。所以对珠海市传统民居的调查研究就显得十分有必要。

2. 研究意义

珠海市是我国最早的四个经济特区之一，改革开放以来，社会经济获得快速发展的同时，客观上也造成了对传统地域建筑的"大破坏"，而当前正在进行的"三旧"改造则使极具特色的传统地域建筑能否存续再次面临着新的更大挑战，尤其是本土传统民居建筑更是岌岌可危。在这种情况下，对珠海市传统民居进行全面调查，摸清家底，具有刻不容缓的现实意义。

另外，随着历史的发展变迁，这些传统民居建筑客观上也难以适应当今社会发展和人们生活需求。通过对珠海市传统民居特征的对比分析和系统研究，我们将其划分为不同的类型，并进一步研究提炼其蕴含的科学文化价值，为珠海市传统民居找到出路（包括严格保护、观念吸纳、部分放弃等），既可以持续利用，科学地继承其科学文化价值，也可以合理舍弃没有价值的部分，为相关部门管理提供不可或缺的决策参考。

（二）研究思路与研究目的

1. 研究思路

本研究的技术路线如图1所示。

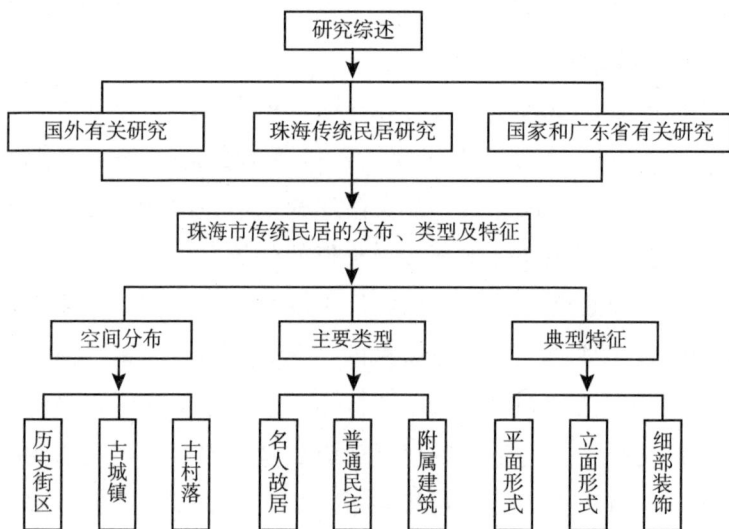

图1　课题研究技术路线

2. 研究目的

（1）通过对珠海市传统民居建筑的全面调查，探讨其现状空间分布格局，并通过对其形成演变过程和发展阶段分析，总结出珠海市传统民居文化的扩散和传播路线。

（2）通过对珠海市内历史街区、古城镇、古村落传统民居的群体组合模式和单体形式分析，总结出珠海市传统民居的主要类型及其显著特征。

（3）通过对珠海市传统民居的深入研究，探索基于建筑视角的人—地关系，提炼传统民居的科学文化价值，并提出对传统民居进行保护和可持续发展的对策。

（三）研究范围与概念界定

1. 研究范围及重点调查对象

本次的调查研究范围为珠海市域，包括香洲区、金湾区和斗门区，陆地面积为1700平方千米。重点调查对象主要为被国家和广东省人民政府及相关部门、机构公布为中国历史文化名镇、名村，广东省历史文化名镇、名村和广东省古村落，以及保存传统民居较多、历史文化底蕴深厚的其他古村落，重点为唐家湾镇、南屏镇、斗门镇、乾务镇及会同村、北山村、网山村、淇澳村、排山村等。

2. 概念界定

《辞源》中"传"有"转受、宣扬、转达、表现、移植"等多种含义，"统"有"丝的头绪、纲纪准则、统一、统理、世代相继的系统"等多种含义。中国社会科学院语言研究所词典编辑室所编著的《现代汉语词典》（修订本）中明确，"传统"是指世代相传、具有特点的社会因素，如文化、道德、思想、制度等。而传统民居，一般是具有历史、艺术、科学价值的民宅、祠堂、牌坊、书院、楼、台、亭、阁等民用建筑物。也有学者指出，中国传统民居是指在中国特有的自然地理环境中，受社会因素制约，与自给自足的自然经济相适应，经长期发展在明清时代基本定型的民居建筑。因此，本研究课题认为"传统民居"是指经过长期的历史积淀，在特定的自然与人文环境中形成，具有明显的地方特色，被普遍接纳、广泛传播而具有程式化表象的民居建筑类型，是原生态文化的重要组成部分。本课题中"珠海市传统民居"是指经过长期历史演变，在岭南湿热气候与包容、开放文化等环境中逐渐形成，具有明显的岭南地方特色，且分布广泛、有统一规制的民居建筑类型，并为了研究方便认定为新中国成立前所建造，部分可扩展到改革开放所建造。

三 文献综述

（一）国外的有关研究

建筑史学领域，伯纳德·鲁道夫斯基（Bernard Rudofsky）在《没有建筑师的建筑：简明非正统建筑导论》中以图片及说明的形式介绍了世界各地的乡土建筑（或根据实际情况又称为"无名建筑""自生建筑""本土建筑""农村建筑"等），其中包括骑楼建筑、敞廊建筑、家族堡垒式建筑、茅草结构建筑等多种形式。在文化与聚落方面，日本学者藤井明于2003年在《聚落探访》中分析了聚落形态、符号、被符号化的事物以及住民意识之间的关系，指出了聚落的空间图示经过"序列化""区域化""符号化"等一系列过程最终完成，阐述了在选址、聚落形态、住居形态等方面聚落的差异性，总结了聚落空间形成中布局、配置和形态特征等理论，并分析了我国客家土楼选址、形态均在风水八卦说指导下进行，充分表明了传承并运用汉民族住居文化的观点。文化与建筑形态方面，阿摩斯·拉普卜特（Amose Rapoport）1969年在《宅形与文化》一书中总结了宅形（包括布局、朝向、场景、技术、装饰和象征等）经历了原始型、风土型、现代型等演化阶段，是由生活形态和建筑行业的分化所引起的，而形态各异的演化特征则受物质因素和非物质因素综合性作用的结果，并提出了文化中的"不可为"对物质上"可为"的反制，强调社会文化中的宗教信仰、家庭与宗族结构、社会组织、谋生手段以及人与人之间的关系，通过影响特定群落的理想环境，进一步决定居所的形式和空间，并在此基础上于2002年完成了著作《文化特性与建筑设计》，从文化角度探讨建筑设计，通过对抽象的、不可见的文化进行分解，使建筑使用者的血缘、家庭结构、角色、社交网、地位、可识别性与组织形态等可见因素与建筑形式联系起来。另外，克里斯·亚伯在《建筑与个性——对文化和技术变化的回应》一书中强调建立建筑交叉学科，主张重视建筑及其发起者之间的联系，勾勒了建筑的生态—文化轮廓，注重基于文化和生物多样性的建筑观。文化人类学领域，早在19世纪，摩尔根（Lewis Henry Morgan）就在其著作《美洲土著民族的住屋与日常起居》中企图将"原始共产主义"的社会结构与住屋（民居）的尺度、形式联系起来，赖斯必（William Lethaby）在《建筑，神秘主义与神话》中阐述了大量建筑形式的象征性，实际上也是从人类学视角对建筑进行研究；人文地理学领域方面，法国地理学者阿·德芒戎（Albert Demangeon）在《人文地理学问题》中将农村居住形式分为聚居和散居，分析了其不同形式的地域分布，指出其受自然条件、社会条件和农业经济等多种元素影响，并依据房屋平面形式将农村住宅分为单座房屋和院落房屋，且进一步将前者细分为简单的房屋、横向单座房屋、纵向单座房屋、层叠单座房屋四个亚类，也将后者进一步细分为合院房屋和敞院房屋两个亚类。

（二）国内的有关研究

1. 中国传统民居的研究

（1）建筑史学主导的起步阶段：20 世纪 30 ~ 40 年代。

20 世纪 30 年代，龙庆忠（非了）先生结合当时的考古资料和对河南、陕西、山西等地的窑洞进行实地考察，写出了《穴居杂考》论文，可以说是对民居研究的拓荒之作，通过对有关"穴"的汉字进行考究，将其分为 10 类。而刘致平曾于 20 世纪 40 年代在《中国营造学社汇刊》第 7 卷第 1 期发表的《云南一颗印》，是我国第一篇研究民居的学术论文，总结出了一颗印房房间布置的三种方式，分别为：最完备的"三间四耳倒八尺"模式，此为乡间用之最多；一颗印房规模较小者的"三间四耳"（无倒八尺）方式；一颗印房之规模较大者常用的一颗印综列拼成，即前为倒八尺，中三间为过厅，后三间为正房，此种住宅较少。并且其总结了"宫楼""古老房""吊柱楼"和"竖楼"四种构造式样。之后，又调查四川各地古建筑，写出了《四川住宅建筑》学术论著稿（由于抗战未能刊印，直到 1989 年才收录在《中国居住建筑简史——城市、住宅、园林》），总结了四川古代住宅形制的碉房、干阑、帐篷蒙古包以及普通宫室式住宅四种类型，并总结了各种做法。此时还有刘敦桢先生也于 1940 ~ 1941 年对我国西南的云南、四川、西康等省、县进行了大量的古建筑、古民居的考察，撰写出了《西南古建筑调查概况》学术论文，该文首次把民居建筑作为一种类型提出，并指出井干式是云南省能保持原始居住者状况的唯一形式，总结出此类民居的地域分布范围，进一步分析了昆明附近农村民居平面呈对称布局、丽江附近民居平面布置以三合院和四合院为主的状况，并且其基本原则是环绕天井布置各类建筑的基本概况。同时，该文介绍了四川民居平面布置特点是以"栋"为基本单位，其中有的一栋三间，或者两栋相连成矩形或曲尺形，也有的进一步扩为三合院、四合院等，最大者为连四合院组成三进或五进的大宅，民居结构上以柱、梁为骨架，且多采用穿斗式架构。

（2）新中国成立后的快速发展阶段。

其一，建筑史学方面。刘敦桢先生在以往对古建筑研究的基础上于1953年创办了中国建筑研究室，在对乡村调查的基础上于1957年完成了《中国住宅概说》一书，该著作从历史发展的角度介绍了新石器时代以来汉族住宅的基本情况，重点总结了明清以来不同类型的汉族住宅，包括圆形、纵长方形、横长方形、曲尺形、三合院、四合院、三合院与四合院的混合体、环形住宅以及窑洞式住宅，并在其中四合院、三合院与四合院的混合体两个部分中介绍了广东客家住宅的有关情况。20世纪60年代后，对民居的调查研究工作已经遍布全国大部分省市和少数民族地区，包括北京四合院、黄土高原上的窑洞、江南地区的水乡民居、客家围楼、南方沿海民居、四川山地民居等汉族地区民居以及云贵山区民居、青藏高原民居、新疆旱热民居、内蒙古草原民居等少数民族民居。这一时期研究成果众多，以中国建筑科学研究院编著的《浙江民居调查》为代表。

同时，这一时期也开始关注地域性民居代表建筑，代表作就是张仲一、曹见宝、傅高杰、杜修均等在对徽州地区20余处明代住宅调查基础上完成的《徽州明代住宅》，该书从总体布置、平面、外观、结构与装饰四个部分进行了分析。首先是总体布置方面。村落形成大多随着地形与道路逐步发展，形状不规则，面积与居民多少差别很大，且为了用水方便，多位于溪流附近，也有的村落筑渠引水，村落内街道布置也多为自由式，呈不规则形状，而村内房屋的布置中则以大型宗祠位于村镇边缘地点居多，较小的宗祠、社所及其他公共性质的建筑则位于村内，住宅多面临街巷，互相毗连。其次，平面方面分为小型住宅和大型住宅。小型住宅平面基本形式多为方形，布局上则以三合院或四合院为基本单位，且正屋较长，侧面厢房开间较小，进深也浅如走廊，平面类型有倒"凹"字形（即三合院式）、口字形（即四合院式）、H字形（前后各成一个三合院）、日字形（即两个四合院拼合）；而大型住宅只是间数增加，平面布局与上述各方式无不同。再次是外观上，屋顶部分的处理形式有硬山式人字形、梯级形式和弓字形式三种。最后是结构与建筑装饰部分，外墙方面可分为实心墙和空心墙两种，天井地面则都用石板铺砌，且较大类型住宅楼下地面用房砖正铺或斜铺，较小住宅有的用墙砖侧铺。

此外，这时期还形成一系列研究论文，有贺业钜先生写的《湘中民居调查》及《湘中民居调查（续）》，冶金建科研究院建研组完成的《西北黄土建筑调查》，张驭寰完成的《北京住宅的大门和影壁》，汪之力先生完成的《浙江民居采风》，云南少数民族建筑调查组完成的《洱海之滨的白族民居》，孙以泰完成的《广西侗族麻栏建筑简介》，崔树稼完成的《青海东部民居——庄窠》，张芳远等完成的《朝鲜族住宅的平面布置》，韩家桐、袁必塈等完成的《新疆维吾尔族传统建筑的特色》，徐尚志、冯良檀完成的《雪山草地的藏族民居》，云南省建工局设计处完成的《云南边境上的傣族民居》，徐尚志等完成的《阿坝草地藏族牧民定居建筑探讨》等一批研究论文。

这个阶段，主要关注平面布置、类型、结构、做法以及内外空间、形象和构成。而针对建筑本身，较少提到历史背景、文化因素、气候地理等自然条件，以及生活、习俗、信仰等社会因素对民居的影响。

以清华大学陈志华、楼庆西教授为代表学者的团队对乡土建筑进行了广泛的调查研究，出版了《梅县三村》等著作。

其二，地区建筑学方面。吴良镛院士等学者长期致力于中国地区建筑学研究，对建筑与地域文化之间的相互关系、中国建筑学未来、广义建筑学以及人居环境科学等进行了深入的考察和钻研，做出了巨大的贡献。

其三，文化地理学方面。理论研究各地域建筑文化特色的形成与空间传播包括：王恩涌等从建筑材料与民居风格、温湿条件与民居形态、地域文化与民居形制以及民居之地理分区等多个方面对民居进行专门论述；周尚意则从建筑文化地理对不同类别（宗教建筑、政府建筑、工商业建筑、公共建筑、纪念性建筑、装饰性建筑以及民居）以及国外（古埃及建筑、古巴比伦建筑、古希腊建筑、古罗马建筑、拜占庭式建筑、哥特式建筑、文艺复兴式建筑、巴洛克建筑和现代风格）和国内（古典园林、皇室建筑）不同地域建筑进行论述，并指出各地民居特有的地域风格和文化内涵是反映不同区域文化的指标性要素。沙润从自然地理视角研究传统民居文化的差异，包括气候对宅院空间格局和建筑形制的影响、地貌和水系对建筑景观的影响以及风水观念信仰的促进、地质和植被对建筑乡土特色影响及优化住宅周边环境的作用等，总结出中国传统民居建筑文化中存在的功利观、审美观、生态观三种自然观。

2. 广东传统民居

广东传统民居研究开始于20世纪30年代。

（1）文化人类学方面。罗香林先生在其1933年出版的著作《客家研究导论》中将客家屋式分为围龙、棋盘、二家、四角楼、围楼、五栋、枕头扛、茶壶耳等形式，并认为每种方式以正栋或横屋为主体，正屋（或称正厅）制如宫殿，横屋制如宫殿的庑，且客家屋宇多由创业的人一手经营，而分给众多的子孙，但无论分遗至如何繁细，其正厅仍属公有。黄淑娉等学者则在民系研究的基础上比较了广府、潮汕和客家三大民系的文化特点，并运用拉策尔的传播学理论对中国古代百越族的干阑建筑进行了实证解释。

（2）文化地理学方面。曾昭璇先生是研究客家围龙屋的第一人，他率先将区位理论应用于客家围龙屋研究中，撰写了《客家屋式之研究》一文，从屋式形态、用材演变到空间分布，都进行了详细阐述，并且辅以多幅精致插图，该文刊登在1947年第四期的《地学季刊》上。司徒尚纪教授将文化人类学中民系理论与区域地理相结合，将广东划分为广府、客家和福佬三大民系地域，并比较了形式多样的广府系聚落选址、山区客家系聚落选址及林海环境下的福佬系聚落三大民系聚落选址和布局特征，比较了风格多样的广府建筑文化、风格独特的客家屋式、精巧的潮汕民居以及热带临海条件下的琼雷地区建筑文化等各自的特点，还对华侨文化景观中的建筑文化特点与地域差异、中西规划与建筑文化在五邑侨乡地区的交融、粤东北社会环境与客家围龙屋建筑文化景观之间的关系等方面进行了较深入的研究。此外，林琳教授从地理与文化人类学相结合方面对广东特殊的商住一体建筑——骑楼进行了深入的研究。

（3）建筑史学与地域建筑学方面。陆元鼎、陆琦父子等学者对广东民居进行了系统的研究，深入探索广东民居与地理环境、地域文化间的关系，分地区总结了民居建筑的群体组合模式、单体平面形式、立面样式以及装饰、建筑材料等特征。何镜堂院士等学者专注于岭南建筑研究，深刻剖析了岭南建筑对地理环境的适应性以及建筑创作过程中与地域环境相协调的关系，并概括为"两观三性"的理论框架；还有部分学者对岭南骑楼建筑、广州西关大屋及竹筒屋等传统民居、侨乡碉楼建筑以及客家建筑等进行了较深入的研究。

3. 珠海传统民居

课题组对珠海传统民居的研究主要集中在历史文化名镇、名村以及古村落方面。

（1）历史文化名镇方面。刘振怀、田忠勋总结了唐家湾古镇的历史文化价值，包括体现了中西文化融合与演进的结果，赋予了岭南文化的时代风格和地域特色，丰富了近代中国文化的内涵，这些在文化载体——建筑群体布局、单体形制以及装饰、材料等方面得到了充分的显现。李国艺以唐家湾镇为例，探索了珠海文化遗产保护与开发利用模式。

（2）古村落方面。乔渭柏对珠海传统村落及建筑进行了整体性的研究，指出村落选址对自然环境依存度较高、结构形态暗合阴阳五行堪舆思想，并且与自然和谐共生，具有宗族聚居地特点，公共空间层次分明。而在民居建筑方面采取适应岭南气候特点的布局方式，建造方式别具特色，建筑材料多就地取材，同时建筑形态受到明显的西洋之风影响，建筑装饰则多典雅朴实、注重实用。黄鹄则详细分析了会同村的选址、规划布局以及三座并排祠堂和40多座民居建筑的形制、风格、材料、装饰等特点，进一步总结了该古村落在规划布局、地方文化与经济、景观风貌等方面的科学价值。门晓琴也分析了会同村建筑形式的特点和历史艺术价值。周芃、朱晓明分析了会同村村落历史沿革，从选址、总体规划、村落建筑质量、景观风貌等方面对村落现状进行了分析，从其作为岭南近代村落规划史上的典范，近代历史物证系统中买办文化的见证，珠海历史风貌保存最完整、最优美的近代村落等方面评析了会同村的历史文化价值，提出了完整保护生活聚落的保护策略和适度发展文化观光事业的再生利用策略。王健、徐怡芳也对会同村的保护和发展进行了研究。吴敏分析了排山古村选址符合传统风水思想，民居建筑整体布局规整，巷道纵横整齐、排列有序，体现了沿海地区古村落的特点。

（3）建筑形制方面。祠堂一般采用院落式堂寝制，小者为两进，多为三进，即门厅、中厅和后寝，而民居建筑类型则采用方形平面；建筑结构方面祠堂多采取抬梁穿斗混合式构架，民居则多采用抬梁、穿斗穿插式构架；建筑细部装饰方面则充分运用"三雕"（即砖雕、木雕、灰雕）、"三塑"（陶塑、泥塑和灰塑）和楹联、书法、匾额等地方文化，充分体现了古村落建筑文化的多元性、务实性、创新性和自然性。龚蔚霞、周建云则总结了南屏镇北山村的区位条件、历史文化资源（包括历史悠久、名人辈出、建筑布局等方面）的特点，指出了传统规划方式的不适用性，提出了基于"三农"和社会主义新农村建设背景下的村落改造规划目标、策略和方案。庄兆声、潘英伟等总结了会同村"三街八巷"方正规矩的网格式布局，而民居建筑风格、外形色调基本一致的特点，反映出会同村"集体富裕"的盛况。马伟明对南门村五座祠堂进行了详细分析，并剖析了其文化内涵。

（三）评述及启示

从研究目标范围来看，主要集中在中国历史文化名镇——唐家湾镇，广东省历史文化名镇——斗门镇，广东省古村落——会同村、北山村、网山村等在册名录的古村镇，它们保存民居较多，也保存了一批具有历史文化价值的民居院落及附属公共建筑等，具有明显的代表性，同时也仍属于个案研究。

从研究内容来看，主要集中在古镇及古村落的选址特征、规划布局特点、院落形制以及建筑材料选取、建筑装饰特征等方面，对珠海传统民居特征有了基本归纳，也对其形成原因进行了一定的分析，尚属于初步认识阶段。

从研究学科来看，目前研究群体多为建筑与城乡规划学科方面，旨在探索原有规划布局特点，以便传承历史文化特色，为当前村镇规划建设提供参考，也有部分文化学者开始关注古村落建筑形成的文化原因，但尚属于探索阶段，对珠海传统民居有待于从更广阔的视角进行调查研究。

四 空间分布与群体组合

（一）空间分布格局

根据调查及有关文献资料整理分析，珠海市传统民居空间分布整体格局上呈现出"大集中，小分散"，总体上可以概括为"一带、两片、多点"，具体如下。

1. 一带

"一带"是指沿海村镇分布带。这一地区成陆较晚，为珠江携泥沙冲积而形成，原居居民多为疍民，实为古百越族后裔，传统民居形式主要是茅寮，目前所见多为近几十年建造。

2. 两片

"两片"是指磨刀门及磨刀水道所分隔的珠海东西两个部分，基本上分别为香洲区和斗门区，这两片区相对沿海地区而言成陆稍早，所居居民以历史上中原移民为主，传统民居主要分布在城区及村镇中，并且东部香洲片区传统民居特征充分体现了其受本土广府文化和外来西方文化影响明显，而西部斗门片区传统民居则更多地保留了本土文化特征。

3. 多点

"多点"是指传统民居主要分布在古城镇和古村落，散落于珠海各个地区，调查基本确定为唐家湾镇、南屏镇、斗门镇、乾务镇4座历史悠久的古镇，以及18个保留相对完整的古村落和6座城中旧村，共有28个点（见图2和图3）。

（二）空间分布类型

1. 历史街区

（1）淇澳岛白石街。

区域位置：淇澳岛白石街在唐家湾镇淇澳村内，南直街与北直街以及从北面祖庙到南面村口，用花岗岩石板三块并排铺路。

图2　珠海传统民居空间分布

基本概况：白石街（见图4）宽约1米，总长1000多米。清道光十六年（1836年），英、美商人占据淇澳岛金星门，并以此地作为走私鸦片的驿站。是年农历七月初二，英、美商人组织十五六艘船，闯入淇澳岛东北部的马溪海，向村中疯狂炮击，妄图入侵淇澳村。淇澳村村民早有戒备，齐集于天后宫

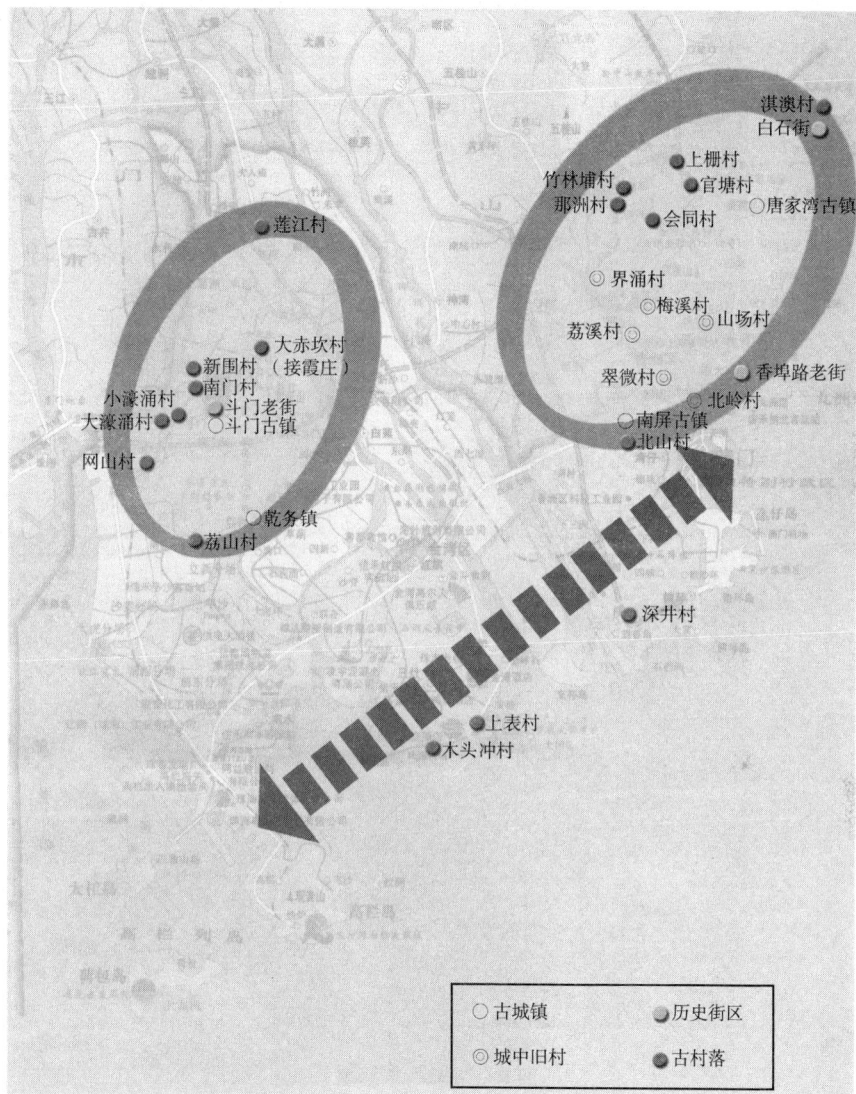

图3 珠海传统民居空间格局

（见图5）前，用土炮、铜炮奋力还击，当场打死英、美船队的美国船长和三名英国水兵。英美船队被迫扯白旗投降，赔偿白银3000两，撤出金星门。淇澳村村民用这笔赔款修筑了花岗岩石板街道，维修了天后宫。

两侧民居现状：两侧民居多为"三间两廊式"三合院，多为一层，硬山式山墙。名人故居有苏兆征故居。

图4　白石街牌坊

图5　淇澳村天后宫

（2）香洲区香埠路老街。

区域位置：在香洲市区，与先烈路和朝阳路榕树头路段成"工"字形街道。

基本概况：香埠路（见图6）长200多米，宽约13米，两边为百货、渔需品、土产、鱼货、饮食等商店和图书、电影等文化设施，集商业与文化于一街。此路建于1909年。其时，香洲原是香炉湾的一片大沙滩，西北是香山场，东南为九洲环,"香洲"为各取其名一字而得名。清宣统元年（1909 年），归国华侨王先（香山县人）和伍于政（台山县人）看到中国国内经济落后于香港、澳门，拟将香洲辟为"六十年无税商埠"，得到两广总督张人骏、广东水师提督李准的批准和支持，一时吸引了不少海外华侨和地方富豪来投资建设。在香洲码头设岸即香埠路和榕树头一带，投资者依照上海中等店铺格式，建起了商店、酒店、旅馆、钱庄，办起了公司和作坊，开辟了通往香港、澳门、广州、三水、泉州等航线的香洲港，吸引了四面八方的人来经商贸易、做工谋生，香洲成为新埠。该路段是香洲最繁荣的街道。清宣统二年（1910 年）7 月，香埠路遭受了一场大火灾，从东南烧到西北，沿街店铺、作坊连同码头、船厂一带民居被大火夷为平地。当时，"无税商埠"又得不到清朝廷的支持，还遭到粤海关税务司九龙关税司夏利士（英国人）的反对，致使繁华一时的香洲新埠冷落下来。

图 6　香埠路老街

民居建筑现状：现在保存的"郭细记鱼栏"（现为中国银行珠海市分行朝阳办事处）、"胡旭记鱼栏"（现为珠海市房产局的旧楼）以及凤凰路的"陈如记苏杭铺"（现为甘北水等私人店铺）等清代宣统年间（1909～1911 年）所建的骑楼式店铺便是见证物。

（3）斗门老街。

区域位置：斗门老街位于斗门区斗门镇镇区东部，具体位置如图 7 所示。

基本概况：明朝嘉靖年间（1522 年），斗门镇已发展成墟市，清乾隆年间（1737 年）建城池，鸦片战争之后中国的国门大开，当时斗门镇常有船只往来于香港、澳门、江门、石岐、广州等地，商贾来往甚多，每逢农历二、五、八

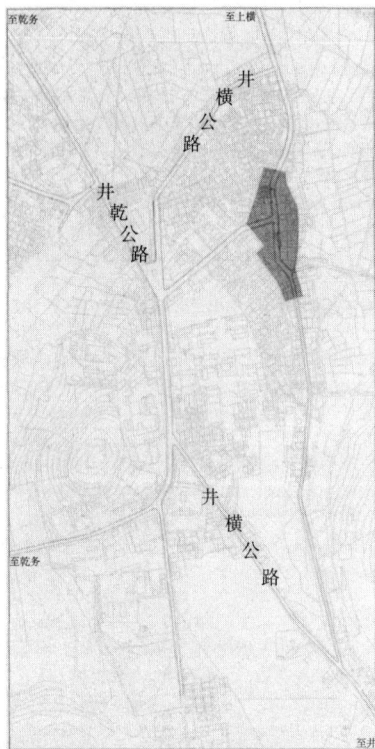

图7　斗门老街区位示意

为墟日，农副产品购销两旺。在此情况下，许多外国商人也看中斗门镇，纷纷投资经商，使墟镇充斥洋货。

商贸业的迅速发展使墟镇旧街原有建筑无法满足要求，中外富商于是酝酿修建街道、房屋，并由加拿大建筑工程师嘉理慰等统筹规划、设计，博采欧美古典建筑思想和做法，在19世纪末到20世纪初陆续建起了广英祥、大昌、祥盛等10余家布匹店，美新、美的等百货店，合昌、泰丰、正安、洽和行、厚信行等20多家米铺，永祥山货、昌荣等4家钱庄。此外，还有基督教建起的福音堂、天主教建起的德式二楼楼房教堂等。

民居现状：斗门老街全长500多米，沿街建筑基本采用南方特色的"骑楼"结构，蔚为壮观。这些建筑构成了现在斗门镇古街的主貌，成为珠海市目前唯一保存比较完整的古街（见图8和图9）。

图 8　斗门老街（一）　　　　　　　图 9　斗门老街（二）

2. 古城镇

（1）唐家湾古镇（形态）。

区域位置：唐家湾古镇位于珠海市香洲区北部、珠江口西部，北临中山市，东南毗邻港澳。

基本概况：最早居住在唐家湾的是江、程、冯三姓人家，所以这里初名三家村。唐宋以后改名为"釜涌境"，而有文字资料记载的釜涌境已经有 1000 多年历史。据《广州府志》记载"北宋朝，府南百余里之釜涌境，海隅有银矿，庶民争赴开采，至有举家迁徙者……"后因村子的地形像一口鱼塘，就称为"塘家村"了。世居唐家湾的唐、梁、钟、何四姓以及其他姓氏的居民，根据其族谱可查知，是 700 年前先后从南雄珠玑巷来到淇澳、唐家、鸡山定居的。其中，唐族始祖唐绍尧于 1205 年，因为朝廷捕捉逃匿在粤东南雄珠玑巷的宫女苏氏，为避兵祸，从珠玑巷迁来塘家村而子孙繁衍的；梁族始祖梁应元则是于 1272 年从始兴县迁来的，亦"枝叶繁茂，瓜瓞绵长"。由于唐氏占多数，塘家村就改称唐家村了。唐、梁成为唐家村的两大姓，并世代通婚。至清嘉庆年间，人口发展到 1800 多人。其时，为防盗贼，村子周围筑起城垣，分"龙庆""万安""享衢""启明"四个闸门。

1929 年，国民政府为了树立实现孙中山先生所奉行的《三民主义》《五权宪法》在一个县域里是如何施行的示范典型，将中山县命名为"全国模范县"，直属中央政府，享受省一级待遇，并由邑人唐绍仪主持县政。在新绘制的"中山县全图"中俗称的"唐家环"改称为"唐家湾"。之后 5 年间，唐家湾建起了一座初具规模的港口——中山港，再次引起世人关注。

事实上，在清末民初时期，这块毓秀钟灵的土地上人才辈出，涌现了一批"风云人物"。其中有当年开平矿务局和轮船招商局的创办人唐廷枢、中华民国第一任内阁总理唐绍仪、华茶公司（跨国企业）创办人唐翘卿、第一部日汉词典编纂人唐宝锷、民国内阁代总理蔡廷干、外交总长梁如浩、财政部长唐悦良、裕繁煤铁矿创办人唐耐修、清华大学首任校长唐国安、著名同盟会员梁定慧、领导省港大罢工的中国共产党领导人苏兆征、为中国连续三届夺得远东足球锦标赛冠军的队长唐福祥、粤剧红伶唐雪卿、创作《帝女花》等粤曲的著名作家唐涤生等，人文资源十分丰富。

民居现状：建筑布局是典型的岭南传统民居平面布局形式：一名两暗三开间的"三间两廊式"三合院或者是"三间四廊式"四合院。主房中间为堂，左右为房，形成亮厅暗房。中间围合出方正的小庭院，更小者称为天井，且合院两厢遮挡住正房，坡屋顶有向小院的檐口，四水归堂便于排水，符合"以水聚财"的风水格局。正房明厅均向天井敞开，形成敞厅，敞厅和天井避免强烈的夏季阳光直射，空间通畅也保证了自然通风，解决了岭南民居采光、通风、防热的问题。在建筑形态上，由于唐家湾是买办之乡，受到周边地域的间接影响和外来文化的直接作用，西洋建筑大量出现，建筑本身也多体现了中西合璧的特点，有的甚至是前门脸是西洋建筑，后半部分则为中式建筑。

从建筑装饰上分析，因海风中含盐分和水分，唐家湾不适于砖雕，而是就地取材，耗壳、贝壳烧成壳灰便成为通常的装饰材料，可以很好地抗盐分和水汽的腐蚀。在装饰题材上蛟龙图腾、鳌鱼屋脊、绵长缠绕的卷草等图案充分体现了沿海人民祈求平安的朴素信仰。

空间格局：唐家湾古镇风水格局可以概括为"背山环港，内勾外锁"。面朝珠江和金星门，淇澳岛作为案山是唐家湾的天然屏障，西北、东南分别是五桂山和凤凰山两大山脉护佑，并直接背依凤凰山，西南面与那洲、官塘和雍陌乡的平原地带相连，沟通了珠江西岸的阔野田畴。

唐家湾古镇面积 20 公顷，过去为防匪盗，修筑了古寨墙和木栅闸门，唐家湾古镇围墙有五处闸门，直到民国初年，五处闸门仍有专职更夫把守。主要的街巷包括大同路和山房路，以及小巷半亩巷、新地直街等。

唐家湾古镇至今仍保持着完整的宗族聚居的传统模式，而且印记十分清晰，俗称"五堡"。这其实经历了相当长的"分房"过程，也体现了粤南民居的家族繁衍历史。随着房派不断被分下去，并建屋筑祠，逐渐形成了一片整齐、统一、密集的村落建筑群组。"堡"一般不超过80户，既是宗族形成的固定居住单位，也是便于防御的基本单位。在长达600多年的历史中，各堡居住地点基本没有太大的变动。代表性民居有共乐园、唐家三庙、唐绍仪故居、望慈山房等。

（2）斗门古镇。

区域位置：斗门古镇位于珠江三角洲南端，地处斗门区西北部，距斗门区中心城区井岸镇13千米处，东枕雄伟的黄杨山系，南邻乾务镇，西隔虎跳门水道与新会沙堆镇相望，北与莲洲镇接壤。

基本概况：自南宋起称潮居里，斗门古镇是历朝都司巡检驻地，明嘉靖年间（约1522年）已成墟市。清乾隆二年（1737年）建城池，"城方一里，周围二百丈，高七尺五寸，上厚四尺、下厚五尺、雉堞用砖，东西城各设台楼一座"（民国《香山县乡土志》）。雍正九年（1731年）重修城墙，于东南西北各设一城门，嘉庆五年（1800年）和道光二年（1822年）先后两次修缮城墙。累年风雨侵蚀，城墙坍塌，今尚余几处断壁残垣。斗门墟是黄梁都的政治、经济、文化中心，民国期间墟内有500多户居民，农历每月二、五、八为墟日，墟市内有1条长300米、宽4米的石板街道和几条狭小的横巷，称为"猪仔街"（现和平路）、卖糍街（现城里街）、卖姜街（现横马路），另外还有卖猪苗、卖竹木柴炭的露天贸易场。抗日战争时期中山县政府曾暂迁于此；新中国成立后，斗门古镇是中山县八区、九区人民政府，斗门人民公社社务委员会驻地；建斗门县之始，曾是县政府暂时驻地。

民居现状：民居多为"三间两廊式"三合院岭南民居。

（3）南屏古镇。

区域位置：南屏镇位于香洲区人民政府驻地的西南部10千米处，东南与湾仔相连，北面为前山水道分隔，西北与中山坦洲隔河相望，西南是磨刀门出海口。古镇区位于珠海市香洲区南屏镇中心区域，在南湾大道和珠海大道的交会处。

基本概况：南屏旧称沙尾。民国十六年（1927 年）属中山县第五区，古镇（即南屏社区）由南屏、河排、双石三个自然村组成，名人辈出，人文资源丰富，是著名的侨乡。我国第一位留美博士、教育家、政治家容闳先生和中国体育史上第一位世界冠军容国团先生及容文达先生、鲍康晓先生、郑耀棠先生等名人都是出生在南屏。容闳先生于 1871 年在南屏社区创办的甄贤学校（见图 10 和图 11）是中国最早的侨校之一，也是珠海市历史文物保护单位。

图 10　甄贤学校（一）　　　　　　图 11　甄贤学校（二）

3. 主要古村落和成中旧村

（1）香洲区唐家湾镇官塘村。

官塘古村位于珠海唐家湾镇，因其依山（七座山坡）傍海（湾），有七星伴月之势，故曰"七星地"。1300 年前后，有蔡姓渔家在此开村；百余年后，又有卓氏从福建莆田迁来，因卓氏二世祖为"观严公"，取其谐音，遂命名此"七星地"为官塘。

今天官塘村 2400 多位村民中以卓、佘姓为主，但作为曾经的小渔村，"疍民"（也被称为"流水柴"）总是如浮木般漂来，又如潮汐般退去，所以官塘的姓氏尤为复杂，村内的"百家姓"石碑上就刻有在官塘生息劳作过的 96 个姓氏。明清两朝人口大增，因人口压力，中原移民纷纷南迁，官塘村民开始亦渔亦农。生产方式的转换也带来文化的变迁，更多的人开始在官塘定居繁衍，庙宇祠堂陆续兴修，宗族文化渐成气候，如《卓氏大族谱》不仅保持完整，而且续修不断。在官塘村办公楼的走廊上，官塘小学退休教师卓炳权展示了他用 3 个月时间誊写的《卓氏大族谱》长卷，共 60 余米，令人惊叹不已。早在清末民初官塘许多农家子弟就上了新式学堂，放眼海外，立志实业报国。今天的官塘村有许多建于民国初期的钢筋水泥结构的洋房、别墅，如建于1915年的乡议会，还有民居的木百叶窗、数千米的石街，就是那些当年学有所成的后生造福乡梓的杰作。不过，若问官塘曾出过多少历史名人，村民大多会举出孙中山的原配夫人卢慕贞，稍有见识者会提到近代著名桥梁工程师、广州海珠桥的设计者卓观培。

（2）香洲区唐家湾镇上栅村。

关于上栅村的历史记录很少。目前仅有"致福家塾"为人所知，整座私塾呈清代建筑风格，朴实无华，中规中矩，非常像办学场所。建筑材料用青石板石料较多，体现主人当年家道的殷实。建筑中少见岭南建筑最常见的砖雕、灰雕，而保留了不少石雕，尤其是在建筑物厚重的墙基上，多处石雕图像包括了书卷、铜钱、葫芦、剑及笔筒等。

（3）香洲区唐家湾镇竹林埔村。

现行政上从属那洲村，为竹林埔经济合作社，俗称竹林埔生产队。据该村村委负责人介绍，竹林埔此名源于清代，因建村于遍长竹林的荒埔上而得名，这里古树环绕，鸟语花香，有土沉香、楝叶吴茱萸、降真香、假苹婆、龙眼、杨桃……众多国家三级以上保护古树，树龄均有百年以上，曾是香山本土居民的"世外桃源"。村内传统民居多建于民国时期，近似于竹筒屋或西关大屋。但是近年来，竹林埔村的环境污染问题严重，属于污染重灾区，焚烧工业垃圾、污染直排、渖水油生产等问题都一直困扰着本地居民的正常生活。

（4）香洲区唐家湾镇那洲村。

位于唐家湾镇的那洲村，自明朝永乐年间就有丘姓者迁入，也即那洲村村主丘斌，那洲村迄今已有600余年。那洲村初期的建村规划，按照风水要求设置了三条"里"，即东胜里、中和里、圣堂里，三条"里"都有造型，皆为门楼式，门额石刻有字样展示，"里"自东向西北贯穿大街，连贯了村内的交通，里里外外均有横巷便利出入，遗憾的是，历经多年，如今仅存多次修葺过的东胜里。漫步在那洲古村，颇有陶渊明笔下"老少垂髫并怡然自乐"之情趣。目前在那洲村，几乎是每隔三五十米就有一处古建筑，光是规模较大的宗祠就有近20座，此外村庄的周围还按照风水要求设有"五碉五闸"，这里的碉堡负有防御外敌、盗贼的责任，成为当地的特色建筑。传统民居当中，最著名的是古元故居，是典型的三间两廊风格。

（5）香洲区横琴镇深井村。

深井村历史不详，据载原先村子很远的地方有一口古井，全村人都吃那里的水，故名深井村。目前村内老屋留存不多，最著名的是"显庐"，此外村内还有疍民居住，因此保存有传统舟居居住形态。

（6）香洲区唐家湾镇淇澳村。

淇澳村为偏僻的海岛渔村（见图12），因位居珠江出海口要冲，故上千年前即有渔民聚居，建于宋代的淇澳村祖庙（见图13）即为明证。淇澳村祖庙内不仅供有开村祖，同时还供奉雷公、电母、风伯、雨师和水潮爷爷，可见风里浪里生活的渔民对自然力之敬畏。渔民命系海天，淇澳的神宫社庙也尤多，除祖庙外，少不了供奉海神林默娘（原为福建莆田湄洲岛渔女）的天后宫，还有观音阁，更有不计其数的社庙。

图12　淇澳村民居　　　　　　　　　图13　淇澳村祖庙

（7）香洲区唐家湾镇会同村。

区域位置：会同村位于珠海市唐家湾镇西南约10千米，藏在远离公路的凤凰山麓，村址的东向、北向均为凤凰山山体围合，村前有一口巨大的半月形荷花塘，取"背山面水"之势（见图14）。

基本概况：相传1836年，莫、鲍、欧阳三家人约定从不同地方会同到该地建村，于是该村命名为"会同"，沿用至今已170多年。19世纪中叶，清朝政府

图 14　会同村整体风貌

大举兴办洋务运动之时，会同村村民纷纷借此机会到港澳谋生，其中最具代表性的就是莫仕扬祖孙三代，他们连续担任香港英资最大企业——太古洋行买办长达 60 余年，堪称中国买办第一家，并提携了会同村千余村民在港澳发展。

　　清同治至光绪年间，会同村村民凭借雄厚的经济实力，开始重新规划建设他们的村庄，先后建立了栖霞会馆、南北碉楼（见图 15）、石板街、祠堂及 40 多座民居建筑等。

图 15　会同村钟楼（碉楼）

　　民居现状：会同村现有 40 多座传统民居，多建于清末民初时期，有 70～140 年历史，总占地面积约为 96200 平方米。该村民居布局整齐，外形统一，结构为穿斗、抬梁与砖墙承重混合结构，其单体民居设计运用了现代模数制设计手法，以中国传统民居正房加前院为核心，以增加左右书房和前后院落为变数，衍生设计出满足各种家庭人员结构组成的住宅，使村貌统一又有变化，既保存了中国传统的宗教礼仪，又融会了西方功能主义的思想。

空间格局：会同村的核心结构俗称"三街八巷"。其中，"三街"是指村内沿荷花塘东面的由北向南的"下横街"，以及与之平行的以山势渐高的"中横街"和"上横街"。"八巷"分别为 8 条东西向石阶小巷，自下而上顺山势连接 3 条主街。"三街"与"八巷"相互垂直交错，共同形成了方整规矩的"棋盘式"空间组织结构。此外，会同村所有的公共建筑均集中布置在村口的"下横街"，包括南北碉楼、三座祠堂（会同村祠、莫氏大宗祠、调梅祠）以及南北闸门，成为村民进行祭祖、瞭望、防御与庆典的公共场所（见图 16 和图 17）。

图 16　会同村祠　　　　　　　图 17　莫氏大宗祠

景观形态：整个村落的建筑风貌为清一色的岭南民居，每座院落都是灰瓦青砖飞檐，建筑布局整齐，外形一致，镶嵌在方格网形成的宅基地中。整体建筑景观风貌完整统一，韵律感较强，每户的出入口均在 8 条小巷上，3 条主街主次分明，按照交通量的大小，"下横街"路宽 7 米，"中横街"路宽 4 米，"上横街"路宽 3 米，每户宅基地相邻处均留有 0.5 米左右的防火夹弄。村落的给水源为每户井水，排水则顺山势向下，沿小巷石砌明沟排入荷花塘。原村落的南、北、西面均建有土墙，与南北碉楼、南北闸门共同构成了整个村落的防御体系。

调梅祠也是两进夹一天井的格局，天井的两侧除了走廊还有武房，总体上比会同村祠（见图 16）略宽阔。祠堂内墙横梁下绕墙一周有精美的彩绘壁画，图案主要是山、花鸟和人物，还有寓意长寿的仙鹤、寿桃等。

　　莫氏大宗祠（见图 17）建于清朝，其面积居会同村三座祠堂之首，是三进夹两天井的布局，天井两侧有对称的走廊。门楼月台两侧有两组石雕缠枝花纹装饰，门楼上方有人物、山水、花鸟的彩绘壁画。该宗祠主要是会同村莫氏村民祭祖议事的地方，在民国年间曾做过"中山下栅乡十八保国民学校"。

　　缉庐，又被称为莫氏大宅，是会同村大商人莫如恩为纪念其父亲莫缉卿在1934 年建造的。该大宅是会同村民居中规格最高的建筑，除了两进式的核心单元外，还有左右两间书房，中间夹有小小的庭院，还有左右两条冷巷。屋内设有开阔的天井，天井的正面墙上刻有大大的"寿"字，两旁有"留有余地步，养无限天机"的对联。屋顶设有小凉亭，适合夏秋季节赏月乘凉。整座建筑的总体设计、细部构造、室内陈设均表现出明显的折中主义风格，还略显机械美学的 Art Deco 风格，与当时的西方潮流十分贴近。现在的缉庐作为莫如恩纪念馆。

　　南北碉楼：会同村内在南北两面分别有一座碉楼，其中北碉楼是高四层，为长方形建筑；南碉楼高两层，为长圆弧形建筑。北碉楼刻有"云飞"，南碉楼刻有"风起"。这两座碉楼均为会同村民共同出资建造。北碉楼改建于民国七年（1918 年），为村民护村、御敌之用，又被村民称为"更楼"，并且在楼身正面悬挂有两面铜钟。两座碉楼的建筑形式既有西式钟楼的特征，又有岭南碉楼的风格，比较成功地将西方建筑艺术与近代村落民俗建筑有机结合起来，这充分体现了村民既向往海外文化，又尊重民族传统文化。此外，原在碉楼前面都有一道闸门，目前只剩下南闸门的残墙，闸门上刻有"南控沧滨"四个字。

　　（8）香洲区南屏镇北山村。

　　北山村传说是北宋杨家将的子孙辗转逃到南方，在这里隐居，繁衍生息。几百年里，杨氏能人辈出。村内的杨氏大宗祠（见图 18）是目前珠海最大的宗祠，始建于清朝同治七年（1868 年），规模宏伟，是珠海市古建筑艺术的典范。杨氏自古就是北山一带的大族，特别是晚清时期，这个家族出了一位都司和一名将军，他们是一对父子，父亲杨云骧，官至江苏和平营都司；其子杨镇海，官至澄海协参将、香山协副将。当时的"协"是一种军事编制，相当于现在一个师。

图18　杨氏大宗祠

（9）香洲区前山街翠微村。

据村史记载，翠微村始于南宋末年，距今700余载。先后迁来村中居住的有郭、吴、韦、杨等族人，也构成了翠微村今天的几大姓氏。翠微村建于1275年，以前叫"翠环村"，因为村后有一座山名叫"大环山"，开始村中只有邬、古两姓，因世代迁徙，后来有吴、韦、郭、李、黄、杨六姓相传至今。翠微村内有七条街、七条里、一条巷，村里还有尼姑庵七间，村中六姓共有大小祠堂59间，大小庙宇14间，数量为从中山三乡以南各乡镇之首。而韦氏（韦鲁桐）大宅至今仍保留完好。翠微村人吴健彰曾经做过上海道，在任上曾经参与镇压小刀会，在正史上属"反派"，但在翠微村人眼中，他是一个不折不扣的"大善人"，他回乡以后投资修建了吴氏大宗祠、大仙庙等，还修建了围绕村外的石板路，这条石板路建于清代咸丰至光绪年间，距今已有100多年历史。

凤山书院建于清乾隆二十一年（1756年），并非由数十平方米的旧祠堂改建，而是新修建筑，是当时香山县兴建的九大书院之一。此外，翠微村还有一所民办女子学校，名叫凤懿女子学校，建于清光绪十四年（1888年），其旧址在凤池书院斜对面，肇和祠旧址的偏厅。

实际上，翠微是远近驰名的商业集散地，清末就有约60间商铺，是附近20多个乡村的集市中心，客商来自澳门、三乡、石岐等地，一派繁荣景象。其中有珠海地区的两间当铺，还有酿酒铺、烤烟铺、药店、茶楼等，零星小铺数不胜数，士农工商间杂其中，买卖兴旺，繁华热闹，有"小澳门"之称。

（10）斗门区乾务镇荔山村。

荔山村位于珠海斗门五山（以前属香山县南乡黄梁都），该村"前有良田可耕，后有大山可倚"，风景秀丽，地灵人杰。该村始祖黄由，字寅齐，福建莆田涵头街人氏，宋孝宗淳熙二年（1175年）乙未科进士第一名，在广东为官多年，举家迁入广东南雄水街珠玑巷。其子黄广汉，宋孝宗淳熙八年（1181年）辛丑科进士，任江南徐州刺史，后携家迁入广东新会。其后人于明洪武年间从新会迁入今址，至今600余年。该村历代人才辈出，入仕为官者很多，宗祠内摆放的功名碑有十多块，其中最出名的当数清末广西巡抚黄槐森。黄槐森，字作銮，清咸丰十一年（1861年）辛酉科中举人第54名，同治元年（1862年）会试第120名进士，朝考第20名，授翰林院庶吉士，历任山东道御史、广西按察史、广西巡抚等职。黄槐森在职时正值清末多事之秋，他力排众议上书光绪帝废除武举弓马骑射，改习枪炮射击；在南宁开埠行商；又学张之洞创办新学，首创广西体用学堂（广西大学前身），聘请赋闲在家的唐景崧为总办。光绪二十七年（1901年），黄槐森因年迈致仕回乡，次年迁居前山（今珠海前山），卒于当年。黄槐森为官近40年，清正廉明为国事操劳，可谓两袖清风，今见其故居便可见一斑。月轩黄公祠是黄槐森家祠，"三圣宫"三字是黄槐森亲笔题字，字迹苍劲有力。黄公祠旁是黄氏宗祠，宗祠堂始建于明正德时期，经多次重修，现存的是当时黄槐森组织村人按广西抚台衙门样式修建的。除宗祠建筑外，荔山村民居建筑保留较少。

（11）斗门区斗门镇南门村。

南门村位于斗门西部，地处黄杨山与虎跳门水道之间，东连斗门墟镇，西与新会隔江相望，是宋皇室赵氏族人的聚居地。南门村自明朝永乐元年（1403年）建村，迄今已有600多年历史。村中有建于明代的赵氏祖祠菉猗堂，建于清代及民国初年的逸峰、崑山、意圹、意乡等五座祠堂以及一大批富含明清民居建筑艺术特色的广府传统民居的古村庄，尤其以南门菉猗堂最有特色。

南门菉猗堂，又名赵氏祖祠，始建于明景泰五年（1454年），是宋魏王的第十五代裔赵隆为纪念曾祖父赵梅南而建。赵梅南（元元贞元年至元至正廿五年，1295—1365），元朝诗人，平生爱竹，著《箓猗诗集》，显示了其生于元朝而不仕元的气节。他隐居香山潮居里（今斗门大赤坎村），率众子孙开创斗门地域赵氏门族的基业。箓猗堂三进院落，分为前厅、中殿和后殿，四合式布局，建筑面积426.69平方米，主题建筑为山墙两坡顶屋面、龙舟脊，硬山搁檩式梁架。65厘米厚的山墙用硕大的蚝壳与黄泥砌成，排列整齐，坚固异常（见图19）。院落台基用色泽沉稳的红谷石铺砌，建筑装饰为木雕、砖雕、壁画等，颇具明代地方建筑特色。

图19　蚝壳屋山墙

（12）斗门区乾务镇网山村。

网山村位于斗门区乾务镇西北面，来隆山山下，珠港大道旁，邻近珠港大道和沿海高速（见图20和图21）。网山村自清乾隆三十年（1765年）立村，依山而建，因村后的来隆山造型奇特，远观如同网状，因此得名。该村距今已有200多年历史。网山村至今仍保存着清代乾隆年间的诸多生活场景，被一些古建筑专家誉为"中国清代古岭南人民居建筑的活化石"。其主要景点有：村口的迎阳门、广场及武帝庙，村中35棵百年古树，门口栽有两棵大葵树的地下党支部遗址，抗战时期起防卫作用的古碉楼，以柏树为暗号的地下联络站，历经数百年风雨仍屹立如初的古民居，素朴古拙的黄氏宗祠以及利用后山的自然景观建造的后山观景台，等等。打造的特色农产品和饮食一条街，为游客提供了休闲、购物的地方。

图 20　网山村风貌　　　　　　图 21　网山村横街

（13）斗门区斗门镇接霞庄。

接霞庄又称为"赵家庄""新围村"，位于珠海市斗门区北部，四周绕村庄有护庄河。相传该村为宋代皇室后裔，因躲避战乱辗转流落于珠江三角洲一带，至明代永乐年间在此地建村。到十世祖赵意乡第八代传人赵维茂与堂兄赵维定在粤西地区从事中药材贸易，而经数年辛苦努力终于发家致富。新围村得名是因为赵意乡带家眷迁居，在新垦围基上建造三间土屋；又因该村位于珠海斗门霞山北麓，与霞山相接而被称为接霞庄。

该村落现存古屋 14 座，旧屋、围基、子孙圹与护庄河依然清晰可见。村内房屋风格统一，仿照广州西关大屋模式，青砖瓦房，坐南向北，青云巷潜在每两座大屋之间，穿过去便是书房、画廊，门前是花厅，屋后是花地（见图22）。村内民居特色鲜明，光绪年间的大当家赵群登的大屋，室内设计充分体现了主人的个性和富裕。大屋的建造面积为 400 平方米，房屋前后均被花园围绕，房屋的顶部用上百条坤甸木条横架，墙身厚度约为 50 厘米，墙身底部则用 1 米高的大理石砌成。室外的所有窗户都装饰有中西结合的灰雕。屋内厅室分为前、中、后三厅，装饰材料十分讲究。屋内还设有大理石砌成的暗室，其铁门厚达 7 厘米，既可储存财务、预防盗贼，还可以在发生火灾时避险。

接霞庄内有一条百余年的石板街，由花岗岩石铺成，笔直地穿越全村（见图23）。石板街长达 191 米，宽 1.75 米，兴建于道光十四年（1834 年），为赵氏南门十八世祖赵维茂从原居地南边里黄牛山迁此开辟新村时建，历经 10 年建造而成。

图 22　接霞庄大屋

图 23　接霞庄中心大街

护庄河堪称华南地区最大的私家庭院护庄河。它处于整个村庄的南面，连接黄杨河，宽 38 米，长 350 米，深 2.5 米，是嘉庆年间由赵维茂组织建造的这项工程。护庄河连同东、西、北三面的高墙共同形成了村庄的安全网。

五　主要类型与典型特征

（一）名人故居

1. 苏兆征故居

苏兆征故居在唐家湾镇淇澳岛淇澳村东溪坊，土木结构，青砖平房，一座两间、一小厨房和一椿米房，建筑面积 68 平方米，屋前有院落，围以矮墙，设有院门，整座故居占地约 100 平方米。苏兆征（1885—1929），早年加入孙中山的同盟会；1922 年 1 月与林伟民等领导香港海员大罢工；1925 年加入中国共产党，在第二次全国劳动大会上当选中华全国总工会执行委员，同年领导震惊中外的省港大罢工；1926 年，第三次"劳大"当选为中华全国总工会委员长；1927 年春，任武汉国民政府劳工部部长，广州起义时被推选为工农民主政府主席；1928 年，中共六大在莫斯科召开，苏,兆征当选为中央政治局常委，并分工担任中央工委书记；1929 年 1 月回国，因积劳成疾于 2 月 25 日在上海病逝。他的故居为祖父所建，清代光绪十一年农历十月初五（即 1885 年 11 月 11 日），苏兆征出生在这里，并度过了青少年时代。1979 年苏兆征故居被公布为省级文物保护单位，1983 年按原貌修缮，1985 年陈列并开放供人们参观。

2. 卢慕贞故居

卢慕贞故居（见图 24 和图 25）在原金鼎镇（现为唐家湾镇）外沙村，土木结构，青砖平房，正间与厨房并连，面阔 10 米，进深 10.8 米，檐高 3.2 米，原是卢慕贞（1867—1952，珠海外沙村人）父亲所建。1885 年，18 岁的卢慕贞与孙中山结婚，生下一子两女，即孙科、孙娫、孙婉。她伴随孙中山奔走于国内外进行民主革命活动，孙中山担任中华民国临时大总统后，她自忖不能襄助孙中山主理国家大事而主动提出离婚。1913 年她定居澳门，信奉基督教，常回故居小住，关心家乡慈善事业。

图 24　卢慕贞故居（一）　　　　图 25　卢慕贞故居（二）

3. 蔡昌故居

蔡昌故居（见图26和图27）在原金鼎镇（现为唐家湾镇）外沙村，土木结构，青砖平房，厨房倚并正间，成一门两间，面阔7.9米，进深10.6米，前檐高2.4米。蔡昌（1877—1953），珠海金鼎镇外沙村人，农民出身，14岁随长兄蔡兴到澳大利亚的悉尼种植蔬菜兼做小生意，后经营百货有所储蓄。1899年，蔡昌回国，在香港先施公司任董事；后集股400万港元，开设"大新百货公司"，自任经理。1916年，他在广州惠爱路开设"大新公司广州分公司"，营建广州南方大厦；又于1934年在上海集资营建"上海大新百货公司"（今上海第一百货公司），出任公司董事局主席兼总监，使"大新百货公司"成为当时中国四大著名百货公司（大新、先施、永安、新新）之一。蔡昌热心公益事业，曾于1930年在故乡外沙村建造"礼和学校"（俗称"白帽仔洋楼"），免费招收儿童入学。

图26　蔡昌故居旧貌（一）　　　　图27　蔡昌故居旧貌（二）

4. 唐绍仪故居

唐绍仪故居（见图28和图29）在唐家湾镇山房路99号，是两间两层并连成一座的楼房，面阔12.3米，进深11.6米。右间建于清代，是唐绍仪祖父所建，穿斗抬梁混合结构，花岗岩砌墙基，青砖墙，硬山顶，用木板间隔厅房、铺楼板、楼梯；左间扩建于1929年，是唐绍仪所建，混合结构，上下两层均倚于右间，顶部交界处设水槽。南边为花园、厨房、饭厅，卷篷式走廊与主楼相连，总占地面积870平方米。唐绍仪（1862—1938），字少川，清咸丰十一年农历十二月初三（1862年1月2日）诞生；清同治十三年（1874年）考取

图 28　唐绍仪故居　　　　　　　　图 29　唐绍仪书房

清廷官费留美学习；回国后，曾随袁世凯赴朝鲜办理税务，历任外务部侍郎、邮传部尚书、奉天巡抚和赴美专使等职。1912 年（民国元年）3 月，任中华民国（袁世凯为大总统时）第一任国务总理；1917 年参加"护法军政府"，任职于财政部门；此后又曾任国民政府国务委员、西南政务委员会常务委员兼任中山模范县县长。1938 年 9 月 30 日，在上海遇刺身亡。

5. 望慈山房

望慈山房（见图 30 和图 31）在唐家湾镇山房路 12 号，原为唐绍仪的私人别墅，建于 1929 年，为纪念其母而取此名。该建筑坐西北朝东南，分前后两座，占地约 600 平方米。前座为石砌平房，混凝土结构，有厅、房、工作间和厨房，正门立唐绍仪书写"望慈山房"石匾；后座为砖砌平房，土木

图 30　望慈山房入口　　　　　　　图 31　望慈山房院内环境

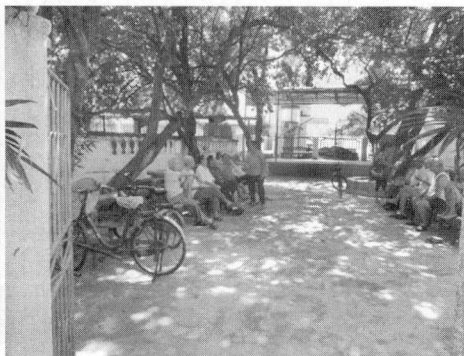

结构，属侍从人员用房。唐绍仪在出任国民政府国务委员兼中山模范县县长时，常在此居住和办公。1934年10月，拥有广东军政实权的陈济棠策划"中山兵变"，县兵以索响围困望慈山房，逼使唐绍仪离任出走香港。抗日战争期间，望慈山房被日军占据。1949年10月曾作为中国人民解放军南下部队的指挥部；1959年改建为唐家中学图书馆；1989年，年逾八旬的唐绍仪之妻吴维翘在香港委托女儿唐宝瑢返乡，将望慈山房捐赠给地方政府作为老人活动中心。该建筑与"共乐园"一起被列为市级文物保护单位。

6. 唐国安故居

唐国安故居（见图32和图33）在唐家湾镇鸡山村，土木结构，17桁砖瓦平房，阔6.5米，深7.5米。唐国安（1858—1913），字介臣，香山县鸡山村（今珠海市唐家湾镇鸡山村）人，14岁考取清廷第二批官费赴美留学；回国后任教于上海，后被清廷委以唐山矿务和榆营、粤汉、安徽路政及南北洋务等职。1910年任外务部考工司主事；1911年任清华学堂副监督；1912年，清华学堂改称为清华学校时，他出任第一任校长。他的故居曾于1976年作过重修，现由其侄孙唐次谋代管。

图32 唐国安故居（一）　　　　图33 唐国安故居（二）

7. 苏曼殊故居

苏曼殊故居（见图34和图35）在前山街（原为前山镇）沥溪村苏家巷，原是其祖父苏瑞文所建，土木结构，青砖平房，连璧五间，故居为其中的一间，阔4米，深6.5米，有小门廊、天井和正间。天井一侧为厨房，另一侧设门通向邻屋。主房隔以木板，前面为厅，后面为房。苏曼殊（1884—1918），名戬，又名元瑛、玄瑛，字子谷，广东香山沥溪村（今属珠海市）人。父亲苏杰生为旅日侨商，生母河合若子是日本人。苏曼殊在6~13岁时，居沥溪村就读于简氏大宗祠，得晚清举人苏若泉先生的悉心教导；15岁随表兄东渡日本求学，参加陈天华等组织的革命活动；回国后，曾任上海《国民日报》翻译，常与陈独秀、章炳麟、柳亚子等交往。他多才多艺，能诗善文，善绘画，通英、法、日、梵多种文字；创作的小说多为爱情题材，有《断鸿零雁记》《破簪记》等；曾翻译发表莎士比亚、拜伦、雨果、雪莱的作品，又曾将李白、杜甫、李贺的诗介绍到国外去；有柳亚子编《苏曼殊全集》存世。他的故居于1986年由珠海市人民政府拨款修缮，并公布为市级文物保护单位。

图 34 苏曼殊故居入口　　　　　图 35 苏曼殊故居外观

8. 杨云骧故居

杨云骧故居亦称"下将军第"，在南屏镇北山村下街，由主体建筑和青云巷、花园、书厅组成一座青砖屋院落，向东，通面阔31.1米，总进深26.5米，檐高4.4米。主体建筑土木结构，面阔三间，进深三间夹两天井。书厅坐北向南，梁架结构，一进，面阔五间。主体建筑与书厅之间为小花园。主体建筑的木雕装饰和砖雕装饰尤为精美。杨云骧（1801—1872），字贻眎，号楚田，少年好武，投军后参加过鸦片战争，屡立战功，官至江苏和平营都司（正四品），晚年隐居竹仙洞而终老。其长子杨镇海（1828—1903）为龙门崖州协副将、香山协副将（从二品），次子杨镇洪、三子杨镇波和四子杨镇淮都是香山县地方名人，均出生于此。杨云骧夫人吴氏曾活到 103 岁高龄，也长居于此。此建筑曾于清代同治年间重修。

9. 杨镇海故居

杨镇海故居亦称"上将军第"，在南屏镇北山村上街，建于清代光绪年间，土木结构青砖屋，面阔三间，进深三间夹两天井，自成一院落，通面阔 22.7 米，总进深 36.7 米。屋脊、屋檐以博古和灰塑装饰，室内以木雕装饰，有南方民居传统建筑的特色。杨镇海（1828—1903），字祖泰，号表东，杨云骧之长子，自幼受长辈尚武熏陶，投军后从普通行伍升至龙门崖州协副将、香山协副将（从二品），晚年在故居终老。杨镇海有十子五女，多居海外和港澳地区，有成就者不少，"兴中会"会员容星桥（1865—1933）就是他的孙婿。

10. 陈芳故居

陈芳故居（见图 36 和图 37）在珠海市前山镇梅溪村，傍田园而建，向西北，包括 1 座陈公祠、3 座大屋、1 座洋房和 1 座花厅，建筑面积 2495 平方米。此外，门前、屋巷铺设石板、砖块，种白玉兰、九里香等花木，周围筑砖

图 36 陈芳故居（一）　　　　　　　　图 37 陈芳故居（二）

墙，东西两角设置哨楼，组成陈氏家族庄园式的建筑群，总占地面积 5742 平方米。陈芳（1825—1906），字国芬，又名阿芳，梅溪村人。1849 年，他随伯父到檀香山经商，经营蔗糖业起家，后成为当地华侨中的百万富翁。1880 年，他曾任中国驻夏威夷第一任领事官、华人商董。1890 年，他变卖三分之二家产辞职回国，在澳门经营酒店，养殖荷兰牛。他有 3 个儿子和 13 个女儿，晚年热心于家乡公益事业，在故居逝世。

（二）普通民居类型

广府地区传统民居常见类型有竹筒屋、明字屋、三间两廊、大中型天井院落式民居等类别，其各自特征如下。

1. 竹筒屋

竹筒屋因其门面狭窄、纵深较长、形似竹筒而得名，实为单间民居建筑，且开间较小，进深较大，两者比例通常在 1∶4 到 1∶8，面宽一般在 4～5 米，短者在 7 米左右，长者达 20 余米，呈长方形，排列在狭小的街道两旁，是广州中小型传统民居中的典型（见图 38）。

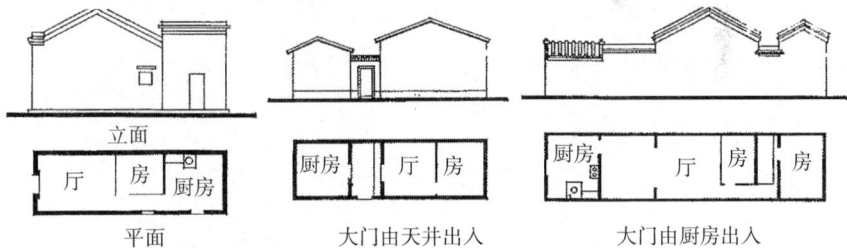

图 38　竹筒屋示意

2. 明字屋

明字屋平面为双开间，象征"明"字，故称为"明字屋"，由厅、房和厨房、天井组成，并且由于厨房位置不同而形成三种典型的平面布置形式，分别为：厅和房在前面，厨房在后面；厨房在前面，厅和房在后面；厅和房在中间，厨房在外或在侧边，厅、厨合起来组合双开间明字屋（见图 39）。

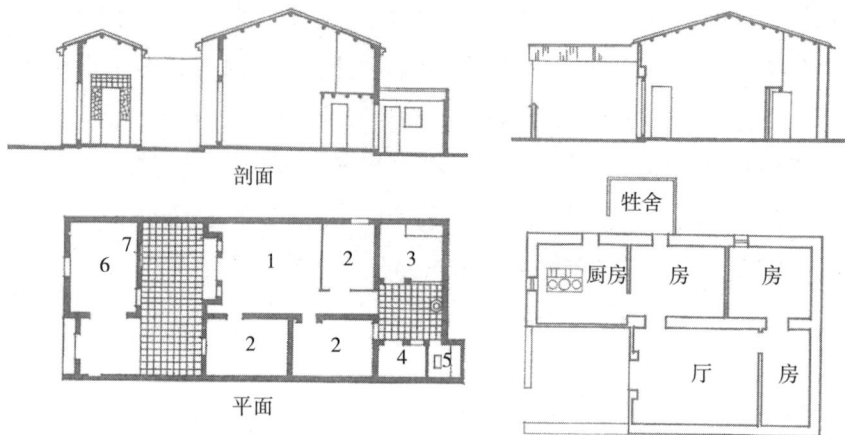

剖面

平面

牲舍

厨房　房　房

厅　房

图 39　明字屋示意

注：1 – 厅；2 – 房；3 – 厨房；4 – 杂物；5 – 厕所；6 – 书房；7 – 神位。

3. 三间两廊屋

三间两廊屋就是三开间主座建筑，前带两廊和天井组成的三合院住宅，是广府地区最主要的平面形式，尤其在农村地区，其平面内，厅堂居中，房在两侧，厅堂前为天井，天井两旁称为廊的分别是厨房、柴房和杂物房，天井内通常打一水井，用于饮用（见图 40）。

（三）园林式民居

1. 愚园

愚园又名"竹石山房"，在拱北北岭村，建于清代宣统年间，占地面积17000 平方米。原园林背东向西，总体布局为：南边建有石牌坊、雨之徐公祠、"忍"字碑、玻璃楼、工字屋，北边筑有荷塘、月塘、石桥、徐公墓地，中间筑假山、修曲径。园中种有木桂、木棉、荔枝、榕树等树木及花草，并筑有围墙。该园林是徐润（1838—1911）从上海派人回家乡所营造。徐润，又名以璋，字润立，号雨之，别号愚斋，北岭村人，中国近代著名实业家。他14 岁离开家乡到上海英商宝顺洋行做学徒；1860 年在温州自营润立生茶号、宝源祥茶栈；之后曾任上海轮船招商会办、开平矿务局会办，创办上海同文书局；晚年热心社会公益事业，捐资回乡修建祠堂、村道、围墙，还仿照上海豫

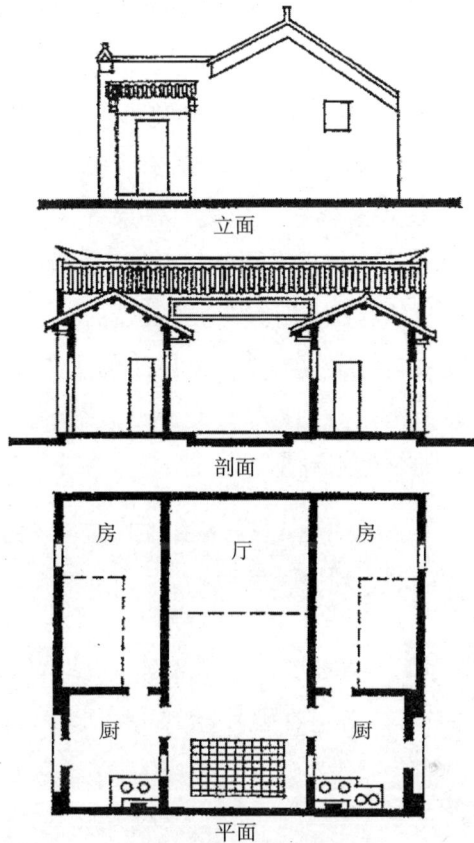

图 40　三间两廊屋示意

园，营造此"愚园"。新中国成立前后，该园曾做过北岭村文化活动中心。
1950 年，中国人民解放军进驻拱北地区后，广东人民公安厅边防局第五分局
指挥所就设在愚园内。1952 年 3 月，中国内地与澳门葡萄牙当局发生"关闸
事件"，这里曾是中方与澳葡代表谈判的地方。1954 年，部队指挥所撤出以
后，该园曾是前山中学、拱北中学、前卫中学校址；"文化大革命"时期，园
内建筑物及墓茔遭严重破坏。1972 年，中学校址迁往前山镇，将该园转让给
县二轻局做塑胶厂和纸箱厂。1986 年该园公布为市级文物保护单位。

2. 栖霞仙馆

栖霞仙馆（见图 41 和图 42）在唐家湾镇（原为金鼎镇，后被并入）会同
村村西，是一处中西结合的园林建筑，依山面溪，占地面积约 1.5 万平方米，

有门楼、斋堂、喷泉、兰亭、茅亭、啖荔亭和发电房。主体建筑斋堂仿上海太古洋行模样建造，砖石混凝土结构，一座两层，占地面积400平方米，有梦香楼、念经堂、客厅、寝室和厨房，铺花瓷砖地板，镶彩色玻璃窗。门楼高3层，圆顶出尖，门前立一对西洋石狮。园内种有含笑、黄兰、夜合、芍药、胭脂柳、桃榔树等花木，还种有荔枝、橄榄、芒果等果木。该园建于1918～1922年，是会同村富商莫泳如（又名咏虞，香港太古洋行总买办莫仁扬之孙）为他的侍女阿霞和会同村的老处女们信佛念经建造的。当时园内还设置柴油机发电，供全村照明，使会同村成为当时中山县（包括珠海）第一个用上电灯照明的乡村。该园在抗日战争时期，被日军占据做医院；1949～1985年，曾做过会同村小学校址；如今荒芜闲置。

图 41 栖霞仙馆（一）

图 42 栖霞仙馆（二）

3. 共乐园

共乐园在唐家湾镇鹅峰山北麓，始建于1910年，原为唐绍仪的私家园林，曾取名"小玲珑山馆"；1914年作过扩建；1921年再次扩建时改名为"共乐园"。1932年，唐绍仪任广州国民政府常委兼中山模范县县长期间，公开将该园捐献给唐家村。他曾写"开门任便来宾客，看竹何须问主人"一联，挂于园内。

该园依山面海，风景优美，占地面积3.4万平方米，种有名贵树木花卉和荔枝，主要建筑物有观星阁、田园别墅（私人办室）、暖房（花卉温室）、网球场、信鸽巢、石门坊和六柱亭等。观星阁是当年唐绍仪私人天文台，两进两层楼房，前厅为长方形，有铁板护梯上二楼天台；后进为圆形，有砖砌梯级，自后进入二楼，直径 5.4 米。后进二楼拱顶绘有星座示意图。观星阁前的空地原为网球场。书房、暖房是砖瓦平房。石门坊原在公园入口处，高 3.65 米，阔 2.46 米，门额横书阴刻"共乐园"三字，是唐绍仪手迹。门联行书阴刻"十年树木，百年树人；智者乐水，仁者乐山"，落款"少川先生邀游共乐园奉教民国十年汪兆铭题"。鹅峰山下有"百步梯""六柱亭"。园内有"莲池九村龙""盘树孤榕""九曲桥"等景点，还收藏有黄蜡石、戡鱼石、铁钟、石刻、石狮子等文物。共乐园于 1982 年曾扩建，改名为"唐家湾公园"，1986 年公布为市级文物保护单位并恢复原名，成为珠海市旅游点之一。

4. 陈芳花园

陈芳花园（见图 43 和图 44）在前山街道（原为前山镇）梅溪村村前，东西长 300 米，南北宽 240 米，占地面积 7.2 万平方米，地面现存建筑有石牌坊三座、"胜地加城"碑刻、陈芳家族墓地、六角亭、石桥、莲池、石板路，种有桄榔树、凤凰树、紫荆树和花卉。该园林始建于光绪十二年（1886年）。

图 43　陈芳花园一角　　　　　图 44　陈芳花园外牌坊

（四）传统民居附属公共建筑——宗族祠堂

1. 杨氏大宗祠

杨氏大宗祠（见图 45 和图 46）在南屏镇北山村，建于清代同治七年

（1868 年），原是北山村杨氏祖祠，曾做过北山小学校址，1988 年后改为群众活动场所，占地面积8838 平方米。主体建筑坐南朝北，进深三间60 米，面阔五间并青云巷和两厢42 米，面积2520 平方米，硬山顶，青砖墙，中轴线对称布局，抬梁与穿斗混合木构架，以石雕、砖雕、木雕、灰雕等装饰。门口原挂有"源分东汉，秀毓北山"的楹联，立一对石狮子。门前及周围是园林草坪，筑有矮墙。主座为三进夹两天井，三进即门厅、中殿、后殿，每进均为面阔五间，进深三间。正门为十二步架，中槽与前廊之间为墙不设柱，正门为凹肚门楼式，前廊为斗拱承檩，中槽为瓜柱承檩，后廊为雕板承檩。中殿和后殿均为十四步架，其前、后廊均为雕板承檩，中槽均瓜柱承檩，后殿前廊可见封闭状的雕板承檩卷棚顶。前天井两侧的青云巷位置，以雕板承檩的卷棚顶通道做门厅和中殿的走廊。两边厢房均四进一天井，与主座相应的三间，分别用 11 檩、15 檩、19 檩直接架于山墙上的两面坡屋顶，与主座前天井相应间是用 8 檩架山墙的向外单面坡屋顶，后天井中间横置一开八角门的矮墙，主座与厢房通过青云巷的两个 6 檩单坡顶矮雨棚过渡。

图45　杨氏大宗祠远景　　　　　图46　杨氏大宗祠近景

　　主座有走马板、玻璃屏、通花瓷窗、石槛、石栏杆装饰，门厅前次间为高出平面0.64 米的石平台。中殿前外柱间的稍间为开通花瓷窗的墙，次间为额枋上设木条架玻璃屏。整座建筑平面由前往后逐渐升高，门厅比前埕高0.55米，中殿比门厅高0.33 米，后厅比中殿高0.6 米，每进升高分别用5、4、5

级带须弥状垂直的踏垛过渡。另外，前天井比门厅低 0.11 米，后天井比中殿低 0.15 米。外柱为石柱石础，内柱为圆木柱石础，柱础为瓜棱形、倒蒜头形、须弥座形。屋脊为灰泥，瓦沟用青板瓦、瓦垄筒，墙用青砖，长宽厚为 28 厘米 ×8.5 厘米 ×5.5 厘米，丁卯砌沟灰砂。前后天井走廊的地面斜铺 36.5 厘米 ×36.5 厘米的红地砖，前平台、前后天井、巷过道则直铺长 1.5 米、宽 0.4 米的长条石板。大门前离外柱 1 米处，置带座相向的石狮一对，前天井四角设长方形石质小花坛，种有奇花异草。正脊、垂脊两端有博古装饰，中间为灰塑，多有花牙子、雀替。封檐板正面木雕精美的花鸟纹饰。屋檐砖雕以花草、八宝为题材，工艺极为精美。

杨氏大宗祠保存较完好，建筑气宇恢宏、工艺华美，反映出我国清代南方建筑艺术的成就。1986 年珠海市人民政府公布其为文物保护单位。

2. 兆六容公祠

兆六容公祠在南屏镇南屏村，建于清光绪年间，原是该村容姓纪念兆六容的祠堂。1939 年 3 月中山县沦陷时，中山县县立中学、女子中学和师范学校曾从石岐迁此成立"联中"，郭宁等四名中共党员在此成立珠海第一个党支部——联中党支部；20 世纪 50 年代以后作为南屏幼儿园。该建筑坐西朝东，进深三间 41.9 米，面阔五间并青云巷和两厢 49.4 米，建筑面积 2070 平方米，硬山顶，青砖墙，中轴线对称布局，抬梁与穿斗混合木构架，有石雕、砖雕、木雕、灰雕等装饰。门前为街道，周围临近民居。

主座为三进夹两天井，三进即门厅、中殿、后殿，每进均为面阔三间，进深三间。门厅为十二步架，正门为凹肚门楼式。前廊为斗拱承檩，中槽为瓜柱承檩，后廊雕板承檩。中殿和后殿均为十四步架，其前廊为卷棚顶，中廊均为瓜柱承檩，后廊均为雕板承檩。前、后天井两侧走廊均为雕板承檩的卷棚顶。东西厢进深为 36.4 米，均为三进两天井，每进为檩直接架于山墙的两面坡，另外，在西厢外有外厢，进深为 24.2 米，为两进一天井，每进为三间阔三间深的简单穿斗抬梁结构。在西外厢的外墙向外开了三个大拱形门。在东厢后天井向外延伸则为深 16.3 米、阔 6.5 米的花园。

屋顶为灰瓦，墙为青砖，地面为 47 厘米 ×47 厘米斜铺红砖。外柱为石柱石础，内柱为木柱石础。屋脊两端有博古装饰，中间有灰塑，正视面檐下，墁头砖均有砖雕，封檐板有木雕，在主座前天井中置长208厘米、宽92厘米、高100厘米的石香炉。

3. 瑞芝祠

瑞芝祠在唐家湾镇山房路，建于清光绪年间，是唐瑞芝自建的祠堂，20世纪30年代初做过中山模范县政府办公场所，日军侵华时做过日军警备司令部，1949年以后交由唐家中学使用。主体建筑坐西朝东，进深两间28.88米，面阔三间并青云巷和两厢25.5米，建筑面积736.4平方米。硬山顶，青砖墙，中轴线对称布局，抬梁和穿斗混合木构架，有石雕、砖雕、木雕、灰雕和鎏金等装饰。

主座为两进夹一天井。两进即门厅和正殿，每进均为面阔三间，进深三间。门架为十步架，中槽与前廊之间为墙不设柱，正门为凹肚门楼式。前廊为斗拱承檩，中槽为瓜柱承檩，后廊为雕板承檩。正殿为十四步架，前、后廊均雕板承檩，中槽为瓜柱承檩。天井两侧的走廊以及青云巷相应的间位均为雕板承檩的卷棚顶，边厢为三进，其中二进为卷棚顶，一、三进为两面坡，一进的屋顶后部、三进屋顶前部均开小天窗，并于上盖两面坡。

灰瓦顶，青砖墙，地面斜铺46厘米×46厘米的红砖，外柱为石柱石础，内柱为木柱石础，门厅次间地基正视面、乐台正视面均有精致的石浮雕，屋脊两端有博古，中间有灰塑，两厢正视檐下有灰雕，墀头砖有砖雕，封檐板均有木雕，所有梁、枋、瓜柱、斗拱均见鎏金的木浮雕。两巷门石门额分别阴刻篆书"入孝""出弟"。

4. 蔡氏宗祠

蔡氏宗祠在香洲区北岭村石并街一号，建于清光绪年间，据传是该村蔡绍基（1859—1933）任清政府山海关监督时，为纪念其宗祖所建，主体建筑坐东北向西南，进深两间22.5米，面阔三间和单厢9米，建筑面积202.5米。硬山顶，青砖墙，中轴线对称布局，穿斗与抬梁混合木构架，有石雕、砖雕、木雕等装饰。门前嵌石刻"西山世胄，北岭家声"楹联和"蔡氏宗祠"匾，立一对直头石狮子。

主座为两进夹一天井，两进即门厅和正殿，每进均为面阔三间，进深三间，山墙不设柱，正门为凹肚门楼式，前廊为雕板承檩，中槽、后廊均为瓜柱承檩，正殿为十四步架，前、后廊及中槽均为瓜柱承檩。天井两侧走廊为实心灰砂墙承檩的卷棚顶。右侧单间为檩直接架于山墙，不设柱。青砖灰瓦，地面直铺37厘米正方形红砖，外柱方石柱石础，内柱为圆木柱石础。封檐板有八宝花果雕刻，墀头砖有砖雕。

5. 卢公祠（包括景福卢公祠和浚庵卢公祠）

卢公祠在唐家湾镇北沙村。两祠并列，相距3米，结构相似，坐北向南，面阔45米，进深36米，前面为大坪地，曾为北沙村小学所在地。下面以景福卢公祠叙述为例。景福卢公祠面阔21米，进深36米，由主座和右边青云巷、边厢组成。全祠为硬山顶，抬梁穿斗混合结构，墙不设柱。主座为三进夹两天井，三进即门厅、中殿和后殿。门厅为面阔三间，进深三间，十二步架，前廊和中槽之间为墙不设柱。正门为凹肚门楼式，前、后廊均雕板承檩，中槽为瓜柱承檩。中殿为面阔三间，进深三间，十四步架，前、后廊均雕板承檩，中槽为瓜柱承檩。中殿为面阔三间，进深一间，前后设墙，方梁上方瓜柱承檩。天井两侧走廊为雕板承檩的卷棚顶。厢为四进夹一天井，天井与主座后天井并列。头进、三进为十一檩直接架于山墙，二进为雕板承檩。青砖灰瓦，地面斜铺红砖，外柱为石柱石础，内柱为木柱石础，脊两端有博古装饰，正脊中间有灰塑，前走廊正脊有丰富的龛式灰塑，墀头有精美石雕，厢后进山墙为锅耳状。

6. 邓家祠

邓家祠在唐家湾镇北沙村。该祠由主座和左右青云巷、边厢组成，面阔23米，进深46米，坐北向南。

全祠硬山顶，抬梁穿斗混合结构，墙不设柱。主座为三进夹两天井，三进即门厅、中殿和后殿。每进均为面阔三间，进深三间。门厅为十二步架，前廊与中槽之间为墙不设柱，正厅为凹肚门楼式，前、后廊为雕板承檩。中槽为瓜柱承檩。中殿为十四步架，前、后廊均为雕板承檩。中槽为瓜柱承檩。后殿为十四步架，前廊为雕板承檩的卷棚顶。中槽、后廊均为瓜柱承檩，前、后天井两侧走廊均为雕板承檩的卷棚顶。青砖灰瓦，地面斜铺红砖，外柱为石柱石础，内柱为木柱石础，设乐台，脊的两端有博古装饰，中间有灰塑，正脊中间向两端升起，封檐板有精美的木雕。

六　调查研究主要结论

1. 传统民居的空间分布格局

从传统民居的空间分布来看，珠海传统民居目前主要分布在 28 座（条）古村落和老城历史街区及古城镇的古街道和古村落，如唐家湾古镇和会同古村、接霞庄、北山村等古村落，此外还有散落在全市范围内的名人故居，如前山街道办翠微村中和里二横巷 5 号的韦鲁桐大宅，是清代晚期整个珠海乃至中山最大最有代表性的民宅，再有容闳故居、陈芳故居、唐绍仪故居、苏兆征故居、苏曼殊故居等也很有特色。珠海传统民居空间分布上呈现出"大集中，小分散"的特点，总体格局为"一带、两片、多点"。

2. 传统民居文化的扩散和传播路线

通过珠海传统民居的形成演变历程，可以看出传统民居定型于明清时期，并且珠海民居文化大致存在三条扩散和传播路径（见图 47），分别为"东线、西线和沿海线"，其中"东线"起源于广府文化核心区，主要表示广府传统民居文化向珠海地区扩散的方向，"西线"来源于五邑文化区，主要表示五邑地区民居文化向珠海地区扩散的方向，而"沿海线"民居文化传播主要是受港澳为代表的中西交流与结合文化影响，既有沿珠江出海口西岸向北传播的线路，也有沿海地区向西和西北传播的线路。

3. 传统民居的主要类型及特征

从珠海传统民居的建筑类型来看，既有反映广府地区传统民居文化特征的"三间两廊式"，也有部分"竹筒屋"和"明字屋"，还有近代兴起的商住混合的骑楼建筑以及华侨建筑——碉楼，同时存在与广州西关大屋类似的大型院落。此外，部分名人故居，一般规模较大，形制独特，加上传统民居附属公共建筑——祠堂、家庙等，共同形成珠海传统民居多种类型并存的局面。而从珠海传统民居的典型特征来看，既具有岭南地域建筑适应湿热气候的共性特征，如整体梳式布局和民居平面开间及立面样式，同时又具有临近海洋的特殊自然地理环境所造就的自身特征，主要采用可防海风、潮湿、侵蚀的建筑材料。这反映出珠海传统民居受本土文化和海外文化的双重影响十

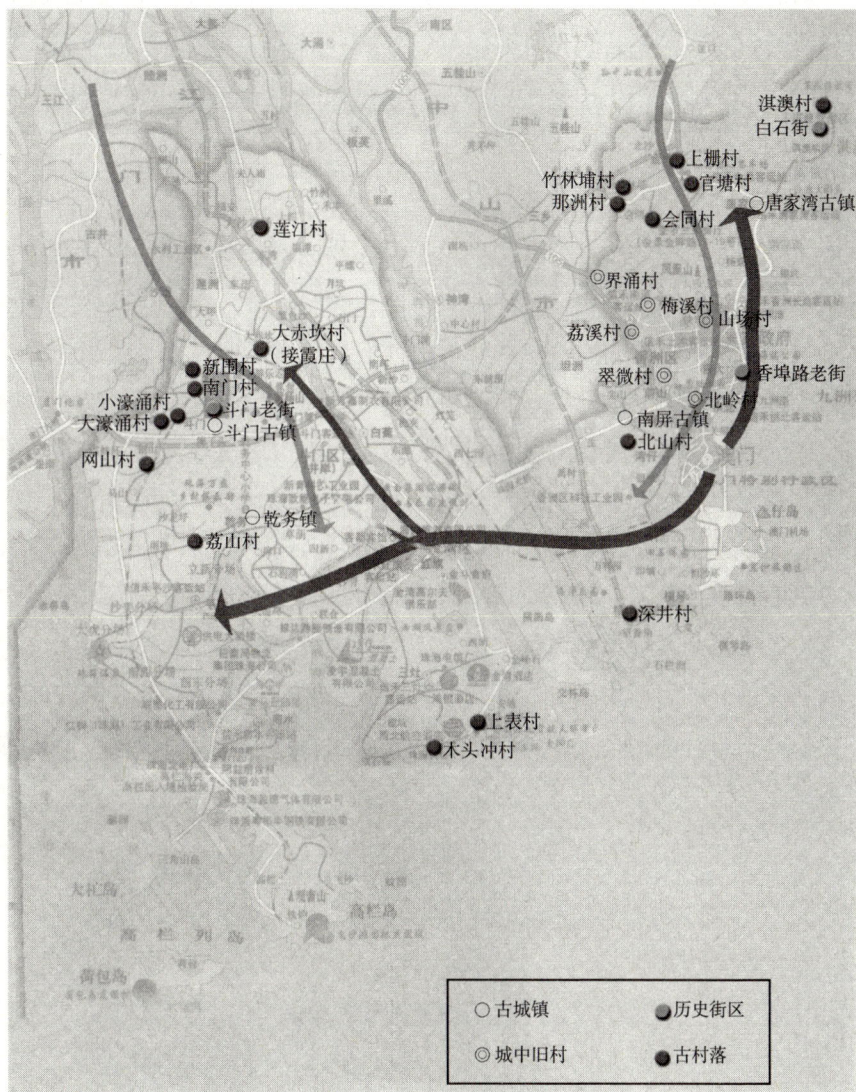

图47 珠海传统民居文化传播路线

分明显。

4. 传统民居的科学文化价值及保护、发展对策

珠海传统民居见证了历史的变迁，承载着丰富的地方传统文化信息，也蕴含着非凡的科学文化价值，主要包括：传统民居是沉淀了多年的古老艺术，体

现了珠海居民的社会地位和人生追求，具有深厚的历史价值；传统民居凝聚着珠海先民的智慧，包括建筑选址、格局、外观、形式、风格以及群体组合与整体布局等，都体现着当年的科学精神，具有巨大的科学价值；传统民居反映了珠海居民的文化习俗，具有很高的文化品位和文化价值。

从珠海传统民居的数量变化来看，20世纪80年代以前大量的传统民居仍是人们生活和居住的场所，而改革开放以来，随着珠海市社会经济快速发展，多数村落变成空心村，大量传统民居建筑人去楼空，破败不堪，许多传统民居建筑或自然坍塌消失，或人为拆除，造成珠海传统民居的数量急剧减少，对其进行科学保护与合理利用，使其得到可持续发展就显得十分迫切。具体可以有以下几种形式：①将传统民居改造成博物馆、展览馆，展现古人的部分生活面貌；将当地服饰、民间艺术、乐器等工艺品在民居中陈列。②将民居适当改造成休闲度假村、旅馆，让游客充分感受、体验其文化特色。③将传统民居改成古香古色的餐馆、茶馆，类似于德国阿纳姆市将中世纪的地窖改造成酒吧、咖啡馆或特色餐馆，这种做法比较适用城中旧村中传统民居的保护与利用；④将集中成片的传统民居作为风景区开发成文化游憩区、文化商业区，既能保留其整体风貌和民居特征，又可以带来一定的经济收益，也可成为现代城市旅游的一张名片。

徐润与中国早期近代化的开端

赵凤莲[*]

一 前言

徐润，广东珠海北岭村人。珠海毗邻香港、澳门，近代以来，率先经历了欧风美雨的洗礼。古老的海洋文明与近代特定的时代背景，铸就了徐润与中国早期近代化的特殊关系。早年，徐润到上海宝顺洋行当学徒，后一边给洋人当买办，一边自己经营茶栈、丝绸等，徐润还是上海的房地产大王，对上海开埠时期经济发展贡献不小。后来，徐润被李鸿章看中，被委任为上海轮船招商局会办，他和珠海另一大买办唐廷枢一起创建了中国最早的现代企业典范——轮船招商局；后又与唐廷枢共同致力于中国矿业的发展。在中国早期近代化的历程中，徐润用自己的行为写下了浓墨重彩的一笔。徐润一生的境遇，反映了中国早期近代化的艰难历程。

二 顺应时代潮流，充当买办

香山在远古时代只是珠江口外一个较大的岛屿，因该岛"多奇花异卉""神仙茶丛生焉，色香俱绝"，故称香山[①]。近代的香山，因紧邻香港、澳门，西洋文化与本土香山文化发生了碰撞。鸦片战争以后，随着一系列不平等条约的签订与履行，在近代中国一个新的经济因素——买办随之产生，而近代的香山更是以"买办摇篮"的姿态出现。徐润便出生于此种大环境，在此环境中

---

[*] 赵凤莲，任职于北京师范大学珠海分校城市现代化研究所。
[①] 《永乐大典》卷一一九〇七，广字《风情形势》。

成长，并与此大环境相互作用、相互影响。

香山买办在近代中国作为一个群体出现并异军突起绝非偶然，它是内外因相结合、远近因相互推动的结果。香山人从远古发展到近代，逐渐形成了一个移民社会，生活在移民社会中的人们，接受多元文化的熏陶，这决定了香山人比内地省份的人更易接受外来新事物，视野较为宽广，思路较为开阔，具有强烈的开放务实精神，加之长期的海洋文明与近代欧风美雨的洗礼，决定了香山人的重商意识，这些都构成了香山买办在近代中国形成的文化基础和社会经济条件。

徐润于 1838 年出生于香山（今珠海市）北岭村老屋，据《香山徐氏宗谱》记载，徐润祖上是中原河南陈留人，宋末遇战乱，由中原避乱到广东南雄、番禺，最后定居到香山前山寨，后来徐润祖上的一支自前山分居到北岭，徐润便出生于此地[①]。到徐润出生，其家族已融入香山这个移民社会中。徐润 8 岁入私塾，启蒙塾师为王丹书先生，从小徐润便接受的是中原文化与移民文化的熏陶，这造就了徐润一方面较容易接受外来文化，同时中国传统文化在他的骨子里也根深蒂固，这种复杂的文化基础在后来徐润的人生中有明显的体现，同时也奠定了徐润以后能成为买办的文化因素。

鸦片战争前，中西方之间的商事活动"就不可避免地要发生货物买办，银钱收付，陆地居住，生活供应等问题，因而也就不可避免地要遇到语言隔阂、制度两歧、商情互异、货币不同的困难。既要贸易，又要管理，于是就出现了既是贸易交往中不可缺少的中间商人，又是贸易管理中承上连下的环节人物——行商、通事、买办、银师"[②]。鸦片战争以后，中国虽然受到不平等条约的约束，但是在具体的经济活动中，中外商人共同面临的都是错综复杂的经济、政治、文化环境，外商拥有新辟的口岸，面对的却是陌生的市场，一个不争的事实是，中国复杂的方言和陌生的环境，成为西洋商人与中国进行商贸活动的障碍，所以西洋商人在当时的环境下必须

---

① 《香山徐氏宗谱》卷六·世纪录·第十七世，北岭肇修堂，存国家图书馆。
② 汪熙：《求索集》，上海人民出版社，1999，第176页。

借助一个中间力量即我们通常所说的买办来开拓自己的市场。对此，英国怡和洋行的大班 F. B. 约翰逊在一封信中说道："在学会说中国话以前，外国人也许没有能力应付困难，留意一下洋行的未来，我相信，那些要追随我们的人能在中国取得成功的话，将在不小程度上依赖他们对本地语言的掌握。"① 但事实上，买办"对中国和西方的商人都是一把双刃剑"②。尽管如此，在上海和通商口岸的贸易往来中，买办仍然被认为是花钱但最省事、最省心的"代理人"。尤其是在 19 世纪中后期，香山买办的精明强干、务实诚信，更增强了西方商人坚持买办制度的信心。香山买办有着从商的精明头脑和重商的文化氛围，他们熟悉对外贸易，了解西方人的欲求和文化、性格，乐于与洋商打交道，也希望在中外贸易中增强自己的实力，在洋行需要更多的买办时，他们也就自然而然地首先为他们的同乡作担保。这样，香山买办在整个 19 世纪相互担保逐渐形成了以唐氏（唐廷枢）家族、徐氏（徐润）家族、莫氏（莫仕扬）家族、郑氏（郑观应）家族为核心的买办群体。其中，徐氏家族中第十七世徐润就是在其叔父徐荣村的引荐下成为英在上海宝顺洋行的买办。15 岁的徐润放弃在家乡私塾的学习，随四叔徐荣村乘英轮由香港去上海，本想习文，但由于语言不通，只得放弃。徐润的伯父徐钰亭认为"既不读书，当就商业，因留宝顺行学艺办事，师事曾寄圃"③。徐润在宝顺洋行当学徒，跟随看丝师英国人韦伯和看茶师西麦学习看丝、看茶。韦伯氏"见余之勤也，许为志不可量，深相契重"④。16～18 岁，徐润主要是在宝顺洋行当丝茶学徒，薪水由 10 元、20 元增到 28 元。19 岁升任"帮账上堂兼充各职"⑤。1861 年，即徐润 24 岁那年，曾寄圃师去世，韦伯大班派徐润"主账上堂督理各职"⑥，并嘱咐"以后行中之事，由君一手做去"，

---

① 〔美〕郝延平：《十九世纪的中国买办——东西间桥梁》，上海社会科学院出版社，1988，第 27 页。
② 〔日〕本野英一：《19 世纪 60 年代上海买办登记制度的挫折和出口贸易体制的改变》，载丁日初主编《近代中国》第 3 辑，上海社会科学院出版社，1993。
③ 徐润：《徐愚斋自叙年谱》，文海出版社，1927 年铅印本，第 4 页。
④ 徐润：《徐愚斋自叙年谱》，文海出版社，1927 年铅印本，第 5 页。
⑤ 徐润：《徐愚斋自叙年谱》，文海出版社，1927 年铅印本，第 8 页。
⑥ 徐润：《徐愚斋自叙年谱》，文海出版社，1927 年铅印本，第 14 页。

"今君乃总行中华人头目，如有差错捺报，惟君是问"①。徐润在 24～26 岁接任主账以来，宝顺洋行生意"实一时之盛，洋行中可屈首--指者也"②。从 27 岁开始，徐润在自叙年谱中流露出"行中各路生意稍差"③"行中生意渐觉收缩"④。到 29 岁时，徐润直接记载"行中生意极清"⑤，他也分析了宝顺洋行这几年获利颇难主要是因为"南北花旗开仗后各埠生意颇清，东洋、长江、上海、香港、福州各埠又复洋行林立，生意四通八达，无可收拾，更值该行股东拆股，到处收束"⑥，在这种情况下，徐润"蓄意离行"⑦。31 岁的徐润最终决定离开宝顺洋行。

从 16 岁进入宝顺洋行学徒，到 31 岁最终离开，徐润在宝顺洋行共经历了 16 年的买办生涯，这 16 年，徐润之所以能一路走来，一方面是当时的商贸形势所需以及族人亲戚的担保提携，另一方面更离不开徐润本人的因素，徐润祖上也算是殷实之家，从小受香山文化的熏陶，有着灵活的经商头脑，加之到宝顺洋行当学徒时非常勤奋，所以深得赏识。

徐润的买办经历和买办群体的经历一样，备受争议，被很多人说成是"洋奴"，是"汉奸"。他们的行为在 19 世纪的中国，常为大多数人所不齿。但在香山人眼里，帮外国人做生意，在洋行充当买办，甚至是自己经商，这些做法都是可以理解的。因为香山这里较早地接触西洋文明，对西方文明的排斥性也没有内地明显。尽管在近代社会中，香山人在与西洋人打交道时，也表现出种种疑惧，但这并不影响他们与西方人的商贸往来。其实，以徐润为代表的一批香山人在近代纷纷进入洋行充当买办，这一现象本身也说明香山人在面对近代强大的西洋文明冲击时，所表现出来的不是刻意的回避，更不是敌对和抗拒，而是正视现实，积极主动地接受西方商业文明的挑战，率先融入近代资本主义文明大潮中。

---

① 徐润：《徐愚斋自叙年谱》，文海出版社，1927 年铅印本，第 15 页。
② 徐润：《徐愚斋自叙年谱》，文海出版社，1927 年铅印本，第 17 页。
③ 徐润：《徐愚斋自叙年谱》，文海出版社，1927 年铅印本，第 25 页。
④ 徐润：《徐愚斋自叙年谱》，文海出版社，1927 年铅印本，第 26 页。
⑤ 徐润：《徐愚斋自叙年谱》，文海出版社，1927 年铅印本，第 26 页。
⑥ 徐润：《徐愚斋自叙年谱》，文海出版社，1927 年铅印本，第 27 页。
⑦ 徐润：《徐愚斋自叙年谱》，文海出版社，1927 年铅印本，第 27 页。

三 买办资本向民族资本转化

以徐润为代表的香山买办在率先感受近代西方文明冲击的过程中，对西方近代文明做出的一种积极反应就是，比同时代人更清楚地看到了呈现在他们面前的工商业在西方社会中的原动力作用。香山买办郑观应"习兵战不如习商战"的思想就是最好的印证，他在《商务》中强调："商务者国家之元气也，通商者舒畅其血脉也。"① 对于他们为什么会有这种认识，学者郝延平认为，他们对商业和工业的能动作用以及对新兴商人地位合理化的强调，这些知识不能由研读儒家经典获得，相反，这是他们作为买办商人同外国人交往的结果②。

香山买办在看到"商战"原动力作用的同时，也亲身感受到了西方"商战"对中国的危害，逐渐将买办资本向民族资本转化，他们更倾向于投资近代新式工商业，学习西方科学技术，成为民族资本家或官僚资本家，改革中国各种政治、经济、文化制度，培养实用人才，增强国家和民族的活力。就买办转化而言，主要有两种不同的情况：一种是向工商企业转化，即投资新式企业成为民族资本家；另一种是向官僚阶层转化，即纳资捐官，成为封建官僚。作为香山买办，其转化主要是以买办资本为依托向官僚资本转变。郑观应曾说自己"初学商战于外人，继则与外人商战"，从某种程度上反映了香山买办转化的大致经历，即先任职买办，后参加官督商办企业。以徐润为代表的香山买办后都因捐资而拥有了道台官衔就是其生动体现。当然，这种转化还有一个过程。

香山买办在给洋人当买办的同时，还自己经营生意，这种做法一方面缘于香山人本身强烈的经商意识，另一方面也是买办这个职位为其提供了便利。他们一边拿着洋行的工资，同时又能经商赚钱，这种做法在当时的中国为大多数人所不齿，但香山买办认为这是可以理解的，也正是因为这样，他们日后投资新式工商业有了资金支持，对于香山买办徐润亦是如此。

---

① 夏东元主编《郑观应集》（上），上海人民出版社，1988，第604页。
② 〔美〕郝延平：《十九世纪的中国买办——东西间桥梁》，上海社会科学院出版社，1988，第257页。

在 22 岁，徐润便开始"与曾寄圃师、芸轩兄三人合开绍祥字号，包办各洋行丝、茶、棉花生意"①。从内地收购生丝、茶叶和棉花，然后转卖给上海各洋行。接着，"试办润立生茶号于温州白林地方"②。同年，"合股续开福德泉、永茂、合祥记等于河口、宁州各处，又与汪乾记合办茶务"③。两年后，徐润又"与芸轩兄在二马路合做宝源丝茶土号。又在法界开设立顺兴川汉各货号，以烟叶、皮油、白蜡、黄白麻、各种桐油为大宗"④。徐润除经营丝、茶、棉外，还与人"合股开设敦茂钱庄"⑤"与友人合开协记钱庄"⑥，办理存放款，开发庄票和兑换业务。在宝顺洋行任职期间，徐润也开始涉足房地产经营，"在上海、天津、镇江等都买了不少土地，曾在天津塘沽车站两边造屋500 余间收取租息，在上海建造余庆里、青云里等里弄房屋出租取息。另外，还将旧屋翻新，以提高租金收入。如老介福房屋翻造前，年租金为 3600 ~ 3700 两，翻造后可收年租 7000 余两，增加近一倍。至清光绪九年（1883年），他拥有未建房的地产 2900 余亩，已建房的地产 320 余亩，共造洋房 51所又 222 间，住宅 2 所，当铺房 3 所，楼平房、街平房、街房 1890 余间，每年可收租金 122980 余两，地亩房产共合成本 2236940 两"⑦，是晚清上海著名的房地产经营者，人称"地产大王"。

徐润此时经营的茶栈、钱庄等属于旧式商业，但也让徐润拥有了资金，这是向民族资本转化的前提。离开宝顺洋行的第五年，徐润被北洋大臣李鸿章委任为上海轮船招商局会办，这是徐润人生转折的重要一年，后又被委任为开平矿务局的会办，这两件事对徐润的人生经历来说至关重要，下节专门论述。

入主轮船招商局后，徐润的人生经历了买办资本向民族资本转化的过程。徐润与当时香山另一著名买办唐廷枢共同经营轮船招商局和开平矿务局，运用

---

① 徐润：《徐愚斋自叙年谱》，文海出版社，1927 年铅印本，第 9 页。
② 徐润：《徐愚斋自叙年谱》，文海出版社，1927 年铅印本，第 10 页。
③ 徐润：《徐愚斋自叙年谱》，文海出版社，1927 年铅印本，第 11 页。
④ 徐润：《徐愚斋自叙年谱》，文海出版社，1927 年铅印本，第 18 页。
⑤ 徐润：《徐愚斋自叙年谱》，文海出版社，1927 年铅印本，第 10 页。
⑥ 徐润：《徐愚斋自叙年谱》，文海出版社，1927 年铅印本，第 25 页。
⑦ 《上海房地产志》编撰委员会：《上海房地产志》，上海社会科学院出版社，1999。

的是现代科学技术和现代经营管理方式，属于新式企业。在招商局任职期间，大家商量，"与其分任洋商，利自外溢，不若统归公局，利自我收"[1]。徐润与唐廷枢倡议成立保险局，在任内与人合办仁和水险公司、济和水火险公司，保险公司采取集资入股形式成立。在招商局任职 11 年后，徐润被迫离开，后一直专心矿务。在考察矿务的过程中，缘于商人的商业敏感，徐润又倡议建立滦州土产商务公司，并提出具体方案；65 岁的徐润又"入股香邑同益榄园种植公司，股本银 1000 元"[2]；同年冬天，徐润"与吴氏合创景纶纺织厂于上海虹口"[3]，亦是采取合股形式。徐润后期经营生意基本上都是采取招商募股这种现代公司的形式。

在创办现代企业的同时，徐润还积极参与与现代企业发展相伴的行业协会、公所等。1904 年，徐润被委任为上海总商会协理，上海总商会是中央政府联系上海商界的纽带。次年，徐润"奉北洋大臣袁札开办公债会"[4]。徐润在以前就曾担任过上海丝、茶、房地产等行业同业公会的会长，在此期间，徐润同时又是上海商学会、立宪公会、尚贤堂、青年会、育才书院、广肇学堂等社会团体的董事。由此可见，徐润在上海商界颇有名望，其对上海开埠初期经济的发展是有突出贡献的。

从入主轮船招商局开始，徐润就开始慢慢将自己通过当买办以及经营旧式商业挣得的资金，以入股的方式参与创办现代企业，实现买办资本向民族资本的转化。徐润以中介人的身份参与了中国早期的工业化。在创办新式企业的过程中，也不尽如人意。与人合创的景纶纺织厂生产的汗衫曾销往南洋，南洋华侨"遂知有上海景纶汗衫厂矣"[5]，应该说是红极一时，但"经营数载仍无起色"[6]，亦只好退出。徐润入股创办的新式企业很多，但成功者很少。可见，在近代中国，处于外国资本侵入与封建官僚资本夹击下的中国实业发展艰难。

---

① 刘志强、赵凤莲编著《徐润年谱长编》，北京师范大学出版社，2010，第 127 页。
② 刘志强、赵凤莲编著《徐润年谱长编》，北京师范大学出版社，2010，第 432 页。
③ 徐润：《徐愚斋自叙年谱》，文海出版社，1927 年铅印本，第 202 页。
④ 徐润：《徐愚斋自叙年谱》，文海出版社，1927 年铅印本，第 230 页。
⑤ 徐润：《徐愚斋自叙年谱》，文海出版社，1927 年铅印本，第 209 页。
⑥ 徐润：《徐愚斋自叙年谱》，文海出版社，1927 年铅印本，第 210 页。

四　入主轮船招商局，经营矿务

1873 年，北洋大臣李鸿章正式札委徐润为上海轮船招商总局会办，总办为香山另一大买办唐廷枢。轮船招商局的设立，是为了与洋商争利、作为西方轮船公司的对立物而出现于中国航运业的。至于李鸿章为什么要招揽唐廷枢、徐润入主轮船招商局，一方面是看到唐廷枢、徐润等香山买办的西学知识和业务才干；另一方面就是想达到"唐藉徐之财力，徐藉唐之才力"的目的，希望他们有效地实行资源整合，挽救商局于困厄之中。事实也证明了这一点，处于外国轮船公司夹击中的轮船招商局，在唐廷枢、徐润等香山买办的大力维持下，很快形成了与外国轮船公司并驾齐驱、三分天下的局面[①]。李鸿章也因此称他们是不可多得的"熟习生意，殷实明干"的洋务人才[②]。徐润任轮船招商局会办期间，与总办唐廷枢采用西方先进管理方式经营商局，集中体现在：

徐润入主招商局后，第一项工作就是为招商局募集商股，以扭转资金困难的局面。两年来，徐润与唐廷枢共募足 200 万两，徐润"首先附股，前后计之共有 4800 股，合计银 48 万两"[③]。此外，"设法招徕各亲友之入股者，亦不下五六十万两"[④]。在招商局招股过程中，徐润和唐廷枢两人起了主要的、甚至可以说是决定性的作用。唐、徐凭借其在商界广泛的号召力，成功地将原来附股洋商企业的买办资本吸引到官督商办企业，促进了买办资本向民族资本的转化。

第二项工作就是为招商局购买轮船、码头栈房。徐润上任初期，招商局"仅有伊敦、永清、福星、利运四艘，嗣后逐年添置，归并旗昌，至光绪十年（1884 年），除失事各船不计外，共有江宽、江水、江浮、江表、江裕、江通、江天、江平，计江船八艘；保大、丰顺、海晏、海定、善济、永清、利运、日新、镇东、拱北、永宁、海琛、富顺、富有、美富、广利、致远、图南，计海船

---

① 严中平主编《中国近代经济史》（下）卷十三，人民出版社，2001，第 1359～1370 页。
② 《李鸿章全集》，《朋僚函稿》，卷十三，上海人民出版社，1985，第 24 页。
③ 徐润：《徐愚斋自叙年谱》，文海出版社，1927 年铅印本，第 173～174 页。
④ 徐润：《徐愚斋自叙年谱》，文海出版社，1927 年铅印本，第 174 页。

十八艘。两共二十六艘"①。徐润任职期间招商局的规模大大扩大，影响力增强。

为保障招商局的发展，徐润与唐廷枢倡议设立保险公司，此亦谓一项大事也。光绪元年（1875年）冬、光绪二年（1876年）夏，唐、徐"另招股分设仁和保险公司，续设济和保险公司，保客货兼保船险"②。徐润为这两个保险公司共投资15万两，到光绪十年（1884年），"实存保险公积银45万余两"③。招商局后来各项事业之所以顺手，都是由保险公司开办而始。

还有一项重要工作就是用人。徐润认为，"创事之始，用人为先"④。招商局共有20多个分局，所用之人"有为职道素曾共事之人，有为职道及时引进之人"⑤。徐润主要倚重的还是买办商人，究其原因，可以说是"趋势由然"⑥。这些人中固然有人滥竽充数，但是更有熟悉西法的经营者，这无疑提高了商局的管理水平。

徐润运用"买办经验"经营商局，还体现在商局局规和章程的制定上。徐润与唐廷枢参照西方股份公司组织形式和近代航运管理经验，并结合中国实际情况，制定《轮船招商总局章程》，共132条。在中国早期近代化的努力中，把西方先进管理经验具体运用到中国经济发展方面，唐廷枢、徐润可谓是杰出代表人物。

徐润、唐廷枢与李鸿章的合作，意味着拥有巨资的买办为经营近代企业而向官府寻求的庇护，这种买办与官僚的结合一旦形成，便因其在招商局的活动不再代表依附外国资本的买办资本的利益，而失去了其原先的买办性质。

在任职轮船招商局期间，44岁的徐润"奉北洋大臣札委，会办开平局"⑦，又同唐廷枢一起经营开平矿务局。之所以开采煤矿，是为轮船航运提供原材料动力，能源在机器大工业时代发挥着主动脉的作用。在矿业领域，徐润也以其亲身行为作出了巨大贡献。第二年，徐润又"奉北洋大臣札委，会

① 徐润：《徐愚斋自叙年谱》，文海出版社，1927年铅印本，第174页。
② 徐润：《徐愚斋自叙年谱》，文海出版社，1927年铅印本，第175页。
③ 徐润：《徐愚斋自叙年谱》，文海出版社，1927年铅印本，第175页。
④ 徐润：《徐愚斋自叙年谱》，文海出版社，1927年铅印本，第178页。
⑤ 徐润：《徐愚斋自叙年谱》，文海出版社，1927年铅印本，第178页。
⑥ 聂宝璋：《中国近代航运史资料》（第1辑），下册，上海人民出版社，1983，第1032页。
⑦ 徐润：《徐愚斋自叙年谱》，文海出版社，1927年铅印本，第53页。

办贵池煤铁矿"①。徐润在第一次离开招商局后，把全部的心思都用在考察矿
务上。1887年秋间，"唐景翁、刘吉翁与余从唐山出喜峰口，初至平泉铜矿，
后抵烟筒山，住一礼拜，细探大概情形"②。次年，徐润游历了热河至孤山子，
东陵盆山至蓟州马兰峪镇，并详细记录了沿途所见所闻。在以后的岁月中，徐
润曾接手创办香山天华银矿、建平金矿、五道沟金矿、热河金矿，徐润把自己
的后半生基本上都投入到开矿上去了。

从轮船招商局到开平矿务局，以及众多的新式现代企业的创办和发展，在
给香山买办带来荣誉、利益的同时，也遭受着传统社会的不理解和官僚集团的
排挤。在官督商办的轮船招商局，唐廷枢、徐润由于成绩突出，一直遭受封建
官僚势力的挤压。1884年，受中法战争影响，徐润各路生意萎缩，盛宣怀、
马建忠借机状告徐润挪用公款，徐润被迫离开招商局。徐润离开后，马建忠一
直上书诋毁唐廷枢、徐润，认为招商局"将为粤人蛊尽"，意指唐廷枢、徐
润。在当时商怕官的社会里，香山买办在向民族资本转化时，利权受损是必然
的。徐润当时为了挽救商局，携巨资入股商局，曾与官僚督办盛宣怀多次因利
权交锋，但都是以"泰山压卵，谁敢异言"而宣告失败，最终两次被赶出招
商局，徐润为自己得到如此下场备感痛心。这是唐廷枢、徐润经营招商局的悲
剧，同时也是近代中国这个第一家官督商办企业无法摆脱的厄运。

尽管如此，香山买办在近代中西方文化碰撞中，能从国家和民族的大局出
发，积极学习西方，发展近代工商业，运用西方先进管理经验经营中国近代企
业，这种创新精神，不仅开了风气之先，而且还为中国近代工商业发展树立了
榜样，增强了中国人的民族自尊心和自信心，也推动了中国工商业的近代化。

五　倾心文化教育事业

香山买办对西方近代化的反映，还见之于文化教育方面。他们利用传统的
和现代的地缘、人文优势，实现西方近代文化与中国传统文化的对接，从而推

---

① 徐润：《徐愚斋自叙年谱》，文海出版社，1927年铅印本，第61页。
② 徐润：《徐愚斋自叙年谱》，文海出版社，1927年铅印本，第83页。

动中国人在生活方式、价值观和思维方式等方面的积极改变。在生活方式方面，他们从衣着、饮食到社交活动，都体现出华洋一体的角色。徐润在其晚年就是最接近西方社会生活的中国人之一，他一方面对西方食物非常感兴趣；另一方面对中国传统生活方式又心存偏爱，徐润终年"身着衣袍，剃过的头上戴着一顶瓜皮帽"①。在饮食起居等方面，徐润开始崇尚和接受西方上层社会的生活方式，其在家乡香山北岭村所建的竹石山房（即珠海愚园），完全是中西合璧式的建筑风格②。而其在苏州河山北的另一处宅地却是典型的中国式园林。徐润这种亦中亦西的生活方式，在近代中国买办群体中颇具代表性。

在价值观和思想认识方面，香山买办表现出的中西文化融合倾向也比较突出。从他们自身角度来说，一方面，他们受中国传统的儒、佛、道文化和风俗习惯的影响，崇道信佛尊儒，如徐润、郑观应等香山买办就特别迷信风水。受传统思想的影响，香山买办大多具有官本位的思想倾向，他们乐意捐纳求官。徐润的曾祖父徐会兴、祖父徐世雄和父亲徐佩珩三代皆"诰赠荣禄大夫"；曾祖母、祖母、母亲皆"诰赠一品夫人"。徐润本人亦是"花翎二品衔加二级浙江尽先补用道""由监生遵筹饷例，报捐光禄寺署正""于同治二年六月在江南粮台报销局加捐员外郎并捐花翎""四年十一月十三日在上海皖营捐轮分局报捐指分兵部"③。而另一方面，他们又在许多方面与传统决裂，比如，安排子女进入洋行做买卖或经商，鼓励子女到国外学习实用知识，而不是让他们参加科举，进入仕途等，这些都与中国传统文化相抵触。徐润就曾自费让他的四儿、五儿到国外留学。四儿建侯1900年由傅兰雅先生带往美国，"傅兰雅先生经管四儿建侯学费，是年开销报单，每年约1750两"④。次年"五儿超侯2月25日随女先生戴娘娘由沪赴英肄业。戴先生年近60，来沪已三四十年。乘德公司轮船去。船费505两，衣服400余两，学费千两，书金450两，来去水脚900两，合3000两"⑤。

---

① 〔美〕A. 莱特编《二十世纪之香港、上海及其他中国商埠志》，伦敦，1908年版，第566页。
② 张耀中主编《珠海历史名人》，珠海出版社，2001，第52页。
③ 《香山徐氏宗谱》卷六·世纪录·第十七世，北岭肇修堂，存国家图书馆。
④ 徐润：《徐愚斋自叙年谱》，文海出版社，1927年铅印本，第199页。
⑤ 徐润：《徐愚斋自叙年谱》，文海出版社，1927年铅印本，第198页。

香山买办在充当中西文化中介人角色的同时，也通过其自身行为影响当时的中国民众。容闳作为第一个毕业于美国耶鲁大学的中国留学生，有一个最大心愿就是让更多的中国人可以出去学习先进技术。在容闳多年的倡导与努力下，终于促成120个幼童赴美留学，共分四批前往美国，而负责直接挑选这四批留学生的便是香山人徐润。徐润在致力于让国人学习西方先进文化的同时，又创办书局，传承中国传统文化。45岁的徐润与"弟秋畦、宏甫集股创办同文书局"①。同文书局所印书籍有《二十四史》《史记》《尔雅》《康熙字典》等一些中国古代传统典籍，但书局的经营是采用西方的管理方式，书局曾"颇得利息"，可惜的是，也因为管理不善，整个书局付诸东流。由此，我们可以看出，以徐润为代表的香山买办在许多方面受中西两种文化的相互影响，所以郝延平说他们是"边缘人物"的范例，在他们身上，既能捕捉到中国传统文化笼罩下的旧社会阴影，同时又能见到西方近代文明影响下的新时代曙光。

六　结语

产生于19世纪的中国买办商人，无疑是当时中国与西方发生联系的不可或缺的桥梁，近代中国与西方之间的政治、经济、文化关系的展开，部分地与他们的努力分不开。对他们在近代中国历史上的地位与作用，引用郝延平先生的话语："总的说来，买办成为一种新型的商人，他们活动于中国和西方之间，在近代中国起到了突出的战略性的重要作用。从经济上说，暴发户买办是唯一把财富与专长集于一身的人，因而成为中国早期工业化的带头力量之一。他们在社会政治方面的角色属于商业绅士，并充当了条约口岸的社会贤达。从文化思想方面说，支撑新式企业的基础是新的思想和看法，所以当他们成为新思想的倡导者的时候，结果也就成为某些中国传统的价值观念的挑战者。他们对西方做出反应是基于他们对中华帝国之外的世界的理解。这不是因为他们较少喜欢中国的传统，而只是他们更了解西方。所以，他们是典型的'边缘人物'，

---

① 徐润：《徐愚斋自叙年谱》，文海出版社，1927年铅印本，第61页。

而不属于两者中的任何一方，他们既受不同文化的影响，又反过来对不同的文化施加影响。他们在本质上是中西文化交融和混合于一身的文化混血儿。"①以徐润为代表的香山买办，他们因势而动，以香山人特有的开放进取、勇敢冒险、务实创新姿态大胆迎接西方近代化的挑战与冲击，抓住机遇，在成就自己的同时，也以思想和切实行动开始了中国近代化的破冰之旅。他们一生的境遇既辉煌也坎坷，折射出中国近代化的艰难历程。

---

① 〔美〕郝延平：《十九世纪的中国买办——东西间桥梁》，上海社会科学院出版社，1988，第274页。

香山岁时节令中的体育民俗文化研究

刘 亚 郑朝沙 *

我国历代各地区各民族的民俗项目与民间风尚习俗都各不相同，却也有异曲同工之处。这些民俗项目与风尚习俗历代相传，一直沿袭至今，它们在形式上虽然不断有变化，但是其实质并未起根本的改变。这些民间宝贵的民俗财富是中华民族传统文化的一部分，它们不仅留存在历代的思想家、文学家的思想中，更广泛地流传在人民群众的日常生活中，体现在传统的民间节日风俗之中。香山是我国岭南地区的一个历史划分区域，地处珠江三角洲腹地，历史文化悠久，其风俗习惯既与国内其他地区相似，又有其特有的民间风俗习惯和岁时习俗，处处流露着浓郁的地方特色，是香山地方人类文化史上难得的宝贵财富。

一 香山历史与岁时节令文化

香山的名称传说是由于其境内诸山之祖五桂山奇花异草茂盛、神仙茶丛生、色香俱绝而得名。香山历史久远，据香山地区考古发掘的磨光石器和彩陶圈足盘、刻划纹白陶豆等文物证实，在距今 5000 年前的新石器时代，香山已有原始人类活动的踪迹，他们居住在凤凰山脉、黄杨山脉周围和珠江口一些海岛的沙丘、山岗和台地上。北宋乐史《太平环宇记》《广东志》记载："香山远古居住'疍家'和'畲族'两种土人，唐代后畲族迁至广西和福建等地。"清代印光人"村墟易米盐为钞，疍艇提壶酒换鱼"的诗句就是对香山祖人"疍家佬"生活的真实写照。据历代《香山县志》记载："香山，在春秋战国

---

* 刘亚，任职于北京理工大学珠海学院体育部；郑朝沙，任职于北京理工大学珠海学院体育部。

时期为百越之地，秦始皇三十三年（公元前214年）统一岭南，设置桂林、象、南海三郡，当时的香山属南海郡。汉初，秦国南海尉赵佗将桂林郡合并，自立为南越武王，当时的香山属南越国。汉武帝元鼎六年（公元前111年）灭南越，重设南海郡，当时的香山属于番禺县。晋以后属东官郡，唐代属于东莞县。清陈梦雷《古今图书集成·方舆汇编》记载："香山县，唐为东莞县之香山镇。"南宋绍兴二十二年（1152年）设置香山县，隶属广州府，沿至元、明、清三代，这一期间香山居民发生了很大改变，大量内陆居民由于不同原因迁徙香山，其中有记载的就有甘肃、河南、山东、湖北、湖南、福建等十余个地域的居民。1925年4月为纪念孙中山先生才将香山县改名为中山县。

　　香山县历史悠久，民间传统文化深厚。在香山岁时节令文化中大概包含两个方面：一是我国传统岁时节令文化，二是佛道节日文化和地方传统信仰节令文化。例如，腊月二十三小年与腊月三十除夕、正月初一春节、正月十五元宵节、清明节、端午节（重五）、七夕节、七月十四盂兰节、中秋节、九九重阳节、交九冬至是我国传统的岁时节令；二月初二土地诞、三月二十三娘妈诞、二月十九观音诞、四月八牛仔王节与浴佛节、二月十三"洪圣"神诞、二月初三文昌诞等为佛道节日和地方传统信仰节令。在这些节日中，香山居民不仅根据我国传统文化流传下来的习俗庆祝节日，而且在历史发展和传承流变中也逐渐形成独具地方特色的风俗习惯，形成中华民族特有的地域民俗民风文化。

二　香山岁时节令与体育民俗文化

（一）四月八浴佛节舞龙狮

　　香山近代名人郑彼岸于1944年所撰《新新乐府·四月八》曰："四月八拜菩萨，家家做饼捣栾西，捧出蒸笼热辣辣……，昨天锣鼓响咚咚，知道村前在转龙……，何来一个伯父公，扯起木龙来乱舞，居然姿势似游龙。入夜头锣声嘹嘹，观众填街巷塞满，狮子儿童在后跟，惹得人人烧炮仗。"四月初八原属香山范围的中山、珠海、澳门等地的村镇、市井皆有舞龙耍狮巡街过巷，百姓焚香燃烛点炮迎龙狮的活动，在水网地带还会有扒龙舟、赛龙夺锦的活动。

此风俗始于何时，现已无法考证，但此俗一直沿袭至今不衰。

四月初八是汉族地区佛教界的一个节日，称"浴佛节"。相传是佛祖释迦牟尼的生日，释迦牟尼佛祖在出世之时，天上有九条金龙，口吐香涎，喷于佛祖身上，洗净其身上的污秽，使其能成为佛家之鼻祖。因而，在每年四月初八浮屠浴佛节之际（亦称佛诞节），佛教徒便隆重举行以五香水浴佛像金身之习俗。后世则衍生为庙会的一种，称"龙华会"。《荆楚岁时记》云："四月八日，诸寺设备以五色水浴佛，共作龙华会。"而民间则以舞龙狮为主的巡游活动，以作庆贺。《香山县志》记载："首插金花操木龙而舞，舁酒随之，有醉至死者……"可想旧时香山人舞龙狮庆浴佛节的习俗是多么热闹。旧时，香山地区的庙坛、寺观或宗祠以及乡镇公所，多常备木龙（柴龙）、醒狮（瑞狮），较大的村镇还有竹木布绣结构的巨龙（金龙、银龙），平时叠置于庙堂或功夫馆（国术馆）内，四月初八取出舞耍，由中午一直至晚，先舞拜祖庙祖祠，然后巡游大街小巷。用以舞耍的"龙"用竹篾扎成骨架，分节连接，节数不等，但多取单数，如小的分 13 节、大的分 51 节等，外以纱绸缎锦或轻布覆盖，称龙被。舞耍时要全体配合得当，方能显出优美姿势，龙头前由两人各持彩珠耍弄为前导，又有舞鱼灯者在龙两旁作回游状随行舞弄。香山龙舞的动作颇生动逼真，时而左右翻滚，时而卷叠成塔，时而又跳跃奔腾。在香山龙舞中最为特殊的当数纱龙，它以极薄的丝布为龙被（龙衣），并在每节内点放油灯或蜡烛于夜间舞蹈，是香山龙舞艺术中一道靓丽的风景。香山称舞狮为"狮子舞"，通常由懂得国术者舞耍，由一首一尾两人配合，另外还有一名武术水平极高者以武士打扮，持棒珠为先导。舞狮在锣鼓大钹指挥下，有节奏地作搔痒、舐毛、打滚、抖毛、登高、腾转、采青等表现雄狮勇猛性格的表演。四月初八这天，香山地域各村镇龙狮队伍巡游中，也参与了一些其他的表演队伍，如有耍小麒麟者，有国术表演比赛者，有儿童取芭蕉树茎用草绳连接为龙身，以竹篾扎成龙首尾，竹竿撑起为舞巡游。民众中凡信仰佛、道人家，均在自家大厅或院内设果品、栾西饼，焚香烛迎拜狮龙，谓祈求驱邪逐鬼，保佑安宁。

四月初八舞龙耍狮、赛龙夺锦于香山历久不衰，究其原因有二：一是基于宗教信仰，受"神龙瑞狮"说所使，神佛龙狮显灵，保佑人们健康；二是与农事节令有关。每年四月初八，多数于 24 农事节气中之立夏与芒种间，珠江三角洲农谚云："插田插到立夏，插唔（不）插就罢。"气候所关，早造秧苗移植必须于立夏前完成，立夏日及其后移植的不结谷；接近立夏前5天所植，结实率亦颇差。所以，四月初八已是禾苗苗壮，完成第一次小中耕时分。此时蔗苗地亦已完成首次松土中耕，塘鱼放养完毕，桑地解枝、松土、追肥亦已完成，农事进入了较闲暇时节，功夫馆亦已复馆练功。因此，四月初八的活动亦包括庆祝春耕完满结束和向神龙祈福，求保佑风调雨顺，祷告瑞狮护卫地方安定、人口康宁及企望稻谷丰收、六畜兴旺等意思。

（二）五月五端午龙舟遍香山

农历五月初五为端午节，也称瑞阳、端五、重五，别称"天中节"。古时人们于端午节系彩带于脖子间，称端午索，谓以驱邪妖保吉祥。《帝京景物略·春场》云："五月五日之前……项各彩系，垂金锡，若钱者，若锁者，曰端午索。"香山各地民间于端午节作粽、悬艾蒲、龙舟竞渡等习俗。《初学记·五月五日》云："仲夏端午，烹鹜角黍。"《续齐谐记》载："屈原五月五日投泊罗水，楚人哀之，至次日，以简子贮米投水以祭之……今五月五日作粽，并带楝叶、五花丝、遗风也……俗谓汉建武中，长沙人区曲忽见一士人，自云'三板大夫'，谓曲曰：'闻君常见祭，甚善。常年为蛟龙所窃，今若有惠，当以楝叶塞其上，以彩丝缠之，此二物蛟龙所惮。'曲依其言。"《隋书·地理志下》云："屈原五月望日赴泊罗，士人追至庭湖不见，湖大船小，莫得济者乃歌曰'何由德渡湖'，因尔鼓棹争归，竞会亭上，习似相传，为竞渡之戏。"香山自古以来，俗于端午节裹粽供神与自奉，水乡举行龙舟赛。《香山县志·舆地下·风俗》云："五月端阳以粽祀神，龙舟竞渡，画船彩色。县城或数年一举，无岁不然。"明嘉靖《香山县志》称："端午为粽祀神或采画龙舟，水中竞渡……"清同治《香山县志》亦载："五月端阳以粽祀神（各乡皆五月以粽祀神较邑城尤盛）。龙舟竞渡，画船彩色……"

香山龙舟竞渡于150~200年前开始，一直沿袭至今。古时香山龙舟竞渡的场面也十分浩大，无论是官是民，男女老幼均纷纷涌到赛场一睹为快，并各为其主呐喊助威，更显得竞渡场面的壮观。每年的赛龙舟，由庙祠公尝或富户出资设重赏给追逐竞取者，其奖项也非常丰富，有金银、醇酒、烧猪、锦旗、罗伞、衣服、毛巾等，奖励人数 1~20 名不等，而最丰盛的奖项当数赛龙夺标抬金猪了。香山龙舟有 71 桡（人）、41 桡、13 桡和 5 桡等类别，各地区根据地域环境和水网条件使用不同类别的龙舟，如石岐郊区、前山和斗门区兴 71 桡和 41 桡长龙舟，古镇兴 13 桡龙舟，小榄等地则使用 5 桡艇比赛。香山赛龙舟的讲究和仪式很多，首先要从宗祠中"请出"供奉的龙舟头和龙舟尾，上彩、点睛、插龙头、贴金花，并请画师在龙舟表面绘画龙鳞等，这叫"起龙"，亦称"祭龙"；其次便择吉日、吉时，烧衣鸣炮，拜祭一番后，将龙舟放入水中，此为"下海"，也称为试舟；最后便是赛龙夺锦了。比赛程序分"放龙""竞赛"和"夺标"三个过程。试想旧时"龙舟水猛过虎"般的场景，一声炮响后，成百上千支桨起划，桨飞浪溅，鼓声、呐喊声、水声混成一片，你追我赶，长时间的竞技争夺（香山古时龙舟赛不同于现在要限时间和距离，一般要比赛一上午，相当于现在得数小时或十多个小时），稍有不慎，将会船倾人翻。难怪唐代张建封写下著名的《竞渡歌》："五月五日天晴明，扬花绕江啼晓莺；使君未出群斋外，江上早闻其和声。……鼓声三下红旗开，两龙跃出浮水来，棹影千波飞万剑，鼓声劈浪鸣千雷。鼓声渐急标将近，两龙望相目如瞬。"

赛龙夺锦之俗在香山境内一直兴盛不衰，尤其是风调雨顺、四境安宁、五谷丰登、六畜兴旺、百业欣荣之岁，更是热闹非凡。20 世纪 50 年代后期，广东省明令禁止龙舟竞渡活动，原因是河堤未达到标准，主要为防汛需要，至 20 世纪 70 年代末，龙舟敛迹。此 20 年中水乡百姓曾以河面逐鸭、池塘棹桶（一人坐禾桶中，以手为棹，赛于池塘中）等方式代之。20 世纪 80 年代初，龙舟竞渡复出，且活动期限也不限于四月八与端午、中秋，而是时有举行，可见龙舟竞渡这一民间习俗在香山水乡的生命力是何等的旺盛。

（三）九九重阳登高放飞

《香山县志·风俗》云："九月重阳登高放纸鸢，采百草卉木等叶，捣粉为丸以食，名百件药。"夏历九月九日称重阳节，又名重九。《易经》将九定为阳数，月日逢九两阳相重，因名重阳。《楚辞·远游·洪兴补注》曰："积阳为天，天有九重，故曰重阳。"重阳节是历史悠久的节日，古籍记载，西汉视重阳节已成为固定的节日。曹丕《九日与钟繇书》云："岁往月来，忽复九月九日，九月为阳数，而日月并应，俗嘉其名，以为宜于长久，故以享宴高会。"

香山旧俗于重阳节登山，"采百草卉木等叶为食"。按照阳五行学说推理，古人视重阳是灾难日，这一天要离家躲灾辟邪。《续齐谐记》云："汝南桓景随费长房游学累年。长房谓曰'九月九日汝家中当有灾，宜急去，令家人各作绛囊盛茱萸以系臂，登高饮菊花酒，此祸可除'。景如言，齐家登山。夕归，见鸡犬牛羊一时爆死，长房闻之，曰'此可代也'。"今世人九日登高饮酒，妇人带茱萸囊，盖于此。岁月流逝，随着科学日渐发展，社会进步，重阳辟邪、驱疫等理论日渐淡漠。而重阳节正值秋高气爽、山青云淡、花卉飘香的节侯，九九登高远足，已成为人们十分重视的传统节日。此俗于香山也盛行并沿袭至今，当日青年男女结伴攀五桂、卓旗、凤凰、黄杨等山之巅，居高临下，眺望周围景色，饱览家乡的青山绿水，浩瀚田园，潋滟波涛，领略家乡瑰丽风光。文人雅士在重阳节登高饮酒唱和，以激励人们保持高洁情操。唐代诗人王勃有"九月重阳节，开门有菊花；不知来送酒，若个是陶家"的诗句，香山人则流传有"九月九，去登高，戚高纸鸢望天流，滞运流晒好运到，长命宝贵步步高"的歌谣，流传"登高放纸鸢转好运"的风俗。重阳之时香山人登高望远，竞放纸鹞、风筝、风灯来陶冶情操，庆祝节日。旧时香山风筝活动（俗称纸鸢）妇孺皆知，每逢重阳放风筝活动亦随处可见，在午间至半晚时段，于山顶、小岗、野旷、屋顶放鸢飞扬，一派休闲玩逸的浩荡场面。香山纸鸢的样式主要有两种：一种是长尾纸鸢，主要用于比高赛远，其纸质长尾主要为了定风，维持纸鸢稳定的作用。放飞时一人控制导致线站于上风头，一人举鸢顺风行数十米，导线者控制扯动纸鸢逆风而起，并缓缓放线使纸鸢逐渐升空飘远；另外一种是无尾鸢，此鸢导线用容腊、蛋白和黏胶等物蒸染而成，十分坚韧，鸢身无尾，由一人控制，能在空中斗拉、盘旋和翻滚。比赛时几只或十几只一起升空，放飞者利用手中导线控制，使其在空中腾旋翻滚并与其他纸鸢缠绕在一起，最后线断鸢落者为败。另外，重阳节放风灯也是旧时香山的一种民俗。风灯形状如大桶，用竹篾和纸制成，中间卷扎纸屑碎布等物，并注入煤油渗透，下挂鞭炮，于傍晚将其倒置点燃油纸上扬放飞，随着风灯升空，鞭炮爆响，纸屑如花瓣飘落，五光十色，十分壮观。

20 世纪 70 年代后，随着科学发展，城乡电网增加，空中"蜘蛛网"遍布，为安全考虑，民间风筝活动逐步减少。而风灯又极易引发火灾，所以很多地方明令禁止，此俗于香山也逐渐消失。

（四）元宵节歌舞巡游闹花灯

据历代《香山县志》称：邑人多信道。而历史上，元宵俗称上元、元夜、元夕等，相传源出于道教。宋吴自牧《梦粱录》载："正月十五日元夕节，乃上元天官赐福之辰。"历史上有元宵张灯观赏的风俗，故又称"灯节"。《香山县志》则有："元宵灯火装演故事游戏通衢，舞者击鼓以三为节，歌者击鼓以七为节，又春宵结队彼此酬唱，曰唱灯歌又曰唱鹤歌"的记载。据史料载：自古以来香山各大武馆和各村镇及大户人家就有舞龙、舞狮、舞龙船、鹤舞、舞麒麟、舞凤鸡、舞甲鱼、挂走马灯、月下泛舟、踩高跷、放纸船、飘色出游等习俗活动。其中最具地方特色的当数鹤歌鹤舞和飘色出游了。

香山历来有鹤舞（俗称出鹤）对歌（称唱鹤歌）习俗。世谓："松龄鹤寿""松鹤长青""鹤龄千岁"。《王健·间说》诗云："桃花百叶不成春，鹤寿千年也未神。"《淮南子·说山训》说："鸡知将旦，鹤知半夜。"《诗·小雅》则云："鹤鸣于九皋，声闻于天下。"盖缘于此。《胡志云·鹤舞盛世源远流长》云："鹤舞是香山特产，全国除河南省某地有鹤舞外，香山唯独。"《杨林泽·出鹤追记》介绍："香山历来有元宵鹤舞巡游的风俗，另外也有其他节日出鹤的记事，1931 年庆祝农业丰收、1945 年抗战胜利和 1949 年中华人民共和国成立也都举行了大规模的出鹤活动。"出鹤多数在夜间举行，其形式为化妆仿古（所谓的"飘色"），提灯举火把游行，在"香山风俗"条目中记述："元宵灯火装演故事游戏，通常舞者击鼓为三节，歌者击鼓为七节，春宵结队彼此酬福，曰唱灯歌，又曰唱鹤歌。"鹤舞主要是模仿白鹤的觅食、啄食、洗嘴、梳毛、憩息、飞翔等姿态和动作，展现了白鹤的喜怒神态和仙骨灵气，以表达人们对新的一年吉祥、福寿、康宁的美好祝愿。鹤舞集体能、技巧、舞蹈和艺术表现力为一体，在元宵佳节出鹤表演时，按照规定的路线巡游，宏大的鹤舞巡游场面还包括了"鸣锣开道""灯牌先导""飘色造型""文巡双汉"

"武尉巡骑""鹤鸡蚌娘"等巡游节目。巡游完毕后回到庙坛或祖祠广场表演一段"白鹤回宫"舞蹈后结束巡游，随即开始唱鹤歌，香山鹤歌是独具地方特色、带有浓郁的民间朴素气息的风俗节目。《杨林泽·鹤歌小考》云："舞鹤必唱鹤歌，以鹤为表现形象，以歌为表达内容，两者相互映衬，形成一种独特的民间流派。"鹤歌鹤舞能在香山世代相传无歇，不仅是崇敬鹤龄的原因，更主要的原因是"鹤"与"学"的乡音相同，出鹤巡游，寓谐音于游学，正所谓"鹤立鸡群，出人头地"，取其谐音即有"学立贵群，出人头地"之意。化妆巡游俗称"飘色""出色"。飘色是独特的民间文体艺术，距今已有400多年的历史了，是过去香山县具有代表性的民俗文化之一。它汇集了戏剧、杂技、体育和装饰艺术等相关元素，集物理力学、美学于一体，充分体现了香山劳动人民的聪明才智。古时一般在庆祝神诞、皇帝登基上寿或风调雨顺农业丰收年举行，后逐渐发展为每年元宵节之夜巡游表演，也称"提灯晚会"。所谓化妆巡游，一般都是由年轻人或小孩装扮的"文丞武尉""汉人""天女仙姑"等在青壮年扛抬的特制木架（色柜）上，表演"八仙过海""桃园结义""孔明借箭""天女散花"等造型。飘色不仅注重表演技巧，而且讲究艺术造型，稳中求险，险中称奇。每次表演，无论是抬色柜的、扛色旗的或演奏民间音乐的，都穿着色彩鲜艳的服装，整个表演队伍都充满了强烈的喜庆气氛和视觉吸引力。

（五）神诞日抢花炮

据《香山县志》记载："二月注上戊祭社，烧大彩爆竹。"香山人向来有"敬上天而亲大地"的习俗。在地方佛道传统神诞中，香山很多地方举行"烧炮"活动。《中山市志》记述："解放前中山市民在土地诞之日，祈求风调雨顺。"人们焚烧用禾秆束制成的巨大花炮，其中带有红布条的小炮，称"猪仔炮""抢花炮"，相传拾获者有添丁大吉的征兆。二月初二土地诞这天，东乡、小榄等地居民都非常重视这个习俗，"抢花炮"场面非常隆重。后来"抢花炮"的习俗在中山逐渐少见，而在大香山的珠海、澳门仍然十分盛行，特别是那些祖辈是渔民的家庭，非常重视这一活动。二月初二土地诞和二月初三文昌诞清晨，群狮起舞，锣鼓喧天，民众抬上特制的"花炮"，托上烧金猪，从四面八方涌到土地庙。集体焚香拜祭过后，鞭炮齐鸣进行"烧炮"仪式，"烧炮"结束后就是开始进行传统的"抢花炮"（当地人简称之为"烧炮地"）。烧炮前，有人吹起八音、燃放鞭炮，此时人群拥挤，场面非常热闹。随着一声巨响，系着红布条的小竹节（炮）射到二三十米的高空中后落下，人们一涌而上开始抢炮，抢炮场面非常激烈，有时还会发生斗殴的现象。所烧的炮有十至二三十支不等，其中第一炮为"头炮"，最后一支叫"接榜炮"，这两炮的争夺最为激烈，接到炮胆者以胜利者的姿态跑进庙宇进行登记，领取"炮山"回家供奉（庙里的一尊菩萨），等到来年装扮一番抬回寺庙，再次参加"抢炮"活动。

神诞"抢花炮"这种民间信仰活动和庙宇群殴抢炮形式一直持续到1949年才基本宣告结束，取而代之的是有一定规则、场地、人数限制的民间体育活动，这种活动在香山地区的发展虽不及贵州等地的少数民族地区普遍，但也一直存续于民间，生生不息。

（六）七月三十装路香

"装路香"这一传统习俗早期活跃于黄杨山以北在山丘、草滩居住的先民之中，距今已有260多年的历史，起初源于四邑（约300年前），后辐射到中山、斗门莲洲镇上横、横山、斗门镇等地域，每年农历七月的最后一天晚上，家家户户都要装路香奉祭地藏王。由于历史原因，"装路香"这一传承了200多年的习俗被中断了数十年，直至2009年第三次全国文物普查中才被工作人员挖掘发现，并被斗门区列入区级非物质文化遗产保护名录，2011年被列入珠海市级和广东省级非物质文化遗产名录。

"装路香"中的烧香祭奠基本每年都会举行，但"火龙"有几十年没有点燃。近年来，在地方文化部门的支持下，村民们决定重新"燃起"这一传统风俗。"装路香"风俗讲究就地取材，取香蕉杆、萝卜、煤灰做成香墩，家门前沿路插满香烛，香蕉杆扎制的"火龙"连绵数十米，村妇和孩童们也在锣鼓声中舞动起来，跟随穿街过巷，"火龙"上的香火与路上的香火相映生辉，点点香火绵延不断，蔚为壮观。"火龙"所到之处，村民们纷纷走出家门，或燃放鞭炮相迎，或备红包相赠，热闹的气氛与内地的元宵节舞龙灯相近。穿街过巷的"火龙"香火燃尽，又重新焚香插摆，准备进行第二轮的展示。村妇和孩童们欢舞的"火龙"也是就地取材，龙头、龙身、龙尾均由香蕉杆枝和木条扎制而成，香蕉杆上插上多支香火，成为名副其实的"小火龙"，甚至连"龙珠"也是"南瓜"道具，颇具特色。

据了解，200多年前黄杨山以北的先民以打鱼为生，居无定所的他们为了在丘山、草滩开荒耕种和发展养殖业，族老就号召村民向"地状皇"（地方话中对"地藏王"的称谓）祈求风调雨顺。他们选择在每年的农历七月三十即传说中"地状皇"的生辰为"装路香"日，每户人家自觉在门口烧香祭奠，舞起香火龙，祈求太平盛世、风调雨顺、人口平安、五谷丰登、六畜成群。260多年后，原先的海洋已经成为陆地，虽然沧海变桑田，但风俗始终未易。

三　结语

千百年来这些传统习俗、庆祝方式和岁时节令文化，在香山地域广为流传，是中华民族传统文化中宝贵的一部分，在这些岁时节令和传统习俗节气中生存和发展的一些独具地方特色和民族特征的传统民俗体育项目，是构成中华民族传统体育文化的重要部分，它们经历了历史的考验，在香山民间传承和发展，是揭示地方民俗，推理地域民风的重要非物质史料，值得我们传承和继续深入研究。

图书在版编目（CIP）数据

珠海经济社会发展研究报告.2014/珠海市社会科学界联合会编.
—北京：社会科学文献出版社，2014.10
ISBN 978 - 7 - 5097 - 5788 - 8

Ⅰ.①珠…　Ⅱ.①珠…　Ⅲ.①区域经济发展 - 研究报告 - 珠海市 -
2014②社会发展 - 研究报告 - 珠海市 - 2014　Ⅳ.①F127.653

中国版本图书馆 CIP 数据核字（2014）第 050853 号

珠海经济社会发展研究报告（2014）

编　　者／珠海市社会科学界联合会

出 版 人／谢寿光
项目统筹／王玉敏
责任编辑／张志伟　董晓舒　张文静

出　　版／社会科学文献出版社·全球与地区问题出版中心（010）59367004
　　　　　地址：北京市北三环中路甲 29 号院华龙大厦　邮编：100029
　　　　　网址：www. ssap. com. cn
发　　行／市场营销中心（010）59367081　59367090
　　　　　读者服务中心（010）59367028
印　　装／北京季蜂印刷有限公司

规　　格／开本：787mm × 1092mm　1/16
　　　　　印张：42　字数：683 千字
版　　次／2014 年 10 月第 1 版　2014 年 10 月第 1 次印刷
书　　号／ISBN 978 - 7 - 5097 - 5788 - 8
定　　价／149.00 元